金融市场从业人员
能力建设丛书

信用评级
理论与实务
（上册）

THE CREDIT RATING
Theory and Practice

中国银行间市场交易商协会
教材编写组 / 编

北京大学出版社
PEKING UNIVERSITY PRESS

图书在版编目（CIP）数据

信用评级：理论与实务：全2册 / 中国银行间市场交易商协会教材编写组编. —北京：北京大学出版社，2020.5
（金融市场从业人员能力建设丛书）
ISBN 978-7-301-30641-3

Ⅰ. ①信… Ⅱ. ①中… Ⅲ. ①信用评级—中国—岗位培训—教材 Ⅳ. ①F832.4

中国版本图书馆CIP数据核字(2019)第172333号

书　　　名	信用评级：理论与实务（上下册） XINYONG PINGJI: LILUN YU SHIWU (SHANG XIA CE)
著作责任者	中国银行间市场交易商协会教材编写组 编
策划编辑	张　燕
责任编辑	孙　昕　刘　京
标准书号	ISBN 978-7-301-30641-3
出版发行	北京大学出版社
地　　　址	北京市海淀区成府路205号　100871
网　　　址	http://www.pup.cn
微信公众号	北京大学经管书苑（pupembook）
电子信箱	em@pup.cn
新浪微博	@北京大学出版社　@北京大学出版社经管图书
电　　　话	邮购部010-62752015　发行部010-62750672　编辑部010-62752926
印　刷　者	三河市北燕印装有限公司
经　销　者	新华书店
	730毫米×1020毫米　16开本　42.75印张　987千字 2020年5月第1版　2020年5月第1次印刷
定　　　价	136.00元（全2册）

未经许可，不得以任何方式复制或抄袭本书之部分或全部内容。
版权所有，侵权必究
举报电话：010-62752024　电子信箱：fd@pup.pku.edu.cn
图书如有印装质量问题，请与出版部联系，电话：010-62756370

丛书序言

"金融是现代经济的核心。"随着我国经济发展步入新时代,金融业发展也进入快车道,金融市场规模持续扩大,在解决不平衡不充分发展问题中发挥的作用更加突显。市场越是发展,创新速度越快,越需要一大批掌握现代金融知识、具有高度责任感并熟悉中国金融市场的高素质从业人员。"问渠那得清如许,为有源头活水来。"只有不断培养造就更多的高素质从业人员,才能给金融市场发展注入源源不竭的活力和动力。

何为高素质的金融从业者?当以"德才兼备"为先,以"德"为基础,以"才"为支撑,通过职业操守培训立德,通过能力建设培训增才,造就一支"德才兼备"的从业者队伍,形成"千帆竞技,人才辈出"的局面,为金融市场大发展提供有力支撑。多年来,我们致力于从业者的能力建设,不仅开展金融市场相关产品和知识培训,而且加强全方位、多领域、深层次的金融创新,得到了业界的积极响应和良好反馈。

针对金融市场人才评价体系和知识标准尚不完善的情况,我们组织专门力量,以从业人员所需专业知识和执业技能为出发点,编写了这套能力建设教材,一则作为我们能力建设培训和从业人员水平测试参考用书,二来为市场提供一套系统金融读本,供广大金融市场从业者提升从业能力之用。该丛书以从业者为中心搭建理论框架,全面覆盖整个金融市场,紧扣国内金融市场发展脉搏,充分反映市场最新发展,在保证教材质量和权威性的前提下,兼顾可读性和可操作性,从而为广大金融从业人员呈现一套全面准确、简明易懂、新颖实用的优秀教材。

在丛书的出版过程中,各会员单位和金融机构积极参与,给予了大力支持,在此表示衷心感谢!希望这套丛书能为培养现代化金融人才、全面提升金融市场从业人员能力建设水平做出贡献,也诚挚期待各位读者对丛书提出宝贵的意见建议,让我们携起手来共同打造一套金融市场能力建设的经典之作!让我们不忘初心,继续前进,为金融市场发展而拼搏奋斗、砥砺前行!

中国银行间市场交易商协会培训专家委员会
二〇一八年十月

《信用评级：理论与实务》
编 写 组

编写组成员（按姓氏笔画排序）

王如琰	孔令强	卢　田	叶伟春	刘　艳
李冰晖	李　诗	李　茜	李振宇	李　想
何金中	余　璐	张　伟	张子范	张文玲
陈文沛	陈　静	林文杰	林　青	周美玲
郑　飞	屈晓灿	赵晓丽	郝　帅	胡　颖
俞春江	姜　克	袁　也	莫云华	党　黎
徐文鸣	徐承远	郭文渊	郭继丰	涂　晟
黄　田	黄雨昕	曹葱葱	崔婉婷	梁晓莉
蒋敏杰	翟　帅	戴晓枫		

目录 contents

>>>>>> 上 册 <<<<<<

第一篇　信用评级概论

第1章　信用评级概述 ······ 3
开篇导读 ······ 3
1.1　信用评级的概念和分类 ······ 4
1.2　信用评级的方法体系和等级符号系统 ······ 8
1.3　信用评级的功能、作用及公信力 ······ 21
1.4　信用评级分析师的知识体系和执业能力 ······ 26

第2章　信用评级行业的产生与发展 ······ 32
开篇导读 ······ 32
2.1　国际信用评级行业的发展历程 ······ 33
2.2　国际信用评级行业的发展现状与启示 ······ 42
2.3　我国信用评级行业的发展历程 ······ 46
2.4　我国信用评级行业发展现状 ······ 58
2.5　我国信用评级行业面临的机遇与挑战 ······ 67

第二篇　信用评级理论与方法

第3章　信用评级的原理和方法 ······ 75
开篇导读 ······ 75
3.1　信用评级的基础和原则 ······ 76
3.2　信用评级的准则 ······ 81
3.3　信用评级的构架 ······ 84
3.4　信用评级的生成逻辑和调整原则 ······ 98
3.5　主体和债项信用评级的思路 ······ 102

第 4 章　主权信用评级 ························· 108

开篇导读 ····································· 108
4.1　主权信用评级概述 ······················ 109
4.2　主权信用评级要素 ······················ 119
4.3　超主权实体信用评级方法 ················ 139

第 5 章　地方政府信用评级 ····················· 149

开篇导读 ····································· 149
5.1　国际信用评级机构的地方政府信用评级方法 ··· 150
5.2　国内信用评级机构的地方政府信用评级方法 ··· 158

第 6 章　工商企业信用评级 ····················· 178

开篇导读 ····································· 178
6.1　工商企业信用评级的要素结构 ············ 179
6.2　经营风险评级要素分析 ·················· 182
6.3　财务风险评级要素分析 ·················· 191
6.4　外部支持评级要素分析 ·················· 203

第 7 章　公用事业类企业信用评级 ··············· 207

开篇导读 ····································· 207
7.1　公用事业类企业概述 ···················· 208
7.2　城市基础设施类国有企业信用评级 ········ 212
7.3　水务企业信用评级 ······················ 219
7.4　燃气企业信用评级 ······················ 223
7.5　电力电网企业信用评级 ·················· 229
7.6　公路企业信用评级 ······················ 235
7.7　机场企业信用评级 ······················ 241
7.8　港口企业信用评级 ······················ 246

第 8 章　金融机构信用评级 ····················· 257

开篇导读 ····································· 257
8.1　金融机构信用评级概述 ·················· 258
8.2　商业银行信用评级方法 ·················· 259
8.3　保险业信用评级方法 ···················· 266
8.4　证券业信用评级方法 ···················· 272

8.5	地方资产管理公司信用评级方法	278
8.6	租赁公司信用评级方法	286
8.7	担保公司信用评级方法	290

第 9 章　债项信用评级　303

开篇导读　303
9.1　债项信用评级概述　304
9.2　短期债项信用评级　312
9.3　普通中长期债项信用评级　315
9.4　可转换债和可交换债信用评级　318
9.5　混合资本工具信用评级　321

第 10 章　资产证券化产品信用评级　326

开篇导读　326
10.1　资产证券化概述　327
10.2　公司贷款支持证券评级　337
10.3　个人住房抵押贷款支持证券评级　353
10.4　个人汽车贷款支持证券评级　359
10.5　商业房地产抵押贷款支持证券评级　366

下　册

第三篇　信用评级管理

第 11 章　评级独立性与利益冲突管理　385

开篇导读　385
11.1　评级行业利益冲突的定义及产生的原因　386
11.2　保持信用评级独立性的利益冲突管理措施　393
11.3　国内外信用评级机构利益冲突管理实践　399

第 12 章　信用评级的流程与质量控制　411

开篇导读　411

12.1　信用评级的流程 …… 412
　　12.2　信用评级的质量控制 …… 423

第 13 章　评级信息披露与透明度管理 …… 432
　　开篇导读 …… 432
　　13.1　信息披露概述 …… 433
　　13.2　信用评级行业信息披露与透明度管理实践 …… 436
　　13.3　评级结果披露 …… 446

第 14 章　信用评级结果的质量检验 …… 462
　　开篇导读 …… 462
　　14.1　信用评级结果质量检验的内涵和意义 …… 463
　　14.2　信用评级结果的准确性检验 …… 467
　　14.3　信用评级结果的利差分析 …… 492
　　14.4　信用评级结果的稳定性检验 …… 498

第四篇　信用评级监管

第 15 章　国际信用评级行业监管 …… 515
　　开篇导读 …… 515
　　15.1　信用评级监管的基本理论 …… 516
　　15.2　监管改革实践 …… 520
　　15.3　信用评级机构的准入和退出制度 …… 527
　　15.4　信用评级利益冲突的监管制度 …… 535
　　15.5　信用评级信息披露制度 …… 545
　　15.6　信用评级公司治理与内部控制 …… 551
　　15.7　法律责任 …… 555

第 16 章　中国信用评级行业监管 …… 563
　　开篇导读 …… 563
　　16.1　信用评级监管概述 …… 564
　　16.2　信用评级市场的准入、市场化评价和退出 …… 572
　　16.3　利益冲突监管制度 …… 578
　　16.4　信息披露监管 …… 583
　　16.5　公司治理和内控制度 …… 586
　　16.6　法律责任 …… 590

第 17 章 信用评级从业人员执业规范 ·········· 596

开篇导读 ·········· 596
17.1 信用评级从业人员执业规范概述 ·········· 597
17.2 中国信用评级从业人员执业规范 ·········· 600
17.3 国际信用评级从业人员执业规范 ·········· 611

第五篇 信用风险度量和模型

第 18 章 信用风险度量 ·········· 625

开篇导读 ·········· 625
18.1 信用风险度量基础 ·········· 626
18.2 信用风险基本要素度量方法 ·········· 630

第 19 章 信用风险分析模型 ·········· 650

开篇导读 ·········· 650
19.1 基于财务指标的评分模型：Z 值评分模型、ZETA 信用风险模型与打分卡模型 ·········· 651
19.2 基于统计学的离散选择模型：Logit 模型和 Probit 模型 ·········· 654
19.3 基于市场价值的违约预测模型：KMV 模型 ·········· 657
19.4 其他信用风险分析模型 ·········· 661

第一篇

信用评级概论

第1章
信用评级概述

郭继丰　戴晓枫　周美玲（上海新世纪资信评估投资服务有限公司）

学习目标

通过本章学习，读者应做到：
◎ 理解信用评级的定义、相关概念和分类；
◎ 掌握信用评级的方法体系和信用等级符号系统；
◎ 理解信用评级的功能、作用和相对应的经济学原理；
◎ 了解信用评级公信力形成的机制；
◎ 了解信用评级分析师执业需要的知识体系和能力。

■ 开篇导读

2015年8月，某企业想通过发行债券进行融资，之前该企业并没有在债券市场融资的经验，承销商为其推介了相关的发行方案，指出企业公开发行债券产品需要由一家独立的第三方的信用评级机构（以下简称"评级机构"）对其主体和债项进行信用评级，以便让投资者了解企业的信用资质水平，并可为债券定价提供参考。于是，该企业委托一家评级机构对其主体和拟发行债券进行了信用评级。经过一定的时间后，评级机构完成了信用评级过程，向其出具了信用评级报告，给予其主体和中期票据AA的信用等级。2015年12月，该企业在银行间债券市场以4.5%的利率成功发行了10亿元[1]的中期票据，

---
[1] 若无特别说明，本书货币均为人民币。

获得了10亿元的融资。经该企业比较，通过银行间债券市场融资的综合成本比银行信贷下降了1%。

之后，该企业继续使用短期融资券、中期票据、公司债券、超短期融资券、永续债等债务融资工具在市场上进行融资，调整直接融资和间接融资的债务比例，优化短期和中长期债务融资工具期限结构。在2016年，该企业还通过应收账款的资产证券化，提前回笼了资金，从而优化了财务报表，增强了该企业的现金流。

该企业的融资行为表明，债券和资产证券化作为直接融资的工具，经过信用评级，可以提高企业的信息透明度，有效降低债券发行人与投资者之间的信息不对称，从而降低融资成本、提高交易效率，促进该企业成功发行各种债务融资工具，有利于其优化债务期限结构，增强现金流，为企业发展提供重要的资金来源。本章通过介绍信用评级的概念和分类、信用评级的方法体系和信用等级符号系统、信用评级的功能和作用、信用评级公信力，以及信用评级分析师所需的执业知识体系和职业能力，粗线条勾勒信用评级的轮廓，为正在或即将从事信用评级工作的人员、债券的发行者、承销商、投资者及相关的读者奠定信用评级的基础知识和理论。

1.1 信用评级的概念和分类

随着我国金融市场改革的深化，在债券市场快速发展的同时，融资主体的偿债能力和意愿成为债务融资工具信用关系的基础。信用评级通过对融资主体偿债能力和意愿进行综合评价，发挥着减少信息不对称、揭示信用风险、提高市场交易效率和促进公平交易的功能，成为金融市场基础设施的重要组成部分。

1.1.1 信用评级的定义和相关概念

信用评级的定义和相关概念是对信用评级的总括性介绍，是对信用评级的基础性解释，反映信用评级的基础性假设和操作方法。

1.1.1.1 从信用到信用评级

从广义上来说，信用是自然人或法人因商品交易、投融资关系所形成的一种社会关系或生产、服务关系。信用的广义含义包括四个层次：从伦理道德角度而言，信用是信守诺言、诚实守信、言出必行的一种道德品质；从法律层次而言，信用是契约签订双方所具有的权利和义务；从货币角度而言，国家或银行的信用是货币作为交易媒介的基础；从经济角度而言，信用是自然人或法人之间的借贷关系。信用四个层面的含义构成了市场经济的信用体系。

以市场经济的信用体系为基础，形成了个人征信、企业征信和信用评级的社会信用体系。社会信用体系的建设主要是为了减少信用交易双方之间的信息不对称。个人征信是征信机构依法对个人信用信息进行采集、加工、处理，形成相应的个人征信报告并应用于个人消费信贷、社会管理的经济和社会活动。企业征信是征信机构依法对企业信用信息进行采集、加工、处理，形成相应的企业征信报告并应用于企业间商业信用、银行信贷和社会管理的经济和社会活动。

信用评级也称资信评级，是为了减少债务工具发行主体与投资者之间的信息不对称，由独立的评级机构对影响债务工具发行主体和债务工具（简称受评对象）的信用信息进行采集、加工、处理和分析研究，并就受评对象的债务偿还能力和意愿进行综合性预测和评价，用简单明了的符号表示其信用风险的大小。进一步而言，信用评级是由专门的独立机构，根据独立、客观、公正的原则，通过收集影响受评对象信用的信息，采用一整套分析框架和分析方法，对其在特定时期内的债务偿还能力和意愿进行评价，并用简单符号予以表达。

1.1.1.2 从信用评级的主客体到信用评级结果

评级机构是信用评级的主体，是依法设立、从事信用评级业务的社会中介机构，在进行信用评级业务时具有独立性和专业性。评级机构的独立性，是指其在开展评级业务时，不受融资主体和其他社会参与机构的影响，独立发表第三方的评级观点。评级机构在进行信用评级时，应建立防火墙制度、回避制度等内部控制制度，保障信用评级业务的独立、客观和公正。评级机构的专业性是指信用评级业务是一批具有信用风险分析和判定能力的专业人员就受评对象的信用风险进行的综合性预测和判定，是一种专家意见。为了保障信用评级专家意见的一致性，评级机构建立了符合自身业务种类、结构和优势的信用评级框架、信用分析评价框架和信用评级方法，以及保障信用风险分析的流程和管理制度。信用评级的对象是信用评级的客体，即受评对象，是评级机构进行分析、预测和综合判定信用风险的对象。信用评级的对象一般可分为主体和债务融资工具两类，对应形成主体信用评级和债务融资工具信用评级。信用评级中的主体评级对象是指即将或已经发行债务工具的企业、政府等融资主体，主要包括工商企业、金融机构和政府（包括主权政府和地方政府）三大类。信用评级中的债务融资工具评级对象是指企业、政府等融资主体发行的有价证券，如企业债券、可转换债券、商业票据、资产证券化产品等。信用评级分析的核心内容是受评对象的信用风险。信用风险也称为违约风险，是指借款人、债务融资工具的发行人不能或不愿履行契约约定的还本付息义务的风险。信用风险的产生可能由单个或多个因素诱发，包括经济周期、行业周期、金融风险、利率变化、企业自身的经营管理和财务状况等。

信用评级的结果是评级机构通过对受评对象的信用风险进行分析、预测和综合性判定，形成具有信用等级符号标识的信用评级报告。

信用等级是评级机构用既定的符号标识受评对象未来偿债可能性的级别。信用等级的高低分别表明违约可能性的高低。通常来说，信用等级越高，违约的可能性越小；信用等级越低，违约的可能性越大。

信用评级报告是评级机构根据收集到的资料，作如实的记载和系统的分析整理、审核和验证，按既定的评级流程和方法分析受评对象的信用风险，并给予相应的信用等级，撰写能够反映受评对象信用状况和未来信用风险的分析性和观点性报告。信用评级报告中的观点或意见具有相对性，这表明信用评级报告仅是评级机构做出信用风险分析、进行信用等级高低判定的逻辑过程和相对性支持材料，并不表示一个完整的数理统计模型或统计结果，也不反映受评对象的所有信用信息。

1.1.1.3 从信用事件到违约和违约损失

信用事件的发生可能诱发借款人或债务融资工具发行主体违约。信用事件是指发生了交易双方约定的事件中的一种或多种。根据《中国银行间市场金融衍生产品交易定义文件（2012年版）》的定义，信用事件主要分为六类：破产、支付违约、债务加速到期、债务违约、拒绝或延期偿付、债务重组。

从信用等级的角度看，信用评级仅表明统计学意义上的较高信用等级对应较低的违约概率（probability of default, PD）或违约损失率（loss given default, LGD），较低的信用等级对应较高的违约概率和违约损失率，并不是严格的某一信用等级对应确定的违约概率和违约损失率。

违约（default）是债务人因某种因素不能按照事先达成的协议全部或部分履行合约的行为。违约率（default rate）是以样本为基础按照违约标准统计的不同信用等级对应的违约状态，违约概率则是以违约率的统计为基础对未来违约可能性的估计。违约损失率是在主体违约的条件下，债务工具的损失额与本息的比率。与此相对应，在主体违约条件下债务工具的收益挽回额与本息的比率则为违约挽回率。

从违约的特定形式看，违约可分为交叉违约和选择性违约。交叉违约是指在债券或贷款协议条款中规定，如果债务人其他债务出现到期日未结清的情况则视为对本合同的违约。选择性违约（selective default, SD）是指债务人选择性地对某些或某类债务违约。另外，技术性违约（technical default, TD）是指除了支付本金和利息，未能履行债券发行契约所载条款，例如未能维持规定的偿还基金，一般发生技术性违约不直接认定为债券违约。

违约敞口（exposure at default, EAD）也叫做信用敞口，是当债务人违约时债权人可能损失的最大金额。预期违约损失（expected default loss, EDL）是指在合同履行期限到来之前，因一方明确表示或其行为表明在履行期来到后不能履行合同而造成的损失。

1.1.1.4 信用评级模式的分类

信用评级模式按照同一受评对象是否同时由几家评级机构进行评级可以分为单评级模式和多评级模式。单评级模式是指受评对象仅被一家评级机构进行评级，并向投资者披露评级结果的服务活动。多评级模式是指对同一债券品种或同一债券发行主体同时分别由两家（含）以上评级机构进行评级，并同时对投资者披露评级结果的服务活动；其中，双评级是多评级的常见形式。

按照付费人在市场中的角色，信用评级模式通常可分为发行者付费模式（issuer-pay model）和投资者付费模式（subscriber-pay model）。发行者付费模式是指评级机构向债务工具发行人收取评级费用的模式。投资者付费模式是指评级机构向订购评级报告的投资者收取评级费用的模式。目前，信用评级行业主要采用发行者付费模式，但也有些机构尝试采取投资者付费模式。

1.1.2 信用评级的分类

信用评级可以按照不同的目的、标准进行分类。为了满足信用评级监管、统计和投资者识别信用风险的需要，信用评级可以按受评对象、期限、委托情况、偿债货币类型、所处市场等标准进行分类。

1.1.2.1 主体评级和债项评级

根据受评对象的不同，信用评级可分为主体评级和债项评级。

主体评级也称债务人评级、发行人评级或企业信用评级等，其评级结果是对受评主体整体信用状况的评价，并不针对某一项特定的债务，主要包括主权国家评级、地方政府评级、工商企业评级、金融机构评级等。评级机构在对主体进行评级时，主要是针对其基本信用质量展开分析（fundamental analysis），因此主体评级结果揭示的是债务发行人的基本信用级别（issuer's base-rating level）。

债项评级也称债务评级，主要是对发行主体发行的特定债务工具进行评级，例如企业债券、可转换债券、中短期票据、资产支持证券评级等，是对债务主体发行的各种长期和短期债务工具违约的可能性，以及违约发生后的违约损失率的预测和评价。通常而言，债项评级是在主体信用评级的基础上，对融资主体发行的各种债务工具进行的评级。

1.1.2.2 长期评级和短期评级

根据覆盖的期限长短的不同，信用评级可分为长期评级和短期评级。

短期评级的对象，其债务通常在一年内到期，例如商业票据（短期融资券）、货币市场工具等有关的信用工具及短期银行贷款等；而长期评级对象的债务则一般在超过一年的期间到期，例如公司发行的一年期以上的公司债券、抵押债券、中期票据、可转换债券、长期银行贷款等。评级机构通常采用不同的符号来表达长、短期评级的结果，表示的含义也存在较大的区别。

由于长短期债务的信用风险不同，且短期投资者所需要的信用信息也与长期投资者存在差异，因此短期评级中使用的评级体系明显不同于长期评级。

1.1.2.3 主动评级和委托评级

根据评级业务是否接受了相关方的委托进行分类，信用评级可分为主动评级和委托评级。

主动评级是评级机构在未接受发债主体或其他相关方委托的情况下，根据公开资料主动对债务工具或其发行者进行的评级。在主动评级的情况下，由于评级机构主要根据公开信息展开评级活动，而未对债务工具发行主体进行实地调查或调查不够充分，因此存在信息不完整或不完全可靠的情况。

根据委托者的不同，委托评级可分为发债主体委托评级和投资者委托评级。发债主体委托评级是指评级机构是接受发债主体的委托展开的评级工作，发债主体积极参与到评级过程中来，评级机构进行了实地调查，可以掌握比较可靠、完整的信息。投资者委托评级是指评级机构接受投资者的委托对已经发行的债券进行的评级，发债主体对接受投资者委托的评级机构配合程度较低，评级机构所掌握信息的完善程度也较低。

1.1.2.4 本币评级和外币评级

根据债务偿付币种的不同，信用评级可分为本币评级和外币评级。本币评级是以本币作为偿还债务货币的债务工具和主体评级。外币评级是以外币作为偿还债务货币的债务工具和主体评级。

1.1.2.5 内部评级和外部评级

根据行为主体的不同，信用评级可分为内部评级（internal rating）和外部评级（external rating）。

内部评级是金融机构（包括银行、保险公司、证券公司、基金公司等）为自身投资决策对债务人进行的信用评级。内部评级的主要目的是服务于自身投资，不是给其他投资者提供参考。

外部评级是社会化、专业化的评级机构对债务人进行的信用评级。外部评级的主要目的是为金融机构的债券投资或授信提供外部参考，并提高市场的交易效率，促进公平交易。巴塞尔协议Ⅱ规定银行计量信用风险资本的依据是评级，可以是外部评级，也可以是内部评级，但应根据银行采用的风险资本计量方法来确定。其中，使用标准法的银行必须采用外部评级结果，使用内部评级的银行可以有初级法和高级法两种选择。

1.1.2.6 资本市场评级和信贷市场评级

根据受评对象所处市场的不同，信用评级可分为资本市场评级和信贷市场评级。

资本市场评级是对在资本市场上公开或非公开发行的债券进行的评级。我国主要的债券发行市场包括银行间市场和交易所市场，需进行评级的债券包括短期融资券、中期票据、企业债券、公司债券、可转换公司债券、金融机构债券、资产支持证券等。信贷市场评级是对在银行进行借贷的主体进行的评级，主要用于银行授信，包括借款企业评级、票据评级等。

1.2 信用评级的方法体系和等级符号系统

信用评级方法体系是按照信用评级分析对象的特征，进行类别或部门区分而形成的。信用评级等级符号系统是信用评级风险大小的符号标识系统。信用评级方法体系反映了分析信用风险大小的方法选择，信用评级等级符号系统反映了信用风险大小的结果标识。

1.2.1 信用评级方法体系

信用评级方法体系既可以是适用于某一国家或地区的信用评级方法，也可以是适用于全球的信用评级方法。进一步而言，信用评级方法适用的范围不同，将形成不同的信用评级体系。

1.2.1.1 信用评级体系

信用评级体系是指跨行业和跨资产类别的信用评级方法，在可比性和一致性原则上形成的有机系统。从评级实践看，信用评级体系大致可分为全球体系（global scale）和区域体系（regional scale）。这二者之间的基本差异在于所涉及的范围不同。全球体系评级是基于全球范围的信用风险比较，区域体系评级是基于一个国家或地区范围内的信用风险比较。这一比较强调的是一致性和可比性，即所评出的信用级别分别要在全球范围和区域范围形成一致性和可比性。从实际的信用评级使用来看，这两个不同体系的信用评级分别回应了不同投资者的需求，提供了两个不同的信用评价基准（benchmark），二者之间也存在着某种对应关系。

从世界各国信用评级的实践看，标准普尔（以下简称"标普"）、穆迪和惠誉这三大国际评级机构给予世界各国债务发行主体和债务工具的信用等级，大多数属于全球评级体系；以中国境内评级机构为代表的大多数信用评级机构所做出的信用等级，属于区域信用评级。此外，标普等国际评级机构创建了大中华区等区域评级体系，并给予了部分区域评级等级与全球评级体系的对应表。

1.2.1.2 信用评级方法体系

信用评级方法体系是指在不同行业分类的基础上，将具有相同特征和逻辑构架的行业进行归类，形成具有大行业类（如工商企业类、金融机构类等）特征的评级方法结构性图谱。信用评级方法体系是信用评级方法的有机构成，便于投资者、监管方和市场其他主体了解、理解信用评级的内涵、外延和结构体系。

根据境内外评级机构的实践，信用评级方法体系可分为三个层次：一是关于信用评级基本理念、思路和逻辑等的一般性描述或解析；二是关于大行业类的综合性评级思路；三是具体行业的信用评级方法（见图1-1）。

1.2.1.3 信用评级方法体系和信用评级体系的关系

信用评级方法体系和信用评级体系之间的关系取决于信用评级方法体系所适用国家或地区的地理区域范围。如果某个评级机构的某一评级方法适用于全球范围，那么该评级机构在这一评级方法下的相应评级产品就属于全球评级体系。如果某个评级机构的某一评级方法适用于某一国家或地区，那么该评级机构在这一评级方法下的相应评级产品就属于区域评级体系。

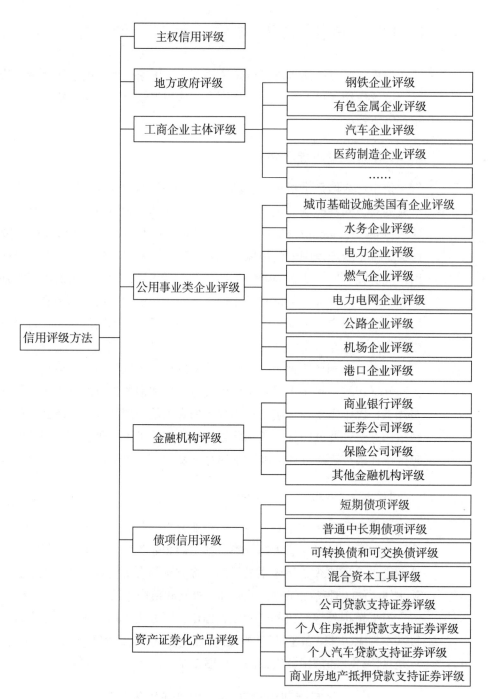

图 1-1 信用评级方法体系

1.2.2 信用评级的等级符号系统

1.2.2.1 信用等级的划分原则

信用等级是信用评级的直观结果，对于信用等级的划分应坚持以下基本原则：

第一，信用等级的符号要简单明了，便于识别和记忆。国内外评级机构的等级符号采用三等九级制的较多。

第二，信用等级符号之间应有清晰的分层性和序列性。国内外评级机构的信用等级符号的三等九级制能给予投资者清晰的分层感和序列感，看到不同的信用等级符号，能够较快地感受到这一信用等级在三等九级中处于什么层次、排在什么位置。与三等九级制相比，一些研究机构或金融机构内部以数字1、2、3……或甲、乙、丙……设置信用等级符号。这种设置的等级符号序列性较强，但是层次感相对较差。

第三，信用等级符号的层级不应过多也不应太少。信用等级的符号层级过多或过少，容易造成信用等级之间的区分度问题，不便于投资者进行信用风险组合管理。此外，信用等级的符号层级过多，不容易被识别和记忆；信用等级的符号层次太少，虽然容易被识别和记忆，但是容易造成受评对象的信用风险水平区分度不足。

第四，信用等级有明确的投资级和投机级划分。投资级和投机级的划分，主要是以违约率为依据。在普遍使用的三等九级制中，BBB（含微调的BBB-）以上级别的均为投资级，BB（含微调的BB+）以下级别的均为投机级。从BBB级到BB级通常表现为违约率的快速上升。例如，1981—2016年标普的全球发行人平均累积违约率中，一年期BBB级债券的平均累积违约率为0.17%，BB级债券为0.58%；两年期BBB级债券的平均累积违约率为0.44%，BB级债券为1.79%。

第五，信用等级符号的释义要有明确的等级区分度和违约可能性。信用等级符号可以体现出分层性和序列性，而信用等级的区分度如何，需要用信用等级符号的释义进行区分。信用等级符号释义的等级区分度和违约可能性大小，通常通过关键词加以表达，例如AAA级受外部环境的影响"极低"、违约的可能"极小"，AA级受外部环境的影响"较低"、违约的可能"较低"，等等。

第六，长短期信用等级符号之间应有清晰的等级映射关系。国内外评级机构不仅有中长期的信用等级符号系统，还有短期的信用等级符号系统，并建立有中长期信用等级符号与短期信用等级符号之间的映射关系。因此，在设置信用等级符号系统时，既要有中长期信用等级符号系统，也要有短期信用等级符号系统，还应该建立中长期信用等级符号系统与短期信用等级符号系统之间的映射关系。

第七，信用等级符号中应有违约信用等级符号。设置违约信用等级符号，便于通过符号标识信用风险发生的确定性事实，便于违约率和信用等级迁移率的计算，也为信用风险组合管理提供了基础数据。

1.2.2.2 国内信用评级机构的信用等级符号系统

1. 主体和中长期债券信用等级符号系统

根据《信贷市场和银行间债券市场信用评级规范》及长期信用评级的实践，国内评级机构制定了主体和中长期债券信用等级符号系统，以及短期债券信用等级符号系统。主体信用评级属于中长期债券信用评级，在信用等级的符号系统上保持一致（见表1-1）。但是，主体信用等级并不完全对应该主体发行的债券信用等级，仅表示主体和中长期债券在信用等级上可以使用同一等级系统。主体信用等级是确定本主体所发行债券信用等级的基础，但是中长期债券的信用等级还取决于债券本身在债务融资工具中的偿还顺序、信用增进措施等债券本身的特征。

表 1-1　国内评级机构主体和中长期债券信用等级及其释义

信用等级	释义
AAA	偿还债务的能力极强，基本不受不利经济环境的影响，违约风险极低
AA	偿还债务的能力很强，受不利经济环境的影响不大，违约风险很低
A	偿还债务能力较强，较易受不利经济环境的影响，违约风险较低
BBB	偿还债务能力一般，受不利经济环境影响较大，违约风险一般
BB	偿还债务能力较弱，受不利经济环境影响很大，违约风险较高
B	偿还债务的能力较大地依赖于良好的经济环境，违约风险很高
CCC	偿还债务的能力极度依赖于良好的经济环境，违约风险极高
CC	在破产或重组时可获得保护较小，基本不能保证偿还债务
C	不能偿还债务

注：除 AAA、CCC（含）以下等级外，每一个信用等级可用"+""-"符号进行微调，表示略高或略低于本等级。

2. 短期信用等级符号系统

短期信用等级符号系统是指一年期内债务工具的等级符号系统（见表 1-2）。

表 1-2　国内评级机构短期债券信用等级及其释义

信用等级	释义
A-1	还本付息能力最强，安全性最高
A-2	还本付息能力较强，安全性较高
A-3	还本付息能力一般，安全性易受不良环境变化的影响
B	还本付息能力较低，有一定的违约风险
C	还本付息能力很低，违约风险较高
D	不能按期还本付息

注：每一个信用等级均不进行微调。

3. 主体信用等级与短期债券信用等级的映射关系

主体信用等级是确定短期债券信用等级的基础，在不考虑短期债券偿还顺序及信用增进的措施下，主体信用等级与短期债券信用等级之间保持着相对稳定的对应关系。

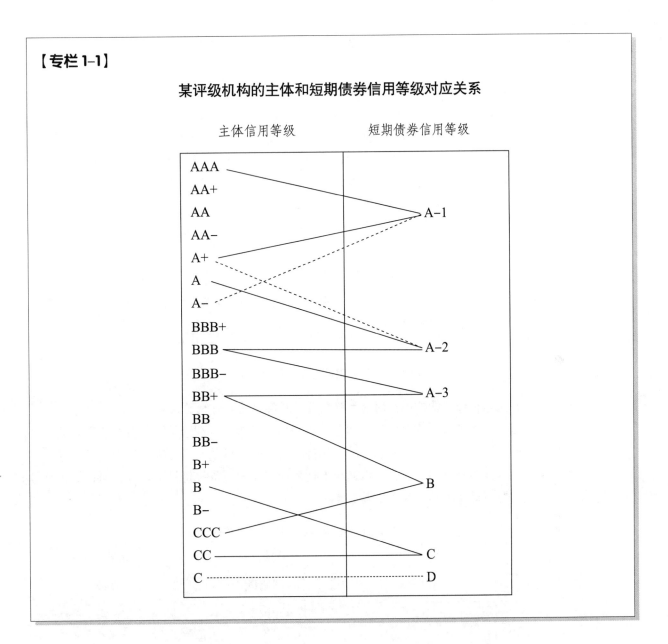

【专栏1-1】

某评级机构的主体和短期债券信用等级对应关系

4. 结构化金融产品信用等级符号系统

结构化金融产品（structured finance products）是衍生金融的重要内容，也是国内外信用评级监管中日益重视的评级产品。在次贷危机后，国内外评级机构针对结构化金融产品信用评级的特征，制定了专门的信用等级符号和相应的释义，以区别于传统债券的信用等级符号和释义。

国内评级机构针对结构化金融产品信用评级的特征，设置了相应的结构化金融产品信用等级的专门符号和释义。以国内某评级公司为例，结构化金融产品信用等级符号和释义如表1-3所示。

表 1-3　结构化金融产品信用等级符号及其释义

信用等级	释义
AAA_{sf}	结构化金融产品偿还的能力极强，违约风险和违约损失风险极低。
AA_{sf}	结构化金融产品偿还的能力很强，违约风险和违约损失风险很低。
A_{sf}	结构化金融产品偿还能力较强，违约风险和违约损失风险较低。
BBB_{sf}	结构化金融产品偿还能力一般，违约风险和违约损失风险一般。
BB_{sf}	结构化金融产品偿还能力较弱，违约风险和违约损失风险较高。
B_{sf}	结构化金融产品偿还安全性很低，违约风险和违约损失风险很高。
CCC_{sf}	结构化金融产品偿还安全性极低，违约风险和违约损失风险极高。
CC_{sf}	结构化金融产品基本不能保证偿还债务。
C_{sf}	结构化金融产品不能偿还债务。

注：除 AAA_{sf}、CCC_{sf}（含）以下等级外，每一个信用等级可用"+""-"符号进行微调，表示略高或略低于本等级。

1.2.2.3　国际评级机构的信用等级符号系统

1. 国际评级机构的中长期信用等级符号和释义差异

国际三大评级机构对中长期债务工具的信用等级，分别给予了各自的信用等级符号和不同的释义。尽管标普和惠誉的信用等级符号是一样的，且等级符号系统是一致的，但是其释义存在一定的差异。穆迪与上述两家机构不仅等级符号不一致，而且等级符号系统、等级释义也不一致（见表 1-4）。

表 1-4　国际评级机构中长期信用等级符号系统和其释义

	标普		穆迪		惠誉	
	等级符号	等级释义	等级符号	等级释义	等级符号	等级释义
投资级	AAA	是标普给予的最高债务等级，债务人偿债能力极强。	Aaa	是穆迪给予的最高债务等级，违约风险最低。	AAA	信用质量最高，违约风险最低，偿债能力极强，基本不受不利环境的影响。
	AA	与最高债务等级差别很小，债务人偿债能力很强。	Aa	债务的信用质量很高，具有较低的违约风险。	AA	信用质量很高，违约风险很低，偿债能力很强，受不利环境的影响不大。
	A	相对于较高信用等级的债务，更易受到外部环境或经济条件变化等不利因素的影响，但债务人偿债能力仍较强。	A	债务的信用质量为中上，有低的违约风险。	A	信用质量较高，违约风险较低，偿债能力较强，相对于较高信用等级的债务，更易受到不利环境的影响。
	BBB	目前具有足够偿债能力，但是在经济条件或外部环境恶化的情况下，其偿债能力可能会弱化。	Baa	债务的信用质量为中等，有适度违约风险，因此可能具有一定的投机特征。	BBB	信用质量良好，违约风险低，偿债能力尚可，但不利的商业或经济环境可能弱化其偿债能力。

（续表）

	标普		穆迪		惠誉	
	等级符号	等级释义	等级符号	等级释义	等级符号	等级释义
投机级	BB	在投机级中的违约可能性较小。如果持续地发生重大不确定情况或面临不利的商业、财务或经济环境，其偿债能力会不足。	Ba	债务具有投机性特征，违约风险较高。	BB	具有投机性特征，尤其是在商业或经济环境恶化的情况下，违约风险上升。但其业务和财务仍可支持债务偿还。
	B	违约的可能性比BB级高，债务人目前仍具有偿债能力，但是商业、财务或经济环境的恶化，会削弱债务人的偿债能力或意愿。	B	属于投机性债务，违约风险高。	B	具有较高的投机性，违约风险较高。债务人目前仍具有偿债能力，但其偿债能力依赖于良好的商业和经济环境。
	CCC	目前存在违约的可能，是否违约取决于商业、财务或经济条件。在商业、财务或经济环境恶化状况下，债务人可能违约。	Caa	债务的信用质量很差，违约风险很高。	CCC	违约风险确实存在。
	CC	目前违约的可能性很高。违约尚未发生但标普预期将会违约而无论具体预期违约时间。	Ca	具有高度投机性的债务，可能处于或非常接近违约的状态，本金和利息有一定回收前景。	CC	违约风险很高，某种类型的违约可能出现。
	C	违约的可能性很高，与评级较高的债务相比，该债务的偿债顺序较为靠后或最终挽回率较低。	C	债务为最低债券等级，通常已违约，收回本金及利息的可能性很小。	C	近乎违约或类似违约的处置流程已经开始，或发行人处于停滞状态，或者对于封闭融资工具其偿付能力已受到损害，或债务人未偿付已经进入了宽限期或债务重组阶段。
	R	债务人的财务状况正在接受监管。在监管期内，监管机构有权审定某一项债务较其他债务优先偿还权。		—	RD	限制性违约，债务人已经对某项债券、贷款或其他重大财务义务违约，同时，未进入破产申请或类似行动阶段，也未停止其经营活动。
	SD	债务人有选择性地对某些或某类债务违约。				
	D	债务违约或违背合同条款。对于非混合资本工具，如果在到期日未偿付债务，将使用D评级，除非标普认为可在未规定宽限期的5个工作日或在规定宽限期30个自然日内完成偿付。在提交破产申请或采取类似行动时，债务的违约是可预见的，例如自动中止规则，也会使用D评级。如果发生低价交易，债务的评级被降低到D。			D	已经违约，债务人已经进入了破产申请或类似行动的阶段。违约评级未被预先指定给主体或其债务；在宽限期内的工具一般不会被视为违约。

注：R、SD、RD符号主要用于主体评级。

2. 国际评级机构中长期信用等级符号的微调

在投资级和投机级的基础信用等级上，标普除了 AAA 和 CCC 及其以下信用等级，皆可以进行微调；穆迪除 Aaa 和 Ca 及其以下信用等级外，皆可以进行微调；惠誉除 AAA 和 CCC 及其以下信用等级外，皆可以进行微调（详见表 1-5）。

表 1-5 国际评级机构中长期信用等级符号微调后的等级系统

	标普	穆迪	惠誉
投资级	AAA	Aaa	AAA
	AA+	Aa1	AA+
	AA	Aa2	AA
	AA−	Aa3	AA−
	A+	A1	A
	A	A2	A
	A−	A3	A−
	BBB+	Baa1	BBB+
	BBB	Baa2	BBB
	BBB−	Baa3	BBB−
投机级	BB+	Ba1	BB+
	BB	Ba2	BB
	BB−	Ba3	BB−
	B+	B1	B+
	B	B2	B
	B−	B3	B−
	CCC	Caa1	CCC
	CC	Caa2	CC
	C	Caa3	C
	SD	Ca	RD
	D	C	D

3. 国际评级机构短期信用等级符号系统和其释义

国际评级机构除中长期信用等级符号系统外，还有短期（即一年以内）信用等级符号系统（详见表 1-6）。

表 1-6 国际评级机构短期信用等级符号系统和其释义

标普		穆迪		惠誉	
等级符号	等级释义	等级符号	等级释义	等级符号	等级释义
A-1	偿债能力强，是标普短期最高信用等级。在此级别后附"+"号，表明偿债能力极强。	P-1	穆迪给予的发行人或相关信用支持方的短期最高信用等级，具有最强的债务偿还能力。	F1	短期信用质量最高，具有最高的定期偿付能力。在此级别后附"+"号，表明偿债能力极强。

（续表）

标普		穆迪		惠誉	
等级符号	等级释义	等级符号	等级释义	等级符号	等级释义
A-2	偿债能力较强，相比最高等级，偿债能力较易受到外部环境或经济变化的影响。	P-2	穆迪基于发行人或相关信用支持方短期较强的债务偿还能力评级。	F2	信用质量良好，定期偿付能力较强。
A-3	目前有足够偿债能力，若经济条件或外部环境恶化，会弱化其偿债能力。	P-3	穆迪基于发行人或相关信用支持方短期偿债能力尚可的信用评级。	F3	信用质量一般，定期偿付能力尚可。
B	偿债能力弱，具有较高的投机性。债务人目前具有偿债能力，但是持续的重大不确定性因素可能使得债务人偿债能力不足。	NP	不在穆迪任何P评级类别内的发行人或相关信用支持方。	B	具有投机性，定期偿付能力极小，容易受到经济、财务恶化的影响。
C	目前有可能违约，债务人需要依赖良好的商业、财务和经济环境才能偿还债务。			C	违约风险高，且存在违约的可能性。
R	债务人的财务状况正在接受监管。在监管期内，监管机构有权审定某一项债务较其他债务的优先偿还权。			RD	限制性违约，表明主体对一项或多项债务违约，但继续履行其他债务。
SD	债务人有选择性地对某类或某项债务违约。		—		
D	短期债务违约或违背合同条款。对于非混合资本工具，如果在到期日未偿付债务，将使用D评级，除非标普认为可在宽限期内完成偿付。但是，任何超过五个工作日的宽限期都被视为五个工作日。在提交破产申请或采取类似行动时，债务的违约是可预见的，例如自动中止规则，也会使用D评级。如果发生低价交易，债务的评级将被降低到D。			D	表示主体的广义违约，或短期债务违约。

注：R、SD、RD符号主要用于主体评级。

4. 国际评级机构中长期信用等级与短期信用等级符号的映射关系

国际评级机构的中长期信用等级与短期信用等级符号之间存在着一定的映射关系（详见表1-7）。

表1-7 国际评级机构中长期信用等级与短期信用等级符号的映射关系

标普			穆迪			惠誉		
中长期信用等级	映射关系	短期信用等级	中长期信用等级	映射关系	短期信用等级	中长期信用等级	映射关系	短期信用等级
AAA		A-1+	Aaa		P-1	AAA		F1+
AA+			Aa1			AA+		
AA			Aa2			AA		
AA-			Aa3			AA-		
A+		A-1	A1			A+		F1
A			A2			A		
A-			A3			A-		
BBB+		A-2	Baa1		P-2	BBB+		F2
BBB			Baa2			BBB		
BBB-		A-3	Baa3		P-3	BBB-		F3
BB+		B	Ba1		NP	BB+		B
BB			Ba2			BB		
BB-			Ba3			BB-		
B+			B1			B+		
B			B2			B		
B-			B3			B-		
CCC		C	Caa1			CCC		C
CC			Caa2			CC		
C			Caa3			C		
			Ca					
R		R	C			RD, D		RD, D
SD, D		SD, D						

1.2.2.4 国内外信用等级符号的对应关系

目前，评级机构尚未公开披露国内外信用等级符号之间的对应关系，因此明确界定国内外评级机构等级符号之间的对应关系存在很大难度。但是，根据目前的几个信息，我们可以对国内外信用评级符号之间的对应关系进行初步的推测。

第一，根据国内评级机构给予中国的主权信用等级进行推测。

中国国内评级机构给予的主权信用等级符号差异较大，给予的中国主权信用等级亦不尽相同。以国内某评级机构为例，给予中国主权信用等级本币与外币均为AAAg级（其中g表示全球评级）。如果以主权信用等级上限原则来进行推测，中国国内信用等级与国外信用评级之间的对应关系大约为国内的AAA级对应国外的AAAg级至AAg级，国内的AA+级对应国外的AA+g级至Ag级，国内的AA级对应国外的AAg级至BBBg级，国内的AA-级对应国外的AA-g级至BBB-g级。

第二，根据国内评级机构的违约率统计与国外评级机构的违约率进行推测。

根据对中国债券市场发行人平均累积违约率（2014—2017年）的统计，中国债券市场平均累积违约率AAA级一年期的为0.00%,两年期的为0.00%,三年期的为0.00%,四年期的为0.00%;AA级一年期的为0.19%,两年期的为0.59%,三年期的为0.96%,四年期的为1.16%。根据标普对全球受评发行人平均累积违约率(1981—2016年)的统计,AAA级一年期的为0.00%,两年期的为0.03%,三年期的为0.13%,四年期的为0.24%;BBB级一年期的为0.17%,两年期的为0.44%,三年期的为0.69%,四年期的为1.08%。

对比上述违约率统计可以看出,中国债券市场的AAA级基本可以对应标普的AAA级,中国债券市场的AA级大致可以对应标普的BBB级。考虑到这个对应中,标普的AA级、A级在国内债券市场的等级符号中没有可以大致对应的符号,可以考虑将国内的AAA级中的部分评级向AA级、A级进行扩展,将国内的AA级的部分评级向A级、BBB级进行扩展。同时,中国债券市场违约率统计的历史仅仅4年,样本量数据有限,加上经济增长速度的下降和经济结构的转型等,而标普统计的历史长达三十多年,样本量充足,且根据全球经济经历过多次周期性调整。由此可初步推测出中国国内债券的信用等级符号与标普的等级符号之间形成的大致对应关系。

第三,根据近年国内评级机构零星披露的对中国境内企业境外发行美元债券的信用等级进行推测。

近年中国国内评级机构零星披露的中国境内企业境外发行美元债券的信用等级大多在AA-级以下,这意味着中国国内评级机构对中国境内企业境外发行美元债的信用评级有向国际评级机构给予中国境内企业的信用评级靠近的趋势。若这一趋势形成,意味着中国债券市场的信用等级在境外将对应国际评级机构的给予中国境内企业的信用等级,即国内评级机构的AAA级对应国外AA-级及以下的信用等级。

1.2.3 与信用等级相关的标识和行为

为了进一步区分不同信用等级对应的信用风险大小,反映不同债务人或债务工具信用风险的发展方向,评级机构会通过评级展望、信用观察、停止评级、撤销评级等标识或行为来表达相应的观点或意见。

1.2.3.1 评级展望

评级展望(rating outlook)是评级机构在对债务人或债务工具进行信用风险分析的基础上,评估其长期信用质量在短中期(通常6个月到2年)的可能发展方向。需要强调的是,评级展望仅表示受评对象的信用质量,以及在未来较大概率上的可能发展方向和评级机构可能采取的信用评级行动,并不表示这种发展方向一定会发生。如果评级展望所标识的发展方向在未来没有发生,通常情况下,评级机构将可能将调整评级展望。

评级展望是信用评级对未来预期的重要体现。评级机构在预期评级展望时,通常会综合考虑宏观经济、行业或地区信用演变、金融市场的融资难易程度、债务人的经营和财务风险等因素对受评对象信用质量的影响。

评级展望通常可以分为正面、负面、稳定。

正面（positive）表示受评对象的信用等级可能被提升。受评对象的等级展望被标识为正面，意味着受评对象的信用质量可能在未来6—12个月得到提升，信用风险将可能进一步下降。若评级机构所预期的、可能提升受评对象信用质量的单一或多种因素发生，评级机构将上调其信用等级；相反，若这些因素未发生，评级机构可能将其评级展望从正面调整为稳定。

负面（negative）表示受评对象的信用等级可能被调降。受评对象的评级展望被标识为负面，意味着受评对象的信用质量可能在未来6—12个月下降，信用风险将可能进一步增加。若评级机构所预期的、可能引起受评对象信用质量下降的单一或多种因素发生，评级机构将下调其信用等级；相反，若这些因素未发生，评级机构可能将其评级展望从负面调整为稳定。

稳定（stable）表示受评对象的信用等级将保持不变。若受评对象的评级展望被标识为稳定，意味着受评对象的信用质量在未来的6—12个月可能保持不变，信用风险也将保持不变。

1.2.3.2 信用观察

信用观察（credit watch）是指在信用评级过程中，一些偶然事件的发生与评级机构对受评对象预期的趋势出现差异，评级机构需要通过额外的信息来对当前给予的信用水平重新进行分析或评级时，评级机构会把受评对象的信用质量预期列入信用观察名单。

信用观察与信用评级展望的不同点在于三个方面：第一，影响受评对象信用质量的事件具有偶然性，这个偶然性将可能对受评对象的短期或中长期信用质量产生影响。第二，这些偶然性事件未能从已有的信用分析中得到预期，且若其发生将可能改变受评对象信用质量的未来发展趋势。第三，信用观察和信用评级展望预期的发展方向发生的概率不同，通常信用评级展望预期的发展方向的发生概率大于信用观察。

信用观察与信用评级展望的相同点在于两个方面：第一，尽管信用观察的因素是由偶然性事件引起，但是信用观察与信用评级展望一样，都代表着受评对象信用质量未来可能的发展方向。第二，信用观察和信用评级展望都表示未来的发展方向是一种概率或可能，并不意味着必然会发生。

信用观察也可以分为正面、负面、观望等。

正面信用观察表示受评对象的信用等级可能被提升。受评对象的信用观察被标识为正面，意味着其信用质量在未来可能得到提升，信用风险将可能进一步下降。在评级机构对正面观察的事件做进一步的观察和确认后，如果认为这些因素确实将提升其信用质量，评级机构将上调其信用等级。

负面信用观察表示受评对象的信用等级可能被调降。受评对象的信用观察被标识为负面，意味着受评对象的信用质量在未来可能下降，信用风险将可能进一步上升。在评级机构对负面观察的事件做进一步的观察和确认后，如果认为这些因素确实将降低其信用质量，评级机构将下调其信用等级。

观望（developing）信用观察表示受评对象的信用等级可能提升、下降或维持（affirmed）。受评对象的信用观察被标识为观望，意味着发生的偶然性事件对其信用质量的影响处于不确定的状态，无法判定这一事件对其信用质量产生影响的发展方向。在这样的状态下，评级机构需要进一步对这一事件进行跟踪、分析和判定。在评级机构能够确认这一事件对受评对象的信用质量产生影响的发展方向后，评级机构将提升、下降或维持原有评级展望和信用等级。

1.2.3.3 停止评级

停止评级（discontinuation of ratings）是指在评级机构与受评主体或其他委托人签订的服务协议到期不再续约，或债务工具到期不再继续发行的条件下，评级机构对受评主体和债务工具的信用质量不再进行持续或跟踪评级的行为。

1.2.3.4 撤销评级

撤销评级（withdrawn rating）是评级机构在无法从受评主体或其他委托方取得足够和有效的信息，或评级服务合同其他条款不再满足的条件下，对已有评级结果撤销的行为。

1.3 信用评级的功能、作用及公信力

1.3.1 信用评级的功能

信用评级的功能是指信用评级本身所具有的内在客观属性，无论信用评级在市场经济还是非市场经济条件下，信用评级的基本功能都不会改变。

1.3.1.1 信用评级的信息不对称缓解功能

信息不对称是信息经济学或契约理论的核心内容，主要是指在委托代理关系中委托人与代理人占有的信息不对称，通常表现为代理人占有的信息多于委托人，从而会产生隐藏信息下的逆向选择和隐藏行为下的道德风险，不仅会损害委托人的利益，而且将降低市场交易的效率。

信用评级的信息不对称是指发债主体与债券投资者之间的信息占有多寡不同，一般发债主体对于债券信用的信息占有多于债券的投资者，从而使得发债主体可能通过隐藏信息、隐藏行为的方式损害投资者的利益。为了缓解债券发行者与投资者之间的信息不对称，维护投资者的利益，需要通过信用评级来揭示发债主体或债务工具的信用信息。

1.3.1.2 信用评级的风险揭示功能

为了缓解财务、经营、行业环境等方面的信息不对称，信用评级就需要通过信用评级活动，收集、加工、处理信息，分析受评对象的信用风险，形成相应的信用风险报告，并以简单的符号予以表示，以揭示受评对象的信用风险大小，从而形成信用评级的风险

揭示功能。

1.3.1.3 信用评级的市场交易效率提高功能

信用评级在缓解信息不对称和揭示信用风险功能的同时，派生出提高市场交易效率的功能。信用评级提高市场交易效率的功能体现为两个方面：第一，投资者通过信息的主动披露、评级机构的信用评级结果披露，缩短了信息收集和风险判定的时间；第二，债券发行者通过公开市场的信息披露机制和竞争机制，缩短了寻找投资者和协商或谈判发行利率的时间。信用评级缓解了债券投资者与发行者之间的信息不对称，缩短了投融资者之间达成交易的时间，从整体上提高了信用交易的效率。

1.3.2 信用评级的作用

当信用评级的功能在市场经济条件下被使用于债券市场的时候，信用评级将发挥投资者服务、定价参考、促进公平交易和监管的作用。

1.3.2.1 信用评级的投资者服务作用

信用评级的投资者服务作用是信用评级缓解信息不对称功能的具体体现。评级机构通过对发债主体的实地调查，对其财务风险、业务风险的分析，为投资者提供投资决策的参考。同时，评级机构还通过违约率、违约损失率的统计，为投资者进行投资风险组合提供决策依据，有助于投资者实现风险和收益的均衡，实行有效的风险管理。

1.3.2.2 信用评级的定价参考作用

信用评级的定价参考作用是信用评级风险揭示功能的具体体现。评级机构通过信用评级为债券市场的投资者提供定价的参照物。评级机构所提供的定价参照物包括其出具的对受评对象的信用级别、相应信用级别在不同宏观政策和经济环境条件下的利差分析、违约率和违约损失率，以及不同发债主体的所属行业、所有制结构、公司治理、发行规模等，为不同风险偏好的投资者提供债务工具利率定价的参照物，从而发挥定价参考作用。

1.3.2.3 信用评级的促进公平交易作用

评级机构作为缓解投资者与发行者之间信息不对称的中介，不仅通过信用评级向投资者提供债务工具发行主体的信用信息，而且通过信用评级使得投资者可以较快地寻找到适当风险偏好或投资组合需要的债务工具供给，缓解债务工具投资者与发行者之间的信息不对称。因此，信用评级对债务工具的发行者而言，具有降低交易成本和交易费用的作用，也具有促进债务工具发行者获得公平利率的作用。

1.3.2.4 信用评级在监管上的作用

信用评级作为市场经济的有机构成，在债务工具的发行或银行的授信中已经成为一种制度安排。无论是在发达经济体还是新兴经济体的债券监管制度中，大多已经或正在经历着需要债务工具发行主体提交或披露信用评级报告，并使得信用评级报告成为发行债券要件的阶段。即使是在各个法律中已经删除与信用评级应用相关的条文、降低对信用评级依赖的美国，有持续三年以上信用评级的债务工具发行主体仍可以通过"快速"通道发行债务工具。信用评级在监管制度上的安排，表明监管者可以通过信用评级有效降低投资者与发行者之间的信息不对称，促进证券市场的健康发展，降低债务工具交易中的信用风险。

1.3.3 信用评级的公信力

在信用评级的实践过程中，信用评级的公信力主要来自评级机构评级数据和经验的长期积累、评级方法的完善。信用评级的直接结果与间接结果的相对一致性，最终决定了信用评级的结果是否被投资者所认可。

1.3.3.1 信用评级的数据积累是公信力的基础

从信用评级发展的历史可以知道，标普、穆迪等评级机构在从事信用评级的初期，更多的是披露发债主体的财务数据，以缓解债券投资者与债券发行人之间的信息不对称。随着证券发行信息披露制度的完善，信用评级从简单的信息披露发展到基于信用评级数据的分析与预测。这一发展过程表明，没有数据，信用评级的分析与预测就是"无本之木、无源之水"，也谈不上信用评级的公信力。

信用评级的数据积累包括信用评级中所需要的数据、信用评级的结果数据等。信用评级分析中所需要的数据包括债务工具发行主体的微观数据、所在行业的数据和所在国家或所面临的国际经济政治环境数据。信用评级的结果数据包括信用等级、信用等级对应的违约率、信用等级迁移矩阵等。

与债务工具发行主体相关的微观、中观、宏观数据和国际经济数据，既是信用评级能够合理分析和预测受评对象未来信用风险大小的必要数据或信息，也是支持信用评级结果的基础性资料，更是投资者可以信任评级结果的依据。

受评对象的信用评级结果数据，是投资者可以进行风险组合管理的基础数据，没有这些数据，投资者仅仅可以看到每一个债务工具的风险大小，而难以测量所有债务工具组合下的信用风险。也就是说，没有信用评级的结果数据，投资者在投资中往往是"只见树木，不见森林"。

1.3.3.2 信用评级的经验积累是公信力的技术保障

信用评级是一个实践性较强的金融服务活动，是不断积累经验、不断完善信用评级方法的实践性活动，是不断引进和吸收新的经济社会发展理论和科学技术的实践活动。没有信用评级的经验积累，就没有信用评级的发展和公信力的持续。

信用评级的经验积累既包括在评级方法论上的经验积累，也包括评级实践中关于不同受评对象评级的经验积累。

在评级方法论上的经验积累，主要体现为信用评级从分析企业微观经营管理数据，扩展到影响企业信用质量变化的行业结构性风险、市场结构性风险和宏观系统性风险。这样，信用评级就能够把受评主体信用品质的变化置于宏观经济运行、行业发展阶段和不同市场关联结构中进行分析，从系统性风险、结构性风险和自身经营风险等因素的相互扰动中综合判定受评对象的风险大小，而不是把其信用质量变化仅仅作为受评对象本身的独立事件。

受评对象的经验积累，主要体现为评级机构所评对象产品的种类、数量和从事这些信用评级业务的时间长度。一般而言，如果一个评级机构所从事的某一类受评对象的评级数量多、时间长，那么这个评级机构在这一类受评对象的经验就比较丰富，所评结果的公信力就会比较高。从被美国认可的评级机构看，既存在可以从事所有种类评级业务的标普、穆迪和惠誉等大型评级机构，也有在某一特殊业务品种上具有绝对优势的小型评级机构。即使是可以从事全部评级业务的标普、穆迪等评级机构，也分别在不同业务上有不同的优势。例如，标普在政府类债务融资工具的信用评级上更具有优势，而穆迪在公司类债务融资工具的信用评级上更具有优势。

因此，评级机构需要根据自身的优势，不断积累某一方面的公信力，并随着实力的不断提升，逐步扩展相关评级业务的实践经验和公信力。

1.3.3.3 信用评级方法的完善是公信力持续性的体现

信用评级方法是评级机构、评级分析员、评审委员会在对受评对象进行信用分析和评价时的基本要求。信用评级方法的制定与实施，使得信用评级在一定程度上脱离了对单一分析员或评审专家的依赖，而更多地依赖于评级历史经验、知识和方法的集体性智慧，避免了信用评级的随意性，保障了信用评级的持续性和长期可比较的一致性。

信用评级方法不是一成不变的，而是会随着信用评级经验和知识的积累、外部环境的变化进行必要的更新或调整。

随着信用评级实践经验的积累，原有的信用评级方法在逻辑、分析要素或指标方面会暴露出一定的缺陷，那么就需要通过更新或调整原有的信用评级方法，弥补这些缺陷，提高信用评级分析的准确性。

信用评级方法会随着知识的积累进行相应的更新或调整。信用评级的知识积累既包括信用评级过程中相关知识的积累，也包括引进自然科学、社会科学发展过程中所积累的知识。信用评级自身相关知识的积累，主要体现为信用评级从最初财务信息的整理、披露到债务工具发行主体的信用评级、债务工具的评级，再到对债务工具挽回率或损失率的评价。从信用评级引进的自然科学、社会科学的知识看，这些知识主要体现为对未来预期的假设、条件和数理分析。

信用评级方法会随着外部环境（主要是监管环境）的变化做出必要的更新和调整。次贷危机后，美国政府对国际信用评级机构的监管法规发生了变化。比如，标普的评级方法逻辑构架由以前的"两类十要素"分析框架调整为"两类四要素"分析框架；其评级分析表中的评级要素或指标的权重由以前的可变权重调整为固定权重。

信用评级方法进行这些更新或调整，是因为信用评级的原有经验、知识和环境不再符合新环境、新趋势的需要。剔除原有分析要素，增加符合新环境、新趋势的分析要素，以及调整相应逻辑构架和权重，体现了信用评级的发展。从另一个角度看，信用评级方法的更新或调整不是对信用评级原有准则的绝对否定，而是扬弃和发展。同时，信用评级方法的这种扬弃保障了信用评级结果的持续性、一致性和可比较性，是信用评级公信力持续性的重要保障。

1.3.3.4 信用评级的直接结果与间接结果的相对一致性是公信力的直接体现

信用评级的直接结果是受评对象的信用等级，而间接结果则表现为基于受评对象样本统计的违约率、信用等级迁移矩阵、利差分析；信用评级的直接结果是信用评级的先验性指标，信用评级的间接性结果是信用评级的后验性指标；信用评级的直接结果是评级机构独立做出的判定，信用评级的间接结果是受评对象信用质量发生变化的结果，也是市场投资者在市场机制下共同确定的结果。评级机构的公信力如何，需要看信用评级的直接结果与间接结果之间是否保持了相对的一致性。

信用评级的直接结果与间接结果的相对一致性表现为三个方面：一是信用等级与违约率之间基本保持了逆向的映射关系，即较高的信用等级对应较低的违约率，较低的信用等级对应较高的违约率，且信用等级与违约率之间的关系会随着宏观经济、金融市场和行业结构风险的变化而发生变化；二是信用等级迁移概率的相对稳定性，即信用评级结果在一定程度上反映了宏观经济的系统性风险变化或行业结构的结构性风险变化；三是不同信用等级与利差之间保持了较好的分层对应关系，即较高的信用等级对应较小的利差，较低的信用等级对应较大的利差。

1.3.3.5 投资者的认可是信用评级公信力的结果表现

信用评级的数据和经验积累、信用评级方法的完善、信用评级直接结果和间接结果的一致性，最终决定信用评级的结果是否能够缓解债务工具投资者与发行者之间的信息不对称，是否能够被投资者认可。

投资者对信用评级的认可不仅体现为是否认可信用评级本身，而且体现为信用评级的结果对于投资者而言是否有用、有效。信用评级对于投资者的有用性体现为，投资者是否可以根据信用评级的结果进行信用产品的市场定价，是否可以根据信用评级的结果进行投资决策和投资组合。信用评级的有效性则表现为，投资者使用评级机构的结果进行信用产品定价和投资决策，是否获得了合理的风险溢价收益，是否有助于防范或化解风险。

1.3.3.6 信用评级制度是信用评级公信力的制度保障

信用评级制度包括信用评级的监管制度和评级机构的内部制度。信用评级的监管制度是通过外部力量对信用评级行为进行的监管，有利于提高一个国家或地区在国际上的公信力。评级机构的内部制度是信用评级机构的自律行为，有利于提高评级机构在竞争中的公信力。

在一般情况下，信用评级的监管制度与评级机构的内部制度是相互促进、共同提高的。一个外部监管较为严格的国家或地区的评级机构，其内部制度也较为严格；同样，评级行业较为严格的内部制度可以促进该国或地区监管制度的严格性。因此，对于一个国家或地区而言，信用评级监管制度的不断完善是提升该国或地区信用评级竞争力和公信力的主要方面和制度保障；对于一个评级机构而言，建立完善的内部制度是提升评级机构竞争力和公信力的制度保障。

1.4 信用评级分析师的知识体系和执业能力

信用评级分析师主导着对具体受评对象的信息进行收集、加工、处理、分析并得出初步风险判定的过程，因此，信用评级采用的是以分析师为主导的模式。这就要求在不同的评级业务分类基础上分析师应该具备相应的知识体系和执业能力。

1.4.1 信用评级分析师应具备的知识体系

信用评级分析师的知识体系分为基础知识体系和专业知识体系。对于不同评级业务分类的分析师，基础知识体系和专业知识体系的侧重点会有所不同。信用评级分析师应具备的基础知识体系是指分析师应掌握的，与信用评级相关的基础学科、基本常识相关的知识体系。信用评级分析师应具备的专业知识体系是指分析师不仅掌握而且能够熟练使用专业知识，并对这一专业领域具有一定研究能力的知识体系。

1.4.1.1 信用评级分析师的基础知识体系

信用评级分析师的基础知识体系可以分为三个方面：一是信用评级分析的基础规则，包括信用评级的独立性和利益冲突管理、信用评级的分析过程和质量控制、信用评级的透明度和信息披露；二是信用评级分析涉及的基础法律法规，包括《证券法》《担保法》《刑法》，以及信用评级监管部门或自律组织制定的相关管理办法、执业行为规则；三是信用评级分析师所需要掌握的基础学科和常识，包括政治学、经济学、管理学、金融学、财政学、投资学、统计学等。

1.4.1.2 信用评级分析师的专业知识体系

信用评级分析师除信用评级、信用风险管理、会计学、财务管理、筹融资管理、金融市场和金融工具等专业知识外，根据评级业务的分类，还应具备以下专业知识体系：

从事工商企业信用评级的分析师应具备产业经济学、工商企业管理等专业知识体系。

从事公共融资信用评级的分析师应具备财政学、税收学、预算管理、税收管理、国际税收、社会保障体系、国有资产经营和管理等专业知识体系。

从事金融机构信用评级的分析师应具备货币银行学、保险学、国际金融、商业银行管理等专业知识体系。

从事结构化融资信用评级的分析师应具备统计学、数理统计、线性代数、矩阵、敏感性分析、情景压力测试等专业知识体系。

1.4.2 信用评级分析师应具备的执业能力

信用评级分析师在具备必要的知识体系的基础上，在信用评级活动过程中，应具备相应的执业能力。

1.4.2.1 信息的收集能力

信用评级的基础性功能是缓解信息不对称。对于信用评级分析师而言，缓解信息不对称就是要尽可能收集与受评对象信用风险相关的信息，尤其是影响到受评对象信用风险或信用质量的信息。

通常而言，信用评级分析师会通过四个方面的渠道获得相应的信息：第一，通过企业提供的财务报表、财务审计报告、经营和管理数据、法律意见书获得相应的信息。在这个信息的收集过程中，需要分析师能够在财务报表、财务审计报告（含财务审计意见、财务附注等）、法律意见书中解读出可能影响受评对象信用风险或信用质量的信息。第二，通过现场访谈或实地调查获得信息。现场访谈或实地调查既是分析师履行信用评级合规的要求，也是获得影响受评对象信用风险或信用质量信息的重要方式。在现场访谈或实地调查中，分析师不仅应有准备地提出相应的问题并实地勘察相关实物，更应认真聆听和记录对方高管的应答、实证相关细节，发现信息、实证信息。第三，通过合规的指定网站、政府部门或征信中心获得信息。第四，通过其他渠道获得信息。

1.4.2.2 信息的审核和验证能力

信用评级分析师应具备对所获得信息进行审核和验证的能力，保障信息的真实、准确、完整。信用评级分析师对信息进行审核和验证，不仅需要专业的知识，还需要工作中的经验积累，对相应数据的敏感性，对行业内企业正常水平的数据和信息的熟悉程度，对真假信息的鉴别能力，需要知道信息审核和验证的方式、方法和渠道。

信用评级分析师应对所取得的信息或数据进行审核，对于超出行业内企业正常水平的数据和信息应与企业进行验证，并需要企业给予合理的解释；对于非官方渠道取得的信息，应通过官方渠道进行验证。

1.4.2.3 信息的加工和处理能力

信用评级分析师对信息的加工和处理能力是指对取得的信息进行整理、筛选、分类的能力，明确不同信息所对应的受评对象信用风险指标或要素影响受评对象信用风险的方向、广度和深度，为受评对象的未来信用风险的预测提供基础。

同时，信用评级分析师对所取得的信息应做好公开披露和保密的分类，对可以公开披露的信息在评级报告中应做充分的披露；对保密的信息不仅在物理上做到保密存档，而且能够做到守口如瓶。

1.4.2.4 信用风险的预测和判定能力

信用评级分析师应具备对影响受评对象的信用风险因素或指标未来一段时间的发展方向和程度做出定性或定量预测，并综合判定信用风险大小、等级的能力。

信用评级分析师的信用风险预测和判定能力，不仅需要其熟悉信用评级的框架、要素或指标，而且需要在做出预测前进行合理的假设、确定合理的分析和预测路径或建立数理化的统计分析模型，得出定性或定量的结论或数据预期，以及这些结论或数据预期所反映的受评对象信用风险的大小，并能得出综合性的结论。

1.4.2.5 学习和研究能力

信用评级的实践性较强，是多学科知识的综合运用，需要信用评级分析师在评级活动中，不断学习和完善知识体系，研究多种学科知识在信用评级实践中的综合运用。在信用评级中，对受评对象信用风险的分析涉及政治、法律、经济、金融、行业和微观企业的经营及管理等，这些不同层次、多维度的要素最终要形成一个具有综合性的意见或观点，需要信用评级分析师具有相应的知识和理论基础，以及研究和综合驾驭的能力。

同时，信用评级分析师应具备对所属评级业务的行业或业务品种的研究能力，不仅能够对微观主体或品种的信用风险做出分析和判定，而且能够对受评对象所处行业或业务品种的总体发展方向、风险大小做出研究，把控一个行业或一类业务品种的风险大小和变化趋势。

1.4.2.6 经验的总结和积累能力

信用评级作为一门艺术，需要信用评级分析师不断进行经验的总结和累积，不断地提高分析能力。这在客观上需要信用评级分析师在日常的分析过程中，对经典性的案例进行经验总结，并形成一个积累经验的习惯。

信用评级分析师经验的总结和积累源于信用评级分析，除一般性的规律外，还具体到每个受评对象的特征或发生违约的原因。从一般性的规律看，受评对象信用风险的大小与宏观经济周期、融资环境变化、行业周期、产品生命周期、受评对象的经营风险和财务风险等密切相关。从每个受评对象发生违约的具体原因或因素看，一些受评对象可能因为外部融资环境的收紧而违约，有些可能因为国际贸易摩擦而违约，有些可能因为人事变更而违约，有些可能因为涉嫌贪腐而违约，等等。其中，诸多违约因素可能不是由受评对象本身的经营管理变化引起的。

同时，在信用评级的实践中也会发现，一些受评对象信用风险的变化是持续的、渐进的，一些受评对象信用风险的变化是突变的；一些受评对象信用风险的变化是事前可以观察的、可预期的，一些受评对象信用风险的变化是事前没有征兆、无法预知的。

受评对象信用风险变化的不同特征或违约的不同原因，在信用评级分析中会带来信用评级分析框架或打分分析表的缺陷，比如要素或指标的"不可枚举性"。在正常情况下，评级机构能够把所能估计到的影响受评对象信用风险的因素或指标纳入分析框架或打分分析表，而难以把具有个性特征或不能估计到的要素或指标纳入分析框架或打分分析表。

因此，这些受评对象的个性特征或不能估计到的、会对其信用风险变化产生影响的因素或指标的分析，就需要分析师具备经验总结和积累的能力，只有这样才可能真正成为信用评级的"艺术家"。

1.4.2.7 沟通和协调能力

信用评级分析师在信用评级过程中，所遇到的不仅仅是对信用风险的分析，而且需要在实地调查过程中，与受评对象的高级管理人员进行沟通，需要与其负责人协调进行相关的现场勘察，或与相关政府部门对话，进一步了解受评对象的未来发展规划、偿债资金安排等，进一步核实和验证受评对象的相关数据和信息，以及受评对象对当地经济、金融和财政的影响，获得当地政府支持的可能性。同时，信用评级分析师也会就一些具体问题与信用评级监管部门或自律管理机构进行沟通和交流，以及与投资者进行沟通和交流等。

信用评级分析师的这些沟通、交流和协调能力，需要信用评级分析师在信用评级活动过程中锻炼成长，掌握沟通、交流和协调的方法、技巧，才能使得信用评级过程中获得更加接近真实情况的信息或现实，建立起与监管部门或自律管理机构之间的信任、理解、认可和支持。

1.4.2.8 表达能力

信用评级分析师在信用评级过程中的沟通、交流、协调、分析，以及撰写评级报告，离不开口头表达、文字表达、数字表达和图表表达等，这些表达能力需要信用评级分析师不仅具备专业的信用风险分析素养，更需要掌握不同表达方式的综合运用能力，以简单明了地表达观点。

信用评级分析师上述表达能力的形成，既需要评级机构的内部培训、工作实践中的锻炼，也需要自身能力的培养。信用评级分析师只有具备了这些能力，才能使得信用评级过程更完善、信用评级的结果更容易被认可和理解。正如一个好的作品，不仅需要好的内容，也需要好的表达方式。这也应是信用评级作为一门艺术的重要体现。

■ 本章小结

1.信用评级是独立第三方对受评对象的信用风险进行分析，综合性判定信用风险大小，并以简单的符号加以表达的金融中介服务。信用评级的相关概念包括信用评级机构、信用评级的对象、信用评级的结果、违约概念和种类、违约概率、违约挽回率或违约损失率、风险敞口、预期违约损失等。信用评级的业务种类根据不同的目的和划分标准进行划分，可以分为主体和债项评级、短期和中长期信用评级、本币和外币评级、内部和外部评级、主动和委托评级、资本市场和信贷市场评级。

2.信用评级的方法体系以行业和产品两个维度进行划分。按照行业划分基础上的行业归类，信用评级的方法体系包括工商企业评级、金融机构评级和公共融资评级；按照产品划分，还包括结构化融资或资产证券化评级。信用评级的等级符号系统分别介绍了国际三大评级机构的中长期和短期信用等级符号系统,以及中长期和短期信用等级系统之间的对应关系。其中,国际三大评级机构的信用等级符号不同,即使在信用等级符号相同的情况下,信用等级符号所代表的释义也存在差异,而境内评级机构的信用等级符号系统和释义基本相同。同时,本章对中长期信用等级符号系统和短期信用等级符号系统进行了案例性介绍,也对信用评级相关标识系统和行为进行了介绍,包括信用评级展望、信用观察、终止评级和撤销评级。

3. 信用评级的功能是信用评级所具有的内在、客观属性,不会因为环境、条件的变化而发生变化,信用评级的作用是信用评级内在和客观属性的外在表现,会因为环境、条件的变化而发生变化,也会因信用评级的使用方式、方法等而发生变化。信用评级的功能包括缓解信息不对称、揭示信用风险、提高交易效率三个方面。信用评级作用包括投资者服务、定价参考、发行人获得公平利率、监控信用风险四个方面。

4. 信用评级机构公信力的形成需要通过信用评级数据的积累、经验的积累、信用评级方法的完善、信用评级直接结果与间接结果的相对一致性、投资者的认可、信用评级制度的建设几个方面推进,表明信用评级是一个实践性的社会中介服务,需要经历必要的时间才能建立起公信力。

5. 信用评级分析师应具备的知识体系包括基本知识体系和专业知识体系。信用等级分析师在执业中应具备的能力包括信息的收集能力、审核和验证能力、加工和处理能力、信用风险的预测和判定能力、学习和研究能力、经验的总结和积累能力、沟通和协调能力、表达能力。信用评级分析师的执业能力要求表明,信用评级是实践性、艺术性的中介服务。

本章重要术语

信用评级　信用评级机构　违约率　违约概率　技术性违约　交叉违约　选择性违约　信用评级方法体系　等级符号系统　信用展望　信用观察　终止评级　撤销评级　信息不对称　公信力

思考练习题

1. 主体评级和债项评级之间是什么关系?
2. 长期评级和短期评级之间是什么关系?
3. 选择性违约、交叉违约、技术性违约存在什么区别?
4. 内部评级和外部评级之间的区别和联系有哪些?
5. 信用评级展望有哪些?分别有什么含义?
6. 信用评级展望和信用观察的联系和区别是什么?
7. 标普、穆迪和惠誉等级符号系统和含义存在哪些差异?
8. 信用评级的功能和作用分别有哪些?
9. 信用评级机构如何建立自己的公信力?
10. 如何做一个合格的信用评级分析师?

参考文献

[1] 上海新世纪资信评估投资服务有限公司:《新世纪评级总论》，2014年。

[2] 谢多、冯光华:《信用评级》，中国金融出版社，2014年。

[3] 中国人民银行:《信贷市场和银行间债券市场信用评级规范》，2006年。

[4] 朱荣恩、丁豪樑、袁敏:《资信评级》，中国时代经济出版社，2006年。

[5] 朱荣恩:《新世纪信用评级国际研究》，中国金融出版社，2015年。

[6] 朱荣恩:《新世纪信用评级研究与探索》，中国金融出版社，2012年。

[7] Fitch, "Rating Definitions", 2018.

[8] Moody's, "Rating Symbols and Definitions", 2017.

[9] S&P Global Ratings, "Request For Comment: Methodology for Linking Short-Term and Long-Term Ratings", 2016.

[10] S&P Global Ratings, "S&P Global Ratings Definitions", 2017.

第 2 章
信用评级行业的产生与发展

李振宇　刘　艳　胡　颖（联合资信评估有限公司）
叶伟春（上海财经大学）

学习目标

通过本章学习，读者应做到：
◎ 了解国际信用评级行业的发展历程；
◎ 了解国际信用评级行业发展现状；
◎ 了解我国信用评级行业的发展历程；
◎ 熟悉我国信用评级行业的发展现状；
◎ 理解我国信用评级行业未来的发展机遇与挑战。

■ 开篇导读

国际信用评级行业从产生至今已有一百余年，在金融市场上发挥了重要的作用，树立了一定的行业声誉。但是国际评级机构在2001年的安然事件和2008年的全球金融危机前后的表现使大众对评级机构的作用产生了质疑，也使监管机构对于评级行业的监管逐步加强。

我国信用评级行业的发展和规范与资本市场尤其是债券市场的发展紧密相关，与监管的推动和规范密切相关。伴随着我国债券市场的发展，我国信用评级行业也实现了快速发展。1987年，我国为规范企业债券市场的发展，提出发展信用评级机构，信用评级行业由此开始起步。自此，我国信用评级行业经历了从无到有、从小到大的发展历程。2005年以来，我国债券市场规模迅速扩大，债券品种日益丰富，监管更趋规范，为信用评级行业快速发展创造了良好的外部环境。伴随着我国债券市场的发展和信用评级行业对外开放的不断深化，未来我国债券市场和信用评级行业仍具有广阔的发展空间，机遇与挑战共存。

为了更好地理解信用评级行业，本章将带领读者了解国际评级行业的发展历程及现状，并重点回顾我国信用评级行业发展的五个主要阶段及特点，介绍我国信用评级行业的发展现状。读者可以通过对评级行业发展历程的学习，理解我国信用评级行业的特点及其成因，并进一步思考在对外开放的背景下，我国信用评级行业未来的机遇与挑战。

2.1 国际信用评级行业的发展历程

2.1.1 萌芽产生阶段（1840—1920）

现代评级机构的前身是商业信用机构。世界上最早的信用机构产生于美国。1837年，美国爆发金融风暴。1837年年底，全美所有银行都停止了金币兑付，股票价格疯狂下跌，破产很快蔓延至所有行业，市场上的债券无人问津，企业的信用令人担忧。1841年，路易斯·塔潘（Louis Tappan）在纽约建立了第一个商人信用机构（Mercantile Credit Agency），为商业合作伙伴提供交易对手的资信情况。1849年，身为律师的约翰·德斯特里特（John Bradstreet）建立了自己的信用机构Bradstreet Co.，兼并了路易斯·塔潘的机构，并于1857年将工作中的资信材料整理并出版成册。1859年，罗伯特·邓（Robert Dun）成立纽约商业信用评估公司Dun&Co.，并出版了第一本信用评级指南。

1800—1850年，美国开始大量发行国债、地方政府债券[①]和铁路债。最初的债券市场主要包括国债与地方政府债券，风险较低。由于投资者认为政府有意愿也有能力履行其债务偿付义务，因此很少有投资者想要了解政府所筹集资金的用途及相关的商业计划和财政事务。19世纪中叶美国工业化的发展带来了经济的迅速增长，美国的铁路产业得到空前的发展。铁路运输系统为满足工业不断增长的货运需要而开发新的路线，银行和政府直接投资所能提供的资本已经不能满足其发展需要，因此，铁路和其他一些公司开始通过债券市场来筹集新的资本。伴随着越来越多的公司债券在市场上出售，信息不对称的情况越来越严重，投资者发现这些铁路债券的发行公司的信用质量有着较大的差异，甚至有的公司不被大家所知，很难评价其所发行债券信用风险的大小。因此，投资者需要通过一些独立的第三方渠道来获取这些债券发行者更为全面的信息。

针对这一情况，亨利·普尔（Henry Poor）在1860年出版了《美国铁路手册》（*Manual*

---

① 地方政府债券包括州、市、县、镇等层级地方政府所发行的债券。

of the Railroads of the United States）。该手册包含主要铁路公司的经营和财务统计数据，作为独立的信息来源为投资人提供借款公司的信息。1906年，标准普尔评级公司（S&P，以下简称为"标普"）的前身之一标准统计公司（Standard Statistics）成立，并于1916年开始开展企业债券评级和主权评级业务。

约翰·穆迪（John Moody）于1900年创办穆迪评级公司（Moody's，以下简称为"穆迪"），出版了《穆迪工业和企业证券手册》（Moody's Mannual of Industrial and Miscellaneous Securities），向市场参与者提供评价和分析服务。1907年的股灾之后，约翰·穆迪于1909年出版《穆迪美国铁路公司投资分析手册》（Moody's Analysis of Railroad Investment），首次发布250家铁路公司发行的债券的评级情况，涉及财务实力、违约率、损失程度和转让风险等方面，并开创性地利用简单的评级符号来区分各种债券的信用等级，这使得信用评级首次跟一般的统计分析有了明显的区别，受到了投资者的普遍欢迎。1913年，穆迪将信用评级扩展到公用事业债券和工业企业债券，并创立了利用公共资料进行第三方独立信用评级的主动评级方式。穆迪公司创始人约翰·穆迪发表了债券信用评级的观点，使信用评级首次进入证券市场。

1913年12月，惠誉评级公司（Fitch Ratings，以下简称为"惠誉"）的前身惠誉出版公司（Fitch Publishing Company）成立，该公司是一家金融统计数据出版商，服务对象包括纽约证券交易所。

随着信用评级意见的发布和普及以及信息传播深度、广度的提升，信息不对称问题得到了有效缓解，越来越多的企业，包括原来难以通过债券市场融资的中小企业开始进入债券市场。信用评级行业的发展反过来促进了债券市场的发展，市场各方主体逐步意识到了评级的重要作用。

2.1.2 初步发展阶段（1920—1970）

伴随着扩张速度的加快，越来越多的公司选择通过资本市场来筹集所需的资金，由此带来的信息不对称情况也日趋严峻。信用评级机构凭借自身的独立地位和信息收集、加工的优势向投资者提供公司信息的服务。同时，监管部门相关决策中对信用评级结果的使用也极大地促进了信用评级的市场需求，信用评级结果使用范围日趋广泛，信用评级机构初步建立了其市场公信力。

2.1.2.1 美国信用评级行业

1929—1933年的经济"大萧条"中，大批的公司破产，债券违约事件层出不穷，债券投资者遭受了巨大的损失。据统计，当时约有1/3的债券发行者违约，但被信用评级机构定位为高级别的债券却很少出现违约。这种现象使投资者和管理当局确信，信用评级在一定程度上可以为投资者提供投资参考，信用评级的市场认可度显著提高。

随后，美国监管部门先后颁布规定，在限制对一些高风险债券进行投资的同时，将信用评级机构的债券评级结果作为投资的门槛限制，信用评级结果逐渐成为监管部门对资本市场进行监管或风险管控的工具之一。1931年，美国货币监理署（The Office of the Comptroller of the Currency）明确规定，如果银行持有的债券按照面值入账，那么该债券必须经过至少一家信用评级机构评级，且公开评级不得低于 BBB 级别，否则应该按照市场价值进行减值。1933 年，美国全国保险监督官协会（National Association of Insurance Commissioners, NAIC）制定的保险公司投资合格证券标准采用评级机构的评级结果作为依据。1936 年，美国货币监理署和联邦储备银行规定银行持有的债券必须经过至少两家信用评级机构的公开评级，并禁止银行持有 BBB 以下级别的债券。20 世纪 30 年代和 40 年代，美国各州保险监管当局先后将信用评级结果纳入对保险机构的风险监管体系，根据保险公司所持债券的信用等级制定资本要求。政府部门对评级结果的使用有效地扩大了评级的市场需求，推动了评级行业的进一步发展。

标准统计公司于 1922 年开始开展公司债券评级业务，1923 年开始开展抵押债券评估业务，1940 年开始从事地方政府债券评级业务。1924 年，惠誉出版公司为满足市场对金融证券独立分析的需求，开始从事评级业务。受到 1929—1933 年经济"大萧条"的影响，更多信用评级机构先后建立。1933 年，达夫公司（Duff Co.）与菲尔普斯公司（Phelps Co.）合并成为达夫·菲尔普斯公司（Duff & Phelps Co.），纽约商业信用评估公司与 Bradstreet Co. 合并成为邓白氏公司（Dun & Bradstreet Inc.）。1941 年，标准统计公司与普尔出版公司（Poor's Publishing Company）[①]合并为标普，并于 1969 年开始开展商业票据评级业务。1962 年，邓白氏公司兼并穆迪，成为其母公司。1966 年，标普被 McGraw Hill 公司收购。到 20 世纪 60 年代末，信用评级机构的业务已拓展到公司债券、地方政府债券、抵押债券、商业票据等领域。

20 世纪 70 年代以前，美国信用评级行业主要依靠市场自律，虽然《1933 年证券法》（Securities Act of 1933）涉及对评级机构利益冲突的约束规定，即"禁止证券承销商（主要是投资银行）对其承销的有价证券进行评级"，但此时并没有专门的法律法规及监管机构对评级机构进行监管。

2.1.2.2 其他国家和地区信用评级行业

尽管欧洲债券市场的形成先于美国债券市场两百年，但受限于其以银行间接融资为主导的金融体制，欧洲信用评级行业的起步晚于美国，发展程度也远不如美国。虽然在此阶段国际三大信用评级机构在欧洲各国设立分支机构，但欧洲各国未形成本国的评级机构。

亚洲地区信用评级行业起步较晚，在此阶段也未形成本国的信用评级机构。日本在产生信用评级机构之前已开始采用信用评级思想，于 1947 年 6 月建立了发债调整协议会[②]，即在企业债券发行时，以资本金、净资产额、发债余额等"规模"指标作为主要评级标准，对发行企业及债券进行优劣评定，按三级（即 A、B、C 三级）分类评级，并在修订中逐步增加自有资本比率、总资本利润率等反映收益性及财务状况"质量"的评级标准。1966 年 5 月，日本再次调整评级标准，取消发债余额指标，追加净资产倍率

---

① 普尔出版公司成立于 1916 年。
② 发债调整协议会是为了决定各种债券的发行条件和发行利率，调整发债额与发债顺序而设立。

指标，开始由重视"规模"基准转向重视"质量"基准。发债调整协议会在一定程度上实现了保护投资者、排除市场风险的作用，但也限制了日本市场对于信用评级的需求。

2.1.3 普及阶段（1970—2000）

伴随着世界经济的发展与资本市场的开放，美国债券市场规模不断扩张、产品日益丰富、跨境融资活跃，为信用评级机构提供了充分锻炼和成长的土壤，金融监管部门对评级机构的资质认定和对信用评级结果更广泛的使用，进一步提高了信用评级的市场需求，而经济衰退带来的违约事件也促进了信用评级机构的优胜劣汰。在资本运作全球化和经济一体化的趋势下，投资者对覆盖全球的信用评级服务需求日益增强，国际三大信用评级机构进一步拓展评级业务、丰富评级品种，并通过设立海外办事处、分支机构或兼并重组的方式进行全球业务布局，推进了信用评级行业的国际化，逐步确立起了其在全球范围内的垄断地位。同时，受益于资本市场的开放与债券市场的发展，在各国政府的推动下，其他国家相继成立了本国信用评级机构。在此阶段，信用评级在全球主要地区得到了广泛普及。

2.1.3.1 美国信用评级行业

20世纪60年代末，美国政府开支不断增加，通货膨胀及利率水平居高不下，债券市场承受着高通货膨胀和高信用风险的双重影响。1974年，美国发生了自20世纪30年代"大萧条"以来最为严重的经济衰退，市场积聚的信用风险再次爆发。本次经济危机中暴露了一个新的特点，即一些被信用评级机构给予较高信用级别的公司仍然发生了债券违约现象，最著名的当属"宾夕法尼亚州中央铁路公司违约事件"。

1970年6月，宾夕法尼亚州中央铁路公司（以下简称为"宾铁"）宣告破产，其所发行的16亿美元债券与1.25亿美元商业票据（其中有8000万美元票据将在3个月后到期）未能偿付，成为当时美国金融史上最大的债券违约事件。但该事件发生之前，宾铁的债券被信用评级机构评为最高等级。这让投资者发现，并非所有信用评级机构得出的信用评级结论都能很好地揭示风险，因而在使用信用评级结果的过程中需要对不同信用评级机构进行甄别。危机过后，一些信用评级质量好的、准确客观的信用评级机构得到了市场的认可，确立了相对的权威性，而一些质量较差的信用评级机构则面临业务萎缩甚至倒闭，信用评级机构优胜劣汰，这也促使信用评级业进入新的发展阶段。

资质认定方面，1975年，美国证券交易委员会（U.S. Securities and Exchange Commission，SEC）通过向特定信用评级机构发送无异议函的方式，确认该信用评级机构发布的信用评级结果被国内大部分重要使用者认定为可靠，由此形成了"国家认可的统计评级机构"（National Recognized Statistical Rating Organizations，NRSROs）制度。国际三大信用评级机构——穆迪、标普和惠誉公司成为首批获得NRSROs资质的信用评级机构。SEC还分别于1982年、1991年和1992年给予美国的达夫·菲尔普斯、Thomson Bank Watch和欧洲的国际银行资信分析公司（International Bank Credit Analysis Ltd., IBCA）等机构NRSROs资格。

信用评级结果的使用方面，随着 NRSROs 影响力的不断增加，一些监管部门更为广泛地使用 NRSROs 的概念并引用其信用评级结果。1975 年，SEC 将 NRSROs 制度引入《1934 年证券交易法》（Securities Exchange Act of 1934）中的证券公司净资本规则，以 NRSROs 评级结果来确定证券经纪公司的净资本要求；《1984 年二级抵押贷款市场强化法案》（the Secondary Mortgage Market Enhancement Act of 1984）要求"抵押债券"（mortgage related security）至少由一家 NRSROs 评为两种最高级别中的一种（即 AA 级别以上）；1989 年，美国国会将 NRSROs 概念引进《联邦储蓄保险法》（the Federal Deposit Insurance Act），认为公司债券要成为投资级，至少要一家 NRSROs 将其评为 BBB 级别（含）以上；1989 年，《金融机构改革、复苏和实施法案》（Financial Institutions Reform, Recovery, and Enforcement Act）禁止信贷协会投资 BBB 级别以下的投资债券；1989 年，美国劳工部允许私人养老基金投资 A 级别以上资产证券化债券；1991 年，SEC 修改《投资公司法》（Investment Company Act of 1940），限制货币市场基金持有信用等级较低①的债务工具。

评级业务方面，随着金融市场的进一步发展，美国实现了从以间接融资为主向以直接融资为主的转变，筹资者通过发行债券和股票进行大量融资，为信用评级业务的开展提供了市场基础。20 世纪 80 年代之后，凭借世界经济引擎和美元储备货币的地位，美国以相对较低的利率、稳定的汇率及开放的资本市场，不仅促使本国企业逐步转向依靠资本市场融资，也吸引了大量的外国企业和政府在美国发行债券。美国债券市场不断扩张的规模、日益丰富的产品和活跃的跨境融资为 NRSROs 提供了充分锻炼和成长的土壤。同时，随着资本运作全球化和经济一体化的趋势日渐加强，投资者对覆盖全球的信用评级服务需求日益增强。因此，NRSROs 不断拓展业务范围，除了继续开展证券信用评级和公司信用评级等传统业务，开始对结构性融资产品及国家主权进行信用评级。

评级机构发展方面，自 20 世纪 80 年代以后，美国评级机构在不断发展国内评级业务的同时，积极开拓海外市场。标普在东京、伦敦、巴黎、墨尔本、多伦多等城市建立了分支机构，穆迪则在东京、伦敦、巴黎、悉尼、法兰克福、马德里等城市开设了自己的办事处。此外，评级机构的兼并重组也不断发生。1997 年年底，惠誉和欧洲评级机构 IBCA 合并后成为 Fitch IBCA；2000 年，Fitch IBCA 与达夫·菲尔普斯合并成为惠誉（Fitch），同年收购 Thomson Bank Watch。穆迪、标普与惠誉逐步成为全球性的信用评级机构。

2.1.3.2 其他国家和地区的信用评级行业

欧洲方面，20 世纪 60 年代初欧洲债券市场形成时，美国信用评级机构已利用先发优势在欧洲主要国家实现信用评级行业垄断。1978 年，IBCA 成立，是第一家欧资的国际信用评级公司，并于 1982 年获得美国 NRSROs 资格认证。但由于行业与声誉垄断，欧洲本土信用评级机构已难以与美国信用评级机构竞争，IBCA 在 1992 年被法

---

① 《投资公司法》认定两家评级公司信用评级均为"1"的商业票据为一级票据，并对货币市场基金持有一级票据以外的商业票据持有量进行限制。

国 Fimalac 控股集团（Financière Marc de Lacharrière）收购，1997 年与美国惠誉评级合并成为 Fitch IBCA。2001 年以前，欧洲地区长期以行业自律管理为主，各国监管当局未设立专门的信用评级监管机构，也基本未对信用评级市场的准入进行限制和行为约束，仅在某些法规中涉及对于信用评级机构利益冲突的规定，总的来说，欧盟对评级机构的监管是缺失的。

亚洲方面，一些具有较高信誉和实力的日本公司因为在国内难以通过实力优势获得高回报，在 20 世纪 60 年代金融国际化浪潮中开始向美国债券市场分流。为减少国内资源外流，日本部分银行和证券公司开始研究美国的债券评级制度，同时监管当局出于对债券市场资源外流的担忧也开始反思并尝试变革。日本财政部首先于 1977 年提出基于投资者风险自担的入市原则，放开对债券市场管制的建议，引入信用评级行业。1985 年，日本投资者服务有限公司（Nippon Investor Service，NIS）成立。NIS 由日本工商银行、城市银行、信托银行、区域性银行、保险公司等注资成立，并于 1986 年 2 月首次发布了信用评级信息。1998 年 4 月，日本公社债研究所（Nippon Koka Bond Institute）和 NIS 合并成立评级和投资信息公司（Rating and Investment Information，R&I）。日本信用评级公司（Japan Credit Rating Agency，JCR）成立于 1985 年 4 月，主要由日本保险公司、信托银行、地方银行和长期信用银行注资成立。R&I 和 JCR 均在 2007 年获得美国 SEC 的 NRSROs 资格。评级机构方面，日本评级市场基本被美国信用评级行业通过先发优势占领，本国的信用评级公司只有两家。

韩国信用评级业从模仿美国起步，以 1985 年前后韩国投资者服务公司（Korea Investors Service，KIS）、韩国国家信息与信用评估公司（National Information & Credit Evaluaion，NICE）和韩国评级（Korea Ratings，KR）的成立为始端，后期又出现了首尔信用评级公司（Seoul Credit Rating Inc.，SCRI）。其中，KR 和 KIS 分别为惠誉和穆迪的控股子公司，SCRI 和 NICE 分别与日本的 JCR 和 R&I 有业务合作。由于韩国政府向来重视发展本国信用评级机构，在双评级制度等措施的扶持下，KIS、NICE 和 KR 基本在国内市场上三足鼎立。

印度信用评级行业始于 1987 年印度信贷研究与信息系统有限公司（The Credit Research and Information Systems of India Ltd，CRISIL）的成立。该机构与 1991 年成立的印度信用评级机构（Indian Credit Rating Agency，ICRA）及 1993 年成立的信贷分析与研究公司（Credit Analysis & Research Ltd，CARE）成为目前印度收入最大的三家信用评级机构。其中，标普对 CRISIL 多次注资后已控股 75%，成为 CRISIL 的大股东，而 ICRA 的大股东为穆迪。

马来西亚方面，由马来西亚中央银行建立，作为支持马来西亚快速发展的债券市场发展的"制度基础设施"的一部分，马来西亚评级公司（Rating Agency Malaysia Berhad，RAM）于 1990 年成立。

2.1.4 监管加强阶段（2001 年至今）

2001 年以来，随着全球资本市场的稳步发展，信用评级业务迎来了前所未有的发展机遇，主要信用评级机构的规模迅速扩大，评级产品日趋复杂，在全球范围内逐步拓展了其影响力。但是，安然破产案件中信用评级机构暴露出的问题也引起市场的关注。为此，相关监管部门对信用评级机构的功能、作用和监管进行了新的思考，逐步加强了对信用评级机构的监管，信用评级行业由自律监管、弱监管转向了直接监管阶段。在此背景下，信用评级行业规范步伐加快，信用评级活动更趋透明。

2.1.4.1 美国信用评级行业的监管

2001年，美国最大的能源公司——安然公司突然申请破产保护，而在此前5天，标普和穆迪仍保持着其投资级别的信用评级结果。安然公司破产事件使美国着手加强对信用评级行业的监管，多次举行听证会并发布相关研究报告。2006年颁布的《信用评级机构改革法案》（Credit Rating Agency Reform Act of 2006）规定SEC对NRSROs进行监管，明确排除了州立法对NRSROs注册工作的管辖权。自此，美国建立了以联邦法律层面的《1934年证券交易法》和《1933年证券法》为主体、以联邦法规层面的信用评级机构统一报表体系制度和《1934年证券交易法》实施细则为配套的信用评级监管制度框架。在此阶段，美国先后出台了多项法律法规，不断修订《1934年证券交易法》及实施细则，逐渐完善和加强了对信用评级行业的监管（见表2-1）。

表2-1　2001年以来美国颁布的有关信用评级行业监管的主要法律法规

颁布时间	法规名称	主要内容
2002年	《萨班斯—奥克斯利法案》（Sarbanes-Oxley Act）	要求SEC对信用评级机构在资本市场运行中的角色和功能进行研究，包括：①信用评级机构评价证券发行人时所扮演的角色；②上述角色对投资者的重要程度，以及对证券市场功能发挥所起到的作用；③提高评级过程的信息披露；④潜在的利益冲突管理；⑤潜在利益冲突及规避；⑥对信用评级机构的持续监管等。
2006年	《信用评级机构改革法案》（Credit Rating Agency Reform Act of 2006）	①增加《1934年证券交易法》15E章节，授权SEC为NRSROs实施注册和监督程序，SEC应要求信用评级机构向其提交NRSROs注册申请表，提供并披露相关信息，包括其组织信息、评级表现统计、评级方法、利益冲突和分析师的经验等；②修改第17章节，使SEC对NRSROs具有记录、报告和检查权力；③修改第21B（a）章节，授予SEC处罚任何违反第15E章节人员的权力，并要求SEC在该法案实施后的270天内颁布实施细则。
2007年	《对注册为NRSROs的信用评级机构的监管》（Oversight of Credit Rating Agencies Registered as NRSROs）	制定并发布了六条《1934年证券交易法》下的细则17g-1至17g-6和NRSROs表格（包含8个项目的内容及13份附表），细则包括：①申请注册为NRSROs；②NRSROs需制作和保存的档案；③年度财务报告；④防止对重大非公开信息的滥用；⑤利益冲突；⑥被禁止的行为。
2009年	《2009年2月修订案》（Amendments to Rules for Nationally Recognized Statistical Rating Organizations, 2009.2）	增加了对结构化融资产品的评级方法以及评级历史数据的额外信息披露，主要包括NRSROs应在注册信息表（FORM NRSROs）中披露评级表现情况、完善内部控制和评级记录保管、随机抽取10%的评级历史公开披露等内容。

（续表）

颁布时间	法规名称	主要内容
2009年	《2009年11月修订案》（Amendments to Rules for Nationally Recognized Statistical Rating Organizations, 2009.11）	要求信用评级机构披露更为广泛的信用评级历史信息，对2006年6月26日之后的信用评级历史信息进行披露，包括初始评级及随后采取的所有行动，包括降级、升级、确认评级和评级观察，并在其公司网站上以XBRL格式公开其评级活动信息。
	《2009年信用评级信息披露修正案》（Credit Rating Disclosure）	要求发行人加强对信用评级信息的披露：①披露证券申请上市登记表上与信用评级相关的信息；②披露评级的相应变化及其他与注册发行相关的评级信息（而不仅是已披露的评级信息）；③在证券发行募集说明书中添加信息说明信用评级不能反映哪些信息。
2010年	《多德—弗兰克华尔街改革与消费者保护法案》（Dodd-Frank Wall Street Reform and Consumer Protection Act）	①增加SEC对信用评级机构的监管权力和范围；②修订《1934年证券交易法》15E章节及实施细则，披露评级程序和方法及其任何重大变化；③披露初始评级的信息，以及所有这些评级的后续更改信息，以便用户衡量信用评级的表现，以及理解信用评级的性质和限制；④评级机构必须定期披露历史信用评级准确程度的信息；⑤对于结构化融资产品，该法案还规定了第三方的尽职调查义务。
2014年	《ABS改革规则》（Asset-Backed Securities Disclosure and Registration）	修订了资产支持证券发行程序、信息披露和提交报告，要求发行人在公开募集说明书和后续报告中应包含资产池中所有资产的具体等级信息（影子评级）。
	《NRSROs最终规则》（Final Rule: Nationally Recognized Statistical Rating Organization）	①新增细则17g-8至17g-10，对信用评级机构的历史记录审查和其雇员的培训、经验及能力标准及第三方尽职调查提供方的书面证词等方面提出了细节上的要求；②修订细则17g-1至17g-7，归纳整理了SEC对NRSROs注册、信息制作与保存、年度财务报告、防止滥用重大非公开信息、利益冲突管理、信息透明要求和禁止行为等方面的监管要求。

2008年，美国爆发次贷危机，信用评级机构的表现备受指责。针对在危机中美国金融体系和监管所暴露的问题，2009年6月，奥巴马政府正式提出金融监管改革方案，从金融机构监管、金融市场监管、消费者权益保护、危机处理和国际合作等方面构筑安全防线，期望以此使投资者恢复对美国金融体系的信心。2010年7月21日，总统奥巴马签署了《多德—弗兰克华尔街改革和消费者保护法案》（以下简称《多德—弗兰克法案》），这是自20世纪30年代以来美国最全面的金融监管改革法案。2014年，SEC发布《NRSROs最终规则》，旨在加强对信用评级机构的监管、防止利益冲突、提高信息的透明度、提高信用评级结果质量、增强评级机构责任等。上述两部新规的发布表明，SEC对信用评级机构的监管进一步趋严，法律规范进一步完善。

近年来，国际三大信用评级机构面对美国国内及国际社会的质疑，采取了一些自我完善的措施，包括加强公司治理、避免利益冲突；改善信用评级分析方法，特别是改善在金融危机中表现不佳的结构化融资评级体系；增强信用评级信息透明度，促进投资者对信用评级假设、模型、历史违约情况的了解等。

2.1.4.2 其他国家地区信用评级行业的监管

欧洲方面，自2000年欧元区诞生以来，金融一体化进程明显加快，债券市场和结构化金融产品迅速增加，欧洲本地信用评级机构数量不断增加。成立于2002年的保加利亚信用评级公司（BCRA）迅速成长为本国评级行业龙头，并开始与标普等国际信用评级机构展开竞争。2001年，为了协调各国相关机构共同对欧盟境内信用评级机构进行监管，欧盟委员会（The European Commission，EC）设立欧洲证券监管委员会（Committee of European Securities Regulators，CESR），负责监管原则的制定和不同成员方之间的协调，而实质性监管事务仍由信用评级机构注册地所在成员方各自的监管部门负责。2008年金融危机暴露了信用评级监管的薄弱，欧盟监管机构也意识到了评级话语权的重要性。欧盟委员会出台《欧洲议会和欧盟委员会信用评级机构法规》，拟在整个欧盟范围内实施相同的监管方法。2009年12月，欧盟范围内首部评级机构统一监管法规——《欧盟信用评级机构监管条例》（Regulation No. 1060/2009，CRA I）正式生效。为了加强对信用评级行业的统一监管，2010年欧洲议会和欧盟理事会决定成立欧洲证券及市场管理局（European Securities and Markets Authority，ESMA）作为信用评级机构的专门监管机构，并于2011年对CRA I进行了修订，正式明确ESMA对欧盟信用评级行业进行泛欧统一监管。此后，CRA I经过2012年和2013年两次修订不断完善，进一步提高了对信用评级机构的监管要求。欧盟各国信用评级机构逐步增加，截至2017年年末，共有44家评级机构通过欧盟注册或认证，其中21家本土信用评级机构、17家国际信用评级机构在欧盟地区的分支机构及2家非欧盟国家的信用评级机构通过注册，4家非欧盟国家的信用评级机构[1]通过认证。

亚洲方面，日本JCR与R&I业务重心聚焦在国内，在全球范围内整体规模较小。2010年，R&I业务量出现爆炸式增长，其2010年的工商企业评级业务在NRSROs中的市场份额占到2.86%。但随着美国对资产证券化评级监管从严，两家机构的业务受到一定影响。2010年，二者均主动向SEC申请撤销了结构化产品评级的注册资格。R&I更是将业务发展重心聚焦于本国，于2011年10月主动退出NRSROs。此外，日本还有实行投资者付费模式的三国有限公司（Mikuni Corporation），以及国际三大信用评级机构设立的5家分支机构[2]。

2001年以来，其他亚洲国家相继成立本国的评级机构，包括1993年成立的泰国评级和信息服务公司（Thai Rating and Information Services，TRIS）、2014年印度尼西亚成立的培芬多信用局（Pefindo credit bureau，Pefindo）等机构。其中，2011年标普从亚洲开发银行手中购买了TRIS的部分股权，Pefindo则与标普建立了技术合作关系。

---

[1] 日本的JCR、墨西哥的HR Ratings，以及美国的Kroll和Egan-Jones Ratings。
[2] 国际三大信用评级机构在日本设立的5家分支机构分别为：Mood's Japan K.K.、Mood's SF Japan K.K.、S&P Ratings Japan K.K.、Nippon S&P's K.K.、Fitch Ratings Japan Limited。

2.2 国际信用评级行业的发展现状与启示

2.2.1 国际信用评级行业的发展现状

2.2.1.1 信用评级行业基本格局

近年来,国际信用评级行业呈现稳步发展趋势,截至 2017 年年底,在美国 SEC 注册为 NRSROs 的机构数量为 10 家,通过欧盟 ESMA 注册的评级机构数量为 40 家,通过欧盟认证的评级机构数量为 4 家。[①]

全球信用评级行业由标普、穆迪和惠誉三大信用评级机构主导,信用评级行业处于寡头垄断状态,尽管全球资本市场有超过 160 家信用评级机构,但国际三大信用评级机构一直占据优势地位,其在 NRSROs 中的市场占有率维持在 90% 以上(见图 2-1)。

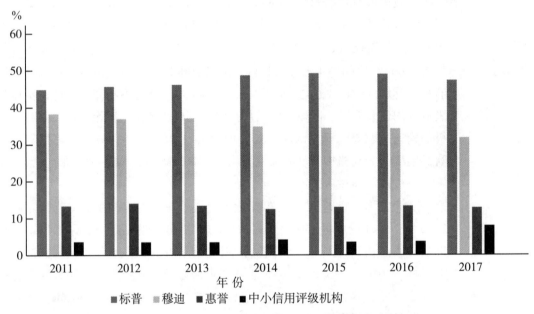

图 2-1 2011—2017 年 NRSROs 的市场占有情况

资料来源:历年 SEC 年报。

2.2.1.2 信用评级业务保持稳定

从信用评级业务存量[②]来看,近年来,NRSROs 信用评级业务量呈现下降趋势,但评

[①] 40家通过注册的信用评级机构包括本土信用评级机构21家、标准普尔(3家在欧分支机构)、穆迪(7家在欧分支机构)、惠誉(7家在欧分支机构)、DBRS、大公欧洲评级机构,4家通过认证的信用评级机构分别是日本的JCR、墨西哥的HR Ratings以及美国的Kroll和Egan-Jones Ratings。

[②] 按照NRSROs注册表格(Form NRSROs)中第7A项披露的评级业务个数统计,包括全部未到期的受评企业及债券个数。为此,较为成熟的NRSROs的评级业务个数包括了距今较长时期所发布的信用评级。下同。

级业务结构基本保持稳定。其中，政府债券评级业务量最多，占比在75%以上，其次为资产支持证券、金融机构（不包括保险公司）和工商企业，保险公司的占比最小（见图2-2）。

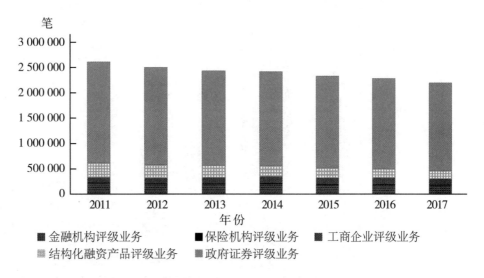

图2-2　2011—2017年NRSROs信用评级业务情况

资料来源：历年SEC年报。

从各家机构的评级业务产品类别来看，2014—2017年，国际三大信用评级机构的政府证券、金融机构和结构化融资产品的评级业务量基本均呈现下降态势；保险机构评级业务量总体仍较少但较为稳定；标普的工商企业评级业务量出现下降态势，穆迪和惠誉的工商企业评级业务量保持上升态势（见表2-2）。

表2-2　2015—2017年国际三大信用评级机构业务情况　　　　　　　　单位：笔

业务类型	标普			穆迪			惠誉		
	2015年	2016年	2017年	2015年	2016年	2017年	2015年	2016年	2017年
政府证券评级	964704	952910	920306	637898	619478	598614	198375	197543	205674
金融机构评级	60005	58582	57091	50094	49472	36631	43798	44965	39189
保险机构评级	6896	6859	6496	3175	3230	2484	3077	3188	3261
工商企业评级	51105	50672	51213	42821	44676	28635	16734	17848	18933
结构化融资产品评级	64222	49162	43760	68494	64188	59320	41517	39981	29108
合计	1146932	1118185	1078866	802482	781044	725684	303501	303525	296165

资料来源：历年SEC年报。

2.2.1.3　信用评级业务收入持续增长

近年来，国际三大信用评级机构的信用评级业务收入基本维持增长态势（见图2-3），但从信用评级机构的集团业务来看，信用评级业务收入增速逐步下滑并趋于平稳，非信用评级业务成为新的收入增长点。2014年以来，国际三大信用评级机构所属集团的信用评级业务收入的增长率达到2%以上，非信用评级业务收入的增长率基本保持在6%以上，但 2017 年标普非信用评级业务收入有所下降。

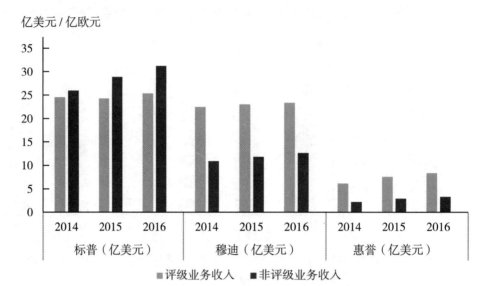

图 2-3　2014—2016 年国际三大信用评级机构收入情况

注：由于惠誉为非上市公司，其年报披露时间不固定。截至 2019 年 1 月底，惠誉 2017 年财务数据尚未公布。

资料来源：国际三大信用评级机构历年年报。

2.2.1.4　信用评级人员数量稳定

近年来，国际信用评级机构信用评级人员数量稳中略增（见图 2-4）。截至 2017 年年末，NRSROs 评级人员数量增长至近 5 000 人，其中国际三大信用评级机构分析师数量为 4 353 人，国际三大信用评级机构分析师数量占全部 NRSROs 分析师总量的比例维持在 80% 以上。

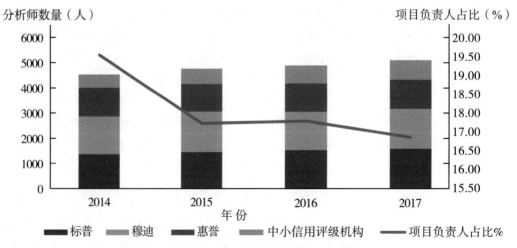

图 2-4　2014—2017 年 NRSROs 分析师情况

注：项目负责人是指 credit analyst supervisors。

资料来源：国际三大信用评级机构历年年报。

2.2.1.5 信用评级方法体系逐渐完善

国际三大信用评级机构在逾百年的发展历史中,积累了大量评级经验和历史数据,评级技术体系不断完善,发布了涉及主权国家、金融企业、工商企业、保险公司及公用事业等主体或/及其债项评级方法,建立了较为完善的评级逻辑架构。

2.2.1.6 投资者服务体系成熟

国际三大信用评级机构除向投资人提供客观、公正、独立的信用评级服务外,其所属集团还向投资人提供国家、行业、企业等各类风险研究报告、信息数据统计等多项投资人服务产品,并逐步把对投资人的信用风险服务向投资风险领域延伸,形成了各类营利性的服务产品。国际三大信用评级机构所属集团均设立了相关信息服务子公司,如咨询公司、解决方案平台等,也有助于相关信息的积累。例如,标普建立了标普全球市场情报[①]子公司,该公司覆盖了全球总市值99%的公司,每年处理1 350亿个数据。

2.2.2 国际信用评级行业发展的启示

2.2.2.1 信用评级行业的发展与债券市场的发展密不可分

现代信用评级行业伴随着债券而生,依托于金融市场特别是信用债券市场的发展而成长。美国的信用评级行业之所以走在世界前列,能够诞生具有国际影响力的国际三大信用评级机构,正是因为其庞大的债券市场和丰富的债券品种为信用评级行业的发展提供了广阔的空间。

此外,信用评级行业不断成长和完善,建立了市场声誉,形成了市场影响力,对资本市场特别是债券市场的发展也起到了促进作用。信用评级不仅可以为市场定价提供参考、有效降低投资者与发行者之间的信息不对称,还可以为监管者提供管理依据,促进债券市场公开透明。

2.2.2.2 长期积累形成的声誉资本是信用评级机构的核心竞争力

信用评级信息的最终使用者是投资者,从长期来看投资者对信用评级结果的持续认可才是信用评级机构的立命之本。声誉资本的建立是一个长期的过程。一方面,信用评级机构的内部数据的积累、信用评级经验的丰富、信用评级技术的改进、信用评级体系的完善都需要有足够的时间;另一方面,只有通过数十年的外部市场和经济周期的检验,投资者才能够真正成为信用评级机构的忠实客户。国际三大信用评级机构的成长,固然与美国发达的资本市场密不可分,但也经过了长期竞争、优胜劣汰,不断积累自身技术优势和服务能力,才逐步获得投资者的认可。经过时间淬炼形成的声誉资本是信用评级机构的核心竞争力,有助于信用评级机构巩固市场优势。

---

① S&P Global Market Intelligence.

2.2.2.3　合理的制度安排是信用评级行业发展的重要推动力

从外部推动力来看，信用评级行业的发展主要有两种模式，一种是市场驱动模式，一种是政府驱动模式。市场驱动模式是指信用评级是根据市场发展的需要而产生的，市场在其中发挥主动性作用，信用评级机构以营利为目的，作为商业性企业提供私人性产品，其发展取决于信用评级机构是否向市场提供了符合市场需要的产品和服务，信用评级机构之间存在市场化的竞争关系。政府驱动模式是指通过政府制度设置促进本地区或国家信用评级机构的产生和发展，政府在信用评级的产生和发展中发挥着主导性作用。

然而无论哪种模式，从发展的历史看，制度性安排都是信用评级市场发展的重要推动力，需要注意的是政策应着力于提供丰富的评级产品，促进行业的良性竞争，引导市场正确认识并合理运用信用评级，而不是直接行政性地确立信用评级机构的市场地位和信誉。此外，信用评级行业健康发展的另一个关键因素是，与信用评级有关的信用信息能否通过合法、有效渠道被信用评级机构取得。在信用评级业发展成熟的国家或地区，都有较完善的信用管理相关法律，通过对信用信息的采集和披露等环节的规范，为信用评级的发展提供了良好的基础环境。

2.3　我国信用评级行业的发展历程

2.3.1　萌芽初创阶段（1987—1991）

在初创阶段，我国债券市场开始起步，信用评级行业经历了从诞生、整顿到复苏的过程。

2.3.1.1　信用评级机构的诞生、整顿与复苏

我国的信用评级行业是我国经济体制改革不断深化、由计划经济向市场经济过渡过程中的新生事物。在中华人民共和国成立之后较长的计划经济时期，国民经济活动都是在计划范围内进行，并不具备产生信用评级的市场基础，也不存在信用评级机构和信用评级业务。

随着企业债券的产生，1988年3月，中国人民银行金融研究所在北京市召开了信用评级问题研讨会，此次研讨会就信用评级的理论、制度、政策、机构、方法等问题进行了较为广泛的探讨。为规范发展债券市场，中国人民银行和国家经济体制改革委员会提出组建信用评级机构的设想和要求。此时，无论是中央还是地方监管机构，都为组建信用评级机构创造了条件。

在我国债券市场不断发展及货币借贷关系日益频繁的形势下，市场对信用管理的需求日益高涨，广大投资者希望可以参考债券信用风险水平来决策投资。此外，银行作为我国企业筹资活动的主要中介，亦需要对企业贷款的偿还能力和信誉程度做出评价。因

此，在市场需求和监管需求的双重推动下，中国人民银行有关地方分行设立了信誉评级委员会及其他类似的信用评级部门，共约二十多家。专业银行（即现在的国有独资商业银行）的咨询公司、调查统计部门等机构也开展了信用评级活动。1988年成立的上海市远东资信评估有限公司，是我国第一家相对规范的外部信用评级机构。

1988年，我国经济出现过热、经济增速与物价"双高"的现象，1989年，我国开始实行"双紧"的货币政策和财政政策，各地资金市场逐渐萎缩。同时，中国人民银行为了贯彻国务院《关于进一步清理整顿金融性公司的通知》的要求，于1989年9月下发了《关于撤销人民银行设立的证券公司、信誉评级公司的通知》。至此，中国人民银行各分行和专业银行成立的信用评价公司一律撤销，评价业务由信誉评级委员会办理。

1990年8月，中国人民银行下发了《关于设立信誉评级委员会有关问题的通知》，就评级委员会的有关归口管理、机构的性质、业务范围等问题做了明确的规定。至此，信用评价机构正式受到了监管机构的认可和管理，信用评级业务也相对规范化和制度化，初步形成了我国自己的比较完整的信用评价指标体系。

2.3.1.2 债券从无到有，品种相对单一

1958—1980年，我国没有发行过任何形式的债券。20世纪80年代中后期，随着我国经济和金融体制改革，企业为技术改造而向内部职工发行的债券，开始具有较强的地方企业债券特征。鉴于当时一部分企业债券的发行具有盲目性，部分企业出现了乱用债券筹集的资金、盲目建设、重复建设等问题，1987年2月，国务院发布《企业债券管理暂行条例》，规定企业债券的概念、格式、性质，并就企业债券的管理、违反条例时所应承担的法律责任等作了规定。同年，中国人民银行总行对各地方企业发行债券设定发行额度。

为支持企业的发展，拓宽企业合理的资金融资渠道，1989年中国人民银行下发《关于发行企业短期融资券有关问题的通知》，肯定了企业短期融资券的发行，并实行规模管理、余额控制。在信用评级行业复苏后，中国人民银行所属的信誉评级委员会主要开展企业短期融资券的信用评级工作。

2.3.2 初步发展阶段（1992—1999）

1992年邓小平"南方谈话"后，同年10月党的十四大确定把建立社会主义市场经济体制作为我国经济体制改革的目标。在邓小平同志视察南方重要讲话和中央政治局全体会议精神的指导下，国务院下发系列文件，规范管理债券市场，我国信用评级机构在债券市场中的地位得到明确。在此阶段，我国信用评级队伍初步形成规模，全国性信用评级机构之间的联系日益加强，信用评级理论与实务的探讨有了一定的深度和广度，同时开始与国外有所交流，在积累信用评级经验、提高信用评级技术及人员素质和坚持独立、客观、公平的信用评级原则等方面均有较大提升，但由于债券市场产品仍相对单一、债券发行规模波动较大，信用评级行业经过短期繁荣后，发展仍举步维艰。在此阶段，我国外部信用评级机构相继成立，信用评级行业进一步加强自身规范化和制度化建设，信用评级技术也有较大程度的提升。

2.3.2.1 信用评级首次纳入发行审批必要程序

1992年12月，国务院下发《国务院关于进一步加强证券市场宏观管理的通知》，建立了证券市场管理体制和发行上市工作制度，明确债券信用评级工作应作为债券发行审批的一个必要程序。1993年8月，国务院发布《企业债券管理条例》，强化了债券发行的行政审批，要求企业进行有偿筹集资金活动时，必须通过公开发行企业债券的形式进行，深刻地影响了信用债券未来的发展。其中规定，企业发行企业债券，可以向经认可的债券评级机构申请信用评级。1993年《中共中央关于建立社会主义市场经济体制若干问题的决定》中提出，要建立发债机构和债券信用评级制度，促进债券市场的健康发展。

1993—1996年，参与企业债券信用评级的主要是中国诚信证券评估有限公司（以下简称"中国诚信"）和中国人民银行地方分行的资信评级委员会等，信用评级机构数量达30家，其中中国诚信基本占据了中央企业债的信用评级市场，也占据了一定的地方债评级市场，但地方债市场主要为地方的信用评级机构占领，地方分割比较严重。为了推动中国债券市场的发展，解决地区分割和信用评级机构过多的问题，促进全国性信用评级机构和市场的进一步形成，1997年12月，中国人民银行发布了《关于中国诚信证券评估有限公司等机构从事企业债券信用评级业务资格的通知》，认可9家信用评级机构[1]可在全国开展企业债券评级。

2.3.2.2 市场整顿，企业债券评级业务萎缩

企业债券市场规模不断上升，但规范管理、风险控制和基础设施却没有匹配到位，导致各地兑付风险集中暴露。为此，1993年4月国务院发布了《关于坚决制止乱集资和加强债券发行管理的通知》，要求在国库券发行任务完成之前，一律不得发行企业债券，并于1993年7月发出紧急电报，决定1993年企业债券发行计划的绝大部分转由新增银行贷款解决。1997年后，中国人民银行停止短期融资券的发行审批，企业短期融资券退出了市场。

2.3.2.3 探索金融机构评级业务新领域

20世纪90年代，我国开始对金融机构进行信用评级。最早是对信用社的信用评级，但由于信用评级工作没有经验、规范性不足，有关部门停止了相关信用评级机构对信用社的信用评级活动。一些资信评级委员会也开展了对银行的分支机构、信用社等的评级。1992年开始，一些专业信用评级机构对证券公司和信托投资公司的证券业务进行信用评级。到1999年年底，共约50家证券公司和信托投资公司的证券业务进行了信用评级，其中证券公司约占一半。1993年开始进行对信托投资公司的信用评级，到2000年年底，共约10家信托投资公司进行了信用评级，而仅有几家财务公司、租赁公司进行了信用评级。期货经纪公司评级方面，虽然开展了一批评级业务，但不是严格意义上的信用评级。保险公司评级方面，到1999年年底，仅有2家保险公司进行了信用评级。1998年开始，

---

[1] 中国诚信证券评估有限公司、大公国际资信评估有限公司、深圳市资信评估有限公司、云南省资信评估事务所、长城资信评估有限公司、上海远东资信评估公司、上海新世纪投资服务公司、辽宁省资信评估公司、福建省资信评级委员会。

部分信用评级机构对部分银行的分支机构进行了业绩评价,对 20 余家商业银行进行了定量信用评级,但尚不是真正意义上的银行信用评级。

2.3.2.4 信用评级机构完善自身理论与加强内外交流

在此阶段,上海新世纪资信评估投资服务有限公司(以下简称"新世纪评级")、中国诚信、大公国际资信评估有限公司(以下简称"大公资信")等外部信用评级机构相继成立,信用评级行业进一步加强自身规范化和制度化建设,评级技术也有了较大程度的提升。

1991 年,我国出版了第一本信用评级方面的译著《债券评级》[①]。此后,我国关于信用评级的专著陆续出版,如反映我国 1992 年年底以前信用评级行业基本情况的《中国证券评级理论与实务》[②],介绍国际信用评级机构的评级理论和具体做法的《资信评级》[③] 和《金融业的风险管理与资信评级》[④]。这些出版物对我国信用评级理论和实践的发展产生了重要的影响。

1993 年,在上海市召开了由美国穆迪以及日本、泰国等国的信用评级机构参加的信用评级国际研讨会,我国不少信用评级机构参加了会议。这是我国较早举办的一次信用评级国际研讨会。此次会议对于社会了解和宣传信用评级、促进我国信用评级理念和信用评级观点的形成具有重要作用。

2.3.3 徘徊摸索阶段(2000—2004)

2000 年以来,社会信用问题受到了全社会的关注,社会各界都积极参与到建设我国社会信用制度的工作中来。2000 年年末,中央经济工作会议和《国民经济和社会发展"十五"计划纲要》提出了加快建立健全社会信用制度的要求,党的十六大报告指出"整顿和规范市场经济秩序,健全现代市场经济的社会信用体系"。在国家提出加快社会信用体系建设后,我国信用评级监管机构和信用评级机构进行了不断的摸索,探索我国信用评级行业的发展之路。因此,尽管债券市场规模较小,但债券市场不断推出新产品,各监管机构从业务角度将信用评级机构纳入监管范围,出台了多部对信用评级机构和信用评级业务进行规范的规章制度。

2.3.3.1 资质认可、评级要求与评级使用

在此阶段,我国信用评级机构的监管体制正在酝酿着比较大的变化。监管机构根据评级历史表现,授予信用评级机构在不同市场的从业资质,将信用评级纳入债券发行的必要程序,并将信用评级结果作为投资风险管控的手段,设置可投资的信用级别门槛。

资质认可方面,2003 年,原保监会发布了《保险公司投资企业债券管理暂行办法》,

[①] 〔日〕黑泽孝著,梁建华、王延庆、陈汝议译:《债券评级》,中国金融出版社,1991 年。
[②] 黄运成、赵彦云等:《中国证券评级理论与实践》,中国人民大学出版社,1993 年。
[③] 朱荣恩、徐建新:《资信评级》,上海三联书店,1996 年。
[④] 吴晓灵、李德:《金融业的风险管理与资信评级》,中国金融出版社,1996 年。

明确了保险公司投资企业债券时认可的信用评级机构资质，并先后以保监发〔2003〕74号文、92号文、133号文的形式认可了5家信用评级机构，即大公资信、联合资信评估有限公司（以下简称"联合资信"）、新世纪评级、上海远东资信评估有限公司（以下简称"远东资信"）和中诚信国际信用评级有限责任公司（以下简称"中诚信国际"）。同年，国家发展和改革委员会（以下简称"发改委"）依照《企业债券管理条例》对企业债券资信评级进行评级机构资质认可和监管，并发布《关于国家电网公司等企业债券发行规模及发行审批有关问题的通知》，指出企业债券评级机构应为"2000年以来承担过国务院特批企业债券评级业务的信用评级机构"。依照此规定，具有企业债券评估从业资格的有5家信用评级机构（中诚信国际、大公资信、联合资信、远东资信、新世纪评级）。评级要求方面，2003年8月，中国证券监督管理委员会（以下简称"证监会"）颁布《资信评级机构出具证券公司债券信用评级报告准则》，规范了评级机构出具证券公司债券信用评级报告的原则、评级报告的内容与格式、跟踪评级等问题。

评级使用方面，2003年5月，原中国保险监督管理委员会（以下简称"原保监会"）发布的《保险公司投资企业债券管理暂行办法》，明确了保险公司投资企业债券时应采用其认可的信用评级机构的评级结果，设置了投资级别门槛，规定保险公司可投资的企业债券是指经国家主管部门批准发行，且经监管部门认可的信用评级机构评级在AA级以上的企业债券。2003年10月，证监会颁布《证券公司债券管理暂行办法》，规定发行人应当聘请证券资信评级机构对本期债券进行信用评级并对跟踪评级做出安排。2004年6月中国人民银行和原中国银行业监督管理委员会（以下简称"原银监会"）联合发布《商业银行次级债券发行管理办法》，规定商业银行发行次级债券应聘请证券信用评级机构进行信用评级，证券信用评级机构对评级的客观、公正和及时性承担责任。2004年11月中国人民银行《证券公司短期融资券管理办法》施行，规定拟发行短期融资券的证券公司应当聘请资信评级机构进行信用评级。2004年12月，中国人民银行发布了2004年第22号公告，指出拟在银行间债券市场发行债券的机构和发行的债券，除不需评级外，均应经过在中国境内工商注册且具备债券评级能力的评级机构进行信用评级。此外，2001年，财政部规定建立对担保机构资信的定期评级制度，担保机构需定期聘请经财政部认可的资信评级机构进行资信评级。同年，国家经济贸易委员会（以下简称"经贸委"）开展对担保机构和中小企业的信用评价。

2.3.3.2 独立的外部信用评级机构逐渐发展

中国共产党第十六届三中全会进一步指出，要增强全社会的信用意识，形成以道德为支撑、产权为基础、法律为保障的社会信用制度。各部门、各地区纷纷提出建设信用体系的规划，地方性的信用评级机构也相继开始组建，全国评级机构的数量再次提升。

根据业务特点和业务范围，信用评级机构大致可以分为以下几类：

一类是如联合资信、中诚信国际、大公资信等一批从市场上发展起来的、运作相对比较规范、独立于任何政府机构的信用评级机构，经历过多年的市场磨炼后正在走向成熟，其业务领域包括企业债券、可转换公司债券、金融机构、银行信贷登记企业、担保公司、申请担保企业及其他工商企业的信用评级等。

另一类是 20 世纪 80—90 年代因市场发展而成立的原来隶属于或挂靠于各级人民银行及其他商业银行的内部评级机构，随着中国金融体制改革的深入和市场的发展，逐步从各银行中分离出来成为独立的征信机构。这类信用评级机构的数量比较多，业务范围较小，多数属于地方性机构，因而市场影响力较小。

此外，随着中国经济的不断发展、市场规模的进一步扩大及中国加入 WTO，一些国外知名的信用评级机构和信用中介机构也开始积极开拓中国市场。穆迪、标普、惠誉等纷纷在中国寻求合作伙伴或成立办事机构。

2.3.3.3　信用评级机构业务仍不稳定

在此阶段，企业债券评级业务发展缓慢，债券发行计划需经国务院批准。受政策影响，这些年我国企业债券发行规模较小，每年只有少数中央企业获国务院批准发行企业债券，因而债券评级业务市场极为有限。

金融机构的评级业务规模也较小。我国的信用评级机构开展了对金融机构（包括商业银行、保险公司、证券公司等）、基金、信托投资公司资金信托计划等的评级，但由于受市场需求不强的影响，这类业务的市场规模还较小。

上市公司可转换公司债券的评级成为信用评级机构的主要业务之一，此外，一些信用评级机构还对上市公司进行了定量资信评级。2001 年 4 月 26 日，证监会发布《上市公司发行可转换公司债券实施办法》后，深万科、招商局等数十家上市公司发布了拟发行可转债的方案公告，一些上市公司开始意识到信用评级对降低融资成本、提高企业形象的重要作用。虽然进行信用评级并非是其发行可转债的必要条件，但大部分上市公司在发行可转换公司债时，都聘请了国内信用评级机构对其公司进行评级。

担保机构信用评级业务和中小企业评级业务开始产生，但规模较小。2001 年 3 月，财政部施行《中小企业融资担保机构风险管理暂行办法》，建立对担保机构信用的定期评级制度，担保机构需定期聘请经财政部门认可的信用评级机构进行信用评级，并向社会公布评级结果。2001 年 4 月，经贸委等十部委联合发出《关于加强中小企业信用管理工作的若干意见》，提出重视发挥中介机构在提升中小企业信用中的作用，开展对担保机构和中小企业的信用评价。在这些政策法规的推动下，部分信用评级机构开展了对中小企业的评级，如中关村管委会组织联合资信、大公资信等开展了对中关村高科技企业的评级；联合资信还率先开展了对中小企业信用担保机构的评级。

2.3.4　快速发展阶段（2005—2015）

2005 年，中国人民银行在银行间债券市场推出短期融资券，并采用备案制管理，开启了发行管理体制改革的探索，大大激发了市场潜力。此后，银行间债券市场先后推出中期票据、中小企业集合票据（包括区域集优）、超短期融资券、资产支持票据等债券品种；证券交易所推出了公司债券、中小企业私募债、资产证券化等债券品种；发改委监管下的企业债发行规模也在继续扩大；金融债券、次级债、地方政府债券、同业存单等债券品种的发行规模逐渐扩大。债券市场规模的快速增长及审批制度的变革为信用评级行业的发展提供了良好的外部环境。

在信用评级行业市场快速扩张的同时，中国人民银行、发改委、证监会等部门在各自职责范围内通过对不同债券的监管来对信用评级机构进行资质许可监管和日常监管，评级行业受监管部门的约束逐步加强，相关的评级监管法规也密集出台，监管的内容逐步具体化。信用评级行业进入快速发展阶段。

此外，随着我国债券市场的逐步深化发展、发行人及债券品种的多元化，在经济增速下行的环境下，信用事件和违约情况逐渐增加。2014年以来，我国债券市场信用风险逐步暴露，债券违约开始逐步出现，并开始进入常态化阶段。如何完善信用评级的风险识别功能、增强信用级别的区分度、及时有效地揭示信用风险，成为信用评级机构面临的挑战，而违约常态化也导致了我国对信用评级行业的监管不断强化。

2.3.4.1 债券品种不断丰富，市场需求推动信用评级业务量上升

2005年，中国人民银行发布《短期融资券管理办法》及《短期融资券承销规程》，重新启动短期融资券，允许企业在银行间债券市场发行短期融资券，并采用备案制管理，发行利率由市场决定，强调投资者自行判断并承担风险，不对发行人风险做实质判断，开启了发行管理体制改革的探索，这极大地激发了市场潜力，当年短期融资券发行量即达到1 424亿元。2007年8月，证监会发布《公司债券发行试点办法》，陆续推出了公司债券、中小企业私募债券、资产证券化等债券品种，并优化公司债券发行审核机制，以适应政府管理市场方式的转变和市场发展的现实需要。

2008年4月，中国人民银行发布《银行间债券市场非金融企业债务融资工具管理办法》，规定由2007年成立的中国银行间市场交易商协会（以下简称"交易商协会"）对非金融企业债务融资工具实行注册管理。注册制秉持了市场化的理念，以充分的信息披露为核心，以投资者自担风险为前提，强调包括信用评级机构在内的中介机构应尽职履责，形成一整套市场化的约束力量。在注册制的框架下，市场迸发出极大的创新动力，交易商协会组织市场成员相继推出了中期票据、中小企业集合票据（包括区域集优票据）、超短融、资产支持票据等产品，并引进了更加灵活便利的定向发行方式。

2008年1月，发改委发布《推进企业债券市场发展、简化发行核准程序有关事项的通知》，对企业债券发行核准程序进行简化改革，弱化强制担保，有效地促进了企业债券的发展。2013年10月及12月，首单永续企业债及永续中票相继发行，填补了国内无期限固定收益产品的空白。

2013年12月，银行间债券市场推出了同业存单，丰富了金融机构的市场化负债产品。2014年5月，国内首只碳收益票据在交易商协会注册后经银行间市场成功发行；7月，郑州交投地坤实业有限公司项目收益票据注册成功，标志着我国项目收益票据正式开闸；11月，首单供应链票据发行，适合供应链融资"1+N"的模式进一步拓宽了核心企业上下游的小微企业的直接融资渠道。

2014年11月，证监会和原银监会分别发布《证券公司及基金管理公司子公司资产证券化业务管理规定》和《关于信贷资产证券化备案登记工作流程的通知》，标志着资产证券化业务正式进入备案制时代。2015年1月，证监会发布《公司债券发行与交易管

理办法》，一方面将发行主体从上市公司扩展至公司法人，另一方面进一步丰富发行方式，既允许公开发行也允许私募发行。2015年2月，上交所发布《债券质押式协议回购交易业务指引》，标志着债券质押式协议回购正式推出。

2015年4月，发改委发布《战略性新兴产业专项债券发行指引》，10月份专项债发行正式起步。2015年起，伴随利率市场化、汇率形成机制改革等方面实现的新突破，人民币国际化取得重要进展，"熊猫债券"不断扩容。

信用债券市场的蓬勃发展为信用评级业务带来了爆发式的增长，整个信用评级行业迎来了发展的春天，信用评级业务数量持续增长，特别是2012年以来每年所评债券均超过2000只（见图2-5）。

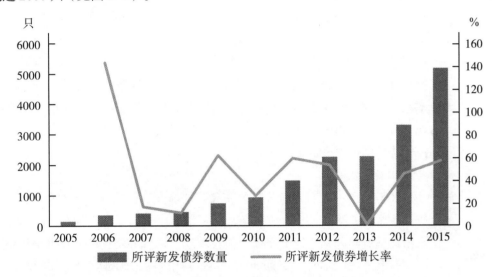

图2-5 2005—2015年我国债券市场信用评级业务情况

资料来源：Wind资讯。

信用评级业务收入呈现出快速增长态势。以银行间债券市场为例，银行间债券市场五家主要信用评级机构的业务收入从2005年的不足4 000万元发展到2015年的近8.58亿元。

2.3.4.2 评级要求、评级使用与资质认可

我国信用评级行业随着债券市场的发展而壮大，其核心是监管的推动和市场的需求。我国监管部门将信用评级作为债券的发行必要程序和投资门槛，并在有关金融机构和投资机构的投资管理中广泛使用评级结果，推动了我国信用评级行业的快速发展。

1. 评级要求

2005年，中国人民银行发布《短期融资券管理办法》，规定企业发行短期融资券，均应经过在我国境内工商注册且具备债券评级能力的评级机构的信用评级，并将评级结果向银行间债券市场公示。2005年原银监会发布《金融机构信贷资产证券化试点监督管理办法》规定，信贷资产证券化发起机构与受托机构向原银监会联合申请时，报送材料应当包括信用评级报告草案及有关持续跟踪评级安排的说明。2005年，中国人民银行发

布《全国银行间债券市场金融债券发行管理办法》，要求金融债券的发行应获得信用评级。2007年，证监会发布《公司债券发行试点办法》，要求企业发行公司债券应经信用评级机构评级且债券信用级别良好。

2007年市场交易商协会发布的《银行间债券市场非金融企业债务融资工具信息披露规则》要求非金融企业在银行间债券市场发行债务融资工具时，信用评级报告和跟踪评级安排应作为必要的发行文件。2008年，中国人民银行发布《银行间债券市场非金融企业债务融资工具管理办法》，规定企业发行债务融资工具，应当由在我国境内注册且具备债券评级资质的评级机构进行信用评级。

2012年，中国人民银行、原银监会、财政部联合发布《关于进一步扩大信贷资产证券化试点有关事项的通知》，要求资产支持证券在银行间债券市场发行与交易初始评级应当聘请两家具有评级资质的信用评级机构进行持续信用评级，并在申请发行证券时向监管部门提交评级报告。2013年，发改委发布《关于进一步改进企业债券发行审核工作的通知》，规定主体或债券信用等级为AAA级的债券为加快和简化审核类，资产负债率较高且债项级别在AA+级以下的债券为从严审核类。2014年，财政部发布《2014年地方政府债券自发自还试点办法》，规定试点地区应按照有关规定开展债券信用评级，择优选择信用评级机构。

2. 资质认可

2007年8月，证监会先后发布《公司债券发行试点办法》和《证券市场资信评级业务管理暂行办法》，核准中诚信证券评估有限公司（以下简称"中诚信证评"）、鹏元资信评估有限公司（以下简称"鹏元资信"）、大公资信、新世纪评级、天津中诚资信评估有限公司[1]5家信用评级机构从事证券市场资信评级业务。为夯实市场基础设施建设，促进评级行业健康发展，2010年8月，交易商协会代表全体会员出资设立了国内首家采用投资人付费营运模式的新型信用评级机构——中债资信评估有限责任公司（以下简称"中债资信"）。2014年，中国人民银行公布了评级结果可以在银行间债券市场使用的信用评级机构名单，大公资信、新世纪评级、联合资信、中诚信国际、东方金诚国际信用评估有限公司（以下简称"东方金诚"）和中债资信共6家信用评级机构得到认可。2008年，发改委认可了大公资信、新世纪评级、东方金诚、联合资信、中诚信国际和鹏元资信等承担企业债券评级的资格。2013年，原保监会发布《中国保监会关于加强保险资金投资债券使用外部信用评级监管的通知》，将认可的信用评级机构数量增加至7家，包括大公资信、东方金诚、联合信用评级有限公司（以下简称"联合评级"）、联合资信、新世纪评级、中诚信国际、中诚信证评。2015年开始，中国保险资产管理业协会（以下简称"保资管协会"）对债券市场上10家信用评级机构[2]开展年度信用评价（见表2-3）。

---

[1] 后更名为联合信用评级有限公司。

[2] 大公国际资信评估有限公司、东方金诚国际信用评估有限公司、联合信用评级有限公司、联合资信评估有限公司、鹏元资信评估有限公司、上海新世纪资信评估投资服务有限公司、上海远东资信评估有限公司、中诚信国际信用评级有限责任公司、中诚信证券评估有限公司、中债资信评估有限责任公司。

表 2-3　我国各监管机构对发行人付费信用评级机构的资质认可情况

分类	机构名称	监管机构			
		央行	证监会	发改委	原保监会
一公司，全牌照	大公国际资信评估有限公司	√	√	√	√
	上海新世纪资信评估投资服务有限公司	√	√	√	√
	东方金诚国际信用评估有限公司	√	√	√	√
多公司，全牌照	联合资信评估有限公司	√		√	√
	联合信用评级有限公司		√		√
	中诚信国际信用评级有限责任公司	√		√	√
	中诚信证券评估有限公司		√	√	
部分牌照	鹏元资信评估有限公司		√	√	
	上海远东资信评估有限公司		√		
	中债资信评估有限责任公司	√			

3. 在投资管理、交易和监管中广泛使用信用评级结果

2005 年 8 月，《保险机构投资者债券投资管理暂行办法》规定，保险机构投资的商业银行金融债券和次级债券，应具有国内信用评级机构评定的 A 级或者相当于 A 级以上的长期信用级别。2007 年，原保监会发布《关于保险资金投资有关金融产品的通知》，规定了保险公司使用外部评级法投资银行业金融机构信贷资产支持证券和证券公司专项资产管理计划时应达到的信用等级标准。2010 年，原保监会发布《关于调整保险资金投资政策有关问题的通知》，将投资有担保企业类债券的信用等级，调整为具有国内信用评级机构评定的 A 级或者相当于 A 级以上的长期信用级别。2012 年 7 月，原保监会发布《保险资金投资债券暂行办法》，再次强调加强风险管控，统一了外部信用评级的使用方式，并强调保险公司内部评级的约束力。

2005 年 9 月，证监会发布《关于货币市场基金投资短期融资券有关问题的通知》，规定了货币市场基金投资的短期融资券的信用级别标准，并于 2006 年发布《关于证券投资基金投资资产支持证券有关事项的通知》，要求货币市场基金投资的资产支持证券的信用评级，应不低于国内信用评级机构评定的 AAA 级，其他类别的证券投资基金应投资于信用级别为 BBB 级以上（含）的资产支持证券。

2007 年，上海交易所、深圳交易所发布《债券市场投资者适当性管理办法》，限制只有合格投资者中的机构投资者才能投资信用评级在 AAA 级以下（不含 AAA 级）的公司债券、企业债券（不包括公开发行的可转换公司债券）。2008 年，上海交易所、深圳交易所发布《关于调整债券回购标准相关事项的通知》，允许达到主体评级和债券评级为 AA 级（含）以上的公司债券、企业债券、分离交易可转换公司债券办理质押式回购，并于 2012 年修订《公司债券上市规则》，要求发行人申请其发行的债券在交易所上市，且通过综合协议交易平台挂牌交易的，债券信用评级须达到 AA 级（含）以上。

2013 年，发改委发布《关于进一步改进企业债券发行审核工作的通知》，将主体或债券信用等级为 AAA 级的债券归为加快和简化审核类，将资产负债率较高且债项级别在 AA+ 级以下的债券归为从严审核类。

总体看，信用评级结果在债券发行、投资管理、交易和监管中被广泛使用，信用评级行业在保护投资者、提高市场效率、协助降低金融监管成本、督促提高评级透明度和引导发行人加强债务风险管理等方面发挥了一定的作用。

2.3.4.3　多部门实质性监管，推动信用评级机构规范化发展

在行业快速扩张的同时，中国人民银行、发改委、证监会等部门在各自职责范围内通过对所认可的信用评级机构进行资质许可和日常监管，出台了一系列监管制度，加强对信用评级行业的监管。

例如，中国人民银行发布的《中国人民银行信用评级管理指导意见》《信贷市场和银行间债券市场信用评级规范》《关于银行间债券市场信用评级材料报备若干事项的通知》《关于加强银行间债券市场信用评级作业管理的通知》等，奠定了我国信用评级行业监管的基本标准。交易商协会发布《非金融企业债务融资工具信用评级业务自律指引》，持续监测行业的日常运行，组织编制发布行业年度报告，用行业自律管理丰富了市场管理的层次。证监会发布《证券市场资信评级业务管理暂行办法》，为规范行业发展发挥了重要的作用。证券业协会根据上述办法，发布《证券资信评级机构执业行为准则》及《关于进一步明确债券评级信息披露规范的通知》，对证券市场评级机构的管理进行进一步规范。

2005 年以来，中国人民银行、发改委、证监会、原保监会等监管部门密集出台了与信用评级相关的政策法规，对信用评级机构进行实质性监管。与此前相比，这种实质性监管表现在：一是要求投资者自担风险、建立内控机制，并提出了投资限制，如对保险公司的债券投资、投资基金的债券投资等，都规定了可投资债券的最低等级；二是对评级的基本规范特别是评级流程提出了严格的要求，如实地调查制度、评级程序（付费）制度，这对于保证评级作业的基本时间、评级质量，确保信用评级机构的独立性都发挥了重大作用；三是通过建立评级备案制度，促使信用评级机构先收费后进行评级，提高了信用评级机构的谈判地位，遏制了无序价格竞争态势，信用评级机构的行为被进一步约束；四是加强了信息披露监管，要求信用评级机构评级公开报告，提高了评级透明度，更好地为投资人服务；五是初步建立了违约率检验机制；六是强化了跟踪评级制度，使信用评级机构真正为投资者服务的机制基本建立。

2.3.5　全面开放和监管加强阶段（2016 年至今）

为推动银行间债券市场对外开放，促进信用评级行业健康发展，银行间市场允许境外依法设立的信用评级机构法人开展银行间债券市场信用评级业务，并制定相应的信用评级机构注册评价规则。我国信用评级行业将逐渐形成中外信用评级机构共同竞争发展的新格局，信用评级行业对外开放成为我国债券市场和信用评级行业发展的新动力。

2.3.5.1　债券品种不断创新，要求评级监管更为细化

我国债市产品的丰富性不断提升，2016 年以来先后推出资产证券化产品、特别提款

权计价债券（以下简称"SDR 债券"）、"债券通"、"一带一路"主题债券、"双创公司"债券与"双创"私募可转债等多种创新债券品种，"熊猫债券"、绿色债券规模扩容，信用风险缓释工具、不良资产证券化试点重启。

2016 年，随着我国债券市场发行主体开放的不断深入、监管部门对"熊猫债券"支持力度的不断加强、国内融资成本的下降以及人民币国际化程度的不断提高，"熊猫债券"发行取得突破。同年，我国绿色债券市场迅速起步，首单绿色金融债券、绿色信贷资产支持证券、绿色企业债券和境外绿色债券等相继发行。

2016 年 4 月，交易商协会发布《不良贷款资产支持证券信息披露指引（试行）》，明确了不良资产证券化产品的信息披露操作准则，2016 年首批 6 家试点机构共发行了14 单产品，发行额共计 156 亿元。2016 年 9 月交易商协会发布《银行间市场信用风险缓释工具试点业务规则》，以及信用风险缓释合约和信用风险缓释凭证的产品指引，并新增了信用违约互换和信用联结票据两类信用衍生产品的产品指引。2017 年 5 月中国农业银行和中债信用增进公司分别创设完成了 1 笔信用联结票据产品，信用联结票据正式登陆银行间市场。

2016 年 8 月，首个以人民币结算的 SDR 债券完成簿记发行，同年 10 月，首只由商业机构在我国发行的 SDR 债券，也是第一只由国内信用评级机构进行评级的 SDR 债券成功发行。2016 年 9 月，自贸区跨境人民币债券业务正式推出。同年 12 月，首单自贸区跨境人民币债券由上海市政府成功发行。2016 年 12 月 23 日，山东省沂南县扶贫社会效应债券在银行间债券市场发行，这是我国首单社会效应债券。2017 年 5 月，首单"双创"专项债务融资工具成功簿记建档发行。

随着债券市场的发展，对于信用评级的监管开始全面加强和细化。

2016 年，中国人民银行对《信用评级业管理暂行办法（征求意见稿）》征求意见。该征求意见稿吸收了国内外各监管机构经验，完善了我国信用评级行业的监管要求。该办法是对我国信用评级行业监管体制的一次重要梳理，将逐步形成我国信用评级行业的监管体制和基本框架。

2016 年 6 月，证券业协会制定并实行《证券市场资信评级机构评级业务实施细则（试行）》，对信用评级机构的监管要求更加细节化。2018 年，交易商协会先后修订发布《非金融企业债务融资工具信用评级机构自律公约》《非金融企业债务融资工具信用评级业务调查访谈工作规程》。此外，交易商协会发布了《银行间债券市场信用评级业务利益冲突管理规则（征求意见稿）》与《银行间债券市场信用评级业务信息披露规则（征求意见稿）》，规则的实施将进一步推动我国银行间市场监管要求与国际监管趋势接轨，完善信用评级机构在利益冲突与信息披露两个方面的监管细节。

2.3.5.2 债券市场对外开放加速，评级业全面开放

2016 年以来，我国债券市场对外开放力度不断加大，市场参与主体和交易品种更趋多元化。QFII、RQFII 在外汇管理局总体额度范围内投资银行间市场部分的额度不再受到限制，对 RQFII 的额度管理由过去的审批制放宽为备案制、审批制相结合。境外央行类机构可以投资的交易品种包括债券现券、债券回购等其他经央行许可的交易，无额度

限制，实行备案制管理，资金可以自由汇出。

2017年6月，中国人民银行发布《内地与香港债券市场互联互通合作管理暂行办法》，对内地与香港地区债券市场互联互通合作的机制安排进行规范，明确提出符合中国人民银行要求的境外投资者可通过"北向通"投资银行间债券市场的所有券种（以下简称"债券通"）。债券通标志着我国债券市场国际化程度进一步加深，为债券市场融入国际金融市场、健全投资者结构及推动人民币国际化进程打下了坚实基础。2017年，中国人民银行发布《境外商业类机构投资者进入中国银行间债券市场业务流程》，加速了我国债券市场的对外开放。

为境外投资者更加了解和适应我国债券市场，2017年7月发布的《中国人民银行公告〔2017〕第7号》，对境外信用评级机构在银行间债券市场开展信用评级业务做出认可和规定，要求境内外信用评级机构开展银行间债券市场信用评级业务时，向交易商协会就拟开展的债券评级业务类别申请注册，对境内外信用评级机构准入管理、分层分类管理、市场化评价管理等方面提出规范性要求，进一步完善了信用评级行业的管理机制。《中国人民银行公告〔2017〕第7号》标志着我国信用评级行业对外开放迎来实质性进展。

随后，交易商协会根据《中国人民银行公告〔2017〕第7号》和《银行间债券市场信用评级机构注册评价规则》，对在银行间市场注册的境内外信用评级机构，做出了明确的申请信息报备与信息披露规定，并建立注册评价指标体系，以加强对信用评级机构的自律管理。

《中国人民银行公告〔2017〕第7号》发布之后，各境外评级机构纷纷谋求在中国评级市场的进一步发展。标普于2018年5月23日宣布已向中国政府递交了在中国成立独立信用评级公司的计划，相关筹建工作将逐步展开；而惠誉表示正计划向中国监管机构申请执照在中国境内独立运营，穆迪表示正在研究适宜的方案。

2.3.5.3　不同付费模式的信用评级机构并行发展

2017年3月，证监会核准中证指数有限公司、上海资信有限公司从事证券市场信用评级业务，但仅限于投资者付费模式。截至2017年年底，我国债券市场信用评级机构数量上升至12家，其中，以发行人付费模式为主的有9家，以投资人付费模式为主的有3家。

2.4　我国信用评级行业发展现状

2.4.1　我国债券市场发展现状

2.4.1.1　发行情况

近年来，我国债券市场发行量基本保持持续增长，银行间债券市场是我国债券主要发行场所。2017年，我国债券市场共发行各类债券37 058期、规模40.39万亿元，发行期数为 2014 年公司债券扩容前的 5 倍以上，发行规模为 2014 年的 3 倍多。其中，银行间债券市场新发债券 37.69 万亿元，占债券市场发行总量的 93.32%（见图 2-6）。

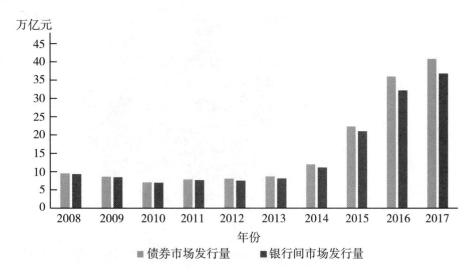

图 2-6　2008—2017 年我国债券市场发行情况

资料来源：历年《中国债券市场信用评级年度报告》。

发行券种方面，从期数来看，2017 年我国债券市场发行期数最多的是同业存单（26 931 期），占比超过 70%，其次分别是资产支持证券（6.5%）、短期融资券（5.7%）及公司债券（3.2%）；从规模来看，2017 年发行规模最大的也是同业存单，全年发行共计 20.19 万亿元，占债券市场总发行规模的近 50%，其次是金融债（12%）和地方政府债（10.7%）（见图 2-7 和图 2-8）。

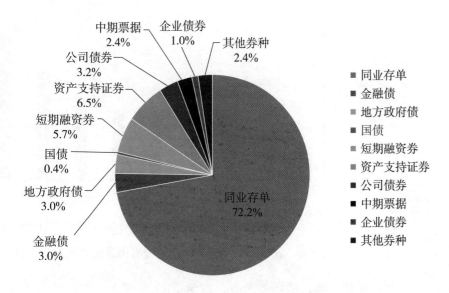

图 2-7　2017 年我国发行债券期数分券种占比情况

注：其他券种包括非公开定向债务融资工具、政府支持机构债、可交换债、可转债、国际机构债。

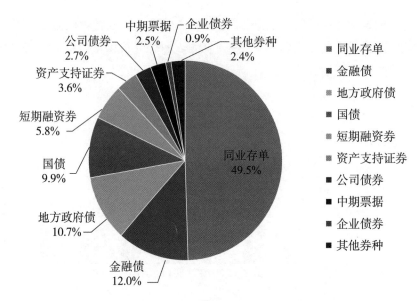

图 2-8　2017 年我国发行债券规模分券种占比情况

注：其他券种包括定向工具、政府支持机构债、可交换债、可转债、国际机构债。

2.4.1.2　存量情况

我国债券市场余额呈现逐年增长的趋势。截至 2017 年年末，我国债券市场余额达到 74.14 万亿元，规模继续扩大；债券市场余额占 GDP 的比重从 2012 年的 48.63% 持续增加至 2017 年的 89.64%（见图 2-9）。

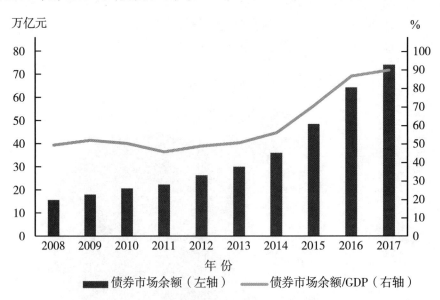

图 2-9　2008 年—2017 年我国债券市场余额以及占 GDP 的比重情况

券种方面，从期数来看，截至 2017 年年末，我国债券市场存量债券中期数最多的是同业存单，占比超过 30%，其次是公司债券，占比为 11.9%；从规模来看，截至 2017 年年末，我国债券市场存量债券中规模最大的是金融债，规模为 18.14 万亿元，占比为 24.5%，其次是地方政府债、国债以及同业存单，占比分别为 19.9%、17.6% 以及10.8%（见图2-10和图2-11）。

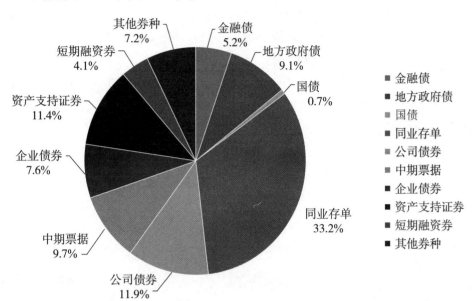

图 2-10 2017年年末我国存量债券期数分券种占比情况

注：其他券种包括非公开定向债务融资工具、政府支持机构债、可交换债、可转债、国际机构债。

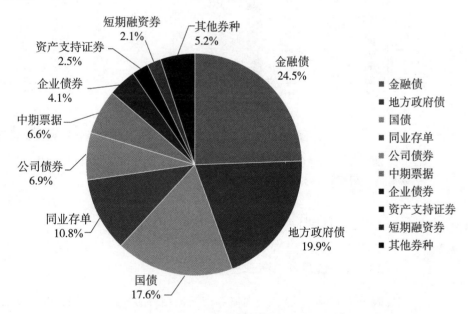

图 2-11 2017年年末我国存量债券规模分券种占比情况

注：其他券种包括非公开定向债务融资工具、政府支持机构债、可交换债、可转债、国际机构债。

2.4.1.3 交易情况

近十年来，除2013年、2014年受国内外经济下行压力加大、货币市场利率大幅波动影响导致交易额下降以外，我国债券市场交易额整体呈现波动上升趋势。2017年，我国债券市场成交额达 99.26 万亿元，但同比减少 20%。这一方面是由于经济去杠杆背景下央行实施稳健中性的货币政策导致市场资金面偏紧，利率水平有所走高，债券价格下跌；另一方面是由于金融强监管下规范债市交易，整顿债券代持、高杠杆等措施也在一定程度上导致成交额下降。

分市场来看，银行间市场成交额远大于交易所市场，近年来成交额均占全市场成交额的 96% 以上，2017 年占比达 98.46%；分券种来看，2017 年我国债券市场成交额最大的为同业存单，占比为 36.66%，其次是金融债和短期融资券，占比分别为 33.46% 和 6.62%（见图 2-12）。

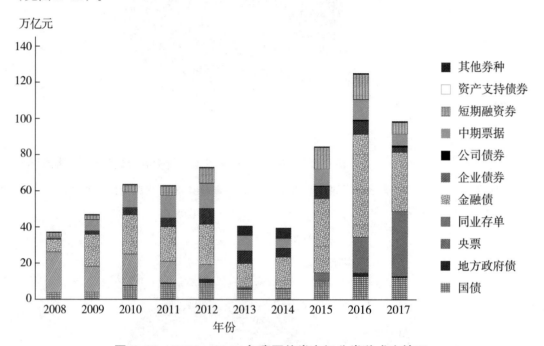

图 2-12 2008—2017 年我国债券市场分券种成交情况

注：其他券种包括非公开定向债务融资工具、政府支持机构债、可交换债、可转债、可分离债、国际机构债。

2.4.2 我国信用评级行业发展现状

2.4.2.1 信用评级行业基本格局

截至 2017 年年底，我国债券市场信用评级机构共有 12 家，以采用发行人付费模式为主的有 9 家，以采用投资人付费模式为主的有 3 家。在采用发行人付费模式的信用评级机构中，有 7 家为内资企业，2 家为中外合资企业（中诚信国际、联合资信）。采用投资人付费模式的信用评级机构有 3 家，分别为中债资信、中证指数有限公司（以下简称"中证指数公司"）、上海资信有限公司（以下简称"上海资信"）。中债资信成立于 2010 年 8 月，是国内首家以采用投资人付费运营模式为主的信用评级机构。2017 年 3 月，证监会核准中证指数公司、上海资信从事证券市场信用评级业务，但仅限于投资者付费模式。此外，标普、穆迪以及惠誉国际已表示进入我国债券评级市场的意愿，预计未来我国信用评级行业格局将更加国际化。

市场占有率方面，以银行间市场为例，中诚信国际、联合资信、大公资信在银行间市场新发债券与存续债券中所评债券的发行期数、发行家数和发行规模的占有率较高（见图2-13）。

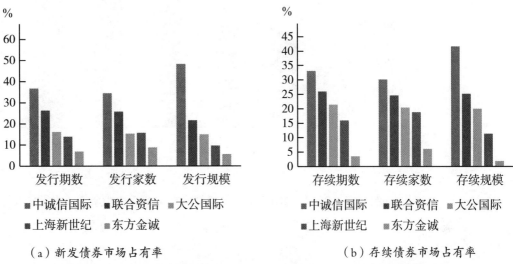

(a) 新发债券市场占有率　　　　　　(b) 存续债券市场占有率

图2-13　2017年银行间市场新发债券与存续债券评级机构市场占有率

注：不含地方政府债和资产支持证券。

2.4.2.2　信用评级业务稳步发展

近年来，随着我国债券市场发行数量的不断增加，信用评级机构债券评级业务持续发展。从所评债券产品类型看，中期票据、短期融资券、结构化融资产品、非政策性金融债券、公司债券和企业债券是信用评级的主要债券产品，其中结构化融资类产品持续保持良好的增长势头，信用评级机构所评结构化融资类债券期数仅次于中期票据和短期融资券。

从银行间债券市场来看，中诚信国际、联合资信、大公资信、新世纪评级、东方金诚和中债资信这6家信用评级机构在银行间市场的评级业务量稳步增长，2017年共出具了9 475份委托评级报告，其中非跟踪评级报告5 289份，同比上升18.56%，跟踪评级报告4 186份，同比下降5.34%。信用评级机构合计所评新发债券6 129只，同比增长23.72%，所评企业数量3 008家，同比增长11.90%（见图2-14）。

2.4.2.3　信用评级业务收入持续增长

近年来，伴随债券市场的稳步扩张，信用评级业务收入持续增长，银行间债券市场是信用评级业务收入的主要来源，但近年来交易所债券市场信用评级机构业务收入占比有所上升（见图2-15）。

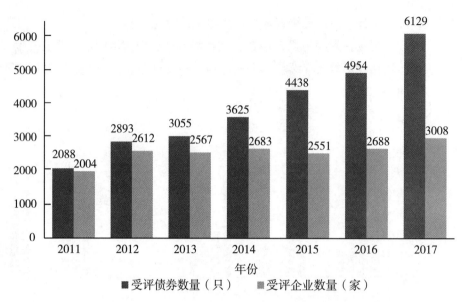

图 2-14　2011—2017 年银行间债券市场评级机构所评债券数量及企业数量

资料来源：交易商协会，《中国债券市场信用评级年度报告》（2018）。

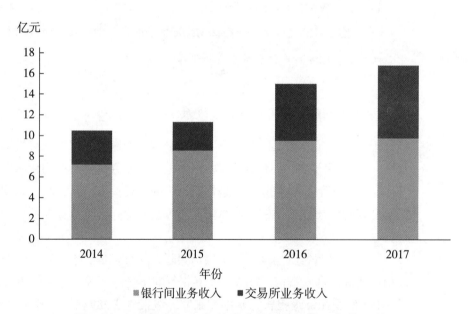

图 2-15　2014—2017 年债券市场评级机构业务收入增长

注：2014 年和 2015 年数据仅包括中诚信国际、联合资信、大公资信、东方金诚、新世纪评级，2016 年和 2017 年的数据包括中诚信国际、联合资信、大公资信、东方金诚、新世纪评级、中债资信和鹏元资信。

资料来源：交易商协会，《中国债券市场信用评级年度报告》（2018）。

2017 年，包括中诚信国际、联合资信、大公资信、新世纪评级、东方金诚、中债资信、鹏元评级在内的 7 家信用评级机构的总营业收入为 16.81 亿元，较上年增长 11.83%。其中，发行人付费的 5 家评级机构（包括中诚信国际、联合资信、大公资信、新世纪评级、东方金诚)在银行间债券市场的非跟踪评级业务收入 8.75 亿元,跟踪评级业务收入 1.04 亿元,较上年同比分别增长 14.42% 和 24.46%。非跟踪评级业务为评级机构收入的主要来源,其中中期票据、短期融资券、企业债券等评级业务是非跟踪评级业务收入的主要来源。

2.4.2.4 信用评级从业人员稳步增长

近年来,随着我国债券市场信用评级机构的规模逐步扩大,从业人员数量进一步增加,评级业务人员队伍不断扩大,稳定性不断增强(见图 2-16)。

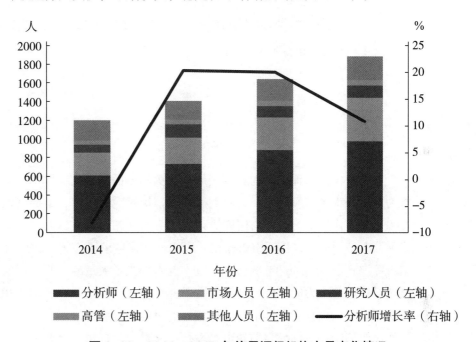

图 2-16　2014—2017 年信用评级机构人员变化情况

注:机构人员数据包括中诚信国际、联合资信、大公资信、新世纪评级、东方金诚、中债资信在内的 6 家评级机构。

资料来源:交易商协会,《中国债券市场信用评级年度报告》(历年)。

截至 2017 年年末,银行间债券市场信用评级机构的从业人员达到 1 886 人,较上年增加 108 人,同比稳步增长 6.07%。从人员结构来看,评级分析师是从业人员的主要构成部分,共计 976 人,占比为 51.75%;市场人员 467 人,占比 24.76%;研究人员 132 人,占比 7.00%;其他人员 253 人,占比 13.41%。评级分析师队伍中,硕士及以上学历的分析师占比达到 88.93%。以从业年限来看,具有 1—3 年(含)相关从业经验的分析师占比为 50.92%,较上年提升 10 个百分点。而具有 3 年以上相关从业经验的分析师,在总量及占比方面较上年有所下降。整个分析师队伍的稳定性有所增强,但资深分析师的稳定性有待提高(见图 2-17)。

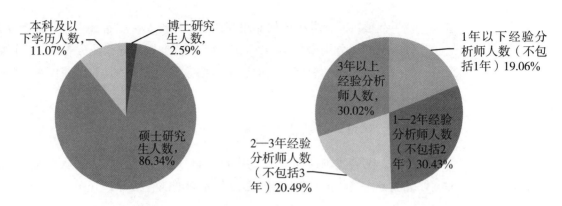

图 2-17　2017 年我国银行间债券市场信用评级机构人员素质情况

注：机构人员数据包括中诚信国际、联合资信、大公资信、新世纪评级、东方金诚、中债资信在内的 6 家信用评级机构。

资料来源：交易商协会，《中国债券市场信用评级年度报告》（2018）。

2.4.2.5　信用评级持续发挥风险揭示作用

近年来，信用评级机构在信用风险的揭示方面持续发挥作用。第一，信用评级机构作为重要的市场"看门人"，起到了筛选信用风险的作用，为促进债券市场的健康发展发挥了重要作用。第二，信用评级报告成为重要的信息披露渠道，信用评级机构为建设我国社会信用体系发挥了重要作用。以银行间债券市场为例，2017 年各家评级机构共出具跟踪评级报告 4 186 份，为债券市场参与者提供了大量的企业信用信息、行业风险信息。第三，信用等级为债券市场定价提供了重要参考。2017 年，根据信用利差分析结果，我国信用评级结果在多券种中均具有较好的风险区分性，信用评级结果具有一定的风险揭示作用，信用评级结果为债券市场发行、交易定价提供了重要参考。第四，信用等级与违约率负相关，即各级别违约率基本呈现随级别降低而递增的趋势。第五，信用等级调整能够引起债券价格显著的反应，信用评级发挥了信用风险的预警作用。

2.4.2.6　信用评级方法不断完善

近年来，随着市场上债券产品的不断创新和新业务的产生，信用评级机构随即研究制定了相关评级方法，并根据市场表现等因素对已有评级方法进行修订更新。

2017 年信用评级机构共制定包括"熊猫债券"、绿色债券、个人住房不良贷款资产支持证券等结构化产品、小额贷款公司、非金融企业资产支持票据（收益权类和债权类）等在内的评级方法 84 项，修订更新评级方法 67 项，为更好地开展评级业务奠定了技术基础（见图 2-18）。

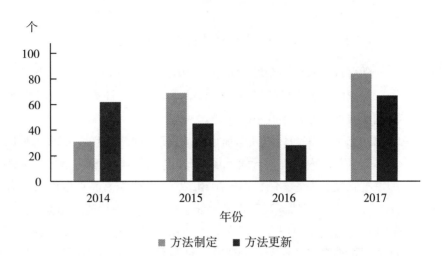

图 2-18 2014—2017 年信用评级机构关于评级方法的制定和更新情况

注：机构人员数据包括中诚信国际、联合资信、大公资信、新世纪评级、东方金诚、中债资信在内的 6 家信用评级机构。

资料来源：交易商协会，《中国债券市场信用评级年度报告》（历年）。

2.4.2.7 投资者服务水平有所提高

近年来各信用评级机构重视投资者服务水平，不断提高研究水平，研究成果持续增加，为投资者提供了更多的服务。2017 年信用评级机构的研究重点为行业研究，金融、资本市场研究，宏观经济研究，评级原理、技术与方法研究，评级表现研究等方面。此外信用评级机构逐渐加大在公开媒体及公司网站发表研究成果的力度，尤其是公司网站的宣传，扩大了信用评级行业的市场影响力。

对内培训及对外交流、业务推广方面，随着我国债券市场规模的扩张与对外开放程度的提高，信用评级机构更加重视市场声誉，加强内部人员培训力度和对外交流程度，通过多样化的行业宣传和学术、业务交流讨论，促进了各界对信用评级行业的了解，业务推广取得成效。

2.5　我国信用评级行业面临的机遇与挑战

2.5.1　我国信用评级行业发展面临的机遇

随着创新产品的不断涌现和"债券通"的正式上线运行，我国债券市场存量规模继续扩大，对外开放步伐大大加快，信用评级行业也伴随着债券市场的开放和发展迎来了良好的发展机遇。

2.5.1.1 债券市场对外开放进程不断加快

随着近年来债券市场的发展,中国债券市场已经成为全球第三大债券市场,境外投资者对国内债券市场的兴趣越来越浓厚。为了早日实现我国债券市场和国际市场的接轨,我国债券市场对外开放不断加速。

2015年以来,促进我国债市开放的政策加速发布,目前QFII、RQFII在外汇管理局总体额度范围内投资银行间市场部分的额度不再受到限制,对RQFII的额度管理由过去的审批制放宽为备案制、审批制相结合,债市交易品种也更加丰富。

2017年,"债券通"正式上线运行,进一步加速我国债市开放,境外投资者能够更便捷地参与到境内债券市场交易中。在此背景下,我国信用评级机构应更好地发挥本土优势,更加准确地揭示信用风险,增强我国信用评级机构的国际影响力,助推我国信用评级机构的国际化发展。同时,"一带一路"倡议逐渐落实和中资企业在海外发行美元债规模创历史新高,均进一步推动了中国金融市场的对外开放。债券市场的开放为信用评级机构的业务拓展带来了良好的机遇,增加了信用评级机构的业务种类和发行人类别,为信用评级机构提供了在国际舞台上亮相的机会。

2.5.1.2 监管逐步规范,为信用评级行业创造良好发展环境

近年来,监管机构和自律组织对信用评级行业的监管动态频繁,监管框架得到完善。证监会、交易商协会均加大了对信用评级机构的检查力度;发改委、交易商协会、中国保险资产管理业协会(以下简称"保险资管业协会")均组织了市场化评价,对各信用评级机构的业务素质、评级结果质量、评级报告质量、评级服务质量等各个方面进行了评价,并披露了相关结果。自2017年第三季度以来,交易商协会公开披露了银行间债券市场信用评级机构业务运行及合规情况季报,对各信用评级机构的市场表现、业务发展动态,以及评级自律管理和合规情况进行了通报。此外,我国金融体系顶层规划出台,有助于构建稳定和健康的金融市场环境,明确未来债券市场的发展目标和方向,有利于我国债券市场的健康稳定发展,未来信用评级行业准入和监管标准有望统一。我国监管机构和自律组织对信用评级行业监管的逐步规范将促进债券市场评级质量和服务水平的提高,维护信用评级行业的有序竞争,推动信用评级行业的健康发展,为信用评级行业创造良好的发展环境。

2.5.1.3 创新产品迭出,评级业务发展空间得到扩展

我国债券市场创新产品迭出,绿色债券、"双创"债、资产证券化等债券品种不断推出,进一步丰富了我国债券市场的债券品种。另外,监管机构鼓励铁道债跨市场发行与交易,将AA级及以上级别的小微企业、绿色经济相关的金融债券和公司信用类债券纳入中期借贷便利(MLF)担保品范围,提升了小微企业和绿色经济相关的债券的流动性。创新产品大多顺应了宏观需求和政策指导,绿色债券提升了绿色企业发行债券的便利性,"双创"债为创新创业型企业提供了新的融资渠道,资产证券化则能盘活企业存量资产、有效降低企业杠杆。这些创新产品的出现使得债券市场的发行人类别不断增加,大力助推了债券市场的发展,也为信用评级机构拓展了业务发展空间。同时,信用评级机构在为创新产品评

级时，随着对创新产品的了解和学习，能够逐步积累评级经验，提升评级技术水平。

2.5.1.4 外资机构准入，促进国内信用评级行业良性发展

随着债券市场对外开放进程的加快，信用评级行业也正式对外开放。2017 年 7 月发布的《中国人民银行公告〔2017〕第 7 号》首次对境外信用评级机构开展银行间债券市场信用评级业务进行了规范，迈开了本土信用评级市场正式对外开放的第一步。在境外发行人和投资人越来越多地参与国内债券市场的情况下，通过适当引入国际知名信用评级机构，能够更好地满足境内外发行主体和投资人的相关需求，进一步推动债券市场的发展。

国际三大信用评级机构经过百年历史积累，已经建立了较成熟和完善的评级系统体系。未来国际三大信用评级机构和其他外资信用评级机构丰富的评级经验和完善的评级方法将促进国内信用评级机构改善其评级方法，进一步提升我国信用评级行业的评级质量，为国内信用评级行业的发展营造良好的发展环境。因此，引入国际知名信用评级机构，有利于提高市场对信用评级机构的声誉约束，强化优胜劣汰，并促进信用评级机构间的技术交融，推动本土信用评级机构抓紧步伐提升自身评级技术和综合竞争力，更好地发挥信用评级在债券市场中的信用风险揭示、预警和定价参考作用。

2.5.2 我国信用评级行业面临的挑战

2.5.2.1 树立信用评级行业声誉度的挑战

我国信用评级行业历史较短，业务规模有限，在资本市场乃至债券市场中较为弱势。自 2014 年以来，国内债券市场发行主体在信用等级持续提高的同时，信用违约事件持续发生，因此评级虚高、评级泡沫的批评声不断。同时，违约事件也不断引起以投资者为代表的社会各方的普遍关注和批评，使国内信用评级行业的公信力和社会形象普遍受到质疑，给国内信用评级机构的声誉带来挑战。

此外，由于目前监管机构对信用评级机构评级结果的使用，发行人在选择信用评级机构时大多采用遴选的方式，级别和收费往往是发行人关注的重点，导致我国信用评级结果为达到发行门槛而普遍偏高，存在包括等级区分程度不足、投资级评级违约率偏高、等级调升趋势明显、等级调降较市场反映相对滞后、等级调整的及时性和连续性有待加强等问题。

国内信用评级机构需要正视自己的不足，不断致力于提高评级质量和评级水平，积极履行社会责任，客观、准确地向市场和投资者传递评级信息，重塑我国信用评级行业的公信力和形象。

2.5.2.2 信用评级机构竞争压力不断加大的挑战

近年来，我国信用评级市场在新的信用评级机构不断进入的条件下，行业竞争压力逐年加大。个别信用评级机构为了扩大市场份额，采用级别竞争、价格竞争和作业时间竞争等不良竞争手段来赢得客户，造成信用评级市场混乱。

未来，随着我国信用评级市场的开放，外资信用评级机构将逐步进入国内信用评级市场。外资信用评级机构的进入，在促进国内信用评级行业良性发展的同时，也将加剧国内信用评级行业的竞争。除占据国内信用评级市场份额外，外资信用评级机构可能将凭借其声誉资本等优势大量获取我国信用评级机构的客户，同时也可能凭借良好的发展平台和薪酬待遇吸引我国信用评级机构有经验的分析师。整体来看，我国信用评级机构面临的行业竞争压力将不断加大。

2.5.2.3 建立国内信用评级机构国际话语权的挑战

国际信用评级行业在上百年的发展中，经过兼并重组，形成了以标普、穆迪、惠誉为主导的国际三大信用评级机构，其国际话语权较高，在欧盟和美国的市场占有率高达95%。与外资信用评级机构相比，国内信用评级机构综合实力相对较弱，在国际上缺乏足够的话语权和竞争力。近几年随着债券市场的逐步开放，中国信用评级行业也正逐步走出去。国内信用评级机构的国际化脚步急需跟上中国企业和中国金融市场的国际化进程，面临着建立国际话语权的巨大挑战。

2.5.2.4 债券产品多样化的挑战

近年来，我国债券市场不断推出创新产品，如资产证券化产品、信用风险缓释工具和SDR债券等，这对信用评级机构的信用分析能力和监管部门的监管能力都提出了更高的要求。

对信用评级机构来讲，创新产品的结构更为复杂、模式更为多样，信用评级机构对其进行风险识别与揭示的要求和难度也更高。另外，债券市场中债券品种的多样化程度越高，债券市场上不同风险类型、不同风险水平的债券产品越多，信用风险的分化也就越明显，对信用评级机构信用风险评估能力的要求也会相应提高。我国信用评级机构关于创新产品的评级主要借鉴国际信用评级机构的评级方法，还应结合国内的实际情况和具体实践不断研究完善。

对监管部门来讲，在创新产品快速发展的同时，关于创新产品评级业务的监管制度并未及时建立，这导致了一些创新产品评级市场的不规范现象，如价格竞争、评级作业不规范等，对信用评级行业的健康发展产生了不利影响。随着我国债券市场的不断发展，创新债券产品已逐渐成为债券市场发展的重要组成部分，对于创新债券产品的信用评级业务需要及时完善监管和加强规范。

2.5.2.5 债券违约常态化的挑战

随着我国宏观经济增速持续放缓，供给侧结构性改革不断深化，债券市场信用事件增加，债券违约逐渐成为常态，这是债券市场走向成熟的一个标志，但是，违约常态化给信用评级行业带来了较大的挑战。

首先，违约常态化给信用评级技术带来了新的挑战。在违约常态化的同时，信用评级机构在技术体系方面的不足逐渐暴露出来。近年来信用级别虚高、信用级别区分度不足的现象比较突出，不利于识别和判断风险。这表明信用评级机构的信用评级技术体系存在缺陷，信用风险揭示不够。信用评级机构需要进一步完善评级技术体系建设，加大评级技术研究力度，提升信用风险分析水平，并根据市场情况及时修订评级方法、评级标准和评级操作体系，以更好地应对违约常态化的挑战。

其次，违约常态化给信用评级机构的内控机制带来了新的挑战。此前，债券市场处于刚性兑付的市场环境，对信用评级质量要求不高，这使得个别信用评级机构内控不严，为争夺市场份额，在评级流程、质量控制、信息处理、防止利益冲突等关键环节，放松内控要求，甚至为满足客户要求而省略评级流程、压缩评级周期，最终导致信用级别可信度不高，难以为投资者全面准确揭示信用风险，树立市场威信。信用评级机构需要加强内控，不断完善内部管理机制并严格执行，确保信用评级业务的独立性与合规性。

最后，违约常态化给信用评级机构的信息披露带来了新的挑战。一方面，随着债券市场信用事件的增加，信用评级机构需要在信用事件发生前后及时进行信息披露，为投资者揭示信用风险；另一方面，在违约常态化的环境下，信用评级机构对自己的信息披露也需要加强，一旦信用评级机构对信用评级相关信息披露不充分，特别是评级方法和管理制度等方面的信息披露不充分，就会影响信用评级使用人理解和适当使用信用评级。信用评级行业需要全面规范完善信息披露制度，提高信息披露透明度，加强对信用评级方法、评级相关信息的披露，帮助信用评级使用人理解和适当使用信用评级，更好地发挥市场在约束信用评级机构方面的作用。

本章小结

1.本章主要介绍了国际信用评级行业和国内信用评级行业的诞生及各阶段发展历程和现状，归纳总结了各发展阶段的主要特点和动因，并介绍了我国信用评级行业的现状，以及在对外开放的背景下，我国信用评级行业的机遇与挑战。

2.国际信用评级行业在市场需求的作用下，萌芽于19世纪40年代，1909年，约翰·穆迪出版了《美国铁路公司投资分析手册》，现代信用评级行业形成。自此，国际信用评级行业经历了萌芽产生、初步发展、普及和监管加强四个阶段，逐步形成了国际资本市场以国际三大信用评级机构为主导、各国资本市场以本国信用评级机构与国际三大信用评级机构联合主导的国际信用评级行业大格局。

3.我国信用评级行业是伴随我国债券市场的发展，特别是企业债券、短期融资券等债券的发行而诞生的，我国信用评级行业的发展和规范与资本市场尤其是债券市场的发展紧密相关。1987年，我国为规范企业债券市场的发展，提出发展信用评级机构，信用评级行业由此开始起步，经历了从无到有、从小到大的发展历程。

4.在债券市场与监管约束的双重推动下，我国信用评级行业依次经历了萌芽初创、初步发展、徘徊摸索、快速发展、全面开放和监管加强阶段。2005年以来，我国债券市场规模迅速扩大、债券品种日益丰富、监管更趋规范，为信用评级行业的快速发展创造了良好的外部环境。随着我国债券市场和信用评级行业对外开放的不断深化，未来我国债券市场和信用评级行业仍具有广阔的发展空间，机遇与挑战共存。

本章重要术语

信用评级机构　资质认可　企业债券　评级行业监管　信用评级机构评价　付费模式　投资者服务

思考练习题

1. 国际信用评级行业经历了哪几个阶段？
2. 国际主要信用评级机构有哪些？
3. 我国信用评级行业经历了哪几个阶段？
4. 未来我国信用评级行业发展的机遇与挑战有哪些？
5. 目前，我国银行间市场主要有哪些信用评级机构？

参考文献

［1］郭继丰："资信评级的历史演进与分析"，新世纪研究报告，2010年第2期，第1—18页。

［2］李振宇、陈东明、钟用等编著：《资信评级原理》（修订版），中国方正出版社，2009年。

［3］谢多、冯光华：《信用评级》，中国金融出版社，2014年。

［4］中国银行间市场交易商协会：《中国债券市场信用评级年度报告》，2008—2018年。

相关网络链接

中国银行间市场交易商协会网站：www.nafmii.org/
联合资信评估有限公司网站：www.lhratings.com/
中诚信国际网站：www.ccxi.com.cn/
大公国际资信评估有限公司网站：www.dagong-credit.com/
东方金诚国际信用评估有限公司网站：www.dfratings.com/
上海新世纪资信评估投资服务有限公司网站：www.shxsj.com/
远东资信网站：www.sfecr.com/
中证鹏元资信评估有限公司网站：www.pyrating.cn/
中债资信评估有限责任公司网站：www.chinaratings.com.cn/
SEC网站：www.sec.gov/
标普公司网站：www.standardandpoors.com/
穆迪公司网站：www.moodys.com/
惠誉公司网站：www.fitchratings.com/

第二篇

信用评级理论与方法

第 3 章
信用评级的原理和方法

郭继丰　戴晓枫　周美玲（上海新世纪资信评估投资服务有限公司）

学习目标

通过本章学习，读者应做到：
◎ 理解信用评级的理念、分析方法、一般性原则及业务原则；
◎ 掌握信用评级风险分档基础、风险评估准则和赋权准则；
◎ 掌握信用评级的构架，了解国家或地区风险、主权信用、行业信用风险的形成；
◎ 理解信用评级的生成逻辑和调整原则；
◎ 掌握主体和债项信用评级的思路。

■ 开篇导读

19世纪中叶，美国在独立战争后进入了工业化建设时期，市政债券、公司债券大量发行，其中也出现了许多用虚假信息发行债券的情况，给投资者造成了重大的损失。在这样的情况下，标普的创始人之一亨利·普尔先生于1860年出版了《美国铁路手册》（*Manual of the Railroads of the United States*），率先开始提供金融信息服务和债券评级；穆迪的创始人约翰·穆迪于1909年出版的《穆迪美国铁路投资分析》（*Moody's Analysis of Railroad Investment*）一书中提出了债券信用评级的观点，使用简单的符号区分不同公司债券的信用等级。亨利·普尔和约翰·穆迪的著作出版不仅标志着信用评级的产生，也体现了信用评级的基本功能是服务于投资者，解决债券发行人与债券投资者之间的信息不对称问题。

随着社会科学、自然科学的发展和监管制度的变迁，信用评级作为社会细分行业，与其他行业的边界更加清晰，其理论基础进一步夯实，作业原则和作业流程不断完善，分析工具更加丰富，分析框架更加完善。2008年次贷危机后，信用评级机构不断总结此次危机中的经验和教训，国际主要金融监管机构也对信用评级行业的监管规则进行了修订。标普于2013年披露了新的债券分析框架，将原来的"两类十要素"的分析框架调整为"两类四要素"，将原来的可调整权重转变为固定权重。本章对信用评级理论基础、分析原则、分析框架、信用等级的生成逻辑和可调整原则、分析思路等内容进行了基础性的勾勒，为后续章节的展开做铺垫。

3.1 信用评级的基础和原则

信用评级具有跨学科、多理论基础的特征，也具有显著的实践性、经验性、研究性等。在信用评级的实践过程中，信用评级形成了独立的理念、方法和原则。

3.1.1 信用评级的理念

信用评级的理念体现在信用评级的预期性和艺术性双重属性上，是信用评级区别于其他行业的特征。信用评级的艺术性不排除在具体要素、要素与要素之间的分析上采用现代科学的计量手段或工具，坚持穿越周期的分析思路。

3.1.1.1 信用评级的预期性

信用评级是对未来的预期，信用评级对未来的预期采用穿越周期（through the cycle）分析法。

第一，信用评级具有预期性，表明信用评级不是对历史数据和信息的真实、准确、完整的鉴证，而是基于历史数据和信息对未来的预期。具体而言，信用评级不同于审计，审计是对历史数据和信息的鉴证，而信用评级是基于历史、现实、社会和经济运行逻辑，在合理假设条件下对未来的预期，并根据预期的趋势和结果发表相应的评级观点和意见，得出能够表示受评对象未来一段时间内信用水平的信用等级。信用评级的预期在信用评级的结果上体现为信用等级与违约概率、利差之间的对应关系。

第二，信用评级的预期性在分析方法上采用穿越周期分析法。穿越周期分析法是与时点（pointing time）分析法相对应的分析方法。信用评级穿越周期的分析思路是指在信用评级过程中充分考虑宏观经济周期、行业周期、产品生命周期和企业成长周期等因素，依审慎的原则分析和判定周期性因素对受评对象信用品质的影响。在信用评级的具体实践中，穿越周期分析法采用敏感性分析和情景压力测试分析来尽可能熨平周期性因素对受评对象信用质量的影响。穿越周期分析法的效果可以从信用等级的迁移率和违约率的分层对应关系进行观察。从研究信用等级迁移的情况看，信用等级的迁移具有周期性的适应性特征；从研究违约率的情况看，不同信用等级的违约率则具有显著的和相对稳定的分层对应关系。信用等级迁移率的周期性和适应性特征，表明信用评级的等级调整无法完全避免周期性因素对受评对象信用质量的影响；违约率的稳定分层对应关系，表明信用评级的等级在总体上具有穿越周期的特征。时点分析法则是以某一特定时间的数据对下一时点信用状况的变化进行预测，有利于投资者在债券市场价格波动的条件下发现投资价值。

3.1.1.2 信用评级的艺术性

信用评级是一门艺术，信用评级的艺术性表现为信用评级是在多因素或指标分析的基础上，采用定性的方法对受评对象的信用质量进行综合性判定；同时，信用评级的综合性判定不排除分析过程中采用定量化的分析方法。

第一，信用评级的艺术性表明，信用评级的分析过程是多因素或指标的综合意见，信用评级的结果是以定性的专家意见得出的、能够反映受评对象信用风险大小的信用等级。具体而言，信用评级的艺术性反映了信用评级的对象所面临的环境是一个复杂的信息系统，存在信用评级期望信息的完整性、真实性、及时性等严格需要与现实可得性之间的冲突，存在多种因素或指标在理论和实践上无法简单通过合理逻辑相加减的困境，诸多数据或信息的加工无法通过确定的、严格的逻辑或数理进行分析，需要通过信用评级分析师、专家委员的知识、经验进行综合性的判定来预计信用风险的大小。在通常情况下，信用评级分析师、专家委员的知识体系越完备、经验越丰富，对受评对象的信用风险预期的准确性就越高。

第二，信用评级艺术性的综合性风险判定不排除信用评级的定量化分析，正好相反的是，信用评级艺术性的综合风险判定往往是建立在大量定量化分析基础上的定性判定。进一步而言，在对受评对象进行分析时，信用评级分析师会基于合理的假设，采用现代数理统计、计量经济学、计算机软件等对相应的指标或要素进行统计分析，并根据统计分析的结果综合判定该指标或要素对其信用品质的影响程度。同时，需要指出的是，在信用评级分析中，定量化的统计分析是进行定性判定的支持性手段，无法取代信用评级的定性判断。

3.1.2 信用评级的分析方法

信用评级的穿越周期分析法是一个总的理念，敏感性分析和情景压力测试是实现穿越周期分析法的具体手段，这是信用评级的预期性特征的表现。从信用评级的艺术性看，信用评级的方法有定性分析法和定量分析法，这两种分析方法在具体的实践中体现为基于分析师分析的专家意见方法和基于评级数量模型的定量分析法。信用评级艺术性的这两种方法在信用评级的不同产品、不同环节中扮演着不同的角色，发挥着不同的作用。

基于分析师分析的专家意见法是指分析师在遵从信用评级准则的基础上，充分发挥信用分析师的知识、经验，鼓励信用分析师采用现代的信用分析统计或计量工具，对影响信用品质的各要素或指标进行分析和预测；同时，信用评级委员（专家意见）根据信用评级准则和方法对信用分析师的分析进行综合性的评价和判定，最终给出受评对象的信用等级。

信用评级模型分析方法是依据历史数据、采用现代数理方法，建立起能够得到检验的信用评级数理模型，并以此模型对受评对象的信用等级进行确定。如 Altman 多因素信用分析模型、KMV 资产负债单因素分析模型等，都是评级数理模型。

从信用评级的基本理念看，尽管评级数理模型分析方法可以在一定程度上对受评对象的信用评级做出相应的判定或未来的预期，但是，这种评级数理模型具有严格的假设和要素的筛选过程，是对群体和样本的统计结果，对于经济、社会运行的适应性能力较弱，可以作为信用评级分析师主导模式的合理补充，不能取代基于分析师分析的专家意见法。因此，在信用评级分析中，可以把已经开发的信用评级数理模型思路及其方法运用到相应的要素或指标的分析中，或把这些数理模型作为信用评级的比照或参考因素，形成基于分析师的分析基础的专家意见法和评级数理模型相结合的分析过程。

在资产证券化等结构化融资的衍生金融产品信用评级中，往往需要建立数理统计分析模型，对资产证券化等结构化融资的衍生金融产品进行定量化的模型分析，这样就形成了基于合理假设的数理模型评级法。同时，需要指出的是，尽管资产证券化等结构化融资工具的分析采用了数理统计模型，但也不否定资产证券化等结构化融资工具模型分析中定性的假设和得出最终信用等级的专家综合判定。在资产证券化等结构化融资的信用评级中，之所以会发生基于数理模型分析基础上的专家综合判定，是因为资产证券化等结构化融资模型涉及参数选择、敏感性分析、情景压力测试等工具，这些参数、敏感性分析和情景压力测试的压力的选择本身具有一定的主观性，不同的专家会有不同的压力选择倾向。

3.1.3 信用评级的一般性原则

为了保证信用评级的质量，提升信用评级的公信力，在信用评级的实践活动中，应充分遵循国际和国内信用评级的监管制度，有效实施信用评级的独立性、客观性和公正性原则。

2006 年 11 月中国人民银行发布的《信贷市场和银行间债券市场信用评级规范》（以下简称《评级规范》）中明确了信用评级的真实性、一致性、独立性、客观性和审慎性五个基本原则。2008 年次贷危机引发全球金融危机后，国际证监会组织（IOSCO）认为信用评级机构在资本市场中扮演着重要的角色，确定信用评级的基本原则对于监管部门、信用评级机构以及评级结果的使用者都具有重要作用。从 IOSCO 行为准则[①]的核心内容以及 IOSCO 于 2008 年修订增加内容所反映的精神实质来看，信用评级的基本原则可以归纳为独立性、客观性及公正性。

---

① IOSCO 于 2004 年制定并发布了《信用评级机构基本行为准则》（Code of Conduct Fundamentals for Credit Rating Agencies），并于 2008 年 5 月进行了修订。

3.1.3.1 信用评级的独立性原则

信用评级的独立性原则是为了从信用评级的制度安排上对信用评级中存在利益冲突问题进行管理，是信用评级客观性和公正性的基础。

在《评级规范》中，信用评级独立性原则是指信用评级机构的内部信用评审委员会成员、评估人员在评级过程中应保持独立性，应根据所收集的数据和资料独立做出评判，不能受评级对象（发行人）及其他外来因素的影响。在IOSCO基本行为准则中则要求信用评级机构避免评级行为受到受评机构、发行人、投资者、其他市场参与者的潜在影响（包括经济因素、政治因素和其他因素等），信用评级机构和分析师要维护程序上和实质上的独立性。显然，IOSCO的独立性主要包括两个层次的内容：第一个层次是指信用评级机构与债券发行主体之间的独立性，第二个层次是指评级人员与债券发行主体之间的独立性。

综合《评级规范》、IOSCO行为准则的独立性论述和我国信用评级的实践，信用评级的独立性原则包括几个层次的含义：第一个层次是信用评级机构及其高管与发债主体之间的独立性，即信用评级机构及其高管与发债主体之间在股权上是相互独立的，不存在相互控股或持股的关系。第二个层次是信用评级机构与发债主体高管之间的独立性，即信用评级机构的高管与发债主体的高管之间不存在直接亲属关系。第三个层次是指评级人员与发债主体的独立性，包括评级人员不得参与评级收费的谈判、不得为受评对象提供咨询、评级人员的直系亲属不得在受评对象任职高管，评级人员不得接受受评对象超过一定金额的馈赠或其他活动。

信用评级机构的独立性应通过回避制度、信息披露制度得以保证。回避制度即信用评级机构、评级人员若存在上述存在利益冲突的情形，不得参与该债券或其发行人的信用评级。信息披露制度是指，如果信用评级机构或评级人员存在无法回避的利益冲突情况，应通过信息披露的方式，向市场披露存在利益冲突的情况，便于投资者做出客观的评价。

3.1.3.2 信用评级的客观性原则

信用评级的客观性原则是为了使信用评级机构能够从信息的收集、使用，以及程序、方法的选择和使用上进行合理的管理，增强信用评级的公正性，提升信用评级的质量。

在《评级规范》中，信用评级的客观性是指信用评级机构的评级人员在评级过程中应做到公正，不带有任何偏见。信用评级的真实性是指信用评级机构在评级过程中，应按照合理的程序和方法对所收集的数据和资料进行分析，并按照合理、规范的程序审定评级结果。信用评级的审慎性是指信用评级机构在信用评级资料的分析过程和做出判断的过程中应持谨慎态度；在分析基础资料时，应准确指出影响评级对象（发行人）经营的潜在风险，对评级对象（发行人）某些指标的极端情况要做深入分析。IOSCO行为准则的客观性表现为评级过程的质量控制，即信用评级机构在评级过程中应使用严谨、系统的评级方法，经过历史经验验证，统一评估方法，保障评级过程中的资源等。

综合《评级规范》、IOSCO行为准则对客观性的论述和我国信用评级的实践，信用评级的客观性包括几个方面的内容：第一，信用评级所使用的信息应该是客观的、真实的；第二，信用评级中所使用的方法应该是严谨的、统一的、经过历史验证的；第三，信用评级人员应正确使用评级的信息、方法和程序，对相应保密信息承担保密责任，并得出合理的信用评级结论；第四，信用评级的结果是经得起检验的。

对于信用评级的客观性，信用评级机构通过实地调查制度、信息披露制度、合规制度、保密制度、档案管理制度和市场表现统计分析制度等保证信用评级的客观性。实地调查制度是信用评级人员通过对发债主体和债项的相关信息进行实地调查、访谈，以保证信用评级信息获得的真实、完整。信息披露制度是指信用评级机构通过官方网站向市场公开披露其评级的方法、评级结果和评级统计结果。合规制度是指信用评级机构通过设置合规监管岗位对信用评级过程的行为进行监控，保证信用评级的客观性。保密制度是指信用评级机构和评级人员对评级过程中涉及的国家秘密、商业秘密和个人隐私进行保密。档案管理制度是指信用评级机构应对评级过程中的相关信息通过档案加以保管，以便核查和检查。市场表现统计分析制度是指通过历史违约率、信用等级转移矩阵和利差分析等，向市场传达信用评级结果信息，以便于投资者对评级结果进行判定和使用。

3.1.3.3 信用评级的公正性原则

信用评级的公正性原则是为了使信用评级机构能够在信用评级过程中对同类发债主体或债项采用相同的评级方法和标准，不因其他因素的干扰而对不同受评对象区别对待。

IOSCO 的行为准则要求在评级过程中，信用级别的决定因素应该只是那些和风险相关的因素，不受到经济因素、政治因素和其他因素等的影响。

综合 IOSCO 行为准则和我国信用评级的实践，信用评级的公正性应包括三个方面的含义：第一，对于同类发债主体或债券，在信用评级方法和标准的使用上应保持一致；第二，信用评级人员在评级方法和标准的使用上应该保持客观和独立，不应受到经济方面的、政治方面的或其他因素的影响；第三，信用评级的结果在时间序列上应保持相对稳定。

信用评级机构通过回避制度、防火墙制度、合规性制度、评级方法的披露制度和评级结果的市场表现统计分析制度，保持信用评级的公正性。

3.1.4 信用评级的业务原则

信用评级的业务原则是指在信用评级分析师和专家委员会委员在信用评级活动中应该遵循的原则，仅适用于信用评级的分析过程。

3.1.4.1 定量与定性分析相结合

定量与定性分析相结合是指在信用评级分析中，对于定量、定性的要素或指标既要做定量的分析也要做定性的判定，定量分析与定性分析相互结合、相互支持，对于整体的风险判断和信用等级的确定需要建立在定性和定量分析相结合的基础上。

3.1.4.2 个体评级与支持评级相结合

个体评级与支持评级相结合是指对债务人的信用评级不仅要考虑到债务人作为独立主体的信用状况，而且要考虑债务人的股东、政府对债务人的信用支持。个体评级是把债务人作为独立主体对待，不考虑外部支持因素条件下的评级。在一些特定环境和条件下，债务人的信用质量会受到股东、政府支持程度的影响，因此，对于债务人最终信用风险的判断和信用级别的确定需要充分考虑股东、政府对债务人的支持意愿和支持能力。

3.1.4.3 保密与公开披露相结合

保密和公开披露相结合是指在评级过程中既要维护债务人或相关自然人的商业秘密和个人隐私，又要依据法律客观、真实的原则，对债务人、债务工具的相关信息进行披露，避免重大遗漏、虚假记载和误导性陈述。

3.1.4.4 审慎性

审慎性是指在信用评级资料分析和判断的过程中应持谨慎态度，特别是对定性指标做出分析和判断时。在分析基础资料时，应准确指出影响评级对象（发行人）经营的潜在风险，对评级对象（发行人）某些指标的极端情况要做深入分析。

3.2 信用评级的准则

信用评级的基础准则是在信用评级过程中，根据信用评级的方法对影响信用评级对象的风险要素或指标进行分析，并在此基础上进行风险大小的分档、打分、赋权，最终得出信用等级所应该遵守的准则。

3.2.1 信用评级打分或分等

信用评级给初入信用评级行业的人员或非行业人士的直观感受是，信用评级是一个指标或要素的打分或分等，并根据打分或分等的大小来确定信用等级。这个直观的感受忽略了两点：第一，信用评级打分或分等的基础什么？第二，信用评级打分或分等的目的是什么？

3.2.1.1 信用评级打分或分等的基础是信用风险分析

在对受评对象进行信用评级前，信用评级机构通常已经建立了基于信用评级方法、由不同层级的分析要素或指标叠加而成的信用评级分析框架表。在这样的分析框架下，信用评级分析师需要从最基层的要素或指标分析开始，直到最后得出信用等级。

信用评级方法通常会描述或介绍信用评级的逻辑构架、分析要素或指标，这是信用评级分析框架表建立的思路，也是信用评级分析框架表的说明。信用评级分析框架表是信用评级方法具体运用于受评对象信用风险分析的工具。

信用评级分析师在对受评对象进行信用风险分析时，需要按照信用评级方法的思路和信用评级分析框架表，逐一对信用评级分析框架表中的要素或指标的风险进行分析和判定风险大小，逐层分析下层要素或指标叠加后对应的要素或指标所反映风险的大小是否与受评对象的实际风险相一致,进一步做出风险大小的判定。

3.2.1.2 信用评级打分或分等的目的是区分信用质量

一个好的信用评级分析框架表应该具有信用风险大小的区分能力和信用风险的排序能力。信用风险大小的区分能力表现为可以根据信用风险的大小区分出不同的信用等级,且这些信用等级在违约率的统计分析上,具有显著的高信用等级对应低违约率、低信用等级对应高违约率的特征;在利差统计分析上,具有显著的高信用等级对应低利差、低信用等级对应高利差的特征。信用风险的排序能力表现为这些信用等级从高向低或从低向高的排列顺序,且相对应的违约率或利差分析也表现为同样的排列顺序。

信用评级在对不同的要素或指标、不同层级的要素指标进行分析后,按照信用风险测量的准则和已经建立起来的信用风险测量标尺,对信用风险大小进行打分或分等的目的就是对受评对象的信用风险大小进行区分,并实现信用风险大小的排序。

3.2.2 信用评级风险测量准则

在信用评级分析过程中如何通过相应的分数或分等来确定信用风险的大小?这就涉及信用评级风险测量准则。

信用评级风险测量准则包括信用评级风险测量的标尺和信用风险打分的标准两个方面。信用评级机构通常会采用三种方式来测量信用风险的大小:一是按照"风险越大、分数越低,风险越低、分数越高"的方式来确定信用风险的大小;二是按照"风险越大、分数越高,风险越小、分数越低"的方式来确定信用风险的大小;三是以二维风险组合的方式确定信用风险的大小。

3.2.2.1 按照风险大小确定风险等次

按照"风险越大、分数越低,风险越低、分数越高"的方式进行信用风险测量,可以制定一般意义上的信用风险测量标尺。如某信用评级机构根据信用风险的大小,将信用风险分为十类并对应相应的风险等次(见表3-1),即随着X1—X10风险逐渐减小(或增大),对应的Y1—Y10风险等次也逐渐降低(或升高)。

表 3-1 信用风险测量标尺

风险大小	风险等次
X1	Y1
X2	
X3	Y2
X4	
X5	Y3
X6	

（续表）

风险大小	风险等次
X7	Y4
X8	
X9	Y5
X10	

当然，风险大小与风险等次之间可以根据偏好或实际需要分为相应的多档级、多等次。例如 10 档级的风险大小对应 5 等次的风险，或者 13 档级的风险大小对应 6 等次的风险。

信用风险打分标准是根据具体行业的信用评级方法对影响受评对象信用风险的要素、指标进行打分所遵循的标准。

在对影响受评对象的要素、指标打分时，遵循两个基本标准：

第一，每一要素或指标的满分都是确定认为的一个数值（例如 100 分或 6 分）或符号（例如 AAA）。

第二，根据每个要素或指标的风险大小、按照信用风险度量的标尺进行打分。

3.2.2.2 按照二维风险组合确定风险等次

按照二维风险组合测量风险大小的方式是将影响信用风险大小的因素有逻辑地按照纵向和横向二维组合表，以确定下一层要素或指标的信用风险大小。例如，将影响信用风险的要素划分为经营风险和财务风险，其纵轴表示经营风险，横轴表示财务风险，若经营风险为 AA 级、财务风险为 AA- 级，纵轴和横轴交叉区域所确定的风险为受评对象可选择的信用风险等次，信用评级分析师在此基础上选择其具体等次。

3.2.3 信用评级的赋权准则

在信用评级分析过程中，对不同要素或指标的信用风险进行组合通常使用赋权相加的方法。对于不同要素或指标的信用风险进行赋权需要建立信用评级的赋权准则。信用评级的赋权准则是对影响受评对象信用风险的不同要素或指标进行赋权所遵循的基本规则。

信用评级的赋权原则与信用评级的风险测量方式存在一定相关性。采用以分数或分等测量信用风险等次的方式，通常会有严格的风险赋权原则；采用以二维风险组合测量信用风险等次的方式，赋权的原则具有一定的弹性。

采用以打分或分等的测量信用风险方式对受评对象的不同要素或指标进行赋权时需要兼顾并遵循以下三个基本规则：

第一，不同环节的每一独立要素下的指标或要素的权重总和等于 100%。

第二，根据每一个要素或指标之间的决定关系确定权重的分配。

第三，根据不同要素或指标在这一环节中的重要性分配权重，对信用风险的影响程度越大，分配的权重越大。

3.3 信用评级的构架

信用评级的构架是对非主权发债发行主体进行信用风险分析的要素组合和逻辑演进结构。由于境内外不同信用评级机构的信用评级构架不尽相同,本节中的信用评级构架是一般性的信用风险分析要素组合和逻辑演进结构。

3.3.1 信用评级的构架

一个非主权发债主体的信用评级,受一个国家或地区的风险、主权信用等级、行业信用风险大小的影响(见图3-1)。国家或地区的风险、主权信用等级、行业信用风险大小都属于非主权主体的外部经营管理环境。

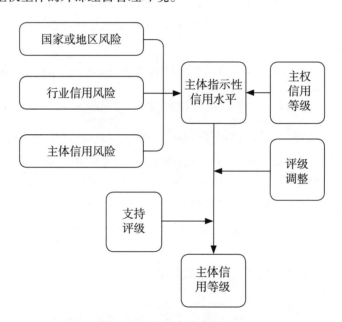

图3-1 信用评级的构架

国家或地区风险是全球信用评级体系下,不同国家或地区的主权、非主权主体信用评级的比较基础。若一个国家或地区的信用风险较高,该国家或地区的主权、非主权主体的信用等级就比较低,反之亦然。

主权信用等级对该主权辖区内的非主权主体的信用等级形成限制,通常情况下主权辖区下的非主权信用等级不会超过主权信用等级。但在以下在两种情况下,非主权主体的信用等级可以高于主权信用等级:一是非主权主体在主权辖区外有高于主权信用等级的重要合作伙伴,并对非主权主体的信用形成支持;二是非主权主体在主权辖区外的资产、贸易额超过主权辖区内的资产、贸易额,且这些资产、贸易所处的主权信用等级较高。

行业信用风险是一个主权辖区下、不同行业内非主权主体信用风险比较的基础。在通常情况下,行业信用风险越高,行业内的主体信用等级越低,反之亦然。

3.3.2 国家或地区风险

3.3.2.1 国家或地区风险评价概述

国家或地区风险是某一国家或地区的政治、经济、社会状况等宏观要素发生波动，对在其范围内市场主体造成影响的风险。国家或地区风险是受评对象信用状况的重要影响因素，主要分析涉及国家的政权结构、运行方式与稳定性，国家法律法规的地位和效力，行政机关的管理能力和行政效率，国民经济的增长潜力和波动程度，经济结构的优化程度，货币金融体系的结构和稳定性等多个宏观因素。

对国家或地区风险的评估主要考虑以下四个基本要素：

第一，政法体系，即政治和法律基本制度及政治环境的稳定性；第二，国民经济，即经济体系的增长潜力、结构改进及周期性波动；第三，货币金融，即货币信用与金融体系的稳定性；第四，社会环境，即社会问题的尖锐程度与社会关系的和谐程度。

上述四个基本要素构成国家或地区风险的基本分析框架（见图3-2）。这四大要素进一步划分为一系列细化指标，以衡量一个国家或地区政治、经济、金融或社会状况的某个具体方面。通过对所有细化指标的评估与综合，可以得到国家或地区风险的评价结果。

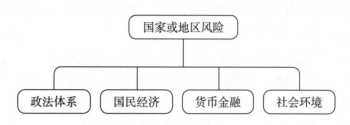

图 3-2　国家或地区风险的基本要素

3.3.2.2 政法体系

政法体系的评估主要着眼于对政治、法律制度状况与政治、法律环境稳定程度的评价。一个国家或地区的政治和法律状况及民主监督的制度建设等，都会对该国家或地区的和谐、安全和稳定产生重要的影响。一般从法律权威、军事干预、行政效力、廉政程度、民主监督和国际关系等六个方面对政法体系进行评估。

法律权威，即法律在政治体系中的地位和作用。法律是国家制度与社会关系的强制性维系，是国家权力产生、运作和社会秩序公平、公正的基本保障。在一个法律体系健全、法治环境良好的国家或地区，权力的形成和运用可以得到有效的法律制约和监督，从而保证政法环境的稳定和社会关系的和谐。如果法律法规的制定和权威受到其他某些机构或个人的干预，则有可能威胁到国家和民族利益。因此法律权威被作为评价国家或地区宏观风险的重要指标之一。

军事干预，即军方对国家权力的干预程度。军事力量处于行政权等国家权力的有效领导与监督之下，有利于维系政体制度与政治环境的稳定以及立法、司法机关的有效运作；如果军事力量相对国家权力有较强的独立性，则可能发生军队干预国家政策的情况，甚至会引起暴力政变。部分国家在其工业化的进程中曾出现军事力量凌驾于国家权力之上的局面，以至于走上军国主义和对外侵略的道路。当前大多数国家成功地将军队置于立法与行政权力的领导下，但仍有一些国家面临军人干政甚至军事政变的问题，对其政治、经济和社会的平稳运行造成不利影响。因此评价国家或地区风险时应注意军事力量在其政法体制中的地位与作用。

行政效力，即国家政策的执行效率与通达程度。国家政策的执行是一国行政单位对国家体制改革、政治运行和国民经济调控等国家策略的具体实施，该过程是否可以迅速、有效地实现，直接关系到一国政治、经济的稳定。政令通达、执行顺畅有利于宏观问题的及时解决与行政权威的保持，而政策执行受阻会直接影响国家的有效运转、放大波动风险，长期可能加剧政治阶层矛盾与经济体制弊端，引发政治或经济危机。国家政策的传导与执行效力涉及行政体制的组织架构以及中央与地方政府的关系，在进行国家或地区风险评价时都应予以考虑。

廉政程度，即国家机关人员将工作职责独立于个人利益的程度。国家机关人员作为国家权力机关、行政机关和司法机关的参与者，其履行工作职责的方式对整个国家机构的运行以及社会阶层的关系有直接的影响。公务员廉洁奉公、秉公执法有利于保证国家政策达到预期效果，从而推进国家制度的改进以及政治、经济体系的平稳运作；徇私枉法与权力寻租的现象不但会影响国家政策的合理制定与有效执行，而且会加剧社会矛盾而可能引起社会动荡。在世界各国的历史经验中，腐败问题往往是政权危机的重要因素。廉洁的政治和法律环境，有利于降低国家或地区风险。

民主监督，即群众在政府权力形成与运作过程中的地位和作用。多数决策的方式有利于维系权力平衡与互相监督，国家权力的形成过程缺乏群众参与或者其运作过程缺乏群众监督，都可能导致人治局面或者腐败滋生。当前世界各国的民主程度差别较大，部分民主程度相对较低的国家有时面临政治动荡甚至军事冲突的问题。因此一个国家或地区的民主监督可作为其宏观波动风险的重要评价指标之一。

国际关系，即与其他国家或地区的和谐或冲突关系。随着交通与通信技术的发展，全球范围内的产品贸易与资本流动日益扩张与深化，加深了世界各国与地区之间的合作或冲突。国际经济和区域经济一体化的趋势促成了诸多国家合作协定的签订；复杂的地缘政治关系使国家间冲突时有发生，尤其是一些地缘关系的过渡地带，更成为大国角力的场所。和谐的对外关系有利于维持稳定的发展环境，增强国内与国际投资者的信心；而与别国的摩擦或冲突可能引发资本外逃与政权危机。因此国际关系的和谐程度可作为国家或地区风险评价的一项内容。

表3-2 政法体系细化指标及释义

指标	释义
法律权威	法律在政治体系中的地位和作用
军事干预	军事力量对国家权力的干预程度
行政效力	国家政策的执行效率与通达程度
廉政程度	国家机关人员将工作职责独立于个人利益的程度

(续表)

指标	释义
民主监督	群众在国家权力形成与运作过程中的地位和作用
国际关系	与其他国家或地区的和谐或冲突关系

3.3.2.3 国民经济

国民经济状况即经济体系的增长潜力、结构改进及周期性波动。国民经济是一国发展的物质基础，是国家政权与社会民生的保障。其中，产品与服务总产出的平稳增长是所有政治、经济活动的基本来源，完善的经济结构是经济增长的根本内在动力，而产出的平稳有利于维护人民生计和政权稳固。国民经济一般从市场效率、经济实力、经济波动、结构改革、就业水平、收入分配和财政收支等七个方面来分析。

市场效率即市场资源配置的优化程度。市场是现代经济体制的主要特征，市场的方式有利于优化资源配置，促进生产者压缩成本、改进质量、提高生产效率，从而促进国民财富的增长。市场效率还受到经济对外开放的影响，开放有利于资源配置的进一步优化，实质上是市场体系在世界范围内的进一步整合。市场效率是社会产出的重要影响因素，是经济产出保持长期增长的基础。评价一个国家或地区的宏观风险，必须将其市场效率纳入考虑范围。

经济实力是一定时期内一个国家或地区创造的社会财富。最常用的经济实力衡量指标是国内生产总值，即一国范围内在一定时期所有生产成果的价值总和。生产活动是社会物质财富的直接来源，强大的经济实力意味着生产活动的繁荣，如何实现较高水平的国民产出是所有经济问题的归宿。平稳、较快增长的经济实力有利于国民物质、文化需求的持续满足，有利于维系社会稳定。因此经济实力被列为国家或地区风险分析的一大因素。

经济波动是国民经济增长速度围绕其长期趋势的起伏运动。经济系统是国家系统的中枢，经济生产活动的波动可能会直接导致国家或地区风险。企业等市场主体往往不可避免地受到宏观经济环境的影响，当宏观经济运行平稳、总供求相对平衡时，企业如果经营得当则一般发展良好；当宏观经济失衡而出现产品过剩或者杠杆过高时，企业会受到很大影响，甚至可能有大规模的违约或倒闭现象发生。一国经济的波动性直接影响到该国范围内市场主体面临的风险，是国家或地区风险的直接组成部分，全球化趋势与金融体系的交融使得各国经济相互影响，进一步增加了经济波动的广度和深度。

结构改革即推进经济体系结构改善的力度。结构组成与比重决定了国民经济的增长方式与主要动力，相当程度上决定了其增长趋势与波动程度。因此经济结构是否持续改进，决定了一国产业能否保持竞争力，以及经济实力能否保持长期的增长趋势和短期的稳定性。一国政府将经济结构改革列为国家政策并大力贯彻执行，有利于为其经济增长注入持续的活力，保持国民财富的积累和居民生活的持续改善。因此结构改革是国家或地区风险分析的一项指标。

就业水平即就业人口占总劳动人口的比重。在市场经济的体制下，一国的大多数国民主要通过交易体力或脑力劳动获得收入，因此就业水平衡量了可以通过劳动获得收入的人口比重。失业人口占比过高意味着大量居民失去生活来源而只能依靠政府救助，会激化社会矛盾和加重政府负担，严重的失业问题也往往是政治危机甚至社会动乱的直接原因，因此控制失业率是许多国家制定经济政策的重要原则之一。所以从经济方面分析国家或地区风险应当考虑其就业水平。

收入分配即国民收入分配的公平、公正程度。国民总收入是总供给的归宿和总需求的来源，其在企业、居民和政府之间的分配方式对国民经济有根本的影响。合理的分配过程将保证供给过程与消费过程的顺畅衔接，而分配不合理将最终导致经济运行难以为继。分配过于平均将损害生产积极性，阻碍资源的有效配置，直接影响总产出的增长；分配过于不均将导致贫富分化严重，不利于社会稳定，并可能造成需求不足而引发过剩。公平合理的收入分配方式是维系国家或地区稳定的一大因素。

财政收支即政府的财政收入与财政支出。政府通过财政政策影响经济的方式包括分割和转移总收入以影响分配结构，以及增减财政支出以调节总需求等。政府利用财政收支对分配、需求的调节有利于防止收入差距的扩大和需求的过热或不足，对国民经济的平稳运行有重要作用。另外，财政支出持续高于财政收入的情况可能导致赤字升高与政府债务积累，从而导致主权违约风险提高。对一国财政收支状况的分析是国家或地区风险评价的重要内容。

上述国民经济细化指标及释义见表3-3。

表3-3　国民经济细化指标及释义

指标	释义
市场效率	市场资源配置的优化程度
经济实力	国内生产总值
经济波动	经济增速偏离长期趋势的幅度
结构改革	推进经济体系结构改善的力度
就业水平	就业人口占总劳动人口的比重
收入分配	国民总收入的公平、公正程度
财政收支	政府的财政收入与财政支出

3.3.2.4　货币金融

货币金融体系是以银行业为基础的货币派生和流转，以及货币的投放、融通等交易及其衍生关系所形成的市场体系。金融系统是资金流动性、集中和分配的体系，是国民经济的血液循环系统，其稳定性直接关系到国民经济的平稳运行。信用关系及其派生使得市场信心在金融体系中的作用十分重要，信心稍有减退便可能因"蝴蝶效应"引发大规模恐慌。因此金融体系的波动性是国家或地区风险的一大因素。一般从通货膨胀、银行风险、杠杆程度、国际收支、汇率制度和货币政策等六个方面来衡量一国货币金融风险。

通货膨胀即社会物价水平的增长。当代货币大多以国家信用为支撑，本身并不具有交换价值，只能作为产品价值的反映。因此在长期中，当社会货币存量膨胀或收缩时，物价水平将相应地提高或降低，形成通货膨胀或紧缩。通胀水平对国民经济有重要影响，温和的通货膨胀有利于引导总产出的平稳增长，过高的通货膨胀会腐蚀收入、影响居民的正常生活，而通货紧缩可能抑制需求而形成经济萎缩的恶性循环。通胀水平也在各国政府政策中占据重要地位，是货币当局的一大政策目标。

银行风险即银行业面临的波动性。银行系统是货币派生的基础，是社会流动性的核心，因此银行业的稳定直接关系到整个货币金融体系的稳定。信用派生特征决定了银行业和监管者必须始终关注其风险敞口，尤其是不良贷款等风险较高的资产。如果对风险敞口管理不善，则可能导致信用危机与大规模挤兑而引发银行系统崩溃。资本充足率是经过银行资本规模调整后的银行风险衡量指标，是世界各国金融监管部门的重要参考。随着国际金融市场波动性的增加，各国政府对银行业资本充足率的要求也在不断提升，显示出对该行业稳定性的关注。因此银行系统风险是国家或地区风险分析的必要组成部分。

杠杆程度即居民、企业和政府等部门的负债程度。杠杆是信用派生的结果，适度的杠杆有利于信用体系支持实体经济增长，而杠杆率过高意味着信用关系可能过度发展。信用关系必须以未来产出作为支撑，因此当高杠杆率与产出波动的情况并存时，可能引发信用违约或是"以贷还贷"的庞氏骗局，轻则致主体破产，重则致市场恐慌。经济繁荣容易引起社会杠杆积累，而经济由盛转衰往往迫使社会去杠杆，由此形成杠杆膨胀与收缩的循环，是世界各国尤其是资本市场发达的西方国家经济波动的重要特征。

国际收支即本国与外国的资金往来，包括与外国进行产品和服务交易而产生的收入或支出，以及资本和金融项目下的投资与融资往来。国际收支平衡是各国经济政策的重要目标，而国际收支持续不平衡最终可能导致经济运行不可持续。由于国际收支的经常项目与资本金融项目之间存在融资关系，可持续的国际收支意味着资本金融项目可以获得经常项目的支持。经常项目逆差与金融项目顺差持续存在的情况，意味着一国对外融资持续增加但缺乏偿还能力，可能危及国家信用。可持续的国际收支是防范国家或地区风险的重要保障。

汇率制度即一国货币汇率形成机制和调控方式的基本框架。按照汇率能够实现的浮动程度，汇率制度可以分为固定汇率制与浮动汇率制两大类。一国的汇率制度选择与其货币政策独立性和资本项目开放性相互牵制，如果与经济状况相符合，则可以促进经济增长并且维持货币信心，反之则可能对经济产生抑制作用甚至引发金融与货币危机。汇率制度的建设与改革对金融体系尚不健全的国家来说尤为重要。因此汇率制度被纳入国家或地区风险分析框架中。

货币政策是中央银行对货币流通数量和价值进行调控的宏观政策。货币政策是国家经济政策的重要内容，是政府通过影响货币金融体系来调控国民经济的政策工具。明确、迅速、合理的货币政策有利于正确引导市场预期，调节货币存量和总供求关系以保证国民经济平稳增长；货币政策制定和执行不当则可能加剧经济波动。

上述货币金融细化指标及释义见表3-4。

表 3-4 货币金融细化指标及释义

指标	释义
通货膨胀	社会物价水平的增长
银行风险	银行业面临的波动性
杠杆程度	居民、企业和政府等部门的负债程度
国际收支	本国与外国的资金往来
汇率制度	一国货币汇率形成机制和调控方式的基本框架
货币政策	政府针对货币流动与货币价值制定和执行政策的权威与效率

3.3.2.5 社会环境

社会环境是一国人口、文化和生活等方面的生态系统，是除政治、经济和金融活动以外的国家或地区风险影响因素。一般从人口状况、文化包容、社会治安和环境污染等四个方面来评估社会环境状况。适度增长的人口规模、和谐包容的思想文化、良好的社会治安和适宜的自然环境有利于一个国家或地区的繁荣和稳定。

人口状况评估主要是对人口的规模、结构、密度和增长情况的分析。人口是社会的基础，人口的活动构成社会的运作，因此一国的人口状况对该国的经济、政治和社会运行有深远和重大的影响。人口的持续萎缩可能最终导致经济总量下滑和国家竞争力减退，而人口的过快增长可能导致人口密度过大，增加生活压力和社会矛盾，人口在自然和社会承载范围内的适度增长有利于国民经济增长和社会可持续发展。人口的规模和增长情况是国家或地区风险分析的内容之一。

文化包容评估主要是对文化的和谐与包容程度的分析。思想文化是维系社会关系的纽带，和谐与开放的文化环境有利于维持社会稳定、减少国家或地区的波动性，文化的不和与冲突可能导致社会矛盾甚至大规模的暴力事件。因此将文化背景列为一项国家或地区风险指标。

社会治安评估主要是对违法犯罪活动发生频率与程度的分析。违法犯罪活动是威胁居民生活和社会正常运转的一大因素，会直接危害社会稳定，甚至引发政治危机。良好的社会治安是投资活动的重要考虑，而犯罪率升高可能使国际投资者退缩而损害国民经济。由于人口状况和社会发展水平的差异，世界各国的社会治安状况差别很大，造成部分国家和地区面临较大的风险。

环境污染评估主要是对自然环境状况及治理环境污染力度的分析。自然环境是经济、政治和文化等所有社会活动的载体，其可持续性从根本上影响社会的运转。维护良好的自然环境状况是许多国家的重要政策目标，但是由于发展阶段和生产方式的差异，部分国家的环境问题在不断加深。

上述社会环境细化指标及释义见表3-5。

表 3-5 社会环境细化指标及释义

指标	释义
人口状况	人口的规模、结构、密度和增长情况
文化包容	文化的和谐与包容程度
社会治安	违法犯罪活动发生的频率与程度
环境污染	自然环境状况及治理环境污染的力度

3.3.2.6 风险等级分布

为区别性地衡量波动发生的可能性，可将国家或地区风险进行等级划分，形成国家或地区风险等级分布。比如，某信用评级机构将国家或地区风险划分为六个等级（见表 3-6）。

表 3-6 国家或地区风险等级分布表

等级	释义
1	发生波动的风险极低
2	发生波动的风险较低
3	发生波动的风险稍低
4	发生波动的风险稍高
5	发生波动的风险较高
6	发生波动的风险极高

3.3.3 主权信用风险

3.3.3.1 主权辖区内的非主权实体评级与主权评级的关系

主权信用评级反映的是主权政府履行本币或外币债务的能力和意愿，主权评级分为本币评级和外币评级，本币评级是对主权政府以本国货币发行的债务的评级，外币评级是对本国政府以外币发行的债务的评级。由于外币债务受货币的兑换和支付能力等因素影响，通常情况下，外币债务风险不低于本币债务风险。对于一个国家或主权管辖范围内的企业评级，一般情况下不会高于主权评级级别（或之上一两个子级）。从国际三大信用评级机构的评级方法看，国际三大信用评级机构对企业实体本外币评级和主权本外币评级的方法差异较大，处理方式各不相同。

【专栏 3-1】
国际三大信用评级机构对实体企业本外币评级的差异

标普认为在主权债务违约的情况下,一般企业可能不会违约,其外币评级可能高于主权外币评级。对于实体所在国家主权评级为不高于A+级的情况,标普采用了模拟压力情景测试的方法,以确定实体在主权级别上可以向上调的子级数。标普根据企业实体对国家风险的敏感度分为高、适中两档,分别对应上调2个和4个子级,最终得到企业实体的本币评级。另外,标普结合汇兑风险评估(又称"T&C评级")的级别和实体的风险敞口情况,决定在汇兑风险级别基础之上企业实体外币评级可上调的级别数量。标普认为,一般情况下,非主权实体的外币评级不会高于本币评级和汇兑风险评估。高于汇兑风险评估的情形取决于企业实体对政府实施资本转移和外汇管制的预期弹性,以及在司法管辖区内的风险敞口。穆迪和惠誉的方法和标准、框架总体相对接近,但在本外币评级上有所区别。穆迪和惠誉引入国家风险上限的概念,认为国家风险上限决定了一国债务发行人的最高信用等级,而非简单地认为主权级别代表了主权政府管辖区域内的最高级别,即主权级别并不一定是国家风险上限。主权风险与国家风险常常被相提并论,但二者并不相同,主权风险是评估一个主权国家的政府不履行债务的风险,而国家风险的内涵更为广泛,主要指私营部门面临的来自所在国的风险,如政治不稳定、政府干预、跨境投融资受限、汇兑风险等方面。穆迪和惠誉对国家风险的定义不同,这是导致二者本外币评级国家风险上限有所区别的根本原因。

穆迪认为国家风险泛指政治、体制、财政和经济等风险因素,无论是来自国内还是国外,给一个国家带来的风险。这些风险包括政治不稳定风险、政局动荡风险、监管和法律上的不确定性风险、政府干预风险,例如征用或本地资产国有化,以及系统性的经济混乱、严重的金融不稳定、恶劣环境下的货币重新定价风险和自然灾害等。穆迪的国家风险上限适用于本币评级。对于国家风险上限,穆迪认为企业实体在特殊情况下可以高于主权信用级别1—2个子级。同时,穆迪考虑到欧元区或其他货币联盟地区的国家风险的特殊性,企业实体级别的上限范围主要考虑退出联盟和债务重组的风险,企业实体的信用等级可高于主权级别不超过6个子级。

对于外币国家上限,穆迪基于历史经验,一般的做法是将外币存款评级上限设定为不高于主权外币债券评级。因为,在发生危机时,政府经常冻结银行外币存款以遏制资本外逃,且政府也认为,对外币存款违约的影响要远小于政府债券的违约。这一点对于注册在开曼群岛和巴拿马的离岸银行例外,因为政府对离岸银行的实际控制能力有限,同时,离岸中心对当地经济、就业、政府收入等影响重大,政府对离岸中心实施外汇管制的可能性极低。与穆迪不同的是,惠誉的国家风险涵盖了政府实施资本和外汇管制的风险,这将严重增加一般企业的汇兑风险,即企业将本币兑换成外币的能力,以及将资产对外转移或偿还外债的可能。与汇兑风险较强的相关性使得惠誉国家风险上限标准适用发行人外币评级。惠誉的国家风险上限一般为不高于主权评级3个子级,对于货币联盟成员方,或拥有超国家货币安排的国家,可最多上调6个子级。穆迪和惠誉的国家风险上限方法均适用在一个国家内经营的实体,即非跨国公司。非跨国公司的发行人评级受到国家风险上限的限制,而跨国公司的发行人评级不受国家上限的限制,在一定条件下可以突破国家上限,如拥有强大的外国母公司或战略伙伴的外部支持等。

从国际三大信用评级机构实体评级突破主权评级的方法可以看出，国际评级实体本币或外币评级在一定条件下可以超出国家主权本币或外币评级，从国家上限的结果来看，多数国家的国家上限在主权级别之上2个子级以内。从标普和穆迪全球评级给出的实体级别来看，实际超出主权级别的实体数量亦较少，大部分实体级别不会高于国家主权级别。

资料来源：上海新世纪资信评估投资服务有限公司，《国际评级机构的调级行为研究》，2018年1月。

3.3.3.2 主权评级调整与主权辖区内非主权实体评级的批量性调整

主权评级虽不完全决定区域内实体评级的上限，但会通过影响国家上限对管辖区域内实体信用等级形成限制，故当主权评级调整后，区域内的部分企业评级亦会有所调整。一般情况下，当一国（地区）的主权级别和展望进行下调后，其辖区内部分企业级别和展望会有相应下调；当一国（地区）的主权级别和展望进行上调后，其辖区内部分企业的级别和展望会有相应上调，上调幅度不超过主权级别和展望上调幅度。

【专栏3-2】

穆迪对中国主权评级的下调及后续对政府相关实体和金融机构的等级下调

2017年5月24日，国际信用评级机构穆迪以"中国政府为实现经济增长将继续实施财政刺激政策，未来中国经济体系整体杠杆率将进一步上升"为理由将中国长期本币和外币发行人级别从Aa3下调至A1，并将展望由负面调整为稳定。而穆迪对中国的本币债券和存款评级上限仍维持Aa3，外币债券评级上限仍维持Aa3，外币存款评级上限从Aa3降至A1。

穆迪对中国主权信用级别及展望调整后，紧接着对中国相关企业的评级进行了相应调整。从调整情况来看，不同类型的企业级别调整情况不尽相同。对于政府相关实体，穆迪对其发行人评级以及展望的调整分为两种情况：一种是同步下调发行人评级一个子级且将展望同步调整为稳定，与主权评级的调整方向和幅度保持一致，例如中国移动、中国海洋石油总公司等24家公司；另一种是下调发行人评级一个子级，展望仍维持负面，如昆仑能源有限公司和国家电网国际发展有限公司，穆迪认为未来一年左右这两家公司以收购为主业务的战略可能会增加其债务杠杆，同时监管制度的不断发展也将对两家公司带来负面影响。

对于银行类主体，穆迪将所有商业银行的长期存款评级的展望以及主体展望调整为稳定，与主权展望保持一致。此外，由于与主权政府的信用质量密切相关、国家上限原则以及商业银行存款评级中计入了极高的政府支持的假设等原因，穆迪单独下调中国农业银行的长期存款评级一个子级；将所有政策性银行和1家租赁公司（国银金融租赁股份有限公司）的发行人评级均下调一个子级，展望与主权展望保持一致。

对于保险类主体，穆迪下调了4家保险公司的保险财务实力评级一个子级，分别为中国人寿保险股份有限公司、中国人民财产保险股份有限公司、中石油专属财产保险股份有限公司以及中国铁路财产保险自保有限公司，其他保险公司级别不变，且将所有保险公司主体的展望均调整为稳定，与主权展望保持一致。

上述调整如表3-7所示。

表3-7　2017年5月24日穆迪下调中国企业级别汇总

类别	公司名称	长期发行人评级	
		调整前	调整后
非金融企业和基础设施类	中国移动有限公司、中国海洋石油总公司、中海石油财务有限责任公司、中国海洋石油有限公司、中国石油天然气集团有限公司、中国石油化工集团公司、中国石油化工股份有限公司、中国神华能源股份有限公司、中国南方电网有限责任公司、中国长江三峡集团公司、中国国家电网公司。	Aa3/负面	A1/稳定
	中国石油财务（香港）有限公司、Sinopec Century Bright Capital Investment Ltd、东风汽车集团有限公司、国家开发投资公司、浙江省能源集团有限公司。	A1/负面	A1/稳定
	昆仑能源有限公司、国家电网国际发展有限公司。	A1/负面	A2/负面
	天津滨海新区建设投资集团有限公司、安徽交通控股集团有限公司。	A3/负面	Baa1/稳定
	天津保税区投资控股集团有限公司、北京汽车集团有限公司、上海建工集团股份有限公司、广州交通投资集团有限公司。	Baa1/负面	Baa2/稳定
	广州地铁集团有限公司、天津轨道交通集团有限公司。	A2/负面	A3/稳定
银行及租赁类	公司名称	长期存款评级	
		调整前	调整后
	中国农业银行股份有限公司	A1	A2
	公司名称	长期发行人评级	
		调整前	调整后
	中国农业发展银行、国家开发银行、中国进出口银行、国银金融租赁股份有限公司	Aa3/负面	A1/稳定
保险类	公司名称	保险财务实力评级	
		调整前	调整后
	中国人寿保险股份有限公司、中国人民财产保险股份有限公司	Aa3	A1
	中石油专属财产保险股份有限公司	A1	A2
	中国铁路财产保险自保有限公司	A2	A3

资料来源：根据公开信息整理。

3.3.4 行业信用风险

行业信用风险与行业的生命周期密切相关。行业的生命周期是指行业从出现到完全退出社会经济活动所经历的时间。行业的生命发展周期主要包括四个发展阶段：幼稚期、成长期、成熟期和衰退期。

行业处于幼稚期时，产品设计尚未成熟，行业利润率较低，市场增长率较高，需求增长较快，技术变动较大。行业中的企业主要致力于开辟新用户、占领市场，但此时技术上有很大的不确定性，在产品、市场、服务等策略上有很大的空间，对行业特点、行业竞争状况、用户特点等方面的信息掌握不多，企业进入壁垒较低。行业整体信用风险较高，行业内企业评级级别较低，下调较多，相应违约率也较高。

在行业成长期，行业发展进入正轨，技术渐趋定型，行业特点、行业竞争状况及用户特点已比较明朗。市场增长率很高，需求高速增长，企业进入壁垒提高，产品品种及竞争者数量增多，行业整体信用风险下降。企业评级上调较多，违约率虽有所波动，但违约率明显下降。

行业发展进入成熟期，这一时期市场容量逐步达到顶峰，市场增长率不高，技术上已经成熟。行业特点、行业竞争状况及用户特点非常清楚和稳定，买方市场形成，行业盈利能力下降，新产品和产品的新用途开发更为困难，行业进入壁垒很高。企业间竞争开始加剧，盈利能力开始下滑，但行业整体信用质量很好，行业内企业整体信用仍处于较高评级，信用风险很低，级别调整相对较少，违约率较低。

历经高速发展之后，行业逐渐出现产能过剩，技术被模仿后出现的替代产品充斥市场，行业进入衰退期。从衰退的原因来看，主要有四种类型的衰退，它们分别是：资源型衰退，即由于生产所依赖的资源的枯竭所导致的衰退；效率型衰退，即由于效率低下的比较劣势而引起的行业衰退；收入低弹性衰退，即因需求收入弹性较低而引起的行业衰退；聚集过度性衰退，即因经济过度聚集的弊端所引起的行业衰退。在行业衰退期，行业产能过剩，企业间竞争激烈，行业利润率大幅下降，弱势企业遭到淘汰。行业信用风险不断累积，企业评级下调增多，违约风险不断攀升，行业违约率大幅上升。

【专栏3-3】

美国能源行业的信用风险与行业周期的关系

囿于行业级别上调和下调数据的获取难度，我们使用行业违约率数据变化代替行业级别调整的趋势来研究评级调整与行业周期的关系，以美国能源行业为例，选取美国石油价格[①]，剔除通货膨胀的影响，作为行业发展周期的指示性指标。可以发现，1981—2016年美国能源行业的违约率与行业发展周期贴合度高，违约率变化与行业周期高度相关。

---

① 鉴于石油行业是最具代表性的能源行业之一，本文选取石油行业作为能源行业的替代指标。

石油行业作为老牌的能源行业代表，行业发展成熟早，1981—1987年间美国进口石油价格不断下降，行业步入衰退期，行业盈利能力持续下滑，企业评级下调比例上升，违约风险不断加大，相应地带动能源行业违约率不断上升，违约率处于较高水平。

1988—2000年，美国进口石油价格在底部区域徘徊，开始了漫长的修复期，行业整体缓慢复苏，企业评级处于较低水平，相应地，能源行业违约率也在低水平徘徊。受1997年亚洲金融危机的影响，1998—2000年石油价格短期内大幅下滑并拉回，能源行业违约率短期内亦随之出现大幅上升并很快回落到低水平。

2001—2012年，石油行业发展逐步回暖，快速步入繁荣期，美国进口石油价格持续攀升，石油企业盈利能力增强，评级上调比例大增，行业整体信用等级逐步提升，行业整体信用水平较高，行业违约率较低。其中，受2008年全球金融危机的影响，2008—2011年，石油价格短期内大幅下滑并拉回，相应的能源行业违约率短期内大幅上升并很快回落到低水平。

2013—2016年，随着行业竞争加剧，石油行业步入衰退期，美国进口石油价格持续下滑，行业整体盈利能力随之不断下降，行业内企业信用质量逐步恶化，评级下调比例大幅上升，能源行业违约率大幅上升。

上述关系如图3-3所示。

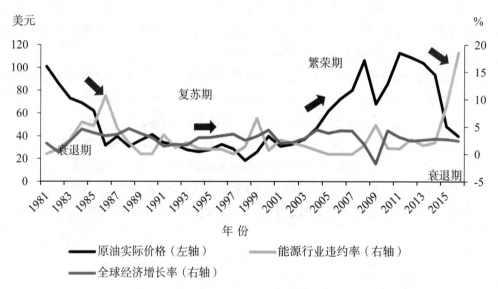

图3-3　1981—2016年美国能源行业违约率与石油价格的关系

资料来源：S&P、Wind数据库。

总体来看，评级调整反映了行业发展周期的变化，行业繁荣时，评级下调较少，上调较多，违约企业较少，行业违约率较低；行业发展初期或衰退时，评级上调少，下调较多，违约企业较多，行业违约率较高。

资料来源：上海新世纪资信评估服务有限公司，《国际评级机构的调级行为研究》，2018年1月。

3.3.5 主体信用风险

3.3.5.1 主体信用风险分析在评级业内的差异

第一，主体信用风险的含义存在差异。大多数信用评级机构认为，主体信用风险是指主体不能够按照约定的条件及时还本和支付利息的违约行为，也有个别信用评级机构认为主体信用风险从长期看不仅包括主体违约的可能性，也包括违约后挽回率。

第二，影响主体信用风险的因素构架存在差异。哪些因素将引起主体信用风险，在主要的架构上存在不同。大多数信用评级机构将宏观经济、行业或地区因素纳入主体信用风险分析，个别信用评级机构将宏观经济、行业或地区风险因素放在主体信用风险因素之外，作为主体信用风险分析的基础。

第三，对主体信用风险在不同行业中的关系认识不同。一些信用评级机构认为，主体信用风险是在基础信用风险分析的基础上制定不同行业的主体信用风险分析方法或框架，可以进行跨行业比较；一些信用评级机构没有基础的信用风险分析，而是根据各行业的特征直接制定这些行业的信用风险分析方法，进行行业内的信用风险排序。

3.3.5.2 主体信用风险的分析因素

不同信用评级机构对主体信用风险分析存在差异的同时，也存在相同点，主要体现为不同行业的主体信用风险分析因素不同、相同行业内的主体信用风险分析因素相同。因此，主体信用风险的分析因素以行业划分为基础。本章以不同行业主体信用风险分析的相同或相近要素作为主体信用风险的分析要素，并进行概略性分析；后面的章节将对主体信用风险进行详细分析。

第一，非金融企业的信用风险分析因素。非金融企业在中国境内主要包括工商企业（或产业类企业）和地方政府融资平台。非金融企业的信用风险，在不考虑宏观经济、行业或地区风险的情况下，主要的影响因素为主体的市场竞争地位、盈利能力、治理结构和发展战略，以及主体的风险容忍度和财务政策、会计信息和质量、现金流状况、负债结构和资产质量、短期因素。

在对非金融企业进行信用风险分析时，需要考虑其可能获得的外部支持，尤其是获得地方政府支持的可能性和支持强度。在通常情况下，民营企业获得地方政府支持的可能性和支持强度小于国有工商企业，国有工商企业获得地方政府支持的可能性和支持强度小于地方政府融资平台。

第二，金融机构的信用风险分析因素。金融机构的主体信用风险分析因素主要包括业务竞争能力、风险和管理、风险吸收能力。

业务竞争能力分析主要评估业务的分散性和业务的多样性，主要考察金融机构的风险分散程度和收入或利润的结构；其中业务的分散性主要是指金融机构在确定的行业范围内客户的分散性和区域的分散性，业务的多样性包括所经营业务的利润来源结构和贡献水平。

风险和管理分析主要评估金融机构面对的信用风险、流动性风险、市场风险和操作风险，主要考察金融机构对不同风险的管理和抵御能力；其中信用风险分析主要考察金融机构的风险敞口和资产质量，流动性风险分析主要考察金融机构债务和资产期限配置的差额，市场风险主要分析金融机构的负债或资产受到市场利率、汇率以及其他金融产品价格变化的影响，操作风险分析主要考察金融机构的内部管理系统、管理效率和控制的能力。

风险吸收能力分析主要考察金融机构的拨备、盈利和资本充足情况，分析在风险发生情况下拨备、盈利和资本对这些风险的抵御能力。

对于金融机构的信用风险分析也需要考虑金融机构能够获得的外部支持，包括金融机构的股东或所属集团、地方政府、中央政府的支持。金融机构能够获得的支持取决于其对金融系统或金融风险的影响程度。通常情况下，金融机构对金融系统或金融风险的影响程度越高，能够获得的支持就越大。

第三，地方政府的信用风险分析因素。地方政府的信用风险分析因素主要包括一个主权范围内政府的组织构架、地方经济的增长和发展、地方政府的财政状况、地方政府的债务和管理、地方政府治理。

政府的组织构架主要反映为地方政府与上级政府之间的关系。每个国家的政府组织构架受到本国历史文化的影响。从全球范围看，地方政府与中央政府的关系有两类：一类是紧密型，这类政府关系表现为地方政府在立法、财政等方面的独立性较弱；在这样的构架下地方政府的信用更接近于中央政府的主权信用。另一类是相对松散型，这类政府关系表现为地方政府在立法和财政等方面具有一定的独立性；在这样的构架下，地方政府的信用更接近于自身的信用。

地方经济的增长和发展分析主要评估地方经济的增长速度和地方经济结构的优化程度。地方经济的增长主要体现为量的扩张，地方的经济发展主要体现为经济结构的优化。不同地方的经济发展程度不同，经济发展较早、地区生产总值比较大的地方经济往往表现出较低的经济增长和较优的经济结构；经济发展较迟、地区生产总值比较小的地方经济往往表现出较快的增长速度和相对劣势的经济结构。

地方政府的财政状况分析主要评估地方政府的财政收支规模、收支结构和平衡能力。财政收支规模受当地经济规模的影响，财政收支结构受当地经济结构和社会公共支出的影响，财政平衡能力受当地政府收支规模、转移支付和融资能力的影响。

地方政府的债务规模和管理分析主要评估地方政府债务总量、地方政府债务负担和地方政府的债务管理能力。

地方政府治理分析主要评估地方政府的运行效率和服务能力、地方政府的信息透明度、地方政府的金融生态和地方发展战略。

3.4 信用评级的生成逻辑和调整原则

信用评级的生成逻辑和调整原则是基于分析师的专家意见法、数理模型分析法进行信用风险分析，最终得出信用等级的过程。基于分析师的专家意见法是根据影响信用评级的要素进行的分析方法，在实践过程中形成了要素分析法。数理模型分析法是通过数理模型对影响信用评级的因素进行统计分析、构建预测评级对象未来信用风险大小的评级模型，并对评级对象进行信用风险分析、评定信用等级的方法。

3.4.1 要素分析法的信用评级生成逻辑和调整原则

要素分析法的基础逻辑是指信用评级过程中，根据具体行业的信用评级方法对影响评级对象的要素、指标进行综合分析、判定，形成最终信用等级过程中所遵循的基础准则和逻辑路线。通常情况下，指标分析是要素分析的基础，要素可以进一步分为一级要素、二级要素等。

3.4.1.1 要素评级法评级框架的确定

要素评级方法首先要对要素或指标进行选择。要素选择有两个基本原则：第一，以经济、管理、会计、金融、法律等相关的理论为基础，选择影响受评对象信用风险的要素或指标；第二，以信用评级的经验对影响信用风险的要素或指标进行选择。

要素评级方法中的要素或指标选择原则相互结合，既要尊重已有的经济、管理、会计、金融、法律等相关理论和知识，也要充分考虑信用评级实践中的经验。在要素或指标的选择过程中，可以根据要素或指标的逻辑关系，把要素或指标组成一个具有层次关系的分析框架（见图3-4）。

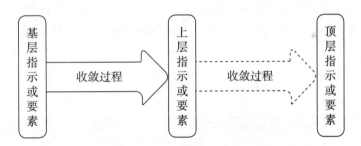

图3-4 要素评级法的评级框架

3.4.1.2 子要素或指标的分析

对子要素或指标进行分析，一般应遵守五个基本步骤：第一，对子要素或指标的历史、现状进行分析，并对未来进行合理预期；第二，对子要素或指标的风险大小进行判定；第三，分析子要素或指标的风险变化对要素的风险变化的影响程度；第四，根据对要素风险大小的影响程度赋予不同子要素或指标不同的权重；第五，以不同子要素或指标的风险大小、权重为基础，对要素的风险大小进行综合判定。

3.4.1.3 信用等级的生成逻辑和调整原则

信用等级的生成逻辑是信用评级分析师从影响受评对象信用风险的基层指标或要素分析开始，到基层指标或要素风险组合形成的上层指标或要素分析，再到最终信用级别的确定过程。

信用等级的生成逻辑包括了三个基本的逻辑环节（见图3-5）。

第一，对基层信用风险指标或要素进行分析，通过综合判定形成本指标或要素的信用风险分值并标识对应的风险等次。同时，为基层信用风险指标或要素进行赋权。

第二，在基层信用风险指标或要素分析和赋权的基础上，通过相加，组合形成上一层的信用风险指标或要素。信用评级分析师应对通过赋权、相加的组合信用风险要素指标或要素重新进行信用风险分析，确定本层信用风险指标或要素的分数和所对应的等次。同时，对本层的指标或要素进行赋权。

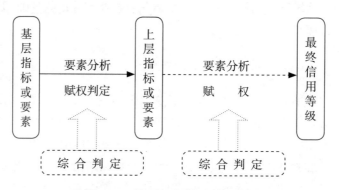

图 3-5　信用评级的生成逻辑

第三，以此类推，形成受评对象的最终信用等级。

在这里需要强调的是：一方面，在信用等级生成过程中，不是进行简单机械的风险分析和赋权，而是由信用评级人员在有充分理由和证据的情况下，根据不同行业的评级方法，对每一层级的要素或指标的风险进行调整；另一方面，信用评级等级的生成逻辑和可调原则表明信用评级是以风险分析为基础的综合判定，是信用评级分析基础上的专家意见。

3.4.2　数理模型分析法的信用评级生成逻辑和调整原则

数理模型分析法是基于一定的理论假设，通过筛选影响信用风险大小的因素，建立影响风险因素与信用等级之间的函数关系，形成信用风险的数量分析模型，以模型对信用等级进行确定的信用风险分析方法。数理模型分析法与要素分析法的根本区别在于数理模型分析法的结构以数学、统计学、计量学等更为严格的方式进行表达，其运算更依赖于数据的完整性、及时性、准确性，运算的结果更趋向于唯一性；而要素分析法更多地依赖于经济、金融、管理、会计等社会科学，分析过程更依赖于信用评级机构和评级人员的知识和经验积累，分析的结果相对主观。

3.4.2.1　数理模型分析法的理论假设

理论假设是数理模型分析法的基础环节，不同的理论假设对模型的因素选择、模型的函数关系产生直接影响。同时，理论假设与现实的契合程度如何，也直接影响到模型构建的成败，影响到数理模型分析法的合理性、准确性。

在通常情况下，模型构架的理论假设以已有的经济、金融、管理、会计等为基础，并结合现实情况，提出合理性假设。在做出理论假设的时候，要充分考虑模型构建中数据的易得性、可靠性，以及这些数据对信用风险影响的客观性、直接性，充分考虑模型的可构建性、简易性和可解释性。

3.4.2.2 数理模型分析法的因素筛选

模型因素的筛选一般有两种基本的方法：第一，以数理统计的方法选择影响信用风险大小的因素；第二，以专家意见法选择影响信用风险大小的因素。在一些情况下，一个模型构建中的因素选择，往往会同时使用这两种基本的方法。

在数理模型分析法的因素选择中，要注意两个方面的问题：一方面，要考虑因素的经济含义以及对信用风险的影响、因素对信用风险大小的解释程度，避免无意义因素的选择；另一方面，要注意因素之间的独立性，避免因素之间的共线性，以期实现模型分析的准确性。

3.4.2.3 函数选择和构建

在数理模型分析法的因素得到确定的情况下，需要根据影响信用风险大小的因素与信用风险之间的逻辑关系选择合理的函数，作为模型构建的基础。在函数选择确定后，利用数理统计分析工具，在已经选择的因素及相对应数据的基础上构建信用风险分析模型。

在信用风险模型的构建中要充分注意：第一，函数的选择要与风险因素之间、风险因素和风险大小之间的逻辑关系相一致；第二，模型构建的样本量要足够；第三，模型构建的数据要真实、可靠、有效，并具有足够长的时间序列。

3.4.2.4 信用风险分析模型检验

构建信用风险分析模型后应根据模型本身的需要对模型进行检验。信用风险分析模型的检验一般包括参数检验、共线性检验、异方差检验、返回检验等。同时，也可以通过模型构建样本、检验样本的分类，以检验样本对模型的准确性进行检验。

在通常情况下，构建的信用风险分析模型只有通过合理的检验，才能进入使用环节。

3.4.2.5 数理模型分析法中的信用评级生成逻辑和调整原则

数理模型分析法遵循模型建立的假设、参数选择、数据的输入和输出，并以模型分析的结果，为信用风险的最终判定提供依据和参考逻辑。

从模型分析的结果到最终信用风险大小的确定，会经过相应的调整，其中主要原因包括几个方面：一是模型的假设可能与现实或未来预期存在一定的偏差；二是模型的参数估计可能不能完全反映未来的情况；三是模型的回归本身存在残差；四是模型回归的数据是历史数据，在对未来的预测中，以历史数据经模型分析所反映的结果可能与未来存在一定偏差。

正是因为数理模型分析法在模型的构建和使用中存在以上几个方面的问题，所以在依数理模型分析法进行的信用评级生成过程中需要进行相应的调整，尽可能减少模型风险对未来预测的影响。

在调整数理模型分析法信用评级的过程中，应坚持审慎分析的原则，进一步分析模型的假设与现实或未来预期的合理性、模型参数使用的合理性、历史数据的真实性或存在的缺陷、模型统计误差对未来预期的干扰程度、对模型预测结果的压力测试力度和合适度，以审慎的原则确定信用等级。

3.5 主体和债项信用评级的思路

主体信用评级是信用评级机构在确定的信用评级分析框架下，对主体中长期的信用风险判定。债项信用评级通常情况下是在主体信用评级的基础上，根据债券偿还的时间、偿还顺序、信用增进措施等因素，对债务工具信用风险进行的判定。主体信用评级和债项信用评级既相互关联，又具有各自的独立分析因素和思路。

3.5.1 主体信用评级的思路

主体信用评级是对债务工具发行主体偿债能力和意愿的评价。主体信用评级包括主权信用评级、工商企业信用评级、金融机构评级、地方政府评级、地方融资平台评级等。为了适应除主权信用分析的需要，本节将主体信用评级的要素分为主体信用的外部环境分析、主体信用分析的预期、主体信用的外部支持分析三个主要方面。

3.5.1.1 主体信用的外部环境分析

国家或地区风险是影响主体信用状况的重要因素，国家或地区风险的大小评价是建立全球信用评级可比较平台的基础。在通常情况下，风险较高的国家或地区，将严重限制或影响所在国家或地区的债务工具发行主体的信用等级；或者说，风险较高的国家或地区的债务工具发行主体的信用等级一般都较低，风险较低的国家或地区的债务工具发行主体的信用等级一般都会比较高。因此可以发现，某个国家或地区的某个企业可能在全球都具有很大的影响力或竞争力，而信用等级却低于那些在业内不如它的企业，其中的主要因素就在于这个企业所在的国家或地区风险较高。国家或地区风险的分析要素主要包括：国家或地区的政治稳定性、透明度和可预见性；国家或地区的法律健全程度，尤其是对债权人权利的保护法规是否健全；主权政府的管理能力和行政效率；经济增长和发展，包括经济总量的增长水平和经济结构的优化程度；金融体系的完善程度和稳定性等。对跨国经营主体信用的分析，不仅要考虑主要业务所在国的国家风险、行业风险，同时要考虑业务所在其他国家的国家风险和行业风险对其的影响。

行业风险会对行业内债务工具发行主体信用状况产生限制性影响，行业风险的大小评价是建立不同行业内主体信用评级的可比较平台。行业风险越大，行业内的债务工具发行主体的信用等级就越低；行业风险越小，行业内的债务工具发行主体的信用等级就越高。因此，某一行业内的企业的经营管理和财务状况可能都优于另外一个行业内的企业，然而，这个企业的信用等级却低于另一个行业内的企业，原因就在于这个行业的风险较高。行业风险分析包括行业监管法规和产业政策、行业发展周期、行业竞争格局、行业技术水平、行业财务特征、行业盈利能力等。对跨行业一体化经营的债务融资工具发行主体信用的分析，既要分析一体化的类型是纵向一体化还是横向一体化，也要分析不同一体化类型下资产的分布、收入来源结构等对主体信用的不同影响。

对地方政府信用的分析，需要考虑地方政府所辖地的区域信用风险，包括本区域的经济增长、产业结构和产业竞争力、人口数量和结构的变化趋势等。对金融机构的外部环境分析要特别关注金融系统的稳定性、金融产品价格的波动及产业的结构性风险对金融机构信用状况的冲击。

3.5.1.2 主体信用分析的预期

对于主体信用的预期分析，主要是在主体历史信用要素分析的基础上，对未来的发展状况进行预期。由于不同类型的主体分属于不同的行业，影响这些主体的信用要素也存在着差异。

工商企业信用分析的要素一般可以分为两大类，一类是经营风险，另一类是财务风险。经营风险一般包括国家或地区风险、行业或区域风险、债务工具发行主体的竞争力、同业盈利或利润比较、企业发展战略和管理五个要素，财务风险包括企业的财务政策和风险容忍度、会计信息和会计信息质量、资产负债结构和资产质量、现金流状况、短期因素五个要素。在主体信用经营风险的五类要素中，国家或地区风险、行业或区域风险属于主体信用分析的外部环境因素，企业竞争力、同业盈利或利润比较、企业发展战略和管理基本都属于债务工具发行主体的内部因素。对于工商企业历史债务履约情况的考察也是分析工商企业偿债能力和意愿的重要内容。

金融机构的信用风险分析包括经济风险（包括国家风险或地区风险）、金融机构自身风险和外部支持因素三大要素。其中，经济风险属于外部环境因素，金融机构的自身风险分析要素包括金融机构的竞争地位、资本实力和结构、盈利能力、风险特征、资金来源和流动性。外部支持因素包括金融机构的股东或所属集团、政府的支持。在对金融机构信用风险的分析中，应考虑和分析金融机构资本充足率等指标是否达到了监管要求、金融机构的资产结构和分布状态、信用风险组合状态。

对地方政府的信用风险分析，除包括该地方政府所辖地的区域风险外，还包括地方政府财政的收入规模和结构、财政的支出规模和结构、财政的收支平衡能力和稳定能力、政府财政收支弹性、财政资金运行效率、政府财政负担水平以及政府的管理能力；同时，对地方政府进行信用评级，还应分析地方政府与中央政府之间的管理构架和职责划分、地方政府相对于中央与上级政府的独立性。对地方融资平台的信用风险分析，除分析地方融资平台对政府财政的依赖程度、地方政府财政支付能力外，还充分考虑和分析地方融资平台本身的经营风险和财务风险。

3.5.1.3 主体信用的外部支持分析

无论是工商企业、金融机构还是公共融资等债务工具发行主体的信用分析，都需要考虑发行主体获得外部信用支持的可能性。而发行主体是否能够获得外部的信用支持，取决于两个方面的因素，一是发行主体的股东、集团或地方政府的支持意愿和支持能力，二是发行主体在股东或集团中的重要性。在考虑这两个方面因素的情况下，进一步确定其可以获得外部支持的可能性和支持强度进行分析，以进一步确定主体的信用等级。

债务工具发行主体获得的外部支持有显性支持和隐性支持两种。显性的外部支持是指发行主体直接可以从股东、集团或地方政府等获得书面的支持函，包括在出现债务危机时的资金支持、在债务率达到一定水平的资本或资产注入、在出现经营困难时的资金或技术等的支持。隐性的外部支持是指发行主体的股东、集团或地方政府没有出具书面的支持函，而是口头的支持意愿，实际的支持则取决于发行主体在股东或集团中的重要性。

工商企业的外部信用支持分析，主要侧重于工商企业的股东对工商企业的信用支持和工商企业集团内部的信用支持（工商企业集团内部的不同企业之间会通过经营业务、商业借贷等形式进行信用支持）。工商企业中具有公用事业性质的企业、具有政府融资平台特征的企业，或涉及国计民生的企业，对地方经济、金融生态、社会稳定或就业会产生重大影响的企业，应考虑和分析政府的支持。

对金融机构的外部信用支持分析，侧重于金融机构的股东或所属集团的信用支持和政府的信用支持。对于一些重要的金融机构而言，其信用风险的发生会引发区域性或系统性风险，这些具有区域性、系统性风险影响的金融机构，应分析政府的信用支持能力。

主权政府的外部信用支持，应分析国际金融组织对主权政府的信用支持或救助；对地方政府的外部信用支持分析应侧重于分析中央政府对地方政府的信用支持；对地方融资平台的外部信用支持分析应侧重于分析地方政府信用的支持能力和支持强度。

3.5.2 债项信用评级的思路

债务工具的信用在没有信用增进的条件下，一般取决于其发行主体的信用。同时，债务工具的种类和所对应的偿还顺序不同，债务工具的信用等级会存在差异。在通常情况下，债务工具可以分为一般性债务工具、有信用增进的债务工具、结构化金融债务工具等。

3.5.2.1 一般性债务工具的评级思路

一般性债务工具是指没有信用增进的、仅依靠其发行主体的信用而发行的债务工具。对于一般性债务工具的评级主要分析三个方面的信用风险：第一，发行主体的信用状况；第二，债务工具的偿还顺序；第三，债务工具的期限。

主体信用等级决定了债务工具的等级，即在没有信用增进条件下债务工具的信用等级不会高于主体的信用等级。同时，债务工具的信用等级受到其在偿还顺序中位置的影响；在通常情况下，债务工具的偿还顺序越靠后，其信用等级越低。但是，在债务工具发行主体信用等级特别高、长短期偿债能力特别强、偿债资源特别丰富的情况下，偿债顺序对债务工具的信用等级影响较小。

债务工具的偿还时间对其信用评级的影响主要体现为两个方面：第一，偿还期限的长短对债务工具的风险影响不同。在通常情况下，债务工具的偿还期限越长不确定性越大，债务工具的信用等级会相应下降。第二，债务工具偿还期限的长短使得债务工具的影响因素分析会有所差异。对于短期债务工具的分析应更侧重于短期的流动性，对于中长期债务工具的分析应更侧重于中长期的发展和预期。

3.5.2.2 有信用增进的债务工具的评级思路

在债务工具发行主体信用等级较低或债务工具信用等级较低的情况下，为了成功发行债务工具或降低发行利率，债务工具的发行主体一般会通过信用增进的方式提高债务工具的信用等级。具有信用增进的债务工具的信用分析，需要根据债务工具的增进方式和增进强度进行综合评定。不同的信用增进方式对信用的增进强度不同，提供信用增进的主体信用质量不同，对债务工具的信用增进强度也不同。

信用增进方式可以分为内部信用增进和外部信用增进。内部信用增进主要通过债务工具发行主体的抵押、质押、现金储备账户、结构分层技术等，对债务工具进行信用增进。外部信用增进主要通过外部提供担保（包括担保公司、信用增进机构、资产管理公司、工商企业等）、信用违约互换（CDS）、差额补足等对债务工具进行信用增进。

内部信用增进需要就信用增进物对债务工具的保障程度进行分析。具体而言，抵押、质押物的处置收益会随着市场价格的变化而发生变化，需要对抵押、质押物进行不同情景假设或敏感性假设下的压力测试，测算不同情景压力或敏感性分析下抵押、质押物对债务工具还本付息额的保障程度；需要对现金储备账户进行现金流稳定性和现金储备额充裕性分析，测算现金储备账户金额对债务工具还本付息额的保障程度；结构分层技术的采用，也需要情景和敏感性分析假设、压力测试，分析债务工具发行主体的现金流对不同层级债务工具还本付息额的保障程度。在通常情况下，信用增进措施对债务工具偿还的保障程度越高，其信用等级越高。

外部信用增进需要对外部信用增进的主体、外部信用增进的方式对债务工具本息偿还的保障程度进行分析。国内外部信用增进的方式为担保，对有担保的债务工具进行信用评级时，需要对担保方的主体信用进行评级，通常担保方的主体信用等级确定了债务工具的信用等级；如果出现担保方的信用状况并不好于债务工具发行主体的情况，那么主体的信用等级由自身信用状况确定。在国内也出现过差额补足的信用增进方式，即债务工具发行主体的股东或担保公司等，通过差额补足的方式，对债务工具进行信用增进。差额补足的信用增进对债务工具本息的保障程度，取决于差额补足方的信用状况。差额补足方的信用等级越高，债务工具的信用等级就越高；反之亦然。但是，这里需要强调的是，差额补足的法律效果如何，尚没有司法实践给予明确。信用违约互换的信用增进在国内尚未使用，在次贷危机前美国大量使用。通常，信用违约互换对债务工具本息的保障程度取决于信用违约互换发行主体的信用等级。

3.5.2.3 结构化金融债务工具

结构化金融债务工具是以企业或金融机构的资产或收益权的未来现金流为基础，通过结构化的信用风险组合、信用分层技术形成的债务工具。以企业或金融机构的资产或未来收益权的未来现金流为基础的结构化债务工具分析，包括结构化债务工具的交易结构分析和结构化资产池未来现金流的组合效应分析。结构化债务工具的交易结构分析包括交易结构的合法性和有效性分析、交易结构重要参与主体履约能力分析、交易机制风险分析；结构化债务工具资产池的组合效应分析包括原始债务人的信用质量分析（即影子评级）、不能有效隔离风险下原始权益人信用质量分析、结构化组合的参数选择、金融资产池的现金流预测和压力测试、信用增进分析。

本章小结

1. 本章的内容属于信用评级的基础和原理部分，主要包括信用评级的基础和原则、信用评级的准则、信用评级的构架、信用评级的生成逻辑和可调整原则、主体和债项信用评级的思路五个方面的内容。

2. 在信用评级的基础和原则部分，我们从信用评级的预期性和艺术性确立信用评级的理念，并以此区分信用评级与其他金融服务中介的服务；信用评级的分析方法侧重强调了信用评级无论是定性分析还是定量分析最终都是专家意见的综合性判定；信用评级的一般性原则强调了无论是信用评级机构还是评级人员皆应该遵守独立、客观和公正的原则，信用评级的业务原则强调信用分析师在信用分析和评审中应坚持定量与定性分析相结合、个体评级与支持评级相结合、保密和与公开相结合以及审慎性的原则。

3. 在信用评级的准则部分，我们重点强调了信用评级是在信用分析基础上进行的风险打分或分等，试图说明信用风险分析框架表的本质含义和运用，目的是实现信用风险的区分和排序。为此，需要建立信用风险测量准则、赋权准则。

4. 在信用评级的构架部分，我们侧重于分析对一个主体进行信用评级需要考虑的主要外部因素，包括国家或地区分析、行业风险、主权信用风险和行业风险，并相对详细介绍了这些风险对信用评级的影响和如何分析这些风险。

5. 在信用评级的生成逻辑和调整原则部分，我们从一个抽象的信用评级分析框架表的逻辑关系开始，分别从要素分析法和数理模型分析法两个平行角度，介绍一个主体的信用等级是如何通过指标或要素的分析，并不断收敛、调整，最终得到信用等级的过程。同时仍然强调定量分析、定性分析之间的关系，以及数理模型分析法存在的缺陷。

6. 在主体和债项信用评级的思路部分，我们将影响主体信用评级的因素划分为外部环境因素、主体自身因素和外部支持因素三个方面，总括性地介绍了工商企业、金融机构、公共融资等主体的信用评级。同时，通过主体信用等级、内部信用增进、外部信用增进三个方面，概述性地介绍了债项信用评级的思路。其中，我们对结构化债务工具做了单独的总括性讲解。

本章重要术语

信用评级　穿越周期分析法　时点分析法　信用评级分析框架表　要素分析法　数理模型分析

法　信用评级的构架　信用评级的生成逻辑　信用评级的调整原则　主体信用评级思路　债项信用评级思路　内部信用增进　外部信用增进

思考练习题

1. 如何理解信用评级是穿越周期的分析？
2. 如何理解信用评级的预期性？
3. 如何理解信用评级的艺术性？
4. 如何构架信用评级方法的逻辑？
5. 信用评级的一般原则有哪些？
6. 信用评级的业务原则有哪些？
7. 信用评级的赋权原则有哪些？
8. 国家风险、主权信用等级如何影响一个国家或地区内企业的信用等级？
9. 数理模型分析法存在哪些缺陷？
10. 主体信用评级和债项信用评级之间存在什么关系？

参考文献

[1] 郭继丰、戴晓枫、周美玲等：《国际评级机构的调级行为研究》，上海新世纪资信评估投资服务有限公司，2018年1月。

[2] 上海新世纪资信评估投资服务有限公司:《新世纪评级总论》，2014年。

[3] 谢多、冯光华：《信用评级》，中国金融出版社，2014年。

[4] 中国人民银行：《信贷市场和银行间债券市场信用评级规范》，2006年11月。

[5] 朱荣恩、丁豪樑、袁敏：《资信评级》，中国时代经济出版社，2006年。

[6] 朱荣恩：《新世纪信用评级国际研究》，中国金融出版社，2015年。

[7] 朱荣恩：《新世纪信用评级研究与探索》，中国金融出版社，2012年。

[8] Fitch, "Rating Definitions", 2018。

[9] Moody's, "Rating Symbols and Definitions", 2017.

[10] S&P, "Request For Comment: Methodology for Linking Short-Term and Long-Term Ratings", 2016.

[11] S&P, "S&P Global Ratings Definitions", 2017.

第4章
主权信用评级

林文杰 莫云华 李冰晖（大公国际资信评估有限公司）

> **学习目标**
>
> 通过本章学习，读者应做到：
> ◎ 掌握主权信用风险的定义及特征；
> ◎ 了解主权评级的受评对象和评级历史；
> ◎ 理解主权评级的重要影响；
> ◎ 掌握主权信用风险的评级方法和关键评级要素；
> ◎ 了解超主权实体的定义；
> ◎ 掌握超主权实体的评级方法和关键评级要素。

■ 开篇导读

2010年，希腊债务危机爆发。短短的两年内，国际信用评级机构将希腊的主权信用级别由A+级一步步下调至违约级别。从1990年开始，近20年的时间里，希腊依赖于一直保持在BBB级以上的投资级信用级别在国际资本市场进行滚动融资。但是当债务危机爆发后，一切都发生了变化，除了通过苛刻的谈判以获取国际组织的援助，希腊政府发现再也不能像以前那样轻易地获得国际投资者的青睐。

主权信用评级揭示一个国家中央政府的信用质量，使得投资者可以了解该主权政府的偿债能力和风险，做出投资决策。一方面，一个国家通过对内、对外发行主权债券获得资金，能够支持经济的快速发展。比如，当政府需要修路或者建设其他基础设施时，财政收入可能入不敷出，此时就需要借助金融市场和金融机构进行融资，而主权信用评级是主权政府在国际资本市场融资的"通行证"，投资者可以根据债券评级购买该国政府发行的主权债券以获得收益。不过，另一方面，20世纪80年代的拉美债务危机和21世纪的欧洲主权债务危机已表明，当债务负担超过本国财力承受范围时，即便是主权政府也会赖账。这时主权信用评级的调整反映了主权政府偿债风险的变化，投资者可以根据级别变化来调整投资决策。

主权评级通常在国际资本市场上起着至关重要的作用。主权危机的爆发经常具有传染性，影响国际金融市场稳定。主权评级也在很大程度上影响主权融资成本，国际资本市场中经常将它"锚"定各国非主权实体在国际市场融资成本的下限。通过本章的学习，我们可以掌握主权和超主权实体评级的概况，了解它们的风险特征、评级逻辑和基本评级要素，对主权评级在资本市场中扮演的重要角色有初步的了解和整体的感知，为今后各章的学习奠定基础。

4.1 主权信用评级概述

4.1.1 主权

主权信用评级（sovereign credit ratings），顾名思义，是对主权信用的评价。那么由此引出第一个问题：如何界定主权？哪些对象包含在主权这一受评对象的范围内？

从政治意义上理解主权有助于更好地理解主权的含义。在政治学范畴中，主权这个概念通常与国家联系在一起。第一，主权可以被理解为一种权力的概念，它是一个国家具有的独立自主地处理自己的对内和对外事务的最高权力，通常称之为国家主权；第二，主权也可以被理解为一种政治实体的概念，我们通常称之为主权国家，其区别于其他政治实体的本质在于其是否具有主权权力。主权信用评级中的主权，更多的是从主权实体的概念出发。目前，联合国成员方包括193个主权国家或地区，还有两个主权观察国或地区。但是，信用评级机构在开展主权评级业务时，并不限于严格意义上的这195个国家或地区，一些非严格意义上的主权国家或地区也被信用评级机构归为主权评级的对象。这些对象通常是具有主权特征的一些国家或地区。比如，百慕大、库克群岛以及中国香港等，因地位独特或因金融市场发达，拥有独立的财政和货币政策，并具有较大的世界影响力，因此这些地区都被国际信用评级机构归为主权评级的范围。

与主权评级对象较为相似的另两类评级是超主权（supranational）和次主权（sub-sovereign）评级。表4-1将这三类实体进行区分，有益于我们更加清晰地理解主权评级的对象范围。

表 4-1 主权、超主权和次主权评级对象的不同

评级类型	对象
主权评级	具有主权特征的国家和地区
超主权评级	多边开发银行、多边组织等
次主权评级	地方政府等

在明确主权实体的定义后,接下来我们提出第二个问题:一个主权范围内,哪些机构能够代表主权信用?

从债务工具发行人的角度,中央政府和中央银行都可以代表一国的主权信用。主权债务工具的发行人绝大多数是其中央政府,但一些国家也由中央银行在国际市场发行债券。

中央政府代表的是一个国家的最高级行政机关。为了弥补财政赤字、进行大型工程项目建设或偿还旧债本息,中央政府通常作为主权代理人进行融资。中央政府的融资会采用发行债券的方式进行,中央政府债券又称国家债券或国债,由国家承担还本付息的责任。根据偿还期限长短,国家债券可以分为短期国家债券、中期国家债券和长期国家债券,不同国家对三种债券期限划分标准不完全相同,但通常将 1 年期及以下的国家债券称为短期国家债券,将超过 1 年期但不超过 10 年期的称为中期国家债券,将超过 10 年期的称为长期国家债券。按照债券的币种,国家债券还可以分为本币国家债券和外币国家债券,在大多数情况下,一国中央政府都会发行本币国家债券,但有时也会面向外国投资者发行外币国家债券,通常用美元或欧元等储备货币来计价。此外,国家债券可以全部在证券交易所上市,也可以在到期前用作抵押贷款的担保品,而且,政府不征收债券收益所得税,因而它的信誉好、风险小、流动性强、抵押代用率高,是较受投资者欢迎的金融资产之一。

中央银行是一国或某一货币联盟唯一授权的货币发行机构。中央银行之所以也能够作为一国经济意义上的主权,是因为它是由国家授权统一发行货币的银行,是中央政府管理国家金融的专门机构,主要表现在:(1)代理国库,主要包括按国家预算要求代收国库库款、拨付财政支出、向财政部门反映预算收支执行情况等;(2)代理政府债券发行,办理债券到期还本付息;(3)公开市场业务,在金融市场上公开买卖国家债券或其他政府债券,以调节货币供应量和利率水平;(4)直接为政府融通资金,例如通过购买政府债券来弥补财政赤字,但这种操作容易引发通货膨胀,因此各国都会尽量避免;(5)为国家持有和管理黄金、外汇、国际投资头寸和特别提款权等外汇储备;(6)代表政府参加国际金融活动等。

考虑到中央政府最能够代表主权的信用,因此信用评级机构一般将主权信用评级表述为:信用评级机构对一国"中央政府"按时足额偿付其商业性金融债务能力和意愿的综合评价。

4.1.2 主权信用风险

了解了主权和主权信用后,我们更容易进一步去了解主权信用风险。主权信用风险

就是主权政府发生财政及债务危机,最终可能引发违约的风险。

从历史上看,主权政府违约呈现出一定的周期性,这通常与全球性事件的发生有关。近一个世纪,规模性主权违约风险事件的发生则主要与全球性的经济及金融危机交织在一起。我们可以从主权违约的历史案例中,总结出主权信用风险的一些典型特征。

4.1.2.1 主权违约

自1800年以来,至少发生过250次主权外债违约,大的违约周期共有6次:第一次是拿破仑战争时期。第二次是19世纪20年代到40年代末。第三次是19世纪70年代至90年代末。第四次是20世纪30年代大萧条时期,在20世纪20年代曾出现一次政府发债融资的高潮,最终以大萧条时期的大规模违约告终。1930—1935年间,国际债券市场上58个发债国家政府中有21个违约。第五次是20世纪八九十年代的新兴市场债务危机,包括80年代的拉美外债危机和受1997年亚洲金融危机波及的俄罗斯等部分国家违约。第六次是2008年全球金融危机下的欧洲主权债务危机。与之前几次危机主要集中在发展中国家不同,这次危机中,发达国家的主权债务危机成为典型案例。表4-2列示了近30年的主权违约案例。

表4-2 近30年的主权违约事件

违约时间	国家	事件经过
1989年12月	阿根廷	在公共部门债务压力激增和失去国际市场融资能力的情况下,政府决定放开外币市场和价格控制,造成存款抽逃和银行业危机。随后公共债务被重组。
1998年7月	委内瑞拉	本币违约。
1998年8月	俄罗斯	首先本币违约,随后外币债务违约。
1998年9月	乌克兰	延期支付匿名投资者持有的债券,仅有意愿表明身份并转为本币债券的投资人获得折价偿付。
1999年7月	巴基斯坦	1998年11月未支付到期利息,但在宽限期内偿还。1999年进行债务重组。
1999年8月	厄瓜多尔	债务违约,90%被重组。
2000年1月	乌克兰	先后在1月份和2月份分别违约美元债务和欧元债务。
2000年9月	秘鲁	布雷迪债券违约,但在30天宽限期内支付了8 000万美元利息。
2001年11月	阿根廷	2001年11月宣布不偿付外债。2002年1月3日到期的债务发生实质性违约。
2002年6月	摩尔多瓦	2001年6月未偿付到期债券,但随即在很短时间内迅速偿付。之后,回购在外存续债务的50%,但2002年6月对剩余7 000万美元债券违约。
2003年7月	尼加拉瓜	折价债务置换。
2005年5月	多米尼加	债务置换,本金和利率不变,但期限延长5年。
2006年12月	伯利兹	对国外债券进行折价置换。
2008年6月	尼加拉瓜	折价债务置换。
2008年12月	厄瓜多尔	政府未兑付到期的3 060万美元债券利息。
2010年2月	牙买加	政府对全部存续的可交易国内债务进行折价置换。
2012年3月	希腊	希腊政府对政府债券、国有企业和政府担保债券进行折价置换。
2012年9月	伯利兹	政府在宽限期内,仅支付到期需兑付利息的一部分,构成违约。

(续表)

违约时间	国家	事件经过
2012年12月	希腊	希腊政府用112.9亿欧元回购319亿欧元债券。
2013年2月	牙买加	牙买加政府对91亿美元国内债券进行折价置换。
2013年7月	塞浦路斯	塞浦路斯对10亿欧元国内主权债券进行折价置换。
2014年6月	阿根廷	持有2005年和2010年重组债券的外国投资者没有收到计划规定的偿付，并超过30天的宽限期。
2015年10月	乌克兰	随着乌克兰危机的加重，IMF提供援助，并推动乌克兰政府对180亿美元的主权和主权担保欧元债券进行重组。
2016年4月	莫桑比克	莫桑比克政府对EMATUM国家渔业公司2013年发行的一笔债券进行担保，2015年9月起政府开始帮助企业偿付，2016年3月政府宣布计划修订债券条款，4月用政府债券进行置换。

资料来源：Moody's, "Sovereign-Global: Sovereign Default and Recovery Rates (1983—2016)", 2018。

4.1.2.2 主权信用风险的特征

从历史违约案例中可以总结出主权信用风险所特有的一些鲜明特征。这些特征与债券发行主体、风险产生原因及债券计价币种不同等因素有关。

第一，从债务承担主体的角度，主权信用风险的受评主体是主权政府。与企业等类型的受评主体不同，主权政府表现出更大的自主权：（1）主权政府可以控制财政支出或改变对国民的税收政策，以产生更多收入以偿付债务；（2）没有任何可以高出主权的权力机构可以要求一个主权政府偿付债务；（3）主权政府发债往往不需要有效的外部担保，因为主权政府本身通常被预设为最终担保人；（4）即便是债务违约，主权政府也不会出现因破产而无法继续存在下去的问题。

上述特点使得主权政府在偿债能力出现一定问题时，偿债意愿变得重要起来。债务融资、接受国际援助、发行货币、让渡自然资源所有权甚至割让土地等手段均可帮助主权政府履约，但是这样做会产生其他问题，如产生新债务、引发通货膨胀或损害国家主权等，因此当主权风险产生时，很多政府宁愿选择债务重组或违约。在主权评级实践中，信用评级机构一般会重视对主权偿付意愿的评估。而主权违约历史通常是评估主权偿付意愿的重要参考。

第二，从风险类型或风险产生的原因角度，主权风险经常与一国政治、经济、金融等宏观环境有关，这容易导致与国家风险的概念混淆。主权风险和国家风险是紧密相连但又不完全相同的两个概念。

目前较为普遍接受的国家风险概念是由加拿大银行学家P.纳吉（P. Nagy）于1978年提出的：国家风险是导致跨边界贷款损失的风险，这种损失是由某个特定国家发生的事件所引起，而不是由私人企业或个人所引起，其中的"跨边界贷款"既可以是政府贷款，也可以是金融机构或私人部门贷款。

国家风险与主权风险的主要区别可以总结为：（1）国家风险的主体比主权风险要

广泛。它既可以是政府,也可以是银行和企业,甚至是个人,而且从广义上讲,国家风险还可以涵盖一国境内以机构单位为债务人所构成的所有债权债务关系的集合,即国家政府部门、非金融企业部门、住户部门和金融部门的所有债权债务关系的集合。例如,当企业贷款或家庭购房贷款面临大面积违约时,国家风险即产生,比如2008年国际次贷危机的导火索就来自美国房地产市场,属于国家风险。主权风险的主体则要窄得多,只针对主权政府的债务风险。(2)国家风险的特征也比主权风险的特征要广泛。在原中国银监会2010年6月发布的《银行业金融机构国别风险管理指引》中写到,国家风险包括七种类型,分别是转移风险、主权风险、传染风险、货币风险、宏观经济风险、政治风险、间接国别风险。国家风险触发机制或表现形式更为多样,国家风险是对国家整体信用风险及其在全球信用风险体系中的位置做出判断,其风险特征表现出全局性和系统性。而主权风险只是国家风险中的一种类型,主权信用评级仅针对主权政府自身的偿债能力做出判断。

第三,从债务发行计价货币不同的角度,主权本币债务风险和外币债务风险有所不同。中央政府发行本币债务,可以直接使用本国货币偿还。因为中央政府可以通过增加本国货币发行等手段汲取偿债资源用以还债,而偿还外币则还需考虑到获取外币资源的能力,因此通常主权本币债务风险要低于外币债务风险。但也有一些国家因特殊原因,其本币债务风险会高于外币债务风险。关于本、外币风险和级别的差异,下节会详细论述。

第四,虽然主权信用风险爆发时影响程度较大,历史上曾发生过几轮较大规模的区域性主权债务危机,引发人们的广泛关注,但与企业实体的违约率相比,主权实体的违约率仍相对较低(见表4-3)。特别是对于高级别的主权实体,它们发生违约的概率会明显低于同级别的企业实体。

表4-3　1983—2016年穆迪评级的主权和企业平均累计违约率比较

单位:%

	1年	2年	3年	4年	5年	6年	7年	8年	9年	10年
主权										
投资级	0.000	0.126	0.331	0.546	0.773	1.005	1.173	1.351	1.540	1.742
投机级	2.540	4.891	6.981	8.881	10.832	12.414	14.055	15.819	17.186	18.289
所有	0.891	1.782	2.623	3.394	4.182	4.846	5.478	6.146	6.691	7.159
企业										
投资级	0.096	0.257	0.463	0.700	0.959	1.225	1.485	1.745	2.004	2.272
投机级	4.259	8.671	12.870	16.569	19.773	22.532	24.955	27.059	28.950	30.601
所有	1.651	3.310	4.836	6.139	7.241	8.170	8.967	9.656	10.275	10.831

资料来源:Moody's, "Sovereign-Global: Sovereign Default and Recovery Rates (1983—2016)", 2018。

4.1.3 主权信用评级

主权信用评级反映了主权信用风险的高低，也评价了主权违约的可能性。如果一个国家的主权信用评级低于另一个国家，则表示前者的中央政府按期足额偿付其商业性金融债务的能力和意愿要低于后者。

4.1.3.1 主权信用评级的发展

当前国际三大信用评级机构穆迪、标普和惠誉是全球开展主权评级业务较早的机构，具有近一百年的主权评级历史，目前开展主权评级的国家（地区）数量均超过100家。

国际信用评级机构开展主权评级的历史可以简单划分成三个阶段：

第一阶段是开始起步到20世纪30年代。从1919年起，穆迪开始对外国政府发行的债券进行评级。到1929年，穆迪已经对大约50个国家政府发行的债券进行评级。

第二阶段是20世纪30年代到80年代。随着美国经济大萧条时期的开始到第二次世界大战结束，国际债券市场停滞不前，对主权评级的需求大幅减少，直到20世纪70年代，国际债券市场复苏，但是对主权评级的需求大大减少。当时只有15个在美国资本市场发行债券的外国政府认识到主权评级的重要性。因为这些国家政府几乎都有非常良好的信誉，对其主权风险的评估也很简单，主要通过该国经济、财政、金融业发展程度、汇率制度以及历史信用状况等进行评估，在当时也比较得到认可。还有很多国家政府通过其他方式获得信用，其中有些财政实力很强的政府没有进行评级，但是通过欧洲货币市场融资，一些信用不好或没有进行信用评级的政府则选择银行贷款或私募方式融资。

第三阶段是从20世纪八九十年代到现在。随着经济全球化所带来的国际贸易和跨国投资的迅速增长，主权信用评级业务越来越受到重视，并逐渐延伸至发展中国家，越来越多的政府进入美国扬基债券市场，而信用评级是进入这个市场的条件。因此，主权评级业务又有了较大发展。

在这个阶段，主权评级受重视的程度不断提高。在1980年，标普仅为12个主权发行者评级，全部评定为AAA级。这一期间降级行动非常罕见，即便发生了，也是在适度的范围内。而随着评级需求的增长，信用评级机构的主权评级业务恢复到大萧条前的水平，同时，国际债券市场主权违约风险逐渐加大，主权评级调整频率增大，评级愈发重要，也越来越受到国际社会的关注。一方面，主权评级已经成为政府寻求资本市场的通行证；另一方面，在2008年金融危机中，主权评级的频繁下调导致主权国家的金融动荡加剧，主权评级的预警能力不强，以及顺周期加剧等问题而导致资本市场各方开始质疑国际信用评级机构及其评级结果。此后，主权评级在国际加强监管、信用评级机构不断反思过往的评级理念和修正评级方法的环境下向前发展。

我国的评级行业起步较晚，以往评级业务重点主要集中于本土企业，但随着自身国际业务的发展，以及2008年金融危机爆发后国际信用评级机构受到广泛质疑，为国内信用评级机构发展主权评级业务提供了契机。我国信用评级机构快速涉足主权评级领域，并先后发布主权信用评级方法和评级结果，扩展国际市场业务和扩大国际影响力。2010年以来，国内主要信用评级机构均已开展主权研究（见表4-4）。目前，国内机构中，中诚信国际、联合资信、新世纪评级、大公资信等均已在各自官网公布主权评级方法，并开始对部分主权国家开展主动评级工作并公开评级结果。从 2015 年开始，随着"熊猫债券"的发展，一些国外主权政府表现出在我国境内发行"熊猫债券"的浓厚兴趣，这也为国内信用评级机构实质性开展主权评级业务提供了机会。

表 4-4 国内信用评级机构主权评级业务开展情况

评级机构	主权评级方法首次发布时间	评级主权的数量
大公资信	2010 年	100
中诚信国际	2012 年	103
联合资信	2016 年	32
新世纪评级	2016 年	36

资料来源：各信用评级机构网站。

4.1.3.2 主权信用评级分类

主权信用评级一般被划分为本币和外币两个大类。相比国内机构，国外信用评级机构又增加了短期和长期两个维度。因此，国内信用评级机构的主权信用评级仅分为本币和外币两类[①]，而国际三大机构将本币和外币评级细分为本币短期、本币长期、外币短期和外币长期四类。

主权本币评级是评价主权政府偿付本币债务的可能性，外币评级是评价主权政府偿付外币计价金融债务的可能性。本、外币评级的主要区别在于是否考虑汇兑和转移风险。一般而言，国内债务违约的可能性比外债低。因为政府有发行本国通货的能力，如果中央政府不计通货膨胀的后果，理论上国内债务违约是几乎不可能的。但外币债务必须用外币偿付，而一国主权政府无法发行外国货币，如果没有充足的外汇储备，又无法在国际市场使用本币兑换外币，则主权政府外币偿付风险就会增大。本、外币级别存在差异的国家可参见表 4-5。

表 4-5 截至 2018 年 3 月末国际信用评级机构本、外币级别存在差异的国家

标普			惠誉		
国家	本币/展望	外币/展望	国家	本币/展望	外币/展望
俄罗斯	BBB/正面	BBB-/正面	爱尔兰	A/稳定	A+/稳定
马来西亚	A/稳定	A-/稳定	冰岛	A-/正面	A/正面
墨西哥	A-/稳定	BBB+/稳定	菲律宾	BBB-/正面	BBB/正面
南非	BB+/稳定	BB/稳定	秘鲁	BBB+/正面	BBB/正面
泰国	A-/稳定	BBB+/稳定	葡萄牙	BB+/正面	BBB/正面
土耳其	BB+/负面	BB/负面	土耳其	BBB-/稳定	BB+/稳定
委内瑞拉	CCC/负面观察	SD/负面	委内瑞拉	CCC/负面	RD/负面
新西兰	AA+/稳定	AA/稳定	新西兰	AA+/稳定	AA/稳定
智利	AA-/稳定	A+/稳定	智利	A+/稳定	A/稳定

---

① 国内信用评级机构发布的本币和外币评级一般认为是长期级别，中诚信国际仅评价外币级别。

（续表）

标普			惠誉		
捷克	AA/ 稳定	AA-/ 稳定	捷克	AA-/ 稳定	A+/ 稳定
哥伦比亚	BBB/ 稳定	BBB-/ 稳定	西班牙	BBB+/ 正面	A-/ 正面
			塞浦路斯	BB-/ 正面	BB/ 正面

资料来源：穆迪、标普、惠誉网站。

外币评级低于本币评级的主权国家的典型特征包括：本币债务清偿记录较好，但对外币债务存在违约记录；经常项目长期逆差，对外资产负债头寸失衡；汇率波动较大。而少数国家政府的内债很高，但外债较少，并且对外部门竞争力很强，则可能外币级别高于本币级别。对于本国货币为国际硬通货货币的国家，由于不存在货币兑换风险，因此通常本币评级和外币评级相同。还有一些国家，如厄瓜多尔、萨尔瓦多等，因为它们使用美元等其他国家的货币作为本国通用货币，所以也不存在汇兑风险。

信用评级机构将主权评级区分本、外币评级，是根据对以往主权违约的历史案例总结而来。但在主权国家经常账户和资本账户逐步开放、资本市场自由化和深入化以及投资人地域分布更广泛的条件下，主权的本、外币评级有趋同的趋势。如穆迪在一份专题研究报告中表示，区分主权国家本、外币评级的意义有限，目前在其公布的主权国家评级中，本币评级和外币评级均相同。

在评价一国主权的本币和外币评级时，政治、经济、金融、财政、社会等因素无论对于本币债券的偿付还是对于外币债券的偿付，都同时发挥作用，因此这些是共同考虑的因素。对本币计价的债务，主权政府在偿还时主要依赖本国的税收能力、控制本国货币和金融系统的能力。而对于外币计价的债务，还需依赖本国经济运行产生的外汇储备、外汇管制、汇率变化和市场参与者的汇兑意愿等因素，这些因素在外币评级时要特别考虑。

【案例 4-1】

日本的本、外币主权信用评级的差异

2012 年 5 月 22 日，信用评级机构惠誉下调了日本的主权信用评级，从 AA 级下调至 A+ 级，评级展望为负面，原因在于日本政府在处理庞大公共债务方面的进展缓慢。在此之前，惠誉对日本的本币主权信用评级为 AA- 级，外币主权信用评级为 AA 级，表明日本的外币主权信用评级比本币要高。

本次调整前，日本的本、外币信用级别呈现差异，主要原因在于日本对外部门强劲，对外资产规模庞大，对外债保障程度强，而政府本国债务规模很大，财政整顿措施较为乏力，财政收入对本币债务保障程度稍弱。

虽然日本政府处理公共债务进展缓慢，但日本是全球拥有海外资产最高的国家。自 1991 年至 2012 年，日本已经连续 22 年成为全球最大债权国。日本国内有很多优秀的企业，尤其是在数码产品和动漫等领域，但日本人口增长却十分缓慢，甚至出现负增长，土地面积也有限，这些企业只能通过"走出去"来扩大市场，从而获得大量海外资产。长期以来日本都是美国的第一或第二大债权国，持有超过 1 万亿美元的美债，占日本海外总资产的 10% 以上。日本企业出口能力很强，使得日本拥有很高的外汇储备额，2017 年日本外汇储备总额为 1.23 万亿美元，居世界第二位，这表明日本具有较强的外币偿付能力；与此同时，外国投资者持有的日本国债在日本总国债中的占比也很小，2012 年时不到 10%，因此当日本即将出现违约状况时，政府可能会优先选择偿还外国投资者所持有的国债本息，从而使得外币主权债务风险降低。

反观日本国内，日本家庭储蓄不算高，政府债务高达国内生产总值的 2 倍以上，本币债务占比很高，因此本币债务风险反而更大一些。

在 2012 年，日本的本、外币信用评级被下调为同一级别。理由在于，日本政府本币债务的偿付很大程度上取决于其国内的融资能力。而如果融资面临的压力上升，将对日本的储蓄和投资行为造成影响，由此会进一步削弱其外部实力。

从 2012 年以后至今，在惠誉对日本的最新评级中本币和外币评级一直保持一致，表明惠誉认为日本的本币债务风险与外币债务风险趋同的情况没有发生变化。

资料来源：根据公开资料整理。

4.1.3.3 主权信用评级符号

主权评级符号通常涉及主权级别、评级展望和评级观察。

各信用评级机构的长期主权级别表现形式略有不同，但基本从高到低，划分为 AAA、AA、A、BBB、BB、B、CCC、CC、C 和 D 十类。除了 AAA、CCC 及以下级别，可用"+"、"-"符号微调，表示略高和略低于本级别。在违约级别的表示符号上，一些机构将 C 级定为违约级别[1]，而另一些机构将 D 级定为违约级别[2]。一些信用评级机构会通过添加下标等方式，表明该符号仅针对主权评级。

这里需要着重强调主权违约的定义。主权违约的定义与企业违约的定义有所不同。主权债券违约，是指一个国家中央政府没有依照契约或承诺按期支付应付本息或利息的情形。除此之外，还有两种常见的情形也被视作违约：一种是主权政府实施了债券的受损交换计划（distressed exchange），也就是为了避免违约的发生，政府向债权人提出用一种价值缩水的新债券或者包括现金以及其他资产来交换原有债券，或者本金剩余金额和利率没有变化，但偿付期限延长；另一种是主权政府单方面修改了原有债券的相关条款以降低偿付负担，并使债权人被迫接受。不管债权人是否接受这些计划，均构成主权债券违约。

另外，多数信用评级机构都会在主权信用评级的定义中强调仅针对商业性金融债务，是因为主权的外部融资除了商业性金融债务，还有一些国际组织的援助性和政策性债务。

---

[1] 如穆迪和中诚信国际。
[2] 如标普、惠誉、大公资信、上海新世纪、联合资信等。

而对于这类债务的偿付，信用评级机构一般认为不能代表中央政府真实的偿付能力和意愿。

从表 4-6 展示的部分国家的评级结果来看，各信用评级机构的主权评级结果体现出一定差异。主权评级理念和方法上的不同形成了各家机构对各主权实体偿债能力的不同看法。各机构评级方法的差异在专栏 4-2 会有具体介绍。

表 4-6　截至 2018 年 6 月末主要信用评级机构对部分主权实体长期外币级别对比

	大公	中诚信	联合资信	新世纪	穆迪	标普	惠誉
巴西	BB+↓	BBBg-↓	Ai-	A_g^-	Ba2↓	BB-	BB-
波兰	A-	Ag↑	AAi-	A_g^+	A2	BBB+	A-
俄罗斯	A	Ag↑	Ai+	A_g^-	Ba1	BBB-↑	BBB-↑
法国	A	Aag↑	AAi+	AA_g	Aa2	AA	AA
韩国	AA-	Aag↑	AAi↓	AA_g	Aa2	AA	AA-
墨西哥	BBB	BBBg+↑	AAi-↓	A_g	A3↓	BBB+	BBB+
美国	BBB+↓	AAAg↑	AAAi	AAA_g	Aaa	AA+	AAA
日本	A↓	AAg↓	AAi-	AA_g	A1	A+	A
沙特	AA-	Aag↑	AAi↓	$AA_g↓$	A1	A-	A+
土耳其	BB-↓	BBg↓	BBi	$BBB_g^-↓$	Ba2	BB↓	BB+
匈牙利	BBB-	BBBg↑	Ai+	BBB_g	Baa3	BBB-↑	BBB-↑
新西兰	AA	—	AAi+	AA_g	Aaa	AA	AA
意大利	BB+↓	BBBg↑	Ai-↓	A_g^-	Baa2↓	BBB	BBB
印尼	BBB-	BBBg-↑	Ai+	A_g^-	Baa2	BBB-	BBB↑
中国	AAA	Aag+↑	AAAi	AAA_g	A1	A+	A+

注：级别后面标注向下箭头表示负面展望；标注向上箭头表示正面展望；未标注表示展望稳定。

资料来源：各信用评级机构网站。

除了长期主权信用级别，国际信用评级机构还给出短期主权信用级别。总体上，各家信用评级机构用于表示主权发行人信用能力的评级符号，包括级别、展望和观察等，基本与其他发行主体的评级符号体系保持一致，具体可参见第 1 章。

4.1.3.4　主权信用评级的重要性和影响

全球金融市场上的投资者逐渐增多，主权信用评级所受到的关注度越来越高，因而主权评级的重要性和影响力也越来越凸显。

第一，主权信用评级会影响主权政府进入国际资本市场的融资能力。主权信用级别是对一国主权政府信誉度的综合评价，它的高低会影响潜在投资者的数量和购买政府债券的意愿，进而影响主权政府融资成本的高低和进入国际资本市场的难易程度。特别地，由于投资者常常会受"近因效应"的影响，主权信用级别和展望的变动对主权政府短期融资成本的影响往往更加明显。

第二，主权评级会影响该国非主权实体的信用等级和融资成本。各国政府通常是国际资本市场上最大的债务发行人，因此主权信用评级会影响投资者对该国地方政府或企业信誉能力的判断，进而影响该国其他经济主体的融资。由于主权评级的重要性，投资者在评估一国非主权实体的风险大小时，通常会把该国主权信用风险作为一个重要的考虑因素，从而影响该国非主权实体的融资难度。

国外信用评级机构在评级实务操作中，为了建立全球范围内各类评级对象级别的可比性，通常会设立本币债券评级上限和外币债券评级上限。本币债券评级上限反映了一国的国别风险（不包括外币转移和汇兑风险）对该国范围内经营实体的影响。外币债券上限反映了隶属于某个国家或地区主权的实体能够获得的最高外币发行人评级（反映了转移和可汇兑风险）。例如，如果一个国家的外币债券的级别上限为A级，则该国各类发行人以外币发行的债券的级别都不会超过A级——除非一些特殊情形，可以使其超出这个"天花板"（考虑的重点主要是发行人受国内国别风险，以及转移和可汇兑风险的影响有多大）。

本币债券上限和外币债券上限不同于主权本币级别和主权外币级别，但通常都是在一国本币主权级别和外币级别的基础上，再考虑其他因素进行调整得出。由于在国际资本市场上融资，主要应用外币债券上限，因此外币债券上限在国际资本市场上备受投资者关注。一些发展中国家，由于外币债券上限被施以与主权外币级别同样的等级，因此通常被市场理解成了主权上限。由此，此类国家的非主权发行人的外币级别就无法超越该国的主权级别。

第三，主权信用评级会影响某一国家、某一区域甚至全球的金融稳定。历史上的全球性经济、金融危机经常与主权债务问题交织在一起。一些时候可能是银行危机、经济危机引发主权危机，另一些时候可能是主权危机造成银行和金融体系不稳定。无论如何，主权信用危机的爆发都预示着一个国家全面危机的爆发。同时，主权危机的传染性极大，尤其当主权信用危机爆发在具有世界影响力的大国时，很可能产生世界范围内的金融危机。

一方面，前瞻性的主权信用评级有助于对主权信用风险的防范和管理，降低信用危机爆发的可能性，从而保持全球金融环境的稳定。另一方面，如果一个国家处于风险恶化的过程中，主权信用评级的频繁下调会负面引导甚至严重影响全球金融市场投资者的预期，进而加剧危机。例如1995年当加拿大主权信用级别被信用评级机构宣布下调时，引发了市场上对加元的抛售，导致加元贬值，使得加拿大央行不得不回购大量本币以稳定汇率。主权信用评级调整的"不合时宜"在2008年以来的欧洲主权债务危机中表现得更加明显。目前，欧盟等已经出台法规，对信用评级机构在主权信用评级方面的信息披露做出规定，如限制一定时间范围内信用评级机构对主权信用评级过于频繁的调整等。

■ 4.2 主权信用评级要素

信用评级机构在对主权进行评级时，将按照评级方法中所阐述的评级逻辑和评级要素展开。这些评级要素是影响主权信用风险的重要元素，也是揭示一国主权信用风险特征及风险水平的关键点。各家机构的评级要素都有所差异和侧重，但总体上保持一致。相比地方政府和企业，影响主权信用风险的要素较为宏观，影响机理更为复杂。这些要素大体上可分为五大类，主要包括政治、经济、金融、财政及外部因素等。

4.2.1 政治因素

在主权信用评级分析框架中，对政治因素的考察十分重要。有效的政治制度有利于经济、商业和社会发展。政治风险的发生，包括政局不稳、司法效率低下等问题都会对政府的偿债能力有负面影响。此外，政府的偿债文化也可以反映主权的偿债意愿。

4.2.1.1 政治稳定性

政治稳定性是指中央政府的权力更迭方式是否具有制度保障。它是良好政治环境的基本要求，主要包括政局稳定性、社会稳定性和地缘政治关系稳定性三个方面。

政局稳定性主要考察两个方面：一方面，一国政治权力的变动是否能够以符合宪法的方式顺利实现。若一国政权交接完全符合宪法规定，不存在反对党通过政治掣肘或其他政治势力通过军事政变及武装斗争等方式夺取政权的现象，则说明政局稳定性较强。另一方面，主要政治力量间的斗争程度。当一国主要政党之间矛盾分歧较大时，政策连续性就难以得到保证，也难以形成稳定的社会秩序和发展预期，容易造成经济增速断档，从而不利于主权债务的清偿。

社会稳定性主要考察国内地区分裂势力和宗教势力活动的影响。如果国内不存在分裂势力和宗教势力活动，或上述势力的活动半径和影响力都很小，同时国内极少发生恐怖袭击，则社会稳定性较好。

此外，地缘政治关系也是政局稳定性的影响因素。若一国与周边邻国以及重要国际组织的外交关系较为融洽，则政局稳定性较高，反之则较差。

4.2.1.2 政府治理有效性

与政治稳定性相比，政府治理有效性更能深入到国家权力运行效果层面，从而反映政府组织协调经济发展的能力，主要包含国家发展战略、政策连续性和政府治理水平三个方面。

国家发展战略是为了实现国家发展目标而制定的大规模、长期的行动计划，它是指导一个国家各个领域经济发展的总方略。对国家发展战略的考察应从静态和动态两个角度入手，其中静态方面应重点关注总体战略目标和与经济发展相关性较强的战略目标，动态方面应考察该国经济政策的长期演变过程，但要重点关注本届政府的宏观政策。此外，一国的民众需求和国内主要矛盾会随着经济发展阶段而不断变化，也会存在地域性差别，因此需要因时、因地制宜地分析，探究制约一国经济发展的特有情况，分析战略实现的可能性及实施效果。

在当前发达国家和新兴经济体国家的发展历程中，国家发展战略在各自国家经济腾飞阶段起到了十分重要的作用。在国家发展战略的比较研究中，亚洲东部和拉丁美洲是经常用来对比的两个区域。相关研究表明，选择不同的制度和经济发展模式是这两个区域内的国家经济绩效表现出明显差异的重要因素。

政策连续性是指政府的主要方针政策不因执政党的轮替或政府更迭而发生较大变化。此外，还要考察政策出台的审慎程度及其与国内当前主要矛盾的契合程度，若审慎程度和契合程度较高，则说明政策连续性较强。

政府治理水平主要通过政府有效性来反映，需要考察立法、行政和司法等政府各分支机构切实履行职责的程度，分析一国是否建立了完善的法律体系并能够根据情况变化进行调整，以及政府能够以多大限度来完成国家发展战略。这一部分可以结合世界银行每年公布的国家治理指数等进行综合判断。

4.2.1.3 政府偿债意愿

对于主权政府偿债意愿的判断，可供参考的指标包括政府对产权的尊重程度、对合同及对法律的遵守程度。对政府违约历史记录的考察也有助于判断政府的偿债意愿。如果一国在历史上没有发生债务违约或重组的情况，则表明该国的偿债承诺行之有效，对主权信用构成积极影响。

【案例 4-2】

2011 年埃及政治危机对主权信用评级的影响

从全球各国家间的横向比较看，部分主权信用级别低的国家（地区）的典型特征是政治稳定性较差。或因国内的宗教、种族冲突，或因党派间无休止的争权夺利，或因持续的地缘政治危机，造成政局不稳定、政府执政能力弱，从而无法支撑经济发展。而从一国的纵向历史发展中也能够看到，政治稳定的时期，经济会得到快速发展，而政治不稳定则经常预示着一个国家开始走下坡路。2011 年埃及发生"1·25 革命"，其后国内局势的发展印证了政治危机对一国主权信用的深刻影响。

2011 年 1 月 25 日，受"阿拉伯之春"的影响，埃及爆发反对独裁统治的大规模抗议示威运动，埃及陷入政治动荡。2 月 11 日，担任总统 30 年之久的穆巴拉克下台，埃及 1997 年以来一直保持在 Ba2 级的主权信用级别首次被下调。调级理由为：突尼斯革命引发埃及政治变局，后者正遭受大规模的政治、社会和经济挑战，受此影响，财政失衡的问题会加剧。

自此，埃及主权评级一路被下调，到 2013 年 3 月被下调至 Caa1 级，理由为：两年多的政治变革、持续无法解决的混乱政局，明显削弱了埃及经济实力；埃及的外部支付头寸和财政状况达到对经济和政治冲击较为脆弱的水平，违约风险进一步上升；政府没有能力确保从 IMF 获得资金支持。

直到 2015 年 4 月 7 日，埃及的主权信用评级才从 Caa1 级提高至 B3 级，理由是：国内政治趋向稳定的态势仍在持续，营商环境改善，经济在最近一个财年增长恢复到 4.5%；埃及政府有能力开始实施财政和经济改革，降低财政赤字；来自科威特、沙特和阿联酋的政府支持使得外汇储备得以稳定，对外债偿付的覆盖力度提升。

2011年1月25日，埃及爆发大规模抗议示威，政局动荡。	2011年1月31日，评级从Ba1级降至Ba2级。
2011年2月11日，穆巴拉克下台，各派政治力量角逐。	2011年3月16日，评级降至Ba3级。 2011年12月21日，评级降至B2级。
2012年6月30日，穆兄会支持的穆尔西选为总统，但其与军队及司法系统的斗争更为激烈，2013年爆发多轮示威游行。	2013年2月12日，评级降至B3级。 2013年3月21日，评级降至Caa1级。
2013年7月4日，穆尔西被军方解除职务，军方强势控制政局。 2014年5月，军队代表塞西当选新一任总统，重拳维稳，反对派力量被严重削弱。政坛趋于稳定（塞西于2018年获得连任）。	2015年4月，评级调升为B3级。

资料来源：根据公开资料整理。

4.2.2 经济因素

经济因素应反映一国经济体系是否能够持续稳定地创造新增价值，并能够为政府提供充足的财政收入，从而使主权信用得到维持。对一国经济因素的考察，主要包括该国的经济发展水平、经济增长潜力与宏观经济稳定性等方面的内容。

4.2.2.1 经济发展水平

主权违约历史表明，雄厚的经济实力可以为主权政府提供强有力的收入基础，增强政府财政与货币政策的灵活性，并最终提升政府的债务负担承受能力。衡量经济发展水平的指标既包括国内生产总值（GDP）与国民生产总值（GNP）等绝对规模指标，也包括人均GDP与人均GNP等相对规模指标。

总体看，人均收入水平与主权信用级别有较强的相关性。按照人均收入水平，通常将世界各国分为发达国家和发展中国家。如果再进一步将发展中国家分为新兴经济体和中等收入发展中国家、低收入发展中国家，会发现三类国家群体的主权平均信用级别会有明显差异，发达国家的级别最高，低收入发展中国家的级别最低。但是，就单个国家而言，高人均收入并不代表高主权级别。一些高收入国家长期刚性支出较高，政府债务负担较重，如果经济增长乏力，财政收支得不到改善，债务偿付就会面临很大压力。

4.2.2.2 经济增长潜力

一国的经济增长潜力决定了该国经济体的发展空间和发展速度，并且直接作用于政府财政收入的未来走势。经济增长率反映了一国新增国民财富创造的能力,并且国家债务可持续性方面的研究也表明,负债或利息的增速必须有相应的经济增速相匹配,否则债务的增长变得不可持续。决定未来经济增长潜力或增速的因素包括一国的资源禀赋、要素水平、科技创新水平、研发投入水平、人力资本投资水平、企业的微观效率等。

在进行趋势分析和预测时,需要对该国经济结构中深层次的影响因素进行分析,才能得出可靠的结论。例如,一些自然资源禀赋较高的国家往往过于重视资源的开采出口,而忽视人力资本的开发和产业结构的优化,一旦国际能源价格下跌,则这些国家将会面临经济衰退,形成"资源诅咒";有些国家虽然具有一定的"人口红利",但是人力资本稀缺,创新能力不足,导致国内低端产业过剩,同时国内贫富差距较大,多数国民仍属于中低收入群体,这样的国家极易落入"中等收入陷阱",长期经济趋势并不乐观。只有当一国重视人力资本开发和基础设施建设、金融体系较为发达、产业结构良好、收入分配相对公平、融入全球价值链程度较高时,才有利于长期增长潜力的释放,从而使政府能够承受较高的债务水平。

4.2.2.3 宏观经济稳定性

宏观经济稳定性考察宏观经济在当前和未来一段时间内保持稳定、健康发展的可能性。在其他条件保持不变的情况下,宏观经济长期稳健发展的国家更有可能实现较高的经济增长率、获得较高的收入水平,并抵御突发性事件的负面冲击。宏观经济稳定性差则可能妨碍长期商业决策,扭曲金融部门发展,降低政府财政收入,最终对主权政府信用质量产生不良影响。衡量宏观经济波动的指标包括 GDP 实际增长率的波动情况、居民消费指数、失业率、主要行业产值占 GDP 的比重与实际有效汇率等。

4.2.3 金融因素

金融部门是一国信用供给的重要部门,承担着为该国经济社会发展提供所需信用资源的任务。金融机构和金融市场是实体经济的重要命脉。对一国主权政府来讲,金融体系是一把"双刃剑",发达的金融体系能够使中小企业方便、快捷地获得资金支持,促进国民经济健康发展,并为中央政府提供充足的资金来源;然而,若一国信用规模持续盲目、无限制地扩张,则极易引发金融危机,并伴随着经济的剧烈收缩或持续萧条,对中央政府的债务负担承受力极为不利。因此,对一国金融实力的分析需要综合评判该国金融体系的发展水平和稳定性。

4.2.3.1 金融体系发展水平

发达的金融体系有益于维护和提升主权信用,这主要有四个方面的原因。首先,发达的金融市场可以合理配置资金,为经济发展进而为政府收入提供支撑;其次,发达的金融市场可以使政府的货币政策的传导更加有效,提高政府的宏观调控能力;再次,发达的金融市场有助于降低政府融资成本,减轻政府偿债压力;最后,在偿债压力突然加大或者有大量债务集中到期时,发达的金融市场可以为政府提供更多的融资渠道,降低政府违约的可能性。

金融体系发展水平主要考察货币政策有效性和金融市场发展水平两个方面。货币政策有效性主要考察货币政策的制定是否符合经济发展的需要，以及该政策对宏观经济调节的有效性，传导机制和传导效果如何，例如一国降低基准利率后对投资能有多大的促进作用，有多长的时滞效应等。

用来衡量金融市场发达程度的指标包括：金融资产总量（未到期的公共和私营部门的债务证券存量、国内股市的市值、私人部门信贷和官方国际储备的总和）、金融资产总量/GDP、货币供应量/GDP、金融衍生品市场规模及其变化率等。

4.2.3.2 金融体系稳健性

作为一种虚拟经济，再发达的金融体系也会存在一定的风险性和脆弱性，这些特性都有可能引发金融危机，造成十分严重的后果。2008年全球次贷危机爆发的导火索是美国房地产市场的次级抵押贷款政策，该政策使得很多次级抵押贷款机构向收入不稳定的个人和家庭提供大量购房贷款，日积月累，引发不能按期还款的现象大量发生，结果造成很多金融机构倒闭。其背后的根本原因在于美国金融机构对金融体系稳健性的重视程度不够，没有及时发现金融体系运行中所暴露出的问题，更没有采取相应的风险防控措施来防止金融体系的崩溃。因此，衡量一国金融体系的稳定性非常重要。

由于金融体系稳健性指标需要反映宏观经济运行对金融体系产生的系统性风险，所以其所涉及的对象不应仅限于金融机构，还应当包括企业部门、住户部门和房地产市场等。衡量金融体系稳健性的指标包括：金融机构的盈利性指标、运营成本指标、银行系统性风险指标、宏观审慎指标、不良贷款比率、资本充足率、银行体系中政府所有权和外国所有权的相对份额、金融监管法律体系和监管体系等。

【案例 4-3】

主权信用风险与银行业信用风险的相互传导——以爱尔兰为例

主权债务危机与宏观风险要素密切相关，政治危机、经济危机、金融危机，甚至社会危机都可能引发主权债务危机。不过其中最明显的是银行业危机与主权风险的关系。它们之间不是单向传导关系，更多体现为双向传导、交织螺旋发展。

历史上银行业危机的发生较主权债务危机更为频繁。20世纪70年代以来，有90多个国家发生过120多次系统性银行危机，其中16例伴随主权债务违约。这不表明在其余案例中，主权信用未受银行业危机影响，而只是未达到导致主权违约的地步。相对而言，主权债务危机比银行业危机更加严重，主权债务危机爆发通常预示经济体系和金融体系都出现危机。这一特点在发展中经济体表现得更为明显。在发达经济体，强大的私人部门的存在可以缓释主权风险对其他部门的冲击。

银行业危机必然危及主权信用。在一国银行面临流动性不足和财务困境时，对实体部门的信用供给会明显收缩，政府财政收入缩减。同时，银行遭遇危机时政府经常出面进行资金救助，造成主权政府的隐性或显性支出上升。而主权危机对银行业带来的最直接影响，表现在银行持有主权债券市值缩水、银行融资成本上升和融资渠道收缩，以及主权政府的对银行的支持能力下降引发市场担忧。

2008年欧洲债务危机过程中，冰岛、爱尔兰、葡萄牙、西班牙等国均出现银行业危机和主权债务危机相互传染的问题。爱尔兰作为"重灾国"之一，银行和主权风险相互影响的过程表现得较为明显（见表4-7）。

表4-7 爱尔兰2006—2012年银行与主权风险的表现

单位：%

	2006	2007	2008	2009	2010	2011	2012
GDP增速	5.52	5.21	-3.94	-4.63	1.80	2.98	0.04
对私人部门信贷/GDP	180.47	198.88	166.09	169.34	133.53	114.77	111.30
银行不良贷款率	0.54	0.80	1.92	9.80	13.05	16.12	24.99
中央政府债务余额/GDP	27.01	26.93	46.75	66.71	82.97	111.27	129.99
长期国债收益率	3.76	4.45	4.57	4.88	8.45	8.70	4.67

资料来源：国际货币基金组织。

2008年金融危机后，爱尔兰银行业爆出巨亏，国内三大银行的不良贷款率从2007年的0.8%飙升至2009年的9.8%。其一是因为房地产泡沫破裂。金融危机前，爱尔兰过度依赖房地产和金融业等支撑，国内经济实现了年均5%—11%的高速增长，但也酝酿了巨大泡沫。2008年上半年房价泡沫破裂，违约房贷套数估计占到总套数的25.6%。其二是爱尔兰银行业也持有一定数量的主权债券，随着国债收益率上升、国债价格下降，银行持有资产账面发生亏损。

为维护金融稳定，爱尔兰政府先后投入巨资解救深陷危机的三大银行，而且部分小银行被国有化。对银行业的巨额资金投资导致政府债务占GDP的比例从2007年的26.9%上升到2009年的66.7%，2010年财政赤字占GDP的比重超过30%，影响了政府的再融资和支付能力。信用评级机构纷纷下调爱尔兰主权评级。

2010年11月，爱尔兰政府向欧盟和国际货币基金组织提出救助申请获得批准，爱尔兰开始为期四年的"国家复兴计划"。随着经济形势的好转，其危机逐步得到控制。

资料来源：根据公开资料整理。

4.2.4 财政因素

政府的财政平衡与债务状况对其偿债能力及意愿具有直接影响。对财政因素的考察主要包括财政收支状况、债务负担与或有负债三个方面。其中，财政收支状况反映政府可以用于偿还债务的财政资源，债务负担与或有负债则反映政府需要偿还的债务总量与结构特征。

4.2.4.1 财政收支状况

政府的财政收支状况是影响其债务偿还能力的直接因素。长期的财政盈余对主权信用有支撑作用,而长期的财政赤字需要政府发行新债弥补资金缺口,不利于维护主权信用质量。政府财政灵活性也是考察财政因素的重要方面,如果政府在短期内提高收入的能力有限,或者因非正规经济规模较大、征税体系效率过低,则政府可以用来偿还债务的资源较少,出现违约的可能性相应增加。因此,对于财政收支状况,不仅需要考察政府的财政收入规模、财政支出规模与财政收支余额,而且需要通过对财政收入结构、财政支出结构与征税体系的效率等结构性因素的分析,判断政府收入与政府支出的弹性。具体指标包括:财政收入/GDP、税收收入/财政收入、财政支出/GDP、刚性支出/财政支出、财政盈余/GDP等。

在考察财政收支平衡时,信用评级机构通常会采用两个指标:一个是初级财政盈余(primary balance),它没有把利息债务支出包含在财政支出内计算;另一个是总财政盈余,它把利息支出包含在财政支出内计算。目前世界上总财政盈余为正的国家为少数,多数国家都处于财政赤字的状态(见表4-8)。不过,不同国家财政赤字形成的原因各不相同,其中欧洲国家主要是由于政府的高福利政策,美国是由于政府和民众普遍存在的"超前消费"观念,使得"入不敷出"的现象非常突出,而发展中国家则大多是由于基建项目需要政府部门大力投资,因而财政支出的比例较高。

表 4-8 部分国家 2017 财年财政收支平衡状况

单位:%

国家	初级财政盈余/GDP	总财政盈余/GDP
阿根廷	-4.49	-6.46
巴西	-1.70	-7.82
中国	-3.01	-3.95
塞浦路斯	4.39	1.91
埃及	-2.78	-11.37
爱沙尼亚	-0.23	-0.13
德国	2.08	1.12
印度	-2.06	-6.92
韩国	0.92	1.94
拉脱维亚	1.09	-0.03
墨西哥	2.99	-1.07
新西兰	2.13	1.63
巴基斯坦	-1.43	-5.67
菲律宾	1.40	-0.30
俄罗斯	-0.90	-1.47
斯洛文尼亚	1.52	-0.79

(续表)

国家	初级财政盈余/GDP	总财政盈余/GDP
泰国	−0.13	−0.61
英国	−0.58	−2.33
美国	−2.49	−4.58

资料来源：IMF。

4.2.4.2 政府债务负担

政府债务负担的大小直接影响政府债务的可持续性。政府债务负担分析的核心是通过对当前债务规模与债务结构的分析，预测债务未来的发展趋势。对政府债务规模的分析主要包括债务存量状况与偿债负担状况。债务存量状况是财政赤字长期积累的结果，反映了一国政府所承担的债务总量，通常使用的指标包括：政府债务存量/GDP、政府债务存量/政府财政收入等。政府偿债负担反映了当年需要偿还的债务额，通常使用的指标为偿债率（当年还本付息额/当年财政收入）等。

虽然主权信用评级衡量的是中央政府的偿债能力，但对于财政收支和债务数据进行分析时，不仅要考虑中央政府（central government）的情况，更多地要考虑一般政府（general government）的情况。一方面是因为无论一国是何种政治体制，包括地方政府和货币发行机构在内的债务都是一国中央政府所要承受的显性或隐性债务；另一方面是从数据可获得性的角度看，国际组织多从一般政府的角度进行各国财政和债务数据的统计（见表4-9）。

表4-9 部分区域和国家2017财年一般政府债务余额/GDP

单位：%

区域/国家	政府债务余额/GDP
发达经济体	105.4
美国	107.8
欧元区	86.6
日本	236.4
英国	87.0
加拿大	89.7
新兴经济体和中等收入国家	49.0
中国	47.8
印度	70.2
俄罗斯	17.4
巴西	84.0
墨西哥	54.2
沙特	17.3
南非	52.7

(续表)

区域/国家	政府债务余额/GDP
低收入发展中国家	44.3
尼日利亚	23.4

资料来源：IMF。

对政府债务结构的分析主要包括币种结构、期限结构与债务持有人结构分析等。币种结构方面，需要考虑偿还外币债务时政府需要将本币兑换成外币时所面临的汇兑风险；期限结构方面，短期债务对政府的偿债压力更大，短期债务集中到期会加大政府违约风险，因此需要考虑短期债务占比状况；债务持有人结构方面，本国居民债务持有人对本国政府债务的持有意愿一般高于国外非居民债务持有人，因此，在其他条件不变时，本国居民持有人比重较高有助于缓解政府的偿债压力。

4.2.4.3 或有负债

或有负债或隐性负债在一定条件下可能转化为实际债务，成为政府的债务负担，进而影响政府信用质量。或有负债或隐性负债主要与以下几个方面相关：政府预算外负债与担保债务、公共部门债务、国有企业债务、地方政府债务、国内银行体系的债务和金融机构注资需求、社会保障体系资金缺口等。

4.2.5 外部因素

外部因素的考察重点是主权政府通过获取的外部资源以偿还外部债务的充裕度和稳定性。对外部因素的考察主要包括四个方面的内容：从流量角度看，国际收支状况反映了某段时期内一国可获取的外汇资源；从存量角度看，国际投资头寸反映了一国整体的对外资产与对外负债状况；汇率稳定性能够直观反映在国际市场上将本国货币兑换为外国货币的风险程度；外部融资能力反映在自有资源不足的情况下，一国政府还可以通过外部融资渠道获取资源的能力。

4.2.5.1 国际收支状况

对国际收支状况的考察可以判断主权政府的创汇能力，进而有助于判断主权政府未来的偿债能力。国际收支平衡表的两个重要项目是经常项目与资本和金融项目。一般而言，通过资本和金融项目获取的外汇未来是需要偿还的，在一定程度上表现为国家的外债负担，考察重点是分析相关收入的稳定性以及发生资本抽逃的可能性。特别是对于发展中国家，资本和金融项目的资金流入流出较不稳定。在经常项目中，货物与服务的贸易规模占据了很大比重，对国际收支状况有很大影响，因此在考察时，不仅需要关注货物、服务的进出口绝对规模与盈余额，还需要关注商品结构状况与区域结构状况。这是因为，如果一个国家主要依赖出口某种商品或者向某个地区出口商品来获取外汇收入，一旦国际环境发生变化，如该商品的贸易条件恶化或者该地区的经济形势恶化，外汇收入就会突然缩减，主权偿债能力则会大幅下降。

4.2.5.2 国际投资头寸

财政因素部分曾提到需要关注政府债务规模与结构，除此之外，一国整体的资产与外债规模也会对外汇资产充裕度产生现实或潜在的影响，并最终影响主权政府的偿债负担与偿债能力。因此，有必要关注一国整体的资产与外债规模，判断该国是处于净债权国还是净债务国地位。如果资产大于负债，则该国在国际投资中处于净债权国地位，因此抗击外部冲击的能力较强，有利于维护主权信用；如果资产小于负债，则该国在国际投资中处于净债务国地位，这对该国的宏观经济稳定性和偿债能力较为不利。

与主权信用评级需要同时关注政府债务的规模与结构类似，对国际投资头寸表的考察不仅需要关注资产与负债规模，也要分析资产与负债的结构。考虑到证券投资的流动性较直接投资更高，如果一国的对外债务主要为直接投资，对外债权主要是证券投资，则对该国主权的偿债能力形成支撑作用。又如，考虑到股本证券价值及股息收入具有顺周期性，而债务证券的价值及利息受经济表现的影响程度较小，如果一国的对外负债以股本证券为主，而对外资产以债务证券为主，那么，当对未来经济增长的预期下降或国内经济下行时，主权政府的对外债务负担就会相对下降，偿债能力相应提升；相反，在对未来经济增长的预期上升或国内经济上行的情况下，主权政府的对外债务负担就会相对加重，主权偿债能力相对降低。

用以衡量外债偿还压力的指标通常包括：对外负债/GDP、对外负债/外汇储备、对外负债/外部融资需求、当期还本付息额/官方外汇储备、当期还本付息额/经常账户收入、短期外债/外汇储备等。

4.2.5.3 汇率稳定性

汇率的变化和波动也会对一国的对外偿付能力产生影响。汇率贬值会削弱一国的对外偿付能力，汇率波动性较高不仅会影响所在国家或地区进出口贸易收支、物价水平、国际资本流动，还会直接导致外汇储备的波动。

对于储备货币（一般为美元和欧元）发行国和其他以储备货币为本币的国家，由于其本币汇兑能力极强，本国资源能够直接用于偿付外债，应相对弱化对这些国家外部因素的考察。

4.2.5.4 外部融资能力

在自由资源不足以偿还主权债务的情况下，一国政府还可以通过外部融资渠道获取资源。外部融资渠道可以从国际金融市场渠道和官方融资渠道两个角度进行考察。通过国际金融市场融资时，本国货币在国际经济交易中的地位、境内外利差水平、对主要货币的名义汇率、国债收益率与国债信用违约互换利差等因素都会影响主权政府的融资能力与融资成本。由国际官方机构资助的经济计划能稳定国际金融市场，使私人资本流动正常化，并为经济的持续复苏奠定基础。通过官方融资渠道的融资能力在很大程度上取决于该国与国际金融机构、区域性金融机构的关系以及该国与经济或贸易区域的整合度。

对于曾经违约的主权政府而言，在国际金融市场融资渠道及官方融资渠道两个方面的外部融资能力均会受到不利影响。

【专栏 4-1】

国际和国内信用评级机构主权评级要素

在进行主权评级时，各信用评级机构均采用自己的评级方法。总体上，各家机构的评级基本要素大致相同，但基本要素的组合方式和要素分析的侧重不同，体现了它们在评级理念方面存在一定差异。

穆迪

穆迪于 2016 年 12 月最新修订了主权评级方法，基于经济实力、体制实力、财政实力和事件风险四个要素打分得到主权信用级别（见表 4-10）。在评级时，穆迪先将经济实力和体制实力整合获得经济弹性状况，并将经济弹性与财政实力整合获得政府财政实力；再根据事件风险，包括政治风险、流动性风险、银行系统风险等决定相应的级别区间，并在级别区间中决定最终的级别。

表 4-10 穆迪主权信用评级要素框架

	二级要素	三级要素
经济实力	增长动态	多年实际 GDP 增速均值
		实际 GDP 增速波动率
		WEF 全球竞争力指数
	经济规模	名义 GDP
	国民收入	人均 GDP（购买力平价）
	调整项	信贷周期
		其他
体制实力	体制结构和有效性	全球政府治理指数
		全球法治指数
		全球腐败控制指数
	政策可信度和有效性	通胀率
		通胀率波动
	调整项	违约记录
		其他
财政实力	债务负担	一般政府债务 /GDP
		一般政府债务 /财政收入
	债务承受度	一般政府利息支出 /收入
		一般政府利息支出 /GDP
	调整项	债务趋势
		一般政府外币债务 /一般政府债务
		其他公共部门债务 /GDP
		公共部门金融资产或主权财富基金 /一般政府债务
		其他

(续表)

	二级要素	三级要素
事件风险	政治风险	国内政治风险
		地缘政治风险
	政府流动性风险	基础水平
		市场融资压力
	银行体系风险	银行体系实力
		银行体系规模
		融资脆弱性
	外部脆弱性风险	（经常账户盈余+FDI）/GDP
		外部脆弱性指标
		国际投资净头寸/GDP

资料来源：Moody's "Rating Methodology: Sovereign Bond Ratings", 2016。

标普

标普2017年新修订的主权评级方法对五大要素进行评估，包括体制评估、经济评估、外部评估、财政评估和货币评估（见表4-11），前两项构成体制和经济状况（institutional and economic profile），后三项构成弹性和表现状况（flexibility and performance profile）；然后以二维矩阵映射的方式得到指示级别，再通过调整项调整，得到主权外币级别；最后考虑货币政策独立性、本币资本市场深度、体制和财政弹性等相关因素得到本币级别。标普特别指明，一般情况下，本币级别不高于外币级别一个级别。

表4-11 标普主权信用评级要素

	二级要素
体制评估	政策制定、政治机构和社会的有效性、稳定性和可预见性
	体制、数据和过程的透明和可信度
	债务偿付文化
	外部安全风险
经济评估	收入水平
	经济增长前景
	经济多样性和波动性
外部评估	国际交易中的货币地位
	外部流动性
	外部头寸
财政评估	财政表现和弹性
	债务负担
货币评估	汇率体制
	货币政策的可信度

资料来源：S&P, "Sovereign Rating Methodology," 2017。

惠誉

惠誉主权评级主要考察四个方面的要素，分别为结构性特征，宏观经济表现、政策和前景，公共财政和外部金融（见表4-12）。

惠誉在评定等级的过程中，先使用量化模型，得出长期外币主权等级。该模型为多元回归模型，共18个变量，使用了历史、当前和预测数据。然后，考虑到任何模型都不可能捕捉所有影响主权信用的要素，惠誉又增加了定性调整环节，调整后得到最终级别区间。

表4-12 惠誉主权评级要素框架

	分析要素	结构性特征	宏观经济表现、政策、前景	公共财政	外部金融	结果/等级调整
输入项	关键要素	治理质量 经济创富和弹性 政治风险 银行部门	政策框架 GDP增长 通货膨胀 实际有效汇率	政府债务 财政平衡 债务动态 财政政策	国际收支 对外资产负债 外部流动性	
主权评级量化模型	量化模型，18个关键变量	治理指数 人均GDP 在全球GDP中份额 最近一次违约间隔 广义货币供应	实际GDP增速波动 CPI 实际GDP增速	政府总债务/GDP 一般政府利息/财政收入 一般财政盈余/GDP 外币债务/政府总债务	储备货币弹性 主权对外净资产/GDP 对大宗商品依赖 外汇储备对经常项目支出的覆盖月数 外债利息/经常项目收入 （经常项目盈余+FDI）/GDP	本币和外币相同
定性调整	前瞻性调整，针对量化模型中没有反映的要素	政治稳定性 银行体系和宏观审慎风险 营商环境和经济弹性	宏观经济政策框架 GDP增长前景 宏观经济稳定性	财政融资弹性 公共债务可持续性 财政结构	外部融资弹性 外部债务可持续性 对冲击的脆弱性	
定性调整程度		(+2, -2)	(+2, -2)	(+2, -2)	(+2, -2)	(+3, -3)
最终等级						最终本币和外币等级

资料来源：Fitch,"Sovereign Rating Methodology", 2018。

中诚信国际

根据中诚信国际2017年12月最新修订的评级方法，其首先通过定量和定性相结合的方法计算出一国（地区）的基础实力和制度实力的分数，然后根据分数和阈值决定基础实力和制度实力的等级。其中，基础实力包括一国（地区）的经济实力、财政实力和对外偿付实力；而制度实力包括一国（地区）的政府制度和违约历史。之后通过基础实力和制度实力之间的矩阵对应关系确定一国（地区）相应的基础级别，再根据事件风险对该基础级别进行调整，并得到该国（地区）的建议级别，最后由信用评级委员会评定该国（地区）的最终等级。

其主权信用评级框架见表 4-13。

表 4-13 中诚信国际主权信用评级框架

一级指标	二级指标	三级指标	四级指标
基础实力	经济实力	国民收入	名义 GDP
			人均 GDP（PPP）
		经济增长趋势	实际 GDP 增长率
			实际 GDP 增长率变化率
		经济稳定性	通货膨胀波动性
		调整因素	经济结构多样性等
	财政实力	赤字率	一般政府财政余额/GDP
		债务负担	一般政府债务/GDP
		债务承受能力	政府利息支出/财政收入
		收入水平	一般政府债务/财政收入
		调整因素	债务结构等
	对外偿付实力	经常性收支情况	经常账户余额/GDP
		对外资产和负债情况	外汇储备/外债
		调整因素	货币的使用比例等
制度实力	政府制度	政治稳定性	政治稳定性
		政府效率	政府效率
		调整因素	政府战略及执行力等
	违约历史	违约历史	违约历史
事件风险	金融系统风险	金融系统风险	信贷扩张等
	地缘政治风险	地缘政治风险	地缘冲突等

资料来源：中诚信国际，《主权信用评级方法》，2017 年。

联合资信

联合资信主权信用评级采用定量分析和定性分析相结合的方法，主要考量主权国家（或地区）的国家治理、宏观经济政策和表现、结构特征、公共财政实力和外部融资实力五个方面（见表 4-14）。

表 4-14 联合资信主权信用评级要素

一级指标	二级指标	三级指标
国家治理	政治稳定性	政治稳定性
	政府治理能力	政府效率
		腐败控制
		监管质量
	制度完善性	法规
		话语权和问责制

（续表）

一级指标	二级指标	三级指标
宏观经济政策和表现	经济发展表现	GDP总量（亿美元）
		GDP增长率
		经济波动性
	经济景气度	制造业PMI
		服务业PMI
	通胀水平	CPI增幅
		物价波动性
	就业水平	失业率
结构特征	经济结构	经济构成
		产业构成
		人均GDP
	国家发达程度	人类发展指数
		营商环境指数
	对外依赖程度	进出口总额/GDP
		外国直接投资/GDP
	银行业稳健程度	总储蓄率
		银行业资本充足率
		银行业不良贷款率
		银行业净资产收益率
	人口结构	人口构成
公共财政实力	财政收支	财政收入/GDP
		财政收入增长水平
		财政赤字/GDP
	债务负担	一般政府债务总额/GDP
		一般政府债务净额/GDP
	偿债能力	财政收入/一般政府债务总额
外部融资实力	国际收支	经常账户收入增速
		经常账户余额/GDP
	外债负担	外债总额/GDP
		一般政府外债总额/全部外债
		外债净额/GDP
	外债偿付能力	对外资产/外债总额
		经常账户收入/外债总额
		外汇储备/外债总额
	汇率风险	实际有效汇率变化
		汇率波动性

资料来源：联合资信，《主权信用评级方法》，2017年。

新世纪评级

新世纪评级在进行主权评级时主要考虑政治稳定性、经济和金融实力、对外经济稳定性、财政实力和货币弹性五个主要素（见表4-15）。

表4-15 新世纪评级主权信用评级要素

一级指标	二级指标
政治稳定性	政府治理水平
	国家安全
	偿债记录
经济和金融实力	经济规模和增长动态
	人均收入水平
	产业结构的多样化和先进性
	金融体系稳定性
对外经济稳定性	本国货币在国际上的地位
	国际收支平衡情况
	外债情况
财政实力	财政收支情况
	债务负担
	偿债能力
	或有负债
货币弹性	货币政策
	汇率政策

资料来源：新世纪评级，《主权信用评级方法》，2016年。

新世纪评级通过对以上五个方面的分析得出一国（地区）主权长期外币等级，该国（地区）主权信用的本币等级有可能和其外币等级不同。新世纪评级再考虑该国（地区）独立的货币政策、本币资本市场的深度以及国家政策的影响等几个方面来确定主权信用评级的本币等级。

大公资信

大公资信在2015年最新修订的主权评级方法中，将评级要素划分为四个方面：偿债环境、财富创造能力、偿债来源和偿债能力。大公资信强调对这四个方面的要素采用层层递进的方式进行风险揭示，并最后确定级别。偿债环境分析的结果是得到偿债环境指数，财富创造能力分析的结果是得到财富创造能力指数，偿债来源分析的结果是得到偿债来源偏离度指数，这三个指数与偿债能力要素中的债务管理安全指数结合得到本币偿付能力，对应本币主权级别。本币偿付能力经过外币级别调整指数调整，得到外部偿付能力，对应外币级别。

其主权信用评级框架参见表4-16。

表4-16 大公资信主权信用评级框架

一级指标	二级指标	三级指标	四级指标
偿债环境	政治法律环境	国家权力稳定性	政局稳定性
			政策连续性
		政府管理能力	国家发展战略
			政府治理水平
	信用环境	信用供给	信用政策	金融部门提供国内信用/国内生产总值、私人部门信用增长率
			信用工具	本地股市融资能力、贷款融资便捷度
		信用关系	评级体系（调整项）	
			信用体系	银行体系存贷比、不良贷款率、资产利润率、杠杆率、国内私人部门债务/国内生产总值、房价指数跌幅与经济增长和居民收入增长匹配度
财富创造能力	税收收入稳定性增长潜力	规模和结构（调整项）	
		国内生产总值、人均国内生产总值、经济增长率、失业率、通货膨胀率、经常项目平衡、中央政府财政收入稳定性	
		国内总储蓄率、基尼系数、中长期平均增速定性分析	
	收费收入（调整项）可持续性	稳定性	
	其他收入（调整项）		
偿债来源	初级偿债来源	财政收入	
	财政支出	财政支出水平	中央政府财政支出/国内生产总值
	财政支出弹性		
	可用偿债来源	初级财政平衡	初级财政平衡/GDP
	可变现资产	中央政府净金融资产/GDP	
	债务融资	中央政府融资需求/GDP	
	外部支持		
	货币发行		
偿债能力	债务管理安全指数	债务负担	中央政府总债务/财政收入
	债务期限结构	短期债务/总债务	
	偿债负担	利息支出/财政支出	
	债务用途		
	外币级别调整指数	外债负担	中央政府总外债/政府总债务、国家总外债/GDP、国际投资头寸净额/GDP
	外部流动性	外部融资需求/外汇储备、外国直接投资净额/GDP	
	汇率稳定性	长期实际有效汇率标准差	

资料来源：大公资信，《大公主权信用评级方法》，2015年。

【专栏 4-2】

主权信用评级方法的变与不变

比较国内外几家信用评级机构的评级方法,可以总结出以下几个特点:

首先,信用评级机构不断修订各自的评级方法。从 20 世纪 90 年代起,国际信用评级机构不断更新评级方法,目的是提高评级过程的透明度,优化评级标准,规范评级方法的理论架构。尽管国内信用评级机构涉足主权评级领域相对较晚,但可以发现,评级历史相对较长的国内信用评级机构也在陆续修订评级方法。在评级业务实践中,信用评级机构会发现现行评级方法的理论基础或指标选取未能反映最新的风险事件情况。评级方法不应一成不变,而应与时俱进,不断从案例中总结发展。

近几次全球性的金融危机所造成的主权违约案例,对主权评级方法的优化和变革起到关键性作用。在 1997 年亚洲金融危机之前,国际信用评级机构的评级方法主要建立在三个方面的问题及其研究基础上。一是主权债务人的声誉对于融资十分重要,因此关注过往违约历史;二是货币危机对主权信用冲击很大,因此关注货币危机的形成条件;三是外债危机影响巨大,因此关注外债可持续性问题。信用评级机构很少关注或有负债、私人部门外债和短期债务。而恰恰是这些方面的问题使亚洲金融危机期间印度尼西亚、韩国、马来西亚和泰国等国陷入经济困境。1998 年惠誉最先提出新的标准,承认国家总外债比公共部门外债对主权信用的影响更大,同时也认为汇率必须保持稳定。到 2002 年,穆迪、标普和惠誉都更新了主权评级方法。标普的评级要素从 1998 年的 8 个扩大至 2002 年的 10 个,2006 年又减少至 9 个。亚洲金融危机后,标普额外关注表外和或有债务、外汇储备的充裕度和私人债务的规模。2001 年阿根廷债务违约后,信用评级机构对美元化国家的主权风险评估观点发生了变化。之前它们倾向于认为美元化是有利于主权信用的,或至少会支持美元化国家的企业和金融机构的评级。但 2001 年以后对于美元化经济体的评价更为谨慎。全球范围内,特别是在中美洲国家,银行体系的高度美元化开始被认为是潜在的系统性风险,会制约其主权评级。2008 年金融危机后,国际信用评级机构对自己的评价指标和标准进行了进一步的检验和修订。

其次,信用评级机构对主权评级的关键元素保持基本一致。一方面,这些关键元素体现为主权评级的基本原则,包括:(1)定性与定量指标的综合使用。主权评级是对偿债能力和偿债意愿的评估。即便惠誉等机构开发了定量模型并应用于评级过程中,也仍需进行定性调整。(2)自上而下和自下而上方式的结合。自下而上,指的是分析每个主权的信用质量;自上而下进行补充,指的是评估区域和全球性因素对主权或区域的影响。(3)国家间的比较分析仍是主权信用风险评估中重要工具。另一方面,这些关键元素体现为基础性的评级要素,如前所述,这些要素包括政治、经济、金融、财政、外部等因素。

最后,信用评级机构之间在方法上存在一定不同。

一是评级要素的组合方式不同。各家信用评级机构均不满足于孤立地提出关键性评级要素,而是希望将评级要素有机组合,以反映评级理论体系的先进性和逻辑的科学性,并希望以此更为获得市场的认可。

比较穆迪公布的 2008 年版评级方法与 2016 年版评级方法(见表 4-17),可以发现有两个方面的明显变化:一方面,2008 年评级方法中清晰阐释了得到本币级别和外部级别的各自步骤,而 2016

年版本中未再提及本币和外币的区别；另一方面，在如何组合评级要素得到级别的方式上也有变化。可以看出，在2008年的评级方法中，由经济实力和体制实力综合得到经济弹性得分；由政府财务实力和对事件风险的敏感性得到财务稳健性得分；最后由经济弹性得分和财务稳健性得分综合得到主权级别区间。四大要素是并列加权关系。而在2016年的评级方法中，四大要素呈现出先后递进的顺序。

表4-17 穆迪主权评级思路方面的变化情况

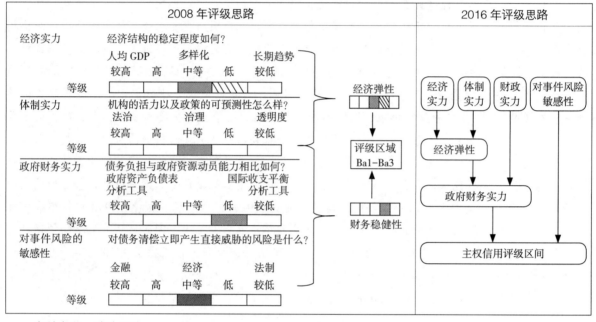

资料来源：穆迪网站。

标普在不同时期对主权评级方法进行不断优化调整。下面仅列举三个时期的版本，其评级要素从1997年的8个增加至2002年的10个，在2008年又精简为9个（见表4-18）。

表4-18 标普不同时期主权评级要素的变化

1997年4月	2002年4月	2008年5月
政治稳定性	政治稳定性	政治风险
经济结构	经济结构	经济结构
经济增长前景	经济增长	经济增长前景
财政弹性	财政收支弹性	财政弹性
公共债务	债务和利息负担	各级政府债务负担
价格稳定性	表外和或有负债	表外和或有负债
国际收支弹性	货币稳定性	货币弹性
外债	外部流动性	外部流动性
	公共部门净外债	外债负担
	银行和私人部门净外债	

资料来源：标普网站。

二是对评级要素的具体评判标准不同。例如，什么样的政治体制更为有效，银行体系外资占比是否越高越好，以及上面例子中提到的美元化程度问题，等等。

2008年金融危机期间，国际社会对三大信用评级机构的评级方法提出质疑，主要表现为：在政治实力方面，三大信用评级机构侧重分析政治制度，认为民主化政体有助于提高政府信用；在经济实力方面，三大信用评级机构注重考察人均GDP，认为越发达的国家偿债意愿和能力越强；在金融实力方面，三大信用评级机构侧重于央行的独立性；在财政实力方面，三大信用评级机构侧重于财政政策和政府债务率。国内信用评级机构在学习国际三大信用评级机构的方法时，也在思考自己的评价标准。如一些机构认为：在政治实力方面，应侧重分析政府管理能力，反对给政治体制贴标签；在经济实力方面，应侧重考察经济增长潜力；在金融实力方面，还应考察银行体系的稳健性；在财政实力方面，应给予财政平衡和债务负担更多关注，并强调区分政府在面临债务危机时主要考虑"开源节流"，还是"拆东墙补西墙"，甚至直接增发货币稀释债务，从而"间接违约"，等等。

4.3 超主权实体信用评级方法

4.3.1 超主权实体

超主权实体是指由多个主权国家和地区通过多边协议建立的超于主权国家和地区法律管辖之上的，以满足一定政策目标为主的实体组织。多边协议文件的签署国家至少包括两个主权国家，多边协议文件是超主权实体日常经营与发展的主要依据，可由此制定更为具体化的实体经营章程。

一般而言，超主权实体的政策目标旨在促进经济与社会稳定发展，具体领域包括基础设施投资建设、产业经济发展、国际收支平衡、社会民生福利支出、行政管理、对外援助等。至于法律地位，超主权实体不受各签署国法律的管辖，往往还享有法律豁免的优惠待遇，诸如工作人员视同外交人员、豁免增值税与所得税等。

按运营资金使用特征，超主权实体可划分为多边开发银行（multilateral development bank）与其他超主权实体（other supranational entities）两类，后者一般包括多国联合成立的行政组织或区域投资基金，比如欧盟（European Union）、欧洲央行、拉丁美洲储备基金等。

4.3.1.1 多边开发银行

多边开发银行是一个由几个国家和地区的主权政府联合发起成立的金融机构。其成立的目的是促进这些政府实现在经济和社会发展方面的政策目标。历史上，一个多边开发银行的建立总是为了解决市场对某一行业领域或地理区域提供资金不足的问题。

实质上，多边开发银行可以作为成员方政府向特定行业或区域扩张信用供给的表外工具，这是成员方政府无法或不愿意通过常规财政手段达到的。开发银行从两个方面扩大信用供给：一是在多数情况下，多边开发银行的实缴资本只占注册资本的很小比例，剩余待缴部分只在必要时才缴纳；二是多边开发银行可以向市场公开融资以提供贷款或进行投资，由此放大杠杆比例。

4.3.1.2 其他超主权实体

其他超主权实体在组织的表现形式上不同于多边开发银行。主要有两类。一类是超主权管理实体（supranational administrative bodies），例如欧盟、欧洲原子能共同体（EURATOM）、国际免疫财政机制（International Finance Facility for Immunisation）。这类实体参与金融活动，但没有资本金，不被认为是金融机构。另一类是超主权金融担保机构（supranational financial guarantors），例如欧洲投资基金（European Investment Fund）。

与多边开发银行类似，其他超主权实体通常也至少由两个主权政府合作成立，并具有公共政策目标导向。不过，不同之处在于，其他超主权实体的政策目标范围相对狭窄，并且不必然以促进发展为目标。其他超主权实体的组织形式也不同于多边开发银行，因为政策目标较为单一，为匹配其目标所采用的组织形式也会多种多样。

其他超主权实体的最典型特征是缺少资本金。多边开发银行拥有成员方投入的资本作为运营基础，其他超主权实体则依赖成员方财政预算拨款进行运营管理。其他超主权实体不是银行，它与成员方政府间的独立性较差，也无法持有足够的金融资源去吸收外部冲击和缓释风险。因此，相较于多边开发银行，其他多边组织的信用质量更为依赖其主权成员方的信用质量。

4.3.2 超主权实体的信用风险

超主权实体作为一类特殊的受评主体，拥有属于自身的风险特征，无论是其初始设立还是后续经营中，总体上都比较依赖背后签约的主权国家和地区，因此，超主权实体背后成员方的风险特征会直接影响超主权实体的风险特征。

第一，超主权实体超乎成员方法律管辖权之上，基本依赖多边协议而建立，依赖内部自律审慎的风险管理，不受外部监管机构监管，因此，若多边协议在主要成员方的影响下不合理扩大经营杠杆，将会对超主权实体的经营风险造成较大影响。

第二，由于其政策属性定位，超主权实体的主营业务一般集中于商业回报较低甚至亏损的领域，只能依赖闲余资金投资收益或者成员方财政预算拨款以弥补经营亏损，维持最基本的财务平衡，因此，超主权实体自身盈利能力较差，将会对其偿债能力造成较大影响。

第三，超主权实体虽然是独立运营主体，但一般由于其主营业务的非营利性属性，自身永续经营能力较差，需要依靠成员方的各类支持，具体形式包括资本注入、财政拨款、资本承诺、担保承诺、融资支持、税收豁免等，因此，若主要成员方的政治或经济出现较大危机导致信用风险恶化,将极大影响超主权实体自身面临的运营风险。

第四,超主权实体在日常经营过程中享有特殊优惠待遇,有利于缓释其运营风险,如多边开发银行一般享有"最优贷款人"待遇,即使面临主权国家和地区违约,其贷款也会得到优先偿付,极大地降低其贷款组合的信用风险,从而提升其偿债能力。

4.3.3 超主权实体的债券发行和评级历史

一般而言,全球性或区域性大型多边开发银行除了成员方资本注入,更多依赖国际资本市场融资进行业务扩张,以最大限度地撬动私人资本投入公共领域,达到其设立的政策目标。即使是区域性小型多边开发银行也会依赖其成员方资本市场进行融资,然后用以支持成员方公共项目,一定程度上起到替代成员方财政支出的作用,因此,成员方对其融资的支持比较积极。总体而言,超主权实体发债历史久远,发债数额也占有一定分量,而超主权债券一般作为高级别的稳定收益投资工具也深受主流国际投资机构的青睐。其融资成本总体较低,滚动发债比较顺利,极大地满足了多边开发银行的经营发展。其中尤以分别于1945年与1958年成立的世界银行与欧洲投资银行为主要代表。据Bondware的数据,超主权债券发行额占全球存量债券发行额的3.40%,其中欧洲投资银行与世界银行占据约70%的超主权债券发行额。

超主权实体作为多个主权国家和地区联合组建的实体组织,其信用级别并不依赖于单一主权国家信用级别,也并非多个主权国家和地区信用级别的简单加总。一般而言,超主权实体以其自身特有的经营地位以及成员方的支持享有较高的信用等级,甚至可高于所有成员方的信用级别,实现了"1+1>2"的整合效应。具体而言,超主权实体享有的一系列政策优惠诸如税收豁免、融资便利以及"最优贷款人"待遇均有利于提升其信用级别。而且,各成员方对其承诺与担保义务一般考虑到国际声誉与多边外交关系不会轻易违约,即使某成员方违约也不影响其他成员方资本承诺或其他担保的有效性,因为各成员方的承诺与担保义务相互独立,这将进一步增强超主权实体的偿债能力。

从国际主流信用评级机构对超主权实体的实际评级历史看,全球性或区域性大型多边开发银行或其他超主权实体一般都拥有最高信用级别即AAA级,其他区域性小型多边开发银行一般也在投资级即BBB-级以上甚至更高。国际信用评级机构对超主权实体的最新评级情况见表4-19。

表4-19 国际信用评级机构对超主权实体的最新评级情况(截至2018年6月末)

中文名称	英文名称	穆迪	标普	惠誉
非洲开发银行	African Development Bank	Aaa	AAA	AAA
非洲进出口银行	African Export-Import Bank	Baa1	NR	BBB-
阿拉伯非洲经济开发银行	Arab Bank for Economic Development in Africa	Aa3	NR	NR
亚洲开发银行	Asian Development Bank	Aaa	AAA	AAA
黑海贸易和发展银行	Black Sea Trade and Development Bank	A2	A-	NR
加勒比开发银行	Caribbean Development Bank	Aa1	AA	NR

（续表）

中文名称	英文名称	穆迪	标普	惠誉
中美洲经济一体化银行	Central American Bank for Economic Integration	A1	A	A
拉美开发公司	Development Bank of Latin America	Aa3	AA-	AA-
欧洲开发银行委员会	Council of Europe Development Bank	Aa1	AA+	AA+
东非开发银行	East African Development Bank	Baa3	NR	NR
东部和南部非洲贸易和发展银行	Eastern and Southern African Trade and Development Bank	Baa3	NR	BB
欧亚开发银行	Eurasian Development Bank	Baa1	BBB-	NR
欧洲重建和发展银行	European Bank for Reconstruction and Development	Aaa	AAA	AAA
欧洲铁路机车车辆融资公司	European Company for the Financing of Railroad Rolling Stock	Aa1	AA+	NR
欧洲投资银行	European Investment Bank	Aaa	AAA	AAA
欧洲投资基金	European Investment Fund	Aaa	AAA	NR
拉丁美洲储备基金组织	Latin American Reservations Fund	Aa2	AA	NR
拉丁美洲外贸银行	Foreign Trade Bank of Latin America	Baa2	BBB	BBB+
泛美开发银行	Inter-American Development Bank	Aaa	AAA	AAA
泛美投资公司	Inter-American Investment Corporation	Aa2	AA	AAA
国际复兴开发银行	International Bank for Reconstruction and Development	Aaa	AAA	NR
国际金融公司	International Finance Corporation	Aaa	NR	NR
国际投资银行	International Investment Bank	Baa1	BBB	BBB
伊斯兰开发银行	Islamic Development Bank	Aaa	AAA	AAA
北欧投资银行	Nordic Investment Bank	Aaa	AAA	NR
北美开发银行	North American Development Bank	Aa1	NR	AA
西非开发银行	West African Development Bank	Baa1	NR	BBB

注：NR表示无评级。穆迪没有将拉丁美洲外贸银行作为多边银行，而是作为一般性银行进行评级。

资料来源：穆迪、标普、惠誉网站。

4.3.4 超主权实体信用评级要素

从发布的评级方法和评级实践看，各信用评级机构针对超主权实体的评级要素基本类似，一般都会包括自身独立运营状况以及外部支持两个部分，而自身独立运营状况一般又可划分为经营状况与财务状况。首先通过自身独立运营状况评估超主权实体在不考虑外部支持的前提下的自身运营能力，在此基础上评估其自身偿债能力；然后再结合外部支持情况，评估其最终偿债能力并确定其信用风险水平。

由于超主权实体发行人中多边开发银行占据多数，并且风险特征相对典型，因此信用评级机构在阐述超主权实体的评级方法时，多以多边开发银行为说明对象，同时认为评级逻辑和关键评级要素也基本适用于其他超主权实体。

4.3.4.1 自身独立运营状况

自身独立运营状况从经营状况与财务状况两个方面进行分析，其中经营状况主要分析超主权实体的经营环境、战略定位、特许权价值、风险管理与公司治理、业务组合与发展历程等因素；而财务状况则主要分析超主权实体的盈利能力、资产质量、资本充足性、流动性水平、融资情况等因素，比如多边开发银行财务分析指标基本与普通商业银行一致。

经营状况当中的经营环境、风险管理与公司治理、业务组合对超主权实体的运营风险影响较大。

经营环境主要考察超主权实体经营业务分布地域政治、经济与产业环境对其运营活动的影响，如区域性中小型多边开发银行经营环境受区域成员方产业经济结构影响比较显著。典型案例如2015年欧亚开发银行由于主要借款国俄罗斯与哈萨克斯坦作为大宗商品出口国，受大宗商品价格下跌影响，信用政策趋紧，信用生态恶化，直接导致欧亚开发银行贷款组合质量急速恶化，不良贷款率急剧攀升至22.44%，近乎翻倍。受此影响，欧亚开发银行停止债券融资活动，通过偿还债务降低杠杆率。

风险管理与公司治理部分主要考察公司内部风险管理机构设置、制度规则、人员技能、治理结构等因素。审慎风险管理有利于超主权实体资本保全以及永续经营，如个别超主权实体直接在成立章程中规定其最大负债水平，限定其最大风险暴露，有利于降低实体整体运营风险。而良好的公司治理结构也有助于降低实体运营风险。如全球多边开发银行标准治理结构一般为"三层结构"，即各成员方代表组成的理事会、董事会与管理层，各层级权责分工清晰，从而保障机构运行顺利。

业务组合从业务种类、性质、盈利性等方面衡量其风险特征，如较高的产品或服务以及地域多样性有利于降低集中度风险，而较大的主权风险敞口则有利于降低信用风险，较高的盈利性业务则有利于提升盈利能力。反之，产品单一又地域集中、非主权风险敞口或者政策性业务占比较高的超主权实体的经营风险将会较高。

4.3.4.2 外部支持

外部支持主要分析超主权实体的成员方支持，主要从支持能力与支持意愿两个方面展开分析。

支持能力主要考察主要成员方主权信用等级分布情况、通知即缴资本（callable capital）对负债的覆盖程度以及是否有连带支持责任等。其中，主要成员方主权信用等级是成员方支持能力最直观的体现，一般而言，主要由发达国家出资组建的超主权实体拥有更高的信用等级，如欧洲投资银行、欧洲复兴开发银行等。而通知即缴资本作为超主权实体重要的资本组成部分，体现了成员方对超主权实体债务担保承诺，也直接体现了成员方的支持能力。

支持意愿主要考察成员方对超主权实体的支持倾向。如果某成员方支持意愿较低，即使其支持能力较强，最终支持力度也会打折扣。支持意愿一般通过定性分析考察超主权实体对成员方的战略重要性，无论体现为成员方的地缘政治结盟，还是体现为成员方的经济利益，如多边开发银行开发性贷款项目对成员方本国财政的替代作用。其他考察因素还包括国内批准增资计划效率以及过往增资记录，若成员方积极参与每次增资计划并且国内审核批准程序便捷，则可表明该成员方对超主权实体的支持意愿比较强烈。

【案例4-4】

穆迪对泛美投资公司的评级

泛美投资公司成立于1986年，作为泛美开发银行的一部分。泛美投资公司尽管附属于泛美开发银行，但在法律上是独立法人，其资源和管理均独立于泛美开发银行。泛美投资公司的资本金来自45个成员方，根据资本金缴纳份额决定投票权数量。

泛美投资公司的目标是促进地区成员方的经济发展，鼓励成立、扩大和现代化中小私人企业。为了达成该目标，泛美投资公司与注册在26个拉美与加勒比海成员方的私人企业和金融机构开展业务，提供金融产品和服务。它不是从私人部门企业获取资金，而是向其提供资金。其股权结构如表4-20所示。

表4-20 泛美投资公司股权结构

	外币主权级别	实收资本金（千美元）	占应缴资本金的比重（%）
美国	Aaa	160 190	22.7
阿根廷	Caa1	80 890	11.5
巴西	Baa2	80 890	11.5
墨西哥	A3	52 070	7.4
委内瑞拉	Caa3	43 110	6.1
日本	A1	24 920	3.5
西班牙	Baa2	24 920	3.5
法国	Aa1	21 620	3.1
意大利	Baa2	21 620	3.1
哥伦比亚	Baa2	20 860	3.0
最大十个成员方股东	-	531 090	75.4
总应缴		705 900	

穆迪在2015年出具的报告中对泛美投资公司评定的等级为Aa2，展望稳定。主要理由如下：

该评级反映了公司资本充足，财务管理有效；尽管主要投向私人部门但资产表现强劲；与泛美开发银行关系紧密。泛美投资公司保守的风险管理策略使得其杠杆率低、资本充足率高。

该评级同样反映了泛美投资公司在与目标战略有关的信贷投向方面面临的信用质量挑战；尤其是，泛美投资公司投向没有主权担保，风险相对较大的私人部门，资产向能力较弱的借款人、区域和行业集中的趋势有所加大。

穆迪认为，展望稳定反映了尽管一些时候会出现一些国家运营环境恶化的问题，但泛美投资公司将继续有效管理信用风险。从这方面也可以看出,尽管公司资本抵补能力很强,但公司仍在一定程度上面临运营环境的制约。资产质量下降或来自泛美开发银行的支持弱化将对公司信用级别产生下调压力。

2016年3月,穆迪将泛美投资公司信用等级上调至Aa1级,展望稳定。理由在于成员方为支持其发展私人部门业务进行了进一步增资,以及与Aaa及Aa1级别的多边银行相比,泛美投资公司的财务状况仍十分稳健。

资料来源:Moody's, "Rating Action: Inter-American Investment Corporation", 2018。

【专栏4-3】

国际信用评级机构对超主权实体的信用评级要素

国内对超主权实体评级公开发布的研究成果相对有限。从评级要素层面看,国际信用评级机构对超主权实体的评级方法基本从两类要素出发,即自身独立运营要素及外部支持要素。其中,各信用评级机构对超主权实体自身独立运营评价繁简程度不一,但基本覆盖常规化财务分析。而对外部支持评价基本比较详细,从支持能力与支持意愿两个方面进行展开分析,尤其是所涉定性考虑因素较为全面综合,基本多维度地刻画了超主权实体外部支持的强度、可靠性及稳定性。

从指标设置层面看,穆迪倾向于定量分析,自身独立运营部分侧重财务,财务定量分析指标较多;而标普倾向于定性分析,自身独立运营部分侧重经营,经营定性分析指标较多;而惠誉则综合定量与定性分析,经营与财务并重,两类指标分布较为均衡。

总体而言,国际信用评级机构基于超主权实体自身特有风险特征设立相应评级要素及具体评级指标,从常规的经营与财务分析开始,结合详尽的外部支持分析以确定超主权实体的最终偿债能力与其相应信用风险水平。

穆迪

穆迪超主权实体评级方法集中于三大评级要素:资本充足率、流动性、成员方支持力度;每一大评级要素又由若干次级要素构成(见表4-21)。在评级步骤上,先由资本充足率和流动性得到内在财务实力,作为初始级别区间,再结合外部支持,得到最终级别区间。

表4-21 穆迪超主权实体评级要素

一级要素	基本内容
资本充足性	资本头寸(资本覆盖比率、借款人质量)、杠杠比率(债务/可用权益)、资产质量(不良贷款/贷款总额)、调整因素(组合集中度、经营环境、盈利性、高不良贷款率的历史记录)
流动性	头寸(债务覆盖率,头寸调整因素包括特殊流动机制以及是否依赖存款等)、融资(市场融资、贷款融资,融资调整因素包括投资群体与融资市场分散性)
成员方支持力度	合同支持(是否有通知即缴资本)、超额支持(能力包括加权股东级别中位数、意愿包括是否倾向于支持优先级)、调整因素(成员方间联系、成员方和资产联系、成员方集中性、成员方连带支持)

资料来源:穆迪网站。

穆迪的上述评级方法主要针对多边开发银行，但穆迪认为该方法也适用于其他超主权实体。尽管关键风险要素存在不同，但其他超主权实体可使用与多边开发银行类似的要素去分析。

对于其他超主权实体，穆迪认为，其信用质量与成员方主权的信用质量显著相关。其他超主权实体因为缺少资本金，因此其结构更依赖于来自成员方主权的资金流入、担保、捐赠或其他形式的支持。尽管其他超主权实体自身可以积累一定金融资产作为风险缓存，但仍不足以摆脱成员方主权信用水平下降的影响。因此，其他超主权实体的信用质量较少依赖内在财务实力，而是更多依赖来自主权成员方的实质或潜在融资支持。

标普

标普的超主权实体评级采用"两步走"的方式，先评价个体独立信用质量，然后综合外部股东支持，得到最终发行人级别（见表4-22）。标普认为该框架适用于超主权银行机构，也适用于非银行机构，包括保险公司和其他公共政策实体。

表4-22 标普超主权实体评级要素

一级要素	基本内容
独立信用质量	业务状况（政策重要性包括战略角色、公共政策使命、股东与多边银行间关系的坚固性以及优先贷款人等；治理和管理技能包括政府股东构成的分散和均衡、在业务活动中采纳专业的财务和风控措施、股东允许大部分收益持续留存以支持稳健增长等） 财务状况（资本充足率包括资本和盈利、风险头寸与单一私有部门集中度等；融资和流动性包括债务的到期概况、未履行贷款承诺、未受限现金和银行间交易资产、承诺信贷额度的提取与预定一般增资计划的实缴资本支付等）
外部股东支持	通知即缴资本（法律和行政措施充分到位、支持能力、支持意愿）、保证或母公司或政府的支持

资料来源：标普网站。

对于多边开发银行，标普的个体独立信用质量评价要素包括两大要素：业务情况和财务情况。其中，业务情况分别考察政策重要性、治理和管理专业性；财务情况考察资本充足率、融资和流动性。

对于多边保险机构，标普在个体独立信用质量评价要素的选取上会参考对普通保险公司的评级方法。其他类型的多边机构也会采取类似的方式。

惠誉

惠誉对多边开发银行的评级，首先是对支持因素评价，然后对内在因素评价。支持因素考察支持能力和支持意愿；内在因素考察资本化水平、信用风险、集中度风险、市场风险、操作风险、流动性风险、盈利性、风险管理政策、战略与管理等九个方面（见表4-23）。

表4-23 惠誉超主权实体评级要素

评级要素	基本内容
支持因素	支持能力（主要股东的平均级别、通知即缴资本对净负债的全额覆盖的水平） 支持意愿（受评实体规模对地区经济体的重要性、对成员方融资重要性、声誉重要性、资本增加频次和规模、通知即缴资本程序的执行力度、实缴与通知即缴资本的比率）

（续表）

评级要素	基本内容
内在因素	资本化水平（股东权益/总资产和保证额度、实缴与认缴资本的比率、存量债务/股东权益） 信用风险（贷款和保额的平均级别、贷款损失/总贷款、评级在 AA- 级以上的流动资产比例、权益参与/（贷款+权益参与）、非主权风险暴露/总暴露） 信用风险 集中度风险（单个风险暴露前五名/总贷款） 市场风险 操作风险 流动性风险（流动资产/短期负债、流动性缓冲） 盈利性（净利润/股东权益） 风险管理政策 战略与管理

资料来源：惠誉网站。

惠誉在评价多边担保机构等其他多边机构的内在因素时，选取与多边机构业务属性类似的适用于国内企业评价的要素和指标进行评价。

本章小结

1. 本章重点在于介绍主权评级的概念、历史及关键评级要素。主权信用评级是信用评级机构对主权政府按时足额偿付其商业性金融债务的能力和意愿的评价。主权评级的对象是具有主权特征的国家或地区。主权政府违约呈现一定周期性，通常与全球性事件的发生有关。主权信用评级包括本币评级和外币评级、长期评级和短期评级。主权信用评级会影响主权政府进入国际资本市场的融资能力，也会影响该国非主权实体的信用等级和融资成本。主权信用评级要素主要包括政治、经济、金融、财政及外部等五个方面。信用评级机构对主权信用评级的基本要素大致相同，但基本要素组合方式的差异和评级要素分析的侧重不同，体现了评级逻辑方面的差异。

2. 本章介绍了超主权实体的概念和评级方法。超主权实体是指由多个主权政府通过多边协议建立的超乎主权政府法律管辖之上的、以满足一定政策目标为主的实体组织。超主权实体包括多边开发银行和其他超主权实体。超主权实体的评级要素包括自身独立运营状况以及外部支持两部分。

本章重要术语

主权　主权信用评级　国家风险　国家上限　外币级别　国际投资头寸　超主权实体　多边开发银行　外部支持评估

思考练习题

1. 主权信用风险与国别风险的区别和联系在哪里?
2. 请简述曾发生违约的主权国家案例。
3. 主权评级的意义何在?主权评级和国家上限的联系?
4. 主权评级考察政治因素的重点有哪些?
5. 请简述本币级别和外币级别的区别。目前本、外币的区分还有意义吗?
6. 超主权实体主要分为哪几种类型?
7. 请简述超主权实体的关键风险特征和评级要点。

参考文献

[1] 关建中:《大公信用评级原理》,人民日报出版社,2014年。

[2] 郭亚静:《全球化背景下主权信用评级对金融市场影响的研究》,经济科学出版社,2014年。

[3] 洪玫:《资信评级》,中国人民大学出版社,2006年。

[4] 毛振华等:《国家负债能力与主权评级研究》,中国金融出版社,2015年。

[5] 〔美〕卡门·M.莱因哈特、肯尼斯·S.罗格夫著,綦相、刘晓锋、刘丽娜译:《这次不一样:八百年金融危机史》,机械工业出版社,2012年。

相关网络链接

穆迪公司网站:www.moodys.com/
标普公司网站:www.standardandpoors.com
惠誉公司网站:www.fitch.com
大公资信公司网站:www.dagongcredit.com/
中诚信信用评级有限公司网站:www.ccxi.com.cn/cn
东方金诚国际信用评估有限公司网站:www.dfratings.com/

第 5 章
地方政府信用评级

戴晓枫　何金中　黄　田（上海新世纪资信评估投资服务有限公司）

> **学习目标**
>
> 通过本章学习，读者应做到：
> ◎ 了解国际上地方政府信用评级的发展；
> ◎ 理解国际信用评级机构的地方政府信用评级的要素设置；
> ◎ 了解我国地方政府债券的发展历程；
> ◎ 掌握我国地方政府债券的主要品种和定义；
> ◎ 理解我国的政府架构和财政体制，以及国内地方政府信用评级方法的适用范围；
> ◎ 掌握国内信用评级机构的地方政府信用评级的基本架构、要素设置和评价方法；
> ◎ 掌握国内地方政府信用评级等级符号和释义；
> ◎ 了解国内信用评级机构地方政府债券的信用评级结果分布。

■ 开篇导读

美国某银行一名投资经理正在进行一项投资决策，他需要在明尼苏达州和密西西比州分别发行的一般责任债券[①]中做出选择。这两只债券的收益率虽然有差异，但都在该

---
① 一般责任债券起源于美国，是一种地方政府债券，由州、市、镇或县政府发行，以发行者的征税能力作保证。

名投资经理的目标范围内，同时，他属于风险厌恶型投资者，需要选出其中信用风险相对较低的一只债券作为投资标的。该投资经理查询到的两只债券的评级结果显示，穆迪对明尼苏达州和密西西比州的最新评级结果分别为 Aa1 级和 Aa2 级，即穆迪认为明尼苏达州的信用风险水平要低于密西西比州。评级报告中披露的相关信息显示，穆迪从经济、管理、财政和债务四个方面对两个州进行了详细评价，并列明了其所考虑的调整因素，经该投资经理认真分析后，他了解到了明尼苏达州与密西西比州之间的差异和信用风险大小，并决定选择明尼苏达州发行的一般责任债券作为投资标的进行投资。

地方政府是国内外债券市场的重要发行主体之一，对其进行信用评级具有广泛的社会影响。从投资者的角度来说，地方政府评级可以解决地方政府与投资者之间的信息不对称问题，揭示地方政府存在的信用风险，也可以促进地方政府提高信息透明度，接受社会和市场的广泛监督。从地方政府的角度来看，信用评级可以规范和引导地方政府举债融资，促进地区持续、健康发展。目前，国内外信用评级机构对地方政府信用评级均有着各自的评级方法和评级体系。通过本章的学习，我们可以了解并掌握国际信用评级机构及国内信用评级机构的地方政府信用评级思路及方法体系、地方政府信用评级的主要评级要素等方面的内容。

■ 5.1 国际信用评级机构的地方政府信用评级方法

□ 5.1.1 国际信用评级机构的地方政府信用评级方法概述

美国是全球市政债券（地方政府债券）起步最早的国家，其发行市政债券的历史可追溯至1812年。美国市政债券信用评级最早由穆迪于1914年开始，至今已有百余年历史。目前，美国市政债券的信用评级主要由标普、穆迪和惠誉三大信用评级机构完成。

美国属于典型的联邦制国家，分为联邦、州和州以下地方政府三级行政体制。美国各州政府有独立的立法和执法权力，享有较强的自主权。与单一制国家的行政体制不同，美国各州没有服从联邦政府的责任，与联邦政府之间不存在上下级的隶属关系，但州宪法和州法律必须服从联邦宪法和联邦法律。

与三级行政体制相对应，美国联邦、州和州以下地方政府的事权划分实行三级财政体制，联邦政府收入由联邦税务总局直接征收，联邦政府不与州和州以下地方政府直接分享任何税收收入，分税制执行较彻底；在不违反联邦宪法和州有关法律条件下，美国的州和州以下地方政府拥有实质上的税收自主权，各州和州以下地方政府自行确定税率、税基和各项收费，无须经过联邦政府的批准；因此，美国的州和州以下地方政府拥有独立的财权；同时，当地方政府财力不足时，可以得到联邦政府和州政府的转移支付，但地方政府无财政收入上缴义务。根据1978年制定的《美国破产法典》，美国的州以下地方政府在征得州政府同意后可以申请破产，但是州政府和联邦政府不存在破产这一概念；美国地方政府破产仅代表地方政府失去偿债能力，而政府职能仍然保留，故美国地方政府破产实际上属于一种债务调整制度。

国际信用评级机构公布的地方政府信用评级方法一般分为两类，即适用于美国州政府的评级和适用于州以下地方政府的评级。两类评级方法、模型和要素基本类似，只是在评级指标和权重设定上略有不同。因此，我们将主要针对州一级政府的评级方法进行探讨。

在评级的基本逻辑上，国际信用评级机构以当地的经济、财政（预算表现等内容）、管理（财政管理等内容）、债务（一般债务以及其他长期责任等内容）、政府架构等五类要素作为主要的评级要素，采用定量或定性的分析方法对选取的主要评级要素和子要素进行综合评定，得到初步的评级结果，再根据主要评级要素之外的其他因素对上述结果进行调整，进而得到最终的评级结果。

5.1.2 国际信用评级机构的地方政府信用评级要素分析

国际信用评级机构在对州及州以下地方政府进行评级时，主要考虑经济要素、财政要素（预算表现等内容）、管理要素（财政管理等内容）、债务要素（一般债务以及其他长期责任等内容）以及政府架构这五大类要素。

5.1.2.1 经济要素

对于地方政府来说，其经济基础决定偿债能力。国际信用评级机构在评价地方政府的经济状况时，主要针对以下子要素进行分析：

1. 收入水平

收入水平是地区整体财富水平的缩影，若某一地区的人均收入水平以及个人收入结构能够保持良好的状态，那么说明该地区的经济发展状况良好，从而能够支撑其收入的稳步上升。国际信用评级机构在对地方收入水平进行评价时，所采用的方法是将该地区的人均收入水平与联邦平均人均收入进行对比，按照其人均收入占联邦平均人均收入的百分比分档获得最后的评分。

2. 经济结构

地区生产总值、经济组成多样性以及就业率等多个因子组成的地区经济结构情况，也是国际信用评级机构在经济要素中考虑的重要因子之一，就业情况以及产出能够反映该地区产生收入的能力，经济组成的多样性则能够体现出地区经济发展的稳定性，相应地将会影响该地区的信用水平。因此，国际信用评级机构在对地区经济结构进行评价时，同样是将该地区就业、经济多样性、生产总值等数据与联邦平均水平进行对比，从而确定最终的评价。

3. 人口要素

国际信用评级机构认为地区的人口结构以及增长特点可以提供预测该地区产生收入的能力、提供服务和基础设施的成本在内的关键信息，同时人口数据也是美国联邦政府分配收入的重要依据，所以人口因素也将对地区的信用水平产生较大影响。在分析人口因素时，国际信用评级机构主要从两个方面来进行考量，分别是人口的增长速度和受供养人口比例。若人口增长速度超过联邦平均水平且受供养人口比例低于联邦平均水平，则可以获得最高的评价；人口增长速度越低，受供养人口比例越高，则获得的信用评价越低。

4. 经济增长

国际信用评级机构将地方政府对经济发展的主动性和未来地方经济增长前景纳入了对经济要素的考量范畴。国际信用评级机构认为，地方政府在完善税收结构、建立具有活力的城市、吸引跨国公司入驻以及提高地区教育水平方面的努力，将能够对地方未来的经济发展产生积极的影响，进而有利于提升地方信用水平；若地方政府没有将发展经济作为主要关注点，且当地获得的投资以及原有支柱产业处于衰退状态，则将对地方信用水平产生负面影响。

5.1.2.2 财政要素

对于地方政府来说，由于地方政府财政是一般责任债券的主要还款来源，故地方政府的财政状况对于其信用水平将会起到非常重要的作用。由于地方政府的财政水平对于经济周期的变化较为敏感，财政收入变化也呈现出较为明显的周期性，所以国际信用评级机构在对地方政府财政要素进行分析时，也着重考虑了其在跨越经济周期时的稳定性情况。在具体分析时，财政要素主要分为下列子要素：

1. 收入支出情况

地方政府的财政收入及支出情况是其财政情况的直观体现，国际信用评级机构主要考量了地方政府收入的多样性与稳定性，以及支出的可预测性，以此来评价地方政府财政在穿越周期时的表现。从收入角度来看，税收收入是地方政府财政收入的重要来源，税收结构成为影响地方政府信用质量的重要因素。若某一地区的财政在收入方面（特别是税收方面）的组成较为多样，且可以准确分析预测未来的收入情况，而在支出方面可以被预算差异所预测且可以进行灵活调整，那么该地区的财政水平可以较好地抵御经济周期的影响，从而获得较好的信用评价。

2. 预算储备

地方政府的预算储备可以有效地平滑政府潜在收入和支出的波动性，是政府应急弥补资金短缺的重要基础，充足的预算储备可以帮助地方政府有效地抵御周期性的影响，避免在收入处于下滑周期时短期财政赤字转化为长期债务的风险。在对地方政府预算储备进行评价时，国际信用评级机构主要从其预算储备的充足程度、储备消耗完时获得补充的能力两个方面来进行考量，若某一地方政府的储备与其支出的比率较高且在消耗完时有合理的补充机制，那么将得到较高的评价。相反，若政府无预算储备或储备很低，且没有补充机制，那么其将获得较低的评价。

3. 流动性情况

国际信用评级机构认为流动性是衡量地区政府信用水平的重要因子，在对地方政府财政的流动性水平进行评价时，其现金流的监控能力、可预测现金流的管理能力、收入与支出的匹配程度、内部产生现金的能力以及外部借贷情况是被考察的几个重点因子。若地方政府有很强的现金流监控能力，现金管理良好，收入与支出相匹配，内部资源可以满足特殊支出需要且对外部借贷依赖较少，那么将可以获得较高的评价；而若地方政府现金流动性很弱，需要经常性的外部借贷来偿还日常性债务使得借贷规模逐年扩张，那么其信用水平将受到很大影响，获得较低的评价。

4. 预算结构平衡

国际信用评级机构认为财政收入与支出的平衡关系是地方政府预算平衡的重要指标，决定了地方政府是否会将短期赤字转化为长期负债，以及将预算回到平衡状态的难易程度。若地方政府长期无法回到预算结构的平衡状态，那么显然其信用状况是值得关注的。在考察某一地方政府的预算结构平衡时，国际信用评级机构主要考虑的是政府能否在经济增长时保持财政盈余，以及在经济衰退时有解决预算不平衡的手段。若某一地方政府能够长期保持财政盈余，且在经济衰退时较少采用非经常性手段来解决预算不平衡问题，那么就可以获得较高的信用评价；若地方政府难以保持预算结构的平衡且倾向于采用非经常性手段来解决赤字问题，那么其信用水平则值得担忧。

5.1.2.3 管理要素

国际信用评级机构认为，管理惯例和管理行为可以对其他主要信用要素产生正面或负面的影响，有效的管理和监管将能够对地方政府的信用水平起到有效的支撑作用。在对管理要素的考量中，国际信用评级机构主要对下列因素进行分析：

1. 财政政策的制定与实施

国际信用评级机构认为，完善的财政政策以及良好的执行能力能够为地方政府的财务运行和债务管理提供有效的保障。若地方政府能够在制定财政政策时拥有高效的决策过程，政府各部门间能有效合作，所制定的财政和风险管理政策谨慎合理并能制定长期且可执行的财务规划，那么国际信用评级机构将认为该地方政府在财政方面拥有较强的管理和监管水平，能够对其信用水平产生正面影响。

2. 预算管理及调整能力

国际信用评级机构认为，有效的预算管理架构对于地方政府的信用水平来说较为重要。若某一地方政府拥有审慎而周密的预算过程且其预算收支弹性较强，能够及时调整预算以实现结构性的平衡，那么该地方政府可以在该因子上获得较高的信用评价；反之若其预算制定存在盲目性，无法及时调整，那么将得到较低的评价。

5.1.2.4 债务要素

债务要素是国际信用评级机构对地方政府进行信用评级时的重要考量要素。地方政府所承担的债务压力将直接影响其信用水平，若某一地方政府所承担的债务负担过重，显然将严重影响其信用水平。各家国际信用评级机构虽然在对地方政府的债务要素进行考察时具体方法略有差异，但其考虑的子因素主要有下列几个：

1. 债务负担

债务负担是国际信用评级机构在对地方政府债务要素进行评价时首先关注的要素。国际信用评级机构所指的债务负担是指地方政府所承担的税收支持债券，包括一般责任债券、拨款责任和特殊税收支持债券。在衡量地方政府的债务负担时，各家国际信用评级机构的具体方式略有不同，但都使用相关的比率作为评价指标。例如，使用债务与收入的比率来衡量地方政府的税收负担，使用债务与政府支出的比率来衡量债务相对负担，通过人均负债以及债务与地方生产总值的比率来实现各地方政府间的比较。一般债务比率越低说明当地债务负担越轻，将对信用水平产生正面影响。

2. 养老金及其他失业福利基金

养老金及其他失业福利基金也是地方政府所需承担的重要长期责任之一。国际信用评级机构在对养老金及其他福利基金风险进行评价时，所采用的方法与评价债务负担比较类似，主要考虑地方对养老金以及其他失业福利的支持能力。若地方政府存在较大的养老金及失业福利支出需求，且在调整福利方面灵活性较差，那么将获得较低的信用评价。

3. 债务结构

部分国际信用评级机构将地方政府债务的结构状况也纳入了对其债务要素的分析当中。国际信用评级机构认为，若某一地方政府具有信用增进措施的债务比例较多、债务摊销速度较快、未偿债务有相应的受益保障且浮动利率债务比例较低，则可以认为其债务结构相对合理，从而在该子要素上获得较高的评分。

5.1.2.5 政府架构

有国际信用评级机构将政府架构作为评定地方政府信用状况的要素之一，认为一个地方政府的政府架构和政治环境可以影响其法律权力和财政地位，从而影响其信用水平。在具体分析时，国际信用评级机构对政府架构的考量主要有以下三个方面：

1. 财政政策架构

国际信用评级机构在对地方政府财政政策架构进行分析时，主要细分为预算平衡要求、税收结构、财政支付的自主权、选民倡议以及债务的法律结构这五个因子。

在预算平衡要求方面，国际信用评级机构认为若地方政府的预算在被提出和执行时，法律法规要求预算平衡且预算被要求保持年度平衡，则可以获得最高的评级，此后按照法规的严格程度评级逐级下降。

在税收结构方面，若地方政府拥有提升税率或其他收入的自主权，拥有可追溯的采用增税手段应对预算失衡的记录，则可以获得最高评级；相应地，若该政府在增加收入方面受到严格限制，则将获得最低的评级。

在财政支付的自主权方面，能够高度自由地对全部领域财政支出进行调整的政府将获得最高的评级，而财政支出被完全限制的政府则相应获得最低的评级。

在选民倡议方面，若某一地方政府不是选民倡议型，则可以获得最高的评级，若选民倡议活动将对该政府的有效运转造成障碍，则将获得最低的评级。

在债务的法律结构方面，若某一地方政府的债务处于高度灵活的法律框架内，可以基于多种目的发行债券且法律保障债务的优先偿付权，则可以获得最高评级；相应地，若其发行债券不具有债务的优先偿付权，则将获得最低的评级。

2. 系统性支持

国际信用评级机构在系统性支持方面主要考虑联邦政府与地方政府之间的关联程度，很高的系统性支持将赋予处于不利局面的地方政府更多的灵活性。系统性支持主要考量联邦范围内公共金融系统的可预测性、透明度和责任制等内容。

3. 政府间融资

国际信用评级机构在对政府间融资进行考量时，主要分析州政府对州以下地方政府融资的支持力度。若州政府对其下属各地方政府的帮助是有限的，或者拥有法律法规赋予的财政灵活性，改变税收分配的能力很强，则可以获得最高评级；州政府对其下属各地方政府的帮助越多，改变税收分配的灵活性越低，则获得的信用评价越低。

【专栏 5-1】

国际信用评级机构地方政府信用评级的基本架构及比较

一、标普对地方政府信用评级的基本架构

标普对美国各州信用评级方法的分析架构如图 5-1 所示。

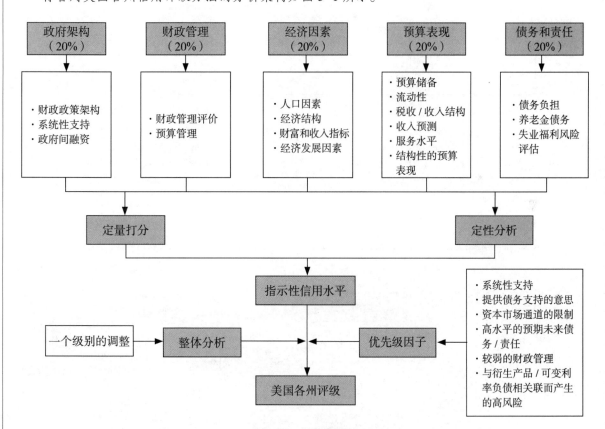

图 5-1 标普对美国各州信用评级方法的分析架构

资料来源：S&P, "S&P U.S. Public Finance: U.S. State Ratings Methodology", 2016。

标普发布的美国各州信用评级方法适用于美国所有州和地区，同时既适用于主体评级也适用于一般责任债券评级。标普对美国各州信用评级方法的分析框架是建立在对政府架构、财政管理、经济、预算表现、债务和责任等五个因素的定量和定性分析之上。针对各个因素的特点，标普又细分出多个子因素或指标进行完善。采用1分（最强）~4分（最弱）的打分制对各因素进行打分，并通过对各因素得分设置权重，加权平均，得出最初的指示性评级，然后再根据诸多优先级因子对指示性评级进行调整，最终得出各州的主体评级。

二、穆迪对地方政府信用评级的基本架构

根据穆迪2018年公布的美国公共融资评级方法，穆迪对美国各州的信用评级方法采用要素打分制，但其考虑的要素以及为要素设定的权重与标普存在不同（如图5-2所示）。穆迪在分析框架中主要考察经济、管理、财政和债务四个要素，对该四个要素及其子要素进行分析，根据其得分区间得出其对应的等级，并按照相应的等级转换标准将得到的等级转化为得分，然后加权得出初步信用评分（preliminary score）。在得出初步信用评分之后，穆迪还会考虑一些调整因素（notching factors），对初步得分进行上下调整并最终给出州的信用得分（会做调整）和评级。其中，穆迪的六个调整要素分别为增长趋势、经济结构集中度和波动性、未披露的养老金或其他失业福利情况、为破产的地方政府承担责任的意愿、市场融资能力以及财政稳定性。

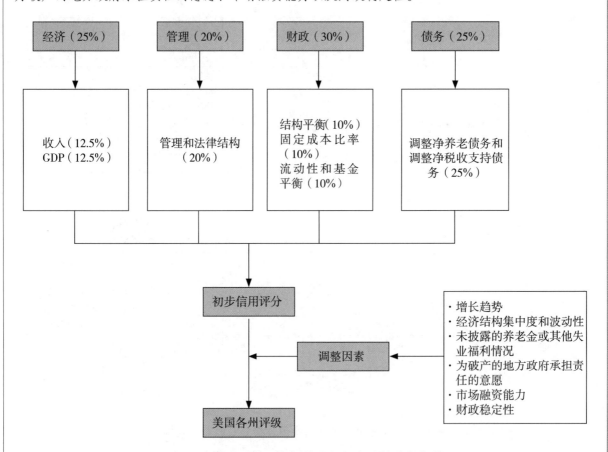

图5-2　穆迪对美国各州信用评级方法的分析架构

资料来源：Moody's, "U.S. Public Finance: US States and Territories", 2018。

三、惠誉对地方政府信用评级的基本架构

惠誉对美国各州的评级准则隶属于其税收支持型债券评级准则（Tax-Supported Rating Criteria），

其中包括美国州以下地方政府税收支持型债券[①]评级准则（U.S. Local Government Tax-Supported Rating Criteria）和州一级政府税收支持型债券评级准则（U.S. Public Finance Tax-Supported Rating Criteria）。

惠誉主要从经济、财政、长期债务责任、政府的经营管理四个要素来对政府税收支持型债券进行评级。惠誉并没有给出这些因素的权重比率和具体的打分方法，只是表示其评级的过程是着重于对各方面因素的变化趋势进行分析；但是在对这四个方面要素做出评级之前，首先要分析行业风险概况给出美国税收支持部门正常的评级范围，然后再综合四个方面的信用要素，考虑额外的不对称风险因素，得出最终的信用等级。

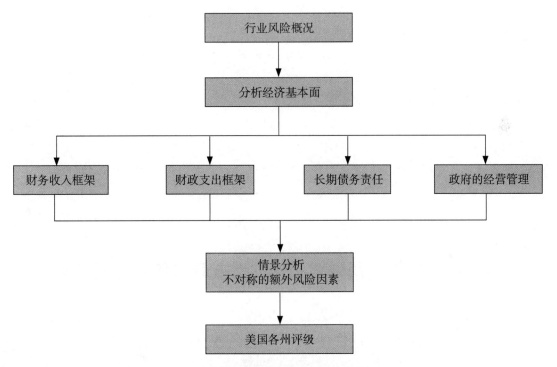

图 5-3　惠誉对美国各州信用评级方法的分析架构

资料来源：Fitch,"U.S. Public Finance Tax – Supported Rating", 2018。

四、共同点

国际三大信用评级机构的地方政府信用评级方法均采用了定性和定量相结合的分析方法。在评级要素方面，三大信用评级机构基本都包括了经济要素、财政要素、债务要素和管理要素，仅标普在上述四类要素的基础上增加了政府架构要素。在各要素的权重设置上，其配比相对均衡，如标普对五大要素设置的权重均为20%，穆迪对经济要素、管理要素、财政要素和债务要素设置的比重分别为25%、20%、30%和25%，惠誉虽然并没有明确公布其权重，但从其分析逻辑来看，对发行人经济基本面的分析是评估所有关键评级驱动因素的基础。从评级思路来看，由于信用评级是对未来地

---

① 地方政府税收支持型债券是指以发行政府的全部声誉和信用作为担保的债券，不与特定项目相联系，得到发行政府的信誉和税收保证。

方政府还债能力和意愿做出的评估，三大信用评级机构在进行信用分析时，除了要分析过去的经济、财政、债务履约情况，一般都会对发展趋势进行分析。

五、差异点

标普在进行地方政府信用评级时，将政府架构、财政管理、预算表现、经济因素、债务和责任五个基础性要素进行等权考察，打分并加权后得出地方政府的指示性评级。在逻辑架构上，标普遵循了一贯的逻辑递进原则，附加对于优先级因子的比较分析后，对指示性评级进行上下调整，得出最终的评级结果。

穆迪则从经济、管理、财政、债务四个角度考察地方政府信用水平。在四大要素的权重设置方面，与标普的等权考察不同，穆迪更加着重考虑财政要素，将其权重设置为30%；其次考虑经济和债务两大要素，权重分别为25%；管理要素的权重配比最低，为20%。穆迪对地方政府信用评级的逻辑架构与标普也存在一定差异。穆迪分别对四类要素进行分析并得到对应的等级，再将等级转换为得分，加权后得到初步信用评分。进一步地，穆迪考虑了没有纳入上述信用评级架构但很有可能对债券信用产生影响的六个调整要素，对初步信用评分进行调整，最后得到地方政府的评级。

惠誉对地方政府信用水平的考察主要从经济、财政、长期债务、政府的经营管理四类要素展开。与标普和穆迪不同，惠誉在对四类要素进行分析之前，首先要分析行业风险概况，给出美国税收支持部门正常的评级范围，然后再综合四类要素和情景分析，得出最终的信用等级。

5.2 国内信用评级机构的地方政府信用评级方法

5.2.1 我国地方政府信用评级的发展历程

我国信用评级机构的地方政府信用评级，是在我国地方政府债券逐步发展和规范的基础上发展起来的。我国的地方政府信用评级起步于2014年自发自还地方政府债券的试点工作，远远晚于国际信用评级机构。根据目前财政部的要求，国内信用评级机构仅针对各级地方政府发行的债券进行信用评级，并未要求对地方政府主体进行信用评级。

5.2.1.1 我国地方政府债券的发展

我国地方政府债券最早出现于2009年，经过近十年的发展，经历了财政部代发代还、部分地区自发财政部代还以及自发自还三个阶段。

1. 第一阶段（2009—2010）：财政部代发代还阶段

2009年，为了应对国际金融危机，我国政府实施积极的财政政策，以扩大内需保增长。国务院同意地方政府在国务院批准额度内发行债券，地方政府债券应运而生。当时由于地方政府债券发行渠道尚未建立，2009年和2010年地方政府债券由财政部代理发行，代办还本付息。

2. 第二阶段（2011—2013）：部分地区自发财政部代还阶段

2011年和2012年，经国务院批准，上海市、浙江省、广东省、深圳市等试点地区在国务院批准的额度内自行发行债券，但仍由财政部代办还本付息。2013年，新增江苏省、山东省为试点地区，其他地区仍由财政部代理发行、代办还本付息。

3. 第三阶段（2014年至今）：自发自还阶段

2014年5月，财政部《2014年地方政府债券自发自还试点办法》正式公布，广东省、山东省等十省市开始试点地方政府债券的自发自还。2015年，地方政府债券自发自还在全国31个省（市）、自治区和5个计划单列市全面铺开。

此间，2014年8月，全国人大通过了对《中华人民共和国预算法》的修正（以下简称"新《预算法》"）。新《预算法》赋予了地方政府适度的举债权限，明确了地方政府通过发行地方政府债券进行融资的唯一性；并将我国各级地方政府发行的债券全面纳入预算管理，进一步规范了地方政府性债务管理，有助于化解地方债务风险。

2014年10月，《国务院关于加强地方政府性债务管理的意见》（以下简称"43号文"）的颁布标志着我国中央政府加强地方政府债务管控的开始，《国务院关于深化预算管理制度改革的决定》和《地方政府存量债务纳入预算管理清理甄别办法》等重要文件相继出台，对全国各级地方政府性债务的管控提出了具体性、规范性要求，为降低政府融资成本、加强政府信用管理提供了政策依据（见表5-1）。

表5-1 地方政府债务管理相关文件

发布时间	名称	文号	主要内容
2014年10月2日	《国务院关于加强地方政府性债务管理的意见》	国发〔2014〕43号	规范地方政府债务融资机制，疏堵结合，赋予地方政府适度举债融资权限；提出政府不得通过企业进行融资，对地方政府债务实行规模控制。
2014年10月8日	《国务院关于深化预算管理制度改革的决定》	国发〔2014〕45号	完善政府预算体系，积极推进预算公开；改进预算管理和控制，建立跨年度预算平衡机制；在财政收入管理、支出结构、预算执行、债务管理、理财行为等方面提出规范管理要求。
2014年10月28日	《地方政府存量债务纳入预算管理清理甄别办法》	财预〔2014〕351号	对地方政府截至2014年12月31日尚未清偿的债务进行清理甄别，分类纳入预算管理。
2015年12月21日	《关于对地方政府债务实行限额管理的实施意见》	财预〔2015〕225号	对地方政府债务实行限额管理，从建立债务预警指标体系、风险化解应急处置机制和监督考核问责机制等方面加强对地方债务的管理。
2016年10月27日	《关于印发地方政府性债务风险应急处置预案的通知》	国办函〔2016〕88号	督促各地建立健全地方政府性债务风险应急处理工作机制，防范和化解地区财政金融风险。
2017年4月1日	《关于新增地方政府债务限额分配管理暂行办法的通知》	财预〔2017〕35号	根据各地区债务风险、财力状况等，并统筹考虑中央确定的重大项目支出、地方融资需求等情况，采用因素法测算对地方政府新增一般债务限额、新增地方政府专项债务限额进行明确规定和管理。

（续表）

发布时间	名称	文号	主要内容
2018年3月24日	《关于做好2018年地方政府债务管理工作的通知》	财预〔2018〕34号	依法规范地方政府债务限额管理和预算管理，及时完成存量地方政府债务置换工作，加强债务风险监测和防范，强化地方政府债券管理等。

资料来源：国务院和财政部网站。

5.2.1.2 我国地方政府债券的品种

2015年以来，国务院和财政部分别颁布了关于地方政府一般债券和专项债券的发行管理、预算管理等方面的政策文件（见表5-2），规范了地方政府债券的发行行为，也为地方政府债券由单一的"地方政府债券"品种扩展至"地方政府一般债券"（简称"一般债券"）和"地方政府专项债券"（简称"专项债券"）奠定了政策基础。2017年，财政部发布相关文件，新增了以地方政府性基金收入项目分类发行的专项债券，如地方政府土地储备专项债券、收费公路专项债券等创新品种，我国地方政府债券品种进一步丰富。

表5-2 地方政府债券发行相关政策文件

发布时间	名称	文号	主要内容
2015年3月16日	《地方政府一般债券发行管理暂行办法》	财库〔2015〕64号	对地方政府一般债券发行进行规范管理，包括利率、信息披露、信用评级等方面。
2015年3月20日	《关于做好2015年地方政府一般债券发行工作的通知》	财库〔2015〕68号	对2015年地方政府一般债券发行中的具体工作进行指导，包括承销团组建、信用评级、信息披露、债券发行等。
2015年3月24日	《2015年地方政府专项债券预算管理办法》	财预〔2015〕32号	地方政府在2015年1月1日起发行的专项债券、为置换截至2014年12月31日的存量专项债务的专项债券，在未超过国务院规定的规模可纳入政府性基金预算管理。
2015年4月8日	《地方政府专项债券发行管理暂行办法》	财库〔2015〕83号	对地方政府专项债券发行进行规范管理，包括利率、发行期限、信息披露、信用评级等方面。
2015年4月9日	《关于做好2015年地方政府专项债券发行工作的通知》	财库〔2015〕85号	对2015年地方政府专项债券发行中的具体工作进行指导，包括承销团组建、信用评级、信息披露、债券发行等。
2015年4月17日	《2015年地方政府一般债券预算管理办法》	财预〔2015〕47号	地方政府在2015年1月1日起发行的一般债券、为置换截至2014年12月31日的存量一般债务的一般债券，在未超过国务院规定的规模可纳入一般公共预算管理。
2016年1月25日	《关于做好2016年地方政府债券发行工作的通知》	财库〔2016〕22号	进一步优化地方债发行工作流程，完善地方债发行管理相关制度。
2016年11月9日	《地方政府一般债务预算管理办法》	财预〔2016〕154号	包括地方政府一般债券、外债转贷、清理甄别认定的截至2014年12月31日非地方政府债券形式的存量一般债务在内的地方政府一般债务纳入一般公共预算管理；非债券形式一般债务应当在国务院规定的期限内置换成一般债券。

（续表）

发布时间	名称	文号	主要内容
2016年11月9日	《地方政府专项债务预算管理办法》	财预〔2016〕155号	包括地方政府专项债券、清理甄别认定的截至2014年12月31日非地方政府债券形式的存量专项债务在内的地方政府专项债务纳入政府性基金预算管理。非债券形式专项债务应当在国务院规定的期限内置换成专项债券。
2017年2月20日	《关于做好2017年地方政府债券发行工作的通知》	财库〔2017〕59号	对地方债发行进一步规范管理，包括继续实行限额管理，均衡发行节奏，鼓励建立地方债务发行机制，规范信息披露质量，进一步促进投资主体多元化，改善二级市场流动性，加强债券资金管理等方面。
2017年5月16日	《关于印发〈地方政府土地储备专项债券管理办法（试行）的通知〉》	财预〔2017〕62号	为完善地方政府专项债券管理，规范土地储备融资行为，建立土地储备专项债券与项目资产、收益对应的制度，促进土地储备事业持续健康发展。
2017年6月26日	《关于印发〈地方政府收费公路专项债券管理办法（试行）〉的通知》	财预〔2017〕97号	为逐步建立专项债券与项目资产、收益对应的制度，有效防范专项债务风险，2017年在政府收费公路领域开展试点，发行收费公路专项债券，规范政府收费公路融资行为。
2018年5月8日	《关于做好2018年地方政府债券发行工作的意见》	财库〔2018〕61号	从地方政府债务新增、置换和再融资等方面加强地方政府债券发行计划管理，同时丰富了地方政府债券发行期限等。

资料来源：国务院和财政部网站。

根据国务院、财政部等的相关文件，我国各类地方政府债券的定义如下：

1. 地方政府一般债券

地方政府一般债券是指省、自治区、直辖市政府（含经省级政府批准自办债券发行的计划单列市政府）为没有收益的公益性项目发行的、约定一定期限内主要以一般公共预算收入还本付息的政府债券，一般债券资金收支列入一般公共预算管理。

2. 地方政府专项债券

地方政府专项债券是指省、自治区、直辖市政府（含经省级政府批准自办债券发行的计划单列市政府）为有一定收益的公益性项目发行的、约定一定期限内以公益性项目对应的政府性基金或专项收入还本付息的政府债券，专项债券收入、支出、还本付息、发行费用纳入政府性基金预算管理。

3. 地方政府土地储备专项债券

地方政府土地储备专项债券是地方政府专项债券的一个品种，是指地方政府为土地储备发行，以项目对应并纳入政府性基金预算管理的国有土地使用权出让收入或国有土地收益基金收入偿还的地方政府专项债券。

4. 地方政府收费公路专项债券

地方政府收费公路专项债券是地方政府专项债券的一个品种，是指地方政府为发展政府收费公路举借，以项目对应并纳入政府性基金预算管理的车辆通行费收入、专项收入偿还的地方政府专项债券。其中，专项收入包括政府收费公路项目对应的广告收入、服务设施收入、收费公路权益转让收入等。

5.2.1.3 地方政府债券引入信用评级机制的意义

在2014年自发自还地方政府债券的试点工作中，首次引入了信用评级机制，这对促进债券市场、信用评级市场的发展，推动财税体制改革等具有积极的、重要的、里程碑式的意义。

首先，地方政府债券信用评级有利于提高地方政府信息的透明度。地方政府债券的信用评级标志着我国市政债评级的开启，不仅有利于推进我国地方政府债务的管理，也将促进我国地方政府债务的市场化、透明化和规范化，并促进未来我国市政债的进一步发展。

其次，地方政府债券评级有利于推动地方政府加强财政内控制度建设。目前，我国地方政府债务的风险点主要体现在两个方面：一是地方政府债务期限结构不合理，以短期债务为主，中长期债务较少，因此，地方政府债务的集中偿还与财政资金稳定流入的不匹配容易产生流动性风险；二是地方政府债务筹集的主体和渠道的多元化。在地方政府债券发行中设置地方政府债券评级，有利于推动地方政府加强财政内控制度建设，优化期限结构，规范融资行为，强化债务管理。

最后，地方政府债券信用评级有利于提升信用评级机构的竞争力和公信力。地方政府债券信用评级丰富了信用评级机构的评级产品。地方政府债券的启动是在国内前期先后推出工商企业类债券、金融机构债券、结构化融资工具的基础上，填补了地方政府债券这一债券品种的空白，进一步丰富了债券的种类。而在地方政府债券发行制度中引入市场化的信用评级机制，有利于推动国内信用评级机构完善其评级方法体系，并在实践的基础上进一步积累评级经验，为更好地推进主权评级、争取国际话语权和提高竞争力打下了坚实的基础。

5.2.2 地方政府信用评级方法的适用范围

与西方国家的联邦制不同，我国实行的是单一制的国家行政体制。《中华人民共和国宪法》（以下简称"宪法"）规定了人民行使国家权力的机关是全国人民代表大会和地方各级人民代表大会。中央和地方的国家机构职权的划分，遵循在中央的统一领导下，充分发挥地方主动性、积极性的原则。因此，我国单一制的国家行政体制决定了地方政府在政治上不具有独立性，地方政府接受中央政府领导。在这种制度下，地方政府在中央政府的严格控制下行使职权，由中央政府委派的官员或由地方选出的官员代表中央政府管理地方行政事务。依据宪法，我国行政区域划分如下：（一）全国分为省、自治区、直辖市；（二）省、自治区分为自治州、县、自治县、市；（三）县、自治县分为乡、民族乡、镇。其中，直辖市和较大的市分为区、县，自治州分为县、自治县、市。

在财政体制方面，国家的财政管理体制决定了地方政府财政收入和支出的权限或独立性，也影响了地方政府财政收入和支出的平衡能力和稳定性、地方政府财政性资金的流动性。财政管理体制反映了中央政府与地方政府在财权、事权上的划分，以及各级地方政府间的财政关系。

我国目前实行的财政管理体制是分税制财政管理体系。根据1994年启动的分税制改革，中央政府与地方政府之间通过划分中央与地方财政收入、财政支出范围、建立税收返还制度、建立转移支付制度等方面解决了税制、税收征管和中央政府与地方政府分配关系等问题，形成了中央税、地方税、中央地方共享税的中央政府与地方政府税收收入分配格局。在分税制财政管理体系下，地方政府不具有税收的立法权，税收基本制度只能由法律规定，地方政府制定的规章不得减损公民权利或增加公民义务。新《预算法》既反映了中央政府、地方政府的财政预算应该遵守的制度和纪律，也反映了地方政府应该实现的预算平衡，更反映了地方政府在发行债券融通资金上的权利。新《预算法》规定了国家实行一级政府一级预算，设立中央，省、自治区、直辖市，设区的市、自治州，县、自治县、不设区的市、市辖区，乡、民族乡、镇五级预算体系。新《预算法》规定政府的全部收入和支出都应当纳入预算，预算包括一般公共预算、政府性基金预算、国有资本经营预算、社会保险基金预算。

我国信用评级机构的地方政府评级适用于中国境内（不包括港、澳、台），除中央政府以外的各省、自治区、直辖市人民政府及其下属各级政府。但根据目前财政部的要求，并未针对地方政府主体进行评级，仅对各级地方政府发行的一般债券和专项债券进行债项信用等级的评定。

5.2.3 地方政府信用评级方法的基本架构

地方政府信用评级主要是对地方政府未来按期足额偿还全部债务本息的能力及意愿的综合评价。地方政府信用等级不仅与其单体信用质量有关，还受到上级政府支持的影响。

我国信用评级机构地方政府信用评级方法的基本架构如图5-4所示。

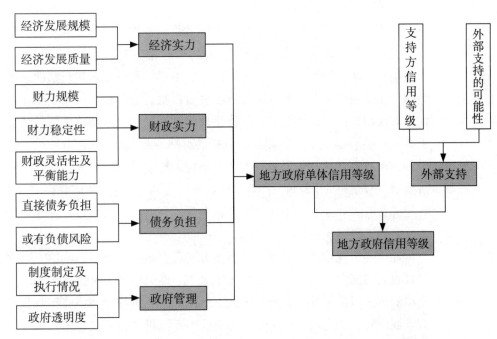

图5-4　国内信用评级机构地方政府信用评级方法的基本架构

资料来源：根据国内主要信用评级机构的地方政府信用评级方法整理。

国内信用评级机构对地方政府信用评级的整体思路较为类似，都是结合地方政府单体信用水平以及外部支持两方面要素，综合使用定性和定量的分析方法，确定最终的评级结果。为增强评级结果的客观性，国内信用评级机构依据核心评级要素构建我国地方政府信用评级模型，通过评价受评地方政府经济实力、财政实力、债务负担、政府管理等四类核心评级要素评定其单体信用质量，再考虑外部支持因素，最终确定受评地方政府的信用等级。

5.2.4 地方政府信用评级的要素分析

在地方政府单体信用水平的评价方面，在大类要素的选取上，国内信用评级机构所考虑的要素主要包括地区经济实力、政府财政实力、地方政府债务和地方政府治理水平，但是在子要素的选取方面，部分信用评级机构考量的指标会有所不同。

5.2.4.1 地区经济实力

地区经济实力对地方政府的财政收入有着重要影响，是评价地方政府财政实力的基础。经济实力较强的地区，地方政府税收来源会更加丰富，税收基础更加广泛。因此，地方经济实力是评估地方政府信用水平最重要的要素，体现了地区经济发展的程度、潜力和影响力，国内信用评级机构均将地区经济实力作为地方政府信用评级的首要考虑因素。具体到子要素的选取上，宏观经济运行环境、地区经济规模、地区经济增速、产业结构、资源禀赋和区域地位是国内信用评级机构在衡量地区经济发展水平时的共同着眼点，各家机构均将其纳入考量范围。

1. 宏观经济运行环境

地方经济的增长和发展在很大程度上受到宏观经济增长和发展的影响。宏观经济运行状况分析是在系统性风险判定的基础上分析地方经济、财政及金融风险发生的可能性。国内信用评级机构对宏观经济环境的分析主要从宏观经济运行状况以及宏观经济政策分析两个主要维度进行考察。对宏观经济运行状况进行分析，主要是在系统性风险下考察地方政府偿债能力，即在宏观经济出现经济增长放缓或增速下降的情况下，地方政府的偿债能力将会受到多大的影响。分析的具体内容包括 GDP 增长、工业、社会投资、消费和进出口等变化趋势以及三次产业结构和产业结构调整等。宏观经济政策包括宏观经济规划、财政和货币政策、产业和区域发展政策等，通过对宏观经济政策的分析，预测宏观经济发展前景、地方经济和产业发展状况以及财政收入和支出的增长趋势和结构变化等。

2. 地区经济规模

地区经济规模是反映地区经济实力的重要指标，直接影响地方财政汲取税收、形成财政收入的能力。一般而言，经济相对富裕、税源相对广泛的地区，地方政府可获得稳定、充足的收入以满足地方财政支出需求；反之，经济基础薄弱、税源贫乏的地区，地方政府则面临较大的财政支出压力。国内信用评级机构在考察该要素时一般选择地区生产总值（地区 GDP）和人均地区生产总值（人均 GDP）。

3. 地区经济增速

地区经济增长速度决定了地区经济的发展趋势，经济增长速度具有一定规律性，不同经济发展阶段的地区，经济增速分化较大。处于发展起步阶段的地区，经济增长往往保持较高增速，未来发展空间较大；对于发展较成熟的地区，经济增长速度往往处于中低水平。该要素的考察主要通过地区 GDP 增速、人均地区 GDP 增速等指标进行分析。

4. 产业结构

地区经济增长的动力来自区域内产业的发展，产业结构与地区经济波动存在相关性，不同产业结构的地区税收汲取能力存在差异。一般而言，工业的产业波动是宏观经济波动的主要原因，因此第二产业与经济波动的相关性较强，第三产业次之，第一产业最弱。在税收汲取能力方面，我国对农业实行减免税政策，第一产业税收形成能力较弱，第二、第三产业主要征收增值税、企业所得税等，税收形成能力较强。产业结构会影响地区经济和财政收入稳定性，合理的产业结构是区域经济和政府财政收入保持稳定增长的重要条件。信用评级机构在考量该要素时主要关注地区三大产业增加值的占比及其变化趋势、产业结构合理性，结合地区全社会固定资产投资额、进出口总额、社会消费品零售总额等。

5. 资源禀赋

资源禀赋条件是地方经济和社会发展的重要前提，一个地区的经济除了受宏观经济环境等外部因素的影响，内部的资源禀赋也十分重要。自然资源禀赋直接影响地区产业结构选择和经济增长潜力。我国的地方政府面临着基本相似的宏观经济环境，但各地区的资源禀赋和市场意识有明显的差异，从而导致经济和社会发展程度不同。

区域资源禀赋包括矿产资源、水资源、土地、旅游等自然资源以及劳动力、科教等人文资源，是区域经济发展的重要基础性要素，影响着地区经济结构和经济增长潜力。国内信用评级机构在考察该要素时主要关注区域内自然资源及供应情况，如可供开采的煤炭、石油、天然气和铁矿石储量，地区人口总量、人口结构、老龄化情况，地区拥有科研机构情况、劳动力受教育程度等。

6. 区域地位

区域地位主要包括区域的自然地理位置和经济地理位置。其中，区域自然地理位置是决定区域发展状况重要因素，不同的自然地理位置形成了不同的区域规划特征。一般而言，自然地理位置优越的地区，比如长江三角洲，毗邻上海市、南京市、杭州市等中心城市，可以借助经济中心的辐射作用，使得地区经济快速增长；反之，自然地理位置偏僻的地区，则经济可能相对落后。信用评级机构主要关注地区所处的地理位置、距离经济中心城市的距离以及交通网络、中心城市对该地区经济发展的辐射和带动作用等。

在地区经济实力的子要素选取方面，除以上各家信用评级机构共同考量的要素外，部分信用评级机构将地区支柱产业状况、基础设施水平、区域开放程度和城镇化程度作为地区经济实力的考察指标。

支柱产业对地区经济总量、税收和就业等方面具有重要贡献，且对区域内相关产业的发展起到带动作用。地区支柱产业发展状况对当地经济发展前景具有显著影响，若支柱产业处在成长期或成熟期，产业景气度较高，且已在区域内形成一定的企业集群，则地区经济增长潜力较好；反之，若支柱产业景气度低，且支柱产业竞争优势不强，则地区经济或将面临发展后劲不足的情况。

基础设施是保证区域社会经济活动正常进行的公共服务系统，是地区经济发展的重要物质条件。基础设施完备，人均占有量高，则地区经济发展潜力较好；反之，基础设施落后，则不利于地区经济发展。

区域开放程度对地区经济实力的影响主要从地区对国外市场依存度及与国内其他地区经济关联度、地方保护主义倾向，以及一个地区是否能获得中央企业、发达地区对口经济支援的外部经济增长动能等方面来考察。

城镇化程度反映了地区发展水平、发展潜力以及未来基础设施建设规模。城镇化较高的地区，经济和财力发展较为稳定，未来投资支出和政府债务压力相对较小。

5.2.4.2 政府财政实力

政府财政实力是综合判断地方政府信用水平和偿债能力的基础和依据。我国地方财政收入来源和构成相对比较复杂。2014年修正的《预算法》中明确规定："预算包括公共财政预算、政府性基金预算、国有资本经营预算、社会保险基金预算。"相应地，地方财政收入主要包括一般公共财政预算收入、政府性基金预算收入、国有资本经营预算收入和社会保险基金预算收入。

现阶段，四项预算中，一般公共预算和政府性基金预算已形成相对比较完善的体系，但鉴于数据和指标口径等因素，目前还无法全面考察四项预算的综合数据。因此，国内信用评级机构在对政府财政实力考察时主要选择具有代表性且数据可获得的指标，包括地方财力规模、地方财力稳定性和财政平衡能力等指标。

1. 地方财力规模

财政收入是决定地方政府偿债能力的最直接因素，一个地方政府财政收入规模越大，其财政实力越强。根据《预算法》，我国实行一级政府一级预算，设立中央，省、自治区、直辖市，设区的市、自治州，县、自治县、不设区的市、市辖区，乡、民族乡、镇五级预算；在统计口径上，地方政府财政收入分为全口径汇总数和本级地方政府财政收入。目前，我国实行的分税制财政管理体制明确了中央与地方政府间的财政关系，但省及省以下财政管理体制在不同行政区域间差异较大；一般而言，地方上级政府对下级政府的财政资金具有一定的调配、调节能力。因此，在评价财力规模时，信用评级机构主要参考地方政府全口径财力指标的表现，如全口径地方综合财力、全口径一般公共预算收入等，同时结合地方本级财力指标进行综合评价。

2. 地方财力稳定性

地方政府财力中不同类型的收入在稳定性上差异较大。其中，一般公共预算收入由税收收入和非税收入构成。由于税收收入有国家立法的保障，相对于非税收入稳定性较好。一般而言，一般公共预算收入中税收比率越高，则收入稳定性越好。税收收入中，税源集中程度不同，其财政收入稳定性也不同，税收的集中程度越高，税收收入对某个产业的依赖程度越高，越容易受某个产业波动的影响。

政府性基金预算收入主要由国有土地使用权出让收入构成，国有土地使用权出让收入与当地房地产市场高度相关，也与国家土地政策及宏观调控政策等关联密切，因此波动性较大；加之土地资源本身具有稀缺性，长期看政府性基金预算收入增长空间有限。通常情况下，政府性基金预算收入占比越高，地方综合财力稳定性越弱。

对于不同的转移支付资金，地方政府自由支配的程度不同，一般性转移支付以均衡地区间基本财力为目标，自有财力较为薄弱地区得到的转移支付资金相对较多，且该部分资金具有较好的持续性和稳定性，大部分资金可由地方政府统筹安排；而专项转移支付在安排时即明确用于办理特定事项，地方政府不能自由支配，且未来持续性弱于一般性转移支付收入。

综上，在评价财力稳定性时，信用评级机构主要参考税收比率、税源集中度、税收收入贡献大的各个产业发展情况、政府性基金预算收入/地方综合财力等要素进行综合评价。

3. 财政平衡能力

财政平衡能力是地方政府自身创造收入满足其支出的自给能力，反映了政府收支矛盾或财政支出压力；政府财政收支平衡程度越高，其财政收支矛盾越小，财政支出压力越小。

在我国现行的分税制下，中央政府集中了部分地方政府的税收，地方政府财权相对有限，而承担的支出责任较多，导致地方政府自身财政收入一般小于其财政支出，地方财政收支缺口一般通过中央转移支付和上级转移支付等进行弥补。地方财政平衡对转移性收入、债务收入等依赖性越大，其自身财政平衡能力越弱；地方政府自身财政收入和财政支出缺口越小，或者转移支付收入占地方财政收入的比重越低，则地方政府财政收支的自我平衡能力越好。在评价财政平衡能力时，信用评级机构主要参考一般公共预算收入/一般公共预算支出、上级转移收入/地方财政收入等核心要素。

4. 财政支出的灵活性（或财政支出的弹性）

财政支出的灵活性（或财政支出的弹性）是个别信用评级机构用来评价地区财政实力的指标之一。财政灵活性体现了地方政府在临时性财政压力下，调整自身收入或支出的能力。由于我国地方政府不具有税收立法权和调节权，因此财政灵活性更多地体现为财政支出的灵活性。

在评价财政支出灵活性时主要参考一般公共预算支出结构及支出弹性。一般公共预算支出按照财政支出的经济分类，可分为经常性支出和资本性支出。经常性支出是保障政府机关和事业单位日常运转及社会保障等方面的支出，具有较强的刚性特征；资本性支出则是地方政府推动区域经济增长的主要手段，具有较大的可调节空间。财政支出中经常性支出占比越低，地方政府的财政支出可调节性越大，即政府财政收入中可灵活支配的资源越多，对偿债的保障能力越高。在评级实践中，信用评级机构在评价财政支出灵活性时，主要参考刚性支出/一般公共预算支出、资本性支出/财政总支出这两个指标。

5. 区域政府行政地位和未来财政预算情况

在我国现行的五级行政体制下，我国财政也实行五级财政体制。《预算法》划分了中央和地方财政的收支范围，而省级及省以下各级财政收支范围由省政府明确，或由省政府授权下级财政决定，如省管县，在财政预算、决算、转移支付、专项资金补助、资金调度、债务管理等方面，由省级财政直接对县级财政进行管理。通常情况下，地方政府行政级别越高，财政收支自由调节的空间就越大。未来财政预算情况主要衡量地方政府的预算方案和资本支出计划的匹配性,分析地方政府的预算方案和资本支出计划。对预算方案的分析主要关注预测收入、预测支出和相关经济假设的合理性和谨慎程度,资本支出计划分析考虑已列入规划中的投资项目和相应的资金来源。

除此之外,城镇化水平、土地资源状况、地方政府的分税体制、税收政策的变化和"省直管县"政策,各种税收在中央和地方各级政府之间的分成比例及转移支付制度等因素对受评地方政府财政收支调节能力的影响,也是部分信用评级机构关注的因素。

5.2.4.3 地方政府债务

地方政府债务规模大小直接关乎其未来待偿债务的体量,但绝对规模难以全面反映地方政府的偿债压力。对于经济发达地区的地方政府,由于自身财政实力较强,且未来收入持续性较好,预算灵活性较大,有能力负担较大规模的债务,以满足地区经济发展的需要,地区债务绝对规模往往高于经济欠发达地区。此外,流动性对于地方政府周转或化解债务危机具有重要意义,较弱的流动性往往是触发违约的重要因素。在评价地方政府债务时,信用评级机构综合考察各地方政府的债务规模、偿债能力(债务负担)、流动性等要素。

1. 债务规模

在尚没有法律对地方政府债务边界做出明确认定的背景下,绝大部分地方政府无法形成规范的债务总量统计口径和结果。鉴于我国地方政府债务的特殊性,国内信用评级机构对地方政府债务的界定有差异,但在对债务规模进行评价时,都关注地方政府的存量债务规模、地方政府性债务总额(全地区和本级政府)、地方政府直接债务和担保债务的规模及未来债务规模的变化等。

2. 偿债能力

地方政府偿债能力是反映地方政府财政状况和运转效率的重要标志,体现出其偿还到期债务的能力或保障程度。国内信用评级机构对地方政府偿债能力的考察主要通过债务率和负债率指标进行,债务率反映地方政府通过动用当期财政收入满足偿债需求的能力,该指标是对地方政府整体偿债能力的度量。国际货币基金组织确定的债务率控制标准参考值为90%—150%。负债率主要反映地方经济总规模对政府债务的承载能力及地方政府的风险程度,或地方经济增长对政府举债的依赖程度。一般而言,地方政府债务率和负债率越高,其面临的债务风险越高。

3. 流动性

流动性是地方政府能否及时获取充足的资金以应对即期债务偿付的反映,是地方政府债务周转能力的重要标志,信用评级机构主要考察地方政府的再融资能力和可变现资产情况。

一般情况下,地方政府通过直接或间接途径,如发行新债券等融资的渠道越畅通,政府货币资金和可变现资产越充裕,地方政府债务周转能力就越强,其面临的流动性风险越小。在评价流动性时,信用评级机构主要关注地方存量财政资金、控股和参股的国有股权价值、可出让的土地价值,以及国有资本经营预算收入、地方政府债务限额使用情况、融资平台债务周转能力等因素。

4. 债务的期限结构

债务的期限结构是部分信用评级机构考量政府债务的指标。债务的期限结构决定了地方政府在特定时间内的偿债压力，如果地方政府对债务偿还时间安排不合理，债务到期时间较短或者存在较为显著的债务到期高峰，则容易导致政府流动性覆盖不足而出现流动性风险。信用评级机构对该要素的评价主要考察债务的期限结构、一年内到期债务占比、担保债务/表内债务等。

5.2.4.4 地方政府治理水平

地方政府治理水平影响着地区经济发展效率、财政汲取能力、举债融资行为等，在一定程度上反映了地方政府的偿债意愿，地方政府治理水平分析是对地方政府管理所辖区域内经济、财政等行政能力的综合评价。信用评级机构在评价政府治理水平时主要考虑政府管理水平、政府信息披露情况和地方政府以往的信用记录等要素。

1. 政府管理水平

政府管理水平对地区社会经济稳定发展、应对危机、防止道德风险、保障债务偿还意愿等方面影响重大。地方政府财政预算、决算管理、债务管理制度较为完善，且各项制度执行情况良好，则有利于降低其财政风险。国内信用评级机构在评价政府管理水平时主要关注地方政府财政管理制度和债务管理情况。

地方政府财政管理制度方面，信用评级机构主要关注地方政府是否建立相关财政管理制度、相关管理制度的执行情况、财政预决算报告的差异程度、地方财政收支的审计情况、地方政府项目投资决策是否科学和合理、财政管理行为的规范性等因素。

债务管理方面，若地方政府举债经过当地人民代表大会同意，并且编制地方政府债务预算报表，同时制定相关债务管理办法、债务预警体系，设立偿债基金，对其投融资平台的债务进行有效的监管和控制，并按照相关规定执行债务管理和债务偿还，则有利于降低其债务风险。信用评级机构在评价该要素时主要关注地方政府债务管理制度的完善程度及执行情况、地方政府中长期财政计划、投融资决策的科学性及合理性、债务限额管理情况等方面。

2. 政府信息披露情况

政府透明度体现了地方政府履行职责及守信状况，地方政府经济、财政、债务等信息的透明度越高，越有利于社会对政府行为进行监督，并降低地方政府腐败现象和不合理支出，提高地方政府管理效果。地方政府债务如果经审计机构审计，并及时向社会公布，则有利于揭示地方政府的债务风险。

目前，我国各级地方政府经济信息披露相对较多，但有些地区披露不够及时；财政和债务信息的披露情况差异较大，整体披露较少，且及时性较差。信用评级机构重点关注地方政府经济、财政和债务信息是否披露全面，是否经过审计机构审计，信息披露的充分性和及时性，信息公开渠道及媒介是否多元等因素。

3. 地方政府以往的信用记录

地方政府以往的信用记录也是部分信用评级机构在对政府治理水平进行评价时的重要参考指标，是地方政府诚信程度和地方政府偿债意愿的最直接体现。信用评级机构在考察该要素时主要关注最近5—10年(或更长时间)内地方政府是否有重大信用违约记录、到期债务偿还情况，对外承诺的严谨性、合法性及到期执行情况，签订的相关合同的执行情况（比如与平台企业的代建协议和BT[①]协议）等。

除以上重点评价指标外，部分信用评级机构还将地方政府发展战略可行性、领导素质及相对稳定性、行政组织机构是否精简高效以及地方投融资平台经营状况作为考察地方政府管理的参考指标。其中，地方政府是否确立具有明确目的性、前瞻性、综合性和可行性的区域发展战略决定了区域经济能否实现长期稳定增长，同时也影响地方政府债务的变化趋势，因此地方政府发展战略的可行性越强，越有利于地区经济快速发展和财政实力的增强。

地方政府领导人的学历、经历、以往业绩和社会评价是影响政府治理水平的重要因素，高素质领导人能制定合乎地方实情的发展战略和保障战略的有效执行，并可能更容易获得上级支持，在一定程度上避免道德风险。领导人频繁非正常变动将难以保障地方发展战略的稳定性和一致性，加大地区信用风险。精简高效的行政组织机构能保障地方发展战略的执行力，同时降低政府行政性费用支出。地方投融资平台企业运营情况，从另一侧面也反映地方政府对其管理情况和支持的诚信度情况。

5.2.4.5 外部支持

我国单一制的政治体制决定了地方各级政府不享有独立主权，地方政府在行政上接受中央政府的统一领导，但中央政府与地方政府在经济、财政上处于分权状态，地方政府具有较为充分的经济发展自主权和一定程度的财权。作为中央政府统一领导下的国家行政机关，一旦地方政府出现财政或债务危机，中央政府或上级地方政府出于维护经济和社会稳定的目的，对地方政府提供支持的可能性较高。因此，地方政府的信用风险不仅受其自身所面临的经济、财政状况、政府债务和治理等因素影响，还受外部支持因素的影响。

在我国现行的分税制及转移支付等财政管理体制下，中央政府对地方各级政府的税收返还和转移支付作为一种经常性支持，已经纳入地方政府自身信用风险的评价中进行分析。因此，信用评级机构将地方政府面临财政或债务危机时上级政府的支持作为特殊外部支持，纳入地方政府信用评级框架中，以评价外部支持对地方政府信用等级的影响。具体来讲，信用评级机构对外部支持的考量因素主要包括地方政府的政治重要性、经济重要性、上级政府的支持程度、道德风险和支持方信用等级等方面。

1. 政治重要性

对于我国地方政府而言，其核心目标是在维护地区政治社会稳定的前提下实现经济的可持续发展。长期来看，维护地区整体的稳定和发展与避免道德风险两者是一致的；但就短期而言，两者有可能发生冲突。当两者发生冲突时，相较于避免道德风险而言，维护地区整体的稳定和发展更为重要。因此，上级政府在考虑对地方政府的救助时，政治重要性是首要因素。

---

① "BT"为"建设（build）-移交（transfer）"的简称。

第一，具有特殊政治意义的地区，如少数民族地区、边疆地区等，其政府违约的冲击和影响程度通常高于其他地区政府。第二，行政级别是衡量政治重要性的主要因素，一般来说，行政级别越高，政治重要性越高，如省级政府违约的冲击和影响通常高于市级政府。因此，一旦这些地区发生财政或债务危机，其获得外部支持的可能性相对较大。

2. 经济重要性

当地方政府出现债务危机时，如果政府无法正常运转，则会影响到地区经济的发展，从而影响社会稳定，因此经济重要性也是影响上级政府对下级政府进行支持的重要因素。地区经济与外部经济联系的大小是衡量经济重要性的因素，区域性的经济、金融中心，能够吸引大量的外部投资以及与其他地区具有较密切的生产联系的地区，其政府违约的经济影响通常高于其他地区。此外，地方政府对经济发展的作用或影响大小也是衡量地方政府经济重要性的考虑因素，地方政府对经济发展的作用或影响越大，其违约对当地经济的冲击越大，为避免诱发区域性风险，上级政府对其实施救助的可能性相对越高。

3. 上级政府的支持程度

上级政府对地方政府的支持程度主要考察地方政府获得的历史支持记录，体现在地方政府出现财政危机时，上级政府给予地方政府的特殊救助资金或特殊政策，以及帮助其渡过财政难关的其他支持措施。一般而言，上级政府对地方政府面临债务危机或财政危机时有过相关特殊支持，可以体现出未来上级政府提供特殊支持的意愿。地方政府获得的历史支持记录主要考察在特殊情况下（如政治需求、自然灾害、重大的基础设施项目资本支出、在影响地方政府财政收支平衡的长期严重的经济衰退时期），本级政府出现债务危机时，是否获得过上级政府的偿债支持。此外，上级政府未来支持的持续性，也是评价地方政府获得上级政府支持程度的考量因素。

4. 道德风险

道德风险是部分信用评级机构在评价外部支持时的考量因素。当地方政府出现债务危机时，上级政府实施救助可能会引起地方政府的"道德风险"。上级政府实施救助产生的"道德风险"越大，上级政府提供特殊支持的可能性越小。

信用评级机构主要关注政府举债与财政可持续性相协调的情况，主要通过地方政府债务规模与其可用财力的匹配程度来衡量。如果地方政府当前的存量债务规模远超出其可用财力水平，则表明地方政府存在不顾自身实际能力而过度举债的行为。当这类地方政府出现债务危机时，如果上级政府仍然实施救助，则该地方政府和其他地方政府都会形成未来出现类似的债务危机时上级政府仍会提供援助的预期。因此，地方政府举债与其财政可持续性越不协调，上级政府提供支持的可能性就越低。

此外，信用评级机构还关注政府举债用途或者债务危机是否是地方政府为履行其基本职能而引发的。如果政府发生债务危机是由自然灾害引发的，则上级政府提供援助面临的道德风险相对较小；如果债务危机是由地方政府不负责任的过度投资导致的，则中央政府救助引起的"道德风险"相对较大。

5. 支持方信用等级

支持方信用等级也是部分信用评级机构评价外部支持时的考量因素之一。上级政府信用等级决定了其对受评地方政府进行支持的能力，上级政府信用等级越高，对受评地方政府的支持能力越强。由于我国财政体制受行政体制影响较大，一般情况下，受评地方政府财政与上一级政府财政存在较为直接的关系，因此在考察上级政府支持时，信用评级机构重点关注上一级政府对受评地方政府的支持。

在某些必要情况下，更高级次的地方政府乃至中央政府也可能直接对受评地方政府实施救助，例如受评地方政府面临自然灾害，或处于影响地方政府财政收支平衡的长期、严重的经济衰退时期等情形。信用评级机构在考察这一要素时，主要参考上级政府信用等级，同时关注上级政府行政层级、财政级次、上级政府可动用资源状况等因素。

5.2.5 地方政府信用评级等级符号及释义

目前，我国信用评级机构的地方政府信用评级等级符号及释义均根据财政部相关文件的要求进行统一定义。

根据财政部 2015 年 3 月颁布的《关于做好 2015 年地方政府一般债券发行工作的通知》，地方政府一般债券信用评级等级符号及含义如表 5-3 所示。

表 5-3　地方政府一般债券信用评级等级符号及含义

等级	含义
AAA	偿还债务的能力极强，基本不受不利经济环境的影响，违约风险极低。
AA	偿还债务的能力很强，受不利经济环境的影响不大，违约风险很低。
A	偿还债务能力较强，较易受不利经济环境的影响，违约风险较低。
BBB	偿还债务能力一般，受不利经济环境影响较大，违约风险一般。
BB	偿还债务能力较弱，受不利经济环境影响很大，违约风险较高。
B	偿还债务的能力较大地依赖于良好的经济环境，违约风险很高。
CCC	偿还债务的能力极度依赖于良好的经济环境，违约风险极高。
CC	基本不能偿还债务。
C	不能偿还债务。

注：AAA 级可用"-"符号进行微调，表示信用等级略低于本等级；AA 级至 B 级可用"+"或"-"符号进行微调，表示信用等级略高于或低于本等级。

根据财政部 2015 年 4 月颁布的《关于做好 2015 年地方政府专项债券发行工作的通知》，地方政府专项债券信用评级等级符号及含义如表 5-4 所示。

表 5-4　地方政府专项债券信用评级等级符号及含义

等级	含义
AAA	对应的政府性基金或专项收入收支状况、对应项目建设运营状况极好，偿还债务的能力极强，基本不受不利经济环境的影响，违约风险极低。
AA	对应的政府性基金或专项收入收支状况、对应项目建设运营状况很好，偿还债务的能力很强，受不利经济环境的影响不大，违约风险很低。
A	对应的政府性基金或专项收入收支状况、对应项目建设运营状况较好，偿还债务能力较强，较易受不利经济环境的影响，违约风险较低。

(续表)

等级	含义
BBB	对应的政府性基金或专项收入收支状况、对应项目建设运营状况一般,偿还债务能力一般,受不利经济环境影响较大,违约风险一般。
BB	对应的政府性基金或专项收入收支状况、对应项目建设运营状况较差,偿还债务能力较弱,受不利经济环境影响很大,违约风险较高。
B	对应的政府性基金或专项收入收支状况、对应项目建设运营状况很差,偿还债务的能力较大地依赖于良好的经济环境,违约风险很高。
CCC	对应的政府性基金或专项收入收支状况、对应项目建设运营状况极差,偿还债务的能力极度依赖于良好的经济环境,违约风险极高。
CC	对应的政府性基金或专项收入收支状况、对应项目建设运营状况极差,基本不能偿还债务。
C	对应的政府性基金或专项收入收支状况、对应项目建设运营状况极差,不能偿还债务。

注:AAA级可用"-"符号进行微调,表示信用等级略低于本等级;AA级至B级可用"+"或"-"符号进行微调,表示信用等级略高于或低于本等级。

【专栏5-2】

2018年广东省政府一般债券(二期)信用评级

债券名称: 2018年广东省政府一般债券(二期)
债券信用级别: AAA
评级时间: 2018年6月4日
评级观点:

a. 广东省经济实力

依托区位、港口等资源优势以及政策红利,广东省经济发展迅速,经济实力在全国各省市中名列前茅,同时对周边地区的经济增长和发展具有较强的辐射能力。广东省民营经济活跃,经济外向度高,消费和投资是拉动地区经济增长的主要动力;受国内外经济下行及产业升级等因素影响,广东省对外贸易依存度持续下降。广东省产业转型升级步伐全国领先,逐步以科技创新、技术改造升级不断提升产业竞争力,产业结构更趋高级化,经济增长潜力较大。

b. 广东省财政实力

得益于经济的快速发展,广东省财政实力较强,且保持稳步增长趋势。其中,一般公共预算收入在全国范围内处于高水平,收入质量及持续性较好,公共财政自给能力强;政府性基金预算收入主要以国有土地使用权出让收入为主,其规模受土地市场行情影响较大,但近三年保持增长;国有资本经营收入主要系国有企业上缴利润,对财力的贡献有限。

c. 广东省政府债务状况

广东省政府债务规模较大,但得益于良好的经济基础及雄厚的财政实力,地方政府债务负担相对较轻。近年来,全省政府债务规模有所增长,但距财政部核定的债务限额仍有一定空间,同时广东省政府不断加强政府性债务管控体系建设，管控措施持续完善。

d. 广东省政府治理状况

广东省政府不断深化行政审批制度改革，政府运行效率与服务能力不断提升；政务信息披露及时，渠道丰富，信息透明度较高；广东省立足地区实际，制定了一系列重大且可行的地区经济、社会发展规划，政府战略管理能力较强。

e. 债券信用质量分析

本期债券全部为置换债券，募集资金拟用于偿还符合条件的政府债务本金，以及清理甄别确定的截至2014年12月31日地方政府或有债务本金按照《财政部关于对地方政府债务实行限额管理的实施意见》规定可以转化为地方政府债务的部分。

本期债券债务收入、安排的支出、还本付息等纳入广东省一般公共预算管理。近年来，广东省经济总量在全国各省市中持续位居首位，科技创新和技术改造不断提升产业竞争力，经济发展潜力较大。全省一般公共预算收入规模较大，且保持稳步增长态势，公共财政自给能力强，同时，持续稳定的上级补助收入进一步增强了全省一般公共预算财力，可为本期债券偿付提供较好保障。

资料来源：根据国内某信用评级机构地方政府债券信用评级报告整理。

5.2.6 地方政府信用评级结果的分布

2014年，上海市、浙江省、广东省等10个省（市）开展地方政府债券自发自还试点，随后从2015年开始，所有省份及计划单列市开始自发自还，我国地方政府债券发行规模快速增长。

根据财政部规定，地方政府发行一般债券和专项债券时，信用评级机构仅评定债项信用等级，并不用评定地方政府主体信用等级。从2014年以来发行的所有地方政府一般债券和专项债券的信用等级看，全部为最高等级AAA级，且对于同一地方政府发行的一般债券和专项债券，不同信用评级机构评定的信用等级并无差异。出现这一等级分布特征的一个重要原因是，目前能发行地方政府债券的地方政府的行政层级较高，均为省级政府、直辖市或计划单列市政府，其在我国政府管理架构中地位突出，重要性极高，能够获得中央政府的持续支持。同时，其自身可调配的资源丰富，对债务的偿还能力和意愿均极强。

此外，更为重要的一点是，我国政体与美国等采取联邦制的西方国家的政体是不同的，联邦制下地方政府是独立的、可以破产的，而我国地方各级政府不享有独立主权。目前国内也没有形成地方政府破产的相关法律制度，因此地方政府信用的背后始终站着是中央政府的隐性支持。2014年，财政部的研究报告提出研究制定《地方政府破产法》，此事虽然并无实质性进展，但最近几年我国的一些政策性文件还是变相提出了地方政府破产的概念，例如2016年11月国务院发布的《地方政府性债务风险应急处置预案》等。因此在现有的国情下，虽然我国地方政府一般债券和专项债券的评级结果确实存在区分度不够的现象，但随着时间的推移和制度的完善，有理由相信这一现象将逐步得到缓解。这从同一时期不同地方政府发行的一般债券的票面利率并不完全相同可见一斑，某些地区地方政府债发行时甚至出现过意外流标的情况，显示市场已经开始对此有所预期。

【专栏 5-3】

国际信用评级机构的地方政府信用评级结果分布

图 5-5 和图 5-6 显示了标普及穆迪对美国各州政府的一般责任债券的评级结果分布。

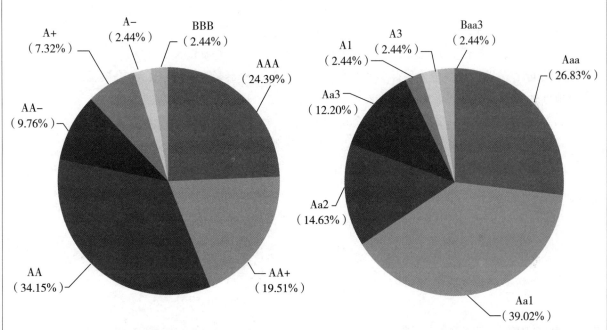

图 5-5　标普的美国州政府一般责任债券评级结果分布

资料来源：Bloomberg。

图 5-6　穆迪的美国州政府一般责任债券评级结果分布

资料来源：Bloomberg。

从美国州政府一般责任债券的评级结果分布来看，标普及穆迪两大信用评级机构对美国州政府的信用评级结果整体均处于较高水平，在有评级数据的 41 个州中，标普给予了 87.8% 的州 AA-级及以上的评级，而穆迪则给予了 92.7% 的州 Aa3 级以上的评级。从两大信用评级机构的评级结果数据比较来看，穆迪的评级结果较标普相比平均级别略高，主要体现于穆迪给予的 Aa1 级较多而标普的评级结果更集中于 AA 级。

本章小结

1. 地方政府信用评级是对地方政府偿债能力和意愿的综合评估。国际信用评级机构的地方政府信用评级起源于20世纪初的市政债券，经百余年发展，评级方法已相对成熟。

2. 国内信用评级机构的地方政府信用评级起步远远晚于国际信用评级机构，其发展是在我国地方政府债务的逐步发展和规范的基础上发展起来的。我国地方政府债券最早出现于2009年，经历了财政部代发代还、部分地区自发财政部代还以及自发自还三个阶段。2015年起，地方政府债券发行逐步规范，其品种也由单一的地方政府债券品种扩展至一般债券和专项债券两大类品种。

3. 地方政府债券的信用评级机制于2014年自发自还地方政府债券的试点工作中首次引入，对债券市场、评级市场的发展财税体制改革等具有积极的、重要的、里程碑式的意义。地方政府债券的评级标志着我国市政债评级的开启，不仅有利于推进我国地方政府债务的管理、加强财政内控制度建设，也将促进我国地方政府债务的市场化、透明化和规范化，并促进未来我国市政债的进一步发展。

4. 国内信用评级机构在借鉴国际信用评级机构评级技术和经验的基础上，结合我国地方政府和地方政府债券的特色，建立了各自的地方政府信用评级方法。国内外信用评级机构的方法均采用了定性和定量相结合的分析方法，通过综合评价地方政府的经济、财政、管理、债务和政府架构等要素得到地方政府自身信用水平，再考虑外部支持及调整因素得到最终的评级结果。

本章重要术语

地方政府信用评级　地方政府债券　一般债券　专项债券　地方政府债务　国家行政体制　财政管理体制　财政预算　财政收支　财政平衡能力　政府治理

思考练习题

1. 国际信用评级机构的地方政府信用评级包括哪些要素？
2. 简述我国的政府架构和财政体制的特点以及与美国的不同点。
3. 我国地方政府债务发展经历了哪几个阶段？
4. 我国地方政府债券包含哪些品种？简述各类债券的定义。
5. 我国地方政府债券引入信用评级机制的意义是什么？
6. 我国国内信用评级机构的地方政府信用评级的基本逻辑是什么？
7. 当前我国地方政府债券信用评级结果缺乏区分度的原因有哪些？
8. 与其他工商企业相比，国内信用评级机构对地方政府信用风险的考察主要从哪些方面进行？

参考文献

[1] 朱荣恩、丁豪樑、袁敏：《资信评级》，中国时代经济出版社，2006年。

[2] 朱荣恩：《新世纪信用评级国际研究》，中国金融出版社，2015年。

[3] Fitch Rating, "U.S. Public Finance Tax-Supported Rating Criteria", 2018.

[4] Moody's Investors Service, "Rating Methodology: Regional and Local Governments", 2018.

[5] Moody's Investors Service, "U.S. Public Finance: US States and Territories", 2018.

[6] S&P Global Ratings, "U.S. Public Finance: U.S. State Ratings Methodology", 2016.

相关网络链接

标普公司网站：www.standardandpoors.com

穆迪公司网站：www.moodys.com/

惠誉公司网站：www.fitchratings.com/

上海新世纪资信评估投资服务有限公司网站：www.shxsj.com/

中债资信评估有限责任公司网站：www.chinaratings.com.cn/

大公国际资信评估有限责任公司网站：www.dagongcredit.com/

中诚信国际信用评级有限责任公司网站：www.ccxi.com.cn/cn

联合资信评估有限公司网站：www.lianheratings.com.cn/

东方金诚国际信用评估有限公司网站：www.dfratings.com/

第 6 章
工商企业信用评级

姜 克 袁 也（中债资信评估有限责任公司）

学习目标

通过本章学习，读者应做到：
◎ 了解工商企业信用评级的评级思路和框架，掌握工商企业信用评级要素结构和等级含义；
◎ 理解工商企业经营风险评级要素，掌握对经营风险的基本判定方法；
◎ 理解工商企业财务风险评级要素，掌握对财务风险的基本判定方法；
◎ 掌握工商企业外部支持评级要素和方法。

■ 开篇导读

　　A 公司是一家中型制药公司，经营医药制造业务的同时兼营医药贸易业务，此外，公司为实现业务多元化，进入医疗器械融资租赁领域。截至 2017 年年末，公司资产总额约 150 亿元，当年实现营业收入 110 亿元，近年综合毛利率稳定在 25% 左右，资产负债率约为 50%。B 公司是某区域内贸易行业龙头企业，主营纺织品、轻工产品外贸业务，营业收入波动较为明显，2017 年收入超过 800 亿元，中短期债务规模很大。目前，两家公司为进一步扩大生产经营和偿还债务，均在公开市场进行债务融资，债券发行利率相同。雅各布银行有部分资金可以用来投资，打算从 A 公司和 B 公司中选择一家公司进行投资，那么应该选择哪家公司呢？雅各布银行就需要评估两家公司的信用质量。

信用评级通过研究影响受评对象的诸多信用风险因素，综合分析其偿还债务能力及意愿，对其信用风险水平进行分析判断并以简单明了的符号加以表达。依据评级对象的不同，信用评级可分为主体评级和债项评级两种。其中，主体评级是对受评主体如期偿还其全部债务及利息的能力和意愿的综合评价，主要以受评主体长期违约概率的高低来衡量，根据受评主体所属行业的不同，主体评级的方法会有所差异；债项评级是对投资某只债券的特定风险进行计量和评价，既反映企业的信用风险又反映债项特有信用风险。本章阐述的工商企业信用评级方法适用于工商企业类受评对象的主体评级。

6.1 工商企业信用评级的要素结构

工商企业是指从事工业及商业活动的各种性质的经济主体，按照我国国家统计局国民经济行业分类（GB/T 4754-2017），行业代码前两位为06—46的企业属于工业企业，行业代码前两位为51—52的企业属于批发零售业企业，本书所指的工商企业为二者的集合，共涉及资源开采、加工、机械设备生产、信息服务、商品销售等几十个大类，上千种细类。

6.1.1 工商企业信用评级的要素结构

工商企业信用评级是对受评企业如期偿还其全部债务及利息的能力和意愿的综合评价，主要以受评企业长期违约概率的高低来衡量，即衡量企业可用于偿还债务的资金来源对其所需要偿还债务的保障程度和可靠性。需要注意的是，由于债务偿还发生在未来时点，而企业债务规模通常会随时间变化而变化，因此，受评企业的债务不仅包括企业目前的账面债务，还包括企业因经营和竞争压力所必须承担的资本支出等方面的债务安排。

受评企业自身信用风险程度的高低与企业面临的经营风险和财务风险密切相关。经营风险可用于衡量企业未来可持续获取偿债资金的来源和规模的可靠性，在相同财务风险的情况下，经营风险低的受评企业的信用质量会高于经营风险高的受评企业；财务风险可用于度量企业债务规模以及企业资金对债务的覆盖程度，在经营风险相同的情况下，财务风险低的受评企业的信用质量会高于财务风险高的受评企业。综上所述，受评企业自身信用质量由其经营风险和财务风险综合决定。此外，受评企业的违约概率不仅与受评企业自身信用质量有关，亦和企业可能获得的外部支持相关。在同等条件下，有外部支持的企业，其违约概率通常会低于无外部支持的企业；外部支持力度强的企业，其违约概率通常会低于外部支持力度弱的企业。

对工商企业进行信用评级，在经营风险方面重点考量受评企业在外部经营环境、所处行业状况、行业竞争能力、管理与战略四个方面的表现，在财务风险方面重点考量受评企业在财务信息质量、资产质量、资本结构、盈利能力、现金流量、偿债指标六个方面的表现，在外部支持方面重点考量来自股东和政府两个方面的支持，将受评企业在上述方面的表现与同行业其他企业进行比较，综合评定受评企业的信用等级（见图6-1）。

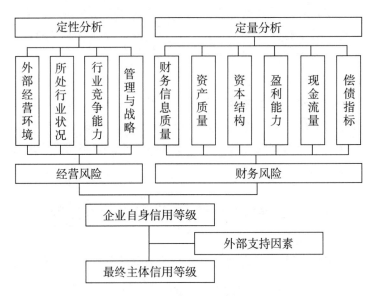

图6-1 工商企业信用评级思路框架

在分析方法方面，由于信用评级是对企业未来偿还债务能力的预测和判断，而企业又处于不断发展变化的过程之中，所以很难简单依据历史数据分析得出受评企业的信用等级。因此，需要采取静态分析和动态分析相结合、定性分析和定量分析相结合、专家经验和数理统计分析相结合的方法对企业进行综合评估。

第一，静态分析和动态分析相结合方面，企业未来的发展变化会对其未来债务偿付和债务规模产生影响，因此不仅要考量受评企业于某一个时点在评价指标体系方面的表现，还要考量未来不同时点受评企业各指标的波动情况。第二，定性分析和定量分析相结合方面，定性分析是建立在经验积累上的主观判断，经营风险分析以定性分析为主，定量分析选取一定指标予以量化并给定一定权重，通过与评级标准的对比，为定性判断提供量化依据，财务分析以定量分析为主。第三，专家经验和数理统计分析相结合方面，需要依据数理统计分析建立分行业的评级模型，专家在参考评级模型处理结果的基础上，依据自身经验考虑模型外因素最终确定受评企业的信用等级。此外，在评级时间跨度方面，不仅需要分析企业的历史和当前状况，还应该结合行业发展方向、企业当前的状况、企业发展战略三个方面对企业未来的经营及财务状况进行合理的预测。

评级模型是评级方法的简单数理统计实现，评级模型的应用能减少评级过程中主观因素对信用等级的影响，能在一定程度上增强评级结果的客观性。在实践中，应该重视评级模型建设及模型在信用评级过程中的参考作用，同时需要依据各行业的特征和发展趋势，采用专家经验和数理统计分析相结合的方法建立对应行业的评级模型，并将评级模型在评级业务实践中加以应用。但每一个评级模型都有一定的假设前提，同时，国内市场环境较为复杂，任何一个模型都很难准确量度评级时所需要考虑的全部评级要素和要素之间的相互逻辑关系，所以评级模型只是评级方法的辅助数量工具，不应完全依赖评级模型的处理结果确定受评企业的信用等级。在具体操作过程中，可以首先通过分行业的评级模型运算初步得出受评企业自身的个体信用等级结果，再考虑受评企业获得外部支持的强弱及其他模型外因素，对受评企业自身的信用等级结果进行调整得出指示性级别，最终通过以信用评审委员会评审会议的形式确定的信用等级。

6.1.2 主体信用评级符号的含义

主体信用等级评价是对受评主体违约风险的评价，主要考量受评主体债务偿还能力的强弱和未来面临经营风险的高低，其等级划分为三等九级，符号表示分别为AAA、AA、A、BBB、BB、B、CCC、CC、C，除AAA级和CCC级（含）以下的等级以外，每个级别均可用"+"或"-"符号进行微调，表示在本等级内略高或略低于中等水平。各主体等级含义如表6-1所示。

表6-1 工商企业主体信用等级的含义

评估符号	主体信用等级的含义
AAA	偿还债务的能力极强，基本不受不利经济环境的影响，违约风险极低。
AA	偿还债务的能力很强，受不利经济环境的影响不大，违约风险很低。
A	偿还债务的能力较强，较易受不利经济环境的影响，违约风险较低。
BBB	偿还债务的能力一般，受不利经济环境的影响较大，违约风险一般。
BB	偿还债务的能力较弱，受不利经济环境的影响很大，违约风险较高。
B	偿还债务的能力较大地依赖于良好的经济环境，违约风险很高。
CCC	偿还债务的能力极度依赖于良好的经济环境，违约风险极高。
CC	在破产或重组时可获得保护较小，难以保证偿还债务。
C	基本不能偿还债务。

6.1.3 主体信用评级指标体系

一般通过建立主体信用评级指标体系来全面反映企业信用风险，考察企业的偿债能力和意愿。主体信用评级指标体系是用以分析企业的各种指标要素的集合，包括要素和要素权重两个方面，每一个要素都对应一个指标，要素权重代表要素的影响程度。由于不同受评主体面临的区域环境、行业发展水平以及法律政策等方面可能有较大差异，因此对不同主体考察要素的选取以及权重的赋予可能有略有不同。

在实际操作中，取得受评主体各项指标数据后，与评级标准相比较，得出对受评主体的定量分析结论。评级标准是评级要素之外，主体信用评级指标体系的另一个重要组成部分，是主体信用评级考察内容的参照标准，是进行信用分析和风险判断的基础。评级标准的选择有很多种，比如以受评主体所处区域的水平作为参考，以受评主体所属行业的水平作为标准，或是以受评主体所属特殊企业群体（上市公司或是规模相近公司）的水平作为依据。

综上，主体信用评级指标体系是依据评级思路所确立的反映受评主体经营风险和财务风险水平的所有要素的总和，通过对这些要素的分析，可对受评主体的综合信用风险进行分析判断。虽然各个信用评级机构的评价指标体系可能会存在一定差异，但是由于工商企业主体信用评级的共性，企业评定所需要的一些关键基础性指标，例如，经营环境、企业规模和市场地位、管理与战略等定性指标，以及资产负债率、毛利率、EBITDA 利息保障倍数等定量指标，已经成为各信用评级机构指标体系的重要组成部分。

6.2 经营风险评级要素分析

如上所述，信用评级机构通过评价受评主体的经营风险和财务风险，综合评定受评企业自身信用风险的高低，再考虑外部支持的强弱，最终确定受评企业的主体信用等级。其中，经营风险评级要素包括行业层面的经营风险评级要素和企业层面的经营风险评级要素，经营风险具体的考察要素与受评企业所属行业特性显著相关，不同行业的受评企业，其经营风险需要考察的具体要素会有所差异。下面以制造业为例简要说明评级过程中的主要经营风险评级要素，包括经营环境、行业状况、竞争能力和管理与战略四大方面。

6.2.1 经营环境

经营环境分析在工商企业评级中占有重要位置，每一个企业都处在一定的宏观经济环境中，其所处国家及地区整体经济的发展速度和稳定性会对企业的运营模式和盈利能力产生重大影响。通过对企业所处区域、行业基本情况的分析，可以形成对受评企业的业务发展趋势和方向、经营环境、财务标准以及外部支持等方面的基本预期。经营环境分析包括宏观经济环境和区域经济环境两个方面。

6.2.1.1 宏观经济环境

每一个产业都处于一定的宏观经济环境之中，一个国家或地区整体经济发展快慢及其稳定性会对区域内的行业和企业造成一定程度的影响。宏观经济环境会通过上下游的供求等对受评企业所在行业的盈利能力和质量等产生影响。在宏观经济快速发展时期，很多行业都获得较好的发展机会，产品销售情况会比较好，同时如果政府实施积极的货币政策，行业内的企业也能相对较容易获得发展资金，行业整体运行情况会比较好；相反，如果宏观经济增长缓慢，并同时实施紧缩性货币政策，则企业的生产销售均会受到一定程度的不利影响，企业自身也相对较难获得其发展所需的资金，当企业发生债务困难时，也较难获得外部支持，进而增加债务违约风险。

宏观经济环境分析的重点，是评估宏观经济环境的变化对受评行业产品或服务需求、原材料供给及价格、外部融资环境等方面的影响，一般需要关注宏观经济运行状态和宏观调控政策的变化。在宏观经济运行状态方面，主要考察经济发展所处的阶段、GDP 增长速度、固定资产投资增长速度、人均可支配收入、物价指数等方面的指标；在宏观调控政策方面，主要关注国家货币政策、财政政策、收入政策方面的变化情况。需要指出的是，由于主体信用评级是对企业未来中长期偿还债务能力的评价，因此需要依据历史数据，对受评企业在整个经济周期内的表现情况进行全面评价。

6.2.1.2 区域经济环境

企业所处的区域经济环境往往对受评企业甚至其所处的行业有重大影响，经济景气度较高的区域对市场需求增长的支撑力度较强，企业产品的跌价风险更小。此外，对于市场分化现象明显的行业，特别是存在一定区域性垄断或是调控存在"因城施策"方式的行业，受评企业业务的分布区域越广，其分散和抵抗市场波动风险的能力就越强。

在区域经济环境分析中，重点关注区域经济发展状况、区域资源条件、企业的区域分布情况、地方政策以及政府对行业的支持力度等方面。布局在经济发达或是基础资源富足区域的企业，更容易获取市场或成本优势。例如，对制造业而言，所在区域的经济发展状况、产业配套效应方面的综合表现关系到企业生产原料、辅料及其他生产要素供应的便利程度和成本，也会影响到企业产品销售的市场半径、销售成本。

6.2.2 行业状况

企业所属的行业状况分析对企业整体信用风险评析具有重要作用。不同行业的经营模式、盈利水平及波动性都存在较大差异，对受评企业所属行业情况进行充分了解，有助于提高对受评企业未来发展经营环境、营运状况和盈利能力分析的准确性。对于行业状况的分析，主要包括产业政策、行业景气度、行业市场地位和行业竞争格局四个方面。

6.2.2.1 产业政策

产业政策是政府根据本国经济发展水平和需求，在经济发展的不同时期，针对各个行业所制订的发展规划。国家的产业政策对受评企业的经营和发展有重大影响。根据政策导向对行业的支持程度，可分为支持发展的行业、一般性行业和限制发展的行业三类。一般而言，支持发展的行业发展环境较为宽松，发展前景较为乐观；一般性行业发展环境一般，大多数行业内部竞争激烈，行业内同等规模的企业利润率趋向一致；限制发展的行业，其整体生存环境较差，发展前景很不乐观。例如，我国目前给予环保和新能源汽车行业优先扶持的产业政策，行业整体发展较为迅猛。而对于资源消耗大、环境污染严重、整体效能不佳的行业，例如钢铁和煤炭行业，则采取去产能、环保限产等措施。还需要注意的是，即使在同一行业内部，国家具体的产业政策也会对不同的企业构成不同影响，需要区别分析和对待。例如，在房地产行业整体发展速度下行、行业政策调控力度趋严的背景下，大中型房企在土地资源竞争、企业并购重组、战略转型等方面的竞争优势逐步显现，而中小房企则加速转型退出、竞争淘汰。

在进行产业政策分析时，首先需判断受评企业所处行业是否能获得相关国家政策支持，其次要关注国家具体政策和政策变化趋势，判断对行业内企业的影响，最后综合判断产业政策对受评企业所处行业和企业的经营、盈利、发展的影响及其程度。

6.2.2.2 行业景气度

行业景气度主要通过行业供求和产品价格变化趋势进行反映。从微观经济学的角度来说，产品价格是决定企业盈利能力的核心因素，而行业供求状况是决定产品价格的基础，也是决定企业盈利能力的外部环境，对企业资金获取能力有重大影响。行业产品供求处于不断变化的过程之中，当前的供求状况决定当前的产品价格，未来的供求变化决定未来产品价格的变化。

在对行业供求进行预测时，通常通过行业生命周期来分析，根据行业发展的历史和现状，了解行业发展轨迹和稳定性。通常每一个行业都要经历由成长到衰退的发展演变过程，即行业的生命周期通常包括初创期、成长期、成熟期和衰退期。对于初创期的行业，在技术工艺、市场前景以及国家政策法规等方面都存在诸多不确定性因素，因此，行业内企业很难取得良好的发展环境和经济规模效益，其所面临的各种风险都相对较高；而处于成长期的行业，技术工艺日趋成熟，市场前景和政策法规也相应明朗，企业经营管理逐步步入正轨，发展速度较快，经济效益显著；成熟期的行业供需变化较小，行业内竞争逐步加剧，企业发展速度放缓，利润空间有所收缩；当行业进入衰退期，虽然没有完全退出市场舞台，但经营环境恶劣，企业盈利空间十分狭小，经济效益差。

同时，还需要关注行业周期与宏观经济周期的依存度，即行业的周期性。对于行业周期与宏观经济周期高度相关的行业，如煤炭、钢铁等行业，其发展受经济周期影响波动更为强烈，供需及产品价格的变化亦较大；而对于弱周期行业而言，如食品、制药等行业，其供需和产品价格通常维持在较为稳定的水平，即使在宏观经济下行期间受到的冲击也比较小。

此外，消费习惯以及行业内供给规模的变化会影响行业产品未来需求量的变化，行业内企业项目投产情况会影响未来产品供给量的变化，未来产品需求和供给的变化共同决定产品的价格变化趋势。

在进行行业景气度分析时，先分析当前产品供求的状况，结合消费习惯的变化趋势来预测未来产品需求的变化趋势，并根据短期行业内产能规划情况，判断未来产品的供应状况，再根据供求关系对产品价格做出合理的分析和判断，最后对行业盈利能力、景气度进行预判。

6.2.2.3 行业市场地位

行业市场地位是决定行业盈利能力和现金获取能力的重要影响因素，主要依靠分析上下游行业对本行业影响程度得出。不同行业在产业链中的地位存在较大的差异。在产业链中处于核心地位的行业，其对上下游的影响力较强，能够占用上下游企业的资金，产品和原材料议价能力较强，同时产品附加价值比较高而可替代品的威胁相对较小，处于这种行业的企业盈利能力会比较强，就算自身出现短期资金周转困难，也可以通过占用上下游企业资金来满足其短期资金周转的需要。例如，我国房地产行业直接面对下游消费者，产品附加值高，同时没有替代品，对上游建筑施工企业的资金占用能力较强。而钢铁行业由于对原材料的依赖程度高，行业整体受上游原材料定价变化的影响较大。

在进行行业市场地位分析时，应重点判断所属行业的替代品威胁及其对上下游行业的依赖程度和议价能力，可从上下游行业的竞争激烈程度、所属行业对上游资源及技术的依赖程度、所属行业对下游行业销售渠道的依赖程度、所属行业向上下游行业拓展的难度等方面加以分析，最后综合判断行业市场地位的高低。

6.2.2.4 行业竞争格局

行业竞争是决定行业内企业获利能力和现金流稳定性的核心因素。行业竞争程度大体可以分为完全垄断、寡头垄断、垄断竞争、完全竞争等几种。行业竞争程度主要是由行业进入门槛决定的，行业进入门槛越低，或者退出门槛越高，行业内的竞争程度就越高。行业进入门槛主要受法律法规、规模经济程度以及市场营销渠道等因素影响，退出门槛主要由转型成本决定，对于固定资产比重较高、设备规模大且专业度高的行业，其退出难度就比较大。行业的竞争水平可以通过 CR4 或者 CR10 等指标（即行业前四名或前十名份额集中度）进行反映。

垄断经营的行业，其内部垄断企业可以对地区经济或者行业发展产生较大影响，因此可获得较多的政策支持和经济资源，对上下游企业的影响和资金占用能力也较强，因而往往能够获得可观的垄断利润，现金流也相对充足和稳定，行业内企业的信用风险也相应较低，例如航空、通信等行业。而大部分行业都处于在较强竞争性的行业，需关注行业的竞争焦点和主要竞争方式，例如依靠成本降低、技术研发、提升服务质量或是依托市场营销等，以行业竞争特点作为分析依据，从而对企业的竞争优势做出更加准确的判断。

在进行行业竞争分析时，应重点考察行业集中度、行业主要竞争手段，从而判断行业内竞争程度，同时应把握行业内核心企业的经营及发展状况，判断其对行业内其他企业的影响。

6.2.3 竞争能力

企业的竞争能力反映企业的生产经营实力，是判断企业未来经营状况的关键因素，决定着受评企业的生存发展前景，对考察其信用风险水平至关重要。对于竞争能力的分析，主要包括规模和市场地位、业务和产品结构、技术水平和研发能力、采购渠道、销售渠道、经营业绩和经营效率六个方面。

6.2.3.1 规模和市场地位

通常情况下，在竞争性行业中，在能力条件相同的情况下，规模和市场地位更高的企业可以取得更多的资源进行开发运营，大企业发展历史较长，抵御和防范风险的经验和手段较丰富，维持经营稳定性的能力较强。同时，规模较大的企业，一定程度上能产生相应的规模效益，从而降低其生产成本，获取较高的利润。此外，规模和市场地位高的企业的社会影响力和知名度高，更易获得外部支持。另外，市场地位也是判断企业竞争力的重要参考指标，市场地位突出的企业一般是行业的领军企业，不但对行业发展有着重要影响，对上下游企业以及产品价格也具有较大的话语权。

分析规模与市场地位时，应重点考察资产总额、收入和利润规模、产能及产量、产品市场占有率等在行业内的排名，以此作为企业竞争能力判断的重要依据。需要注意的是，评价企业规模不能单看企业的资产规模的大小。一方面，需要结合行业供求状况和企业本身产能利用率情况。对于所处行业供大于求或是产能利用率较低的企业，一味扩张资产规模可能并不能带来盈利的改善或是市场地位的提升。另一方面，部分企业是将很多小企业组合起来的简单实体，其内部单个经营实体并没有到达行业内规模经营的最佳效益点，而内部各个经营实体之间也没有在采购、生产、销售、研发、资金使用等方面形成合力，这样的企业不一定具有较强的竞争实力，应进行深入分析和综合判断。

6.2.3.2 业务和产品结构

不同业务领域、同一业务领域内不同细分产品面临的供求关系、竞争环境可能存在很大差异，造成其盈利能力及发展前景的不同，对其债务的保障程度存在差异。盈利能力强的受评企业，通常对债务的保障能力强；而盈利能力差的受评企业，通常对债务的保证能力差。

对业务和产品结构进行分析时，首先应考量企业业务和产品的多元化程度及其协同性，多元化程度高、协同性好的企业通常经营稳定性较强，其次应考量其主营业务和主导产品的景气度、竞争力，最后综合多元化程度、景气度和竞争力表现对业务和产品结构进行评价。

6.2.3.3 技术水平和研发能力

企业的技术水平和研发能力是企业发展的根本。企业当前的技术水平反映了企业当前产品的竞争能力，而企业研发能力的强弱直接关系到企业的产品创新、技术创新、工艺创新和管理创新等能力，这可以在很大程度上综合反映企业未来的市场适应能力、产品竞争能力、成本控制能力等，并最终会作用于企业的经营管理，影响着企业竞争能力和信用水平。企业的技术水平体现在生产工艺、设备自动化以及员工的劳动技能等方面，这些方面决定了企业产能和产量的高低、产品质量的稳定性以及生产成本的竞争优势，直接影响着企业的市场竞争力。企业的研发能力越强，技术水平上升速度越快，企业产品更新和市场竞争优势越明显，未来发展潜力也越大。

在进行技术水平和研发能力分析时，将企业当前的主要生产技术与行业主流的生产技术进行比较，通过产品性能、生产效率、成本费用等指标对比，判断其在行业内的水平状态；对企业研发能力的考察要从现在研发机构的设置、研发人员的素质、研发经费的投入、研发成果的水平等几个方面进行分析，通常情况下，企业研发人员素质越高、研发经费投入规模越大，企业的研发能力越强。此外，还需要考虑企业技术更新周期与行业情况的对比，对于技术密集型企业，行业整体科技进步的周期短、速度快，不能紧跟或者超越行业技术进步速度的企业在竞争中所面临的考验将更加严峻。

6.2.3.4 采购渠道

对生产企业而言,原材料采购渠道稳定性及采购成本是影响企业盈利能力的重要因素。采购渠道稳定且议价能力强的企业,不但能保证企业生产经营的稳定性,同时还能保证其比行业内其他企业获得更大的盈利空间,从而对产品价格波动的承受能力也更强,更能够承受行业下行时期价格下跌的压力,自然具有更强的竞争能力和更高的信用质量。

在对采购渠道进行分析时,重点考察企业近几年在采购渠道、采购集中度、采购价格、原材料运输成本等方面的情况,综合判断企业原材料保障的稳定性、采购价格控制能力、原材料运输成本等方面的竞争优势和不足。

6.2.3.5 销售渠道

企业的长期发展有赖于能够为客户提供其所需要的商品和服务,因此,企业销售渠道的建设和稳定维护对企业的长期稳定发展和未来盈利能力的变化至关重要。特别对于制造企业,销售是其发展命脉,企业在销售方面做得不好会导致企业产品积压,资金不能及时回流,如果长期如此就很容易导致债务违约的发生。

在进行销售渠道分析时,首先应考察企业在销售渠道和市场网络方面的建设情况,判断企业当前销售渠道和市场网络方面的布局状况是否与企业当前生产规模匹配,其次应关注企业在下游客户集中度和客户关系稳定性方面的情况,以这两者为基础判断企业经营的稳定性,最后应分析近几年企业主要产品价格的变化情况,判断和预测企业未来产品盈利能力的变化趋势。

6.2.3.6 经营业绩和经营效率

企业的经营业绩一定程度上可以通过企业的发展速度来进行反映。考察企业的发展速度,应重点关注企业总资产、净资产、营业收入及利润的增长速度。企业总资产的增长一方面可以反映企业经营规模的扩张,另一方面也可以在一定程度上说明企业市场地位的提高。企业营业收入和利润的增长可以反映其收益增长情况,营业收入的提升可以反映企业市场份额的提升,代表企业市场竞争力的增强,利润的增长则可以在更大程度上显示出企业获利能力的提升,利润的提升伴随现金流入的相应增加有助于提高企业的偿债能力。需要注意的是,资产的增长应该与收益的增长相匹配,如果资产的大幅扩张并没有带来利润相应幅度的提升,那么就需要警惕企业资产的增长质量,过快的增长可能伴随债务的大幅提升,增加企业的偿债压力,一旦经营环境恶化,经营不达预期,企业的信用风险将急剧抬升,甚至可能威胁到企业生存。对一般企业而言,其适宜的发展速度应尽量略高于行业平均水平,并且保持其收益质量的同步提升。

企业的经营效率分析主要是考察其资产运营状况,可以从资产周转速度、存货周转速度等方面进行考量。经营效率的考量不同于经营业绩,并没有统一的判断标准,不仅行业间差异很大,甚至同行业内不同规模的企业间差距也非常显著,因此,对于经营效率的考察,需要对比行业内相近规模的企业,从而对受评企业得出更加准确的评价结论。

6.2.4 管理与战略

企业产生足够的现金以偿还债务的能力，最终取决于企业的管理层及其管理体系是否能够最大限度地利用其在手资源，并把握市场机遇，经营与管理是其信用质量的内在决定因素。企业管理主要考察各相关利益主体之间的责权划分，以及采取何种手段实现相互制衡，是企业偿债来源的基础和保障，是在既定治理模式下，管理者为实现企业目标、获取偿债来源而采取的行动。企业管理是一个相对封闭的系统，主要任务是对企业内部的人、财、物及相关信息进行计划、组织、指挥、协调和控制。企业的经营管理水平越高，其运营效率就越高，相应地就会提高其信用质量。企业的战略水平对企业发展的稳定性和成长性影响重大，决定了企业能否在可预见的未来有效地组织其生产经营，从而更好地获取资源，产生利润。管理有方、战略得当的企业，一方面管理风险小，另一方面可以更好地抵御市场风险。对于管理与战略，应重点考察企业的法律地位、法人治理结构及组织架构、管理层行为和管理层激励约束机制、分支机构管控能力、管理制度建设及执行情况、信息披露透明度与质量、发展战略及重大事项七个方面。

6.2.4.1 企业的法律地位

对于企业的法律地位，应重点关注两个方面。一是企业的产权情况，主要考虑企业产权是否明晰、股东对企业的控制力度、企业的自主性、股东的规模及可能给予的支持力度和支持意愿。二是企业的母子公司和兄弟公司关系。随着经济的不断发展，越来越多的公司开始建立较为复杂的母子公司和兄弟公司关系，因此，需要对受评企业的法律关系进行深入分析。母子公司关系越紧密的企业，子公司的成功运营对母公司越是不可或缺，因而母公司对子公司的干涉就越强，而子公司的信用违约对母公司的影响也就越强烈。对于没有实质性经营业务，举债主要为了支撑子公司业务发展的母公司，一旦其子公司经营不达预期，母公司就可能面临更大的生存威胁。从兄弟公司关系的角度来看，兄弟公司之间可能会存在较为普遍的资金挪用或是信用担保情况，一旦兄弟公司出现经营问题，可能会对受评企业的信用风险水平产生较大影响，因此，兄弟公司关系也是关注重点。

6.2.4.2 法人治理结构及组织架构

法人治理结构是指企业的出资者和管理人之间的制度安排，对企业未来业绩和长期发展以及信用风险水平有着重大影响。法人治理结构不完善，不但会导致企业经营决策有较大的随意性，同时有可能导致企业资产和资金的随意划转，对企业未来偿债能力将构成较大影响。而拥有良好法人治理结构的企业在受到外部经营环境的不利影响时，更容易扭转经营困境。分析企业法人结构，需要重点关注企业的股权结构，股权结构是公司治理的基础。不同股权结构下的企业，股东行为可能存在差异，根据公司总股本中不同性质的股份所占的比重及其相互关系，公司治理的侧重点也有所不同。一般而言，由于企业面临的法律环境、行业特点、管理层素质存在差异，所以并不存在唯一最适度或最优的股权结构，不同的股权结构决定了不同的企业治理模式，从而会影响企业的行为和整体经营效率。对于股权结构的分析包括：第一，企业股权的分散程度。过度的集中或是分散都不理想。在股权较为分散的情况下，股东与管理层通常分离度较高，此时公司治理的核心为股东与管理层的委托代理冲突，导致控制权不稳定甚至发生实质变更；在股权较为集中的情况下，大股东或控股股东对企业的控制能力强，可能面临大股东恶意掏空企业的行为，针对这个指标应重点分析前五大或十大股东的持股比例。第二，企业经营的独立性，该指标可判断企业股权结构、股东实力和后续资源是否可以帮助企业长远发展。第三，同时关注公司治理结构是否完整，内控制度是否能够有效监督企业股东会、董事会、监事会等的构成及职责履行情况。第四，还需要关注企业实际领导体制、重大事项决策机制、领导层和董事会的聘任机制以及高级管理层的激励约束机制，判断其对维护企业经营的实际作用，是否能够保证企业重大决策的可靠性及企业内部监督机制的有效运行。如果企业的经营决策仅由企业的某个或是少数几个领导者决定，即便其个人能力非常突出，也很难保证其每一个决策的正确性，而一旦决策失误或是出现其他实际控制人风险，则会对企业产生巨大影响。另外，企业发展的不同阶段对企业的组织架构提出不同的要求，要分析企业当前的组织架构是否能适应企业当前发展的需要，决策机制和决策执行是否有效。在具体分析中，可以通过对企业过往历史的研究考察企业应对经营困境的方式，通过对经营计划和实际完成情况的对比考察企业实现目标计划的能力，通过企业规章制度的分析考察对企业管理层行为的监督和制约机制。

6.2.4.3 管理层行为和管理层激励约束机制

企业的管理团队和人员素质是决定企业未来生存发展和信用状况的重要因素之一，因为一个企业是否具有产生足够现金流以偿还债务的能力，最终取决于管理者和企业员工能否最大限度地利用现存资源和市场机遇，也取决于管理者是否具有应付可能出现的不利情况的能力。对于一般企业，对管理团队的分析重点是企业主要管理者的从业经验和历史管理业绩，特别是管理团队对过往突发事件的处理方式和危机公关行为，企业主要领导层对信用问题的观点和作风在很大程度上决定了企业的偿债意愿，此外，还需要关注管理层的稳定性。对于中小企业，应重点分析管理者的社会关系或技术水平，判断其对企业发展可能带来的潜在影响。对于管理层的激励机制主要为薪酬激励，如果企业对管理层的薪酬采用短期、固定、单一的激励机制，不与企业业绩增长挂钩，则容易产生管理层侵害企业利益的道德风险，如增加在职消费、通过关联交易设立小金库进行贪污腐败，并直接侵害企业股东及外部债权人的利益。为克服管理层的利己行为，在现代治理结构下，企业通常采用长期、多元的薪酬激励机制，将管理层薪酬与企业长期增长的经营业绩挂钩，使管理层的利益与企业长期发展相结合，在经营管理中采取更为稳健的经营、财务战略，更好地服务企业发展，保障企业偿债来源，从而保护债权人利益。约束机制方面，除企业及股东设计的与激励机制相对应的约束机制，债权人作为外部人，为保护自身利益，也可以在相关的债务文件中列明相应的管理层约束机制，防止管理层过度投资、激进举债、侵蚀偿债资金。例如，明确要求在企业进行大额投资时需经债权人同意通过，设定融资上限防止管理层过度举债等。债权人设立管理层约束机制可适当约束管理层行为，保障自身利益。

6.2.4.4 分支机构管控能力

债券发行人往往是一些大型的企业集团,部分企业集团是控股公司,母公司并没有自身的经营实体,甚至部分企业对下属公司没有控制能力,而发债的资金又往往用于支持整个集团内部相对较差的企业,如果使用资金的企业发展不顺利,母公司又没有足够的能力调用企业内其他子公司的资金,则很容易导致债务的违约。分析集团对下属公司管控能力时,应重点分析母公司对分支机构综合管理控制、人事控制、财务控制、生产控制、销售控制等方面的做法,评价这种控制模式是否有利于集团加强其对分支机构的控制,使整个集团能迅速对外部市场环境做出反应。同时,集团内部资金的调度能力往往是决定集团应对债务危机能力的关键因素。集团内部财务管理中,集团资金调度能力的强弱以及集团在内部资金调拨方面的管理模式,也应该是分析和评价的重点。另外,集团实际影响力的范围与集团法律意义上的影响范围往往存在较大的差异,部分集团实质上可能不具备处理子公司股权的能力,部分民营企业往往会在法律范围以外调拨和使用资金,这些问题也应该在分析过程中予以重点关注。

6.2.4.5 管理制度建设及执行情况

企业的管理涉及运行的方方面面,组织机构的设立是为了使企业正常运转,具有明确的责任和目的。企业管理制度是否健全,管理制度的执行情况如何,这些是影响企业经营效率的重要因素。考察企业的管理制度建设,首先需要考察企业各经营管理部门的设置是否能够适应企业的发展战略、职责是否明确、是否能够相互协调以及是否可以有效控制风险。对企业管理制度建设和执行情况的分析要关注企业采购、生产质量、销售、财务、人员激励方面的制度建设和执行情况,重点分析企业的质量管理、安全管理和资金财务管理。该部分的分析需要考虑企业管理制度的执行情况,不能单纯看制度文件。有关采购制度的执行情况要结合采购成本和质量控制情况来加以评价;生产质量管理是现代企业管理的基本功,涵盖企业生产经营的全过程,生产制度的执行效果要结合企业的质量认证资格、产品报废率、产品质量来加以评价;销售制度执行情况要结合企业产销率、产成品积压程度来加以分析和判断;财务制度重点关注企业资金管理权限、对外担保和投资管理对于企业信用风险的影响,应收账款的回收和控制风险,以及预算管理及执行考核;人员激励制度执行情况要结合企业员工的实际感受来加以分析和判断。

6.2.4.6 信息披露透明度与质量

及时、透明的信息披露是公司治理稳健的标志,不及时发布信息报告往往标志着企业治理机制存在一定缺陷。同时,在企业主观存在粉饰财务数据动机、客观外部监督不力背景下,部分企业尤其是民营企业的财务信息质量问题较为严重,因此在评价民营企业公司治理时,更需关注财务信息的真实性。在实践中,多家发生实质违约的企业均不同程度地存在延期披露年度审计报告甚至严重财务造假的问题。在评价信息披露透明度及质量时,应重点关注企业是否及时准确地披露监管处罚等重大不利信息、是否延期披露定期报告、是否经常进行重大会计差错调整、是否频繁更换审计机构、是否被出具非标准无保留审计意见、财务数据的真实性等。具体而言，信息披露透明度及质量不佳体现在以下几个方面：企业没有及时、准确地披露监管处罚等重大不利信息；企业多次延迟定期报告披露；企业多次进行重大会计差错调整；企业频繁变更审计机构；审计机构出具非标准无保留意见审计报告；审计机构同时向企业提供其他咨询服务，可能影响审计结论的独立性和有效性；有迹象表明企业的财务数据真实性存在问题。

6.2.4.7 发展战略及重大事项

企业的经营战略主要包括总成本领先战略、产品差异化战略和目标集聚战略三种。采取总成本领先战略的企业选择通过降低生产成本来获取竞争优势，主要依靠大规模生产；采取产品差异化战略的企业必须保证产品在功能、质量或设计等方面的独特性，从而吸引消费者为其支付产品溢价；而采取目标集聚战略的企业，聚焦特定的顾客群体或目标市场以取得竞争优势。三种经营战略都有其各自的经营风险和适用对象，企业经营战略的制定需要企业对未来行业技术动态、政策方向、消费者行为变化以及竞争对手的战略措施进行充分了解，并且明确自身竞争优劣势。企业经营战略体现企业管理层对于企业的发展构想，决定了企业的未来发展方向，反映企业的进取意识与风险意识。企业是否制定了明确的发展战略，其战略目标是否可行，是否与企业自身实力相匹配，实施的具体状况又如何，这些因素将导致企业未来竞争能力和债务负担的变化，进而对企业发展和信用质量产生较大影响，对以上问题的深入了解有利于分析人员把握企业未来投资需求、融资需求、负债程度和盈利能力的变化。

分析时要重点关注企业在建和拟建项目的设计产能、产品的市场需求及价格、资金来源及安排、项目建设进度、产品销售配套措施等方面的情况，判断其实现预期目标的可行性及投资风险，关注项目资金来源和实际落实情况以及资金缺口规模，考察项目延期可能导致的成本上升收益不达预期的影响，分析其建成之后对企业债务负担和盈利能力的影响。另外一些如并购、重组等对企业影响难以合理准确预测的因素，在事情没有成定局之前，也应该本着谨慎的原则在发展战略中做合理分析和判断。

6.3 财务风险评级要素分析

企业的财务状况是其经营成果的最终体现，也是其经营风险和信用风险的财务表现形式。对于财务状况的分析，需要将总量分析和结构分析相结合，以对企业风险做出更加全面和准确的反映。总量分析可以考察企业的经营状况和财务状况的整体表现以及未来发展方向和趋势，结构分析可以通过个别数据的突然变化反映企业的异常情况，从而更加准确地把握企业经营财务方面的隐藏性问题。

财务数据是企业经营和管理的综合体现，是企业财务风险分析的基础，财务信息的可靠性关系到信用风险判断是否合理，因此，对企业财务风险的判断首先要分析财务信息质量。一是财务资料的真实性和准确性以及企业所采用的会计政策，在评级过程中重点采用企业所提供的经过审计的财务报表，分析时要重点关注企业财务报表审计机构的资质、财务报表的审计结论，以及企业重要会计政策的选择是否与行业一般企业一致等。同一行业不同企业在具体会计政策的选择上可能也会有较大的差异，如果单纯依据企业提供的财务数据进行分析会影响同行业内企业财务数据之间的可比性，进而影响对受评对象财务风险的判断。虽然审计机构对财务报表的审计意见是判断财务信息质量的基础，但是不应完全依赖审计结果，而是需要充分了解企业会计政策并对报表相关问题进行独立核查与分析。对于会计政策的分析，应重点关注存货的计价、固定资产的重估和折旧、无形资产和商誉的核算、收入的确认政策和利润留存政策等。二是财务报表的口径问题，在评级过程中需要明确企业是否存在报表口径不一致的情况，合并报表是否反映了母公司对全部下属企业的全部投资情况等。

对于企业财务风险的分析，重点包括以下五个方面：资产质量、资本结构、盈利能力、现金流分析和偿债能力分析。

6.3.1 资产质量

资产质量分析是企业财务分析的起点，企业资产质量越高，其短期支付能力就越强，资产的长期运营效果越好，资产和盈利对债务的保障程度也越高，从而可以降低企业整体财务风险。对于企业资产质量的考察包括结构和质量两个方面，其中结构分析主要是针对各项资产在总资产中的比重进行分析，质量分析是针对各项资产的实际资产价值、流动性、安全性和盈利性进行考量。

6.3.1.1 资产结构

资产结构的分析重点是各资产科目的占比情况，对于比重较大的资产科目需要重点关注和分析。同时，不同行业由于运营方式的差异，各资产科目的规模差异较大，对于企业资产科目的分析还需要结合行业情况做出判断。例如，房地产企业通常情况下存货规模都比较大，对于主业是房地产而存货规模比较小的企业，需关注其经营的可持续性；钢铁行业属于重资产行业，固定资产和在建工程等科目的规模相对较大；高新技术企业则受专利较多等因素的影响，无形资产科目比重较高。除了对各资产项目在某一时间点上的分析，还需要对各资产科目的年度变化情况进行分析。对于增加或减少幅度较大的资产科目，需要结合企业的收购、并购或资产出售、产能扩建等情况相互核查，从而更加准确地把握企业资产和经营的变化。特别是对于虽然收入规模有所提升，但货币资金并没有显著变化而应收账款或是其他应收款科目突然增大的企业，需要关注其收益质量和流动性的问题。

6.3.1.2 资产质量

资产质量的分析重点是在企业资产构成中占比较大的科目。其中，流动资产分析和判断的出发点是企业资产的变现能力和价值的合理性，重点关注存货、应收账款、其他应收款的变现能力。对存货的变现能力要考察存货的构成、市场价值和周转率，存货中原材料占比过高可能会导致超期贬值，而产成品过多可能反映存在产品积压问题，需要关注企业的销售周转环节，存货跌价准备及提取的根据也需要重点关注；应收账款是明确可以变现的资产，是企业偿债的重要资金来源，对应收账款的变现能力要考察应收账款的账龄和周转率，账龄结构越长，则坏账风险越大。对于应收账款比较集中的企业，要重点分析应收账款实际支付人的经营及资信状况，从而确定企业应收账款的实际回款风险；其他应收款主要是企业的内部往来款，对于其他应收款的分析方法基本上和应收账款的分析方法一致，重点分析判断企业是否具有非正常的资金往来，关注企业的资金占用情况。

对于非流动资产的分析重点是在建工程、固定资产、无形资产。对在建工程的分析主要了解在建工程的总体规模、建设进度和建设资金实际到位情况，部分企业经营状况不佳时往往将在建工程一直挂在账上，通过减少折旧来优化企业的盈利状况，分析时要重点关注。对固定资产的分析重点是了解企业折旧期限和政策是否合理，固定资产的账面价值和实际价值是否一致。对无形资产的分析重点是判断无形资产价值估算是否合理，很多企业为了做大资产规模往往将很多无形资产评估值做大，部分无形资产变现能力很差，分析时要重点关注，此外，需要关注其中专利技术的使用情况和受保护程度。

6.3.2 资本结构

企业的资本结构是企业资金来源结构的反映。企业资本结构的状况对企业财务风险有着重要影响，债务负担重的企业偿还债务的压力会比较大，财务风险也会较高；此外，债务结构不合理的企业还有可能引发阶段性的财务危机或者导致不必要的资金成本浪费。对企业资本结构的分析要重点关注四个层次的内容：资金来源、资金成本、债务期限结构以及或有负债。

6.3.2.1 资金来源

企业的资金来源包括所有者权益及负债。所有者权益在资本结构的分析中至关重要，是企业偿债的重要保障。对于所有者权益，应关注所有者权益的构成和变化情况，以及利润分配政策对所有者权益的影响，少数股东权益占比过高可能存在权益稳定性较差或是"明股实债"的问题，可能会影响企业实际债务规模和偿债压力。所有者权益的增加可以通过利润积累、增资扩股、资产评估等方式，对于新增权益需要核查其切实来源，权益的增加如果主要是资产评估增值，需谨慎分析。

不同行业由于运行模式区别很大，企业债务负担的规模亦存在显著差异，因此对于企业当前债务负担的轻重程度必须通过行业内比较来加以分析和判断，而对于企业债务负担的变化趋势的分析，需要特别注意，当企业的债务负担持续上升而盈利能力没有显著改善时，应详细分析原因及其对企业的影响。对负债科目的考察，短期借款的规模及其资金成本很大程度上影响着企业短期支付能力的强弱，不能如期偿付本息的企业可能会不断积累财务费用，侵蚀企业盈利，甚至导致企业破产。对于应付账款的分析应重点关注其付款期限以及是否存在宽限期，企业在现金流较为紧张的情况下，如果可以得到供应方的时间宽限，可以极大缓解企业短期偿付压力。对于长期借款，企业长期借款的绝对规模、偿还期限的集中度和高峰时期的偿还金额会对企业的长期偿债能力产生重大影响。此外，企业的债权融资渠道包括银行贷款、债券融资、信托融资和金融租赁融资等多种方式，各种融资渠道对企业的基础要求以及能够提供给企业的融资成本存在显著差异，在对企业负债结构进行分析时，还需要关注企业所采用的债务融资方式。通常情况下，银行贷款和公开市场债券融资对企业自身资质要求较高，如果企业负债攀升的同时伴随着银行借款或是公开市场发债的减少以及其他债务融资规模的增加，则说明企业可能存在无法取得有效银行信贷额度，或存在较大债务周转压力。

6.3.2.2 资金成本

分析企业资金成本的高低，一方面，应关注企业当前时点的资金成本。由于各行业景气度以及行业债务规模差异很大，行业间资金成本的可比性不高，因此可以对比企业与同行业相近规模企业的资金成本。对于资金成本显著高于其他企业的受评企业，需要特别关注其潜在经营风险及盈利稳定性，一旦盈利下滑，财务费用对利润的侵蚀可能会导致企业经营雪上加霜。此外，资金成本高的企业其承受成本进一步抬升的弹性更差，资金链断裂压力更大，需要关注其目前的债务结构以及实际可获得的信贷额度等融资空间对未来的支撑。另一方面，还需要关注企业资金成本的变化趋势，如果企业资金成本持续走高或是突然大幅抬升，需要对原因进行深入分析。行业性普遍盈利下滑导致的资金成本抬升可能会影响一定时期内企业的资金成本，提升其债务周转和费用控制压力，但市场亦会形成对行业未来触底反弹的预期，从而对企业目前的经营困境容忍度提升，一定程度上降低企业的再融资难度。但如果是由于企业大规模激进扩张等经营战略问题导致的融资成本抬升，则可能压缩企业融资空间和渠道，从而引发信用风险。

6.3.2.3 债务期限结构

分析企业当前债务结构是否合理，应主要分析企业长、短期债务占比情况，并结合企业的资产结构和销售收入的规模来判断。同时，不同行业的企业，其债务结构明显不同。比如，贸易和零售行业的负债都是以短期债务为主，重点关注企业的债务周转压力；而房地产行业负债则主要是长期债务，如果房地产企业短期债务占比过高，则可能存在债务的期限错配，一旦销售不达预期，企业将面临较大债务周转压力。对于债务期限结构的关注也需要结合变化趋势进行考察，短期债务规模突然出现大幅增加的企业，可能面临难以取得长期借款的困境，需要关注其债务周转压力和融资渠道的变化，还可以结合资金成本进行分析。

6.3.2.4 或有负债

对于企业债务的分析，还要判断企业对外担保、诉讼等或有债务对企业债务负担的潜在影响。或有负债主要是企业对外提供的借款担保，虽然并没有反映在企业的资产负债表中，但是对于有些或有负债，企业所负有的偿还义务实质上等同于其资产负债表中的债务，一旦被担保人无法偿还到期债务，受连带责任影响，企业的偿债压力可能会瞬间增大。若或有负债数额较大，叠加受评企业自身抗风险能力差，那么大规模的或有负债发生则可能引发受评企业流动性风险，甚至是信用风险的爆发。对或有负债的分析，需要了解企业担保的规模、担保的性质和期限，以及是否存在反担保条件等，在可能的情况下，还可以适度了解被担保企业的经营情况。而诉讼等重大事项也是信用分析重点。一方面，事件本身可能产生重大的支付要求；另一方面，事件可能对企业声誉造成负面影响，从而影响企业的融资弹性。

6.3.2.5 资本结构指标

1. 资产负债率

$$资产负债率 = 负债总额 / 资产总额 \times 100\% \quad (6-1)$$

资产负债率衡量企业全部资产中负债的比例，是评价企业杠杆水平、偿债能力和企业清算时债权人利益受保护程度的基础指标，体现企业财务政策的审慎程度。企业的杠杆水平越低，资本结构越稳健，财务风险越低，同时企业的财务弹性越高。对于指标的判断一般取行业平均值或中位数作为参考。此外，需要关注企业近年资产负债率的变化情况，在企业存在重大投资的情况下，应对指标的未来表现情况进行预测。

2. 全部债务资本化比率

$$全部债务资本化比率 = (长期债务 + 短期债务) / (长期债务 + 短期债务 + 所有者权益 + 少数股东权益) \times 100\% \quad (6-2)$$

其中，

$$长期债务 = 长期借款 + 应付债券 + 其他长期有息负债 \quad (6-3)$$

$$短期债务 = 短期借款 + 交易性金融负债 + 应付票据 + 一年内到期的有息非流动负债 + 其他短期有息负债 \quad (6-4)$$

该指标反映通过借贷形式所筹措的资本在企业全部资本中所占的比重。如果该指标过高，则表明企业债务负担过重，如果一旦企业经营遇到问题，则可能出现债务偿付困难；如果该指标过低，则表明企业财务政策相对保守，可能未充分利用财务杠杆，但企业债务偿付压力小，信用风险显著低于高杠杆企业。对于指标的判断，需要结合行业整体表现情况，从控制财务风险角度来看，企业指标表现不应低于行业平均水平。需要注意的是，分析师需要对企业报表科目进行分析和调整，以确保指标中长期债务和短期债务涵盖企业全部有息债务，例如，融资租赁实质为债务性融资，如企业将其计入长期应付款等科目，就需要在计算企业长期负债时对科目进行调整。再如，"其他流动负债"和"其他应付款"中的"应付短期债券"应属于全部债务，而"一年内到期的非流动负债"中的无息债务金额应从全部债务中剔除。

3. 长期债务资本化比率

$$长期债务资本化比率 = 长期债务 / (长期债务 + 所有者权益 + 少数股东权益) \times 100\% \quad (6-5)$$

该指标反映通过借贷形式筹措的资本在企业长期资本中所占的比重。该指标的关注事项和标准制定与全部债务资本化比率相同。

【案例 6-1】

企业 A 主营房地产业务，2017 年年末资产总额 131.70 亿元，负债总额 80.40 亿元，净资产 51.30 亿元，所有者权益 51.30 亿元，短期债务 7.19 亿元，长期借款 14.84 亿元，长期债券 20 亿元，则企业的资本结构指标计算如下：

资产负债率 = 80.40/131.70 = 61.05%

全部债务资本化比率 =（7.19+20+14.84）/（7.19+20+14.84+51.30）= 45.03%

长期债务资本化比率 =（20+14.84）/（20+14.84+51.30）= 40.45%

从上述计算中可以看出，企业债务负担处于行业较好水平（行业平均水平约为 70%），有息债务规模尚可，长期债务占比较高，整体债务结构较为合理。

6.3.3 盈利能力

企业盈利能力的强弱是决定企业未来债务偿还能力的基础。一般来说，盈利能力强的企业在承受相同债务压力的情况下，财务风险相对较低，而盈利能力弱的企业财务风险相对较高。对于企业盈利能力的分析，包括收入利润分析、收入质量分析和盈利能力分析三个方面。

6.3.3.1 收入利润分析

对于企业盈利能力的考察，首先要进行收入利润分析，一方面要关注收入和利润的规模和构成来源，另一方面要考察收入和利润的稳定性和增长变动情况。企业的营业总收入一般由主营业务收入和其他业务收入构成，主营业务收入占比高的企业其收入稳定性更强，而其他业务收入占比高的企业则可能面临主营业务不突出、市场竞争力不强的问题。营业收入规模的持续稳定增长一般可以表明企业经营基础较为稳固，同时具有良好的发展趋势。对于主营业务收入占比高的企业，考察主营业务收入的水平、比重和变动情况有助于整体把握企业收入的稳定性和增长能力，同时也可以反映出企业收入的异常变动。企业营业外收入大多受偶然性因素影响，稳定性较差，而企业投资收益受其投资决策水平影响，主要依赖于投资项目的获利能力。

在对企业的收入状况充分了解的基础上，还需要对企业各项业务的成本、费用水平与收入的匹配程度进行考察。企业可能出于虚增盈利的考虑而隐瞒成本费用的实际支出情况，也可能出于降低应税所得的考虑而人为增加成本费用的规模。此外，还需要关注企业成本费用的变动趋势，从而判断企业盈利水平的可靠性和盈利结构的合理性。

6.3.3.2 收入质量分析

对于收入质量的分析,可采用量价分析和现金收入比分析。

量价分析即判断企业收入增加的原因是销量的增加还是价格的增长,以及背后的逻辑。对于主要由销量上升引起的收入增加,需要关注销量的增加是否为降价促销所导致的,企业靠降价来换取销量的促销活动对毛利有多大影响,以及如果促销停止销量的回落规模。此外,销量的增长还可能是因为企业的信用政策放松,如给客户的赊销期增加,那么销量增长的代价是营运资金效率的降低,就需要评估这样的资金占用对于企业整体利润率和资产收益率的影响。对于主要由价格上升引起的收入增加,则需要分析价格上涨是由于企业自身产品竞争力的提高、市场供需关系的变化还是成本增加带来的价格上涨。

现金收入比是销售商品、提供劳务收到的现金与销售收入净额的比值,现金收入比主要反映企业销售收入的实际到账情况。指标值越高,表明企业通过销售活动收回的现金规模越大,销售收入实现后所增加的资产转换现金速度越快,企业收入实现质量越高,反之,则表明企业收入实现质量较差。同时,现金收入比在某种程度上也可以对企业的资产流动性进行反映,丰富而稳定的收益和现金流入量是企业资产流动性强的基础和保障,有利于提升企业的信用质量。

6.3.3.3 盈利能力分析

对企业信用质量的分析重点在于在企业财务紧张的情况下,企业获取外部资金的能力的考量,而盈利能力是企业获取外部资源能力的基础。盈利能力分析的重点是企业成本费用的约束程度和收益增长的变化趋势,即企业盈利能力的强弱及其稳定性。其中盈利能力的强弱主要通过毛利率、总资产报酬率等指标进行衡量。要分析企业过去几年和现在的产品结构及对应的产品毛利率的变化,剔除不同企业折旧政策差异对企业毛利率的影响,并结合企业未来发展方向和产品价格波动情况,预测企业未来毛利率的变化。总资产报酬率反映企业全部资产的获利能力。同时期间费用的占比和变化情况也应该进行同业比较并判断其对盈利能力的影响。对于盈利稳定性的分析,要区分经营性盈利和非经营性盈利对企业的影响,对于投资收益、营业外收入等非经营性盈利项目要重点考察其稳定性,一般要本着谨慎的态度进行判断;同时要结合产品价格波动和企业近几年盈利的波动情况判断企业经营性盈利的稳定性。

6.3.3.4 盈利能力指标

1. 营业毛利率

营业毛利率 =(营业收入合计 – 营业成本合计)/ 营业收入合计 ×100%　　　(6-6)

营业毛利率指标决定着企业盈利的最大空间,是企业盈利能力的基础体现,反映企业通过出售商品、提供劳务以及其他经营活动所能获取的利润水平,在一定程度上,也是企业产品市场竞争力的表现。营业毛利率数值越高越好,由于指标与行业表现关系密切,因此需要在行业内进行指标比对。同时,企业近几年营业毛利率水平的变化和波动趋势也需要考虑。

2. 总资产报酬率

总资产报酬率=（利润总额+费用化利息支出）/平均资产总额×100%　　　（6-7）

其中，平均资产总额=（期初资产总额+期末资产总额）/2。

总资产报酬率反映企业全部资产的获利能力。指标数值越高，表明企业资产利用效率越高，反之则表明企业运营效率较差。该指标也可以作为企业资产质量的一种反映。

3. 净资产收益率

净资产收益率=净利润/平均所有者权益×100%　　　（6-8）

净资产收益率表示企业股东权益的收益水平，是考察企业盈利能力的核心指标。投资利润和财富最大化是股东投资的根本目的，指标数值越高，表明股东投资与企业所能获得的收益越高，反之则代表股东投资在一定意义上的贬值。

4. 期间费用收入比

期间费用收入比=（管理费用+财务费用+销售费用）/营业收入合计×100%　　　（6-9）

期间费用收入比衡量企业期间费用占营业收入的比重，指标数值越高，表明企业期间费用控制能力越差，费用对利润的侵蚀规模越大。同时，还需要关注这三项费用分别对利润的侵蚀，以及企业期间费用规模的变化情况。

【案例 6-2】

企业 2017 年年末资产总额 131.70 亿元，净资产 51.30 亿元，2017 年企业营业收入合计 33.59 亿元，营业成本合计 23.81 亿元，利润总额 9.24 亿元，净利润 8.04 亿元，利息支出 1.63 亿元，管理费用 0.69 亿元，销售费用 0.71 亿元，财务费用 1.53 亿元，则企业的盈利能力指标计算如下：

营业毛利率=（33.59-23.81）/33.59=29.12%

总资产报酬率=（9.24+1.63）/[（131.70+127.04）/2]=8.37%

净资产收益率=8.04/[（51.30+44.95）/2]=16.71%

6.3.4　现金流分析

现金流是企业自身偿还债务的真正来源，如果企业现金流状况不理想，即使其盈利能力很强，也无法对需要偿还的债务形成有效保障，而且现金流相对于利润，财务可操纵性低，更能够反映企业经营的真实变化。因此考察企业现金流状况是企业财务风险分析的重点，主要包括现金流量的规模和结构，以及企业现金流质量。

6.3.4.1 现金流规模和结构

企业现金流包括经营活动现金流、投资活动现金流和筹资活动现金流。企业在一定时期内可支配的现金与其需要偿还的全部债务的规模对比,可以表明其在持续经营中获取的现金对全部债务的覆盖程度,覆盖程度越高,表明企业偿还债务的能力越强,其信用质量也就越高。首先,从企业自身的偿债资金来源看,经营活动现金流是企业偿还债务的重要来源,因此需要在分析中重点考察,对比销售商品、提供劳务收到的现金与购进商品、接受劳务付出的现金规模,可以反映企业的销售利润规模和销售回款情况;对比销售商品、提供劳务收到的现金与经营活动流入的现金总额,可以判断企业主营业务是否突出;对比本期经营活动现金净流量与上期净流量,可以说明企业成长性。此外,企业经营活动现金流入量规模的大小能在一定程度上反映企业资金周转能力的强弱。其次,对于投资活动现金流的分析,企业未来投资支出的规模大小是企业未来现金流出的重要方面,但不能单纯考虑现金的净流入或流出状态,需要结合投资项目的成长性来综合判断。最后,历史筹资活动现金流入量能在一定程度上反映企业的融资能力,但是筹资活动现金持续大规模净流入的企业其债务偿还压力也更大。

6.3.4.2 现金流质量

如果企业经营活动产生的现金流量不够充足或是不稳定,可能会影响企业的偿债能力。对于经营活动现金流要分析企业经营性总现金流量、经营性净现金流的规模及波动情况,判断企业通过经营获取现金能力的强弱及稳定性,对于经营性现金流波动较大的企业或者经营性净现金流与企业利润差异较大的企业,要分析具体原因;对于企业投资活动现金流的分析要重点考察企业未来几年建设项目的资本支出计划,在自有资金有限的情况下,如果投资增长过快,企业对外借款必然相应增加,需要结合企业项目投资的资金安排、企业资金自筹能力综合判断企业建设资金缺口以及对未来偿债压力的影响;对筹资活动现金流的分析主要是结合企业近几年筹资活动现金流净额的变化情况判断企业融资能力。最后,依据企业整体资金来源和资金应用判断企业筹资的压力。

6.3.4.3 现金流指标

1. 经营性净现金流

$$经营性净现金流 = 经营性总现金流 - 营运资金变化 \qquad (6-10)$$

经营性总现金流是企业依靠日常经营所产生的总的现金流量,但总现金流并不能直接用于债务偿付,而是首先需要满足营运资金变化的需求,因此,相对于总现金流,应重点关注经营性净现金流。如果企业可以实现稳定经营,那么在较长的时间段内,其经营性总现金流和经营性净现金流的规模应该可以保持在同一水平。而如果企业经营环境恶化,在经营规模不变的情况下,企业仍可能面临营运资金的大幅上升和经营性净现金流的收缩。

2. 留存现金流

$$留存现金流 = 经营性净现金流 - 当年的股利分配 \quad (6-11)$$

留存现金流是经营性净现金流进一步去除当年的股利分配，是对经营性净现金流的保守调整，即假设企业总会优先保证股东的利益，因此，在股利分配后的剩余现金才能够用来偿还企业债务以及资本支出。

3. 自由现金流

$$自由现金流 = 留存现金流 - 必需的资本支出 \quad (6-12)$$

自由现金流是留存现金流减去必需的资本支出之后更加保守的现金流规模。企业的资本支出包括必需的资本支出和酌情资本支出，必需的资本支出是企业维持现有生产规模、构建固定资产及其他资产所需要的支出，可以通过企业当年固定资产计提的折旧和其他资产摊销来进行估算，而酌情资本支出是企业扩大生产规模或领域所需的支出。如果企业自由现金流仍然可以覆盖当期需偿付的债务及利息费用，则企业具有较强的偿债能力。

6.3.5 偿债能力分析

偿债能力分析是企业财务分析的综合，旨在综合资产质量、资本结构、盈利能力、现金流量分析的结论，通过偿债指标综合评定受评企业财务风险的高低，是支持企业财务风险分析结论的关键因素，是评级时必不可少的考察要素。企业的负债既包括银行借款、企业债券等借入性负债，也包括预收账款、应付账款等经营性负债，一般来讲，借入性负债比经营性负债的约束性和偿还刚性更强，因而企业的偿还压力更大。因此，在对企业的偿债能力进行分析时，主要侧重于企业对到期有息债务的偿付能力。在具体分析时，对企业偿债指标的分析分为短期偿债指标分析和长期偿债指标分析两个部分。

6.3.5.1 短期偿债指标分析

对于企业短期偿债指标分析，先要考察可变现资产对企业短期债务的保障程度，其次要区分短期债务周转和偿还的概念。对于能够顺利实现债务周转的企业，即能够筹集到足够的资金偿还到期的短期债务，这时的短期债务偿付其实是一个资金周转概念，并不需要真实偿还；而如果企业无法实现债务滚动，则需要缩减债务规模，此时应将短期债务当成偿还来分析和判断企业的流动性压力。在分析企业短期资金周转能力时，可以考虑企业短期可变现资产和经营性现金流入量对短期债务的保障程度。

6.3.5.2 长期偿债指标分析

对于企业长期偿债指标的考察主要集中在企业长期偿债资金来源对于长期债务和利息的保障程度。对于一般企业而言，经营性现金净流量往往是企业偿债资金的重要来源，但投资公司的偿债资金来源往往是其投资活动现金流入，所以应根据企业的实际情况区别对待。同时，由于受短期经营策略的影响，企业某一期的经营性现金净流量往往不能反映企业长期的经营性现金净流量的情况，这时不能简单采用当期的经营净现金流量对债务规模的比率判断其长期偿债能力，可选择反映企业长期资金来源的 EBITDA 作为企业长期的偿债资金来源数量进行计算。对于长期偿债指标的评价标准应结合行业整体状况，重点参考行业的折旧期限，旨在判断企业在一个经营期内是否能通过自身经营积累足够的资金来偿还需要偿还的所有债务，而对于那些经营期限受限制的行业，要将企业偿还债务的年限与受评企业未来的可经营期限进行比较，判断企业在可经营期限内是否能积累足够的资金偿还其全部债务。

将企业的偿债能力拆分成长期偿债能力和短期偿债能力分别分析，是为了使得分析更加清晰，但对于债务结构不合理或者账面上存在大量货币资金的企业，这种拆分后的分析结论可能和企业实际情况不符，应综合加以判断。

此外，为了更好地对企业的偿债能力进行分析，可以采用压力测试以判断企业在极端情况下的债务偿付能力。可以根据历史情况或过往风险事件对极端情况进行科学假设，例如企业产品价格大幅下跌、产品受到新产品或是替代品的严重市场冲击、产品销售下滑、生产成本抬升等经营环境的恶化，或是有特殊条款的存续债券全部如期回售等资金周转压力的提升，分析企业在经营承压的情况下现金流和盈利能力的变化，从而判断其债务偿还风险。

另外，在对企业偿债能力的分析中，还可以参考企业过往的信用记录从而对企业的偿债意愿做出判断。信用记录是企业历史上对银行借款以及商业往来中的还款情况的说明，对于存在重大不良记录的企业，即使其偿债能力足够，也仍然可能因为偿债意愿不足而导致债务违约。

6.3.5.3 偿债指标

1. 流动比率

$$流动比率 = 流动资产 / 流动负债 \qquad (6-13)$$

流动比率是考察企业短期偿付能力的重要指标，主要用于衡量流动资产对流动负债的支付能力，流动负债主要是一年以内的短期借款、应付账款和应付票据等。

流动比率通常情况下应该大于 120%。

2. 速动比率

$$速动比率 = (流动资产 - 存货) / 流动负债 \qquad (6-14)$$

速动比率是将流动资产中不容易变现的存货剔除掉之后，再考虑流动资产中比较容易迅速变现的资产对于流动负债的保障能力，也称为酸性比率。

相比流动比率，这个指标可以更好地反映企业偿还短期负债的能力。速动比率通常情况下应该大于 100%。

3. 现金类资产 / 短期债务

短期债务主要用于补充流动性，在债务偿付时具有较强的刚性以及时间限度要求，而企业一旦遇到行业市场景气度下行，在手产品或存在一定销售风险和去化压力，因此从流动性最强的现金类资产的角度考察对企业短期债务的即时偿付能力。如果企业的现金类资产能够较好覆盖短期债务,则企业的即期偿付能力较好。此外,还需要关注企业现金类资产的受限规模,对于现金类资产受限规模较大的企业,对其短期偿债能力的考察,需要剔除受限资产。

4. 经营活动现金流入/流动负债

短期偿债更多地体现为资金周转,而短期资金周转的主要来源为经营活动现金流入量。因此,不同于其他指标从时点数据反映企业短期偿债能力,本指标从期间角度,采用期间经营活动现金流入量来衡量受评企业当期偿付流动负债的能力。

5. EBITDA 利息保障倍数

$$EBITDA 利息保障倍数 = EBITDA/(费用化利息支出 + 资本化利息) \quad (6-15)$$

EBITDA 近似为使用利润总额调整息税、折旧和摊销后的企业经营性现金流,该指标主要考量企业支付借款利息的能力,通常情况下,企业并不会同时偿付其全部债务,而只是需要支付债务利息,因此,该指标可以在一定程度上代表企业实际偿还债务的能力。对于需要使用大部分经营性现金流来支付利息的企业,一旦其盈利不达预期,企业可能陷入无力支付当期利息的困境。

6. 全部债务/EBITDA

通过全部债务/EBITDA 衡量企业以自身可支配现金清偿其全部债务所需要的大致年限,是衡量企业长期偿债能力的重要依据。指标倍数越高,则企业的债务偿还压力越大。

【案例 6-3】

企业 2017 年流动资产合计 110.82 亿元,其中货币资金 29.08 亿元,存货 77.00 亿元,企业不存在应收票据和交易性金融资产,流动负债合计 45.55 亿元,全部债务 42.03 亿元,其中短期债务 7.19 亿元,2017 年经营活动现金流入 42.99 亿元,利息支出 1.63 亿元,当期资本化利息 1.12 亿元,固定资产折旧 0.39 亿元,摊销 0.01 亿元,利润总额 9.24 亿元。则企业的相关比率计算如下:

流动比率 = 110.82/45.55 = 2.43

速动比率 = (110.82−77.00)/45.55 = 0.74

现金类资产/短期债务 = 29.08/7.19 = 4.04

经营活动现金流入/流动负债 = 42.99/45.55 = 0.94

EBITDA 利息保障倍数 = (9.24+0.01+0.39+1.63)/(1.63+1.12) = 4.09

全部债务/EBITDA = 42.03/(9.24+0.01+0.39+1.63) = 3.73

从以上计算可以看出,企业流动资产对流动负债的覆盖程度较好,但由于企业存货规模巨大,导致企业可迅速变现的资产对流动负债的保障能力较弱,所幸企业短期债务占比低,规模较小,整体短期债务周转和偿付压力不大,同时,企业长期偿债指标表现亦较好。

6.4 外部支持评级要素分析

能获得外部支持的企业往往在业务经营和发展、财务安全等方面可以获得额外的保障，同时如果支持方实力足够强，企业发生危机时也容易依靠外部支持渡过难关。因此，企业所能够取得的外部支持越广泛，支持力度越大，企业的信用质量和抗风险能力也会越强。对受评企业外部支持的分析，应重点考虑受评企业获得的来自股东和政府的支持。

6.4.1 股东支持

股东实力和其对受评企业支持的可能性对企业的信用风险有重大影响。一般来说，股东实力越强，对受评企业提供支持的可能性越高，支持力度越大，企业违约风险会显著低于同类型的其他企业。对受评企业股东支持的考量重点是考察股东实力和股东支持的可能性。股东实力方面，可以主要考察股东的企业性质、股东的行业地位、竞争能力和财务状况；股东支持可能性方面，应该重点考察企业在股东整个战略定位中的位置、在股东业务体系里面的地位、股东历史支持方面的具体支持的内容和力度等。一般来说，当股东实力显著高于受评企业的实力，同时企业获得股东支持的可能性很大时，企业往往能获得一定级别上调的机会。

6.4.2 政府支持

同股东支持一样，政府支持程度对受评企业的信用等级也有重大影响。对受评企业获得政府支持的考量重点是考察支持政府的实力和政府支持的可能性。政府实力方面，应该主要考察支持方的行政级别、区域经济环境、财政实力、地方政府债务负担状况等；政府支持可能性方面，可以重点考察受评企业获得政府支持的相关文件完备性、历史获得支持的实际情况和具体的支持方式。一般来说，政府财政实力越强、财政负担越轻，受评企业获得的历史支持越多，相关支持依据文件越完备，其获得信用等级上调的可能性越大。

【案例分析 6-1】

xxxx公司主体信用评级报告

评级机构：××××公司
主体信用等级：AAA
评级时间：2017 年 4 月 18 日
评级观点：

xxxx公司(以下简称"公司")是国有建筑施工龙头企业，实际控制人为国资委，为国内上市公司。

公司主要从事房屋建筑施工、基础设施投资与建设、房地产开发以及设计勘察等业务,中期内业务结构将保持稳定。建筑施工行业信用品质一般,公司为行业龙头企业,建筑业务项目储备充足,业务区域广泛,房地产业务规模优势明显,土地储备充足,区域分散良好,投融资建造业务发展良好,但也面临一定的投资压力,整体看经营风险极低。公司整体盈利能力较强,新增筹资压力较小,偿债指标表现较好,整体看财务风险极低。外部支持具有一定增信作用。综合上述因素,对公司主体评价为 AAA 级,展望为稳定。

经营要素分析

行业环境:建筑施工行业信用品质一般,在宏观经济和固定资产投资增速放缓的背景下,未来或将承受较大的下行压力,近年来政府的房地产调控政策不断波动,对房屋建筑企业稳定经营带来不确定性。

规模和市场地位:公司建筑施工业务规模居国内前列,市场地位很高,拥有房建施工总承包特级资质 1 个、公路工程施工总承包特级资质 1 个以及市政公用工程施工总承包特级资质 1 个。

建筑业务:公司施工区域遍布全国各地及境外 50 多个国家和地区;施工领域以房建为主,但房建收入占比持续下降,基建收入占比有所上升,同时公司坚持差异化战略,在超高层建筑领域具有绝对领先地位;新签合同额持续增长,2016 年公司房建业务和基建业务新签合同额分别达到 12 500 亿元和 5 321 亿元,整体项目储备充足。

房地产业务:公司房地产业务在行业内保持着很强的影响力。2016 年,公司房地产业务实现签约销售面积 1 500 万平方米,签约销售额 1 900 亿元,同比分别上升 7.5% 和 23.0%,且销售回款情况较好;公司期末总土地储备为 7 650 万平方米,按照当年签约销售面积测算,可满足约 5 年的开发需求,项目储备充足,基本能实现滚动开发。

投融资建造业务:截至 2016 年年末,计划投资总额为 3 876 亿元,已完成投资 2 089 亿元,实现回购款 1 006 亿元。整体来看,投融资业务对公司资金造成一定占用,未来亦面临一定投资压力。

财务风险要素分析

资产质量:近年来公司资产规模稳定增长,截至 2016 年年末,公司资产总额为 14 876 亿元,流动资产占比保持在 77% 以上,主要由存货、货币资金、应收账款和其他应收款构成,受收购中信地产相关项目的影响,2016 年存货规模大幅增加至 4 954 亿元。

盈利能力和现金流:近年来公司营业收入持续增长,截至 2016 年年末,营业总收入为 9 032 亿元。受市场竞争激烈和人工成本抬升的影响,毛利率略有下降但相对稳定,2016 年公司营业毛利率为 11%,期间费用控制能力基本稳定,盈利能力保持在行业较高水平;公司获现能力一般,经营净现金很充足且能满足投资活动的需求,新增筹资压力较小,整体运营相对稳定。

资本结构和偿债指标:公司负债规模稳定增长,以经营性负债为主,债务结构合理,2016 年年末长期债务占比为 70%,债务负担为行业内较低水平,2016 年年末资产负债率为 75%。偿债指标表现方面,2016 年经营活动净现金流/利息支出和现金类资产/短期债务分别为 6.95 倍和 3.03 倍,短期债务周转和偿付压力很小;全部债务/EBITDA 和 EBITDA 利息保障倍数分别为 5.49 倍和 4.43 倍,长期偿债指标亦为行业较好水平。截至 2016 年年末,公司取得各银行综合授信 9 098 亿元,其中未使用额度 5 766 亿元,同时作为上市公司,权益融资渠道畅通,公司财务弹性较高。

> **外部支持分析**
>
> 公司实际控制人为国资委,同时能得到控股股东的一定支持,对其信用品质具有一定增信作用。
>
> 资料来源:××××公司信用报告,有改动。

■ 本章小结

1. 主体信用评级是对受评主体如期偿还其全部债务及利息的能力和意愿的综合评价,主要以受评主体长期违约概率的高低来衡量。工商企业是国民经济的主体,工商企业的主体信用评级对解决企业融资过程中的信息不对称性具有重要作用。

2. 受评企业自身信用质量由其经营风险和财务风险综合决定。其中,经营风险可用于衡量企业未来可持续获取偿债资金的来源和规模的可靠性,在财务风险相同的情况下,经营风险低的受评企业的信用质量会高于经营风险高的受评企业;财务风险可用于度量企业债务规模以及企业资金对债务的覆盖程度,在经营风险相同的情况下,财务风险低的受评企业的信用质量会高于财务风险高的受评企业。在企业自身信用质量基础上,考虑外部支持的增信作用,最终得出企业的主体信用等级。在同等条件下,有外部支持的企业,其违约概率通常会低于无外部支持的企业;外部支持力度强的企业,其违约概率通常会低于外部支持力度弱的企业。

3. 对工商企业信用评级,经营风险方面重点考量受评企业在经营环境、行业状况、竞争能力、管理与战略四个方面的表现,财务风险方面重点考量受评企业在资产质量、资本结构、盈利能力、现金流量、偿债能力五个方面的表现,外部支持方面重点考量来自股东和政府两个方面的支持,将受评企业在上述方面的表现与同行业其他企业进行比较,综合评定受评企业的主体信用等级。

■ 本章重要术语

工商企业　主体信用评级　评级指标体系　评级要素　经营风险行业风险　竞争能力　管理与战略　财务风险　现金流量　盈利能力　偿债能力

思考练习题

1. 简述工商企业主体信用评级的思路和要素结构。
2. 简述工商企业经营风险评级要素。
3. 简述工商企业竞争力对信用风险的影响,并说明如何评价工商企业的竞争能力。
4. 简述工商企业财务风险评级要素及衡量指标。

参考文献

[1] 李信宏、邵立强等：《信用评级》，中国人民大学出版社，2006年。

[2] 李振宇、陈东明、钟用等编著：《资信评级原理》（修订版），中国方正出版社，2009年。

[3] 刘定平、钟用主编：《信用评级》，高等教育出版社，2015年。

[4] 吴晶妹：《资信评估》，中国审计出版社，2001年版。

[5] 中债资信评估有限责任公司：《评级技术基础规范之五：工商企业主体评级方法总论》，2012年。

[6] 朱荣恩、徐建新主编：《现代企业信用分析》，上海三联书店，1996年。

[7] 朱荣恩、徐建新主编：《资信评级》，上海三联书店，1996年。

[8] 朱顺泉：《企业资信评级方法创新及应用》，西南财经大学出版社，2002年。

相关网络链接

标普公司网站：www.standardandpoors.com

惠誉公司网站：www.fitchratings.com/

穆迪公司网站：www.moodys.com/

联合信用评级有限公司网站：www.lhratings.com/

中诚信国际信用评级有限公司网站：www.ccxi.com.cn/

大公国际资信评估有限公司网站：www.dagongcredit.com/

中债资信评估有限责任公司网站：www.chinaratings.com.cn/

第 7 章
公用事业类企业信用评级

俞春江　张子范　张　伟（东方金诚国际信用评估有限公司）

学习目标

通过本章学习，读者应做到：
◎ 了解公用事业类行业的主要类别、共有的信用风险特征以及相互之间的差异；
◎ 掌握城投、水务、燃气、电力电网、公路、机场、港口的行业界定、风险特征及信用评级框架等；
◎ 较完整地掌握公用事业类各行业的特点和信用评级方法。

■ 开篇导读

2017年6月在中国澳门举办的"第八届国际基础设施投资与建设高峰论坛"上，题为"基建部长对话会：非洲基础设施建设与工业化发展"的分论坛中，世界银行前高级副行长兼首席经济学家林毅夫作为特邀嘉宾进行了发言。林毅夫认为，对于非洲来讲，基础设施至关重要。非洲要摆脱贫困，实现发展，工业化是必经之路，而工业化的前提之一是要有非常完善的基础设施，比如足够的电力供应，以及道路、海港及港口设施等公用设施。

基础设施建设是现代化的基础，这已是经济学家的共识。世界银行在2010年的一项研究发现，发展中国家由于基础设施的改善，每年经济增长率提高了1.6%，南亚地区则为2.2%。2010年20国集团（G20）峰会在韩国召开，与会各国达成"首尔发展共识"，其中第一项就是基础设施建设。2015年联合国通过的《2030年可持续发展目标》的17

项目标中，第 9 项就是有关基础设施建设的。

基础设施属于我们通常所说的公用事业范畴。公用事业对于经济增长、城市运行和居民日常生活来说不可或缺，是经济社会发展的重要前提之一。通过本章的学习，读者可以了解公用事业的基本概念、主要行业及其信用风险特征，初步掌握相关行业的信用评级方法。

7.1 公用事业类企业概述

7.1.1 公用事业类企业的定义、特点及行业分类

公用事业类企业是对提供具有公共属性服务的企业群体的总称，包括城市基础设施、供水、供电、供气、城市公共交通、垃圾处理等各项市政服务，以及铁路、公路、港口、机场等交通设施的建设和运营类企业。

公用事业类企业所提供的服务是经济运行和居民生活所必需的基础设施及共同条件，在经济社会发展中扮演着不可或缺的重要角色。该领域的发展和完善是区域经济和城市发展的关键环节，对于推进城镇化和区域产业结构升级、增强城市综合承载能力、提高城市运行效率、改善人居环境等起到不可替代的重要作用。改革开放以来，我国沿海地区经济快速发展和某些重点区域开发的成功，一条共同的经验就是通过率先启动大规模的基础设施建设，为经济高速增长奠定坚实的基础。此外，公用事业是一个产业关联度大、资本密集度高的行业，相关领域的产业政策调整是政府进行宏观经济调控的有效手段。

与以营利为目的的工商类企业相比，公用事业类企业具有如下特征：

第一，业务的专营性。公用事业类企业提供的服务具有一定的公共服务属性，具有较强的外部性，因而无法采取完全市场化的方式运营，通常相关企业都需要获得政府授予的特许经营权，业务具有明显的专营性特征。

第二，业务的区域性。公用事业类企业提供的具有公共属性的服务以及政府授予的特许经营权都具有很强的地域性，企业一般都在特定区域开展业务。

第三，业务的非竞争性。在特定区域内获得特许的公用事业类企业数量相对有限，基本上不存在竞争或者竞争程度很低。

第四，经营的弱周期性。公用事业提供经济发展和居民生活所需最基本服务的特点决定了公用事业类企业的经营具有较弱的周期性，收入和现金流相对稳定。

第五，业务与政府相关较多。很多公用事业类企业的收入全部或者部分来自政府支付。比如，完全公益性的服务通常是由政府全部采购；采取使用者付费方式的公共服务经常需要政府补贴。

第六，盈利能力不强。公用事业类企业提供的服务是经济运行和居民生活所必需的基本服务，价格通常由政府制定或者存在价格管制，盈利空间普遍较小，企业的盈利能

力一般都不强。

第七，投资回报期长。公用事业类设施的前期投资金额一般都很大，价格管制以及较低的收费标准导致项目投资的回报周期通常都较长。

第八，运营主体以国有企业为主。公用事业类企业通常是国有或国有控股企业，一般受政府的控制程度较高，同时也能得到政府股东的大力支持。

本章介绍的公用事业类行业主要有城市基础设施、水务、燃气、电力电网、机场、港口和公路，这些行业涵盖了发展速度较快、市场化程度相对较高、在资本市场活跃的大部分企业。城市公共交通、垃圾处理等行业的市场化程度较低、企业规模普遍偏小，在资本市场上很少作为独立主体出现，通常是城市基础设施、水务等企业的子公司或业务板块，因此不在本章的论述范围内；铁路是与公路、机场、港口类似的交通基础设施行业，但由于我国历史和体制等原因造成该行业的特殊性，也未将其包括在本章的论述范围内。

【专栏7-1】

政府特许经营权介绍

政府特许经营权是指由政府授予企业在一定时间和范围对某项市政公用产品或服务进行经营的权利，如政府授予燃气公司在特许经营区域内开展燃气业务。

根据特许权利的来源不同，政府特许经营权可以分为两类：一类是政府允许企业或准政府机构提供公共服务、承担公共工程或使用公共资产的权利。特许权利来自政府本身，且政府向企业赋权时并非以法律或法规的形式，而是以合同或契约的形式界定签约双方的权利与义务关系。具体包括以下三种特许业务：

1. 提供公共服务。公共服务的特许经营是指通过订立合同，政府给予个别企业在固定期间内经营某项公用事业的权利，企业承担经营风险。政府在允许企业从事公共服务的同时，还可能向企业提供某些资产，如公共土地上的建筑物；在合同到期时，企业将这些资产连同其他相关资产一并移交给政府。

2. 承担公共工程。公共工程主要是指公路、铁路、桥梁、立交桥、堤坝、机场、隧道等建设期间较长的基础设施。承担公共工程是指通过政府的授权，把本属政府支配、拥有或控制的资源，委托企业进行投资建设和经营管理，并按约定期限移交给政府的一种方式。该投资方式适用于大型公共事业设施建设。

3. 使用公共资产。政府通常为了特定目的允许企业使用或经营公共资产，如使用公路边上的加油站、餐馆、酒吧等。企业在约定期限内拥有该项资产的使用权，并承担使用资产进行经营而发生的成本和风险。

另一类是国家或政府有关部门在认定申请人经营条件符合法律规定的前提下，向其发放特许证，授予其在特定时期享有特定领域的垄断经营权或设施利用权。政府发放该项经营权的行为，被称为法定特许。该项特许经营权的内容包括城市供水、供气、供电、食品、药品、化肥、农药、种子等关系到社会公共利益和涉及社会成员人身安全的特殊行业。

政府特许经营权有以下几个显著特征：

1. 授权主体的单一性。政府特许经营权的授权主体不是独立的经济单位，而是国家或作为国家代表的各级政府。

2. 具有一定的强制性。被特许人有提供商品和劳务的权利和义务，不得随意停止商品和劳务的供应。

3. 固定期限。几乎所有的特许经营协议都有固定的期限。如燃气特许经营权，特许经营期限一般为30年。

4. 不以营利为目的。与商业特许经营权相比政府在进行特许时只收取少量的手续费和必要的补偿费，不以营利为直接目的。

7.1.2 公用事业类企业的信用评级分析框架

基于公用事业类企业的风险特征，信用评级机构通常从以下四个维度来考察其信用水平：地区经济、经营与管理、财务分析、外部支持。

7.1.2.1 地区经济

公用事业类企业一般在特定区域内开展业务，区域经济环境是企业信用水平的重要影响因素。良好的区域经济环境使企业面临较大的市场需求，业务运营和项目投资能够得到良好的预期回报，企业国有股东的实力随着地区经济的发展也得到不断增强，为企业信用水平的提升提供有力支持。

地区经济分析首先考察资源禀赋、区位交通等基础条件，然后重点分析地区经济发展情况。评估地区经济发展水平一般考察该地区近3—5年的GDP总量、工业增加值、城镇化率、人均可支配收入等重要指标；产业结构及支柱产业是决定地区经济整体效率和增长可持续性的重要因素，某些特定产业与公用事业的行业需求也有直接关联；地区经济增长情况可考察该地区GDP增长率、固定资产投资、社会消费品零售额和进出口等定量指标，再结合地区发展战略和相关政策措施，预测地区经济社会发展趋势。

7.1.2.2 经营与管理

公用事业类企业的经营与管理包括区域专营优势、主营业务分析、公司治理和管理水平等方面。

公用事业类企业开展业务一般都得到了地方政府的授权或委托。根据企业得到的特许经营权的方式、期限、业务规模和范围及其在地区的占比等因素，判断企业业务的区域专营性及其在地区的重要性。区域专营优势越大，企业业务的稳定性就越强，可能面临的竞争压力也越小，企业也越能够得到地方政府、企业股东及金融机构的稳定支持。

公用事业类企业的各类业务具有不同的经营特征，需要从经营能力、运营效率、业务稳定性和成长性、收入水平、成本控制和盈利空间、现金流获取能力等方面加以具体分析。此外，在建、拟建项目情况关系到企业的未来发展，需要特别加以关注。

公司治理和管理水平主要从企业的股权构成及其实际控制人、高管任命和重大事项决策等机制、项目、财务等管理制度等方面考察。公用事业类企业很多采用多元化的经营模式和集团化的管理体制，需要关注母公司对子公司的管理机制和控制程度等。

7.1.2.3 财务分析

财务分析一般分析最近至少 3 年的审计报告，结合主营业务分析，对企业资产状况、资本结构、盈利情况、现金流获取能力、债务保障水平等做出判断。财务报表除了反映经营成果，还能反映股东支持等因素。在以上分析的基础上，再结合区域经济发展和企业发展规划等情况，对企业未来的财务状况和信用水平做出预测。

7.1.2.4 外部支持

公用事业类企业的股东或实际控制人一般都是地方政府，对企业的控制程度普遍都很高，因此国有股东实力及其对企业的支持意愿是决定企业信用水平的重要因素。

国有股东实力取决于地区经济发展水平和财政实力等。在支持意愿方面，主要从两个角度分析。第一是企业的区域专营地位及其在地方建设中的重要性，第二是股东或地方政府以往对企业的支持力度，包括财政补贴、专项拨款，以及以股权、现金等方式进行的国有资产注入。通过以上分析判断企业未来继续得到外部支持的可能性及其对信用水平的提升。

7.1.3 公用事业类细分行业的特点及比较

在我国，公用事业类细分行业的市场化程度有所差异，其面临的经营及政策环境也不尽相同。表 7-1 是细分行业的特征比较。

表 7-1 公用事业类各细分行业特征比较

细分行业	竞争性	国有资本占有率	周期性
城市基础设施	几乎没有	全部	很弱，有一定逆周期性
水务	很弱	大部分，有民营资本参与	很弱
燃气	较弱	大部分，有民营资本参与	较弱
电力电网	较弱	几乎全部	有一定周期性
公路	有一定竞争	几乎全部	有一定周期性
机场	有一定竞争	国有为主	有一定周期性
港口	有一定竞争	大部分，有民营资本参与	有一定周期性

具体来说，城市基础设施行业的企业通常是地方国有企业，其前身为地方政府投融

资平台，一度承担了政府融资的部分功能，《中华人民共和国预算法》（2014年修正）（以下简称"新《预算法》"）和《国务院关于加强地方政府性债务管理的意见》（以下简称"国务院43号文"）实施后被剥离了地方政府债务融资功能，逐渐转变为参与地方基础设施投资、建设和运营的市场化主体。该行业区域专营性很强，基本没有竞争。由于基础设施建设与政府投资密切相关，因此该行业受宏观经济周期影响很弱，且随着财政政策的调整具有一定的逆周期特征。

水务、燃气、电力电网等企业提供的是生产生活必需品，区域专营性较强，竞争性较弱。目前该行业内还是以国有资本为主导，不过已实现一定程度的市场化，民营甚至外国资本也能参与其中。水务、燃气、电力电网行业与居民生活密切相关，总体上受宏观和区域经济波动的影响较小，但若工业用量占比较大，则随着宏观经济的波动也会呈现一定的周期性。

交通运输方面的机场、港口和公路的区域专营的特性也很强，不过现金流产生能力较强，因而大都采用市场化运营方式，且面临一定的市场竞争；周期性属性也较强，受宏观和区域经济波动的影响也较明显。其中，高速公路的市场化程度较低，以具有地方国资背景的企业为主；港口行业的市场化程度在公用事业类里是相对较高的，民营资本参与相对较多。

7.2 城市基础设施类国有企业信用评级

7.2.1 城市基础设施类国有企业的界定

城市基础设施类国有企业的前身为地方政府投融资平台，在特定时期一度承担了政府融资的功能，业务领域通常包括城市道路、桥梁、环境整治、土地开发整理、产业园区开发等基础设施建设和投融资，部分企业还从事轨道交通、地方铁路、水利等区域发展项目和水务、燃气、公共交通等公用事业建设和运营等业务。

2014年新《预算法》和国务院43号文发布后，地方政府投融资平台的政府融资功能逐渐被剥离，其新增债务原则上被界定为企业债务而非地方政府债务。按照国家相关政策，地方政府投融资平台必须转型为城市基础设施、公用事业类领域或经营性领域的市场化运营主体。未来地方政府或政府部门对城市基础设施类企业的出资人职责也有可能由地方国资委或者其授权的国有企业统一履行。

与经营性的地方国有企业相比，城市基础设施类国有企业主要从事地方政府授权或委托开展的基础设施建设项目，有可能还包括土地整理、保障房建设、水务、公共交通、园区开发等业务，收入和现金流主要来自政府采购和补贴等。部分城市基础设施类国有企业尽管具有一定的产业投资、国有资产管理等业务，其主营业务仍然是基础设施和公用事业等的项目建设，这是将其与产业投资公司、地方国资管理公司、水务等其他公用事业类专业公司进行区分的主要特征。

【专栏 7-2】

《中华人民共和国预算法》（2014 年修正）介绍

2014 年 8 月 31 日，十二届全国人大常委会第十次会议通过了《全国人民代表大会常务委员会关于修改〈中华人民共和国预算法〉的决定》，并重新颁布修订后的《预算法》，自 2015 年 1 月 1 日起施行。新《预算法》由 79 条增加至 101 条，改动共计 82 处，在完善政府预算体系、健全透明预算制度、建立跨年度预算平衡机制、规范政府性债务、完善转移支付制度诸多个方面取得了重大突破。

1. 完善政府预算体系，健全透明预算制度

新《预算法》删除了有关预算外资金的内容，并明确规定：政府的全部收入和支出都应当纳入预算；除涉及国家秘密的事项外，经本级人大或其常委会批准，预算、预算调整、决算、预算执行情况的报告及报表，应当在批准后 20 日内由政府财政部门向社会公开。

2. 改进预算控制方式，建立跨年度预算平衡机制

根据十八届三中全会关于"审核预算的重点由平衡状态、赤字规模向支出预算和政策拓展"的要求，确保收入预算从约束性转向预期性。同时，为适应经济形势发展变化和财政宏观调控的需要，新《预算法》强调，各级政府应当建立跨年度预算平衡机制。各级一般公共预算按照国务院的规定可以设置预算稳定调节基金，用于弥补以后年度预算资金的不足，作为实现跨年度预算平衡、调节年度资金丰歉的重要工具。

3. 规范地方政府债务管理，严控债务风险

原《预算法》规定，"地方各级预算按照量入为出、收支平衡的原则编制，不列赤字"。但实际上，地方政府出于发展需要，采取多种方式融资，已经形成较大规模的地方政府债务。这些债务多数未纳入预算管理，脱离中央和同级人大监督，存在一定的风险隐患。为规范地方政府债务管理，按照疏堵结合、"开前门、堵后门、筑围墙"的改革思路，新《预算法》增加了允许地方政府举借债务的规定，同时从五个方面做出限制性规定：一是限制主体，经国务院批准的省级政府可以举借债务；二是限制用途，举借债务只能用于公益性资本支出，不得用于经常性支出；三是限制规模，举借债务的规模，由国务院报全国人大或者全国人大常委会批准，省级政府在国务院下达的限额内举借的债务，列入本级预算调整方案，报本级人大常委会批准；四是限制方式，举借债务只能采取发行地方政府债券的方式，不得采取其他方式筹措，除法律另有规定外，不得为任何单位和个人的债务以任何方式提供担保；五是控制风险，举借债务应当有偿还计划和稳定的偿还资金来源，国务院建立地方政府债务风险评估和预警机制、应急处置机制以及责任追究制度。

4. 完善转移支付制度，推进基本公共服务均等化

新《预算法》增加规定：财政转移支付应当规范、公平、公开，以均衡地区间基本财力、由下级政府统筹安排使用的一般性转移支付为主体。这将有利于优化转移支付结构，提高转移支付资金分配的科学性、公平性和公开性。

5. 坚持厉行节约，硬化预算支出约束

现代预算管理的灵魂，是硬化对政府的预算支出约束，而硬化预算支出约束的关键在于不能随意开财政收支的口子。为此，新《预算法》增加规定：在预算执行中，各级政府一般不制定新的增加财政收入或者支出的政策和措施，也不制定减少财政收入的政策和措施；必须做出并需要进行预算调整的，应当在预算调整方案中做出安排。

7.2.2 城市基础设施类国有企业的信用风险特征

除具有公用事业类企业的共同特征之外，城市基础设施类国有企业还具有如下信用风险特征：

第一，主要客户是地方政府。在地方基础设施类国有企业所从事的基础设施和公用事业业务中，政府仍然是其最重要的客户，收入和现金流主要来自政府。因而来自政府的收入和现金流的稳定性和可靠性是信用评级的重要考量因素。信用评级机构需要重点考察来自政府收入和现金流的性质（政府采购或政府补贴）、与政府签订的合同对政府支付条款约定的确定程度、合规性、签约政府的财政承受能力、政府支付款项是否纳入了该政府的中长期财政预算等因素；此外，面向政府部门的前期应收款项回收的可靠性也将决定该类企业现金流的可靠程度。

第二，市场化业务日趋重要。随着监管政策的变化，地方基础设施类国有企业的市场化业务带来的收入和现金流成为金融机构日益看重的因素。因而对地方基础设施类国有企业需重点考察其业务转型情况和市场化业务开展情况。地方基础设施类国有企业进入市场化和经营性领域具有一定的优势，比如一定的政策优势以及相对优质的经营资源，同时也可能对其在经营和管理的专业化等方面提出挑战。

第三，债务压力普遍较大。地方基础设施类国有企业通常拥有大量的在建项目，投资规模和资金需求规模都较大，且形成了较大规模的未到期债务。需关注在建项目是属于政府投资项目还是自筹资金投资项目、在建项目的后续进度，以及财务资源与未到期债务的匹配程度。

第四，得到股东的有力支持。地方政府及相关部门是城市基础设施类国有企业的股东或实际控制人。企业承担了所在城市的基础设施建设、棚户区改造和园区开发等城市发展项目，在推动地区经济社会发展中具有重要作用。为保障该类企业的正常运营或转型发展，政府作为股东可能对其采取追加资本、注入优质资源或业务等支持措施。因而该类企业在区域建设领域的地位、政府股东对其的支持态度和支持能力仍然是对其信用质量进行评价的关键考量因素。

7.2.3 城市基础设施类国有企业信用评级分析框架

信用评级机构通常从以下四个维度来考察城市基础设施类国有企业的风险：地区经济、经营与管理、财务分析、外部支持。

7.2.3.1 地区经济

城市基础设施类国有企业一般在特定区域内开展业务，区域经济环境是企业信用水平的重要影响因素。良好的区域经济发展环境使企业面临较大的建设和投资需求，各类业务运营和产业投资也能够得到稳定的预期回报，企业国有股东的实力随着地方经济发展水平的提升也可能得到不断增强，为企业信用实力的提升提供空间。区域经济环境分析包括以下几个方面：

1. 资源禀赋、区位交通和发展定位

资源禀赋主要指自然资源和环境生态等，其中自然资源包括水资源、煤炭、石油、天然气、黑色金属、有色金属、非金属等矿产资源，以及土地资源；环境生态主要考虑国家生态保护政策对地区发展空间的影响。

区位交通指地区所处的地理位置以及公路、铁路、港口、机场等交通基础设施的便捷程度。发展定位关系到国家给予地区的政策优惠以及中央或上级政府的支持力度，对地区社会经济发展具有重要影响。

2. 经济发展水平

评估经济发展水平可考察该地区近 3—5 年的 GDP 总量、工业增加值等衡量经济实力的定量指标，包括总量、人均及增长率指标；城镇化率、人均可支配收入等也是重要指标。

产业结构是决定地区经济整体效率和发展态势的重要因素。在分析产业结构时，首先分析当地第一、第二、第三产业对 GDP 的贡献比例，其次考察地区支柱产业以及主要产品产量，最后关注地区主要企业的运营情况。此外，还要关注资源性产业、落后产能、过剩产能在地区经济中所占比例，关注是否存在行业或企业集中度过高等风险。

地区经济增长情况决定了地区发展趋势。对经济发展水平的分析，应先考察 GDP 增长、固定资产投资、社会消费品零售额和进出口等定量指标，其中固定资产投资需要重点分析，再结合地区资源禀赋、经济发展水平、在国家或区域发展战略中的地位和相关政策措施，以预测地区经济社会发展趋势。

3. 基础设施和公用事业等的建设情况

城市基础设施和公用事业包括城市道路、桥梁、环境整治、土地整理、水务、供暖、保障房等，其建设水平是考察地区经济发展状况的重要内容之一，也是城市基础设施类国有企业的主要业务领域。对地区基础设施和公用事业的现状以及近 3 年的建设规模进行考察，再结合地区经济发展和建设规划，可以用于分析和预测城市基础设施类国有企业的业务发展空间和投融资需求。

7.2.3.2 经营与管理

1. 区域专营优势

城市基础设施类国有企业从事的基础设施和公用事业等公益性、准公益性业务一般都得到了地方政府的授权或委托，具有很强的区域专营性。同一区域内城市建设投资类和企业可能有多个，一般都为同一股东或实际控制人，但彼此之间的职能定位和业务特征有所差异。根据企业得到地方政府授权委托的职能定位、所承担建设项目的重要性、项目投资规模及其在地区建设中的占比等因素，可以判断企业业务的区域专营性及其在地区经济社会发展中的重要性。若地区主要基础设施和公用事业都由企业进行项目建设和管理运营，企业的正常运行对地区经济社会的稳定发展具有重要意义，则可以认为企业能够得到地方政府、企业股东及金融机构的稳定支持，未来发展具有较可靠的保障。

2. 公益性业务

企业从事的道路、桥梁、环境整治等公益性基础设施项目建成后本身不能产生收入，根据国家政策这类项目也不能融资，项目建设资金主要来自地方财政。企业一般采用委托代建的方式，与地方政府签订相关协议，约定项目建设内容、进度、结算方式和项目投资回报率等。对公益性业务的分析，需要关注企业近年来与政府代建协议的内容、项目建设的规模、进度、结算情况、项目毛利率及资金实际到账情况。此外，企业在建和拟建项目的投资规模和资金缺口也是需要重点关注的内容。

3. 准公益性业务

企业从事的水务、保障房、土地整理等准公益性业务中，有些项目本身有稳定的盈利能力，但有些项目需要地方政府通过补贴收入或其他补偿措施来保障项目产生一定的收益。准公益性项目可以通过各种方式进行融资，对于缓解公司项目建设资金压力具有重要意义。这类业务除了考察项目建设的规模、进度，还要考察项目经营计划、利润和现金流测算等。对于可能亏损的项目，需要关注企业与政府签订的协议中对项目提供补贴或其他补偿措施的情况。此外，企业在建项目、拟建项目的投资规模和资金缺口也是需要重点关注的内容。

4. 经营性业务

企业从事经营性业务一般对一些资源型或战略型产业进行投资，或对与城市建设运营相关的国有资产进行经营。这类业务需要具体分析其经营风险，对产业投资还需要特别关注其管理体制。此外，企业经营性业务的发展规划、投资计划和退出机制等也是需要重点关注的内容。

5. 公司治理和管理水平

对公司治理和管理水平的分析，应首先了解城市基础设施类国有企业的股权构成及其实际控制人，其次考察企业的高管任命、重大事项决策等重要机制，最后考察企业是否建立起完整的项目、财务等管理制度。

股东或实际控制人对企业一般都有很强的控制力度，企业的重大项目建设、经营策略和发展战略等都取决于股东。因此，通过了解股东对企业发展战略的设想以及未来企业股权架构和管理体制的可能变化，可以判断企业未来的业务模式和信用水平是否可能出现显著变动。

城市基础设施类国有企业很多采用多元化的经营模式和集团化的管理体制，很多下属子公司由原国有企业整合而来。因此需要关注集团公司的整合进程，以及母公司对子公司的管理和控制程度。对于风险较大的经营性业务，特别要考察其是否有完善的股权架构设计和风险防范机制，以保证企业整体的稳定运营。

7.2.3.3 财务分析

财务分析应包括最近至少 3 年的审计报告，对企业资产规模和质量、债务和权益资本、盈利能力、现金流获取能力、债务保障能力等做出判断。财务报表除了反映经营成果，还能反映股东支持等因素。其次，结合区域经济和企业经营管理等情况，对企业未来财务状况和信用水平做出预测。

1. 资产规模和质量

资产规模和质量分析主要考察近几年企业的资产规模、资产质量以及变化趋势。总资产和净资产规模一般能反映企业在区域建设中的重要性，对其信用水平有重要影响。

对于项目建设规模较大的城市基础设施类国有企业，资产主要包括项目建设形成的存货、在建工程和固定资产、项目结算后形成的应收账款，以及与股东或其他国有企业之间资金往来形成的其他应收款等。对于这些资产需要分析其质量尤其是流动性，其中公益性项目形成的存货以及应收账款等需要考察代建协议条款、是否纳入财政预算，再结合地方政府信用水平分析其质量和流动性。

存货中往往有很大一部分是土地资产，是未来债务偿还的重要资产保障。土地资产首先要关注其用途性质、取得方式和是否已取得使用权证等合规性问题，其次要结合土地位置和当地土地房地产市场等评估其实际价值和流动性风险。

2. 债务和权益资本

债务和权益资本分析首先需要考察近几年企业的负债总额和有息债务规模，其次需要考察企业的负债结构和融资成本等。由于基础设施和公用事业等业务的项目周期都比较长，分析时需要关注债务是否是以长期债务为主；过多的高成本融资则反映了企业较小的融资空间、较大的财务成本和资本支出压力。由于公益性、准公益性和经营性业务具有不同的经营特点，对于不同类型业务形成的债务也需要区别分析。

另外，债务和权益资本分析还需考察近几年企业的权益资本构成及变化情况。资产注入是城市基础设施类国有企业得到股东支持的主要形式，直接增加了资本公积等权益资本。因此，需要关注企业的资本公积等权益资本的增加情况、资产注入和追加资本的合规性，结合对应的资产质量，判断企业得到的股东支持力度。

3. 盈利能力

企业不同业务的收入来源和盈利能力有所差异。公益性项目的利润水平主要取决于代建协议约定的投资回报率；准公益性项目的利润水平除了项目收益测算，还包括政府补贴等利润保障机制的设置；经营性项目的盈利能力取决于本身的经营，不确定性相对较大。城市基础设施类国有企业的公益性和准公益性业务占比一般较大，盈利能力一般都不高，需要补贴收入来保证整体的利润率。在对企业近几年各类业务的收入、成本、利润及补贴进行分析的基础上，对企业未来的盈利能力做出预测。

4. 现金流获取能力

城市基础设施类国有企业的水务、供热等公用事业运营业务产生的经营性净现金流有很强的稳定性，但若在建的基础设施和公用事业等项目规模很大，则受建设进度、结算周期和资金拨付等因素影响，经营性净现金流稳定性较差且经常为负。现金流获取能力分析应结合企业各类业务的建设、经营及投资情况，在经营性现金流的基础上结合投资性和筹资性现金流，对企业未来的现金流获取能力做出预测。

5. 债务保障能力

有效资产和现金流水平及其对债务的覆盖程度是判断企业对到期债务保障能力的重要依据。债务保障能力分析在对各项重要资产的质量和流动性以及受限资产进行分析的基础上，通过资产负债率、债务资本比率、流动比率、速动比率、现金比率等指标综合判断企业资产对债务的保障水平；在盈利能力和各项现金流分析的基础上，利用EBIT利息保障倍数、全部债务/EBITDA、全部债务/筹资活动前净现金流、筹资活动前现金流利息保障倍数等指标判断盈利及现金流对债务的覆盖率水平。

对城市基础设施类国有企业的或有负债需应加以关注。除了为当地国有企业或事业单位作担保，尤其要关注其为民营企业所作的大额担保的代偿风险。一般用担保比率作为衡量代偿风险的定量指标。

在各项债务风险指标之外，还应关注企业的融资渠道和融资空间。多元化的融资渠道和较大的融资空间既可以缓解企业的偿债压力，也是企业未来业务发展的保障。

最后，需要关注企业的建设投资规划和融资计划。很多城市基础设施类国有企业都有较大规模的在建拟建项目。因此，在进行债务保障能力分析时需要结合企业的投资规划和资金缺口，考察企业的融资需求和融资渠道，以预测未来的偿债压力和信用水平发生变化的可能性。

7.2.3.4 外部支持

城市基础设施类国有企业受股东或实际控制人的控制程度普遍都很高，在资金往来上也与股东保持着密切联系。因此股东实力及其对企业的支持意愿是决定企业信用水平的重要因素。

城市基础设施类国有企业的股东或实际控制人一般都是地方政府，因此股东实力与地方政府信用水平直接关联。地方政府信用水平取决于地区经济发展水平、地方财政实力、政府债务负担及政府管理水平等。

在股东或地方政府对企业的支持意愿上，主要从两个方面考察。第一是企业的区域专营地位和在地方建设中的重要性，具体分析可见企业内在信用素质部分的区域专营优势。第二是股东或地方政府以往对企业的支持力度，具体有以下几个方面：特许经营权的授予；财政补贴、专项拨款等；股权、房产、现金等国有资产注入。通过企业在区域建设中的重要地位和股东或地方政府给予的支持力度，判断未来企业继续得到外部支持的可能性及其对信用水平的提升。

7.2.4 城市基础设施类国有企业信用评级指标体系

根据上节城市基础设施类国有企业信用评级分析的内容，对应的信用评级指标体系见表7-2，其中三级指标包括了定性指标和定量指标。

表7-2 城市基础设施类国有企业信用评级指标体系

一级指标	二级指标	三级指标
地区经济	资源禀赋、区位交通和发展定位	资源禀赋、区位交通、发展定位
	经济发展水平	地区GDP总量、GDP增速、固定资产投资、工业增加值、人均GDP、人均可支配收入、三次产业结构
	基础设施和公用事业等的建设情况	基础设施建设水平、未来建设投资计划
经营与管理	区域专营优势	职能定位、项目建设规模在地区占比
	业务分析	公益性、准公益性、经营性业务分析
	公司治理和管理水平	管理体制、管理水平
财务分析	资产规模和质量	总资产、净资产、资产质量
	盈利能力	主营业务收入、利润总额、总资本收益率、净资产收益率
	现金流获取能力	经营性、投资性和筹资性净现金流
	债务保障能力	资产负债率、债务资本比率；总负债、债务构成及期限结构；流动比率、速动比率、现金比率；EBIT利息保障倍数、全部债务/EBITDA
外部支持	股东实力	政府股东或国有股东的信用实力
	股东以往支持	股权、房产和现金等国有资产注入

7.3 水务企业信用评级

7.3.1 水务企业的界定及信用风险特征

水务行业是对从事城市生活用水和工业用水的生产、供应和处理等基本公共服务的企业的统称，具体包括自来水生产和供应、污水处理及其再生利用、海水淡化处理以及其他水的处理、利用与分配四大子行业。

水务企业是指销售收入或利润贡献50%以上来自自来水生产和供应、污水处理及利用、海水淡化处理以及其他水的处理、利用与分配的企业，不包括以下类型的企业：水处理技术、配套设备设施的设计、生产和销售企业，瓶装饮用水等生产销售企业，水利基础设施建设类企业。

除了公用事业类行业共有的区域性、专营性、政府监管等，水务行业有以下信用风险特征：

第一，水是居民生活必需品，消费刚性在公用事业各行业里也是最强的，因此供水价格受到政府严格管制。水务企业一般具有良好的现金流获取能力并在经济周期中表现相对稳定，但盈利水平普遍不高。

第二，2002年以来，我国在市政公用事业领域引入了特许经营制度，并将水务市场向外资和民营企业开放，水务行业开始了逐步打破区域垄断的市场化进程。近年来我国在公共服务领域大力推进政府和社会资本合作模式（PPP），水务行业的市场化进程有望进一步加快。但由于水务行业的基础性、民生性，多数城市的水务服务通常仍由当地政府或地方国有企业成立的水务企业控制，水务行业的市场化程度仍然不高。

水务行业属于资本密集型行业，供水厂、污水处理厂及供（排）水管网等水务基础设施的建设投资较大。近年来我国城市水务基础设施有了较大程度的改善，但县和乡镇的水务基础设施仍然不足，水处理能力和水处理率仍有较大提升空间。未来随着新型城镇化的推进，水务行业仍将保持较大规模的投资。

7.3.2 水务企业信用评级分析框架

7.3.2.1 区域经济环境

区域经济发展水平决定了区域水务市场规模、水务项目建设水平及水价调整可能性。一般来说，地区经济越发达，越能吸引人口和企业入驻；人口密度越高、产业规模越大，居民及工业等用水需求越大，当地水务市场就越大。经济发达地区一般需要与之配套的服务产业，餐饮、清洗等特种用水需求也较高。经济发达地区的人均收入通常较高，居民对水价上涨的承受能力也较强。

判断地区经济环境影响水务企业的指标主要有地区GDP总量、GDP增速、产业结构、人口总量、城镇化率、人均可支配收入等。此外，区域内高耗水产业作为用水及排污大户，也需要重点关注和分析。

7.3.2.2 水处理能力与市场地位

水务基础设施投资规模较大、投资回收期长，具有较强的规模经济效益。一般来说，水务企业运营的水务项目越多、拥有的水处理能力越强，其收入和现金流越充裕，市场竞争力也越强。反映水务企业水处理能力的指标主要有供水能力、污水处理能力、供水总量、污水处理总量、服务人口数量、管网长度、管网覆盖面积、在建供（排）水能力等。

市场份额是反映水务企业在全国或地区市场地位的核心指标。水务企业建设和运营水务项目必须取得当地政府的经营许可，业务具有较强的区域专营性。通常情况下，市场份额高的水务企业具有更强的市场综合竞争力、更丰富的运营管理经验、更领先的水处理技术，在跨区域市场拓展及经营许可获取方面更容易得到地方政府的支持。水务行业评级时主要通过水务企业水处理能力（或总量）占全国或当地水处理能力（或总量）的比重来考察该企业的市场份额；同时通过考察水务企业近年来市场份额的变化情况，来判断该企业的竞争力及变化趋势。

7.3.2.3 运营效率及多样化

水务企业的运营效率可以反映企业运营成本控制能力及设备利用效率，进而影响企业的盈利能力及投资回报周期。反映供水企业运营效率的指标主要有产销差率、漏损率、水质合格率等，反映污水处理企业运营效率的指标主要有负荷率、污水处理率等。一般情况下，供水企业产销差率、漏损率越低，污水处理企业的负荷率和处理率越高，表明其运营效率越高，越有助于企业提高收入和利润水平。另外，服务区域水处理普及率的高低、配套管网的建设水平等也是影响企业运营效率的重要因素。

运营多样性是反映水务企业运营稳定性及抗风险能力的重要指标。运营多样性主要指水务项目区域分布的多样化、收入结构的多样化。

区域分布的多样化是指水务项目区域分布的分散性。区域分布多样化的企业能够在一定程度上分散区域经济、地方政策等因素波动带来的不利影响，比区域分布单一的企业更具有优势。

收入结构的多样化是指水务企业供水、污水处理及再利用、污泥处理处置、海水淡化、水务工程建设等业务类型的数量。一般来说，收入结构多样化的水务企业具有完整的产业链，在经营稳定性、供排水管网规划、成本控制和抗政策风险冲击方面更加具有优势。

7.3.2.4 成本控制与债务覆盖水平

目前国内城市水价构成基本按照原水费+生产成本+税费+合理利润的方式确定。

原水费方面，主要考虑地区水资源总量、水质等。水资源的丰富程度影响到取水量及取水成本，水源的水质好坏影响到水处理成本，水务项目所处地理位置对输配水管网建设成本也有着很大影响。由于水务企业向终端用户收取的水价受到政府的严格控制，因此，企业的成本控制能力直接反映盈利水平的高低。反映企业成本控制及盈利能力的指标主要有毛利率、净资产收益率、总资产报酬率、自来水生产成本及构成、污水处理成本及构成等。

债务覆盖水平主要考虑企业收入或现金流及资产对于债务的偿还能力，是评估水务企业信用风险的落脚点。由于水务企业按月或定期与客户结算，现金获取能力很强，所以收入规模约等同于经营活动的现金流入情况，分析影响营业营入的财务指标主要是营业总收入。债务覆盖程度可以从资产、现金流及盈利等角度进行分析，其中资产对债务覆盖程度主要通过资产负债率、全部债务资本化比率、流动比率等指标来衡量；现金流及盈利对债务的覆盖程度主要通过筹资前现金流本息保护倍数、全部债务/EBITDA、EBITDA利息保障倍数等指标衡量。

【专栏 7-3】

昆明市供水企业利润状况

昆明市地处金沙江、红河、珠江流域分水岭地带，区域内无大江河过境，人均水资源量约为全国平均水平的 1/10、云南省平均水平的 1/25，属于资源型极度缺水城市。此外，由于部分水源地如滇池水体污染严重，导致昆明市水资源费和净水成本较高。而水价受政府严格控制、上调周期长，无法全面反映供水成本。虽然昆明市水价在全国处于较高水平（2017 年居民用水价格为 2.45 元 / 立方米，在 31 个省会城市中排第 7 位），但仍然严重影响了水务企业的盈利能力。2015—2017 年，昆明市供水企业——昆明自来水集团有限公司实现自来水销售收入分别为 7.33 亿元、7.71 亿元和 7.95 亿元；但同期供水成本分别为 10.97 亿元、8.54 亿元和 8.92 亿元，自来水销售业务毛利率分别为 -49.68%、-10.79% 和 -12.25%。供水成本中水资源费、电费及药剂费等净水成本高企，导致昆明自来水集团有限公司的供水业务持续处于亏损状态。

资料来源：上海清算所，《昆明自来水集团有限公司审计报告》，2016 年、2017 年。

7.3.2.5 外部支持

股东支持方面，考虑水务企业的资本密集性，水务企业一般负债水平较高，投资回报期限较长；水务行业实行特许经营许可制度，市场份额拓展比较困难。若股东资本实力雄厚、运营经验丰富，在资金、运营管理、特许经营许可证获取及市场拓展等方面能给予企业较大的支持。

政府支持方面，水务行业的公益性较强，价格制定受政府管制，水价一般偏低，企业运营一般会收到地方财政一定补贴收入。考察水务企业获得的财政补贴金额、地方政府财政支出中用于水务基础设施的建设资金规模和所占比重，可以在一定程度上反映出当地政府对水务企业和水务项目的重视程度。

7.3.2.6 其他因素

除了上述主要因素，水务企业信用评级中还需考察融资渠道、技术水平、或有事项等因素。

水务企业新建项目资金大部分来自外部融资，可以从直接融资和间接融资两个方面来考察企业的融资能力。间接融资主要关注企业与银行的关系及获得的银行授信情况，直接融资则主要考察企业在股票、债券等金融市场的融资情况。

技术水平也是水务企业评级考察的一个重要参考指标。国家对水务企业水质标准的要求不断提高，技术水平低的企业未来面临设备改造及成本上升的风险。

或有事项主要考察水务企业对外担保、对外投资及其他重大不确定事项对企业运营产生的影响。

7.3.3 水务企业信用评级指标体系

根据上节水务企业信用评级分析的内容，对应的信用评级指标体系见表 7-3，其中三级指标包括了定性指标和定量指标。

表 7-3 水务企业信用评级指标体系

一级指标	二级指标	三级指标
区域经济环境	地区经济总量	人口及密度、人均收入水平、GDP 增速、城镇化水平
	公共财政预算收入	本级政府可支配财力
	水资源储量	水质
水处理能力与市场地位	供水量	供水和污水处理量、供水和污水处理能力、供水管网长度、污水收集管网长度、服务人口数量、管网覆盖面积、在建供（排）水能力
	污水处理量	
	区域市场份额	区域供水普及率、区域污水处理率
运营效率及多样化	产销差率、负荷率	漏损率、水质合格率、污水处理率
	收入结构多样化	供水、污水处理及再利用、污泥处理处置、海水淡化、水务工程建设收入及占比
	区域分布多元化	水务项目区域分布情况及占比
成本控制及债务覆盖水平	毛利率	自来水生产成本、污水处理成本、自来水价格、污水处理价格
	净资产收益率	总资本收益率
	资产负债率	全部债务资本化比率
	全部债务/EBITDA	EBITDA 利息保障倍数、筹资前现金流本息保护倍数
外部支持	股东或政府支持	股东支持、政府支持

7.4 燃气企业信用评级

7.4.1 燃气企业的界定及信用风险特征

燃气的生产和供应业，具体包括利用煤炭、石油、燃气等能源生产燃气，或利用畜禽粪便和秸秆等农业、农村废弃物生产沼气，或外购液化石油气、天然气等燃气，并向用户输配和销售燃气的活动，以及对煤气、液化石油气、天然气输配及使用过程中的建设、维修和管理活动。

本节所指的燃气企业，主要从事燃气分销业务，通过城市管网或瓶装，将天然气、人工煤气和液化石油气分销到各终端用户，其主营业务收入或利润贡献主要来自燃气分销。燃气企业从事的业务一般还包括燃气接驳业务，以及燃气长输管网、城市配送管网、液化天然气（LNG）接收站等燃气基础设施建设等。

燃气企业一般具有以下信用风险特征：

第一，区域专营性很强。根据自2011年3月1日起施行的《城镇燃气管理办法》，国家对燃气经营实行许可制度。特许经营期限一般为30年，获得特许经营权的燃气企业，在特许经营区域内开展燃气业务，能够获得稳定的现金流入，具有很强的区域专营性。

第二，基建建设成本高、投资回收周期长。我国天然气气源分布不均，东部经济发达地区市场需求大，但距气源较远，西部地区经济欠发达市场需求小，但气源较为丰富，因此天然气需通过长输管道运输方能到达销售终端。同时，我国天然气产量总体表现为供不应求，产量与消费量缺口持续增加，对进口天然气的依赖较大，进口天然气需要通过国际长输管网或LNG接收站到达销售终端。燃气长输管网、城市配送管网、LNG接收站等燃气基建工程投资规模大，投入运营后仍需定期维护或改造升级，对资金实力的要求很高，投资回收周期普遍较长。

第三，以"照付不议"为主导的经营模式。"照付不议"是天然气供应的国际惯例和规则，是指在市场变化情况下，付费不得变更，用户用气未达到此量，仍须按此量付款；供气方供气未达到此量时，要对用户做相应补偿。天然气项目建设工程量和资金需求大，建设风险高，"照付不议"合同的签署将有效降低项目的不确定性，上游承担资源开发风险，下游承担市场开发风险，上下游通过合同约束形成了以风险共担为前提的利益共同体。

第四，价格形成机制受政府指导。作为公用事业重点领域之一，目前燃气销售价格形成机制受政府管理程度较高。我国天然气终端价由上游天然气出厂价、中游管道运输费和下游配气费三个部分组成，各环节价格均受国家发展改革委员会的监管，实行政府定价或政府指导定价。

我国天然气价格改革的目标是"放开两头，管住中间"，即气源和销售价格由市场形成，政府只对属于网络型自然垄断环节的管网输配价格进行监管。近年来，随着天然气价格市场化改革的逐步推进，企业用气成本有所降低，天然气消费市场更为活跃，但天然气价格尚未实现市场化，地方监管仍有待加强。

【专栏7-4】

天然气供应"照付不议"介绍

"照付不议"是天然气供应的国际惯例和规则，是指在市场变化情况下，付费不得变更，用户用气未达到此量，仍须按此量付款；供气方供气未达到此量时，要对用户做相应补偿。

"照付不议"合同的本质是将天然气开发公司、管输与销售公司和用户捆在一起，共同克服生产、输配和使用的风险问题。尽管从理论上来看，有关天然气销售的"照付不议"合同是一个平衡双方权利义务以达成"双赢"局面的法律合同，但在实践操作中由于购销双方"信息不对称"或对比力量悬殊，"照付不议"合同也在不断发展中呈现出以下趋势：

1. 年限缩短

大多数"照付不议"合同的期限为20年到25年,且受到"照付不议"或"照运不误"义务的约束。而新的"照付不议"合同期一般小于15年,中期合同一般为5年到8年。

2. 变更方式趋于灵活

由于能源供应与消费受到天气、政治形势及世界经济环境等因素的影响,买卖双方对于合同预期盈利难以准确掌握。坚持"照付不议"合同的完整性与一致性尽管可以减少部分市场风险,但难以满足市场主体针对市场变化进行快速反应的需求,不利于企业盈利最大化的根本目标。近年来,许多能源企业对"照付不议"的完整性与一致性进行变革,强调"合同数量的选择性"与"续约的灵活性"。

3. 最终用户的信用保证

LNG进口项目的信用将有赖于最终用户的财务能力及最终用户、运输方和产气方之间购气和输气"照付不议"的承诺,购气方的信用度会影响项目的可行性。因此,在"照付不议"合同签订时,LNG产业链中的供气方一般会要求最终用户为长期承诺提供信用保证。

7.4.2 燃气企业信用评级分析框架

7.4.2.1 区域环境

燃气企业的发展与其所服务区域的经济发展水平密切相关。对于区域环境的考察,主要评判因素包括地区经济总量和服务人口数量。地区经济总量反映地区经济发展水平,通常经济发展水平越高,燃气普及率越高,应用范围越广;服务人口数量用于考察燃气的需求水平,服务人口越多,燃气的需求量则越大。同时,经济发达地区的居民和企业对燃气价格调整的承受能力更强。

同时,通过对GDP增速、城镇化水平、人均可支配收入、人口密度、产业结构、企业数量等辅助指标的判断,亦可考察燃气企业服务区域的经济环境。其中,所服务区域的GDP增速、城镇化水平、人均可支配收入及人口密度越高,通常燃气需求规模越大,对燃气价格上涨的承受能力越强;产业结构和企业数量用于考察区域燃气需求结构及波动性,工业用户需求占比较高的区域,燃气需求更易受下游客户周期性波动的影响。

此外,还需关注宏观经济走向、国内外相关政策变化、替代行业威胁等可能对燃气行业供需产生影响的因素。

7.4.2.2 供应能力与市场地位

燃气企业供气能力越强,能够覆盖的服务区域和人口越多,燃气业务收入规模越大。同时,供气能力越强的燃气企业,其所在服务区域的市场地位则越高,更易获得来自地方政府在资源、资金、政策等方面的支持。

1. 供应能力

对于供应能力的考察，主要评判因素包括管道输配能力和管道供气量两个方面。管道输配能力反映了燃气企业在满负荷条件下的最大供气量，可以考察企业供应能力与市场需求的匹配程度；管道供气量则从实际情况出发，评价燃气企业的运营能力。

同时，通过对管网长度、管网质量、是否签订长期采购协议等因素的考察，亦可辅助判断燃气企业的供应能力。其中，管网长度决定管网对区域的覆盖广度；管网质量（如老旧程度）决定管网运输和销售效率、运营成本和资本支出需求；是否签订长期采购协议则决定燃气企业抵御天然气价格波动的能力。

2. 市场地位

市场份额是度量燃气企业在全国或地区市场地位的核心指标，具体用燃气企业的燃气供应能力（或总量）占全国或当地燃气供应能力（或总量）的比重来评价其市场地位。

燃气行业实行特许经营制度，特许经营区域使燃气销售企业在未来较长时间内的燃气销售具有区域垄断地位，特许经营权覆盖区域的位置、面积、用户数量等因素，均会影响燃气企业的市场份额。

对市场地位的分析还应关注燃气企业市场份额的变化情况，以判断该企业的竞争力及可持续经营能力。

7.4.2.3 运营多样性

运营多样性主要指燃气企业服务区域分布的多样化和收入结构的多样化。在多个区域提供燃气服务的企业能够在一定程度上分散因区域经济、地方政策等因素波动带来的不利影响。服务区域分布较广的燃气企业，其抗风险能力通常优于业务区域单一的燃气企业。燃气企业收入结构多样化程度越高，在经营稳定性、管网建设、气站建设、成本控制和抗政策风险冲击等方面越具有优势。

对区域分布多样化的分析应具体考察气源项目区域分布情况及占比；对收入结构多样化的分析应具体考察管道天然气销售、液化石油气销售、燃气接驳、管道建设、液化天然气/压缩天然气（LNG/CNG）等业务开展情况及占比。

7.4.2.4 盈利能力

燃气企业收入以燃气销售为主，在销售价格受政府控制的情况下，成本分析成为燃气企业盈利能力分析的主要内容，具体表现为对采购成本、管道运输成本和期间费用等的控制能力。对燃气企业盈利能力的考察，主要通过对收入获取能力、成本控制能力等因素的综合判断，进而得出燃气企业的盈利情况。

1. 收入获取能力

营业收入是企业的主要经营成果，是企业取得利润的重要保障。考察企业的营业收入，可以对企业盈利能力、市场地位、行业竞争力、企业规模、市场需求做出较为明确的判断，是区分企业规模大小、企业经营能力的重要指标。

燃气业务收入主要来自燃气销售、燃气初装接驳和管网运输等，其中燃气销售收入占比很高，是考察燃气企业收入获取能力的重点对象。同时，收入结构多样化有利于燃气企业的经营稳定性，燃气接驳和管道运输费收入是企业营业收入的重要补充。

2. 成本控制能力

燃气企业成本主要包括采购成本、管输成本等。燃气企业对于采购成本的控制，主要表现为与"三桶油"[①]签订天然气"照付不议"协议锁定长期天然气采购成本。管输成本包括管道维护运行费、材料费、人工费、管网资产折旧等，管输成本控制主要表现为管输设备利用率等因素。

3. 利润取得能力

对于利润的考察，包括利润总额、净利润、销售毛利率、净资产收益率、EBITDA/营业总收入等核心指标。

7.4.2.5 偿债能力

债务及偿债保障程度是判断燃气企业偿债能力的重要依据。

1. 债务规模和期限

（1）杠杆水平：主要用资产负债率、全部债务资本化比率等指标综合判断。一般来说，燃气企业管网建设和维护投资规模越大，其债务融资规模就越大，面临的偿债压力也会相应更大。

（2）或有负债：考察对外担保等或有事项所致的或有负债。

（3）存续债务期限分布：对受评主体在未来一段时期内存量债务到期分布结构进行分析，以判断其每年的偿债压力。

2. 债务保障程度

（1）资产流动性：主要考察燃气企业的管网资产质量、其他重要资产的流动性及受限资产占比情况，同时结合流动比率、速动比率、现金比率等财务指标综合判断企业资产对债务的覆盖水平。

（2）盈利和现金流对债务的覆盖水平：在盈利能力和各项现金流分析的基础上，利用全部债务/EBITDA、EBITDA利息保障倍数、经营性净现金流利息保障倍数等指标判断企业偿债保障程度。其中，全部债务/EBITDA反映了燃气企业动态杠杆水平，即在一段时间内，企业经营获现对现有债务的偿付能力；EBITDA利息保障倍数反映了企业利润对利息的保障能力。

7.4.2.6 外部支持

1. 政府支持

作为公用事业的重要子行业，城市燃气行业具有一定的公益性，通常能够得到地方政府在资本金注入、财政补贴、资产划拨等方面的支持。

对于政府支持可能性及支持力度的考察，主要是通过对燃气企业所服务城市的财政

---

① 对在中国油气行业中居于垄断地位的中国石油天然气集团有限公司（中石油）、中国石油化工集团公司（中石化）、中国海洋石油集团有限公司（中海油）这三大石油企业的简称。

实力、财政支出中用于燃气基础设施的建设资金规模和占比、燃气企业获得的财政补贴金额等方面的分析来综合判断。

2. 股东支持

股东支持对燃气企业的运营有重要影响，主要从股东性质、股东综合财务实力、股东燃气资源和运营经验等方面考察股东支持的力度。

国有控股股东更容易为燃气企业争取地方政府的支持；股东综合财务实力决定其是否能为燃气企业提供较为充足的资金支持和融资支持；股东燃气资源决定其是否能为燃气企业拓展特许经营范围；股东管网运营经验决定其是否能为燃气企业运营提供运营方面的支持。

7.4.2.7 其他因素

除了上述评级要素，还需考察燃气企业的融资能力、安全生产等因素。

融资能力方面，主要考察企业的直接融资能力和间接融资能力。其中，直接融资能力主要考察企业在股票、债券等各个金融市场的融资记录、偿付记录情况；间接融资能力主要关注企业与银行的关系及获得银行授信情况。通常情况下，拥有较强融资能力的企业，更容易扩大城市燃气建设及运营规模，财务灵活性也更强。

安全生产主要关注对用气安全构成隐患的因素。燃气企业及相关监管部门，应对安全隐患进行定期排查、及时检修，确保燃气企业的社会效益和经济效益。

7.4.3 燃气企业信用评级指标体系

根据上节燃气企业信用评级分析的内容，对应的信用评级指标体系见表7-4，其中三级指标包括了定性指标和定量指标。

表7-4 燃气企业信用评级指标体系

一级指标	二级指标	三级指标
区域环境	地区经济总量	人均收入水平、GDP增速、城镇化水平、三次产业结构
	服务人口数量	
供应能力与市场地位	管道年供气量	气体采购量、在建供气能力、管道质量、拥有气源项目情况、距气源距离、与上游企业的稳定性
	管道长度	
	管道输配能力	
	市场份额	特许经营权覆盖区域的位置、面积、用户数量（居民、非居民）
运营多样性	区域分布多元化	气源项目区域分布情况及占比
	收入结构多样化	管道天然气销售、液化石油气销售、燃气接驳、管道建设、LNG/CNG等业务开展情况
盈利能力	营业收入	燃气采购成本、燃气销售价格、期间费用/营业收入、销售毛利率
	净资产收益率	

(续表)

一级指标	二级指标	三级指标
偿债能力	资产负债率	全部债务资本化比率
	全部债务/EBITDA	筹资前现金流本息保护倍数、EBITDA利息保障倍数
外部支持	政府补贴	政府对燃气项目融资支持、股东性质
	股东支持	

■ 7.5 电力电网企业信用评级

□ 7.5.1 电力电网企业界定

电力行业是国民经济和社会发展的重要支柱产业，主要包括发电、输电、配电和售电等环节。2002年实施电力体制改革以来，我国电力系统的发电环节主要由独立电力生产企业负责；输配电及售电环节则基本由国家电网有限公司和中国南方电网有限责任公司负责。2015年，电力体制新一轮的改革提出按照"管住中间、放开两头"的体制架构，有序放开发电、用电计划，并向社会资本开放售电业务，在发电和售电环节进一步引入市场竞争机制。

电力生产行业具体包括火电、水电、核电和其他等4个子行业。其中，火电是指利用煤、石油、天然气等燃料燃烧产生的热能依次转化为动能和电能的活动；水电是指通过建设水电站、水利枢纽、航电枢纽等工程，将水能转换成电能的生产活动。

本章所指电力电网企业的界定标准主要基于以下两点：发电或电费收入占营业收入的比重超过50%；上述业务收入占比虽未超过50%，但在企业业务体系中具有突出地位。

□ 7.5.2 电力企业信用风险特征、评级框架及其指标体系

由于我国一次能源以煤炭资源为主，火电以燃煤发电为主。从装机容量来看，火电目前在我国电力生产领域仍处于主导地位，其次为水电。截至2017年年末，我国火电和水电总装机容量分别为11.06亿千瓦和3.41亿千瓦，占全国总发电设备容量的62.24%和19.20%。因此，本章对电力生产行业企业的分析以火电企业和水电企业为主。

7.5.2.1 电力行业风险特征

第一，宏观经济周期性较强。电力生产行业是国民经济和社会发展的重要基础产业，为其他产业的发展和城乡居民的生活提供动力和能源保障。目前，我国电力消费结构以

第二产业为主，同时第三产业和居民消费用电量保持快速增长，电力生产行业与宏观经济周期具有较强的相关性。但是，由于水电等清洁能源享有优先上网的权利，与火电相比，其受宏观经济波动相对较小。

第二，受到政府严格的监管。电力生产行业具有明显的公共事业属性，在项目审批、电价制定及节能环保等方面均受到政府较为严格的监管。尤其是火电行业，近年来政府在项目审批、建设和投运等环节施以愈加严格的产能控制。但是，电力主管部门近年来正逐步放开发电计划，积极推进电力的市场化交易，在发电环节逐渐引入市场竞争机制。

第三，行业进出壁垒高。电力生产企业属于典型的资本和技术密集型行业，行业集中程度很高，具有较高的进出壁垒。目前，我国电力生产行业已形成以五大发电集团及地方大型独立发电企业或能源集团为主的市场格局，新进入者很难在项目审批和竞价上网等环节取得优势。此外，发电设备专用性强，较难转为其他用途，行业退出成本偏高。

第四，具有明显的规模效应。一般来说，电力生产企业规模越大，意味着在全国（区域）具有越高的市场份额，在获取市场竞争地位和与煤炭企业议价、来水量调节等方面具有明显优势，外部融资渠道一般也更加畅通。而且，规模经营能够有效降低单位发电成本，生产效率相对较高。

第五，火电受煤炭价格变动、水电受流域水文条件等影响很大。火电行业成本主要包括燃料成本、折旧成本、人工和期间费用，其中燃料成本占比最高。鉴于上网电价仍主要受政府管制，而煤炭价格的市场化程度较高，火电企业盈利水平受煤炭价格变动影响很大。近年来，受煤炭行业去产能及限制煤炭进口等影响，我国煤炭价格快速上升至高位，火电企业盈利水平明显下滑，甚至出现亏损。对于水电企业来说，机组运行效率对流域的来水量具有很高的依赖性，呈现明显的季节周期性，而流域来水量则取决于河流丰水期和枯水期的水文条件等因素。

【专栏7-5】

优先发电制度介绍

优先发电制度最早被称为"节能发电调度的优先顺序"。2007年，国家发改委等部门制定了《节能发电调度办法》，规定各类发电机组按以下顺序确定序位：（1）无调节能力的风能、太阳能、海洋能、水能等可再生能源发电机组；（2）有调节能力的水能、生物质能、地热能等可再生能源发电机组和满足环保要求的垃圾发电机组；（3）核能发电机组；（4）按"以热定电"方式运行的燃煤热电联产机组，余热、余气、余压、煤矸石、洗中煤、煤层气等资源综合利用发电机组；（5）天然气、煤气化发电机组；（6）其他燃煤发电机组，包括未带热负荷的热电联产机组；（7）燃油发电机组。

为推进发用电计划改革和发挥市场机制的作用，国家发改委于2015年11月发布《关于有序放开发用电计划的实施意见》，在有序缩减发用电计划和扩大市场化电量的比例基础上，坚持节能减排和清洁能源优先上网，正式提出建立优先发电制度。上述意见将可再生能源发电顺序调整为两类优先保障，并明确各省（区、市）可根据本地区实际情况，按照确保安全、兼顾经济性和调节性的原则，合理确定优先顺序。

2017年3月，国家发改委下发《关于有序放开发用电计划的通知》，要求各省级电网区域逐年减少既有煤电企业的计划电量。除公益性和调节性机组外，原则上不安排《关于进一步深化电力体制改革的若干意见》实施之后煤电新建项目的计划电量，而且签约交易电量亦不应超过当地年度煤电机组发电小时数最高上限。对于水电、核电等清洁能源机组，除按相关政策安排的优先发电计划外，也应积极参与电力市场交易。总体来看，除公益性和调节性机组外，未来其他电力电量将逐步取消发用电计划，其能否上网发电全部交由市场决定。

上述意见将可再生能源发电顺序调整为两类优先保障（具体情况见表7-5），并明确各省（区、市）可根据本地区实际情况，按照确保安全、兼顾经济性和调节性的原则，合理确定优先顺序。

表7-5　可再生能源发电的二类优先保障

一类优先保障	二类优先保障
纳入规划的风能、太阳能、生物质能等可再生能源发电优先发电； 为满足调峰调频和电网安全需要，调峰调频电量优先发电； 为保障供热需要，热电联产机组实行"以热定电"，供热方式合理、实现在线监测并符合环保要求的在采暖期优先发电。	为落实国家能源战略、确保清洁能源送出，跨省跨区输送电中的国家计划内和地方政府协议内电量优先发电； 为减少煤炭消耗和污染物排放，水电、核电、余热余压余气发电、超低排放燃煤机组优先发电。

资料来源：国家发展改革委员会、国家能源局，《关于有序放开发用电计划的实施意见》，2017年。

7.5.2.2　电力企业信用评级框架

基于行业的信用风险特征分析，电力生产企业的信用评级将主要考虑外部环境、自身经营和财务风险，最终级别也会结合企业股东、政府、金融机构等外部单位能够给予的可靠支持进行综合考虑。具体来看，评级要素主要包括电力市场运行环境、经营规模及市场占比、机组多样性及技术水平、财务分析和企业管理水平等五个维度。

1. 电力市场运行环境

由于电力生产企业受当地宏观经济运行和政府监管影响较大，区域电力环境是企业信用评级的第一步。通过对电力市场运行环境的分析，我们需要了解电力消费规模、电源结构和供需关系、电量上网政策及电价水平、电力市场交易规模和让利降幅等。上述因素直接影响电力生产企业的上网电量规模、盈利水平以及未来新增产能大小等重要经营指标。

具体分析时，电力市场运行环境分析应重点关注地区经济总量、产业结构、电力消费结构、高耗能行业运行情况、居民生活水平以及电量上网政策、电价水平、市场交易电量占比和成交均价降幅等指标或信息。

2. 经营规模及市场占比

经营规模是电力生产企业核心竞争力的最重要因素。电力生产企业具有较明显的规模经济性，规模大通常意味着能够显著降低单位成本，并且拥有较强的煤炭议价和来水量调节能力，从而提升抵御周期性风险和成本上升风险的能力。可控装机容量、总权益装机容量、上网电量、发电量等指标均可作为衡量企业经营规模的指标。对于水电企业，我们还需结合其拥有的可开发水资源空间，来综合判断其未来的发电装机规模和市场地位。

可控装机容量是电力生产企业经营规模的最直接体现，是其抵御行业周期波动、获取市场竞争优势和与煤炭企业议价等能力的重要基础，一定程度上也反映了企业发电量和售电收入的上限。可控装机年发电量是可控装机容量和机组利用小时数的综合反映，在可控装机容量相当的情况下，可控装机年发电量越大代表发电机组运营效率越高，即机组利用小时数越高。由于机组利用小时数主要受所在地区（不考虑跨区输送电量）经济发展水平、电源结构、电力供需等影响，可控装机年发电量指标也可以间接反映上述因素对企业经营规模的影响。

鉴于水电企业经营受来水量变动影响大的特殊性，我们在对水电企业进行信用评级的过程中，还需分析其所处流域水量的周期性以及企业的流域控制和径流调节能力，参考指标包括所属河流的水流量、年径流量、落差、长度，企业所拥有水库的容量等。

3. 机组多样性及技术水平

机组多样性是指电力生产企业拥有电源类型的种类和装机容量占比情况。一般来说，与单一装机结构企业相比，机组多样化高的企业在经营稳定性、成本控制和政策风险冲击方面更加具有优势。从技术水平角度来看，大容量、高参数的发电机组在供电煤耗、厂用电率、运行稳定性、污染排放等方面具有明显优势，经济效益普遍较高，未来升级改造等潜在资本支出压力较小。

4. 财务分析

电力生产企业的财务分析主要包括对资产规模及质量、盈利水平、现金流获取能力、债务规模及保障的分析。

反映盈利能力的指标主要有营业收入、利润总额、销售毛利率、净资产收益率、总资产报酬率等。上述数据和指标均从不同角度反映了火电企业的盈利能力，因此需要综合但不限于上述数据和指标来对电力生产企业的盈利能力做出合理、客观的判断。

债务规模及保障程度可以反映企业财务的稳健性。当企业遇到经营亏损、投资失败或资金紧张等情形时，财务杠杆低、债务覆盖程度高的企业更有可能渡过难关。财务杠杆水平一般通过资产负债率、全部债务资本化比率等指标来衡量。由于电力生产企业资产结构以非流动资产为主，现金获取能力很强，因此需重点分析 EBITDA 和现金流对债务的保障，如经营净现金流/流动负债、EBITDA 利息保障倍数等。

5. 企业管理水平

电力生产企业管理水平分析主要集中在治理结构和内部管理两个方面。完善的治理结构的意义在于在企业的各利益相关方之间建立激励相容的制度，关注要点包括股权结构、董事会的独立性和运作情况、监事会的监督情况、管理层及员工激励的安排等方面；内部管理的评估主要包括管理制度的健全程度、内部控制制度的执行情况、危机应对措施的全面有效性等。

7.5.2.3 电力企业信用评级指标体系

根据上节电力企业信用评级分析的内容，对应的评级指标体系见表 7-6，其中三级指标包括了定性指标和定量指标。

表 7-6 电力企业信用评级指标体系

一级指标	二级指标	三级指标
电力市场运行环境	区域电力消费规模、结构和供需关系	全年用电量规模及增速、发电量规模及增速、用电结构；地区总装机规模及结构，机组利用小时数变化等
	电量上网政策及电价水平	各电源上网电价水平及变化情况，各电源计划电量优先上网次序；区域电力市场化交易规模及成交均价降幅情况
经营规模及市场占比	经营规模及市场占比	已投运装机容量、发电量（上网电量）规模及在区域市场占比情况；在建电源资产规模、投产时间等
机组多样性及技术水平	机组多样性	清洁能源发电机组规模、机组利用小时数和在建装机容量
	机组技术水平	机组平均装机容量、平均煤耗标准等
财务分析	盈利能力	近三年发电收入规模、同比增速；煤炭自给程度；毛利率、净利润率和净资产收益率等变化情况
	债务规模及保障程度	资产负债率、全部债务资本化比率；EBITDA 和经营活动现金流对债务保障程度
企业管理水平	治理结构	股权结构、董事会的独立性和运作情况、监事会的监督情况等
	内部管理	管理制度的健全程度、内部控制制度的执行情况等

7.5.3 电网企业信用风险特征、评级框架及其指标体系

7.5.3.1 电网企业风险特征

第一，宏观经济周期性较强。电网行业是电力系统的重要组成部分，直接向电力用户提供输配电业务。目前，我国电力消费结构以第二产业为主，同时第三产业和居民消费用电量保持快速增长，电网行业与宏观经济周期具有较强的相关性。

第二，行业进出壁垒高。电网属于典型的资本和技术密集型行业，具有很强的进出壁垒。电网项目对企业的资本金和技术水平有着很高的要求，而且相关设备和工程的专用性很强，难以转为其他用途。

第三，行业竞争程度很低，经营风险相对很小。电网建设及电力供应具有明显的公共事业属性，在项目规划建设、输配电价标准等方面均受到政府极为严格的监管，而且电网项目在一定区域内不会重复建设，市场竞争程度很低，企业经营风险相对很小。目前，我国电力供应基本由国家两大电网公司掌握，属于典型的寡头垄断行业。此外，各地还有一些地方电网企业，但规模普遍相对较小。

第四，受政府相关规划和政策影响很大。电网企业承担着规划电网建设、保证供电安全，以及管理电力调度和电力交易等重要职责，受电力主管部门的电网规划和输配电价改革等政策的影响很大。

7.5.3.2 电网企业信用评级框架

基于行业的信用风险特征分析，电网企业的评级将在综合考虑宏观经济和政策环境、自身经营和财务风险的基础上，同时结合企业股东、政府、金融机构等外部单位能够给予的可靠支持，最终得到企业的信用等级。具体来看，信用评级要素主要包括宏观经济和政策环境、经营规模及售电结构、财务分析、企业管理水平等四个维度。

1. 宏观经济和政策环境

电力供应与宏观经济周期具有较强的相关性，且受政府相关规划和政策的影响很大，因此宏观经济和政策环境分析是电网企业评级的第一步。宏观经济重点分析企业负责经营区域的经济发展水平、近三年经济总量增速和高耗能行业运行状况；政策环境包括电网项目建设规划、输配电价形成机制等。

具体分析时，宏观经济和政策环境分析可参考地区经济总量、产业结构、电力消费总量和结构、高耗能行业运行状况、销售电价水平等指标或信息。

2. 经营规模及售电结构

对电网企业而言，经营规模是其核心竞争力的最重要体现。电网企业具有明显的规模经济性，年售电量规模大意味着能够显著降低单位售电成本，并且在电力供应行业具有更高的市场地位，从而提升抵御周期性风险的能力。

售电结构方面，应重点分析电网企业近三年的下游客户类型及构成，并通过对重点客户所处行业及经营情况分析，来判断未来一至二年售电量的稳定性和可持续性。

3. 财务分析

电网企业财务分析主要包括盈利能力和债务负担及保障程度。

盈利能力方面，我们需从盈利规模和盈利水平两个方面进行分析，反映盈利规模的指标有营业收入、营业利润和利润总额等，而销售毛利率、营业利润率、净资产收益率、总资产报酬率等指标可以体现电网企业的盈利水平。上述指标均从不同角度反映了电网企业的盈利能力，因此我们必须综合但不限于上述指标做出相应合理、客观的判断。

债务负担及保障程度体现了电网企业财务的稳健性。当企业遇到经营亏损、投资失败或资金紧张等情形时，财务杠杆低、债务保障程度高的企业更可能渡过难关。财务杠杆水平一般通过资产负债率、全部债务资本化比率等指标来衡量。由于电网企业资产结构以非流动资产为主、现金获取能力很强，我们应重点分析经营性净现金流/流动负债、EBITDA利息倍数等指标，以此判断EBITDA和现金流对债务的保障程度。

4. 企业管理水平

电网企业管理水平分析主要集中在治理结构和内部管理两个方面。完善的治理结构的意义在于在企业的各利益相关方之间建立激励相容的制度，关注要点包括股权结构、董事会的独立性和运作情况、监事会的监督情况、管理层及员工激励的安排等方面；内部管理的评估主要包括管理制度的健全程度、内部控制制度的执行情况、危机应对措施的全面有效性等。

7.5.3.3 电网企业信用评级指标体系

根据上节电网企业评级分析的内容，对应的评级指标体系见表7-7，其中三级指标包括了定性指标和定量指标。

表 7-7 电网企业信用评级指标体系

一级指标	二级指标	三级指标
宏观经济和政策环境	宏观经济	经营区域的经济发展水平：地区GDP总量、GDP增速、三次产业结构、高耗能用电行业企业增加值及增速等； 电力消费规模、结构：地区年用电量、用电结构等。
	政策环境	区域电力市场交易规模；输配电价核定标准、各行业售电价格；电网项目建设规划。
经营规模及售电结构	经营规模	企业输电线路长度、电网变电容量、并网装机容量、统调最大负荷、区域电力供应市场占比；企业在建电网输电能力。
	售电结构	企业年售电规模、下游重点客户集中程度、执行售电电价水平；重点客户所属行业、近三年用电量及变化等。
财务分析	盈利能力	近三年电费收入规模、增幅，应收账款周转率； 净利润率和净资产收益率变化情况等。
	债务负担及保障程度	资产负债率、全部债务资本化比率； EBITDA和经营活动现金流对债务保障程度。
企业管理水平	治理结构	股权结构、董事会的独立性和运作情况、监事会的监督情况等。
	内部管理	管理制度的健全程度、内部控制制度的执行情况等。

7.6 公路企业信用评级

7.6.1 公路企业的界定及信用风险特征

本节所指的公路企业一般持有政府有关部门的特许经营协议，主营业务为收费路桥，包括高速公路及其他各等级收费公路、桥梁及隧道的建设、运营与维护。该类企业一般已有收费公路资产处于营运状态，能持续带来比较稳定的收入和现金流入，主要收入和利润来源（50%以上）为收费路桥资产产生的车辆通行费收入。

本章所指的公路企业不包括主营业务为路桥施工建设的建筑类企业，也不包括免费的公益性道路桥梁的运营管理企业。

一般而言，公路企业具有以下风险特征：

第一，公路企业的经营主要受宏观和地区经济环境的影响，与特定行业的关联性较弱，抗风险能力相对较强。公路企业在特定地区内提供公路交通服务。本地区及相邻区域的经济发展水平越高，客货运输量就越大，可以直接带来企业收入和利润水平的提高。

除了某些行业集中度很高的地区,客货运输量的变化一般与特定行业的关联性较弱,因此公路企业的经营主要受宏观和区域经济大环境的影响,抗风险能力相对较强。

第二,公路面临来自铁路、民航、水运、低等级公路等交通方式,以及邻近的并行公路的竞争。铁路在长途货运的成本上优势明显,高速铁路长途客运的舒适快捷等优势也是公路运输无法相比的。在运输总需求不变的条件下,更大的铁路运力投放必将对现有公路产生分流影响,抑制公路客货运输量需求的增长。但是从我国经济增速情况来看,运输总需求的增长速度将快于铁路建设的增长速度,因此短期内铁路对高速公路的分流效应体现将不会很明显。与铁路、民航、水运等相比,高速公路具有短途更加便捷的优势,因此邻近的并行高速公路,以及低等级的非收费公路更具有直接的替代效应,对经营相关公路资产的公路企业的收入造成冲击。

第三,公路项目的建设投资规模都较大。我国高速公路建设除小部分依靠中央资金支持外,地方财政拨款、社会资金投资及企业自身融资是各地高速公路建设的主要资金来源,其中企业债务性融资方式占比较大。随着国内公路网的建设重心转移到经济发展水平相对较低的中西部地区,当地政府自身的财政投资能力有限,项目建设对企业债务融资的依赖程度将进一步加大。预计未来债务性融资仍是公路建设资金的主要来源,项目建设较多的企业一般面临较大的债务压力。

第四,车辆通行费受收费政策影响较大,面临一定的政策不确定风险。我国现有的高速公路中,95%依靠收费公路政策筹资修建,车辆通行费收入是其主要收入来源。根据《收费公路管理条例》,东部地区省份政府还贷公路收费期限不超过15年,中西部地区省份政府还贷公路收费期限不超过20年;东部地区省份经营性公路收费期限不超过25年,中西部地区省份经营性公路收费期限不超过30年。由于目前国家还没有出台收费年限到期后的具体政策,因此高速公路行业面临一定的政策不确定风险。此外,2012年发布的法定节假日免收车辆通行费等政策对企业经营也产生了一定的不利影响。

【专栏 7-6】

中国国家高速公路网介绍

中国高速公路建设起步于1984年,最早开工的是沈大高速公路,最早完工的是广佛高速公路。截至2017年年底,全国高速公路的通车里程达到13.6万公里,是世界上规模最大的高速公路系统。在20世纪90年代后期,中国政府通过实施积极的经济政策来引导基础设施建设,对高速公路的资金投入实行倾斜政策,每年建成的高速公路达到3 000公里以上。

2004年12月,中华人民共和国交通运输部出台了最新的国家高速公路网规划"7918网",计划通过20—30年的建设,建成由7条首都放射线、9条南北纵线和18条东西横线组成,里程达到8.5万公里的国家高速公路主干网。"7918网"主线6.8万公里,地区环线、联络线等其他路线约1.7万公里,是世界上规模最大的高速公路系统。

2013年6月20日,交通运输部在国务院新闻办举行的新闻发布会上正式公布了《国家公路网

> 规划（2013年—2030年）》，在新的规划里国家高速公路网进一步完善，在西部增加了两条南北纵线，成为"71118"网，调整后的国家高速公路由7条首都放射线、11条北南纵线、18条东西横线以及地区环线、并行线、联络线等组成，约11.8万公里。具体如下：
>
> 首都放射线（7条）：北京—哈尔滨、北京—上海、北京—台北、北京—港澳、北京—昆明、北京—拉萨、北京—乌鲁木齐。
>
> 北南纵线（11条）：鹤岗—大连、沈阳—海口、长春—深圳、济南—广州、大庆—广州、二连浩特—广州、呼和浩特—北海、包头—茂名、银川—百色、兰州—海口、银川—昆明。
>
> 东西横线（18条）：绥芬河—满洲里、珲春—乌兰浩特、丹东—锡林浩特、荣成—乌海、青岛—银川、青岛—兰州、连云港—霍尔果斯、南京—洛阳、上海—西安、上海—成都、上海—重庆、杭州—瑞丽、上海—昆明、福州—银川、泉州—南宁、厦门—成都、汕头—昆明、广州—昆明。
>
> "71118"网形成后，可全面连接地级行政中心、城镇人口超过20万的中等及以上城市、重要交通枢纽和重要边境口岸。

7.6.2　公路企业信用评级分析框架

公路行业信用评级方法一般采用定性和定量分析相结合，从经营环境、企业运营、财务分析、外部支持四个维度分析考察企业的主体信用风险。其中，经营环境包括宏观经济、行业发展及相关政策、区域经济环境；企业运营包括经营情况、业务竞争、企业管理等；财务分析由企业资产情况、资本结构、盈利能力、现金流充足性、财务弹性、偿债能力等共同决定；外部支持包括地方政府及控股股东提供外部支持的意愿与能力等。对公路企业的信用评级应在主体评级的基础上，结合债权保护因素对违约概率或违约损失率的影响，来确定高速公路企业发行的相关债项的信用等级。

7.6.2.1　经营环境

在经营环境方面，首先分析宏观经济运行、货币和财政等调控政策，其次分析公路行业的整体运行态势和相关行业政策的变化情况，最后分析地区经济状况，因为区域经济增长、常住人口增加和居民收入提高带来的人员物资流动需求是公路行业发展的主要动力。

公路在我国交通运输体系中占据重要地位，公路所服务区域的经济特征在很大程度上影响着公路企业的收入。经济发达、人口密度较大的地区，机动车保有量相对较高，车流量往往较大；经济多元化程度较高的区域，车流量受单一行业波动的影响较小。总体来说，主要公路资产位于经济发达地区或连接了若干发达城市的公路企业的运营环境较好。一般选取地区GDP总量、GDP增速以及人均GDP等作为衡量地区经济环境的定量指标；选取地区交通运输业运行数据、机动车保有量等作为与公路行业直接关联的定量指标。此外，地区产业结构等定性因素也是需要重点分析的内容之一。

7.6.2.2 企业运营

1. 经营情况

根据企业经营管理的公路资产数量,一般将高速公路企业划分为复合类和经营类两种类型。复合类高速公路企业一般运营多条收费公路,同时既对现有公路资产进行收费运营,也有部分路桥施工建设业务。这类高速公路企业一般规模较大,且多为政府背景的省级集团企业,具有一定的区域垄断性。经营类高速公路企业则以单一或少量公路资产经营为主,无施工建设业务。这类高速公路企业一般公路资产质量较高,经营负担较小,盈利能力较强。

公路企业拥有的公路资产是其竞争力的主要来源。拥有公路资产的总里程数、地理分布、车流量水平等构成了企业的市场地位。考察高速公路企业的市场地位时,根据复合类高速公路企业和经营类高速公路企业的分类,侧重点也有所区别。

车流量及通行车辆构成是关键经营指标。车辆通行费收入是公路企业最主要的收入来源。一般来说,通行费收入与车流量具有正相关性。较高的公路资产质量、完备的公路网络能为高速公路企业带来较大的稳定车流量,在收费标准固定的前提下,形成稳定的现金流入。需要关注的是,即使车流量水平相近的两条高速公路,也可能因为通行车辆构成不同而产生通行费收入水平上的差别。比如,载货车辆采取计重收费,并且由于大量存在超载导致遭受惩罚性收费,因此大型载货车辆通行占主流的高速公路一般能带来更高的通行费收入,但相应地也面临更高的公路资产养护支出和更频繁的路面大修、中修。

另外,对高速公路企业经营情况的分析还需要关注公路的使用年限和养护情况。公路养护分为日常养护、专项大中修养护等,日常养护支出是高速公路企业主要的经营成本之一。对于建成通车已达一定年限的高速公路,由于路面损耗,需要对其进行大中修专项养护。大修期间企业收入规模及盈利水平均会受到较大的影响。

2. 业务竞争

对于复合类高速公路企业,主要关注点在企业在区域内是否拥有较强的垄断优势。一般来说,这种优势体现为其运营的里程数占全省(市、自治区)公路通车总里程数的百分比较高。对于经营类高速公路企业,主要关注点则在其经营的公路资产质量。较高质量的公路资产一般具有地理位置关键、区域经济繁荣、人员物资流动密集等几个方面的特点,例如国家高速公路网("7918网")干线,重要的大型城市间连接线,关键的省际通道,关键位置的桥梁、隧道等,往往能够给企业带来大量稳定的车流量及通行费收入。

除了相邻公路对企业经营的影响,还要分析区域内铁路、航空、水运等替代运输方式造成的竞争压力。

3. 企业管理

企业管理方面的分析应重点考察股东、董事会、管理层乃至员工之间的权责明晰状况和激励约束机制,具体应考察以下几个方面:股权结构,主要分析企业所有权结构和控制权结构的透明性以及企业对大股东的依赖程度,股权过度分散或过度集中都不利于建立有效的公司治理结构;董事会的独立性和运作情况,监事会的监督和企业的外部监督;管理层及员工激励、约束机制等。

企业内部管理的评估主要包括管理制度的健全程度、内部控制制度的执行情况、危机应对措施的全面有效性等方面。企业管理层是否普遍具备丰富的高速公路行业经验，能否高效处理高速公路运营、管理中发生的常见问题也是一个重要考察内容。

高速公路行业属于弱周期性行业，具有集中建设期资金需求较大、投资回收期长，但培育期过后现金流收入稳定可控等特点。企业决策层清晰的战略规划和可靠的执行控制能力有助于辨识企业未来经营结构。

对于复合类高速公路企业，如何合理规划在建、拟建项目的资本支出，有效应对债务融资的集中偿付压力以规避流动性风险，是其经营战略中的主要挑战。因此在分析此类企业时，需要考察企业能否根据自身条件合理配置经营资源、贯彻风险控制，并随着宏观经济的变化不断调整、创新，以保持竞争力、降低违约风险。对于经营类高速公路企业，则需要考察其如何应对周边其他交通方式的竞争分流，以及如何对经营收入进行再投资。

围绕主营业务的适度多元化是一个积极的评级因素。成熟的高速公路网络能够带来稳定的通行费收入，同时也可以作为企业其他业务的基础。一些高速公路企业利用其公路资产优势，积极开展物流仓储、广告投放、休息区加油站租赁、沿线土地开发、汽车金融等相关分支业务，分散了收入来源过度单一的风险。但要指出的是，业务多元化如果没有明确的目标和严格的风险控制体系，或业务多元化后面临经验缺乏或执行能力不足的情况，则可能对信用级别产生负面影响。

7.6.2.3 财务分析

对公路企业财务风险的分析要素包括资产情况、资本结构、盈利能力、现金流量充足性、财务弹性和偿债能力等方面。

1. 资产情况

公路企业的资产主要为公路及相关附属设施等固定资产或在建工程，资产规模的大小在一定程度上体现了公路经营规模和设施完善性，与企业经营能力关联性较高，一般用总资产和净资产作为定量指标来衡量。

2. 资本结构

较高的财务杠杆反映了企业相对激进的财务政策和较弱的自身财务弹性，在宏观经济环境和企业经营出现波动时较容易面临债务困境。资产负债率体现了企业的整体负债水平；全部债务资本化比率剔除了经营性负债的影响，反映了企业的刚性债务水平。因此，一般采用这两个指标来考察受评主体的资本结构。

3. 盈利能力

在分析企业的主营业务收入和毛利润的基础上，需关注企业的财务费用，重点是利息支出。公路企业尤其是项目建设规模较大的企业资本支出及债务融资规模大，资产负债率较高，财务费用对利润总额的影响往往十分巨大。能否有效控制财务费用，应对流动性风险，将直接影响企业的持续经营和盈利能力。盈利能力的分析指标包括主营业务收入、利润总额、营业利润率、总资本收益率、净资产收益率等。

4. 现金流量充足性

现金流量来源包括经营活动、投资活动和筹资活动三个方面。现金流量同投资性支出和负债的关系可以说明企业用现金流量维持或扩大再生产以及偿还债务的能力。现金流量充足性分析应主要考察以下几个方面：目前现金流入的主要来源及未来可能的变动；经营性现金流入在不同时期的均衡度，以及其与债务期限结构的对称性；经营性现金流对流动负债和利息支出的保障程度；未来预期资本性支出对现金流的压力。

5. 财务弹性

财务弹性是指企业动用闲置资金和剩余负债把握机会或应对危机的能力。财务弹性首先取决于企业的融资能力，即其能在多大范围内和多大程度上获取现金以维持资产的流动性和保障债务的偿还。容易变现的资产也是财务弹性的反映。在企业扩张期，良好的财务弹性有利于平衡巨大资本性支出对财务状况的不利影响。

评价企业的财务弹性需要结合经营性现金流状况、债务组合与期限结构、流动性等因素进行分析，主要考察因素包括现金储备、银行综合授信额度、融资渠道的多样性（包括资本市场融资历史和信用状况、再融资条件）、抵押资产数量及其对再融资的影响、资产质量及变现能力、控股股东或政府可能的资金和信用支持等。

高速公路行业是典型的资本密集型行业。高速公路项目造价高，建成后还需要经历一段培育期，在运营的最初几年内车流量较小，通行能力相对闲置，经营效益也相对较差。在车流量增长至稳定、通行费收入水平达到预期之前，高速公路企业无法收回建设成本并产生盈利。经营类高速公路企业除日常的公路资产养护外，还需要定期对公路资产进行大修、中修，产生较大的资本支出需求；复合类高速公路企业现有的在建工程继续投入、拟建工程开工建设也都会引起资本支出。强大的融资能力能够保证高速公路企业顺利完成公路资产建设并在培育期内维持有效的公路资产运营。

6. 偿债能力

一般用流动比率、速动比率、筹资前现金流本息保护倍数、经营现金流动负债比率来考察受评主体的短期债务偿还能力。由于净利润与经营活动产生的现金净流量有可能背离，经营现金流动负债比率可以从现金流量角度来反映企业当期偿付短期负债的实际能力。

由于高速公路企业普遍拥有大额的折旧摊销，因此使用 EBITDA 指标平滑这部分影响，并通过全部债务/EBITDA、EBITDA 利息保障倍数和债务保障倍数等指标来衡量受评主体的长期偿债能力。其中，EBITDA 利息保障倍数用于考察企业支付债务利息能力，全部债务/EBITDA 则用于考察受评主体经营所得对于全部债务的覆盖程度。

7.6.2.4 外部支持

在外部支持方面主要考察受评主体受到控股股东或当地政府的支持力度，以及控股股东或当地政府综合实力的强弱。控股股东的实力强弱包括其自身的信用水平、在区域内高速公路运营主体中的地位等。在此基础上，还应考察控股股东或当地政府对受评企业提供的支持内容，包括政策优惠、资金支持等。

7.6.3 公路企业信用评级指标体系

根据上节公路企业信用评级分析的内容，对应的信用评级指标体系见表7-8，其中三级指标包括了定性指标和定量指标。

表 7-8 公路企业评级指标体系

一级指标	二级指标	三级指标
经营环境	宏观经济	宏观经济运行、货币和财政等政策
	行业发展及相关政策	公路行业运行态势、相关行业政策
	区域经济环境	地区 GDP 总量、GDP 增速、人均 GDP；地区产业结构等
企业运营	经营情况	公路资产总里程数、地理分布、车流量水平、收费标准；客流结构（商务、旅游）
	业务竞争	运营里程数在区域公路通车总里程数中的占比、公路资产质量、高铁等其他交通状况
	企业管理	治理结构、内部管理、发展战略
财务分析	资产情况	总资产、净资产
	资本结构	资产负债率、全部债务资本化比率
	盈利能力	营业收入、利润总额、营业利润率、总资本收益率、净资产收益率
	现金流量充足性	经营活动、投资活动和筹资活动现金流
	财务弹性	现金储备、银行综合授信额度、资本市场融资状况、抵押资产情况
	偿债能力	流动比率、速动比率、全部债务/EBITDA、EBITDA 利息保障倍数
外部支持	股东支持	股东实力、具体支持情况
	当地政府支持	政策优惠、财政支持

7.7 机场企业信用评级

7.7.1 机场企业的界定及信用风险特征

机场，亦称飞机场、空港、航空站。机场有不同的大小，除了跑道，通常还设有塔台、停机坪、航空客运站、维修厂等设施，并提供机场管制、空中交通管制等服务。机场按用途一般分为军用和民用两大类。民用机场（包括军民合用的民用部分）又可分为民用运输机场和通用航空机场。民用运输机场是可以供运输旅客或者货物的民用航空器起飞、降落、滑行、停放以及进行其他活动使用的划定区域，包括附属的建筑物、装置和设施。通用航空机场是专门承担除个人飞行、旅客运输和货物运输以外的其他飞行任务的划定区域，比如公务出差、空中旅游、空中表演、空中航拍、空中测绘、农林喷洒等特殊飞行任务。

机场企业是指主营业务为飞机起降服务等航空业务，并持有政府有关部门的特许经营协议的机场运营企业。

机场行业有其自身特点，企业运营中面临的行业风险特征主要包括如下几点：

第一，机场行业受宏观和区域经济环境的影响较大。机场是综合交通运输体系的重要组成部分，其需求主要派生于商务和私人出行、货物周转等活动，对宏观经济及相关区域经济环境具有较强的依赖性，行业经营状况易受宏观和区域经济环境波动的影响。其中地区产业结构和旅游资源等对机场经营有直接影响。相关产业的发展可以推动商务出行和航空货运需求的增长，旅游资源则可以直接决定机场的休闲旅游出行服务需求。

第二，机场行业与航空运输业的关联性很高。机场企业的业务规模在很大程度上取决于航空公司的航线网络构建和航班运力投入，航空运输业的发展也离不开机场的投资建设和运营管理，两者的关联度很高。航空运输企业的经营状况及行业景气度直接影响机场行业的运行状况。

第三，机场行业具有区域专营性。航路、净空条件、建设用地等资源的稀缺性，导致机场存在天然的地域垄断特征。由于机场建设所需资金规模庞大，一定空间范围内一般不会重复建设，因此机场企业一般具有区域专营性。

第四，机场企业面临的竞争态势主要取决于其地理位置。机场所在的地理位置很大程度上决定了其面临的竞争态势。每个机场都有一定的辐射半径，机场间的竞争关系往往存在于交叉覆盖的区域内。除了临近机场，区域内铁路、公路、水运等其他替代运输方式也对其构成竞争压力。

第五，机场行业的建设和经营受到严格的行政管控。机场作为特殊的交通运输基础设施，对汇集周边优势资源、带动区域经济发展具有重大意义，其建设、运营涉及空管、安保等多个方面的因素，因此受到中国民用航空局等政府部门的严格管理。机场建设方面，民航总局采用项目法人制度进行管理，民航机场的布点、选址、设计和建设均需要符合民航总局的机场总体规划。民航总局将机场收费项目规范为航空性业务收费、非航空性业务重要收费和非航空性业务其他收费三项，采取不同的收费定价规则。

【专栏 7-7】

机场收费标准改革介绍

2002 年，国务院发布《国务院关于印发民航体制改革方案的通知》，中国民用航空局（以下简称"民航局"）将机场的直接管理权下放到所在省（区、市），由各地方政府负责机场的运营。

随着民航体制改革的不断深化，机场收费政策在体制和机制方面存在的一些深层次矛盾和问题逐步显现，主要表现在机场收费管理权限集中、收费形成机制不尽合理、机场管理机构和航空公司之间利益关系未完全理顺、市场配置资源的基础性作用发挥不够等方面。2007 年，民航局、国家发展改革委发布《民用机场收费改革方案》《民用机场收费改革实施方案》，从划分机场类别、统一机场收费项目、改革机场收费管理方式等方面对机场收费标准进行了改革。

2013 年，为贯彻落实国务院《关于促进民航业发展的若干意见》文件精神，完善民用机场收费政策，深化民航收费改革，民航局发布《关于调整内地航空公司国际及港澳航班民用机场收费标准的通知》，内地航空公司国际及港澳航班（含实际经营的与外国及港澳航空公司实行代号共享的航班），在内地出（入）境机场的航空性业务收费项目的收费标准基准价，按照外国及中国港澳航空公司航班收费标准基准价执行；在内地非出（入）境机场，且旅客、货物邮件目的地是外国城市及中国香港、中国澳门时，旅客服务费、旅客行李安检费、货物邮件安检费收费标准基准价按照外国及中国港澳航空公司航班收费标准基准价执行。

2017年1月，民航局发布《关于印发民用机场收费标准调整方案的通知》，从机场分类目录、收费定价方式、收费基准价格、备降航班服务、通用航空收费以及价格优惠等方面对机场收费标准进行了梳理。通知指出，航空性业务收费项目及二类、三类机场内地航空公司内地航班地面服务基本项目的收费标准仍实行政府指导价，非航空性业务重要收费项目（除二、三类机场内地航空公司内地航班地面服务基本项目外）的收费标准由实行政府指导价调整为实行市场调节价；调整内地航空公司内地航班航空性业务收费项目的收费标准基准价及浮动幅度，其中起降费收费标准准可在规定的基准价基础上上浮不超过10%，调整非航空性业务重要收费项目的收费标准基准价及浮动幅度。新收费标准自2017年4月1日起开始实施。

7.7.2 机场企业信用评级分析框架

机场企业信用评级方法一般采用定性和定量分析相结合，从经营环境、企业运营、财务分析、外部支持四个维度分析考察机场企业的主体信用风险。其中，经营环境包括宏观经济、行业发展及相关政策、区域经济环境；企业运营包括经营情况、业务竞争、企业管理等；财务分析由企业资产规模和质量、资本结构、盈利水平、现金流量充足性、财务弹性、偿债能力等共同决定；外部支持包括当地政府及控股股东提供外部支持的意愿与能力等。

7.7.2.1 经营环境

在经营环境方面，首先要分析宏观经济运行、货币和财政等调控政策，其次要分析机场行业的整体运行态势和相关行业政策的变化情况。

另外，机场作为重要的交通枢纽，主要用于人与物的运输，运营状况很大程度上取决于地区经济的发展状况。机场所辐射的区域有限，一般以省市一级区域作为其大致的覆盖区域。比如，首都机场的辐射区域为北京市，云南机场集团（下辖云南省所有14个机场）的辐射区域为云南省。在分析地区经济发展状况时，一般选取地区GDP总量、GDP增速以及人均GDP三个指标。此外，地区产业结构和旅游资源等定性因素也是需要重点分析的内容。

7.7.2.2 企业运营

1. 经营情况

机场企业的效率主要体现在其运营上。一般从两个方面描述机场的运营：机场类别、旅客吞吐量及其增速。

根据 2017 年 3 月民航局印发的《关于民用机场收费标准调整方案的通知》，国内机场共分为三类，其中：一类机场 6 个，又分为一类 1 级 3 个（首都机场、浦东机场、白云机场）、一类 2 级 3 个（宝安机场、双流机场、虹桥机场）；二类机场 20 个；其余机场均为三类机场。机场的类别一方面反映了机场的硬件设备，体现了其保障能力；另一方面决定了机场的收费标准。机场跑道数量、长度和级别，航站楼设计旅客吞吐量等均是反映机场硬件条件的主要指标。

机场运营的核心指标有旅客吞吐量、货邮吞吐量和飞机起降架次。但是，目前我国航空运输仍以客运为主，货邮收入占机场业务收入的比重比较小，而飞机起降架次基本与旅客吞吐量正相关。因此，一般选择旅客吞吐量这一指标作为机场运营的核心指标。旅客吞吐量增速主要是为了从发展的角度来考察机场的旅客吞吐量情况。客流结构（商务、旅游）关系到机场业务受宏观和区域经济的影响程度，是需要定性考察的重要内容。

此外，机场企业的非航业务包括零售、餐饮、停车、广告、酒店、房地产等，是收入和利润的重要补充，其经营情况及发展潜力也是需要考察的重要内容。

2. 业务竞争

总体上看，由于航空交通的固有特点，以及国家层面上对机场布局的统一规划和严格审批，机场面临的竞争压力不大。但临近机场的分流作用，以及铁路、公路、水运等替代运输方式还是对机场经营造成一定的竞争压力，尤其是高速铁路对中短途航空客运及相关机场的经营能够产生明显影响。

机场企业的业务竞争分析主要是定性分析临近机场的分布、辐射区域、航线开通等情况，以及高铁等其他运输方式对机场经营的影响。

3. 企业管理

企业管理分析主要集中在治理结构和内部管理两个方面。

企业治理结构的评估包括企业的股权架构、董事会的独立性和运作情况、监事会的监督情况、管理层及员工激励的安排等方面。

企业内部管理的评估主要包括管理制度的健全程度、内部控制制度的执行情况、危机应对措施的全面有效性等方面。

7.7.2.3 财务分析

企业财务风险的分析要素包括资产规模和质量、资本结构、盈利水平、现金流量充足性、财务弹性和偿债能力等。

1. 资产规模和质量

机场企业的资产主要为机场跑道、航站楼等固定资产或在建工程，资产规模的大小在一定程度上体现了机场规模和设施完善性，与企业经营能力关联性较高，一般用总资产和净资产来衡量。

2. 资本结构

由于机场服务人员较多、维护频率较高，且国内大型机场大部分处于改扩建过程中，机场企业的资金压力一般都比较大。较高的财务杠杆反映了企业相对激进的财务政策和较小的财务弹性，在宏观经济环境和企业经营出现波动时较容易面临债务困境。一般采用资产负债率和全部债务资本化比率这两个指标来考察受评主体的资本结构。

3. 盈利水平

通常一个企业盈利水平高则说明该企业更可能具有足够的资金积累去保证经营的连续性，支持进一步的资本支出，例如新增机场的建设及已运营机场的维护和升级改造等。同时，更高的盈利水平也意味着企业在面对不利外部环境时有更大的调整空间。

在分析企业的主营业务收入和毛利润的基础上，需关注企业的财务费用，重点是利息支出。若企业资本支出及债务融资规模大、资产负债率较高，则财务费用对利润总额的影响往往十分巨大。能否有效控制财务费用，应对流动性风险，将直接影响企业的持续经营和盈利能力。盈利水平的指标主要有营业利润率、总资本收益率和净资产收益率等。在衡量企业资产获利能力的同时，还要考虑非经常性损益对于企业信用质量的实际影响。

4. 现金流量充足性

现金流的来源包括经营活动、投资活动和筹资活动三个方面。这里重点分析现金流量同投资性支出和负债的关系，用以说明企业用现金流量维持或扩大再生产以及偿还债务的能力，主要考察以下几个方面：目前现金流入的主要来源，及未来可能的变动；经营性现金流入在不同时期的均衡度，及其与债务期限结构的对称性；经营性现金流对流动负债和利息支出的保障程度；未来预期资本性支出对现金流的压力。

5. 财务弹性

财务弹性首先体现为企业的融资能力，资产容易变现也是财务弹性较大的反映。在企业扩张期，良好的财务弹性有利于平衡巨大资本性支出对财务状况的不利影响。

评价企业的财务弹性需要结合经营性现金流状况、债务组合与期限结构、流动性等因素进行分析，主要考察点有：现金储备；银行综合授信额度，可能的融资便利；融资渠道的多样性（融资渠道包括直接融资、银行借款、商业信用融资）；资本市场融资历史和信用状况，再融资条件；抵押资产数量及其对再融资的影响；资产质量及变现能力等。

6. 偿债能力

一般用流动比率、速动比率、筹资活动前现金流量净额债务保障倍数、经营现金流动负债比率来考察受评主体的短期债务偿还能力。由于净利润与经营活动产生的现金净流量有可能背离，经营现金流动负债比率可以从现金流量角度反映企业当期偿付短期负债的实际能力。

由于机场企业普遍拥有大额的折旧摊销，因此使用 EBITDA 指标平滑这部分影响，并通过全部债务/EBITDA、EBITDA 利息保障倍数和债务保障倍数等指标来衡量受评主体的长期偿债能力。其中，EBITDA 利息保障倍数用于考察企业支付债务利息能力，全部债务/EBITDA 则用于考察受评主体经营所得对于全部债务的覆盖程度。

7.7.2.4 外部支持

外部支持包括当地政府及企业控股股东提供外部支持的意愿与能力等。通过分析机场及其运营企业在当地经济社会发展中的重要程度、企业控股股东或当地政府的综合实力及其对企业的政策优惠和资产注入等实际支持情况，判断未来机场企业可能得到的信用支持。

7.7.3 机场企业信用评级指标体系

根据上节机场企业信用评级分析的内容，对应的信用评级指标体系见表7-9，其中三级指标包括了定性指标和定量指标。

表7-9 机场企业信用评级指标体系

一级指标	二级指标	三级指标
经营环境	宏观经济及政策	宏观经济运行、货币和财政等政策
	行业发展态势	机场行业运行态势、相关行业政策
	地区经济	地区GDP总量、GDP增速、人均GDP；地区产业结构、旅游资源等
企业运营	经营情况	机场类别、旅客吞吐量及增速；客流结构（商务、旅游）
	业务竞争	临近机场的分布、辐射区域、航线开通等；高铁等其他交通状况
	企业管理	治理结构、内部管理
财务分析	资产规模和质量	总资产、净资产
	资本结构	资产负债率、全部债务资本化比率
	盈利水平	营业收入、利润总额、营业利润率、总资本收益率、净资产收益率
	现金流量充足性	经营活动、投资活动和筹资活动现金流
	财务弹性	现金储备、银行综合授信额度、资本市场融资状况、抵押资产情况
	偿债能力	流动比率、速动比率、全部债务/EBITDA、EBITDA利息保障倍数
外部支持	股东支持	股东实力、具体支持情况
	当地政府支持	政策优惠、财政支持

7.8 港口企业信用评级

7.8.1 港口企业的界定及信用风险特征

港口作为重要的交通基础设施，是由一定范围的水域和陆地组成的区域，具有相应码头设施，以提供运输辅助服务为核心，并具有船舶进出、停泊、靠泊、旅客上下、货物装卸、驳运、储存等功能。港口是供船舶装卸和货物集散的运输枢纽，主要运输货种包括金属矿石、煤炭、油品、化肥、粮食等大宗散货和集装箱等。港口按其所处地理位置可分为沿海港、河港等，按其功能定位可分为干线港口和支线港口。

本节所称港口企业是指以货运港口的经营和管理活动为主要收入来源的企业，包括港口船舶货物装卸服务、港口货物停放、堆放服务、港口拖船服务、水上运输货物打包、集装箱拆装箱服务、货运船舶停靠和物资供应服务，不包括客运港口或以客运为主的港口、货运代理服务、独立（或相对独立）的理货服务、与港口分开的货物装卸服务（独立或相对独立）和不从事具体港口作业的港务局机关。

港口企业信用风险特征主要包括如下几个方面：

第一，港口行业属于周期性行业，与宏观经济的发展密切相关。如果宏观经济出现衰退，货物运输需求将相应减少，直接影响港口的吞吐量水平。集装箱运输需求与对外贸易景气程度相关性较高，因此国际宏观经济的波动也会影响港口的吞吐量。港口企业涉及的上下游行业较多，相关行业的景气程度、周期性变化等因素都将对港口企业的经营产生影响。

第二，港口企业受宏观政策和相关法规变动的影响较大。影响港口企业的政策包括货币政策、港口行业政策和港口的下游行业政策。港口作为资本密集型行业，货币政策的调整会导致其资本成本的变化。港口行业政策主要包括港口相关法律法规及全国沿海港口布局的规划，布局规划会对全国沿海港口在其腹地的地位及主要发展的货种做出功能定位。港口下游行业主要是钢铁、电力、房地产、化工、制造业等，下游行业政策的变化将对港口物流运输业务产生影响。此外，贸易政策、环境政策、基础设施投资政策等均影响港口的竞争地位，针对钢铁、煤炭、金属等行业的法规及政策也将间接影响港口的运营。

第三，港口面临经济腹地的货源竞争压力较大。随着各地港口建设的加快，港口的服务能力得到较快提升，但由于港口服务具有同质性的特点，加剧了枢纽港与枢纽港、支线港与支线港对同一经济腹地货源的争夺，竞争的激烈程度在港口分布密集区域尤为明显。特别在行业处于低谷时，功能类似、地理位置相近的港口之间更容易产生过度竞争，从而影响行业的整体效益。

第四，资本支出压力。大多数港口企业在建设专业化泊位、扩大产能期间，对资金的需求量较大，会面临一定的资本支出压力。港口腹地货源增长能否与投资增速相匹配将直接影响泊位的利用效率，资本支出带来的财务成本增加和未来融资空间缩小都将成为影响港口企业信用质量的关键因素。

第五，环保风险。港口的环保问题涉及危险品处理，有毒物质的丢弃、泄漏，工业垃圾和废气排放，在评价环保因素时，需要关注相关的法律法规、管理层在环保事项上的计划、预算和支出，以及港口扩建中的环保安排。

7.8.2 港口企业信用评级分析框架

港口企业信用评级方法一般采用定性分析和定量分析相结合，从经营环境、经营与管理、财务分析、外部支持等维度考察港口企业的主体信用风险。

7.8.2.1 经营环境

1. 宏观经济及对外贸易

港口行业是为货物运输提供码头装卸服务的基础性行业，煤炭、石油、金属矿石、矿建材料、集装箱等港口主要货种的贸易量都与宏观经济活跃度高度相关，并且由于我国经济对外依存度较高，港口货物吞吐量对进出口贸易和全球经济形势的敏感度较高。因此，宏观经济和对外贸易决定了港口行业的需求前景，从而影响港口企业的货物吞吐量、盈利能力和现金充足性，是影响港口企业经营风险的重要因素之一。

在分析宏观经济波动的基础上，需要重点从钢铁、电力、石油炼化、加工制造业等相关行业的变化情况整体判断行业的需求量，并在此基础上对宏观经济发展态势对港口行业的影响进行预测。此外，需要结合目前我国和主要贸易国家经济发展情况、相关贸易政策变化趋势、主要货种进出口需求变化等方面对未来对外贸易前景和运输需求变化进行判断。

2. 行业政策

港口行业属于国家交通基础设施行业，在布局规划、功能定位、港口收费、投融资体制、重组整合等方面受到国家规划和指导，这些产业政策对行业未来发展方向、行业竞争格局发挥着决定性作用，进而会影响港口企业的经营发展和未来规划；并且港口行业与国内外经济、进出口贸易、产业经济发展密切相关，相关产业政策、经济政策、贸易政策也会对港口行业的发展产生一定影响。以上相关政策需要重点分析，尤其需要关注其变化情况，预测可能发生的变化趋势等。

3. 腹地经济环境

港口依靠腹地经济和临港产业而发展，具有相对稳定的运输辐射区域，腹地经济的发展程度决定了货物运输需求。腹地经济越发达，对外经济贸易越活跃，港口货物来源就越充足，运输需求也越大，港口货物吞吐量也就越多，因此地域位置和腹地经济是决定港口企业发展的核心因素。

腹地经济主要通过经济贸易、产业结构、支柱企业未来新建项目及投产时间、新签订单情况、资源禀赋等方面影响港口企业经营发展。腹地区域根据港口对货源的吸引程度分为直接腹地和间接腹地。对于以腹地内货物运输需求为支撑的港口，重点考察直接腹地经济；对于枢纽型港口，还应考察该港口在全国货物运输体系中的地位和临近间接腹地区域的运输需求。

7.8.2.2　经营与管理

1. 港口设施条件

港口设施条件是开展港口装卸、堆存业务的基础，也是港口进行货源竞争的条件。分析港口企业的竞争力，需要从港口的地理位置、自然条件、可开发岸线资源等因素出发。

地理位置是决定港口竞争力的重要因素，接近腹地区域或处于繁忙航线节点上的港口能吸引更多货源需求、成为枢纽港，有利于货物集散，扩大业务规模。自然条件包括港口所辖码头泊位、岸线、水深和域宽等，这些因素决定了出入港的船舶规模以及承接业务的能力。拥有深水码头、大面积堆场、无台风冰冻期、港口设备专业的港口将在吸引船舶公司、物流效率、调配能力方面有更大优势，也决定着港口的疏浚成本、建造成本等，对企业运营带来直接影响。可开发岸线资源对港口企业的长远发展至关重要。分析时需要将港口设施条件与周边港口相比较，以判断港口企业的竞争能力。

2. 集疏运体系

公路、水路、铁路和航线与港口共同搭建集疏运和中转网络系统。航运公司、生产企业在选择港口时，由于装卸费在综合成本中占比较小，因此运输成本和运输效率是船舶公司开设航线和货主选择港口的决定因素，具有完善的多式联运体系和综合物流服务系统将便于货物进出港，减少压港时间，增强竞争力。

在分析港口企业集疏运体系时，第一，应分析港口周边公路、水路、铁路集疏运网络系统，关注港—陆、港—水、港—空的有效衔接情况和集疏运体系的实际运输能力情况，并结合周边港口分析集疏运体系对港口企业经营发展和竞争分流的影响。第二，还应关注新的铁路或公路的开通计划对港口拓展间接腹地货源的影响。

3. 业务规模

业务规模是港口企业综合实力的体现，港口吞吐量规模越大，获得资源、客户和外部支持的可能性越大，竞争能力和抵御风险能力越强，经营风险越低，并且吞吐量规模较大的企业也能够摊薄固定成本，通常具有较好的盈利能力。

在企业规模分析方面，首先需要分析港口企业吞吐量规模在行业排名情况，以判断企业在规模方面与同行业其他企业相比的优势或不足，同时关注港口企业的港口网络布局，不同区域码头的网络化程度高，可以抵御不同区域的经济波动和自然灾害风险。

4. 货种结构

由于腹地产业结构和资源禀赋等方面的差异，不同港口形成不同的货种结构，而由于相关产业的发展趋势不同，各个货种吞吐量的增长趋势也各不相同，因此经营不同货种的港口企业，其业务增速和信用风险也存在差异，需要关注受评企业在货种结构方面的情况。

一般来说，以散杂货经营为主的港口受外贸出口变动的影响较小，但受国内经济和内贸的影响较大；以集装箱经营为主的港口周期性较强，受国际经济环境的影响较大。下游需求的差异会导致不同货种结构的企业业务前景和获利能力的差异，并且港口货种结构相对丰富，会避免特定货种吞吐量下降对企业整体经营造成的冲击，有助于企业分散经营风险。此外，腹地的经济结构和工业布局决定了港口企业的货种构成，进而影响港口企业的业务增长前景，因此还需要结合当地主要企业的发展来预测港口企业货种结构的变化。

5. 港口地位

港口作为国家重要交通基础设施，其发展方向和功能定位主要取决于国家港口规划，主枢纽港将在货种发展、港口整合、基础设施配置方面获得更多支持，因此港口企业所处港口群的行业地位对其未来发展较为重要。港口企业在全国港口布局中地位越重要，航线网络和枢纽地位越突出，竞争能力越强，经营稳定性越高。因此在企业经营风险要素分析方面需要重点关注港口企业的港口地位。

在企业港口地位方面，首先需明确港口企业所属港口群和定位，以确定其在全国港口群中的重要性，其次通过港口发展规划判断未来港口企业货种结构的变化及功能定位，最后综合确定港口企业的港口地位。

6. 区域港口竞争

港口经营具有明显的区域性特点，因而行业竞争更多地在区域内港口之间展开，港口行业集中度和竞争激烈程度也将影响港口企业的经营状况和盈利能力，因此需要在评级时给予关注。

区域竞争首先体现在相同腹地区域的同一个港口内部。同一港口内经营主体越多，市场竞争越激烈，货物分流压力越大。因此需要具体分析其在整体港口的市场占有率和经营地位，并分析同其他港口经营商的竞争地位比较。其次，区域竞争表现在区域内不同港口间的分流竞争关系，应分析港口区域布局集中程度和码头设施供需结构，并且随着新建码头的投入运营，区域内港口总体处理能力将大幅提升，将面临泊位利用率下降和竞争加剧的情况。随着我国全球化参与程度的提高，沿海枢纽港口将面临国际港口中转货物的分流。再次，随着我国铁路、公路交通网络的日益发达，区域内公路、铁路等其他运输方式会对一些短距离的货物水运产生分流作用，从而影响港口业务经营。最后，目前我国港口行业重组联营趋势增强，区域内港口整合、并购将改变现有竞争格局，并对行业内企业产生较为深远的影响。

【专栏7-8】

各地港口企业整合发展介绍

我国港口企业整合大幕已经揭开。目前，我国的港口资源整合已经覆盖从南到北的所有沿海省份，在整合基础上进一步提高资源效率，促进港口由分散竞争走向协同合作发展。未来港口企业之间将出现新的竞争格局。

从目前的格局来看，多地港口集团已经整合成功。2015年8月，浙江省海港集团挂牌成立，并将以该集团为平台将省内的宁波港、舟山港、嘉兴港、台州港和温州港等5大港口的港口企业进行大整合，进行统一运营。2017年5月22日，江苏省港口集团有限公司在南京正式挂牌成立。江苏省省属港航企业以及南京、连云港、苏州等沿江沿海八市国有港口企业整合并入江苏省港口集团。2017年6月，辽宁省政府与招商局集团双方将合作建立辽宁港口统一经营平台，以大连港集团有限公司、营口港集团有限公司为基础，以市场化方式设立辽宁港口集团，实现辽宁沿海港口经营主体一体化。

交通运输部也从优化港口总体布局、推进港口资源整合、推动港口转型升级等方面推动港口供给侧改革。2017年7月，交通运输部办公厅、天津市人民政府办公厅、河北省人民政府办公厅联合印发了《加快推进津冀港口协同发展工作方案（2017—2020年）》，要以国有港口企业资源整合为重点，通过资产划拨、股权投资、合资合作等方式，推动省内国有资产不同管理层级的国有港口企业整合，提高经营集约化水平，避免同质化过度竞争。港口企业整合将现实资源的更优配置，有利于协调地域经济均衡，"一省一港"或将成为我国港口未来的格局。

7. 收费水平

我国港口价格的管理是由交通运输部制定港口收费规则、确定收费标准，但是目前港口企业收费机制日益市场化，具体费率水平因港口所在区域、企业性质、竞争程度而有所差异，从而影响港口企业的收入规模和盈利能力。

一般来说，合资码头拥有相对较大的自主定价权，定价水平普遍偏高，非合资码头则依照交通运输部制定的基准费率水平浮动定价。在区域差异方面，深圳东部港区的装卸费率参照香港装卸费率制定，收费价格较高，而港口密度高、货种结构类似的区域（如环渤海区域）竞争激烈，收费价格较低。不同货种的装卸费率也有所差异，总体呈现集装箱高于散杂货、外资公司高于内资公司、外贸箱高于内贸箱、南方港口高于北方港口的态势，从而使港口企业的盈利能力产生差异。因此在分析港口企业收费水平时应关注港口企业的费率水平，并结合周边港口收费水平判断港口盈利能力和竞争能力，同时关注未来港口收费价格的调整策略。

8. 企业管理

港口企业管理分析和一般企业一样，主要集中在治理结构和内部管理两个方面。

多数港口的经营主体为传统国有港务局改制而成的法人企业，由于政企分开程度不同，目前港口企业主要分为港口集团企业、港口上市公司和合资公司。从公司治理结构来看，多数港口集团企业的实际控制人通常为地方政府，其董事会和高管成员多由地方政府任免，投资决策和日常经营往往体现着地方政府的意志，容易出现管理效率低、经营机制不够灵活等问题。而港口上市公司和合资公司的公司治理结构较为健全，现代企业制度完善，管理水平普遍较高，企业日常运作规范。另外，目前港口企业开发新建码头大多以合资或参股形式，因此其对下属公司的管理和控制能力也需要关注。

港口作为基础设施服务产业，安全环保事故的发生、有毒货物的泄漏容易影响港口正常生产经营、服务质量、法律诉讼，从而使港口企业面临赔偿损失和清除成本。企业建立防范此类事故的措施及总结以往处理类似事件的经验是降低事故发生率、减少事故损失的重要方法。对港口企业的安全管理应重点关注安全环保管理、港口业务操作管理等内容。另外，与其他企业一样，对港口企业在战略管理、投资管理、审计控制、财务管理方面的制度建设及执行情况也应该加以关注。由于体制原因，部分港口企业社会负担较重，在分析时也应当加以考察。

9. 发展战略

港口企业的战略规划主要包括业务发展方向、专业化泊位建设计划、引进战略合作者计划等方面，由于港口属于投资巨大、回收期较长的基础设施行业，未来码头建设规划和财务杠杆控制目标对企业经营发展、资本性支出、债务水平和盈利能力变化产生重大影响，需特别关注改扩建项目的建设和投资对企业未来经营风险和财务风险的影响。一方面，需结合港口目前设计吞吐量、实际完成吞吐量规模和未来设计吞吐量，对新建泊位的实施是否超前、是否存在泊位利用率过剩问题进行分析判断；另一方面，需根据项目的投资计划、资金来源安排、具体实施进度等，对港口企业投资支出规模、资金需求和债务规模带来的未来资本支出压力进行分析和判断。

7.8.2.3 财务分析

1. 财务信息质量

港口企业由于固定资产和无形资产（码头设施使用权、岸线使用权）占比较高，因此折旧和摊销政策对港口企业盈利影响较大，我们要分析固定资产、在建工程及无形资产的折旧及摊销年限的合理性，比较不同企业的折旧摊销政策以及同一企业折旧摊销政策的变化及其原因。

2. 资产质量

港口企业资产以码头、堆场、专用设备等固定资产为主，该类资产具有专用性，总体价值高，但是流动性差。在进行港口企业资产质量分析时应关注该类资产的获得时间、原始价值、目前使用率状况等，同时关注其折旧政策是否合理。如果存在较大的在建项目，应关注相应投资进度，考察是否存在已经投产但尚未转固定资产的项目，以防企业利用折旧调节利润，同时对其未来预期产生的经济效益有所判断。流动资产方面，港口企业的存货很小，正常经营情况下应收账款也很小，但是如果航运行业陷入低谷，航运企业经营不善可能导致港口企业应收账款的坏账情况。另外，港口企业可能存在一些对外长期投资，应关注具体投资业务，结合每年获得的投资收益判断长期投资的质量。

3. 资本结构

港口是资本密集型行业，为满足船舶大型化进行的深水航道和泊位建设需要庞大的资本支出，目前各港口都有较多的在建工程项目，对长期资本的需求较大，因此较高的财务杠杆和大量资本性开支计划成为国内港口信用水平的制约因素。首先，需要判断企业未来投资规划及资金来源情况，并与行业内平均负债水平相比，以判断企业债务负担和财务风险的大小。考虑到泊位运营后稳定的现金流和偏重长期的债务期限结构，对港口企业的负债水平较其他行业有更高的容忍度。其次，权益资本方面关注政府注资、引进战略投资者和合资公司分红情况。目前港口企业获得政府支持力度不同，有些企业在港口建设时获得政府资金支持将有利于其减轻债务压力。同样，港口建设时引进战略合作伙伴也会降低企业的财务风险，但是合资会导致企业丧失码头控制权，将影响企业的长远发展和现金获取能力。另外，一些资产优良的合资港口企业虽然盈利能力较强，留存收益较大，但企业权益资本稳定性较差，如果合资股东未来大比例分红，将会使企业权益资本大幅下降，财务风险加大。最后，债务结构方面，由于港口建设周期长，普遍长期债务占比较高，但是如果企业为节约财务费用采用短债长投的方式，将面临短期债务周转的压力。

对于港口企业的债务水平需结合其未来资本支出规划进行动态考察，一个债务负担较轻，但拥有大量在建项目企业的财务风险可能要高于一个债务负担较重但短期内没有资本支出的企业。因此对于未来有大规模的投资计划的港口企业，应该对其未来资本结构变化进行预测以判断其财务风险变化。

4. 盈利能力

港口初始投资规模大、回收期长、运营成本较低，因此港口企业毛利率普遍较高，但是由于港口建设承担的财务费用，总资产收益率较低。港口企业固定成本大、可变成本小的特点也具有明显的规模效应，泊位利用率达到较高水平时将能获得较高盈利水平，因此也需要关注新建码头达到盈亏平衡点所需的货量。对于在建规模较大的企业，由于建设期内资本化借款利息不会体现在利润表中，因而需关注在建工程转固定资产后，当期费用化利息的增长可能给盈利能力造成的影响。港口企业由于自然条件和社会负担不同，相关航道维护费用和管理费用差异较大。此外，分析企业持续盈利能力和偿债能力时，需要将非经常性损益剔除。

5. 现金流量

港口企业的经营特点使其收入获现能力很强，经营活动现金流具有较好的稳定性。通过对历史经营性现金流入量和净流量的考察，我们可以得出企业获现能力状况强弱和稳定性的结论，并与行业其他企业进行比较。如果企业未来有新建泊位即将投产运营，企业的吞吐量和经营活动净现金流将根据实际业务需求情况而增长。但是对于有大规模港口设施建设计划的企业，经营性现金流难以满足大规模资本支出的需要，这时应通过企业未来资本支出的大小和资金来源共同判断企业未来资金缺口，并以此为基础判断企业未来筹资压力。

6. 财务弹性

评价港口企业的财务弹性需要结合经营性现金流状况、债务组合与期限结构、流动性等因素进行分析，主要考察以下几点：现金储备；银行综合授信额度，可能的融资便利；融资渠道的多样性（融资渠道包括直接融资、银行借款、商业信用融资）；资本市场融资历史和信用状况，再融资条件；抵押资产数量及其对再融资的影响；资产质量及变现能力；控股股东或当地政府可能的资金和信用支持等。

7. 偿债能力

港口企业偿债指标的分析旨在考察企业长短期偿债指标的表现并与同行业企业进行比较，判断企业偿债能力的强弱。考虑到港口企业的资产整体流动性较弱，对于短期债务占比明显过高的企业，需要关注其短期债务的周转情况。大型港口企业经营表现好，岸线资源稀缺，资金周转能力较强，短期债务往往能获得银行的支持，短期偿债更多地体现为资金周转，因此对其短期债务的考察重点是经营活动现金流入量对短期债务的覆盖程度。但是对于小型港口企业，自身财务情况差，获得银行融资支持的能力差，还应主要依据经营活动净现金流对短期债务的覆盖程度进行判断。

为了避免经营净现金流的波动，长期偿债指标主要考察 EBITDA 对整体债务本金和利息的覆盖程度。在考察受评企业长期偿债指标时需要结合港口企业的运营期限对偿债指标进行判断。同时，对于有大规模建设项目的企业来说，其债务规模会呈现跳跃式增长，而企业经营活动净现金流和收入规模增长较为平稳，因而需特别关注新建项目对企业偿债指标的影响。如果企业有非经常性损益，分析企业偿债指标时需要对 EBITDA 进行修正。

7.8.2.4 外部支持

港口作为重要的交通基础设施，其建设和运营状况对于当地经济的发展发挥着至关重要的作用，当地政府和交通运输部都对港口企业提供外部支持；同时，目前一些大型航运企业和煤炭等制造业企业纷纷出资建设码头，以完善产业链，因此当地政府和股东对港口企业的支持意愿和支持能力是影响其经营稳定性和信用品质的重要因素。

目前很多地方政府对港口企业给予了获取岸线资源、整合区域港口、建设资金补贴、债务还款补贴、税费优惠、建设征地价格优惠、土地开发及其他盈利性项目开发权等多方面的支持，分析外部支持时应关注相关支持政策的持续性和政策有效期等。

航运企业和大型钢铁、煤炭、石化企业出资支持港口企业，有利于保障港口货物吞吐量,因此在分析时需要关注港口企业与相关企业的合作关系、股权比例和控制权分配情况,是否具有货源保障协议;同时,由于这些航运企业和制造企业大多实力雄厚、资金充裕,因此需要分析合资港口企业所属航运企业或制造企业的重要战略部署,对其支持意愿进行判断。如果合资项目失败、客户过于集中,港口企业会面临客户转移对港口生产经营造成影响的风险,同时港口企业也可能由于吸引资金而丧失部分经营控制权。

7.8.3 港口企业信用评级指标体系

根据上节港口企业信用评级分析的内容,对应的信用评级指标体系见表7-10,其中三级指标包括了定性指标和定量指标。

表7-10 港口企业信用评级指标体系

一级指标	二级指标	三级指标
经营环境	宏观经济与对外贸易	全球宏观经济形势、国内生产总值及增速、主要货种进出口总额及增速
	行业政策	港口布局规划、收费政策、货币政策
	腹地经济环境	腹地地区生产总值及增速、腹地进出口贸易额及增速、对外依存度、腹地经济结构、资源储量、主要产业产能、产量、销量
经营与管理	港口设施条件	地理位置、岸线长度、航道水深、泊位数量、最大泊位吨位、堆场面积、航线数量
	集疏运体系	铁路线路、高速公路线路、铁路货运车次、运输能力
	业务规模	港口吞吐量排名、港口货物吞吐量规模、集装箱吞吐量规模、企业吞吐量占全港口吞吐量的比重
	货种结构	货种构成及比例、货种收入规模、利润和毛利率
	港口地位	港口地位及功能定位
	区域港口竞争	市场占有率、区域港口数量、货种排名
	企业管理	治理结构完善性、基础管理制度齐全性、执行效果等
	发展战略	战略合理性与可行性、业务相关性、未来投资规划
财务分析	财务信息质量	审计机构的从业资质、审计结论、折旧政策及摊销政策
	资产质量	流动资产周转率、应收账款周转率、应收账款比重及账龄
	资本结构	资产负债率、总资本化比率、全部债务资本化比率、长短期债务比
	盈利能力	营业毛利率、期间费用占主营业务收入的比重、EBITDA利润率、总资产报酬率、净资产收益率
	现金流量	经营活动净现金流、现金收入比、经营活动净现金流对资本支出的覆盖程度
	财务弹性	债务期限结构、银行综合授信额度、抵质押资产
	偿债能力	流动比率、经营现金流入量/短期负债、EBITDA利息保障倍数、全部债务/EBITDA

（续表）

一级指标	二级指标	三级指标
外部支持	当地政府支持	岸线资源获取、区域港口整合、资金补贴、税费优惠、土地优惠等支持
	股东支持	相关企业合作、股权比例、控制权分配、货源保障协议等

本章小结

1.本章首先介绍了公用事业的基本概念、行业的主要类别及其信用风险特征，并对各行业的特点和相互之间的差异做了比较，使读者对各行业有更清晰的认识。在此基础上，本章介绍了公用事业类企业的信用评级分析框架，使读者对公用事业的信用评级逻辑有初步的了解。

2.在对公用事业类行业做整体介绍的基础上，本章分行业详细介绍了城投、水务、燃气、电力电网、公路、机场、港口的行业界定、风险特征及信用评级方法等，并在信用评级方法的基础上提炼了各行业的主要风险因素和风险指标，使读者能够完整地掌握对各行业开展信用评级的基本技能。虽然公用事业类各行业的评级逻辑大体类似，但由于各行业存在的行业特征差异，在信用评级中关注的要点仍有很多不同之处，相应的风险因素和风险指标也存在差异，这些都在本章的各行业信用评级方法中做了详细分析。

3.公用事业类企业是资本市场的重要参与者之一，本章介绍的公用事业类行业基本囊括了目前在资本市场上活跃的主要公用事业类企业。通过本章的学习，从事资本市场相关工作的读者可以较完整地了解其行业特点并初步掌握开展信用评级的基本逻辑和方法。

本章重要术语

公用事业　特许经营权　水处理能力　照付不议　装机容量　机组利用小时数　公路资产总里程数　机场旅客吞吐量

思考练习题

1. 公用事业类企业与工商类企业相比有哪些共同的行业特点？
2. 城市建设投资公司公益性业务的风险主要有哪些？
3. 水电行业与火电行业相比有什么优势，又有什么独特的风险来源？
4. 火电企业发电成本的不确定因素主要来自哪里？
5. 水务行业经营稳定但盈利能力普遍不高，主要原因是什么？
6. 燃气供需双方签署"照付不议"合同的利弊有哪些？
7. 公路企业是否有市场竞争？若有的话，主要来自哪里？
8. 机场企业的核心运营指标是什么？

参考文献

[1]《2017年民航机场生产统计公报》
[2]《城镇排水与污水处理条例》
[3]《城镇燃气管理办法》
[4]《电力供应与使用条例》
[5]《电力监管条例》
[6]《电网调度管理条例》(2011年修正)
[7]《关于推广运用政府和社会资本合作模式有关问题的通知》
[8]《关于印发民用机场收费标准调整方案的通知》
[9]《国家发展改革委关于完善水电上网电价形成机制的通知》
[10]《国家新型城镇化规划(2014—2020)》
[11]《国务院关于加强城市基础设施建设的意见》
[12]《国务院关于加强地方政府性债务管理的意见》
[13]《民用机场管理条例》
[14]《收费公路管理条例》(2004年)
[15]《收费公路权益转让办法》(2008年)
[16]《水污染防治行动计划》
[17]《天然气发展"十三五"规划》
[18]《中国民用航空发展第十三个五年规划》
[19]《中国天然气发展报告》(2017)
[20]《中华人民共和国电力法》(2015年第二次修正)
[21]《中华人民共和国港口法》(2017年第二次修正)
[22]《中华人民共和国公路法》(2016年第四次修正)
[23]《中华人民共和国民用航空法》(2017年第四次修正)
[24]《中华人民共和国水法》(2016年7月修订)
[25]《中华人民共和国水污染防治法》(2017年6月27日第二次修正)

相关网络链接

中国政府网:www.gov.cn/
中国人大网:www.npc.gov.cn/
国家发展和改革委员会网站:www.ndrc.gov.cn/
财政部金融司网站:www.jrs.mof.gov.cn/
生态环境部网站:www.mee.gov.cn/
国家能源局网站:www.nea.gov.cn/
交通运输部网站:www.mot.gov.cn/
中国民用航空局网站:www.caac.gov.cn/INDEX/
东方金诚国际信用评估有限公司网站:www.dfratings.com/
大公国际信用评级集团网站:www.dagongcrg.com/
中诚信国际信用评级有限责任公司网站:www.ccxi.com.cn/cn/Home
联合资信评估有限公司网站:www.lianheratings.com.cn/
上海新世纪资信评估投资服务有限公司网站:www.shxsj.com/index.php
中证鹏元资信评估股份有限公司网站:www.pyrating.cn/zh-cn/index
中债资信评估有限责任公司网站:www.chinaratings.com.cn/

第 8 章
金融机构信用评级

张文玲　卢　田　崔婉婷（大公国际资信评估有限公司）

学习目标

通过本章学习，读者应做到：
◎ 掌握商业银行的信用评级逻辑和主要评级要素；
◎ 掌握保险公司的信用评级逻辑和主要评级要素；
◎ 掌握证券公司的信用评级逻辑和主要评级要素；
◎ 了解不同信用评级机构在评价金融机构信用风险时的异同点；
◎ 了解地方资产管理公司、融资租赁公司、担保公司等金融机构的历史沿革和评级要素。

■ 开篇导读

2017 年我国商业银行同业存单的发行规模已超过 2 万亿元。同业存单作为一种 2014 年推出的货币市场工具，其相对较低的准入门槛使大量中小型商业银行获得了新的融资渠道，客观上为其业务规模的扩大、收入水平的提升创造了有利条件。同时，同业存单的发行也使很多中小型商业银行第一次接触信用评级，以往大多数中小型商业银行只有到在资本市场开展中长期债务融资活动的时候才有可能与信用评级打交道。

金融机构作为以开展资金融通为主要职能的一类特殊企业，也需要通过各类融资活动增加可运用资金的总量，并通过对资金的多元化投资和配置来赚取收益，从而在负债端资金成本与资产端资金收益的正差额之上实现盈利。同时，对于金融机构而言，债务融资渠道的重要性还体现在防范和抵御流动性风险、提升和充实资本充足性等诸多方面。

实践中，为开展满足上述目的的债务融资，金融机构需要进行信用评级，以向市场展示其自身的偿债能力和所发行债务融资工具的信用风险，为债务融资工具的定价和投资者的投资决策提供依据。本章将从银行、证券、保险三个最传统、最具代表性的金融细分行业入手，展现商业银行、证券公司和保险公司信用评级的逻辑、方法和要素，并在此基础上对国外信用评级机构进行以上三类金融机构信用评级的方法做出对比。同时，考虑到我国金融体系不断完善、金融机构类型日渐丰富，本章同时介绍融资租赁公司、融资担保公司和地方金融资产管理公司等新型或较新型金融机构的信用评级方法。

8.1 金融机构信用评级概述

8.1.1 金融机构信用评级的内涵

金融机构信用评级是指对金融机构所承担的债务按期偿还的意愿及其还本付息能力进行的综合分析与评价。它服务于金融机构外部融资，能够为金融机构拓展业务和防控流动性风险提供重要保障和支撑。同时，信用评级机构通过及时发布对金融机构信用风险专业化的第三方分析报告，有助于减少信息不对称性，更好地发挥市场约束机制在防范金融机构信用风险等方面的作用。

8.1.2 金融机构信用评级的特殊性

金融机构信用评级与非金融企业信用评级的主要区别体现在以下两个方面：第一，金融机构作为以从事资金运用和投放等职能为主的金融中介机构，其经营对象、领域和模式等与一般工商企业明显不同，财务报表的编制也存在专门科目、专门格式和专门规则。第二，由于金融机构风险损失具有较强的传染性和外部负效应，因此其发生风险时往往能够获得强有力的外部支持，这就使金融机构信用评级存在个体财务实力评级和主体信用评级之区别，其中前者仅评估金融机构自身的财务表现，后者则是在个体财务实力的基础上将不同程度和范围的外部支持因素纳入考量范围。

8.1.3 金融机构信用评级分析框架

金融机构信用评级是在识别金融行业系统性信用风险因素、判断金融行业整体信用风险水平的基础上，对不同行业金融机构的经营与竞争、管理与战略、风险管理和财务实力进行全面的分析，以识别金融机构的核心竞争优势和主要竞争劣势，评估竞争优势或竞争劣势对未来盈利水平和现金流的有利或不利影响程度，确定各行业金融机构相对行业内其他企业的信用风险水平和信用级别。金融机构的信用评级分析框架一般可以概括为五大方面：运营环境、财务实力、公司治理、风险管理以及外部支持（见图 8-1）。

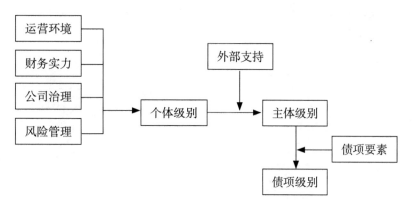

图 8-1　金融机构信用评级分析框架

8.1.4　金融机构信用评级的类型

金融机构的信用评级主要分为主体信用评级和债项信用评级两类。在主体信用评级方面，商业银行的主体信用评级主要用于吸收保险资金存款、发行同业存单等目的；担保公司的主体信用评级服务于其担保业务，为其所担保的债券确定信用等级提供依据；此外，还有一些金融机构主体信用评级与其所开展的资产证券化业务相关。

金融机构债项评级的对象，是金融机构所发行的不同类型的债务融资工具。从大类上看，金融机构债项主要分为两个类别：一是本金和利息的清偿顺序等同于其一般负债的债券，如商业银行发行的专项用于发放小型微型企业贷款的金融债券等；二是具有损失吸收功能，用于补充资本、本金和利息的清偿顺序在一般债券之后的次级债券，如商业银行发行的二级资本债券、保险公司发行的资本补充债券等。需要注意的是，由于这类债券的清偿顺序劣后于金融机构的一般债务，其信用等级往往会低于主体信用等级 1—2 个级别。

8.2　商业银行信用评级方法

8.2.1　商业银行信用评级概述

商业银行是吸收存款、发放贷款以及提供其他金融服务的金融机构。商业银行信用评级是对商业银行承担一般无担保债务能力的判断，不但考虑了商业银行本身的财务实力，也考虑了从外部（股东或政府）得到支持的可能性。商业银行的级别为主体级别，等同于商业银行发行的各类债务工具中高级无抵押债券级别，其他类型的债券根据其偿还优先顺序的不同、担保情况、质押情况的差异等情形在主体级别的基础上适当调整。

商业银行信用评级框架一般可以概括为六个方面：运营环境、营运价值、管理与战略、风险管理、财务状况以及外部支持（见图8-2）。下面将重点阐述各个评级要素的具体构成和评判标准。

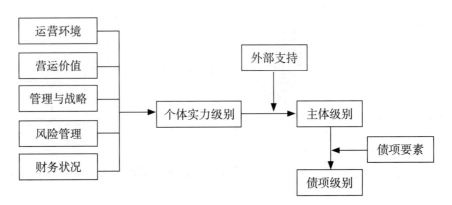

图8-2　商业银行信用评级分析框架

8.2.2　运营环境

运营环境直接影响商业银行未来经营状况与偿债能力，是首要分析要素，也是决定银行总体风险大小的重要因素。运营环境包括宏观经济、行业环境以及监管环境等。

8.2.2.1　宏观经济

宏观经济的变化对实体经济赖以生存的环境有着重要影响，包括投资、生产和消费等各个环节，从而影响借款人的还款能力，进而影响商业银行的资产质量以及利润水平。在宏观经济增长较为平稳的环境下，实体经济经营稳健，银行信贷政策相对宽松，有利于银行信贷规模的增长，从而增加银行的利润。在宏观经济衰退的环境下，实体企业经营困难加大，不良贷款和信用违约会显著增加，商业银行会面临较大的资产质量、盈利能力和资本下行压力。

在分析宏观经济要素时，主要根据宏观经济数据，判断宏观经济、宏观政策状况及其变化趋势，并在此基础上判断其对未来银行业发展的影响。宏观经济要素分析主要包括GDP总量及增速、一般公共预算、三大产业结构、固定资产投资增速、消费增速、进出口增速等。

8.2.2.2　行业环境

行业环境的变化对商业银行的发展有着重要影响。商业银行整体的行业地位以及内部格局影响着整体的市场规模及盈利能力，从而对商业银行的信用风险水平构成影响。行业环境分析重点关注商业银行机构数量、资产负债规模、利润水平、盈利能力、资产质量、流动性以及资本充足性等。

8.2.2.3 监管环境

银行业是受到高度监管的行业，商业银行的发展与监管政策息息相关。在分析监管环境时，重点分析行业监管体系的完善程度、监管政策、监管力度以及变化趋势对商业银行业务开展的影响。

8.2.3 营运价值

营运价值是由商业银行在科技、产品、人力、管理、财务状况等方面形成的长期优势，决定了商业银行在产品定价、市场份额、抵抗风险等方面的综合能力，一般不会因外部因素的变化而轻易变化。

营运价值分析主要包括市场地位、收入稳定性与多元化。存贷款业务是商业银行最基本的业务，也是商业银行盈利的最主要来源，国内信用评级机构在分析市场地位时主要考量商业银行存贷款规模以及市场份额。规模经济和范围经济为商业银行提供了竞争优势和品牌影响力，同时也有利于其获得外部支持。国内信用评级机构在分析收入稳定性与多元化时，主要考量商业银行收入结构及多元化程度。商业银行的主营业务主要分为对公业务、零售业务和资金业务，商业银行过度依靠单一业务或者业务过度集中于某一地区/行业更容易受到监管政策、市场波动的影响，降低其收入的稳定性。多元化的业务结构、跨区域的业务分布以及合理的行业集中度会提高商业银行收入和利润的稳定性，进而增强其抗风险能力，改善其信用质量。

8.2.4 管理与战略

8.2.4.1 公司治理

公司治理状况决定商业银行的经营方式、经营目标和管理策略，规范的公司治理架构对商业银行尤为重要。良好的公司治理架构有助于提高商业银行战略和经营决策的科学性、合理性，有助于经营目标的实现和管理策略的执行。

公司治理分析主要考察商业银行是否搭建了以股东大会、董事会、监事会、高级管理层为主体的组织架构，是否明确了股东、董事、监事和高级管理层的权利和义务，是否制定了完善的各机构独立运作、有效制衡制度，是否建立了科学、高效的决策、激励和约束机制，是否制定了完善的信息报告和信息披露制度。

8.2.4.2 发展战略

发展战略对商业银行的未来发展方向具有决定性作用。发展战略越符合商业银行自身的实际状况，目标设立越清晰，商业银行实现目标的可能性就越大。在当前金融脱媒、同业竞争加剧、利率市场化改革、监管不断加强的行业背景下，商业银行的发展战略决定了其未来行业地位、经营活力及风险水平等。

发展战略分析重点关注商业银行发展战略的前瞻性、合理性和可行性，是否围绕战略目标制定了详细的实施步骤，以及阶段性成果是否符合发展战略等。

8.2.5 风险管理

商业银行在运营过程中面临较多风险，包括信用风险、市场风险、流动性风险、操作性风险等。风险管理能力的高低直接影响商业银行运营的安全性，从而影响商业银行的资产质量和盈利能力，进而影响商业银行的信用风险水平。

8.2.5.1 信用风险管理

信用风险是商业银行面临的主要风险之一。信用风险管理分析主要关注信贷管理政策、信贷业务流程管理制度、内部信用评级制度、信贷决策程序和制度、信用风险控制措施和标准、信贷管理系统、坏账处置制度等。在实地调研中，应关注商业银行信用风险管理人员的风险管理能力、贷款五级分类的规范性以及不良资产处置能力。此外，证券投资类资产是商业银行的另一重要资产构成，信用风险也是证券投资过程中面临的重要风险，需关注商业银行是否搭建完善的证券投资内部评级体系。此外，商业银行的担保业务、承兑汇票、贷款承诺以及金融衍生品等均涉及信用风险，需要关注商业银行的表外资产信用风险管理政策。

8.2.5.2 市场风险管理

对商业银行而言，市场风险实际上是由于利率、汇率、股票和商品等价格变化导致头寸遭受损失的风险，主要包括利率风险、汇率风险等。利率市场化和汇率市场化改革对商业银行来说是一个重大挑战，良好的市场风险管理水平可以提升商业银行的市场竞争力。在对市场风险管理进行分析时，需关注的因素主要包括：是否具备完善的市场风险管理制度和风险管理框架，是否定期开展日常风险识别、计量、评估和控制，是否设立市场风险限额制度及压力测试制度，以及是否对银行账户利率风险进行有效管理。

8.2.5.3 流动性风险管理

流动性风险是商业银行面临的一个重要风险。当商业银行无法及时获得或以合理成本获得充足资金来满足客户资金需求或偿还债务时，便产生了流动性风险。在进行流动性风险管理分析时，需关注的因素包括：是否具备完善的流动性风险管理体系、全面的资产负债管理体系、相应的流动性监测和预警指标、不同场景下的流动性压力测试、相应的流动性应急方案等。

8.2.5.4 操作性风险管理

操作性风险是指由于信息系统或内部控制缺陷而导致的意外损失风险。引发操作性风险的原因包括：人为错误、信息系统故障、工作程序和内部控制不当等。在进行操作性风险管理分析时，需关注的因素包括：是否具备完善的操作性风险管理体系、操作性风险管理责任制、操作性风险识别和评估体系、内部信息交流制度等。同时，还应关注商业银行信息系统漏洞和员工操作风险培训，以及近三年收到的监管部门出具的操作性风险监管意见等。

8.2.6 财务状况

8.2.6.1 资产结构

商业银行资产结构是指各类资产占总资产的比重。商业银行资产一般主要由发放贷款及垫款、投资类资产、现金及存放中央银行款项、买入返售金融资产及存放同业款项等构成。在分析资产结构时，需考察各类资产近三年来的变化情况及其在总资产中占比的变化情况，从而判断商业银行未来资产配置走势。在分析发放贷款及垫款时，需考察其行业构成及期限构成。在分析投资类资产时，需重点考察各种证券资产的投资标的、信用评级、期限等。

8.2.6.2 负债结构

商业银行负债结构是指各类负债占总负债的比重。商业银行负债一般主要由吸收存款、同业负债、以公允价值计量且其变动计入当期损益的金融负债、向中央银行借款、应付债券等构成。在分析负债结构时，需考察各类负债近三年来的变化情况及其在总负债中占比的变化情况，从而判断商业银行未来负债配置走势。在分析吸收存款时，需要考察存款的构成、期限及主要来源，从而判断存款的稳定性。在分析同业负债时，需考察同业负债占总负债比例是否超过 1/3[①]，同业负债稳定性较低、占比较高会给商业银行未来发展带来很大的偿还压力。同时，需分析应付债券中债券和同业存单的比例和兑付日期，以及未来偿债安排等。

8.2.6.3 资产质量

商业银行资产质量评价是在风险管理评级基础上对商业银行信贷资产质量、投资资产质量和其他资产质量的整体判断。

在分析信贷资产质量时，需考察商业银行不良贷款余额及其行业分布、不良贷款率、关注类贷款占比、逾期90天以上贷款与不良贷款比例、不良资产率、不良贷款清收情况、贷款损失准备、拨备覆盖率、拨贷比。在分析信贷资产时，还应该考察贷款行业分布、单一最大（集团）客户贷款比例、最大十家（集团）客户授信情况等。在分析非信贷类资产时，需考察相关资产的构成、期限、付息情况等。

8.2.6.4 盈利能力

盈利能力是商业银行能否持续经营的关键，也是其偿债能力的保障。商业银行的利

---

① 根据中国人民银行、原银监会、证监会、原保监会和国家外汇管理局联合发布的《关于规范金融机构同业业务的通知》，单家商业银行同业融入资金余额不得超过该银行负债总额的1/3，农村信用社省联社、省内二级法人社及村镇银行暂不执行。

润主要来自信贷业务、同业业务以及在提供其他金融产品和服务过程中产生的息差收入和服务费收入，其中息差收入仍是多数商业银行营业收入的最主要构成。在分析商业银行的盈利能力时，需考察商业银行的议价能力、净息差、净利差，以及营业收入的构成和变化趋势。同时商业银行业务及管理费、资产减值损失等均会对净利润造成较大影响，需对业务及管理费、资产减值损失等做出分析，从而判断净利润的趋势和稳定性。在此之后，商业银行总资产和净资产的收益能力通过总资产收益率和净资产收益率来反映。

8.2.6.5 流动性水平

商业银行流动性水平与其资产和负债的期限匹配程度相关。商业银行的特点是高负债运营，保持资产和负债期限匹配对商业银行风险管理尤为重要。因此，流动性分析是评价商业银行财务状况的重要内容之一。在分析流动性水平时，应重点关注商业银行表内外存在的资产和负债期限匹配情况，并通过备付金比例、流动性比例、流动性覆盖率、流动性缺口、存贷比、核心负债依存度、净稳定资金比例、优质流动性资产充足率、流动性匹配率[①]等定量指标对商业银行的流动性状况及其变化趋势进行分析，并判断未来商业银行的流动性状况。

8.2.6.6 资本充足性

资本是推动商业银行扩大规模的动力，也是商业银行抵御风险的最后防线。监管部门对商业银行资本充足水平做了明确规定，资本充足水平的要求限制了商业银行风险资产增长速度及风险积累程度。在分析资本充足性时，需要考察商业银行的资本构成情况、银行资产水平、资本补充渠道和渠道的稳定性、风险资产的构成以及资本补充计划等，主要关注的指标包括资本充足率、一级资本充足率、核心一级资本充足率、杠杆率等。

8.2.7 外部支持

商业银行外部支持分为政府支持和股东支持两部分。

8.2.7.1 政府支持

商业银行对促进国家或地方经济有着重要作用，当具有一定影响力的商业银行发生挤兑或者财务危机时，政府为了维护整个金融和经济体系的稳定会向银行提供一定的支持，如向商业银行注资、中央银行提供流动性支持等。衡量政府支持程度时，主要分析受评银行的地位及影响力大小、当地政府的财政实力及过往支持记录等。

---

① 银保监会2018年5月发布的《商业银行流动性风险管理办法》（简称《办法》）根据商业银行特点设定了差异化的定量监管标准，自2018年7月1日起施行。《办法》新引入净稳定资金比例、优质流动性资产充足率、流动性匹配率三个量化指标，其中净稳定资金比例监管要求与《办法》同步执行。优质流动性资产充足率采用分阶段达标安排，商业银行应分别于2018年年底和2019年6月底前达到80%和100%。流动性匹配率自2020年1月1日起执行，在2020年前暂为监测指标。

8.2.7.2 股东支持

商业银行股东（除政府股东外）所能提供的支持包括注资、资产置换、提供流动性支持等。衡量股东支持程度时，主要分析商业银行对于股东乃至整个集团的未来战略是否具有重要地位。银行在股东的发展中的地位越重要，获得股东支持的可能性就越大。同时，还应该分析股东的实力，股东实力强是提供资金支持的重要保障。

【专栏 8-1】

国内外商业银行评级异同点及国外信用评级机构的评级框架和逻辑

国内外主要信用评级机构在进行商业银行的信用评估时，所关注的方面总体相似，均考量商业银行自身实力和外部支持，均包含宏观因素、企业管理和策略、风险管理、资本充足性、盈利能力、资金与流动性、外部支持等主要评级要素。但在设置评级要素时，国内外信用评级机构对这些要素分配的权重各有不同，这些要素所采用的二级指标以及为二级指标分配的权重也各有不同，此外，国内外信用评级机构的评级步骤也有不同。

标普的评级逻辑分为三个步骤：一是银行业国家风险评估，对宏观经济风险和行业风险进行分析，基于矩阵模型映射得到相应的评级，以此作为银行主体信用状况的评级起点；二是银行自身实力评估，从业务定位、资本与盈利、风险头寸、资金与流动性四个方面对银行自身实力进行评估，然后对银行业国家风险评估所得级别进行调整，进一步得到个体评级；三是外部支持评估，根据银行获得外部支持（包括股东支持和政府支持）的可能性对个体评级进行调整，得到最终的评级。

穆迪在对银行主体及相关债项评级时主要从两个维度考量银行的信用水平，即内在信用评估基准和外部支持。内在信用评估基准方面，穆迪考量银行信用评估基准的要素包括三个方面：宏观因素、财务因素以及定性调整因素。在外部支持方面，银行能够获得的集团或股东支持主要通过以下四个方面进行分析：银行不获得支持的违约概率；集团或股东提供支持的可能性；集团或股东提供支持的能力；集团或股东与银行之间的依赖关系或相关性。在分析政府支持时，主要分析政府支持概率、政府提供支持的能力、政府和银行之间的依赖关系等三个方面。

"长期发行人主体违约等级"是惠誉评级体系的核心，主要考量因素为银行自身存活能力和外部支持水平。惠誉在评定银行自身生存能力等级时划分为五大板块进行评定：运营环境、公司整体、管理和策略、风险管控、财务控制。同时，银行能够获得的外部支持主要有两种形式：一是政府实体的支持；二是银行组织内部的支持，即母公司对分支机构和子公司的支持。

8.3 保险业信用评级方法

8.3.1 保险公司信用评级概述

保险是经营风险的特殊行业，保险公司的经营过程及其结构具有显著的行业特色。

（1）保险产品的特殊性。保险经营以特定风险的存在为前提，以集合大量风险单位为条件，以大数法则为数理基础进行经济补偿与给付，保险公司在经营中实际充当了风险集散的媒介。

（2）保险业务对象具有广泛的社会性。风险的普遍存在决定了保险公司经营范围涉及社会生产生活的方方面面，保险公司的发展涉及大多数公众的利益。

（3）保险经营活动具有不确定性和分散性。保险本身是经营风险的特殊行业，社会上各行业面临的风险都可能通过保险合同转嫁到保险公司，由于在保险期间，无法准确预知事故的发生及可能造成损失程度的大小，因此保险经营活动具有不确定性。依据概率论和大数法则，当保险公司承保的风险单位足够多时，保险事故发生的数量就稳定在一个相对固定的数值上。保险事故发生的不确定性和通过承保大量风险单位来分散风险是保险活动的本质。

（4）保险成本发生和收入补偿的顺序与一般行业相反。对于一般行业，成本发生在前，产品定价在后，利润是售价与成本相抵的结果，而保险行业恰恰相反，保险产品定价在前，成本发生在后，保险公司必须预先设定保单价格作为保单销售的依据，因此保险行业在计算利润时需要采取特殊的程序、方法和假设，具有较强的预计性，特别是人身保险业务，收入与支出之间有较长的时间差，其利润计算的准确性尤为突出。

（5）保险资金运动形态表现为货币资金的收付。保险公司的业务活动表现为货币资金的收付活动：一方面通过开展各种保险业务以收取保费的方式从各个方面吸收大量的货币资金，另一方面通过赔款、给付和开支各项费用支出大量的货币资金，并通过货币资金的收付过程实现自身的利润。

保险公司面临的信用风险主要指其自身的偿债来源无法对债务形成及时、有效的覆盖。保险公司出现信用风险的主要原因，一是长期亏损导致资金不足以偿付到期债务；二是尽管其资产对债务能够形成充分覆盖，但短期内难以变现，较大的流动性压力使保险公司难以偿付短期内到期的债务。在保险公司的信用风险研究方面，信用评级机构通过综合考虑保险公司的运营环境、营运价值、管理与战略、风险管理、财务状况和外部支持衡量保险公司面临的信用风险水平。

包括政治环境、经济环境、金融环境和监管环境在内的运营环境是保险公司业务开展的基础，该因素的变化可对保险业的整体运行情况产生重要影响，因此运营环境是保险公司信用风险评估的基准要素。在此评估基准上，根据保险公司的业务开展情况评估其营运价值，通过考察其公司治理的健全程度和发展战略的完善程度得到其管理与战略评分，通过保险公司风险管理体系的完善程度衡量其风险管理水平，根据保险公司财务报表中反映的经营成果衡量其财务状况。然后综合上述各项因素，对保险公司的信用风险评估结果进行调整，得到其长期偿债能力的评估结果。在此基础上，设置外部支持作为调整项，得到保险公司信用风险评估的最终结果。

8.3.2 运营环境

运营环境的分析主要考察保险公司经营运作的外部环境及其为保险公司带来的机遇和挑战。运营环境分析包括宏观经济形势、居民收入状况、保险业在整个国民经济中的地位、保险业竞争状况和行业监管政策措施等诸多方面。上述因素对保险公司经营状况均有重要影响，并直接或间接地作用于信用风险评估结果。

具体而言，在保险公司运营环境评估方面，信用评级机构重点关注的评级要素可分为宏观经济情况、行业运营情况和行业监管环境三个方面。

针对宏观经济情况，信用评级机构主要考察 GDP 增长水平、居民可支配收入的变动情况，包括城镇居民和农村居民的收入增长率、人口老龄化水平等指标。

针对行业运营情况，信用评级机构主要考察保险深度和保险密度、保险业占金融业的比重、保费收入占储蓄余额的比重、保险业管理资产占总投资资产的比重、从业公司数量和变动情况、行业集中度水平等指标。

针对行业监管环境，信用评级机构主要考察保险业监管趋势、监管法规在保险公司费率设定、准备金提取、偿付能力和资金运用等方面的要求及其变动趋势等。例如，2016 年以来原保监会陆续出台多份文件，对中短期存续产品的管理更加严格，其中理财型保险产品受到较大冲击，对人身保险公司，尤其是资产驱动型业务模式下的人身保险公司的原保费收入产生较大影响，此类保险公司原保费收入普遍呈现负增长。

考虑到运营环境对保险公司的影响具有全面性、基础性的特点，在一定时期内，各保险公司在运营环境方面的得分相同。综合上述三方面因素，我国保险业处于调整上升周期，保险公司面临的运营环境较为复杂，短期内监管政策的持续收紧导致部分保险公司面临较大的业务转型压力，长期来看，保险业将趋于规范化，保险业整体面临的信用风险有望逐步降低。

8.3.3 营运价值

营运价值分析主要包括保险业务市场竞争力、保险业务多样性和业务稳定性。在保险业务市场竞争力方面，信用评级机构主要考察保险公司保费收入市场份额、市场排名及其变动情况，较大的市场份额是保险公司较高市场竞争力的直接体现。在保险业务多样性方面，信用评级机构通过将保险公司保费收入按险种划分，评估保险公司保费收入对单一险种的依赖程度，以反映保险公司保险业务的产品集中度水平，保险公司产品越丰富、对单一保险品种的依赖程度越小，越有利于防范内外部不利因素对其保费收入的冲击，保证其未来保费收入的稳定性。在业务稳定性方面，信用评级机构分别考察保险公司的保险业务稳定性和投资业务稳定性。就保险业务而言，将保险公司保费收入按险售渠道划分，评估保险公司保费收入对单一销售渠道的依赖程度，以反映保险公司保险业务的渠道集中度水平，保险公司产品销售渠道越丰富、对单一销售渠道的依赖程度越小，越有利于防范内外部不利因素对其保费收入的冲击，保证其未来保费收入的稳定性。就投资业务而言，投资收益是保险公司通过合理运用保险资金，实现资金保值增值的体现，是保险业务收入的重要补充，信用评级机构通过考察保险公司投资类资产稳健程度和综合投资收益率水平，综合评估保险公司投资业务风险收益的匹配程度。

例如，2016年以来，在保险行业延续"强者恒强"竞争格局的背景下，某小型保险公司虽在保险业务市场份额方面并无显著提升，但通过不断调整和优化产品设计和渠道结构，公司保险业务收入对单一险种和单一销售渠道的依赖程度均有不同程度的改善，因此在综合考虑公司当前保险业务经营成果和未来保险业务稳定性的基础上，信用评级机构对该保险公司在营运价值方面的评分有所提升。

8.3.4　管理与战略

保险公司管理与战略分析可分为公司治理和战略规划两个方面。在公司治理方面，信用评级机构应重点关注保险公司法人治理体系和组织结构。根据《中华人民共和国公司法》《中华人民共和国保险法》等相关法律法规，保险公司法人治理结构通常由包括股东大会、董事会、监事会和高级管理层在内的"三会一层"构成。信用评级机构主要通过公司章程及保险公司提供的其他补充资料分析其法人治理结构，重点关注股东表决权、各股东在董事会席位及对董事会的控制程度，进而评估各股东对保险公司决策的影响程度。整体来看，公司治理体现了保险公司控制权和管理权的分配，能够在一定程度上反映出其运营管理效率。

保险公司的战略规划对其未来业务发展方向、资本结构、资产结构及现金流状况等均具有重要意义。在战略规划方面，信用评级机构应主要关注战略规划中保险公司未来业务拓展方向、并购计划、融资计划、股权变化等可能对保险公司信用风险水平产生重大影响的部分。

例如，2016年以来，某保险公司得益于原股东等比例的增资，资本金水平大幅提升，为各项业务的拓展提供了充足的资金支持，但各股东对该保险公司决策的控制权并未发生显著变化，因此该公司在公司治理方面的得分与前期相比并无显著提升；但是，受监管政策调整影响，公司未来将继续大力推进业务转型，短期内面临较大的业务转型压力，长期来看有利于公司的稳健发展。因此，信用评级机构在审慎考察该公司业务转型可行性，以及综合考虑业务转型战略对公司未来长短期综合影响的基础上，对该公司的管理与战略评分有所提升。

8.3.5　风险管理

保险公司面临的风险主要包括保险风险、市场风险、信用风险、操作风险、流动性风险等。其中保险风险主要指保险产品精算假设和承保理赔风险；市场风险主要指由于利率、权益价格、汇率等不利变动导致保险公司遭受非预期损失的风险；信用风险主要指由于交易对手不能履行或不能按时履行其合同义务导致保险公司遭受非预期损失的风险；操作风险主要指由于不完善的内部操作流程或人为事件导致保险公司发生直接或间接损失的风险；流动性风险指保险公司无法及时获得充足资金或无法及时以合理成本获得资金以支付到期债务的风险。

针对上述各项风险，信用评级机构主要以保险公司是否具有健全的风险管理办法及合理的处置操作流程为主要判断依据，同时将退保率、保费分出比例、赔付率等指标作为保险公司前期风险管理成果的考核标准，并将监管机构在过去一段时间内对保险公司下发的监管意见综合纳入考核体系，对保险公司相关风险管理水平做出中性或负面的评价。例如，2016 年 6—7 月，原保监会对某保险公司开展万能险专项检查，10 月，对该公司在万能险单独账户管理、互联网保险销售、客户信息真实性管理等方面存在的问题下发监管函并要求整改，因此信用评级机构认为，随着投资规模的不断扩大和保险业务品种的不断增加，该公司的风险管理能力有待进一步提高。

8.3.6 财务状况

信用评级机构对保险公司财务状况的分析主要包括四个方面：资产负债结构、盈利能力、流动性水平和资本充足水平。在资产负债结构分析方面，就资产而言，由于保险公司的资产结构主要体现在对保险资金的运用情况，因此信用评级机构主要考察保险公司保险资金运用过程中体现的投资风格以及相应的投资收益情况；就负债而言，由于保险公司的负债主要为保险责任准备金，信用评级机构对保险公司负债规模并未设置严格的定量要求。

在盈利能力方面，信用评级机构将盈利能力的考察分解为营业支出、净利润、总资产收益率和净资产收益率，其中营业支出重点分析与保险业务相关的费用支出，包括赔付支出、业务及管理费、提取保险责任准备金等，由于相关支出主要由公司保险业务产生，与保险业务收入的比例应相对稳定，如果出现较大波动，则需要加强关注。保险公司净利润是在其营运价值的基础上扣除经营成本后的价值，体现的是公司实际可支配的收入规模。信用评级机构对净利润的分析主要考虑如下因素：一是净利润的逐年增长情况，净利润是否持续增加，如果持续增加，则其盈利水平持续提高；二是增长率的变动情况，通常净利润的增长与营业收入的相关性较强，营业收入增速放缓，净利润增速往往也会放缓，如果二者增长率出现较大差异，则需要加强关注。此外，信用评级机构还关注总资产收益率和净资产收益率的变动情况，并认为其是体现保险公司盈利能力的一个重要因素。

在流动性方面，保险公司的流动性分析建立在公司持续性经营的基础上和激烈竞争的市场条件下，以评价保险公司是否有能力满足流动性需求。在流动性指标方面，综合流动性比率和即期可变现资产与保险责任负债比例是衡量保险公司偿还短期债务能力的要素。其中，综合流动性比率体现了保险公司短期资产对短期负债的保障程度，而即期可变现资产占保险责任负债的比例考察了保险公司即期可变现资产对保险责任负债的覆盖程度，其中即期可变现资产指货币资金、以公允价值计量且其变动计入当期损益的金融资产、买入返售金融资产、可供出售金融资产的总和；保险责任负债是寿险责任准备金、未到期责任准备金、未决赔款准备金、长期健康险责任准备金、保护储金及投资款的总和。

在资本充足性方面，信用评级机构重点关注指标包括认可资产和认可负债、实际资本和最低资本、偿付能力充足率（包括核心偿付能力充足率和综合偿付能力充足率）等，其中偿付能力充足率是最主要的考察指标。保险公司偿付能力充足率，是指保险公司的实际资本与最低资本的比率，在"偿二代"标准下分为核心偿付能力充足率和综合偿付能力充足率；以风险为导向的偿付能力充足率是监管机构对保险公司资本充足性监管的标准和机制。此外，保险公司合理的资本补充规划也是衡量资本充足性的重要因素。保险公司应具有中长期的资本补充规划，通过监管机构认可的资本补充方式对偿付能力和承保能力进行补充。

例如，近年来，某保险公司在资产负债结构方面得益于股东的大规模增资，公司资产负债规模均大幅提升，投资类资产增速较快。在盈利能力方面，随着传统寿险业务的快速拓展，公司提取保险责任准备金的规模不断增长，推动营业支出持续提升，同时，前期销售中短存续期产品的大量退保和保险业务转型对该公司盈利能力形成较大压力。在流动性方面，2016年以来，该公司即期变现投资资产对保险责任负债的覆盖程度有所下降，流动性水平略有降低；在资本充足水平方面，股东的多次增资有效提升了公司的资本实力，偿付能力充足水平满足监管要求且有所上升，能够为未来业务的进一步拓展提供保障。

8.3.7 外部支持

保险公司的外部支持主要指政府或股东在其业务发展、资本补充和流动性方面提供的支持。业务发展和资本补充方面的支持有利于推动保险公司业务规模的拓展和市场竞争力的提升，及时有效的流动性支持能够在保险公司发生流动性危机时对其风险抵御能力和偿债能力形成支撑，帮助保险公司渡过危机。

从外部支持类型来看，外部支持主要分为股东支持以及国家或政府（包括地方政府）支持。在股东支持方面，股权结构决定着保险公司是否会得到支持及其支持的程度。信用评级机构认为保险公司最终得到支持的可能性和支持的程度取决于两个因素：一是股东自身的状况，如股东业务规模、所处行业地位和自身财务状况等，一个财务状况良好且资金充裕的股东有能力对公司提供较大支持；二是保险公司对股东的重要性及其在股东发展规划中的战略地位，如果保险公司是股东战略布局的重要组成部分，则股东更可能通过对保险公司提供包括注资、担保、短期资金拆借等多方面支持以保障保险公司的偿付能力和流动性。

在国家或政府支持方面，主要考虑保险公司在一国或当地资本市场和金融体系中的重要程度，保险公司破产对一国或当地经济社会的危害程度；保险公司在国家外汇储备和国际资本流动，以及进出口支持方面的重要程度，保险公司破产对一国的经济活动，乃至国际经济政策产生不利影响的程度等。保险业作为关系国计民生的重要行业，其在一国经济社会中的地位以及政府对保险业的支持力度不言而喻。

例如，在政府支持的基础上，信用评级机构会重点考察某保险公司股东对其的支持力度，近年来股东大规模的连续增资体现了股东较大的支持意愿和支持力度。

【专栏 8-2】

国际信用评级机构保险公司评级方法介绍

在对保险公司进行信用评级的过程中，国内外信用评级机构在评级指标的设置方面均分为外部指标和内部指标。其中外部指标涉及运营环境和外部支持的分析，内部指标则体现了受评保险公司的业务风险和财务风险。在业务指标方面，在考虑受评保险公司的盈利能力、收入构成、市场定位等指标的基础上，穆迪和国内信用评级机构在评级过程中更多地关注保险产品及其销售渠道，以及保险产品的重心与多样化。在财务指标方面，在关注受评保险公司的财务灵活性和流动性、资本充足性、承保质量以及利润水平等指标的基础上，惠誉和贝氏评级（A.M. Best Company）还将财务杠杆指标引入评级要素中。同时，在风险监管方面，贝氏评级对保险公司进行包括资本化测试、巨灾风险测试和恐怖主义风险测试的压力测试；穆迪对寿险公司进行包括投资风险、负债风险和流动性风险的压力测试，对非寿险公司进行包括投资风险、巨灾风险和准备金风险的压力测试。除此之外，穆迪还对会计政策与披露进行关注，考虑财务报表能够反映经济现实的程度，如果穆迪认为一笔交易的实际情况与财务报表不一致，可能会调整财务报表来进行分析。

在运营环境方面，穆迪和国内信用评级机构均关注保险公司所在区域的保险渗透率和保险密度。穆迪、惠誉、贝氏评级和国内信用评级机构均关注保险公司所在区域内的保险行业环境和监管环境，惠誉特别提出关注所在国的主体评级，多家信用评级机构的关注点总体一致。另外，标普自有一套保险业国家信用风险评估方法，由于标普保险行业评级是在银行业评级的基础上得出的，与运营环境相关的内容包含在银行业评级方法里。

在业务情况方面，多家信用评级机构均考察了市场地位、产品多样性、地区多样性。另外，标普、惠誉、贝氏评级和国内信用评级机构还关注保险公司的销售渠道的多样性，因为该指标更具有实践意义。

在企业管理方面，穆迪、惠誉和国内信用评级机构的关注点基本相同，包括公司治理、组织架构、人员素质、战略定位等方面；穆迪除关注上述方面外，还考察了公司会计政策及信息披露政策的影响，相对而言更加深入。标普和贝氏评级则更加注重保险公司的企业风险管理。

在盈利能力方面，多家评级机构均按照自身对于保险行业财务数据的理解设置了定量指标，其中穆迪主要考察保险公司的资本回报率以及资本回报率的夏普指数（sharpe ratio，经风险调整后的绩效指标）。而标普则将盈利能力要素与资本充足性一起考虑。惠誉、贝氏评级和国内信用评级机构均考察了保险公司的成本率、营业收入和资产回报率等指标。

在资本充足性方面，多家信用评级机构均设置了相关指标，虽计算方法均不相同，但核心意义都是衡量保险公司自有资本对于风险资产的覆盖情况，即金融杠杆水平以及偿付能力。贝氏评级有独立的资本充足率计算方法，国内信用评级机构则引用原保监会的偿付能力充足率作为衡量保险公司偿付能力的评级要素。

在流动性水平方面，穆迪、标普、惠誉和贝氏评级均采用相关指标来衡量流动资产对流动负债的覆盖程度。标普还强调了敏感性责任负债保障程度的重要性。国内信用评级机构从评级实践的角度出发，认为目前在中国从公开渠道和企业自身充分获取计算流动性相关比率并不现实，因此并未考虑流动性相关指标。

外部支持方面，穆迪、惠誉和国内信用评级机构均关注政府和股东对于保险公司的支持能力和支持意愿，标普则从组织架构角度分析了母公司或关联公司的支持。贝氏评级没有对外部支持分析做出描述。

总的来说，国内外信用评级机构在对保险公司评级时所关注的方面总体相似，均从运营环境、业务状况、企业管理、盈利能力、资本充足性、流动性水平、外部支持七个方面对保险公司进行综合评价，但在具体的指标设置和理解上仍有一定的差异。

资料来源：根据公开资料整理。

8.4 证券业信用评级方法

8.4.1 证券公司信用评级概述

证券公司是指以从事证券经纪、证券承销与保荐、受托资产管理、证券自营投资以及其他证券相关业务为主的金融中介机构。证券公司信用评级包括主体评级和债项评级。目前，证券公司债项评级主要涵盖短期融资券、次级债券（次级债务）、普通债券等类别，不同类别债券的评级根据其偿还顺序、发行期限等情形在主体级别上适当调整。

证券公司信用评级思路是指在识别证券行业系统性信用风险因素、判断证券行业整体信用风险水平的基础上，对证券公司的运营环境、经营与竞争、管理与战略、财务状况、外部支持进行全面的分析，以识别证券公司的核心竞争优势和主要竞争劣势，评估竞争优势或劣势对未来盈利水平的有利或不利影响程度，确定证券公司相对行业内其他企业的信用风险水平和信用级别。

8.4.2 运营环境

证券公司的运营环境分析主要包括宏观经济环境、监管环境与政策、行业发展状况三个方面。

8.4.2.1 宏观经济环境

宏观经济形势的稳定或波动、增长或衰退对证券公司信用级别的确定有较大影响。宏观经济的发展态势一方面影响实体经济的增长,另一方面影响公众对未来的预期,进而影响消费和投资需求。这些影响最终都将反映到金融市场上来,通过资产价格的涨跌与整体经济的增长,既保证了优质企业或资产的供给,也促进了资本市场的繁荣发展。宏观经济环境分析主要包括国民经济发展速度、宏观经济政策、货币供给、利率、汇率等因素。

8.4.2.2 监管环境与政策

监管环境与政策是影响行业、证券公司发展的重要因素,任何一个成熟的市场都离不开完善的监管体系,而完善的行业监管是企业发展的必要条件。对证券公司行业环境的分析,主要考虑证券公司设立的法规、证券公司的运营监管、信息披露制度、各类证券公司制度等,在监管过程中是采用市场纪律(如西方发达国家)还是采用直接干预(如新兴市场国家)取决于市场发达程度和政府监管能力。我国证券业属于国家特许经营行业,证券公司各项业务均受证监会的监管。对政府监管环境的分析主要考虑监管的法律法规健全程度与执行力度,有效的监管能够及时预见和发现风险,从而降低行业的系统性危机程度。同时,监管机构的政策措施不仅会影响到企业的业务类型,也会影响到该企业的业务结构和风险程度,因而有必要对我国的监管政策加以分析。

8.4.2.3 行业发展状况

截至 2017 年年末,我国共有 131 家证券公司,随着国家鼓励多层次资本市场的发展,证券行业也迎来了较快发展。但相对于发达国家,我国证券行业市场集中度整体较低,证券公司资本实力依然不强。对证券行业的分析包括证券市场特征、竞争状况、证券市场的发展等。

8.4.3 经营与竞争

证券公司的经营与竞争分析主要包括证券公司收入稳定性与多元化、市场竞争力等方面。

8.4.3.1 收入稳定性与多元化

证券公司的主要业务包括证券经纪,证券承销与保荐,证券自营,与证券交易、证券投资活动有关的财务顾问,证券资产管理及其他证券业务。收入稳定性与多元化分析主要是对证券公司各业务收入占比和收入来源的稳定性进行分析,并评估其收入结构和与之对应的业务结构的合理性。证券经纪业务作为证券公司的传统业务,是其立足的根本与基础。近年来,随着证券市场竞争的加剧以及证券市场的波动,经纪业务交易量和佣金率不断下滑,对证券公司经纪业务收入造成不利影响,经纪业务收入占比不断下降。资产管理业务、自营业务等总体收入占比不断上升，证券公司收入结构不断发生变化。通过分析证券公司的收入结构，我们可以更好地了解企业营业收入的主要来源。

8.4.3.2 市场竞争力

证券公司的市场竞争力源于其在细分市场上的知名度和稳定的市场地位，并最终体现为良好的经营业绩。证券公司的市场竞争力可以来自外部环境，如良好的地区环境以及有利的行业发展环境，但更主要的是来自公司内在的经过长期经营而获得的业务竞争优势，在包括管理、技术、研发、财务、人力资源乃至企业文化等方面的超越同类公司的市场竞争力。对于这些市场竞争力的评定我们可以从两个角度来进行，第一是各竞争优势因素对证券公司获取持续市场竞争力的重要性，第二是这些市场竞争力的稳定性和可靠性，两者构成了评价证券公司市场竞争力的关键。信用评级机构主要从以下两个方面来评价证券公司的市场竞争力：市场地位和证券公司资本实力。

市场地位是证券公司运营的结果，也是证券公司实力的直接体现。证券公司的市场地位越强、越稳定，其信用保护水平也就越高。证券公司的市场地位主要根据证券公司经纪业务、承销与保荐业务、资产管理业务、成本管理能力、创新能力等方面的情况进行评价，从定量的角度来衡量（主要参考中国证券业协会网站的排名）。同时，我们应当考察证券公司的经营历史，历史悠久的证券公司由于其长期开展某项业务，与客户建立了较为长期、稳固的合作关系，同时其所拥有的专业人员在技术熟练程度、稳定性、经验上也更具有一定优势；此外，历史悠久的证券公司分销网络更趋于完善，更加有利于业务拓展，因而其业务稳定性较好、在市场上处于优势地位。

8.4.4 管理与战略

对管理策略的了解主要是进行定性分析，通过对企业未来经营环境可能存在的风险和发展机会的比较，来评价企业管理策略是否立足于企业的实际情况以及这些管理策略实现的可能性。管理与战略分析主要包括公司治理、管理战略、风险管理三个方面。

8.4.4.1 公司治理

公司治理主要分析企业股权结构和治理结构。证券公司的股东所持股份之间的比例关系，以及所有权结构决定的企业的经营权、收益权、处分权等，都是证券公司信用评级分析过程中的重要因素。它从一定程度上决定了企业的运营方式、经营策略及与其他机构的协同合作。股权结构一方面影响企业能获得股东支持的强度，另一方面影响企业的治理和运营。分析企业的治理结构，主要考察企业董事会、股东和管理层之间的责任和权利是否明确合理，在所有权和经营权分离的情况下，是否能降低企业代理关系的成本，实现企业及股东利益最大化。

8.4.4.2 管理战略

管理战略分析主要考察证券公司发展战略规划，清晰的发展战略对于证券公司的持续和稳定发展具有重要意义。企业战略分析需考察受评证券公司的战略规划是否符合行业的发展趋势，判断其战略的合理性，同时还需结合企业现有的资本结构和管理能力，判断其战略的可行性。

8.4.4.3 风险管理

证券公司因经营理念、承受风险能力的差别而具有不同的风险偏好，这会体现在证券公司的风险管理策略上。证券公司的风险管理策略主要体现在如何实现收益性、安全性、流动性的动态平衡与协调上。

（1）风险管理策略。证券公司制定的风险管理策略，要求相应的机构和部门在识别、评价和控制风险时遵循，并有效执行。这些策略的实施涉及许多部门，包括风险管理、财务、审计、经营以及法律和协调部门。

（2）风险管理部门的独立性和风险管理职能的覆盖程度。风险管理部门在证券公司内部应当和其他部门相对独立，同时为了有利于其开展业务，应当给予部门和首席风险官以较高的地位。最好在董事会下面设立风险管理委员会，直接领导首席风险官和风险管理部，这样可以保证风险管理功能的独立性及其正常发挥。对证券公司风险管理部门的评估可以从如下几个角度进行：首先是对部门的独立性和相对地位进行评估；其次是检查风险管理职能是否覆盖公司业务的方方面面，风险核查是否有机融合到公司业务的主要流程中，是否能有效和及时地防范和发现风险事件；最后是对照相关规则对首席风险官的职责和作用进行评估。

（3）决策机制。相比证券经纪业务、咨询业务，证券公司的自营业务、融资融券业务等通常是具有较高风险的业务，对于此类业务的决策机制对资产运作的风险和收益具有决定性的影响。分析其决策机制是否科学、谨慎、合理，是判断企业业务持续稳健经营的基础。

（4）风险量化指标。该部分主要考核证券公司以净资本及流动性为核心的风险控制指标是否符合监管要求，相应考核指标主要来自《证券公司风险控制指标管理办法》（2016年修订）。此外，在证券公司分类评级结果稳定性方面，证券公司分类评级结果级别越高，我们一般认为其风控能力也在某种程度上相对越强。

8.4.5 财务状况

财务状况分析包括资产质量及流动性、负债结构、资本充足性、盈利能力和偿债能力五个方面。经营环境、经营与竞争、管理与战略方面的信用影响因素对企业的影响都会在财务层面得以体现。财务状况分析既是在财务结果层面对企业现有偿债能力大小的直接评估，也是对企业偿债能力未来趋势的判断。

证券公司资产质量和流动性的高低直接关系到证券公司资产变现能力以及其最终的

偿债能力。证券公司资产主要以流动资产为主，对于证券公司的资产质量和流动性，主要考察各类资产构成及其稳定性，相关指标包括流动比率、可变现资产规模在总规模中的占比。

负债结构主要考核证券公司各类债务来源与占比，而有息债务作为证券公司的重要资金来源渠道，影响着其业务的发展。因此，应考察有息债务的期限结构，分布是否合理，如果某一阶段有息债务规模过大，将对其偿债能力产生不利影响。

资本是证券公司抵御风险的最后防线。对评级分析而言，符合监管标准是对证券公司的最低要求，所以监管标准仅是评级的起点，绝非评级标准。衡量证券公司资本是否充足的唯一标准是其资本水平与质量是否足以抵御其资产风险。当盈利不够时，资本可作为吸收损失的最重要的缓冲工具。考察资本充足性还应考察证券公司获取资本的能力。一般而言，证券公司有两种资本来源：一是通过盈利在内部生成资本；二是取得外部资本支持。证券公司的内生资本主要来自留存收益，为此，内生资本的能力取决于证券公司的长期盈利能力以及股东对投资回报的要求。如果证券公司盈利状况不佳，那么内部资本就没有来源；如果股东过分要求获得短期回报，纵使盈利状况上佳的证券公司也无法留取利润。外部资本也有两种来源：一是通过资本市场向公众募集；二是由战略投资者向证券公司以股本方式注资。目前我国的证券公司在获取外部资本的来源与形式上存在很大差异，在评估中要根据受评证券公司的特质做具体分析。

盈利能力的分析具体包括盈利来源、盈利构成、核心盈利的持续性与波动性的考察。在分析各项业务对企业整体的利润贡献度时，不仅要分析各项业务自身的盈利水平，还应进一步考虑各项业务与其他业务的联动关系，从而分析该业务对企业整体价值和风险的影响。另外，还应分析证券公司的历史业绩及整体水平，考量其业务盈利能力及稳定性，以判断证券公司是否能达到整体的预期业绩目标以及公司在各阶段的盈利模式。

证券公司偿债能力分析主要关注的指标包括：资产负债率、EBITDA 利息保障倍数、净资产/自有负债、可快速变现资产/自有负债、有息负债/EBITDA 等。

8.4.6 外部支持

外部支持是指证券公司获得的来自外部组织或机构承担债务偿还责任的现金支持或担保。

8.4.6.1 政府支持

政府支持分析主要考察证券公司从政府或监管部门得到支持的可能性。有两个方面的因素影响政府对证券公司支持的可能性：一是证券公司设立的方式和目的，其本身的规模、性质决定其在国民经济中的地位，直接与政府支持力度相关；二是证券公司投资涉及的产业，是否符合国家的行业政策，能否获得政府的支持。

8.4.6.2 股东支持

所有权结构即所有者持股比例决定着证券公司是否会得到股东支持及其支持的程度。一般说来，股东背景强大的证券公司，获得股东支持及关联企业协同支持的力度相应较大，在经营、资金、客户等方面会获得股东的帮助。至于证券公司最终得到支持的可能性和支持的程度有多大取决于两个因素：一是所有者自身的状况，如所有者的实力、地位、财务状况及发展方向等；二是证券公司的独立性、与所有者的关系或与控股公司的权益关系等。

【专栏 8-3】

国内外主要信用评级机构的证券公司评级方法的异同点

国内信用评级机构对证券公司的评级思路是在识别证券行业系统性信用风险因素、判断证券行业整体信用风险水平的基础上，对证券公司的个体信用特征进行全面的分析，并结合证券公司外部支持确定最终级别。在评级关注因素上，国内信用评级机构关注的一级信用评级要素和国外信用评级机构有所相似，只是在具体指标的选取上有所差异。

国外信用评级机构中，标普对证券公司的评级在评级思路上采用"搭积木"的形式，与穆迪、惠誉以及国内信用评级机构的评级思路均有所区别。穆迪、惠誉和国内信用评级机构在思路上有一定的相似性，都是采用定性+定量分析方法，对各评级指标赋予相应的权重，并结合专家意见，确定最终级别。

具体来看，标普对证券公司评级模型采用"搭积木"式的评级流程，主要的两大块"积木"分别是个体信用状况和额外支持因素。个体信用状况是一家证券公司不考虑外部因素的自身信用情况，由证券的外部经营环境和自身信用因素决定。其中，外部经营环境包括宏观的经济风险情况及行业的风险情况，对外部经营环境的评估方法延续了标普银行业国家风险评估（BICRA）方法。证券公司自身信用因素包括四个方面，即证券公司的业务定位，资本和杠杆、盈利，风险头寸以及融资和流动性情况。最后，在得出证券公司的个体信用状况后，再考虑另外一块积木"额外支持因素"，它包括政府对银行的支持因素或母公司的支持因素，在计算额外支持因素时选取两者中比较高的支持因素。

穆迪没有设置适用于所有受评企业的评级原理，而是根据证券行业的特点设置评级因素、评级标准和打分卡，以期评级方法能反映证券行业的经营特征、风险特征以及受评企业在行业内的比较情况，并以此作为评定信用等级的依据。穆迪将证券公司分为做市商和其他证券公司两类来考量，其根据是做市商从事的是包销、证券交易、融资融券等杠杆类业务，其经营与流动性管理和杠杆率管理密切相关；而其他证券公司从事的是证券经纪、并购咨询等低杠杆业务，主要依靠盈利还本付息。

惠誉对证券公司进行评级时，根据证券公司的主营业务是否会为其带来较大的风险来对证券公司进行分类，主要业务是财务咨询或者交易商间经纪业务的证券公司被分为风险较小的一类，主要通过运用财务杠杆盈利的其他证券公司,被分为风险较大的一类。惠誉分别对证券公司的个体信用状况和外部支持两个方面进行单独评估,取其中较高者作为证券公司长期主体信用水平的评判依据。

资料来源:根据公开资料整理。

8.5 地方资产管理公司信用评级方法

8.5.1 地方资产管理公司信用评级概述

8.5.1.1 地方资产管理公司的定义及发展历程

地方资产管理公司(以下简称"地方 AMC")是指各省、自治区、直辖市人民政府为开展本省(自治区、直辖市)范围内金融企业不良资产的批量收购、处置业务而设立或授权的[1],且经原中国银行业监督管理委员会(以下简称"原银监会")核准公布的,具有金融不良资产批量收购处置业务资质的资产管理公司。

在地方 AMC 诞生前,我国为应对 1997 年亚洲金融危机、化解国有银行积累的金融风险、支持国有银行改革、健全社会信用秩序,由我国政府出资设立四大金融资产管理公司[2](以下简称"四大 AMC"),注册资本均为 100 亿元。截至 2006 年年底,四大 AMC 累计处置不良资产 1.21 万亿元,现金回收约 2 110 亿元,回收率约为 20%。在政策性任务基本完成后,四大 AMC 陆续开展多元化金融服务,如租赁、银行、信托、保险、证券业务等,逐渐进入第二阶段市场化转型。2010—2016 年,四大 AMC[3] 分别完成股份制改革,其中中国信达和中国华融分别于 2013 年 9 月和 2015 年 10 月在中国香港上市。

近年来,在增长速度换挡期、结构调整阵痛期、前期刺激政策消化期的背景下,区域性、局部性风险暴露增多,商业银行不良贷款增速加快,金融风险进一步暴露,不良资产的爆发式增长给国民经济健康发展带来巨大隐患。为加快处置区域不良资产,防范和化解区域性金融风险,2012 年 2 月,财政部、原银监会联合印发《金融企业不良资产

---

[1] 引用自《中国银监会关于地方资产管理公司开展金融企业不良资产批量收购处置业务资质认可条件等有关问题的通知》。

[2] 金融资产管理公司是指经国务院决定设立的收购国有银行不良贷款,管理和处置因收购国有银行不良贷款形成的资产的国有独资非银行金融机构,其中包括中国信达资产管理公司、中国华融资产管理公司、中国长城资产管理公司和中国东方管理公司。

[3] 分别更名为中国信达资产管理股份有限公司(以下简称"中国信达")、中国华融资产管理股份有限公司(以下简称"中国华融")、中国长城资产管理股份有限公司和中国东方资产管理股份有限公司。

批量转让管理办法》（以下简称《办法》），允许各省级人民政府设立或授权一家地方资产管理公司，参与本省范围内金融企业不良资产的批量收购、处置工作，地方 AMC 由此诞生。2016 年 10 月，原银监会下发《关于适当调整地方资产管理公司有关政策的函》，其中指出省级政府可增设一家地方资产管理公司，并取消不良资产不得对外转让的限制。

当下四大 AMC 和地方 AMC 对我国金融环境的稳定和国民经济的健康发展起到了不可替代的作用，在我国金融体系中具有重要地位。近年来，四大 AMC 呈稳健发展趋势，地方 AMC 数量增长较快。截至 2017 年 8 月末，我国各省、自治区、直辖市均先后完成了地方 AMC 的设立或授权工作；截至 2017 年年末，我国地方 AMC 共 57 家，其中福建省、广东省、山东省和浙江省均设有 3 家地方 AMC（包括省级和市级地方 AMC），甘肃省、黑龙江省、湖北省等 18 个省份均设有 2 家地方 AMC。但是，地方 AMC 成立时间较短，人才、技术、渠道及综合实力无法与四大 AMC 相比，不良资产处置能力仍需持续关注。同时，在商业化不良资产收购方面，不良资产的投资主体逐渐多元化，民营企业和外资机构不断进入不良资产处置领域，市场竞争主体的增加也使地方 AMC 面临日益加剧的市场竞争，短时间内建立较强竞争优势的压力较大、挑战较多。

8.5.1.2 地方资产管理行业信用风险及特点

通过对我国地方资产管理行业发展的综合分析来看，其信用风险的主要来源有宏观经济环境变化、监管环境改变、区域市场环境变动和专业技术及管理水平。

1. 宏观经济环境变化

宏观经济环境是指宏观经济运行的周期性波动等规律性因素和政府实施的经济政策等政策性因素。对宏观经济环境的考察需综合现状和趋势两个维度进行分析。因此，宏观经济的周期性波动对地方资产管理需求的影响、法律法规与政策的变动是资产管理行业未来一段时间内面临的主要风险；此外，地方 AMC 所处区域市场环境的变动、专业技术能力和管理水平也会对地方资产管理行业产生一定的影响。经济周期波动通过社会经济主体的盈利能力、融资意愿、不良资产压力等形式向金融机构及非金融机构层层传递。经济波动的周期性直接影响到社会整体信用风险水平，从而影响金融系统中的不良资产整体水平，进而影响地方资产管理行业的总体需求、市场空间、盈利能力和现金流充足性。地方资产管理行业与经济运行周期高度相关，呈逆周期性。当经济处于上升期时，企业投资需求增强，社会资金需求加大，金融机构放松融资准入条件，信贷投放速度加快，社会总体债务融资规模增长。一方面，此时不良资产总供给相对于经济衰退期时相对较少，同时债务规模的整体上升为未来不良债务收购提供基础；另一方面，经济上升期为地方 AMC 存量不良资产的处置带来较大便利。当经济处于衰退期，企业对外负债水平较高、经营收益较少，按期偿债能力减弱，不良资产开始逐步暴露，信贷投放速度开始放缓，企业再融资出现困难，进一步导致信用风险水平升高，不良资产规模增长加快，为资产管理行业市场供给提供了较大空间，有利于地方 AMC 业务规模的提升。

2. 监管环境改变

地方 AMC 作为国家金融系统信用风险的化解者，承担着极为重要的政策性职能，因此各级政府的政策、法规及监管力度对整个行业的发展与经营具有重要作用，对行业总体偿债能力具有重要影响。在监管政策方面，信用评级机构主要关注执政当局的监管理念、制度和水平以及各级政府对于金融风险管理和不良资产管理的相关监管态度和支持政策。具体来说，包括地方资产管理行业准入壁垒，针对地方AMC经营的法律、法规及其影响，监管机构对AMC的监管理念、规章和具体措施，等等。此外，地方AMC所在地区政府对地方资产管理行业监管政策的不同也会对其评级造成一定的影响。目前，我国地方资产管理行业的监管体系仍在不断完善，不断出台的监管文件会对地方资产管理行业的发展带来较大影响。

3. 区域市场环境变动

地方AMC目前实行属地管理。由于属地资产的信息不对称是不良资产处置行业的核心问题，所以深入调查属地市场的地方AMC，更了解当地的产业政策、优势行业、区域分布及债务人等相关信息，更熟悉当地的司法和信用环境，也更容易获得其他与资产处置相关的信息，地方AMC的属地优势凸显。地方AMC不良资产业务的开展往往与所处区域的经济环境程度关系密切。目前，地方AMC尚无统一的监管指标，但山东省和江西省均出台了地方AMC的监管措施及监管指标，对其省内地方AMC的业务规范具有一定的指导意义。此外，地方AMC在一级市场收购不良资产时仅限于在其省内进行，因此区域不良资产规模将直接影响地方AMC的业务空间。

4. 专业技术及管理水平

相较于四大AMC，地方AMC处于起步阶段，缺乏具有专业知识的高素质人才和有效的公司治理机制，尤其不具备较强的风险管理控制能力，很可能出现收购的不良资产规模与自身资金承受能力不相称的局面，导致严重的"消化不良"症状。

8.5.2 地方资产管理公司信用评级要素

8.5.2.1 评级主要逻辑、要素框架

宏观经济的周期性波动对地方AMC需求的影响、法律法规与政策的变动、地方AMC所处区域市场环境的变动、专业技术能力和管理水平是地方资产管理行业未来一段时间内面临的主要风险，对所有地方AMC都会产生一定的影响。具体到企业层面，上述系统性风险因素会因为禀赋和风险应对策略的差异对不同的企业个体产生不同的影响，从而导致各地方AMC间的信用风险水平差异。

地方AMC信用分析是在识别地方AMC行业系统性信用风险因素、判断资产管理行业整体信用风险水平的基础上，对地方AMC的经营与竞争、战略与管理、财务实力进行全面的分析，以识别地方AMC的核心竞争优势和主要竞争劣势，评估竞争优势或劣势对未来盈利水平和现金流的有利或不利影响程度，确定受评主体相对行业内其他企业的信用风险水平和信用级别。

信用评级机构对地方资产管理行业的信用分析与评级一般分为经营环境分析、经营与竞争分析、战略与管理分析以及财务分析四个相互关联的部分，其中经营环境分析、

经营与竞争分析、战略与管理分析的信用影响因素对企业的影响都会在财务层面得以体现。财务分析既是在财务结果层面对现有偿债能力大小的直接评估，也是对偿债能力的未来趋势的判断（见图8-3）。

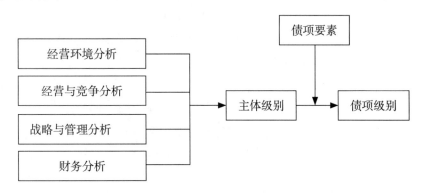

图8-3　地方资产管理公司信用评级分析框架

8.5.2.2　经营环境分析

经营环境分析包括宏观经济环境、监管及政策环境和区域经济环境三个方面。

1. 宏观经济环境

一国的经济发展模式、整体水平及所处发展周期，对本国或本地区的资产管理行业的发展水平起到较大的影响或制约作用。

对宏观经济环境的考察需综合现状评估和趋势分析两个维度。现状评估方面主要通过分析GDP总量及增长、货币政策、信贷的增长及不良资产增长情况来评价国家经济整体的发展水平和健康稳定程度，同时也要通过分部门、分项目的数据和信息，来分析国内经济环境的特点及发展模式。发展趋势方面则着重考量经济的整体稳定性、发展的可持续性以及其所处发展周期特点。综合上述两个方面的因素，评估国内宏观经济环境对资产管理行业发展状况及信用水平的综合影响。

2. 监管及政策环境

地方资产管理行业作为国家金融系统信用风险的最终化解者，承担着极为重要的政策性职能，因此各级政府的政策、法规及监管力度对整个行业的发展与经营具有重要作用，对行业总体偿债能力具有重要影响。

在政策监管方面，应当主要关注执政当局的监管理念、制度和水平以及各级政府对于金融风险管理和不良资产管理的相关监管态度和支持政策。具体来说，监管及政策环境分析应包括地方资产管理行业准入壁垒，针对地方AMC经营的法律、法规及其影响，监管机构对地方AMC的监管理念、规章和具体措施，等等。此外，地方AMC所在地区政府对地方资产管理行业监管政策的不同也会对其评级造成一定的影响。例如，2017年10月25日，江西省政府金融办公室印发《江西省地方资产管理公司监管试行办法》（以下简称《试行办法》），提出江西省地方AMC监管的统一框架，明确建立以风险管控为本的审慎监管框架，对原银监会划定的地方AMC准入门槛进行了细化，包括但不限于地方AMC的股东资格、公司治理、高管任职、风险管控、资本充足性、财务稳健性、信息披露等。总体来看，行业监管趋严、行业制度体系更加完善、国家层面对不良资产的高度关注都将利于资产管理行业的健康发展。

3. 区域经济环境

区域经济环境是指区域经济发展的整体态势。区域经济环境为受评主体营造整体运营环境，作为影响偿债环境的因素之一，主要考察区域经济发展的现状以及对其未来发展趋势和方向的预测。

区域经济环境的现状主要通过这一区域的 GDP 增长率、产业结构、主要行业、信用环境、不良资产规模等宏观经济指标来反映，同时也需要考量其政策性环境，如地方政府的财政稳定性、地区经济管理特点和可持续性以及现行经济政策的基本重心和方向等。此外，还需基于对这一区域经济指标的预测，以及根据对地区整体状况的了解，对其未来发展趋势做出分析判断。

通过以上几点，评估区域经济环境对地方 AMC 经营、发展及偿债来源的特殊性影响，进而评估区域经济环境对地方 AMC 偿债能力的影响。

8.5.2.3 经营与竞争分析

经营与竞争分析包括受评主体市场需求、市场竞争力、不良资产收购渠道及不良资产处置方式、授信及融资和外部支持五个方面。

1. 市场需求

市场需求是指市场对不良资产的处置需求。信用评级机构通过分析受评主体经营区域的不良资产规模等主要因素，可以发现决定供给的真正动因及市场需求的变动趋势，使其成为合理预测财富创造能力的基础。

2. 市场竞争力

地方 AMC 的市场竞争力源于其在经营区域内的市场地位、业务分布、授信和融资及其业务板块协同效应，并最终体现为良好的资产经营业绩。由于地方 AMC 在金融系统中的特殊地位和较高的市场壁垒，其市场竞争力主要来自其市场地位，因为市场地位直接决定了地方 AMC 不良资产的收购能力、上下游议价能力、不良资产处置能力和可获得业务支持力度的大小，这些均是其财富创造能力的重要影响因素。此外，在受评主体经营区域内有多个竞争者的情况下，其业务分布、授信与融资及业务板块协同效应等因素则通过影响其资产经营能力来最终影响财富创造能力。

信用评级机构主要从以下几个方面来评价地方 AMC 的市场竞争力：

第一，市场地位及业务规模是地方 AMC 长期运营的结果，也是企业因行使政策性职能而获得政府支持的直接体现。分析地方 AMC 在经营区域的地位时，主要考虑其行使政策性职能的范围和唯一性，上述两个方面的因素共同决定了地方 AMC 可经营不良资产管理业务的范围、总量和可获得政府及股东扶持力度的强弱，均对其财富创造能力具有重要影响。同时，地方 AMC 管理不良资产的规模的大小是其经营状况和资产管理能力水平的直接体现，主要评判指标为管理资产规模。例如，某企业是其所在省内第一家地方 AMC 且股东背景雄厚，政府及股东均给予一定支持；在资产管理规模方面，企业收购不良资产包的规模占全国商业银行不良资产规模的比例相对较高。综合来看，企业市场地位及业务规模均处于较高水平。

第二，业务分布情况。地方 AMC 的主要业务包括由不良资产管理构成的主营业务和投资类业务。地方 AMC 不良资产管理业务经营水平主要受区域分布和业务类型分布两个方面因素的影响。其中，不良资产管理业务的区域分布一方面影响其不良资产处置需求及潜在市场总量，另一方面影响其处置的效率及收益水平；而不同类型的不良资产处置业务的处置速度和收益率均有所不同，因此地方 AMC 的业务类型分布将对其总体现金流和收益率水平形成较大影响。此外，为提升资金使用效率，地方 AMC 通过开展证券投资、非标投资或委托贷款等金融资产投资业务对其收入和盈利进行补充。此类业务的收益及风险水平对受评主体的整体偿债能力具有一定影响。

3. 不良资产收购渠道及不良资产处置方式

目前，不良资产收购渠道主要包括银行、非银金融机构（如信托公司、四大 AMC 等）和非金融机构。不良资产处置方式则包括本息清收、诉讼追偿、破产清算、债务重组、资产转让、委托处置、合作处置、实物资产租赁、实物资产投资、资产证券化等。当企业不良资产收购渠道比较丰富且通畅时，其业务规模将较快提升，为业务发展奠定了一定基础；企业不良资产处置方式越多样化，其处置效率越高，越有利于企业业务的持续发展。

4. 授信及融资

地方 AMC 在不良资产管理业务开展过程中，除了运用自有资金，主要通过商业银行等金融机构获得资金进行不良资产的批量收购，因此地方 AMC 获得的商业银行等金融机构授信情况是影响其市场竞争力的关键因素之一。此外，随着地方 AMC 业务的不断拓展，未来企业融资渠道的多样性、融资成本的高低将会对其业务发展产生重要影响。

5. 外部支持

地方 AMC 在我国金融体系中具有特殊地位，是金融系统信用风险的最终化解者，因此各级政府对地方 AMC 赋予了较为特殊的市场地位，而地方 AMC 也因此获得各级政府和股东的多方面支持，其中包括信用体系建设、税收政策、资本金、业务、人才、技术、流动性等，对其偿债能力具有较大提升作用。信用评级机构在评估地方 AMC 的外部支持时，主要通过关注政府支持和股东支持等定性指标，综合分析上述因素对地方 AMC 盈利能力的提升作用及对偿债来源的补充作用。在相同情况下，受评主体获得的政府支持和股东支持的力度越高，其盈利能力越强并且获得的外部偿债支持越充足，信用风险越小。例如，某企业不仅当地政府给予其一定补贴，股东也可在流动性等方面提供支持；此外，企业不断建立与地市政府的对接工作，为未来不良资产管理工作提供了一定的保障。综合来看，此企业可获得较好的外部支持。

8.5.2.4 战略与管理分析

战略与管理分析包括所有权结构和治理结构、管理团队素质及工作人员专业性、公司战略、风险管理能力四个方面。

对管理策略的了解主要是进行定性分析，通过对地方 AMC 未来经营环境可能存在的风险和发展机会的比较，来评价受评主体管理策略是否立足于实际情况以及这些管理策略实现的可能性。进行战略与管理分析需要了解的问题包括：相对于经营现状与经营环境，地方AMC的政策是否稳健，管理层对于未来的竞争有何认识、将会采取何种行动、是否有能力平衡风险与收益率的问题、是否有广阔的视野，策略是否有深度与远见等。

1. 所有权结构和治理结构

所有权结构就是股权结构。地方AMC的股东所持股份之间的比例关系，以及所有权结构决定的企业经营权、收益权、处分权等，都是地方AMC信用评级分析过程中的重要因素，因为它从一定程度上决定了企业的运营方式、经营策略及与其他机构的协同合作。所有权结构一方面影响企业能获得股东支持的强度，另一方面影响企业治理和运营。

对企业治理结构的分析，即考察企业董事会、监事会、股东大会和高级管理层（即"三会一层"）之间的责任和权利分布，在所有权和经营权分离的情况下，是否能达成降低企业代理关系的成本，实现企业及股东利益最大化；同时还需考虑"三会一层"人员到位情况，例如某企业董事会实际任职人数与企业章程中规定的董事会席位不一致，若有缺席情况，则会影响企业治理水平。

2. 管理团队素质及工作人员专业性

由于地方AMC自身业务的特殊性，受评主体对于从业人员尤其是管理层工作人员从业经历和学历有着比较高的要求。第一，要关注地方AMC工作人员的从业经验和学历情况，即拥有3年以上工作经验以及5年以上工作经验人员的占比、本科及以上学历或研究生及以上学历工作人员的占比等。第二，要对管理层人员的工作经验进行考察，着重关注企业管理层的相关工作经验能否适应企业对于风险管控的要求。

3. 公司战略

公司战略主要体现在企业对自身未来的定位，业务及企业发展的短、中、长期规划，是决定企业经营活动成败的关键因素，是企业长久高效发展的重要基础，也是企业经营的整体纲领。公司战略的制定应结合自身情况，例如地方AMC的职责是化解金融风险，所以地方AMC的战略应围绕其主营业务不良资产管理展开，并结合分公司、子公司的发展所带来的协同效应进行制定。此外，和其他金融机构的合作，是否会要求股东对资本金进行增资计划或者是否有意向引入战略投资者也是地方AMC战略评估的考量因素。

4. 风险管理能力

由于地方AMC作为金融系统信用风险最终化解者的特殊性，风险管理能力是地方AMC稳健经营、财富创造能力稳步提升的重要保障，因此对其风险管理能力的评估是地方AMC评级方法中的重要部分。

信用评级机构对地方AMC风险管理能力的分析主要关注：是否设立风险管控部门，以及各部门之间在风险管控工作中的分工与合作情况；企业是否具有完善的风险管理制度，是否针对不同类型的不良资产管理业务制定了相应的风险管理制度及不良资产评估体系；风险管理人员从业经验情况、对风险管理制度的执行情况；是否围绕项目流程构建覆盖全流程的风险管理制度。

8.5.2.5　财务分析

财务分析部分主要考察地方AMC的资产与负债结构、资本水平、营业收入和盈利能力四个方面。

1. 资产与负债结构

地方 AMC 的债务主要由开展不良资产管理业务过程中用于收购、处置不良资产的外部融资款构成，债务是其开展业务的重要资金来源。因此，分析资产与负债结构时应重点关注地方 AMC 的经营杠杆水平，一般通过资产负债率分析对其经营杠杆水平进行评估，因为资产负债率是地方 AMC 经营杠杆水平的直接体现，也是其自有资本对债务覆盖程度的直接反映。此外，分析资产构成时应主要关注不良资产业务规模在资产总额中的占比，以判断企业主营业务的开展情况。

2. 资本水平

自有资本水平是地方 AMC 偿还债务能力的最后一道防线。对于评级而言，资本水平一方面决定着企业的业务规模，另一方面决定着地方 AMC 自有资本对其债务的保障程度。

对地方 AMC 资本水平进行分析时，不仅要衡量其实收资本总额，还要考虑股东捐赠资金形成的资本公积、盈利留存形成的未分配利润等可直接用于偿债的其他资本形式。因此，在评级过程中，主要考察归属母公司的净资产总额来衡量受评主体的资本水平。

此外，资本水平作为地方 AMC 评级的重要指标，其现有的资本规模以及未来确定的增资计划都需要在评级分析时给予足够的关注。

3. 营业收入

营业收入是地方 AMC 在一定时期内经营成果的集中体现。在评级过程中，不仅要分析营业收入的规模及增长情况，还要分析营业收入的构成情况。营业收入的构成反映了地方 AMC 的业务结构、主营业务、创新业务情况。在分析各项业务收入占营业收入总额的比例时，还需对应资产端对比各项业务的盈利情况。

4. 盈利能力

经营产生的利润是地方 AMC 最重要的偿债来源，也是其重要的内生资本补充渠道，因此盈利能力是其财富创造能力的最直接体现，是评级方法的最重要分析内容。地方 AMC 盈利能力分析的主要参考指标包括营业收入、总资产收益率和不良资产处置收益率等。

地方 AMC 的营业收入分析主要考察其构成分析和总量分析两个方面。地方 AMC 营业收入主要源于不良资产管理业务收入和金融资产投资收入，在分析其盈利能力时，需要关注这两项收入对利润的贡献度，尤其是主营业务不良资产管理产生的收入贡献度若低于金融资产投资收入的贡献度，则意味着该受评主体不良资产管理能力较差或自身定位不清晰，可能导致其市场地位下降或政府支持力度下降，从而影响其偿债能力。在总量分析时，需关注受评主体营业收入总额对其债务支出的覆盖程度，同时还需要关注近年来收入水平是否保持稳定。

地方 AMC 的不良资产管理业务和金融资产投资业务，实质上均是对资产的经营，而总资产收益率是地方 AMC 资产经营能力的直接体现，因此评级方法主要用总资产收益率来考察受评主体的盈利能力。

8.6 租赁公司信用评级方法

8.6.1 租赁公司的定义及行业发展历程

租赁公司的信用评级方法是对以租赁手段为企业或个人提供融资服务的非银行类金融机构而设计的信用风险评估方法。融资租赁比银行贷款等传统融资方案更为灵活,在拓宽中小企业融资渠道方面发挥了积极作用。在2018年以前,我国租赁公司主要分为由商务部监管的融资租赁公司和由原银监会监管的金融租赁公司,其中融资租赁公司又分为内资(试点)融资租赁公司(以下简称"内资融资租赁公司")和外资融资租赁公司。根据《中共中央关于深化党和国家机构改革的决定》等文件要求和全国金融工作会议精神,商务部已将制定融资租赁公司、商业保理公司、典当行业务经营和监管规则的职责划给银保监会[1],自2018年4月20日起,有关职责由银保监会履行。由于业务的性质基本相同,以及随着监管机构的统一,金融租赁公司和融资租赁公司使用同一种评级方法来进行信用评估。

我国融资租赁公司数量快速增长,行业规模快速扩大。截至2017年年末,我国登记在册的融资租赁公司共9 090家,同比增加1 954家,其中内资试点企业276家,外资租赁企业8 745家;全国融资租赁企业注册资本金总量为32 031亿元,同比增长25.3%。在金融租赁公司方面,截至2017年年末,我国金融租赁公司共69家,注册资本金总量为1 974亿元,同比增长17.1%,金融租赁合同余额为22 800亿元,同比增长11.8%。

但是,我国融资租赁行业起步较晚,行业发展仍存在不少问题和挑战,主要表现为行业渗透率和发达国家相比仍存在一定差距,融资租赁行业内存在企业发展良莠不齐现象较为突出、融资租赁产品同质化较为严重、融资渠道较为单一、专业化人才缺乏等问题。

随着融资租赁市场需求的不断增加,国家对融资租赁行业的发展日益重视,出台了一系列涉及融资、交易、税收等方面的扶持政策,特别是国务院于2015年8月和9月发布的《国务院办公厅关于加快融资租赁业发展的指导意见》和《国务院办公厅关于促进金融租赁行业健康发展的指导意见》,分别提出了加快融资租赁业发展的总体要求、主要任务和政策措施,以及促进金融租赁行业健康发展的多项意见,我国融资租赁行业的发展迎来新的重大政策机遇。

---

[1] 2018年4月8日,合并了原银监会和原保险业监督管理委员会的中国银行保险监督管理委员会(以下简称"银保监会")正式运行。

8.6.2 租赁公司信用评级要素

8.6.2.1 评级主要逻辑、要素框架

租赁公司评级分析以讨论租赁公司自身经营的信用状况为主要框架，不包括股东的外部支持对租赁公司信用影响的分析。租赁公司评级分析由非财务要素与财务要素结合而成，其中非财务要素包括运营环境、经营定位、公司治理、风险管理等，财务因素包括资产质量、流动性水平、盈利分析、资本充足性等。评级分析由非财务要素开始，然后再到财务要素；此顺序主要是因为财务要素或财务数据是一家企业经营结果的反映，而造成此经营结果的运营环境、企业的经营定位、公司治理等要素均属于非财务要素；我们需要先掌握企业的运营环境、经营定位和公司治理情况等，才能更容易理解和分析一家租赁公司财务数据的变化。

8.6.2.2 非财务要素

非财务要素包括运营环境、经营定位、公司治理、风险管理等。

1. 运营环境

评估租赁公司的运营环境主要考察经济实力和行业格局两个子要素。

经济实力主要考虑我国经济结构、人均国内生产总值和发展趋势等。如果租赁公司只在某一地区运营，应将相关地区的经济结构、人均生产总值和发展趋势等纳入经营实力的评估中。行业格局主要考虑我国融资租赁公司数量的增长速度、稳定性以及行业规模等；同时，应考虑我国对租赁行业政策的稳健性、扶持程度、政策机遇、相关法规或监管制度的完善程度等。

2. 经营定位

当评估租赁公司的经营定位时，需要考虑租赁公司的市场地位及其经营的多样性。

一般来说，租赁公司经营行业零散可能会分散其行业集中度风险。然而，一些租赁公司已经在某些细分行业稳固了市场地位，积累了领先于同行业的专业知识与品牌知名度，则可能会增加这些细分行业的业务机会，同时令其他租赁公司难以在相关行业中抢占市场份额，从而提高了自身的定价能力，即形成了一定的知名度。这些具有高知名度的租赁公司在面对经济下行压力时，其收入稳定性或较有保障。因此，在进行信用风险评估时，即使租赁公司只服务于单个细分行业，但如果其具有非常高的知名度或市场领导地位，也可能会得到较高的评分。

另外，租赁公司的市场地位可能随着时间而改变，所以需要考虑租赁公司所服务的特定行业租赁市场的具体特征。某些行业的租赁市场可能具有相当大的黏性，即租赁公司在该市场的份额较为稳定；某些行业的租赁市场可能不太稳定，从而导致租赁公司在该市场的份额波动性较大。不稳定的市场份额可能会使租赁公司在相关行业的市场领导地位的持续下降。

虽然具有行业知名度或市场领导地位有利于租赁公司的信用风险评估，但拥有多样

性经营的租赁公司的确能有效降低集中度风险。所以，租赁公司能够在多个行业拥有高知名度的评分好于在单一行业拥有高知名度的评分。同时，租赁公司服务于多个高度相关的行业不一定被视为降低了行业集中度风险。此外，经营多样性包括租赁公司业务的地区分布，一般来说，在单一区域开展业务的租赁公司存在较高的信用风险；跨地区经营可降低租赁公司面对的区域经济不确定性风险，从而提高收入的稳定性。

3. 公司治理

评估公司治理时不仅需要关注股东、董事会和管理层之间的关系，而且需要关注董事会和管理层的有效性、股东与债权人的利益平衡。

租赁公司的所有权结构复杂、与股东拥有大额的关联交易、控股股东成员出任关键的管理层职位都是较差的公司治理。比如在家族企业中，家族作为大股东或许可以指导企业的长期决策，但企业的董事会也需处理控股股东、少数股东和债权人之间可能存在的难以解决的利益冲突，所以，所有权结构复杂、存在大额的关联交易和股东成员出任关键管理层职位都不利于公司处理相关利益冲突。

4. 风险管理

租赁公司的风险管理评估应考虑企业的风险制度、风险管理的基础设施、流动性管理等。

评估租赁公司的风险制度时，应主要了解企业组织内的风险管理职能是否足够独立及具有权限，例如董事会成员是否兼任高级管理层，两者是否有制衡机制；风险管理部门和业务部门之间是否有制衡机制；首席风控官是否独立向董事会汇报等。

考察租赁公司获取现金的能力是其运作模式分析的重要组成部分。大多数租赁公司都高度依赖金融机构发放借款以开展租赁业务。金融机构对市场利率十分敏感，从而令租赁公司的融资成本较易受到市场驱动的压力而波动。与银行相比，这是一个重大的不利条件。由企业或市场事件促成的流动性危机，对即使是行业龙头的租赁公司都会产生深远的影响。另外，强劲的流动性有助于企业在困难时期保持充足的资金。因此，流动性考虑已列入该方法的非财务和财务部分，以强调其对租赁公司信用分析的重要意义。

8.6.2.3 财务因素

财务因素包括资产质量、流动性水平、盈利能力和资本充足性等。

1. 资产质量

资产质量是影响租赁公司盈利和资本形成的主要要素，因此良好的资产质量是租赁公司能成功地持续经营的关键之一。另外，资产质量在租赁公司的流动性要素中也占有重要地位，因为投资人或潜在债权人对租赁公司的租赁资产质量恶化的负面反应会削弱企业筹募资金的能力。对租赁公司而言，租赁资产减值大幅增加可能代表资产质量出现问题。以下子因素是评估租赁公司资产质量的主要指标：

不良应收融资租赁款/总应收融资租赁款。因为租赁公司对不良应收租赁款的定义不一，我们尽可能要求租赁公司披露逾期 90 天或以上的应收融资租赁款金额，以评估不良应收融资租赁款的比率。

不良应收融资租赁款/（股东权益＋贷款损失准备金）。该指标用来评估不良应收融资租赁款对资本损耗的可能性。

2. 流动性水平

租赁公司获取现金的能力是其运作的重要基础，这是租赁公司与银行相比较为不利的条件，银行稳定、低成本的客户存款通常能抵御融资市场波动的压力。由企业或市场事件促成的流动性危机，对最强大的租赁公司都会产生重大影响。强劲的流动性有助于租赁公司在困难时期保持充足的资金。

评价租赁公司的流动性水平，应考虑包括其在资本市场筹集新资金的能力、在金融机构间获取授信的能力、所有利息和手续费收入及其相关现金流对流动性的补充等，同时还要考虑租赁公司债务到期还本付息后是否会出现流动性压力。

3. 盈利能力

盈利能力是评估租赁公司偿债能力的重要因素，并可能通过计提盈余公积来增加对债权人的保障水平。核心或经常性盈利是抵御市场和业务风险导致的损失的第一道防线；同时，我们也要衡量租赁公司盈利的波动性。另外，折旧和摊销前的收益（EBITDA）对利息和优先股利的覆盖是评估租赁公司的营运现金是否能够覆盖债务的主要指标。

4. 资本充足性

资本充足性是一个重要的评级要素。如果没有足够的资本，租赁公司就无法在出现系统性风险或企业流动性风险时生存；另外，充足的资本有利于租赁公司在资本市场融资。与一般的工商企业相比，租赁公司类金融机构都存在高杠杆化的情况，主要是其融资导向的商业模式所致。在评估租赁公司的资本充足性时，信用评级机构一般考虑以下两个子要素：

风险资产/净资产。风险资产是指租赁公司的总资产减去现金、银行存款、国债和委托租赁资产。风险资产对净资产的倍数越大，代表租赁公司的资本充足水平越低，此要素是参考中国商务部于2013年9月印发的《融资租赁企业监督管理办法》的规定，该办法规定了融资租赁企业的风险资产不得超过净资产总额的10倍。而对于受原银监会监管的金融租赁公司则需要进一步参考原银监会在2014年3月发布的《金融租赁公司管理办法》，其中包括资本净额与风险加权资产的比例不得低于原银监会的最低监管要求，对单一承租人的全部融资租赁业务余额不得超过资本净额的30%，对单一集团的全部融资租赁业务余额不得超过资本净额的50%，对一个关联方的全部融资租赁业务余额不得超过资本净额的30%，对全部关联方的全部融资租赁业务余额不得超过资本净额的50%，对单一股东及其全部关联方的融资余额不得超过该股东在金融租赁公司的出资额，且应同时满足本办法对单一客户关联度的规定，同业拆入资金余额不得超过资本净额的100%，等等。

债务/EBITDA。除了计算风险资产与净资产的倍数，对于主要从事经营租赁的租赁公司，信用评级机构还可能会衡量其运营能力、现金流水平和杠杆利用能力，即债务与租赁公司的利息、税项、折旧和摊销前的收益的比率。债务包括无担保债务、有担保债务、无追索权债务等。

8.7 担保公司信用评级方法

8.7.1 担保公司信用评级概述

8.7.1.1 担保公司的定义及行业发展历程

担保公司是依法设立、专业从事融资担保业务的有限责任公司或者股份有限公司。融资担保是指担保人为被担保人借款、发行债券等债务融资提供担保，当被担保人不履行对债权人负有的融资性债务时，由担保人依法承担担保责任的行为。

我国担保行业的发展始于1993年，先后经历了起步探索阶段（1993—1997）、行业形成阶段（1998—2002）、扶持发展阶段（2003—2008）、规范整顿阶段（2009年至今），如表8-1所示。

表 8-1 担保行业发展一览表

起步探索阶段（1993—1997）	1993年，经财政部和经贸委报国务院批准，中国经济技术投资担保公司成立，标志着我国担保行业发展的开端。1995年我国颁布《担保法》，担保机构的规范有了法律依据。
行业形成阶段（1998—2002）	国家出台组建中小企业信用担保体系及鼓励向中小企业提供融资担保的政策。1999年，国家经贸委发布《关于建立中小企业信用担保体系试点的指导意见》，我国担保体系制度得到进一步完善和发展。
扶持发展阶段（2003—2008）	2003年，《中小企业促进法》正式颁布实施，我国担保行业监管进入新阶段，同时期我国各类型担保机构大量涌现，机构数量快速增加，但业务风险逐渐显现。
规范整顿阶段（2009至今）	2009年以来，相关监管部门陆续出台多项法律法规和政策指导措施，融资担保行业监管体系进一步完善。2010年，《融资性担保公司管理暂行办法》下发，对于融资性担保机构的业务范围、经营规则、风险控制、监督管理法律责任等方面做出了明确的规定。2015年，国务院下发《关于促进融资担保行业加快发展的意见》。2017年8月，国务院公布《融资担保公司监督管理条例》（以下简称《条例》），旨在加大对融资担保行业的政策扶持力度，完善监管制度，有效防范风险，促进融资担保行业健康发展，更好地为小微企业和"三农"服务。2018年4月，中国银行保险监督管理委员会下发关于《条例》四项配套制度的通知，从许可证管理办法、融资担保责任余额计量办法、资产比例管理办法和银担业务合作指引等四个方面对《条例》进行补充。

8.7.1.2 担保行业信用风险要素及特点

目前及未来一段时间内我国担保行业信用风险主要源于周期性波动、监管体系变动、区域市场环境变动、行业整合及经营多元化等。

1. 周期波动性

担保行业是金融体系内信用风险的末端承担者，主要服务对象为对经济周期较为敏感的中小企业经济实体，其发展与风险水平与国民经济的运行周期高度相关。从行业发展角度而言，融资担保行业的需求取决于实体经济对信用类金融产品的需求，当宏观经济发展处于上行周期时，实体经济快速发展，经济实体在现有信用水平下的资金供给不能满足时,就会产生担保需求,有利于担保行业规模拓展;当宏观经济发展处于下行周期时,经济实体对资金需求大幅下降,不利于融资担保行业拓展和盈利提升。从行业风险水平角度而言,对担保行业风险水平的评价主要是对其担保代偿水平的评价。除受自身风险管理水平、反担保措施影响以外,经济周期波动是影响担保行业风险水平的重要外部因素。当宏观经济发展处于上行周期,信贷较为宽松,企业经营良好,被担保人履行债务的能力较强,担保行业代偿风险整体较低;当宏观经济发展处于下行期时,银行信贷收紧,企业经营恶化,被担保人履行债务的能力较差,担保行业代偿风险上升。

【案例 8-1】

担保公司赔付本息的债项风险事件

2011 年 11 月,"10 中关村债"(规模 3.83 亿元,期限 3+3 年,债项评级 AA+)发行人之一的北京地杰通信因无力偿债,后由担保人中关村担保负责偿付本息。

2012 年 11 月 15 日,"10 京经开 SMECN1"(规模 1.98 亿元,期限 2 年,债项评级 AA),由于 4 个联合发行人之一的北京康特荣宝电子有限公司无法按时足额偿付首笔兑付资金,由该集合票据的担保人首创担保履行代偿责任。

2012 年 12 月 18 日,常州市 2011 年第一期中小企业集合票据("11 常州 SMECNII 001",规模 5.08 亿元)联合发行人之一的常州高力彩钢板有限公司(以下简称"高力彩钢")的银行账户被冻结,原因是高力彩钢为另一家企业——马鞍山市常通金属材料有限公司的贷款做了反担保,而该企业的这笔贷款出现了违约。"11 常州 SMECNII 001"的担保公司——中债信用增进公司(中债增),已经发布声明,如果该集合票据在 2013 年 11 月 28 日到期时,高力彩钢无力偿付本息,中债增将予以偿付。

2012 年 12 月,黑龙江省中小企业 2010 年度第一期集合票据(规模 1.7 亿元,期限 3 年,债项评级 AA+)的发行主体哈尔滨惠佳贝食品有限公司由于经营困难无法兑付本金和利息,担保方深圳担保集团代偿当期本金及利息 708 万元,并于 2013 年 6 月代偿提前兑付的剩余本息 1 232 万元。

2014 年 3 月,徐州中森通浩新型板材有限公司 2013 年发行的私募债("13 中森债",发行规模 1.8 亿元)出现了利息违约。在中森通浩无法偿还利息后,其担保公司中海信达一开始拒绝承担代偿责任。2014 年 4 月 2 日,中海信达同意履行代付义务,并向投资者出具文字性承诺。4 月 3 日,债券持有人、发行人和中海信达三方召开会议确定债券付息情况。不过最后并未由中海信达付息,中森通浩通过资金周转,于 5 月 7—8 日付完了所有利息。2013 年 11 月 20 日,信用评级机构评定中海信达的主体信用级别为 AA,级别有效期为一年。但在 2014 年 4 月 9 日信用评级机构将中海信达列入"评级观察"名单。因拒绝代偿,中海信达已 4 次被列入国家失信被执行人名单。2015 年 3 月 20 日,北京市金融工作局公告称"经北京市融资性担保业务监管部门联席会议成员单位同意,决定撤销中海信达担保有限公司《融资性担保公司经营许可证》"。中海信达正式被监管部门从融资担保市场驱逐出去。

资料来源:章俊,"我国担保行业政策与制度环境的回顾与展望",上海新世纪资信评估服务有限公司,2015 年。

2. 监管体系变动

自 20 世纪 90 年代初我国担保行业发展以来，各级政府、行业监管机构不断完善担保体系，陆续出台了一系列政策举措和法律法规，担保行业逐步规范，但目前我国担保行业监管体系仍不健全，主要体现在监管体制和监管法规方面的不足和缺失。

3. 区域市场环境变动

目前我国担保行业实行属地管理，跨区域经营存在一定监管限制，大多数担保机构的经营范围集中在本省或本地区内，担保公司经营状况与所处区域经济发展水平密切相关，对所处区域市场环境变化比较敏感。经济发达地区，例如我国沿海省份、直辖市等地区，普遍能够为中小微企业发展提供良好的政策、金融和市场环境，有利于担保公司拓展业务、控制风险和提高盈利水平。经济欠发达地区及偏远地区的经济产业主要以农业及单一工业为主，政策、金融和市场环境相对落后，不利于小微企业的发展。

4. 行业整合

在 2003—2008 年我国宏观经济上行周期，担保行业发展经历"野蛮"生长，主要表现为机构数量急剧膨胀，实力水平参差不齐，违规经营现象普遍。随着 2011 年担保行业清理整顿初步完成，以及经济下行周期对担保公司经营能力和风险管理能力提出更高要求，担保行业发展进入优胜劣汰、减量增质的新阶段。2017 年 8 月，国务院公布的《融资担保公司监督管理条例》对融资担保公司准入门槛和跨区域经营门槛进行调整，未来部分资本规模小、风险控制能力差的融资担保公司将被淘汰。

5. 经营多元化

目前，我国担保行业经营业务逐渐多元化，业务结构有所变化，业务种类更加丰富。一些综合实力较强的担保公司，不仅开展传统的担保业务、委托贷款业务及投资类业务，还探索提供创业投资、典当、小额贷款、资产管理等其他与担保业务相匹配的金融服务。此外，随着我国债券市场的快速发展，我国担保公司债券担保业务规模整体大幅上升，与此同时，为减少经济下行压力加大对自身代偿风险的影响，部分担保公司主动压缩间接融资担保业务并适当拓展工程履约、诉讼保全、保本基金等非融资担保业务。一方面，担保公司经营多元化可以丰富企业收入来源，积累的资金一定程度上能缓释代偿风险并降低担保业务风险与收益错配的不利影响；另一方面，多元化发展对担保公司风险管理能力和风险管理体系也提出了更高的要求。

8.7.2　担保公司信用评级要素

8.7.2.1　评级主要逻辑、要素框架

经济增长周期性对担保的需求及代偿风险的影响、法律法规与政策的变动、融资担保公司所处区域市场环境的变动、担保行业内的调整和整合以及经营多元化对担保公司风控能力的要求是担保行业未来一段时间内面临的主要风险，对所有担保公司都会产生一定的影响。具体到企业层面，上述系统性风险因素会因为禀赋和风险应对策略的差异对不同的担保公司产生不同的影响，从而导致融资担保公司间的信用风险水平

差异。

担保公司信用评级是在识别担保行业系统性信用风险因素、判断担保行业整体信用风险水平的基础上，对担保公司的经营与竞争、战略与管理、风险管理和财务实力进行全面的分析，以识别担保公司的核心竞争优势和主要竞争劣势，评估竞争优势或劣势对未来盈利水平和现金流的有利或不利影响程度，确定担保公司相对于行业内其他企业的信用风险水平和信用级别。

经营环境、经营与竞争、战略与管理、风险管理等方面的信用评级要素对企业的影响会在财务层面得以体现。财务分析是在财务结果层面对现有偿债能力大小的直接评估，也是对偿债能力未来趋势的判断。表8-2显示了信用评级机构对融资担保公司的信用评级要素。

表8-2 评级机构对融资担保公司的信用评级要素

融资担保公司信用评级要素	
一级要素	核心要素
经营环境	宏观经济环境、担保行业环境、担保政策及监管环境、债券发行市场环境、区域经济环境
经营与竞争	担保业务规模、担保业务种类分布、担保业务开展渠道和方式、担保业务跨区经营情况、银行授信及与其他金融机构的合作、政府及股东支持
战略与管理	公司治理、管理及架构、人员素质及战略规划
风险管理	风险管理架构与制度、行业及客户集中度、担保业务期限结构、担保代偿和回收情况、风险准备金覆盖情况
财务分析	资产与负债结构、资本与盈利能力

8.7.2.2 运营环境分析

1. 宏观经济环境

一国的经济发展模式以及整体水平往往对本国或本地区的担保行业的发展水平和发展模式起到较大的影响或制约作用。对国内宏观经济环境的考察要分为现状评估和趋势分析两个要素。现状评估方面主要通过GDP总量及增长、我国中小微企业的发展状况、货币政策以及信贷的增长情况来评价国家经济整体的发展水平和健康稳定程度，同时也要通过分部门、分项目的数据和信息，来分析国内经济环境的特点及发展模式。趋势分析方面则着重考量经济的整体稳定性和发展的可持续性，以及其发展的特点与侧重，以此评估国内经济环境对融资担保行业发展状况及信用水平的综合影响。

2. 担保行业环境

对担保行业运行情况、行业结构特点及存在的问题进行全面分析，可以对担保行业发展状况和风险水平有一个总体的把握。对担保行业环境的分析包括担保法人机构总数及增减情况，担保法人机构实收资本规模，担保行业的担保余额规模及增速，国有、民营及合资等不同类型企业的行业结构特点，担保机构与银行、证券、保险、小贷、租赁等金融机构的合作情况，担保代偿回收情况及形成的原因，等等。例如，目前我国融资担保行业运行总体平稳，行业结构逐步优化，但代偿压力整体较大，行业过度竞争、发展良莠不齐等问题依然突出。截至2017年年末，我国融资担保法人机构实收资本同比小幅增长，担保余额同比基本持平，法人机构数同比下降且国有控股机构占比同比上升，但我国融资担保代偿水平处于较高水平，行业机构数量过多，盈利能力偏弱，部分融资担保公司违规经营情况依然突出等。

3. 担保政策及监管环境

融资担保行业作为经营风险的行业，政策和监管的力度以及监管政策完善程度对整个行业的发展与经营起着尤为重要的作用。在政策监管方面，应当主要关注监管机构的监管理念、制度和水平以及各地政府对于融资担保公司的相关政策的规定。具体来说，包括针对融资担保公司经营的法律、法规及其影响；监管机构对融资担保公司的监管理念、规章和具体措施等。同时，行业准入规定和难易程度，以及监管的历史记录等，也是需要考虑的环节。此外，融资担保公司所在地区政府对融资担保行业监管政策的不同也会对其评级造成一定的影响。例如，2017年8月以来，我国相继下发《融资担保公司监督管理条例》及四项配套制度，融资担保监管上升到法律层面且主管部门基本可以确定为银保监会。根据以上监管动向，信用评级机构认为未来融资担保行业监管体系将更加健全，准入门槛将提升，行业整改和改革将进一步深入。此外，北京市金融工作局于2015年下发的《北京市融资性担保机构担保风险分级指引（试行）》对融资担保风险分类管理就具有地区特色，地区监管完整性、有效性和可行性差异会对评级形成一定影响。

4. 债券市场环境

融资担保公司进行信用评级的目的主要是为开展债券担保做准备，我国债券市场的发展情况对于融资担保公司债券担保业务的开展有重要影响。经过近几年的发展，银行间债券市场已成为我国政府、金融机构和企业的重要融资和投资平台，也是货币政策操作的重要平台，在有效配置金融资源、保障货币政策有效传导、维护宏观经济健康运行等方面发挥着越来越重要的作用。对我国债券市场发展情况的考量主要是关注债券发行金额以及托管债券总额。未来，我国债券市场的构成将不断完善和丰富，信用等级较低的企业也将逐步利用债券市场进行融资，为了保证债券的顺利发行和销售，债券发行对融资担保的需求将继续扩大。

5. 区域经济环境

区域经济环境是指区域经济发展的整体态势。区域经济环境为受评主体营造整体运营环境，作为影响偿债环境的因素之一，对区域经济环境的考察主要是考察区域经济发展的现状以及对其未来发展趋势和方向的预测。区域经济环境的现状主要通过这一区域的GDP增长率、产业结构以及主要行业等宏观经济指标来反映，同时也需要考量其政策性环境，如地方政府的财政稳定性、地区经济的发展特点和可持续性以及现行经济政策的基本重心和方向等。对趋势的预测主要基于对这一区域经济指标的预测，以及根据对地区整体状况的了解，对其未来发展趋势做出的分析判断。

在进行区域经济环境风险评估的过程中，必然要偏重上述因素对地区融资担保公司的关联和影响。该地区融资担保公司在行业周期中所处的发展阶段及地区行业竞争状况，会对融资担保公司的经营发展起到一定的制约作用。同时，地区经济发展模式和方向也会对融资担保公司的发展造成不可避免的影响。

8.7.2.3 经营与竞争分析

担保公司市场竞争力主要来自企业内在的，经过长期经营而获得的包括管理、技术、研发、财务、人力资源乃至企业文化等方面的超越同类企业的市场竞争力。融资担保公司的市场竞争力主要从以下几个方面来评价。

1. 担保业务规模

担保公司市场地位的最直接体现是所在经营区域的业务布局及业务规模。一方面，由于具有一定市场地位的担保公司多数是国有机构出资成立的，且出资的目的主要是扶植本地中小企业发展，经营区域上主要集中在本省市。所以，担保公司在其经营区域所处的市场地位及业务布局的情况，直接影响着担保公司的业务开展。另一方面，担保公司担保业务规模的大小是担保公司经营状况的重要体现。对担保业务规模的评判包括近三年各年度新增担保责任总额、年末担保责任余额及增速情况等。

2. 业务种类分布

业务种类多样性、风险结构和收益水平是评价融资担保公司信用水平的重要因素，业务种类多样并能形成差异化优势，业务结构风险水平较低，收益水平较高，则能获得较高得分。担保公司业务主要由担保业务、委托贷款业务和投资业务等三部分组成，担保业务为最主要构成。担保业务按照种类可分为包括贷款担保、票据承兑担保、贸易融资担保、租赁担保等的间接融资性担保业务，包括债券担保等的直接融资担保业务以及包括工程履约担保、保本基金担保、保函担保等的非融资性担保业务，不同种类担保业务在收益率和风险水平存在较大差异，并在不同程度上作用于企业盈利水平。目前，我国担保公司担保业务的盈利能力普遍较低，投资业务和委托贷款业务成为企业重要的收入补充。通常对担保公司投资业务按照货币型、固定收益型、权益型等进行划分并分析各类投资变现能力和风险特征。担保公司委托贷款对象以担保业务客户为主，实行"保贷投联动"，主要解决客户短期融资需求，期限较短，以一年期以内为主，年化收益水平较高，对担保公司委托贷款业务的分析包括其运作模式、贷款对象、期限结构、担保措施、抵质押物价值、利率水平及逾期情况等。

委托贷款客户集中度较高且规模较大，一旦客户发生逾期会给融资担保公司带来较大的信用风险。例如，某担保公司为其股东关联客户A公司提供一笔较大额度的委托贷款，在委托贷款期内，A公司未能按期对其到期债务进行偿还，且无法筹集到偿还资金，随之，A公司其他到期债务陆续发生逾期，此时担保公司该笔委托贷款面临较大的到期不能收回的风险。

3. 业务获取渠道和开展方式

业务获取渠道是担保公司开展担保业务的前提，地方性担保公司间接融资性担保业务的服务对象以小微企业和"三农"为主，业务获取受关联方企业及上下游企业、政府部门影响较大。随着市场化程度进一步加深，部分担保公司逐渐进入资本市场，其业务获取渠道有所多元化，证券公司、银行、小贷公司等成为担保公司获取业务、拓展业务规模的重要渠道。对担保公司业务获取渠道的分析要从企业股东及关联方入手，结合政府对企业业务支持情况及其他金融机构合作情况进行分析。例如,某担保公司主要通过对其股东及其关联方上下游企业进行担保,业务获取渠道主要通过股东或关联方,信用评级机构则认为该担保公司业务获取渠道单一,且具有较大依赖性,未来业务拓展受到较大限制,不利于未来业务开展。

4. 担保业务跨区域经营情况

目前,我国担保公司实行属地监管,业务经营范围集中在本省市,但担保公司可以通过设立异地分支机构拓展业务,或通过资本市场业务(如债券担保)拓展业务区域。跨区域经营有利于扩大担保公司的业务规模和降低区域集中度风险,但跨区域经营拉长了企业的管理链条,也增加了风险防范的难度,对企业的管理水平提出了更高的要求。对担保公司跨区域经营情况的分析包括异地分支机构数量、分布区域、分布区域经济环境、异地域外经营业务总规模及占比、营业收入及占比等。

5. 银行授信及其他金融机构的合作

担保公司在担保过程中经常会和银行有密切的业务往来,担保公司与银行之间的合作情况也能反映出担保公司的竞争力。担保公司与银行的合作通常体现在银行授信额度、风险分担和保证金收取比例三个方面。较大的银行授信额度有利于担保公司贷款担保业务的拓展,也说明担保公司能够获得银行认可。例如,在我国融资担保行业快速发展时期,部分民营担保公司违规经营,以收取高额保证金为由截取被担保客户银行贷款资金进行骗贷,此类事件造成了严重的社会影响,大部分银行机构甚至暂停了与民营担保机构的合作。另外,与银行达成风险分担机制能够有效减少融资担保公司的代偿损失,并促使银行与担保公司一起控制贷款项目风险,降低代偿发生的可能性。

6. 政府及股东支持

由于多数有信用评级需求的大型担保公司为国有担保公司,因此所在地政府作为公司实际控制人往往会给担保公司提供资金以及政策支持。在资金方面,主要应分析股东是否对担保公司提供流动性支持,在担保公司流动性发生一定问题的时候,能否为担保公司提供流动资金。而政策方面的支持,常见的主要为政府承诺当年发生的一定比例的代偿支出由当地财政出资进行补偿,给予担保公司在税务方面的减免等。

【案例 8-2】

安徽政银担的三种分险模式

安徽省信用担保集团有限公司(以下简称"安徽担保集团")研究制定了《安徽担保集团比例再担保管理暂行办法》。第一种模式:"4321"模式。构建银政担一体的担保分担和代偿补偿机制,即对安徽省再担保体系中的市、县政策性担保机构开展的单户2 000万元以下的小微企业贷款担保,一旦发生代偿,由承办的市、县政策性担保机构承担40%,安徽担保集团(含中央和省级财政专项补偿资金)承担30%,放款银行承担20%,所在地方政府承担10%。第二种模式:"532模式"。对再担保体系内的政策性担保机构承保的、单笔500万元以下的小微企业贷款,发生代偿后,承

> 保担保机构承担 50%，各级财政补偿承担 30%，安徽担保集团承担 20%。第三种模式："28"模式，即对 500 万元以上的再担保项目，安徽担保集团承担 20% 的代偿责任，承保担保机构承担 80% 的代偿责任。

8.7.2.4 战略与管理分析

1. 股权结构及公司治理

担保公司的股东所持股份之间的比例关系，以及所有权结构决定的企业经营权、收益权、处分权等，都是担保公司信用评级分析过程中的重要因素，因为它们在一定程度上决定了企业的运营方式、经营策略及与其他机构的协同合作。所有权结构一方面影响企业能获得股东支持的强度，另一方面影响企业的治理和运营。

分析企业的治理结构，即考察企业董事会、股东和管理层之间的责任和权利分布，在所有权和经营权分离的情况下，是否能降低企业代理关系的成本，实现企业及股东利益最大化。

2. 管理架构

完善、有效的企业管理机制有利于担保公司持续经营。对担保公司管理架构的分析包括部门设置情况、部门之间的合作与沟通情况、企业内部竞争机制和绩效考核情况、人员梯队建设情况等。部门设置的合理性很大程度上影响企业整体运作效率，部门之间的合作与沟通顺畅程度同样影响企业整体运作效率，从而对企业整体经营情况形成影响；有效的竞争机制和绩效考核制度能激发员工工作积极性，有利于推动业务发展；稳定的、高素质的人员团队可以减少企业人员培育成本。

3. 人员素质

由于担保公司自身业务的特殊性，企业对于从业人员尤其是管理层工作人员的学历以及从业经历有着比较高的要求。因此，在考察担保公司人员素质时，第一，要关注担保公司整体从业人员的学历以及工作经验的情况，即担保公司本科以上学历以及研究生以上学历人员的占比、拥有 3 年工作经验以及 5 年以上工作经验的人员的占比等；第二，要对管理层人员的工作经验进行考察，着重关注企业管理层的相关工作经验是否能够适应企业对于风险管控的要求。

4. 战略规划

企业战略主要体现为担保公司对自身未来的定位，是否制定了一个切合自身实际的长期战略目标，以及为实现这个长期目标而制定的中短期计划。在评级实践中，这一因素主要通过考察担保公司对于未来的业务有没有规划、是否要对业务进行多元化的发展、是否有和其他金融机构的战略合作计划、是否会争取要求股东对资本金进行增资或者是否有意向引入战略投资者等方面来进行具体分析。

8.7.2.5 风险管理分析

1. 风险管理架构与制度

对担保公司风险管理能力的考察主要包括两个方面：第一，要看企业是否建立了完善、合理的风险管理构架，是否设立风险管控部门，以及各部门之间在风险管控工作中的分工与合作情况。第二，关注担保公司风险管理流程是否能够符合企业对风险管控的要求，在执行过程中是否严格按照业务流程进行操作。规范的业务流程应当包括完善的保前调查、保中审查以及保后核查。对于担保公司的保前调查主要看企业在承接业务前对被担保企业有没有做尽职调查，尽职调查的模板是否完整，能不能够有效地体现被担保公司的风险，以及企业尽职调查是否符合自身对于风险管控的要求；保中审查主要看其业务审批流程是否规范，对于被担保客户的选取是否需要经过专业评审委员会决定，通常情况下，一般项目都是由评审委员会投票决定是否为其进行担保，但是董事长通常对项目拥有一票否决权，可以对其认为风险较大的项目进行否决；保后审查主要是担保公司在对客户进行担保之后，对被担保公司的经营情况以及反担保的抵押物价值进行定期的核查，以确定其是否有能力偿还其承担的债务，如果被担保客户经营情况恶化，没有足够的现金流来支付到期的债务，担保公司应当做好代偿的准备。

例如，我国某担保公司获得的营业执照经营范围不含融资性担保业务，不具备融资担保业务经营资质，但该担保公司开展了大量融资性担保业务，反映该企业内部管理不严，经营混乱，未来存在较大监管压力和经营风险。

2. 行业及客户集中度

由于担保行业的周期性特征，在经济下行期业务集中度越高担保公司的损失越大，因此我们将行业集中度和客户集中度纳入考察范围。

行业集中度方面，主要考察担保公司单一最大或前几大担保业务集中行业的规模与企业总担保业务规模的比例，如果某单一行业担保规模在担保公司总担保责任余额中的占比过大，应关注该行业的周期性风险，若该行业进入衰退期，担保公司可能面临相当大的代偿压力。同时，还应该纵向比较担保公司近年来行业集中度的变化情况，关注担保公司在行业集中度方面采取的措施，是否努力优化行业分布结构。

客户集中度方面，主要考察单一客户担保责任余额与融资担保公司净资产的比例。如果单一客户集中度较高，一旦发生代偿，将会给担保公司带来较大的风险。因此，客户集中度越低，越有利于融资担保公司抵御代偿损失。此外，从监管考察的角度着手，对担保公司客户集中度的分析应对企业直接融资性担保业务和间接融资性担保业务分别进行考察，对《融资担保公司监督管理条例》及其四项配套制度规定的新要求按照执行时间前后产生的直接或间接融资性担保业务分别进行考察。

例如，某融资担保公司在《融资担保公司监督管理条例》要求的新客户集中度管理执行时间（2017年10月1日）之前产生的债券担保业务未按照《融资性担保公司管理暂行办法》要求的"对单个被担保人债券发行提供的担保责任余额不得超过净资产的30%"，对单一最大债券担保客户提供的担保责任余额超过净资产的30%，客户集中度管理不符合监管规定且处于很高水平，该企业面临监管压力同时客户集中度风险很高。

3. 担保业务期限结构

对担保公司担保业务期限结构的分析主要考察短期、中长期业务分布情况及规模占比，担保业务的较高权重集中于短期或中长期业务的担保公司易面临集中代偿的压力，担保业务期限过长会加大担保风险的不确定性。

4. 担保代偿和回收情况

担保代偿水平是反映融资担保企业过去风险防控能力的重要指标。担保公司作为风险承担的最后一个环节，一旦企业难以支付债务，担保公司需要为客户代偿。担保公司发生代偿后，还应当关注追偿情况。通常，政策性担保公司一定比例的代偿可以由当地政府给予财政补偿，或者企业通过其设立的反担保措施，追回一定的代偿金额。因此，代偿的追偿能力也是企业风险管理的一个重要因素。

总体而言，企业的风险管理能力并不能够通过某一因素或者是某一指标来判断。它是一个动态的过程，企业的风险管理能力贯穿于整个担保项目运作过程中。因此，判断一家担保公司风险控制能力的强弱，需要从其保前、保中、保后多个角度考虑，并与项目自身情况、地区经济环境以及股东支持力度等相结合，只有这样才能对担保公司的风险管理能力有比较透彻的认识。

例如，目前我国某地区两家不同的国有控股担保公司 A 和 B。A 公司 70% 以上的业务集中于批发和零售业，单一最大客户集中度接近限额，B 公司的担保业务集中于公用事业、金融业和建筑业务，行业集中度整体低于 A 公司，且客户集中度远低于 A 公司。在近年来经济下行压力加大、产能过剩严重的宏观环境下，A 公司和 B 公司的担保代偿水平表现出较大差异，A 公司因受批发和零售业被担保客户企业经营困难影响，代偿水平大幅上升至较高水平，B 公司的担保代偿水平虽有所上升但控制在合理的范围内。

5. 风险准备金覆盖情况

担保公司提取的准备金是作为将来发生代偿时对于利润损失的风险缓释。准备金拨备率的情况由企业根据自身业务的风险情况来确定。我们需要关注的是担保公司提取的准备金是否符合监管要求，是否能够与自身业务规模相匹配。通常，担保公司不愿提取较多的准备金，因为会影响企业净利润。但是应当注意的是，过低的准备金拨备率无法为担保公司提供风险缓释或者缓释效果非常有限。

8.7.2.6 财务分析

1. 资产与负债结构

担保公司由于行业的特殊性，往往负债率较低，且负债多数都是由预收担保费、提取的准备金以及存入的保证金构成，有息负债很少。因此，对担保公司资产与负债结构的分析主要是对其资产结构的分析。担保公司资产结构分析中最为重要的就是流动性分析，资产流动性是衡量担保公司资产保值变现能力的重要指标。担保公司资产流动性充足与否，往往会影响到担保公司经营是否稳健。对担保公司流动性的分析还应当注意担保公司的资产管理能力，即担保公司在保证流动性的同时，对外进行投资的能力。担保公司的投资情况不仅影响着企业的流动性，还会影响企业的盈利能力。

2. 资本

资本是担保公司抵御风险的最后一道防线。对于评级分析而言，资本规模不仅决定着企业的业务规模，而且决定着担保企业抵抗风险的能力。

衡量一家担保公司的资本实力，并不能够简单地分析其净资产的金额，虽然净资产能够在很大程度上决定一家担保公司的质量，但是净资产高的企业并不一定代表着资本充足，我们还应综合考虑担保公司净资产的使用情况。常用来考察担保公司净资产使用情况的指标为担保责任放大比例。因为监管规定要求，担保公司的融资性担保责任放大比例不得超过10倍。对于非融资性担保业务，担保公司也不能够无限地做大，不可忽视非融资性担保业务的风险。因此，对于担保公司的资本要求，应当是与其业务规模相匹配。如果业务规模扩张过快，担保公司也会面临着资本补充的压力，而担保公司资本补充渠道相对单一，基本上是通过原有股东增资或者是引进外部新股东。资本作为担保公司信用评级非常重要的一个指标，其现有的资本规模以及未来确定的增资计划都需要在评级分析时给予足够的关注。

3. 盈利能力

担保公司经营产生的利润是担保公司重要的内生资本来源。担保公司的盈利分析主要包括对营业收入构成的分析以及总资产收益率和净资产收益率。

担保公司的营业收入主要来源于担保业务收入和投资收益，在分析担保公司盈利能力时，需要关注两项业务对利润的贡献度。同时，还需要关注两项收入近年来是否稳定，尤其是投资业务收入，需要分析企业投资业务收入占营业收入的比例以及投资业务收入是否稳定等因素。如果投资业务收入在企业营业收入中的占比波动较大，对担保公司盈利能力的稳定性将会造成较大的影响。总资产收益率和净资产收益率主要是从担保公司资产以及资本利用效率方面考察企业的盈利能力。由于担保公司的负债规模相对较小，总资产与净资产的差额也较小，因此担保公司总资产收益率与净资产收益率的差别也比较小。

本章小结

1. 金融机构作为资金运作机构，一般能够获得不同程度和范围的外部支持，信用评级与工商企业相比具有其特殊性。金融机构的信用评级是向市场展示其自身的偿债能力和所发行债务融资工具的信用风险，为债务融资工具的定价和投资者的投资决策提供依据。本章主要介绍了商业银行、保险公司以及证券公司的信用评级要素，同时对不同信用评级机构关于银行、保险、证券的评级方法异同点进行了阐述，并介绍地方资产管理公司、租赁公司以及担保公司的历史沿革、信用评级方法以及主要评级要素。

2. 目前，国内外信用评级机构对不同行业的金融机构的评级方法虽不相同，但主要评级要素均有共通之处，在评级实践中，均关注其偿债环境、财富创造能力、公司治理、风险管理以及可获得的外部支持。

本章重要术语

银保监会　信用风险　市场风险　流动性风险　操作风险　资本充足水平　外部支持　市场竞争力　偿付能力充足率　偿二代　资产管理公司　不良资产处置　金融租赁　融资租赁　融资担保　担保代偿

思考练习题

1. 商业银行面临的主要风险包括哪些因素？
2. 保险公司的资本充足性指标主要有哪些？
3. 证券公司的资本主要来自哪些方面？
4. 2018年4月20日之后，制定融资租赁公司业务经营和监管规则的监管机构是哪家？
5. 根据2014年3月发布的《金融租赁公司管理办法》，租赁公司对单一承租人的全部融资租赁业务余额不得超过资本净额的百分比、对单一集团的全部融资租赁业务余额不得超过资本净额的百分比分别是多少？
6. 目前，我国融资担保公司对同一被担保人的融资担保责任余额不得超过其净资产的百分比、对同一被担保人及其关联方的融资担保责任余额不得超过其净资产的百分比分别是多少？

参考文献

[1] 《中国保险公司信用评价体系研究》课题组:《中国非寿险公司信用评级研究》，中国金融出版社，2013年。

[2] 陈应春、叶小杭:《中小企业信用担保规制度与探索》，经济科学出版社，2010年。

[3] 大公国际资信评估有限公司:"保险公司信用评级方法"，2018年3月。
大公国际资信评估有限公司:"大公保险行业评级方法"，2016年。

[4] 大公国际资信评估有限公司:"证券行业信用评级方法"，2017年5月。

[5] 大公国际资信评估有限公司:"融资担保行业信用评级方法"，2017年。

[6] 韩骏:"安徽证银担'4321'分险模式研究"，《中小企业管理与科技》，2016年第9期，第118—119页。

[7] 廖岷、凌涛、钟伟:《金融租赁研究》，中国金融出版社，2014年。

[8] 商务部流通业发展司:《中国融资租赁业发展报告（2016—2017）》，中国国际电子商务中心，2017年8月。

[9] 谢多、冯光华:《信用评级》，中国金融出版社，2014年。

[10] 张俊:"我国担保行业政策与制度环境的回顾与展望"，上海新世纪资信评估服务有限公司，2015年。

[11] 中国融资租赁三十人论坛、零壹融资租赁研究中心:《中国融资租赁行业2015年度报告》，中国经济出版社，2016年。

[12] 中国融资租赁三十人论坛、零壹融资租赁研究中心:《中国融资租赁行业2016年度报告》，中国经济出版社，2017年。

[13] 中国融资租赁三十人论坛、零壹融资租赁研究中心:《中国融资租赁行业2017年度报告》，中国经济出版社，2018年。

[14] 中国融资租赁三十人论坛:《中国融资租

赁行业2014年度报告》，中国经济出版社，2018年。

[15] Fitch Rating, "Global Bank Rating Criteria", 2016.

[16] Moody's Investors Service, "Rating Methodology, Banks", 2016.

[17] S&P Global Rating, "Banks: Rating Methodology And Assumption", 2011.

[18] S&P Global Rating, "General: Key Credit Factors for the Mortgage Insurance Industry", 2015.

相关网络链接

标普公司网站：www.standradandpoors.com
穆迪公司网站：www.moodys.com
惠誉公司网站：www.fitchratings.com
贝氏评级网站：www.ambest.com
中国银行保险监督管理委员会网站：www.cbrc.goc.cn

第 9 章
债项信用评级

俞春江　徐承远　李　茜（东方金诚国际信用评估有限公司）

学习目标

通过本章学习，读者应做到：
◎ 掌握债项信用评级的定义，能够理解债项信用等级和主体信用等级的关系；
◎ 了解债务融资工具的主要分类，掌握不同类型债项的信用风险特征；
◎ 掌握短期债项的概念，能够根据短期债项的特点进行信用评级分析；
◎ 掌握中长期债项的概念，能够结合债务保障性条款以及增信措施，综合评判债项信用风险；
◎ 了解和区分可转换债和可交换债的概念，掌握这类债项的信用评级分析方法；
◎ 了解和区分各类混合资本工具的概念，能够判断债务工具权益属性强弱，对债项进行准确的信用分析。

■ 开篇导读

在信用评级实践中，债项的信用级别与发行主体的基础信用等级并不完全一致。发行人的主体信用等级反映了债务人偿还普通无担保债务的能力，但是债券会因类型不同及有关条款的差异而违约损失率不同，因此债项级别常常会偏离发行主体的基础信用等级。

债项评级建立在反映一个企业特定债务的偿付能力的几个关键要素基础之上，包括债项期限的长短，债项是否存在抵押、担保，以及债项所附加的一些条款等，这些通常会影响债项信用等级的评定。如短期债项的信用分析侧重于债务人短期的盈利能力和现金流，而中长期债项的信用分析侧重于债务人债务负担水平、经营的现金流和盈利的持续性。一般而言，债务人短期收入和利润的快速增长反映出企业经营情况良好，可能对企业短期债务的偿还有利。如果企业即期现金流状况良好，但债务负担过高，存在较大的资本性投资支出，在未来某一段时间存在集中刚性兑付的债务，债务人中长期偿还能力与其短期偿还能力将存在较大差异。

此外，一些债券发行条款的设置也会对企业偿债能力形成影响。例如，国内发行的信用债券普遍采用了投资者回售条款，在市场资金面紧张、利率波动和信用风险变化情况下，实际上投资者选择回售的可能性不低。在进行债项分析时，如果没有将回售情形考虑进去，而回售期已经低于一年，则可能会低估债务主体的短期债务压力，导致偿债流动性分析论证不充分，从而低估企业的流动性风险。另外，如果在分析债务主体流动性压力时忽视了含权债的特征，也会低估企业短期债务到期导致的流动性压力。

本章的重点就是确定影响债项信用等级的一些关键因素，然后再对这些关键评级要素进行分析，以此为读者提供债项信用评级决策的相关理论和实践案例。

9.1 债项信用评级概述

9.1.1 债项信用评级的定义

债项信用评级是相较主体信用评级而言的，是对各类债务融资工具的信用评价，即以企业或经济主体发行的债务为对象进行的信用评级。相比主体信用评级，债项评级更侧重于评估债务主体偿还某一特定资金责任或融资项目的能力和意愿，并考虑了债务担保人等信用增信方式的信用可靠程度以及债务违约时会影响最终支付的相关条款。此外，债项信用评级除了考察违约风险，还会引入对债务工具中相对优先级或违约后回收情况的评估，从而更加全面地反映特定债务工具的被偿还程度和预期。

一般来讲，债项信用评级需要分析以下内容：债务的主要条款、所募集资金用途、筹资后对主体信用等级带来的影响以及债务保护条款分析等。

9.1.2 债项的分类及信用风险特征

企业进行融资时，有多种选择，包括发行债券、商业票据和向银行等金融媒介筹资等。根据流动性需要和安排，企业可以选择长期或短期融资，发行方式可以采用公开发行或私募发行，可以选用抵押、担保等增信手段，还可以附加条款等。

国内常见的融资手段包括直接融资和间接融资。直接融资手段主要是发行债券融资，常见的债券类型主要包括短期融资券、企业债券等普通债券，具有转股性质的可转换债券以及混合资本工具等。间接融资手段主要是向银行申请流动资金贷款、固定资产贷款以及银团贷款等。此外，资产证券化、融资租赁以及商业保理等其他融资手段发展迅速，亦成为企业融资的不可或缺的重要工具。

9.1.2.1 短期债务和长期债务

按照债务偿还期限的不同，债务工具又可以分为短期债务和长期债务。其中，短期债务是指约定偿还期限为一年或不足一年的债务。长期债务则是指偿还期限在一年以上的债务。

短期债务和长期债务的风险特征与其债务的特性、相关条款以及保障措施有关。一般而言，长期债务存续期限较长，发债主体受经济周期和不利环境变化的影响较大。短期债务由于融资时间较短，需要重点关注债务主体现金流、资金调度难易程度、债务偿还的及时性等。

9.1.2.2 直接融资和间接融资

按照债务融资来源的不同，债务工具又可以分为直接融资和间接融资。直接融资主要为市场上的债务凭证，指在信用活动中证明债权债务关系的书面凭证，其中货币市场的债务凭证主要是票据，资本市场的债务凭证主要是各类债券。间接融资主要为向银行贷款。

1. 贷款

贷款通常通过银行进行，也可以通过信托及投资公司等非银行金融机构、其他公司或个人进行。为分散集中度风险，银行通常可以通过银团贷款①方式为企业提供融资，从而与合作银行分摊风险和收益。

2. 货币市场债务凭证

国内最常用的货币市场债务凭证是商业票据，指由金融机构或某些信用较高的企业开出的无担保短期票据，包括商业汇票和银行承兑汇票。其中，商业汇票期限通常在30—60天，最长不超过一年；银行承兑汇票用于企业自行结算交易融资，期限一般不超过6个月。一份银行承兑汇票本质上是商业交易后被银行接受的付款通知书或信用证，可以被当做承兑行债务在公开市场贴现以及转贴现。

货币市场债务凭证一般具有以下特征：由于发行期限在一年内，信用评级主要关注的是短期偿债能力。此类债务凭证一般是纯信用无担保，资信等级较好的企业可以发行，且发行企业的商业信用状况影响其债务的质量等级。投资者的主要风险在于，市场环境及借款人的信用程度在借款期间发生巨大变化，包括续借或借新还旧的情况，可能导致借款人的流动性危机。

3. 债券

资本市场发行的债务凭证就是债券。政府、金融机构、企业等发行人通过发行债券直接向债券市场投资者筹措资金，并向购买所发行债券的投资者承诺按约定条件支付债券的利息并按约定条件偿还本金。国内资本市场发行的债券主要有公司债券、企业债券、短期融资券、中期票据券、可转债和可交换债等（见表9-1）。

---

① 银团贷款是由两家或两家以上银行与一个借款人签订合同，提供合同规定下的信贷方式。

表 9-1　国内债券市场主要债券品种的发行条件[①]

	公司债券	企业债券	短期融资券	中期票据券	可转债	可交换债
发行人资格	股份有限公司的净资产不低于人民币3 000万元；有限责任公司的净资产不低于人民币6 000万元；成立时间至少3年（私募债至少2年）。	股份有限公司的净资产不低于人民币3 000万元，有限责任公司和其他类型企业的净资产不低于人民币6 000万元。	应披露企业主体信用评级和当期融资券的债项评级。	应披露企业主体信用评级；若含可能影响评级结果的特殊条款，企业还应披露中期票据的债项评级。	A股、H股、A+H股上市公司。	A股、H股、A+H股上市公司股东。
募集资金用途	公开发行公司债券募集的资金必须用于核准的用途，不得用于弥补亏损和非生产性支出，不得用于弥补亏损和非生产性支出。	用于固定资产投资项目的，累计发行额度不得超过项目总投资的60%；用于补充营运资金的，不超过发债总额的20%。	应用于企业生产经营活动。		无严格要求。	股权结构调整、投资退出、市值管理、资产流动性管理。
发行主体财务指标要求	累计债券余额不超过公司净资产的40%；最近三年平均可分配利润足以支付公司债券一年的利息（私募无限制）。	近3年连续盈利；累计债券总额不超过公司净资产额的40%；最近三年平均可分配利润（净利润）足以支付企业债券一年的利息。	最近一个会计年度盈利；具有稳定的偿债资金来源；待偿还余额不得超过企业净资产的40%。		最近3年ROE不低于6%。	最近3个会计年度连续盈利；最近3年以现金或股票方式分配的利润占比不少于30%；最近3个会计年度实现的年均可分配利润不少于公司债券1年的利息。最近一期末经审计的净资产不低于15亿元。
增级方式	可发行无担保信用债券、资产抵押债券、第三方担保债券。	可发行无担保信用债券、资产抵押债券、第三方担保债券。	一般不需要。	一般不需要。	可提供担保，但最近一期末经审计的净资产不低于15亿元除外。	除必须用预备交换的股票设定质押担保外，也可以另行提供担保。

9.1.2.3　一般无担保债务和附增信措施债务

按照有无增信措施，债务可以分为一般无担保债务和附增信措施的债务。对于一般无担保债务，债务人的可偿债现金及现金流是唯一偿债来源，如债务人无法偿付债务，则债权人无权从其他途径获得补偿。因而对于一般无担保债务来说，信用评级主要是对发行人的偿债能力和偿债意愿进行综合评定，一般无担保债务的信用等级通常与发行人主体信用等级相同。

而对于附增信措施的债务，若债务人无法偿付债务，债权人还有从增信措施产生的现金流中获得全部或者部分补偿的权利。因而，如债权人能从增信措施中获取债务本金

[①] 资料主要来自《银行间债券市场非金融企业债务融资工具管理办法》等相关文件。

和利息的全部或者部分兑付，那么该债项的违约损失率就比一般无担保债务的违约损失率低。对于附增信措施债务的信用评级，既要考察发行人的主体信用等级，还要考察增信措施是否能有效降低违约损失率。

目前，国内债务融资通用的增信方式主要有：

1. 发行人内部增信

发行人内部增信的方式有资产抵押、资产质押、股权质押、应收账款质押、偿债专项资金、偿债准备金等。偿债专项资金是以发行人可获得的稳定现金流作为专项偿债资金。对于抵质押担保债务，当债务人不能如期还本付息时，债权人有权要求处置抵押品、质押品以取得本息的偿付。通常价值较稳定的土地、房产，流动性较强的上市股权或优质非上市股权比较容易得到市场认可。

2. 第三方保证担保

保证担保是指保证人与债务人约定，当借款人违约或者无力归还债务时，保证人按约定履行债务或承担责任的行为。保证担保的保证人可以是第三方企业、专业担保公司和母公司。保证分为一般保证和连带责任保证，一般保证对债权人的保护相对较弱，只有在对债务人财产强制执行后仍不能履行义务时，才能要求一般保证人承担保证责任，是一种"补充责任"。连带责任保证是指在债务人发生违约时，债权人既可以对债务人追偿，也可向保证人直接追偿。目前资本市场上的第三方担保主要是不可撤销的连带责任担保，一般工商企业发行债券倾向于采用非集团第三方和集团母公司做担保，城投类企业债更倾向于采用抵押和非集团第三方担保。

3. 其他增信措施

其他增信措施包括债券分级、分层等，债项分优先级和次级是结构化产品较为常见的增信方式。在结构化产品中，次级债项能够为优先级债项提供信用支持，优先级债项持有者较次级债项持有者拥有优先偿付顺序。受此影响，次级债项的信用等级通常低于优先级债项。

9.1.2.4　次级债务和混合型债务

企业债务融资工具中有两种较为特殊的债务——次级债务和混合型债务。

1. 次级债务

次级债务指发债主体倒闭或清算时，偿还顺序在债务主体股本之前、一般性债务之后的一种债务形式。在国内资本市场上，银行、证券机构和保险机构发行次级债务一般用于补充资本，其中银行是最主要的发行主体。

以商业银行的次级债券为例，《商业银行次级债券发行管理办法》[①]规定，次级债券可以计入附属资本，其债券本金和利息的清偿顺序列于商业银行其他负债之后、商业银行股权资本的债券之前。从违约概率来看，由于次级债务的本金和利息的清偿顺序在存款人和一般债权人之后，股权资本、其他一级资本工具和混合资本债之前，且次级债务一般设

---

① 《商业银行资本管理办法（试行）》（2013年）（以下简称《资本管理办法》）施行后，"次级债"这一概念被"二级资本债"所替代，只有"二级资本债"（附加条件的次级债）才能计入银行附属资本，普通次级债无法计入附属资本而只能计入银行负债。

置减记条款和转股条款,因此次级债务的违约损失率通常高于银行一般无担保债务。

2. 混合型债务

混合型债务是混合权益融资特性和债务特性的特殊融资方式,此类债务工具既保留了债务所具备的税收利益,同时又尽可能地延后了偿付期限。混合型债务的品种分类较广,包括永续债务和可转债等。

混合债务主要在偿付期限和支付选择性方面显示出与普通债务的不同点,这也是信用风险评级的主要关注点:第一,混合债务的到期时间较长,一般超过20年,其中永续债无固定期限;第二,当企业面临财务困难时可以采用某些形式来延期支付;第三,部分可转换、较保守的混合性融资工具会要求将债务强制转换为股权。

混合债务的风险特征需要一分为二地看待。一方面,该类债务具有次级特性,其偿付保障不及高等级无担保债务;另一方面,次级属性较强的混合债务能够为发行主体提供财务保护,改善资本结构,有利于对发行人主体财务稳定性的判断。

9.1.3 债项信用评级与主体信用等级的关系

在对具体债项的信用风险进行分析的过程中,一般需要考虑巴塞尔协议确定的信用风险四要素:

违约率(probability of default,PD):指特定债项在一定时间段内的违约的可能性;

违约损失率(loss given default,LGD):指一旦发生违约所导致的损失严重程度;

违约风险暴露(exposure at default,EAD):指受评对象有可能发生违约并导致损失的债务本息金额;

债务期限(effective maturity,M):指债务的有效本息偿付期限。

这四大要素中,债务期限和违约风险暴露为确定的变量,违约率和违约损失率是信用风险分析的重点,违约率乘以违约损失率即为预期损失率。违约率和违约损失率的影响因素并不相同,违约率主要与企业的财务稳健性、流动性有关,违约后损失率和债项的优先级、抵押担保等情况有关,但同时都会受宏观经济波动和行业风险变化的影响。

债项信用评级是在主体信用评级的基础上,考虑违约率和回收率(1-违约损失率)对特定债务的影响。债项信用评级由违约风险和回收预期构成,是在主体信用评级基础上的上调和下调,这种调整称为债项级差调整(notching)。以标普投机级债券为例,根据2010年发布的标普信用评级定义,以违约回收率为调整基础,回收评级和主体信用评级的调整关系如表9-2所示。

表9-2 标普回收评级与主体信用评级的调整关系

回收评级[①]	最终本金回收情况	回收率(%)	级别调整
1+	最高期望,完全收回	100	+3
1	非常高的收回	90—100	+2
2	大量收回	70—90	+1

① 回收评级表明回收能力的预期情况,符号区别于一般的级别符号,是用1+至6的标注来衡量回收能力。

(续表)

回收评级	最终本金回收情况	回收率（%）	级别调整
3	有意义的收回	50—70	0
4	平均收回	30—50	0
5	谨慎收回	10—30	-1
6	可忽视的收回	0—10	-2

在国内信用评级实务中，债项级别也是在主体信用级别基础上，考虑债项的偿还顺序、保护措施、限制条款等进行调整的。

9.1.3.1 附增信措施债务

目前我国债券市场中主要增信方式有抵押、质押担保和第三方连带责任保证担保，其中第三方连带责任保证担保是最主要的担保方式。在同等情况下，有增信措施的债务违约后的回收预期可能高于无增信措施的债务。有效的担保措施（如抵押或担保充分的债务）可以增强对债权人偿付的保障，减少违约损失的程度，故债项的信用级别有可能高于主体的信用级别。

1. 抵押、质押担保

附增信措施的债务工具若表现出明显优于平均回收率的预期，便可对级别进行上调。在标普对抵押债项的评级中，按照回收程度不同（担保资产价值/担保债务的比例衡量），债项级别可上调2—3个级别。但对于本身级别较高的债项，其违约可能性较小，回收率不是首要考察因素，相应的级别调整幅度较小。

国内信用评级机构评定抵押或质押担保债券的信用等级是在无抵押或无质押情况下的主体信用等级加上所增信的等级，增信的效果主要取决于抵押、质押资产价值对债券本息的覆盖率。从国内发行的附抵押、质押内部增信措施的债券来看，债项级别调整以上调0—1个小级别为主，且主体级别集中在AA级，债项级别集中在AA+级。在级别为AA级主体发行的样本债券中，债项级别为AA级、AA+级和AAA级的债券分别为35只、149只和1只（见表9-3）。从实际担保效力来看，一旦债券发生违约，大部分抵质押物仅能充当"一般减震器"，变现能力具有一定的不确定性。

表9-3 2010—2017年新发行附抵押或质押担保债券主体和债项级别情况

主体级别 债项级别	A+	AA-	AA	AA+	AAA	合计
A+	1	0	7	0	0	8
AA-	0	2	184	26	0	212
AA	0	0	35	149	1	185
AA+	0	0	0	6	5	11
AAA	0	0	0	0	2	2
合计	1	2	226	181	8	418

资料来源：Wind资讯。本表选取新发行债券（含地方政府债、企业债券、公司债券、中期票据券、定向工具）中附抵质押的债券。

【案例9-1】

对于有财产抵押质押增信的债券，债权人对于抵质押资产具有优先受偿权，可以就抵质押物的处置价款优先受偿

一、"08奈伦债"

"08奈伦债"的发行人奈伦集团是一家以农牧产品加工、能源化工和房地产开发为主业的大型民企。2008年5月20日，奈伦集团发行"08奈伦债"，并为该债券设置了偿债基金，同时通过抵押260万平方米土地为债券增信。2014年以来，受外部经营环境及信贷环境影响，奈伦集团尿素生产业务、房地产业务及农牧业等主业受到严重冲击，同时资金流动性受到严重限制，对企业的生产经营造成了较大的压力，并对债券的偿付产生了不利影响。针对"08奈伦债/ST奈伦债"的到期兑付事宜，呼和浩特市政府成立了专项领导小组，牵头协调政府收储"08奈伦债/ST奈伦债"抵押土地事宜，最终奈伦集团足额兑付了"08奈伦债"的到期本息。

二、"12圣达债"

"12圣达债"发行时，发行人圣达集团以其持有的四川圣达水电开发有限公司9.75%的股权、峨眉山仙芝竹尖茶业有限责任公司100%的股权和四川圣达实业股份有限公司1 000万股股票进行了质押担保。2015年12月7日，"12圣达债"发生本息违约。2017年1月13日，债券持有人委托国浩律师事务所在四川省高级人民法院提起诉讼，之后与圣达集团达成了和解。根据和解协议书，圣达集团承诺于2017年1月25日前处置所持有的四川圣达水电开发有限公司7 800万股股权（处置价格不低于1.2324亿元），处置所得款项全部用于偿还本案债券的本金和利息。与此同时，天津银行成都分行（债权代理人）与圣达集团、股权收购方共同签署三方协议书，约定将"12圣达债"的质押物之一的四川圣达水电开发有限公司7 800万股股权转让给股权收购方，转让款先划入法院再划至天津银行成都分行指定账户，后续用于偿付"12圣达债"的本息。

资料来源：东方证券股份有限公司，"违约后的救赎——固定收益专题报告"，2018年。

2. 第三方连带责任保证担保

第三方连带责任保证担保对债项信用风险的影响主要取决于激活保证担保代偿条款的规定。如果在债务人实际违约之前即可由保证人予以代偿，则债项的违约概率是债务人自身的违约概率和保证人的代偿概率构成的联合违约概率。若保证合同约定，在发行人无法偿付债务后才能通过约定方式或者司法途径向第三方保证担保人索偿，因而很有可能是在债务人实际违约后需要通过一定的代偿周期后方能获得代偿，这样的情况下，第三方保证担保并无法有效降低债项的违约率，而仅影响债项的违约损失率。

在存在第三方担保的情况下，同等情况下保证担保人的信用状况越好，担保履约可能性越强，则该债项获得的保障也就越强，其信用风险程度与一般无担保债务相比越小。

第三方担保人通常分为第三方企业担保和专业担保公司担保，其中第三方企业多为发行人的关联公司。一般来说，关联的担保公司和发行人会受到相同的行业、政策等因素影响；而专业担保公司相对独立，受发行人的行业等因素的影响较小。关联担保人与发行人之间的违约关联度要远大于专业担保公司，因此投资者更倾向于专业担保公司增信的债券。关联担保企业由于与发行人面临着类似的行业环境、宏观政策等风险，同时发生风险的可能性较大，因而投资者往往会要求更高的风险溢价。

本章选取 2015—2017 年新发行的 7 095 只公司债券和企业债券为样本，其中主体和债项评级为 AA 及以上级的债券数量分别占样本总数（剔除未评级债券）的 70.41% 和 71.64%，可见市场中发债主体以高信用等级为主。从增信方面来看，目前资本市场上的第三方担保主要是不可撤销的连带责任担保，2010—2017 年，新发行的附担保措施的债券中，不可撤销的连带责任担保债券和抵押担保债券数量占比分别为 85.65% 和 10.28%。在 AA- 级中，主体与债项数量出现明显不平衡，说明主体为 AA- 级的发行人基本选择对债券进行增信。而评级为 AA+ 级、AAA 级的债项数量远超主体数量，可以推测大部分 AA- 级债项增信至 AA+ 级或者是 AAA 级，以增加市场认可度，降低债券发行成本（见表 9-4）。

表 9-4　2015—2017 年新发行企业债券及公司债券评级信息

年份	AA- 级		AA 级		AA+ 级		AAA 级	
	债项	主体	债项	主体	债项	主体	债项	主体
2015	11	77	460	588	460	214	133	99
2016	14	153	952	1434	575	597	495	410
2017	1	135	450	762	278	274	474	336
合计	26	365	1862	2784	1313	1085	1102	845

资料来源：Wind 资讯。

【案例 9-2】

担保方的偿债能力、偿还意愿、集团担保方获取外部支持的能力将影响第三方担保和违约后偿付效果

一、"10 中关村"

2010 年 8 月 26 日，2010 年中关村高新技术中小企业集合债券（"10 中关村"）由北京中关村科技担保有限公司对债券第一个存续年度至第三个存续年度内应支付的本息提供全额无条件不可撤销的连带责任保证担保，由北京中小企业信用再担保有限公司提供再担保。其中，北京地杰通信设备股份有限公司发行 4 000 万元企业债券，2011 年 11 月，在企业经营状况恶化的情况下，发行人请担保人北京中关村科技担保有限公司向公证处提存资金 4 414 万元，覆盖了企业到期兑付的全部本息。这是我国债券市场上首例由担保公司为债券违约进行代偿的事件。

二、"10 中钢债"

"10 中钢债"的发行人中钢股份是央企中钢集团的控股子公司，主要业务为向钢铁工业和钢铁生产企业提供综合配套、系统集成服务。"10 中钢债"发行于 2010 年 10 月 20 日，由中钢集团进行担保，2015 年 10 月 10 日，"10 中钢债"开始进入回售期，企业面临很大的回售压力。2015

年 10 月 19 日，中钢股份确定延期支付利息，构成实质性违约。同时，企业拟以所持上市公司中钢国际的股票为债券本息追加质押担保。2015 年 10 月 20 日，中钢股份延期支付了违约利息。

"10 中钢债"的担保方中钢集团是国务院国资委旗下的中央企业。2016 年 9 月，中钢集团在发改委、原银监会、国资委等有关部门的大力支持下进行债务重组。2016 年 12 月 9 日，中钢集团 600 亿元债权的债转股方案落定。债务重组后，中钢集团的有息负债率降至 80% 左右。担保方中钢集团获取外部支持的能力较强（2016 年在发改委、原银监会、国资委等有关部门的大力支持下对 600 亿元的债权进行债转股），最终"10 中钢债"在 2017 年 10 月完成了回售登记和本金的兑付。

资料来源：东方证券股份有限公司，"违约后的救赎——固定收益专题报告"，2018 年。

9.1.3.2 次级债务

在很多情况下，次级债务的信用等级与发债主体的内在财务实力联系紧密。国内次级债务主要包括商业银行、证券公司、保险公司等金融机构发行的次级债、二级资本债、资本补充债等，由于清偿顺序在一般债务之后且设置了减记条款，上述债项的信用评级主要是在主体信用等级基础上下调 0—2 个小级别。从 2015—2017 年新发行的金融机构次级债券[①]来看，除部分证券公司发行次级债券选择担保以外，其他金融机构发行次级债券均无担保措施，债项级别一般会低于主体级别。同期，有 15 只证券公司次级债选择了担保，债项级别高于主体级别 0—3 个小级别。此外，有 27 只无担保次级债券发行主体为系统或区域重要性的金融机构，考虑到其偿债能力极强、违约风险极低，其主体级别为 AAA 级，发行的二级资本债券级别仍为 AAA 级。

9.2 短期债项信用评级

9.2.1 短期债项的定义及债券类型

短期债项是指偿还期限在一年（含）以内的债券，具体债券类型包括短期融资券和超短期融资券。在我国，短期融资券是指依照《银行间债券市场非金融企业债务融资工具管理办法》的条件和程序在银行间债券市场发行和交易并约定在一年内还本付息的债务融资工具，是企业筹措短期（一年以内）资金的直接融资方式。超短期融资券比短期融资券更灵活，发行期限较短，主要是 90—270 天。

---

① 包括商业银行二级资本债、证券公司次级债和保险公司资本补充债。

9.2.2 短期债项的信用风险特征

短期债券期限较短,短期的流动性对债券评级的结果具有重要影响,故短期债项的信用评级与发行人主体信用等级的相关性较高。信用评级机构对短期债项的信用评级关注点主要包括发行人主体信用等级、短期偿债能力和突发事件应对能力等。

9.2.3 普通短期债项的信用评级要素

对短期债项的信用评级分析可以从主体信用水平、偿债保障措施、投资者权益保护条款的角度进行分析。

9.2.3.1 主体信用水平分析

1. 主体长期信用等级分析

如前面章节所述,不同类型主体有不同的评级思路和标准,主要是分析企业的经营情况、管理情况、财务实力、偿债能力等。

2. 主体中长期流动性分析

(1)现金类资产分析。现金类资产主要包括现金及等价物、交易性金融资产、应收账款等。在短期债券评级分析中,流动性与短期偿债能力的对应关系比较明显,发债主体流动性资产、现金类资产占比越高,发债主体的资产流动性越好。

(2)流动资金需求分析,主要考察应收及应付账款、应收及应付票据、其他应收及应付款、存货等的变化趋势和有关政策(销售政策)的变化情况,未来一年扩大生产规模、新投产项目等对流动资金的需求,企业生产经营的季节性特征。

(3)近3年流动指标分析,主要考察流动比率、速动比率等指标及预测未来一年内这些指标的变化趋势。

(4)现金流覆盖情况分析,主要考察近3年经营现金流/债务规模的比例及其稳定性和变化趋势,预测未来一定时间内的现金流覆盖情况。

9.2.3.2 偿债保障措施分析

1. 短期现金流覆盖及偿付保障

发行企业通过正常经营活动获取现金的能力对其短期债务的覆盖程度是衡量债务人短期偿债能力的主要因素,是短期债项信用评级的重点。信用评级机构一般从流动性资金的产生能力和短期现金流来源、现金流来源是否能够覆盖短期现金流需求方面来分析。

流动性资金获取来源包括经营性现金流流入、短期持有的可变现资产、银行授信额度以及持续发行债券的能力,但后面两项容易受到突发事件的影响,导致发行人信用评级变化。信用评级机构在分析企业短期现金需求时,除了考察该期发行的短期债项,还需要分析企业要支付的短期借款、一年内到期的长期借款等资本性支付,以及其他或有负债(如对外担保债务)等。

对于短期债项的偿债保障分析，应重点关注企业财务状况对债项的保障能力，即企业现金类资产、经营性现金流对短期债项发行额度的保障程度。同时，在现金偿付能力暂时不足时，发行主体可选择部分资产进行处置以获取偿付债务以及其他支付需求的现金。

在其他偿付能力一定的情况下，资产流动性所形成的偿付能力越强，其整体偿付能力就越强。但与现金偿付能力具有较强持续性相比，资产流动性所形成的偿付能力则是一次性的或暂时性的，因此只能作为备用偿付能力。

2. 债项条款设置

以下债项条款的设置需要重点分析：第一，债券发行方案。第二，募集资金用途，主要分析融资的真实目的：是否用于补充短期流动资金；是否用于调节债务结构，降低融资成本；是否用于固定资产投资或其他投资项目；是否用于偿还到期债务；母公司使用还是子公司使用。第三，发行历史和兑付情况，包括尚处在存续期内的其他债券情况（规模、期限、资金使用情况）。

3. 债券发行后对企业现有债务的影响

分析债券发行额度占现有短期债务的比例，债券发行后企业短期债务、全部债务及其结构的变化情况、负债水平（资产负债率、全部债务资本化比率等）的变化情况。同时，要关注债券发行后对发行人再融资空间的影响。

4. 备用支持

备用支持主要包括资本市场再融资便利和银行备用信用支持两个方面。

资本市场再融资便利：应考虑在资本市场发行短期融资券、长期债券等债务融资的可行性和具体安排，以及企业上市、增发、配股等股权融资的可能性和具体安排。

银行备用信用支持：应考虑发行人银行授信情况，包括授信银行、合同条款、授信使用情况、剩余授信额度及其使用条件、可用作短期融资券备用信用支持的剩余授信额度；银行对本期融资券做出的特别信用支持及其他信用支持等。

9.2.3.3 投资者权益保护条款分析

流动性及突发事件应对能力对于短期债项信用评级的影响较大，流动性较差的发行人易触发投资者保护相关条款，产生偿债危机。例如，当发行人在多个合同中设置了交叉违约条款，一旦事前约定的债务发生违约，多个合同的债权人将同时启动救济措施以主张权利，导致大量债务加速到期，给发行人造成流动性危机。在交叉违约条款生效时，发行人对突发事件应对能力也会影响债券的偿付情况。企业在境内发行的存续债券中，有特殊保护条款的券种基本分布在短期融资券中。目前存续的短期融资券中，有相当一部分债券含有特殊保护条款，相关条款设计是否合理妥当将直接影响债券是否能够偿付。

9.3 普通中长期债项信用评级

9.3.1 普通中长期债项的定义及债券类型

按照期限划分，债券市场上各类主体发行的普通债券可以分为短期债券和中长期债券。中长期债券是指偿还期限在一年以上（不含一年）的债券，具体债券类型包括金融债券、企业债券、公司债券、中期票据、定向工具等。普通中长期债项是指不附加选择权的债项。

9.3.2 普通中长期债项的信用评级要素

一般而言，由于中长期债务存续期限较长，其债务违约风险有可能高于短期债务。对于中长期债项，信用评级分析不仅应关注发行人的信用质量，还应注重考察债务的保障程度。

中长期债项的期限较长，因此要关注债务人经营的可持续性和流动性强度，还要考虑企业经营周转困难或行业发生重大变化的风险。不同信用质量的主体，其偿债能力对经济周期以及对不利环境变化的承受能力有很大差别，对债项偿付的保障也不同。另外，还应进一步评估债项保障条款的保障效果，一些信用等级较低的长期债券通常会设计一些债务保障性条款及担保等增信措施以降低债务的违约风险。

9.3.2.1 偿债保障措施保障效果分析

对于有信用保证、抵押、质押等担保增信条件的，应当评估担保人的信用状况、承诺条件以及偿付及时性，以判断其增信效果，并且评估抵押或质押物的市场价值、波动性以及抵质押比例，以考察上述措施对债务的保障程度。

1. 抵押、质押

债券抵押物通常有建筑物或其他土地附着物、建设用地使用权等，质押物主要有依法可以转让的股份、股票、应收账款等。在抵押和质押担保债券中，发行人的现金和现金流是第一层保障，足额的抵押品或质押品则是发行人的第二层保障，在发行人出现违约时，债权人可以通过处置抵质押品来得到补偿。抵押、质押（权）人一般为发行人，采取第三方资产作为抵质押物的并不常见。

抵押或质押债券的信用评级一般关注以下几点，可以得出是否提升级别和提升程度的评价结论：抵押、质押物的评估价值；抵押、质押资产价值对债券的覆盖程度；资产的变现能力；资产的法律风险。从评级角度来看，发行人的偿债能力主要还是依靠自身的经营盈利能力，当发行人无法通过盈利还债时，债券发行人对处置抵押资产获得的资金有优先受偿权，也可以在一定程度上提高偿债能力。在偿债意愿方面，发行人或第三方提供抵押、质押资产的偿债或代偿的意愿可能存在一定差异，如果抵质押的资产对发行人特别重要，例如以发行人的重要子公司的股权做质押，那么发行人的偿债意愿会增加。值得注意的是，《担保法》允许在不超过抵押物价值的基础上重复设置抵押权。若债券发行人或者抵押人发生债务纠纷，抵押资产被第三方债权人申请诉讼保全，将导致该期债券抵押担保无法实现，债券的兑付就存在较大风险。

2. 保证

担保人代偿能力的分析过程和发债企业主体类似，需要考察企业的竞争地位、管理战略、财务实力、担保企业与发债主体风险各相关程度，此外还需要评估担保履约条款对代偿可能性和代偿金额的影响。对于有第三方担保的债券，债务人违约后债券可以由保证人进行代偿，而我国的债券第三方担保以连带责任担保为主，债权人可直接找担保人追偿。但现行政策对担保方的约束力较弱，或者担保方是出于特殊利益关系进行担保，这些原因均会致使担保方的真实担保意愿低，甚至出现担保文件不规范的现象，无法发挥第三方担保的增信作用。在国内发行的由第三方保证担保的债项，保证人拒绝承担代偿责任的案例屡见不鲜。2015—2017年，有第三方担保的债券违约数量占当年违约总数量的比重分别为47.80%、20.50%和24.50%，例如第三方担保债券"12东飞01"，债券违约后续兑付由发行人偿付，担保人拒绝代偿。

保证担保债项等级的调整幅度主要由保证担保对债务偿还的保障程度和发行人信用级别决定，若保证担保属于全额不可撤销的无条件连带责任担保等获得代偿可能性很高的情形，则债项级别最高可达到债项保证担保人的主体信用等级。

9.3.2.2 投资者权益保护条款分析

投资者权益保护是指法律对投资者的保障程度以及相关法律的有效实施程度，由委托代理机制带来的信息不对称可能导致企业的管理者以及大股东出于自己的私利而侵犯投资者的权益，投资者保护机制的设置就是为了解决这一问题。投资者保护条款通过事前设定的承诺和处置措施，能够防范发行人因经营和财务状况出现重大变化而影响其偿付能力的风险。对于投资者而言，投资者保护条款有助于风险事件发生后债权人依规求偿。同时，投资者保护条款的设置在公司治理、对外担保、资产划转以及债务管理能力等方面对发行人提出了更高的要求，从而降低发行人存续债券的违约风险，但一旦触发了相关条款，流动性较差的发行人将可能产生偿债危机。

中国银行间市场交易商协会于2016年9月发布的《投资人保护条款范例》设计了"交叉保护条款""财务指标承诺""事先约束条款"和"控制权变更条款"四大类基本条款，将七个方面的风险事件作为持有人会议触发情形，并分别设置了对应的投资人保护安排。2017年6月，中国证券业协会起草了《公司债券投资者保护条款范例（征求意见稿）》，针对公司债券发行人在债券存续期间可能出现的交叉违约、财务指标承诺、限制性事项进行了事先约定。综合上述两个文件，投资人特殊保障条款可以归纳为财务指标承诺、支出限制条款、控制权变更条款、交叉违约条款、核心资产出售限制条款、股权托管协议变更、质押或减持上市公司股权、名股实债、资产池承诺、对外提供重大担保、债务重组等。投资者权益保护条款在国外债券市场应用相对成熟，国内设置投资者权益保护条款的债券占比较低，且主要以交叉违约条款为主。以下对其中四类条款进行简要介绍。

1. 财务指标承诺

如果发行人在经营过程中，由于经营波动或市场波动等情况，某项事先约定的承诺指标没能达到，则触发相关保障条款，启动保护措施，造成违约。承诺的财务指标通常可以选择资产负债率、净资产收益率和净利润、有息债务年增长率、母公司经营现金流与总负债比例、EBITDA 利息保障倍数、总负债/EBITDA、发行人及担保人的合并资本净值以及合计所有者权益等。

2. 支出限制条款

支出限制条款类型包括限制股票分红、股票回购以及关联交易的条款等。该条款通常会划定一个支出额度，额度可根据发行人及特定子公司合并净利润的情况进行浮动，如当发行人的利息保障倍数达到一定水平时则不受上述约束。此外，有时候关联方交易的首要动机可能是为管理层或关联方谋求利益，从而对企业的利益及债券投资者的利益造成损害。在债务的限制条款中引入"关联交易条款"，不仅要求企业监管层对发生的关联交易进行严格审查，保证关联交易的公平、公正；同时在遇到影响债务安全的重大关联交易时，需得到债券持有人同意，否则将触发投资者保护措施。

3. 交叉违约条款

如果违约界定主要针对本期债券自身的兑付问题，则交叉违约针对的是发行人其他债券或债务违约触发本期债券的违约问题，常见的其他债务包括境内不同券种、境外债券和贷款等。交叉违约条款主要解决是否将子公司纳入以及将哪些子公司纳入限制范围，以避免发行人利用母子公司的独立法人资格逃废债。如果发行人具有核心子公司，且经营和现金流主要都来自核心子公司，则一旦该核心子公司出现债务违约，会对发行人的偿债能力造成较大负面影响，因此需要把发行人和其核心子公司纳入主要的交叉违约主体考察范围。但如果发行人是子公司且规模较小，其母公司的融资和偿债能力较强，母公司的支持是企业偿债的重要保障，则需要把发行人及其母公司纳入主要的交叉违约主体考察范围。

【案例 9-3】

交叉违约条款的设置对企业的影响

"16 大机床 SCP002"和"16 大机床 SCP003"是由大连机床集团有限责任公司（以下简称"大连机床"）发行的债券，发行时间均为 2016 年，均设有交叉违约条款。大连机床为一家机床生产企业，由于产品附加值不高、盈利变现效率偏低等问题，债务负担和周转压力维持高位且再融资渠道不畅。大连机床因资金链紧张，未能于 2016 年 12 月 29 日按期足额偿付"15 大机床 SPC004"本息，构成实质性违约，并触发了"16 大机床 SCP002"及"16 大机床 SCP003"交叉违约（保护）条款。

"16 大机床 SCP002"的交叉违约条款为：如果发行人及其合并范围内子公司未能清偿到期应付的任何债务融资工具、公司债券、企业债券或境外债券的本金或利息，或未能清偿到期应付的银行借款，且单独或累计的总金额达到或超过人民币 1 亿元，或发行人最近一年或最近一个季度合并财务报表净资产的 3%，以较低者为准。如果上述违约事件发生，应在 2 个工作日内予以公告。上述违约事

> 件在宽限期内未予以纠正完毕的，则构成本期债务融资工具违约，并立即启动保护措施。大连机床于 2016 年 12 月 29 日未能按期足额偿付"15 机床 CP004"本息，构成实质性违约。大机床在 10 个工作日的宽限期内未对"15 机床 CP004"违约事件予以纠正完毕，"16 大机床 SCP002"构成违约。
>
> "16 大机床 SCP003"的交叉违约条款为：如果发行人及其合并范围内子公司未能清偿到期应付的任何债务融资工具、公司债券、企业债券或境外债券的本金或利息，且在宽限期内未予以纠正完毕的，则构成本期债务融资工具违约，并立即启动保护措施。自"16 大机床 MTN001"违约事件发生之后 10 个工作日的宽限期内，公司未能对"16 大机床 MTN001"违约事件予以纠正完毕，构成"16 大机床 SCP003"违约。
>
> 通过引入交叉违约条款，关联企业集团中任一成员企业对任意债务人的违约或者企业任一债务的违约，均视为债券违约。在这种情况下，如果发行人出现交叉违约的情形，投资人也可据此主张其自身权利。而未设交叉违约条款的存量债券则处于较为被动的地位，即便最后能够与发行人进行沟通，也很可能被拖延甚至拒绝。
>
> 交叉违约条款使投资者能够在债券出现违约前预知发行主体的偿付能力，参与到对方当事人因在其他协议项下违约而导致的谈判中去，从而使自己不至于比其他债权人处于更加不利的位置，及早做出相关的举措以保护自身的利益。但是，交叉违约条款仅是一项救济措施，并不是万能的，无法替代对于债务人的信用分析。如大连机床在多个合同中设置了交叉违约条款，则一旦事前约定的债务发生违约，多个合同的债权人将同时启动救济措施以主张权利，导致大量债务加速到期，给发行人造成流动性危机。
>
> 资料来源：天风证券股份有限公司，"你知道投资者保护条款吗？——投资者保护条款专题研究"，2017 年。

4. 控制权变更条款

实际控制人变更风险是民营类发债企业面临的突出问题之一，而债券投资人对于设置控制权变更条款的诉求源于以往一些发债主体的反面案例。控制权变更条款的设置需要明确发行人的控股股东和实际控制人，直接触发在设置上可以选择控股股东变更、实际控制人变更、指定某位股东不再为发行人股东、指定某位董事长或某位总经理变动或无法履行职责，以及约定一定比例以上董事发生变动等条件；间接触发条件可约定为控制权变更导致企业的信用评级发生变化（如评级下调或展望调整至负面）。

9.4 可转换债和可交换债信用评级

9.4.1 可转换债和可交换债的定义和区别

可转换债和可交换债是国内常见的两种股债结合的混合债务工具。参考《上市公司证券发行管理办法》，可转换债是指发行公司依法发行、在一定期间内依据约定的条件可以转换成股份的公司债券。可交换债是指上市公司的股东依法发行、在一定期限内依据约定的条件可以交换成该股东所持有的上市公司股份的公司债券。可转换债和可交换债的发行期限一般最低1年，最长6年，都有规定的转换期和转换比率。可转换债和可交换债的主要区别如表9-5所示。

以可交换债为例，在可交换债换股之前，投资人是上市公司股份持有者的债权人，交换后则成为上市公司的股东。一般来讲，投资者可以依据企业未来业绩和交换条件决定是交换成股票还是继续持有债券。

表 9-5 可转换债和可交换债的主要区别

区别	可转换债	可交换债
发行主体	上市公司本身。	上市公司股东。
发行目的	用于特定投资项目，不得改变募集资金用途，必须用于公司的主营业务。	通常不是为具体项目融资；可用于补充流动资金，优化资本结构。
所换股份来源	发行人本身未来发行的股份。	发行人持有的其他公司的股份。
对企业股本影响	增大总股本，稀释原股东股权，摊薄每股收益。	对总股本和每股收益无影响。
抵押担保方	第三方担保（最近一期未经审计净资产不低于15亿元的公司除外）。	上市公司股东以所持有用以交换的上市公司股票做质押品；也可在此之外另行提供担保。
转股期限	发行结束日起6个月后即可转换。	公募：发行结束日起12个月后方可交换。私募：发行结束日起6个月后方可交换。
转股价向下修正	满足一定条件时可以向下修正。	没有可以向下修正转换价格的规定。

9.4.2 可转换债和可交换债信用评级分析要点

可转换债和可交换债规定有转股或换股条款、回售条款和赎回条款，亦兼具股票和债券的性质。若在债券到期日之前，持有者未将债券转换成股票，则可转换债和可交换债等同于普通债券，评级方法可以参考普通债券评级。若在到期日之前，持有者将所有债券转换或可交换成股票，则该债券不需要偿还。故在对相关债项进行信用评级时，是在一般债券信用评级的基础上考虑债转换股的可能性及其对发债主体信用状况的影响。信用评级机构主要从发行主体长期信用水平、债券条款设置、担保情况分析等来判断可交换债和可转换债发行主体的偿还能力，揭示债券的违约风险。

9.4.2.1 主体信用水平分析

发行主体长期信用水平的评定还是从运营环境、公司治理、经营与竞争环境和财务状况等方面进行分析，这与普通债券的主体评级分析一致。

9.4.2.2 债券条款设置分析

在债项条款的设置分析方面，由于可转换债的清偿顺序仅高于普通股、优先股和可转换优先股，故其信用风险高于一般债券。由于股权和债券的存在，债券转换或交换成股票的可能性在一定程度上影响发行主体的偿债压力，进而影响债券的安全性。一般而言，债券转换成股票的可能性越大，发行主体面临的偿债压力就小。而转换或交换成股票的可能性与其债券条款设置有密切的关系。通常，信用评级机构从分析转股或换股价格和期限、回售条款、赎回条款和向下修正条款等债券条款的设计，来判断转股或换股的可能性，从而衡量债券偿还风险程度的大小。

1. 转股或换股价格和期限

当标的股票市场价格高于转股或换股价格时，债券才有可能转换为股票，故需关注转换价格和标的股票的价差。通常来看，债券的转股或换股期限越长，转换的可能性越大。

2. 回售条款

回售条款约定，当标的股票市场价格在持续时间内低于转股或换股价格时，债券持有人可以按照事先约定的条件和价格将持有的债券回售给发行人。回售条款分析要点包括：（1）回售触发条件，即标的股票低于转换价格的幅度，幅度越大，回售可能性越小；（2）回售价格越高，一旦触发回售条件，债券持有人行使回售权利的可能性越大，发行人偿债压力越大，偿债风险越高；（3）回售期限越长，回售可能性越大。

3. 赎回条款

赎回条款的设定给债券持有人施加了压力，促使债券持有人尽快将债券转换成股票，债券持有人偿付本息的压力将减轻。

4. 向下修正条款

对于可转换债而言，当发行人更倾向于转成股票时，通常有向下修正条款。在启动向下修正条款时，标的股票市场价格低于转换股票价格的幅度小于投资者行使回售条款时的幅度，发行人可能已调低转换价格，这将使债券实现转股的可能性提高。

9.4.2.3 债券担保分析

不同于可转换债发行人一般选择第三方担保做债项的信用增级，可转换债的担保分析与一般债券担保分析类似。而可交换债的发行人通常会采用质押股票对债券安全性做进一步的保障，故还需要从以下角度分析股票质押担保的增信效果：

（1）质押股票价值对债券本息的覆盖率。覆盖率越高，对债券本息偿还的保障程度越高。此外，债券发行人维持担保的能力也会对债券的违约概率产生一定影响。

（2）质押股票价值的稳定性。若其股票价值担保债券在存续期内发生较大波动，则将大大减弱对债券的保障力度，这与股票发行人的经营竞争力、盈利状况和成长性有关。

（3）质押股票的流动性。当债券发行人发生违约后，如果质押的股票不能在短期内变现，则担保效用会减弱，所以需关注质押股票流动性是否受限以及同类股票在市场上的交易活跃程度等。

除了以上三个主要的分析要点，可转换债和可交换债的债项分析还需要关注债券发行人与担保人在行业、经营方面的关联度。例如，对于选择股票质押担保的可交换公司债券，若债券持有人和股票持有人关联度较高，则双方共同陷入经营困境的可能性也较高。

9.5 混合资本工具信用评级

9.5.1 混合资本工具的定义和分类

混合资本工具是介于普通优先级债务与普通股之间的全部资本工具的统称，通常兼具债权和股权两种特性。其中，股权特性即权益属性，是指与普通股相似的特征，主要包括较长的到期日（或无到期日）、不强制要求持续支付、破产时受偿权低于债权。目前国内主要的混合资本工具包括资本补充债券、永续债券、优先股、可转换债产品等[①]。

9.5.1.1 资本补充债券

根据《资本管理办法》的规定，资本补充债券是金融机构发行的、专项用于补充资本的长期债务工具。《资本管理办法》规定合格的商业银行二级资本工具必须含有减计或转股的条款（即在某些触发事件发生时债券可直接注销或转股）。2013年1月1日之前发行的次级债券因不含有此条款而被列入"不合格"的二级资本工具。巴塞尔协议Ⅲ以及《资本管理办法》定义下的二级资本工具主要有以下特点：

（1）二级资本债清偿顺序位列一般债务之后，在其他一级资本（永续债、优先股等）和核心一级资本（普通股等）之前。

（2）二级资本债带有利率跳升机制，同时二级资本债在距到期日前最后五年可计入二级资本的金额应当按100%、80%、60%、40%、20%的比例逐年减计。

（3）二级资本债必须含有减记或转股条款。当触发事件[②]发生时，发行人有权在无须获得债券持有人同意的情况下不可撤销地对本期债券以及已发行的其他一级资本工具的本金进行全额减记。

9.5.1.2 永续债券

永续债券，又称无期债券，是发行人在银行间债券市场注册发行的"无固定期限、内含发行人赎回权"的债券。根据巴塞尔协议Ⅲ，永续债券属于其他一级资本，清偿顺序在资本补充工具之后，在优先股之前。

国内永续债券发行文件关于期限的表述一般有如下两种：一种是无约定到期日但在债券持续期间附有赎回选择权，即除非发行人依照发行条款的约定赎回债券，否则将长期存续（绝大多数中票采用这种表述）；另一种是有约定到期日但赋予发行人延期选择权（全部企业债券和个别中票采用这种表述）。实际上这两种方式只是表述不同，不行使赎回权和选择延期在本质上是一样的。

在赎回权方面，发行人有权在债券发行后第 N 年的付息日当天赎回债券，国内最常

[①] 可转换债产品已在本章第四节中介绍。
[②] 触发事件指以下两种情形中的较早者：（1）原银监会认定若不进行减记，发行人将无法生存；（2）相关部门认定若不进行公共部门注资或提供同等效力的支持，发行人将无法生存。

见的为3年、5年和7年。对于可续期债券而言,发行人在约定到期日时有选择延期的权利,如果不延期就相当于赎回债券,即约定到期日相当于赎回日。如果发行人不行使赎回权,则需要向上重置票面利率。国内目前永续债券的上浮基点基本为300基点(bp),不赎回的惩罚都较强,因此债券实际有效期限并不长。

9.5.1.3 优先股

根据《优先股试点管理办法》,优先股是指在一般规定的普通种类股份之外,另行规定的其他种类股份,其股份持有人优先于普通股股东分配企业利润和剩余财产,但是参与企业决策管理等权利受到限制。优先股的权益属性低于普通股,其风险也低于普通股,但高于发行人发行的各类债务融资工具。

次级性是优先股最重要、最基本的特性。如果仅考虑偿付的顺序,优先股具有比其他任何混合资本工具更强的次级性,是最接近普通股的混合资本工具。从国内外的实践看,根据市场需求和自身融资需要,除次级性条款外,优先股的发行人可以在监管允许的范围内灵活地设置发行条款,从而可能使优先股具有一些结构化特征。常见的结构化条款安排包括次级性、股息支付的弹性、参与剩余分配、转股和特定支付机制等。每一只具体的优先股在发行时可能具有上述结构化安排中的一种或多种特征。

9.5.2 混合资本工具信用评级分析要点

由于具体条款设置不同,有的混合资本工具权益属性更强,有的则债务属性更强,因此对混合资本工具权益属性强弱的判断是混合资本工具信用评级的关键要素。

混合资本工具权益属性强弱对信用等级的影响,主要从对发行人主体信用等级的影响和对混合资本工具债项信用等级的影响两个方面考虑。一方面,权益属性强弱会影响发行人财务指标的计算,即混合资本工具债权和股权的分配比例,从而影响发行人主体的信用等级。另一方面,权益属性强弱会影响混合资本工具的期限、收益递延分配和偿还顺序,从而影响其债项的信用等级。因此,信用评级机构在对混合资本工具进行评级时,首先需要判断其权益属性的强弱。在评定发行人主体信用等级时,相关财务指标的计算需要考虑该债项发行规模中相应的股权和债权比例,以此判断发行人主体信用水平是否变动。接着,需要根据该债项权益属性的强弱,在发行人主体级别的基础上决定是否调降以及调降幅度,最终确定债项的信用等级。

9.5.2.1 主体信用等级

目前,国内优先股和其他混合资本工具的发行人或潜在发行人多数系金融机构或大型工商企业,主体信用等级评定主要考察主体经营管理、风险管理、财务实力以及股东外部支持等。

9.5.2.2 权益属性的强弱

信用评级机构根据混合资本工具的结构化特征来判断其权益属性强弱的差异和信用

风险的高低。混合资本工具权益属性强弱的判断主要包括以下三个方面：

1. 次级性

混合资本工具对于发行人主体及其优先级债权的保护作用，主要体现在这类工具可以有效吸收发行人经营过程中或破产清算时的损失。但是，对于混合资本工具本身而言，次级受偿权的属性（可以被认定为股性较强）的存在导致发行主体破产时受偿顺序在一般债务之后，很有可能导致其投资者遭受的损失比普通债权人更大，因此信用评级机构给出的债项评级往往会在主体评级的基础上降低一定档次，降低幅度与主体资质有关。在实践中，信用评级机构通过确定该债项在发行人资本结构中的实际偿付顺序以及发行人现金流出能否覆盖利息来确定次级属性强弱，并将该混合资本工具发行规模中的股权与债权的比例设定为50%。当债项中股权/债权大于50%时，股性较强。

2. 到期日

若混合资本工具的期限足够长（或无到期日），则认定为其具有较强的权益属性。同时，期限长短的衡量标准也与企业的主体评级挂钩，主体资质差的企业存续期较短，且其融资大都以短期为主，因此主体评级低的混合资本工具权益属性认定要求期限短。

实践中，标普认为对于主体评级为BBB及以上级别的企业，剩余期限在20年以上的混合资本工具，至少可以达到"中等权益属性"；主体评级为BB级的企业，则该期限标准降低至15年；主体评级为B级的企业，则进一步降低至10年。相比之下，惠誉对期限的要求相对宽松，认为只要剩余期限超过5年即拥有权益属性。而穆迪则最为严格，超过30年的才能被认定为具有权益属性，在其分类中只有完全不设置到期日的工具才有可能被认定为100%权益属性。此外，有些特殊条款会限制混合资本工具的剩余期限，从而削弱其权益属性，典型的如赎回权、利率或股息率跳升机制、跳升幅度以及重置资本契约（replacement capital covenants, RCC）[①]等。

3. 利息、股息支付弹性

与普通股权不同，大部分混合资本工具有确定的股息率或利息率，也有相应的支付日期安排。虽然对于混合资本工具而言，未能在约定期限支付利息或股息并不构成违约，但出于防范声誉风险的考虑，企业管理层通常不愿意降低或取消任何融资的利息或股息，只有在确实面临财务困境或者约定的强制递延条件出现时，混合资本工具利息、股息才会被实际递延。根据递延支付的触发条件，递延可分为选择性递延（管理层拥有递延或取消支付的权利）和强制性递延（当某些规定情形发生时必须递延或取消支付）。对于选择性递延，信用评级机构一般给予其弱股性；与选择性递延相比，强制性递延大大增强了企业递延支付的可能性，因为递延完全取决于客观条件而非发行人的主观意愿，故给予强股性。结合具体的条款分析，权益属性的强弱主要取决于递延支付的年限、条款限制、递延支付部分是否可累计以及其他惩罚措施设计。

综合以上分析要素，在企业破产清算时，次级债券的清偿顺序在高级无担保债券之后，优先股的清偿顺序在所有债券之后、普通股之前，其回收率低于次级债券，因此一般情况下次级债券的评级低于高级无担保债券评级，优先股的评级低于次级债券评级。

---

① 即赎回后是否需新发一个混合资本工具以及RCC是否具有惩罚性。

对于永续债券的评级,还需根据其是否具有次级属性再加以判断。若有次级属性,则永续债券的评级等同于次级债券评级;若无次级属性,则永续债券的评级与高级无担保债券评级一致。此外,信用评级机构还要评价混合资本工具递延支付等具体条款,并结合发行人信用状况的不同,在主体评级的基础上调整至不同档次。

信用评级机构通常采用量化的方法对混合资本工具发行条款中每一项主要的结构化安排所体现的权益属性进行打分,按照加权平均的方法计算出初步的得分,再根据具体情况酌情调整得到权益属性最终得分。依据权益属性评分结果将混合资本工具中的权益属性划分为很强、较强、中等三大类,并据此给出债项信用等级与发行人主体信用等级之间的差距。按照权益属性强弱,债项信用等级可能低于发行人主体信用等级1—4个小级别。

■ 本章小结

1. 债务类型按照期限分为长期债务和短期债务,按照融资方式不同可分为直接融资和间接融资,按照有无增信措施可分为一般无担保债务和附增信措施债务。

2. 债项信用评级是对各类债务融资工具的信用评价。本章介绍了主体信用等级与一般无担保债项信用等级、附抵质押或担保等增信措施债项信用等级、次级债务信用等级之间的不同;同时,重点介绍短期和中长期债项的特点和信用评级分析要点。短期债务期限主要在一年(含)内,信用评级关注要点包括主体信用等级水平、偿债保障措施等;普通中长期债项期限在一年以上,信用评级关注要点包括抵押、质押和担保等增信措施以及交叉违约条款等投资者保护条款对债项偿付保障的影响。

3. 本章介绍了可转换债和可交换债的特点以及信用评级关注要点,包括需要关注债券条款设置、转股或换股价格,期限、回售或赎回条款等,以及债券担保措施的设置对债项信用的影响。此外,还介绍了次级债务和混合资本工具信用评级的特点和信用评级关注要点。

4. 通过对不同类型债项特点以及信用评级分析要点进行分析,读者可以了解短期和中长期一般无担保债项、附增信措施债项或者具有股权和债项双重特性债项的信用分析要素,完整地掌握对具有不同债项条款、增信措施的债项评级的基本技能。

■ 本章重要术语

债项信用评级 短期债项 长期债项 中长期债券 短期债券 投资者权益保护条款 交叉违约条款 可转换债 可交换债 资本补充债券 永续债券 优先股

思考练习题

1. 中长期债项和短期债项的信用评级要点主要有哪些?
2. 中长期债券可以选择哪些增信措施?如何分析增信效果?
3. 如何判断短期债券的偿付能力?
4. 投资者权益保护条款对债券违约的影响有哪些?
5. 可交换债信用评级有哪些不同于可转换债的信用评级的分析要点?
6. 如何判断混合资本工具权益属性强弱,以及权益属性强弱对债项信用等级的影响?

参考文献

[1] 标准普尔:"公司评级标准2006",2006年。
[2] 东方证券股份有限公司:"违约后的救赎——固定收益专题报告",2018年。
[3] 国家发展改革委员会:《国家发展改革委员会关于推进企业债券市场发展、简化发行核准程序有关事项的通知》,2008年。
[4] 〔美〕布莱·甘吉林、约翰·比拉尔代洛著,魏巍、许勤译:《公司信用分析基础》,上海财经大学出版社,2007年。
[5] 天风证券股份有限公司:"你知道投资者保护条款吗?——投资者保护条款专题研究",2017年。
[6] 中国人民银行:《中国人民银行信用评级管理指导意见》,2006年。
[7] 朱荣恩:《新世纪信用评级国际研究》,中国金融出版社,2015年。
[8] Moody, "Moody's Guidelines for Rating Bank Hybrid Securities and Subordinated Debt", 2009.
[9] Moody's, "Assessing and Rating Subordinated and Hybird", 2012.

第 10 章
资产证券化产品信用评级

屈晓灿　赵晓丽　郑　飞（联合资信评估有限公司）

学习目标

通过本章学习，读者应做到：
◎ 了解资产证券化的基本概念、种类及历史发展情况；
◎ 掌握资产证券化的参与机构、资产证券化的基本运作流程；
◎ 理解资产证券化的基本作用；
◎ 了解主要证券化产品的产品特性；
◎ 掌握主要证券化产品的评级逻辑、评级关注点及评级方法。

■ 开篇导读

资产证券化（asset securitization）作为一种新的融资工具，最早起源于美国的居民住房抵押贷款证券化。1968年，美国政府国民抵押贷款协会（Ginnie Mae）将住房抵押贷款进行打包，并通过发行住房抵押贷款转手证券来为住房抵押贷款筹措资金，由此揭开了资产证券化快速发展的序幕。

在 20 世纪 80 年代早期，个人住房抵押贷款支持证券（residential mortgage backed securities, RMBS）解决了住房抵押贷款发放机构面临的流动性不足和收益率错配问题后，资产证券化技术开始广泛应用到商业房产、学生贷款、信用卡、汽车贷款等各类资产支持证券（asset backed securities, ABS）中。在美国次贷危机中，资产证券化市场遭到重创，房地产贷款支持证券（mortgage backed securities, MBS）规模扩张趋缓甚至停滞，ABS市场规模也出现较大幅度的下降。随着经济环境的复苏，截至2017年年底，美国MBS和ABS合计存量为10.74万亿美元，基本恢复到金融危机前的水平，占全美债券市场总额的26.34%。

中国首单公募资产证券化产品于2005年试点发行后，2007年和2008年的发行规模大幅提高。之后，受美国次贷危机的影响，资产证券化试点暂停。随着2012年资产证券化试点重启，市场进入了新的发展阶段，产品种类日渐丰富。尽管金融机构、企业及广大投资者对资产证券化有了一定的了解和认识，但相比于发达国家，目前中国资产证券化市场案例仍较少，实操经验不丰富。因此，及时总结中国资产证券化的实践，借鉴学习外国的经验，以进一步了解资产证券化的本质、作用、做法，了解其中的风险因素和分析思路，对于中国资产证券化市场的健康发展具有重要意义。

资产证券化的评级与一般债券评级类似，但又具有自身的显著特点。信用评级工作在资产证券化中起着重要作用，是资产证券化的前提。资产证券化中的信用评级机构会从多方面对证券的潜在风险进行分析，一般包括资产池信用分析、交易结构分析、现金流分析、法律分析、相关参与机构分析等。通过本章的学习，读者不仅可以了解资产证券化的基本概念及其基本运作流程，知悉主要证券化产品的产品特性，还能进一步掌握主要证券化产品的评级逻辑、评级关注点及评级方法。

10.1 资产证券化概述

10.1.1 资产证券化的基本概念及其种类

10.1.1.1 资产证券化的基本概念

资产证券化是一种融资技术，是指将缺乏流动性但其未来现金流可预测的资产集中打包，建立资产池并真实出售给特殊目的载体，通过一定的交易结构设置和增信措施，以资产池未来产生的现金流作为证券偿付的基础，在资本市场上发行证券的过程。因此，资产证券化对于融资人具有非凡的意义，有助于其拓宽融资渠道、扩大融资规模、降低融资成本、改变盈利模式、优化收入结构等。

10.1.1.2 资产证券化产品的种类

按照西方国家的划分方法，从基础资产类型来划分，资产证券化产品可分为基于房地产抵押贷款的房地产贷款支持证券（MBS）和资产支持证券（ABS），前者可进一步细分为个人住房抵押贷款支持证券（RMBS）和商业房地产抵押贷款支持证券（commercial mortgage backed securities, CMBS），后者可分为狭义ABS和抵押债务凭证资产支持证券（collateralized debt obligation, CDO），其中狭义ABS主要以汽车贷款、信用卡贷款、学生贷款等作为基础资产，CDO包括抵押贷款资产支持证券（collateralized loan obligation, CLO）和债权或债务凭证资产支持证券（collateralized bond obligation, CBO）等（见图10-1）。

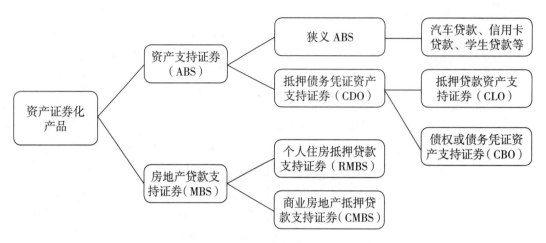

图10-1 国外资产证券化产品分类

中国证券化产品根据主管部门及发行场所的不同，2018年之前，主要分为中国人民银行（以下简称"央行"）和原中国银行业监督管理委员会（以下简称"原银监会"）主管的信贷资产支持证券、中国证券监督管理委员会（以下简称"证监会"）主管的资产支持专项计划、中国银行间市场交易商协会（以下简称"交易商协会"）主管的资产支持票据（以下简称"ABN"）和原中国保险监督管理委员会（以下简称"原保监会"）主管的资产支持计划四种模式（见表10-1）。2018年原银监会和原保监会合并为银保监会后，信贷资产支持证券市场和资产支持计划市场共同归银保监会监管（见表10-2）。

表10-1 我国证券化产品分类（2018年之前）

监管部门	产品类型	按基础资产划分类型
央行和原银监会	信贷资产支持证券	CLO、RMBS、车贷ABS、租赁ABS、消费贷ABS等
证监会	资产支持专项计划	CLO、车贷ABS、租赁ABS、消费贷ABS、收益权类资产ABS、应收账款ABS、CMBS、房地产信托投资基金REITs等
原保监会	资产支持计划	租赁ABS、保单质押贷款ABS等
交易商协会	资产支持票据	应收账款ABS、消费贷ABS、车贷ABS、租赁ABS、CMBS等

表10-2 我国证券化产品分类（2018年之后）

监管部门	产品类型	按基础资产划分类型
央行和银保监会	信贷资产支持证券及资产支持计划	CLO、RMBS、车贷ABS、租赁ABS、消费贷ABS等；租赁ABS、保单质押贷款ABS等
证监会	资产支持专项计划	CLO、车贷ABS、租赁ABS、消费贷ABS、收益权类资产ABS、应收账款ABS、CMBS、房地产信托投资基金（REITs）等
交易商协会	资产支持票据	应收账款ABS、消费贷ABS、车贷ABS、租赁ABS、CMBS等

10.1.2 资产证券化的基本运作流程

10.1.2.1 资产证券化的参与机构

资产证券化的交易结构相对复杂,所涉及的参与机构众多。以信贷资产支持证券为例,主要包括发起机构/原始权益人、特殊目的机构(SPV)、资产服务机构、承销机构、资金保管机构、信用增级机构、基础资产债务人、投资人等,除此之外,还包括信用评级机构、律师事务所、会计师事务所等中介机构。

发起机构/原始权益人,即出售资产进行打包转让的机构,一般也为资产服务机构,主要有商业银行、汽车金融公司、消费金融公司、租赁公司等。一般而言,基础资产由发起机构/原始权益人产生并运营管理,因此,发起机构/原始权益人内部审核标准、风控能力及管理能力直接关系着基础资产的信用质量。特殊目的信托(SPT)成立后,发起机构/原始权益人通常作为资产服务机构,对基础资产进行管理,相关债务人按照合同约定还本付息,资产服务机构将收到的现金流转入受托人在资金保管机构开立的信托账户,通过证券登记机构,支付给投资者用于偿还本息。

发行人是指购买资产池进行打包,借以发行资产支持证券的机构,也是 SPV。发起人将资产通过出售形式转给 SPV 或 SPT,SPV 或 SPT 自身构建"破产隔离"载体,以此发行证券。

债务人,即基础资产的直接还款人,其信用状况及还款意愿关乎基础资产信用质量,对债务人信用风险的分析往往是证券化评级的重要工作之一。此外,在资产证券化中,通常涉及债务人通知、债务人抵销权和抗辩权等问题。

证券化中还涉及其他参与机构,如承销机构负责资产支持证券的销售工作;信用评级机构主要对资产支持证券进行信用等级评定并出具评级报告及后续的跟踪评级;律师事务所出具法律意见及参与撰写交易文件;会计师事务所对基础资产进行尽职调查并出具意见等。除此之外,为提升证券级别,证券化产品通常会设置信用增级机构、流动性支持机构等。适当的外部增级机构能提升资产支持证券的级别并降低融资成本。流动性支持机构为证券提供流动性支持。

10.1.2.2 资产证券化的基本运作流程

资产证券化除复杂的参与主体外,运作流程也具有一定的复杂性。以信贷资产支持证券为例,一般而言,首先由发起机构/原始权益人根据需求将资产进行打包,并转让给 SPV,实现真实出售;之后由 SPV 对资产池现金流进行重组,设置交易结构,并进行分层和信用增级,以此为基础发行资产支持证券;最后由承销商对证券进行分销出售,发行机构将募集资金支付给发起机构/原始权益人,作为持有基础资产的对价。信用评级机构对证券进行信用评级,律师就基础资产及结构设置出具法律意见并起草相关合同文本;会计师事务所对基础资产进行尽职调查并出具意见。证券化产品通常的参与机构及交易安排如图 10-2 所示。

1. 确定资产池

发起机构需要根据自身需求,确定入池资产合格标准,并据此确定基础资产池。资产证券化的发起人大多是资产的原始权益人,如发放贷款的金融机构、拥有资产的企业等。不同机构持有的基础资产类型存在差异,从而产生不同的资产支持证券类别。

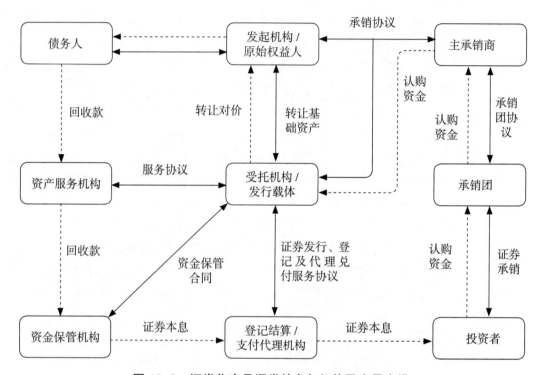

图 10-2 证券化产品通常的参与机构及交易安排

2. 资产的信托或转让

通过签署资产转让协议,发起机构把资产转让给信托或其他形式特殊目的载体,并形成基础资产。通过组建特殊目的信托(SPV 或 SPT),可实现破产隔离。SPV(在我国通常是特殊目的信托,即 SPT)以基础资产产生的现金流为支持发行证券。

3. 交易结构设计

交易结构设计是资产支持证券的核心工作之一。资产支持证券的通常做法是,将基础资产组合所产生的现金流入按照证券优先顺序的不同分配给不同信用等级的证券,即资产支持证券的各档证券。资产支持证券通常分为优先档证券和次级档证券,并按照优先劣后的顺序受偿,当资产池发生损失时,次级档证券首先承受损失,按照劣后/优先的顺序承担损失。这种优先劣后结构的设置可以满足不同投资者对风险—收益组合的不同需求。

除此之外,产品通常会设置触发事件,如加速清偿事件、违约事件等,事件一旦触发,将引致现金流的重新安排,通过改变现金流的偿付顺序,优先保障优先档证券本息的兑付。

4. 信用评级

信用评级就是对各档证券的违约可能性及损失程度的综合评价。我国评级机构对资产证支持证券信用等级一般划分为三等九级,分别为:AAA_{sf}、AA_{sf}、A_{sf}、BBB_{sf}、BB_{sf}、

B_{sf}、CCC_{sf}、CC_{sf}、C_{sf}。除 AAA_{sf} 级、CCC_{sf} 级（含）以下等级外，每一个信用等级可用 "+" "-" 符号进行微调，表示略高或略低于本等级。各等级含义如表 10-3 所示。

表 10-3 信用等级及其含义

等级		含义
投资级	AAA_{sf}	还本付息能力极强，违约风险极低。
	AA_{sf}	还本付息能力很强，违约风险很低。
	A_{sf}	还本付息能力较强，较易受不利经济环境的影响，但违约风险较低。
	BBB_{sf}	还本付息能力一般，受不利经济环境影响较大，违约风险一般，是正常情况下投资者所能接受的最低资信等级。
投机级	BB_{sf}	还本付息能力较弱，受不利经济环境影响很大，有较高违约风险。
	B_{sf}	还本付息能力很大程度上依赖良好的经济环境，违约风险很高。
	CCC_{sf}	还本付息能力高度依赖良好的经济环境，违约风险极高。
	CC_{sf}	还本付息能力很弱，基本不能偿还债务。
违约级	C_{sf}	不能偿还债务。

注：上述信用等级及其含义为一般标准，实操中各信用评级机构的相应级别及其含义略有差异。

信用评级机构对资产支持证券进行评级，为投资人揭示风险，是证券能否成功发行的关键。信用评级机构在资产证券化交易中起着重要作用，是资产证券化的前提。信用评级不仅能增强投资者的信心，也能够提供市场信息，增加交易的透明度。

资产证券化的信用评级要从多个方面分析证券的风险，一般包括基础资产池信用分析、交易结构分析、现金流分析、法律分析、相关参与机构分析等部分，详细内容见本章其他章节。

资产证券化的基础资产主要分为几类：第一，分散性好、同质性高的债权类资产，如房贷、车贷、消费贷等；第二，分散性相对较差、同质性不高的债权类资产，如对公贷款、租赁资产、商业应收账款等；第三，未来收益权类资产，如供气收入、供水收入、供电收入等；第四，不动产类资产，如商业地产抵押贷款类资产等。针对不同类型的基础资产，信用评级方法也存在较大差异。

分散性好、同质性高的债权类资产主要采用精算统计方法进行基础资产风险评估。该类型产品的基础资产通常涉及几千笔资产，单户占比很小，分散性好；同时，贷款之间存在较高的同质性。因此，可以通过精算统计的方法，通过分析贷款的历史表现（即静态池和动态池，详细内容见本章第三节）来预测资产池未来表现的方法进行信用评级，即通过分析贷款的历史表现，如违约概率、回收率、违约时间分布等特征，预测资产池的损失率，从而评估整个资产池的信用风险。

对于分散性相对较差、同质性不高的债权类资产，主要采用组合模拟方法。该类产品的基础资产债务人通常为企业，个体之间差异较大，并且一般没有较多的历史数据供参考。因此，该类型资产支持证券评级过程开始于对资产池中每笔贷款的信用评估，即影子评级。

对单笔贷款的评级过程，比一般的企业评级或企业债券评级更为简单。评级人员主要根据委托人提供的入池贷款的信贷资料，对入池贷款借款人及保证人（如有）进行研究分析，主要考察因素包括其所属行业、企业性质、企业规模和竞争力、企业经营管理风险、企业财务状况、贷款偿还情况等，由信用评级委员会讨论确定借款人及保证人（如有）的影子评级结果。之后，结合资产池基础资产的具体信息，包括每笔贷款资产的信用等级（主体）、本金余额、剩余期限、所属行业、所在地区、资产类型等特征因素，模拟资产池的违约比率、违约时间分布等参数，来评价资产池的组合信用风险。

未来收益权类资产的还款来源主要是未来的经营收入，如供气收入、供水收入、供电收入等。因此，对未来现金流的预测是评级的核心内容。评级过程中通常使用偿债覆盖倍数（debt-to-service coverage ratio，DSCR）指标来衡量该类资产的信用风险，即现金流入对证券端本息及相关费用支付的覆盖程度。偿债覆盖倍数是评估违约可能性的关键指标，偿债覆盖倍数等于预测年度净现金流除以证券在预测年度需支付的本金、利息和费用，该数值通常在1—2之间，一般净现金流至少要为贷款偿付金额的1.1—1.2倍。如果该指标小于1，则表明债务人没有能力偿还债务并很可能违约，如果该指标大于1.4，则通常认为债务人通过自身运营偿付债务的能力较强，发生违约的可能性较低。除此之外，该类型基础资产最大的特点是无法与原始权益人实现完全的破产隔离，因此，关注主体或资产的持续运营能力也是评级的核心关注点。

不动产类资产的基础资产为商业房地产抵押贷款，主要还款来源为商业物业的运营收入和抵押物变现价值。因此对商业物业的未来现金流预测以及评估价值的分析是核心内容。评级过程中，通常使用偿债覆盖倍数和按揭比率（也称贷款与抵押物价值比率，loan-to-value ratio，LTV）两个指标来评估商业房地产抵押贷款的信用风险。偿债覆盖倍数是评估违约可能性的关键指标，同未来收益权类资产一样，需要考虑现金流入对证券端本息及相关费用支付的覆盖程度；按揭比率是衡量违约损失程度的关键指标，按揭比率等于贷款金额除以房地产的评估价值。按揭比率越低，则贷款金额相对房地产评估价值越低，抵押物能够承受的跌价空间越高，同时借款人违约意愿也越低，对证券偿付提供的保障越高。目前，在国内的CMBS项目中，大多数项目中商业房地产抵押贷款的按揭比率在60%—70%，超过70%的情况极其少见，此外，如优先级证券期间还本较少，期末还本金额较多，则贷款期末本息的偿还主要依赖于借款人的再融资能力或抵押物的变现价值。

5. 资产支持证券的发售

资产证券化的重要环节之一是进行发售，即通过公募或者私募的形式，承销机构向投资者销售资产支持证券。向投资者发行资产支持证券后，投资者向发起机构/原始权益人支付购买资产支持证券的本金，这些收入作为证券发行收入返还给SPV，SPV以此收入为基础，按照基础资产买卖合同约定，将购买价款支付给发起机构/原始权益人。这样，通过发行资产支持证券，实现了现金流从投资者流回发起机构/原始权益人，使发起机构/原始权益人达到了融资的目的。

6. 资产支持证券的还本付息

从资产证券化的发行完毕到其挂牌上市，该过程实现了证券化的目的，而投资者购买了这些证券后,既可以持有该证券以获得一定的收益,也可以在市场进行交易。

在证券还本付息过程中,特殊目的机构需要指定一家资产服务机构对证券化资产进行管理,负责记录、收取由资产池产生的现金流入,并将这些现金收入转入信托账户,用于向投资者按约定日期、约定偿付顺序进行本息的兑付。

10.1.3 资产证券化的基本作用

10.1.3.1 对金融机构的作用

对于金融机构,资产证券化的基本作用有以下几个方面:

第一,缓解资本充足率的压力。这是金融机构资产证券化的重要动因。大部分的金融机构都受到资本充足率监管。通过资产证券化,金融机构可以将既有的风险资产出售或转移,从而减少风险资产,提高资本充足率。

第二,为金融机构融资提供新的渠道,提高资产的流动性。资产证券化可以将金融机构既有的流动性较差的资产(如中长期贷款)出售或变现,从而使其快速融入资金,获得新的资金融通渠道,并提高金融机构资产的流动性。有的金融机构实际的融资渠道很狭窄,如我国的金融租赁公司、汽车金融公司等。即使是拥有大量存款来源的银行,其市场化的融资渠道也需要一定的拓展,以降低融资成本,增加流动性来源。

第三,金融机构发行资产证券化产品有助于降低融资成本。风险隔离是资产证券化的基本特征,在此前提下,发行机构可以突破发起机构信用和融资条件的限制,以高于发起人的信用评级获得低成本的融资。与传统金融债券评级关注发起人的主体信用不同,资产证券化产品评级主要关注基础资产的信用质量,通过优先/次级结构、超额利差、触发机制等信用增级方式,使证券端获得高于发起人主体信用的评级,从而有效降低融资成本。

第四,改善资产负债管理。资产证券化可以更好地促进相关监管指标的达标。近年来,原银监会加强了对商业银行流动性风险的管理力度,要求商业银行存贷比要达到75%的监管要求,还有流动性比例的要求等。一般来说,通过信贷资产的证券化,银行转让贷款可有效降低存贷比,更好满足监管要求。

第五,金融机构发行资产证券化产品有助于改变盈利模式,优化收入结构。与金融机构依靠存贷差的传统盈利模式相比,资产证券化通过"放贷+转出"的模式,可以加快信贷资产的周转速度,提高资本回报率。此外,发起人可以同时担任贷款服务机构,参与资产支持证券的后续管理,收取一定的贷款服务费,这将是一个稳定、无风险的中间业务收入。同时发起机构还可以将证券化相关技术引入客户服务领域,为客户提供资产支持证券产品的设计、操作等财务顾问服务。

10.1.3.2 对非金融企业的作用

对于非金融企业,资产证券化的基本作用有以下几个方面:

第一,以适当的资产为支撑,提高证券的信用等级,降低融资成本,增加融资渠道。

一般来说，非金融企业可以通过资本市场或信贷市场来进行债务融资。在资本市场进行债务融资，其成本与企业的信用等级相关度很高。如果企业信用等级较低，可能会面临较高的融资成本，甚至无法获得融资。例如在我国，信用评级低于 A 级的企业要获得融资很困难。在这种情况下，企业可以选择通过外部增信的方式来提高债券的信用等级，也可以选择通过资产证券化的方式提高信用等级，获得融资及降低融资成本。

第二，企业可以采用更灵活的融资设计，主要体现在融资规模可以比较灵活。我国企业到资本市场进行债务融资受到一定的规模限制，而采用资产证券化的方式则可以突破该规模限制。这一条对我国企业的作用很大。当然，在期限上也可以灵活设计。

第三，提高资产的流动性。虽然企业对于流动性的要求没有银行等金融机构那样严格和苛刻，但保持必要的流动性仍是企业的基本要求。

第四，获得利润。在一定条件下，企业可以将资产证券化而获得合理的资产估价，甚至更高的估价，从而获得利润。

10.1.4 我国资产证券化概述

10.1.4.1 我国资产证券化发展简史

相比欧美国家已经成熟的资产证券化市场，我国的资产证券化市场仍处于发展初期。2005 年我国开始了资产证券化试点，2008 年，由于美国次贷危机的爆发及全球经济危机的蔓延，我国资产证券化业务暂停了试点。2012 年，资产证券化重启试点并逐渐步入常态化。

自 2005 年开始资产证券化业务试点以来，我国在制度法规、监管配合、交易设置方面都进行了有益的探索。2005—2008 年，我国共发行资产证券化产品 26 单，发行总额 932.69 亿元人民币，其中信贷资产支持证券产品 17 单，发行总额 667.83 亿元，资产支持专项计划 9 单，发行总额 264.85 亿元。发行的信贷资产支持证券以企业贷款资产证券化为主，占信贷资产支持证券发行规模的 66.18%，占总规模的 47.39%。资产支持专项计划以收费收益权资产证券化为主，占资产支持专项计划发行规模的 51.35%，占总规模的 14.58%。2005—2008 年的产品发行情况如图 10-3 所示。

2008 年，美国次贷危机爆发并向全球蔓延，国际金融危机全面爆发。2009 年，我国监管部门出于风险担忧和审慎原则的考虑暂停了资产证券化的审批，导致业务试点中断了 3 年多。

2012 年 5 月，国务院决定重启资产证券化。经过对过往政策制度的梳理和确认，在补充完善如信用风险自留规则与双评级机制等新规后，2012 年 5 月 17 日，中国人民银行、原银监会、财政部联合发布《关于进一步扩大信贷资产证券化试点有关事项的通知》，要"扩大中小企业信贷资产证券化""开展涉农资产证券化"，以拓宽"三农"企业、小微企业的融资渠道。资产证券化重启后迅速发展，发行规模逐年递增。截至 2018 年 4 月 26 日，信贷资产支持证券、资产支持专项计划、资产支持票据和资产支持计划产品总计发行 1 832 单，发行规模 3.87 万亿元。2011 年至 2018 年 4 月 26 日的产品发行情况如图 10-4 所示。

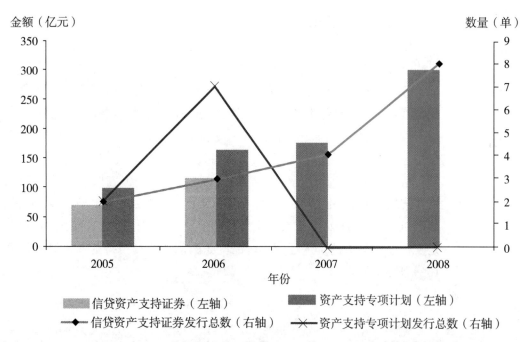

图 10-3　2005—2008 年我国资产证券化产品发行情况

资料来源：中国资产证券化分析网。

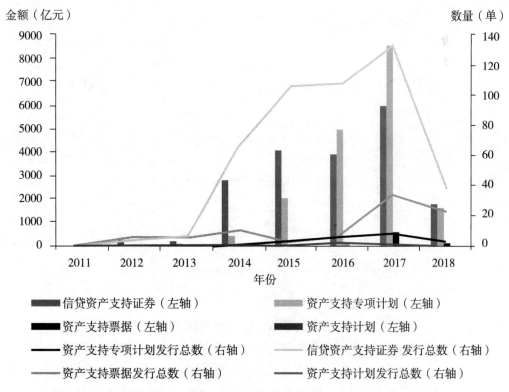

图 10-4　2011 年至 2018 年 4 月 26 日我国资产证券化产品发行情况

资料来源：中国资产证券化分析网。

10.1.4.2 我国资产证券化市场运行情况

1. 信贷资产支持证券市场

信贷资产支持证券是由原银监会监管的金融机构发起,将金融机构为借款人发放的贷款作为基础资产而进行的证券化,由信托公司担任特殊目的受托机构,在中央国债登记结算有限责任公司(以下简称"中债登")登记托管并在银行间市场发行和交易。我国信贷资产支持证券市场中,发起机构通常作为贷款服务机构,类型包括政策性银行、国有大型商业银行、股份制商业银行、城市和农村商业银行、资产管理公司和汽车金融公司等。经过多年发展,信贷资产支持证券产品的发行规模日益扩大,基础资产的范围领域也不断拓宽,目前已经涵盖了包括个人住房抵押贷款、个人信用卡贷款、个人汽车抵押贷款、中小企业贷款、一般企业贷款和不良贷款等多类型、多层次的基础信贷资产。截至2018年4月26日,市场上发行的信贷资产支持证券产品规模总额为1.96万亿元,是发行总额最大的资产证券化产品。我国信贷资产支持证券市场的相关政策法规如表10-4所示。

表10-4 信贷资产支持证券市场有关政策法规

时间	法规	相关内容及其意义
2015年4月	《信贷资产支持证券发行管理有关事宜》《关于信贷资产支持证券实行注册制的公告》	标志信贷资产证券化发行正式实行注册制管理,简化信贷资产支持证券发行管理流程,提高发行管理效率和透明度。
2015年7月	《关于银行业信贷资产流转集中登记的通知》	要求银行业金融机构开展信贷资产流转业务应实施集中登记,并授权银登中心承担信贷资产集中登记职能,规范了私募资产证券化的发展。
2016年11月	《信贷资产支持证券信息披露工作评价规程(试行)》	要求信贷资产支持证券信息披露真实性、准确性、完整性、及时性和有效性,进一步完善信贷资产支持证券信息披露"事中事后"监管机制。
2017年3月	《关于开展银行业"监管套利、空转套利、关联套利"专项治理的通知》	严控监管套利,有效遏制私募资产证券化产品层层嵌套、虚假出表等行为。
2017年4月	《关于银行业风险防控工作的指导意见》	加强重点领域风险防范和处置,加强薄弱环节监管制度建设,建立健全风险防范机制。
2017年6月	《内地与香港债券市场互联互通合作管理暂行办法》	提出符合要求的境外投资者可通过"北向通"投资内地银行间债券市场,拓宽了资产支持证券的投资者范围。

2. 资产支持专项计划市场

资产支持专项计划是指在证监会监管下,由证券公司或基金子公司等设立专项资产管理计划,在中国证券登记结算有限公司(以下简称"中证登")托管并通过上海证券交易所大宗交易系统或深圳证券交易所综合协议交易平台进行交易的证券化产品。证券公司或基金子公司通过其内部资产管理部门设立的专项资产管理计划,以专项资产管理计划作为一个特殊目的载体,然后由特殊目的载体主动向原始权益人购买可证券化的基础资产，将该单项资产或多项资产汇成资产池，以资产池产生稳定的现金流为支持，以计划管理人的身份向投资者发行资产支持收益凭证，最后用资产池产生的现金流来偿还所发行的有价证券。国内首单证券公司资产支持专项计划业务是 2005 年 8 月中金公司推出的"联通收益计划"专项计划。2007—2010 年暂停四年后，2011 年 8 月，远东租赁 2 期专项资金管理计划发行，标志着证券公司或基金子公司资产支持专项计划业务的重启。截至 2018 年 4 月 26 日，市场上发行的资产支持专项计划产品规模总额为 1.8 万亿元，是发行总额第二大的资产证券化产品。

3. 资产支持票据市场

资产支持票据（ABN）是由银行间市场交易商协会负责审批和监管，非金融机构以基础资产所产生的现金流为还款支持，在银行间市场发行的一种债务融资工具。ABN 的基础资产与证券公司或基金子公司资产支持专项计划相似，同时两者又均与信贷资产支持证券的基础资产存在较大差异。大体上，ABN 的基础资产分为债权类资产与未来收益权类资产两类。债权类资产通过转让给特殊目的载体，可实现破产隔离；未来收益权类资产的基础资产未与发起机构/原始权益人完全隔离，即业内所谓的"真实出售"，在基础资产现金流不足的情况下，融资方应以自身的经营收入作为还款来源，资产池和企业本身并没有实现真正意义的隔离。资产支持票据在我国发展起步较晚，第一批非金融企业资产支持票据于 2012 年 8 月 7 日在我国注册通过，标志着我国资产支持票据业务的正式开闸。2016 年 12 月，交易商协会发布《非金融企业资产支持票据指引（修订稿）》，将资产支持票据的相关规则和内容进行了重要完善和丰富，并引入特定目的载体，促进了 ABN 市场产品的发行。截至 2018 年 4 月 26 日，市场上共发行的资产支持票据规模总额为 0.11 万亿元，发行总量相对较少。

4. 资产支持计划市场

资产支持计划是指保险资产管理公司等专业管理机构作为受托人设立支持计划，以基础资产产生的现金流为偿付支持，面向保险机构等合格投资者发行受益凭证的业务活动。2012 年，原保监会发布政策，允许保险资金投资保险资产管理公司发行的资产支持计划，为保险机构开展资产证券化业务开拓了空间；2013 年 2 月，保险资产管理公司开展包括资产支持计划在内的保险资管产品试点业务启动；2015 年 9 月，原保监会印发《资产支持计划业务管理暂行办法》。截至 2018 年 4 月 26 日，市场上发行的保险资产支持计划产品规模总额为 43.39 亿元，发行总量较小。其中，基础资产为融资租赁类资产的产品发行总额为 33.49 亿元，占比 77.18%。

10.2 公司贷款支持证券评级

10.2.1 公司贷款支持证券概述

公司贷款支持证券是抵押债务凭证资产支持证券的一种，也是市场上常见的一类资产支持证券。公司贷款支持证券的基础资产是银行（或其他金融机构）面向公司、企业发放的贷款，发起人将多笔贷款打包组成资产池，出售给SPV，SPV以该基础资产为支持发行资产支持证券。公司贷款证券化是银行等金融机构开展资产证券化业务的主要产品之一，对于银行的资产负债比例管理、融资渠道拓展、融资成本降低、风险资产管理、资本管理及盈利增加等都有可能产生重要影响。

公司贷款支持证券有以下几个特点：（1）从基础资产特征来看，入池贷款笔数一般在1 000笔以下，单笔贷款平均余额占比一般在0.1%以上，贷款担保方式多样化（涉及保证、抵押、质押等），贷款的主要偿还来源是企业经营性现金流；（2）通过资产组合以及各笔贷款在地区、行业等方面的分散性，可以一定程度上化解非系统性风险，降低联合违约发生的可能性；（3）真实出售和破产风险隔离是交易结构的核心，现金流支付机制灵活多样，且优先/次级结构作为主要信用增级措施是优先级证券获得较高信用等级的重要保证。

影响公司贷款支持证券各档证券信用风险的基本因素有：（1）基础资产的质量，主要包括资产池中各笔贷款的信用质量，债务人所属行业，债务人、行业及地区分散度，资产池加权平均账龄及剩余期限，资产池加权平均利率等；（2）证券的设计，如证券优先/次级结构设置、现金流支付机制、结构化安排等；（3）相关法律风险、操作风险的规避情况，贷款服务机构及其他参与机构的尽职能力及意愿等。

基于公司贷款支持证券的产品特点及风险影响因素，信用评级机构对公司贷款支持证券进行评级分析的要点及流程包括：（1）对资产池中单笔贷款资产进行信用分析；（2）对资产池进行组合信用分析，确定必要的目标评级违约率；（3）对交易结构进行分析，包括现金流支付机制、结构化安排等；（4）构建现金流模型进行现金流分析及压力测试；（5）参与机构分析，包括贷款服务机构、受托机构、资金保管机构等；（6）证券化过程中所涉及的法律、会计、税收等要素分析。

本节所示的评级分析方法同时也适用于集中度较高、基础资产特征和产品交易结构与公司贷款支持证券类似的资产证券化产品，如对公租赁资产支持证券、CBO等产品的评级。

10.2.2　资产池信用分析

资产池信用分析是公司贷款支持证券评级过程中的一个重要环节，其开始于资产池中每笔贷款的信用评估，在此基础上分析资产池整体统计特征情况，之后构建组合信用风险模型，应用蒙特卡罗模拟方法，得到资产池违约比率的概率分布，最终求得不同级别对应的目标评级违约比率及损失率。

10.2.2.1　资产池每笔贷款的信用评估

在对公司贷款支持证券进行信用评级的过程中，信用评级机构对入池贷款借款人及保证人（如有）进行信用评级，该评级称为影子评级。影子评级的确定方法包括但不限于逐一评估、抽样建模和级别中枢微调等方法。

对于资产池中包含的贷款笔数较少的资产证券化项目，信用评级机构一般会逐一进行评估，所采用的基本原理和方法与主体长期信用评级基本相同，即是对受评主体如期还本付息的能力和意愿的综合评价。考虑到公司贷款支持证券评级中客观现实条件和时间限制以及资产支持证券评级工作实际需要，入池贷款借款人及保证人（如有）影子评级过程相对于企业主体长期信用评级过程会有较大幅度的简化。信用评级机构主要根据发起机构提供的入池贷款的信贷资料，对入池贷款借款人及保证人进行研究分析，主要考察因素包括其所属行业、企业性质、企业规模和竞争力、企业经营管理风险、企业财务状况、贷款偿还情况等，形成简要评级报告，由信用评级委员会讨论确定借款人及保证人（如有）的影子评级结果。对于有外部评级的借款人及保证人，信用评级机构一般会参考外部评级结果确定其影子评级。

对于资产池中包含的借款人数量较多且难以实现逐一评估的情况，信用评级机构一般采用抽样建模模式得到借款人、担保人的影子级别；对于集中度较低的小微企业，受评主体一般无翔实的经营数据与财务数据，可采用级别中枢微调法。

为表示该评级与企业主体长期信用评级的区别，信用评级机构一般采用在主体长期信用评级等级符号后加下标 S 来表示影子评级，例如 AAAs。影子评级结果是衡量入池贷款借款人及保证人（如有）信用质量的指标，也是衡量入池贷款质量的一个主要参考指标，同时影子评级还是公司贷款支持证券评级模型内的一个重要输入参数。

10.2.2.2 资产池特征分析

在对每笔贷款资产进行逐一信用分析的基础上，结合每笔贷款资产的信用等级和其他信息，统计资产池的各项组合特征，可以对资产池的总体信用质量进行进一步分析，为初步的定性判断提供依据。主要的分析指标包括：

1. 贷款五级分类情况

资产池贷款五级分类情况反映了发起人对每笔贷款信用风险的大类判断，为分析资产池整体信用质量提供了最基本的参考指标。正常类贷款的信用质量高于关注类贷款，次级类和可疑类贷款的信用风险更高。

2. 借款人信用等级分布

资产池中高信用等级的借款人占比越高，一般表明资产池整体信用质量越好，但仍需考虑剩余期限及资产相关性的影响。

3. 资产池贷款加权平均账龄

通常来说，企业贷款违约发生的可能性与贷款账龄之间具有一定的相关性，即账龄越短，违约出现的可能性相对越高。资产池贷款加权平均账龄是以每笔贷款在封包日的未偿本金余额为权重计算账龄的加权平均值。

4. 资产池贷款加权平均剩余期限

单笔贷款的剩余期限反映了单笔贷款的风险暴露时间，在其他条件相同的情况下，贷款剩余期限越长，违约风险越高。资产池贷款加权平均剩余期限是以每笔贷款在封包日的未偿本金余额为权重计算剩余期限的加权平均值，粗略反映了资产池的平均风险暴露时间，同时也是分析资产端现金流情况的重要指标。

5. 资产池加权平均信用等级

在给定每笔贷款借款人（考虑保证人）的信用等级及每笔贷款的剩余期限后，结合信用评级机构的违约率表，即可得到每笔贷款的累计违约率，再以每笔贷款在封包日的未偿本金余额为权重计算累计违约率的加权平均值，最后通过信用评级机构违约率表返回映射得到资产池加权平均信用等级。该指标在一定程度上代表了资产池的信用质量，可以给投资者一个直观的印象，是一个重要的参考指标。资产池加权平均信用等级可能在一段时间后发生变化，这种变化取决于资产池的剩余期限、外部经济环境、贷款信用质量等因素。但应当注意的是，加权平均信用等级只是资产池信用质量的一种直观反映，没有考虑资产池组合的相关性因素，如借款人集中度、行业集中度及地区集中度等。

6. 借款人集中度

资产池借款人集中度一般通过前几大借款人未偿本金余额的占比反映，但同时也应当注意到借款人之间是否存在关联关系。借款人集中度越高，资产池集中违约的风险越高。

7. 行业分布（集中度）

资产池贷款所处行业的具体分布一方面反映了资产池行业风险暴露情况，另一方面也反映了资产池行业集中度情况。处于相同行业的贷款具有更高的相关性，若某行业因周期、政策等原因导致行业景气度整体下降，则一般情况下，处于该行业的贷款的违约可能性都将有所增加。

8. 地区分布（集中度）

资产池贷款所处地区的具体分布一方面反映了资产池地区风险暴露情况，另一方面也反映了资产池地区集中度情况。处于相同地区的贷款具有更高的相关性，若某地区的经济发展整体受到抑制，则一般情况下，处于该地区的贷款的违约可能性都将有所增加。

9. 资产池贷款加权平均利率

上述指标主要与资产池的信用质量有关，而资产池贷款加权平均利率主要反映了资产池的收益水平。加权平均利率越高，越利于资产端相较于证券端产生更高的超额利差，从而为证券提供额外的信用支持。但同时应注意的是，基于风险与收益相匹配的原则，高收益的资产往往伴随着较高的信用风险。

10. 贷款的抵质押情况

以贷款附带抵押或质押作为担保方式，有助于降低借款人的违约风险，提高贷款违约后的回收水平。但应具体关注抵押及质押的法律有效性、担保额度、押品种类及评估价值、押品变现难易程度、顺位等因素。

□ 10.2.3 资产池组合信用风险分析

资产组合信用风险分析方法主要包括二项式扩展方法（binomial expansion technique，以下简称"BET模型"）、Copula模型和因子Copula模型等。本节主要介绍基于Copula模型的资产组合信用风险分析方法。

10.2.3.1 基本原理

Copula 模型的实际应用中需借助蒙特卡罗模拟法。蒙特卡罗模拟法是以概率和统计理论方法为基础的一种计算方法，将所求解的问题同一定的概率模型相联系，用计算机实现模拟过程，以获得问题的近似解，可较有效地解决难以求出解析解的问题。蒙特卡罗模拟法是目前最常用的组合信用风险建模方法，广泛应用在金融衍生品的定价中。使用蒙特卡罗模拟需要足够多的模拟次数，一般在十万次以上。

对于单笔资产 A，假定其发生违约的概率为 p，那么其不违约的概率就是 $1-p$，要模拟 A 的违约情况只要生产（0,1）上的均匀分布随机数 x，如果 x 落在区间上（0, p），那么就表示在此次模拟中 A 发生违约，反之则相反。

对于资产组合，由于资产组合中的各笔资产存续期可以不同，不能像单笔资产的模拟一样，可以在指定时间段上模拟违约，所以可采用产生随机变量的方式来模拟违约时间，若模拟出的违约时间小于该笔资产的预计存续时间，则表示此次模拟中该笔资产出现违约，反之则相反。在模拟过程中，随机数到违约时间的转化是通过资产组合违约时间的联合分布函数实现的。考虑到资产之间具有一定的相关性，我们可基于单笔资产违约时间的分布函数，借助 Copula 函数生成资产组合违约时间的联合分布函数。

1. 信用曲线

对于某一信用级别 R，信用评级机构一般定义它的信用曲线是：$P_t^{(R)} = P\{R$ 在时间 t 内迁移到 $D\}$（$t > 0$），$R \in \{AAA, AA, \cdots, CCC\}$，$D$ 表示违约，$P_t^{(R)}$ 表示当前信用级别是 R 的债券在接下来 t 年内发生违约的概率，即 t 年内的累计违约概率。

从信用曲线的定义可以看出，因为累积违约概率随着时间增加会越来越大，所以信用曲线是逐渐上升的。参考标准普尔的违约率数据，$P_t^{(R)}$ 的形态如图 10-5 所示。

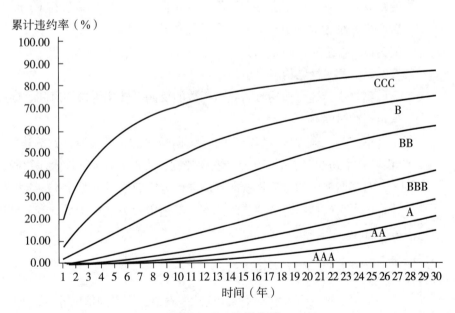

图 10-5 信用曲线

资料来源：S&P Global Market Intelligence, "Global Methodologies and Assumptions for Corporate Cash Flow and Synthetic CDOs", 2016。

对于一笔信用等级为 R 的资产，信用评级机构可以给出它的信用曲线，这就对应着唯一的违约时间分布：$F_R(t) = P\{T^{(R)} \leq t\}$，其中 $T^{(R)}$ 表示信用等级是 R 的债券发生违约的时间。因此 R 等级资产的违约时间 $T^{(R)} \sim F_R$，那么 $T^{(R)} = F_R^{-1}(X)$，其中 $X \sim U[0,1]$。

2. 资产组合违约时间的联合分布函数

Copula 函数是边际分布为 [0,1] 区间上的均匀分布的多元分布函数，描述的是变量间的相关性，实际上是一类将联合分布函数与它们各自的边缘分布函数连接在一起的函数，也称为连接函数。

Sklar 定理：假设一个多元分布函数的边际分布函数为 $F_1(x_1)$，…，$F_n(x_n)$，则存在一个 Copula 函数 C 满足 $H(x_1, \cdots, x_n) = C(F_1(x_1), \cdots, F_n(x_n))$，如果 $F_1(x_1)$，…，$F_n(x_n)$ 是连续的，则 Copula 函数是唯一确定的，反之亦然。

假设 G 是一个 n 维分布函数，边际分布函数连续，协方差矩阵为 Σ，那么 G 的 Copula 函数 $C(x_1, \cdots, x_n; \Sigma) = G(G_1^{-1}(x_1), \cdots, G_n^{-1}(x_n))$，$x \in [0,1]^n$。

根据 Sklar 定理，我们就可以基于单笔资产的违约时间分布函数建立多笔资产违约时间的联合分布函数，并且如果单笔资产的违约时间分布函数是连续的，那么多笔资产的联合分布函数是唯一的。

10.2.3.2 模拟过程

第一步：产生一组 [0,1] 上的均匀分布随机数，该组随机数应该具有给定的相关性结构。

这一步中，产生具有给定的相关性结构的随机数是模拟的关键，这可以通过 Cholesky 分解实现。具体而言，Cholesky 分解是指对于完全正定矩阵 Σ，存在上三角矩阵 A，使得 $A \times A^T = \Sigma$。以正态分布为例，首先把相关性矩阵 Σ 进行 Cholesky 分解，$\Sigma = AA^T$，然后产生 n 维独立的标准正态分布的随机数 $Z = (Z_1, \cdots, Z_n)$，令 $X = Z'A$，那么 X 服从均值为 0，方差为 Σ 的正态分布，令 $u = \phi(X)$，得到 [0,1] 上的均匀分布随机数 u，u 具有给定的相关性结构。

第二步：通过违约时间分布函数的反函数转化为违约时间，即通过 $t = C_R^{-1}(u)$ 计算得出违约时间 $t = (t_1, \cdots, t_n)$。

第三步：假设第 i 笔资产的存续期是 T_i，如果模拟得到的违约时间 $t_i > T_i$，则资产 i 没有发生违约，否则，资产 i 发生违约，资产 i 的金额计入违约额。

对资产池中的每笔贷款资产都进行这样的模拟，然后将违约额除以资产池的总规模，计算出本次模拟的资产池违约比率。经过上百万次模拟后，我们就得到了资产池违约比率的分布。

10.2.3.3 目标评级违约率

信用评级机构信用等级累计违约率表给出了不同信用等级在不同期限所对应的违约概率，将 100% 减去该违约概率的差值作为置信度应用于模拟得到的资产池违约比率分布后，即可确定资产池在每个预定信用等级上的违约比率，信用评级机构称这个违约比率为目标评级违约率（RDR 或 TDR）。例如，假设 AAA_{sf} 级 5 年期证券的违约概率为 $a\%$，则资产池违约比率（X）小于 AAA_{sf} 级 RDR 的概率等于 $1-a\%$，即 $P(X<RDR)=100\%-a\%$。

10.2.4 交易结构分析

10.2.4.1 结构化安排

1. 优先/次级结构

优先/次级结构是资产证券化产品最基本也最常见的结构化安排，具体指以同一资产池为支持发行多档次证券，资产池回收的资金以及再投资收益按照信托合同约定的现金流偿付机制顺序支付，劣后档次的证券为优先档次证券提供信用损失保护。

2. 触发机制

资产证券化产品交易安排中通常会设计一系列触发机制，例如加速清偿事件、违约事件、循环购买终止事件、丧失清偿能力事件等，事件一旦触发将引致现金流支付机制的重新安排。触发机制的安排在一定程度上缓释了事件风险的影响。信用评级机构应在现金流模型中对触发机制的设置加以考虑，从而评价触发机制对现金流及信用增级水平的影响。

3. 超额利差

超额利差系指资产池贷款组合的现行加权平均利率与相关参与机构服务费率以及优先级证券票面利率之间存在的利差。一般来说，在加速清偿事件等触发事件发生前，超额利差通过对违约本金的弥补以及在支付完限额外费用后对证券本金的偿付提供信用支持；在加速清偿事件等触发事件发生后，超额利差直接对证券本金的偿付提供信用支持。

4. 超额抵押

如基础资产未偿本金总余额大于资产支持证券总发行规模，则资产池对资产支持证券形成超额抵押。超额抵押在扣除信托应承担的税费后为资产支持证券提供信用支持。

5. 流动性支持

资产端现金流入与证券端各项支出在时点上存在错配时，将导致流动性风险。交易安排中设置流动性支持以缓释此风险，有助于保证证券利息及时、全额偿付。信用评级机构主要通过现金流模型来考察在特定流动性支持机制下，资产池现金流对受评证券本金和利息的保障程度。

流动性支持可划分为内部流动性支持和外部流动性支持。内部流动性支持的资金来源于资产池现金流，具体指按照约定的偿付顺序，在资产端现金流中截流部分资金作为流动性准备金，转入流动性准备金账户，以使该准备金账户内资金达到规定额度，一般为下个支付日应付税费、报酬和优先档证券利息等优先支出的1—2倍，账户内资金用于补足后续期间资产端现金流不足以支付的优先费用和优先利息支出的差额部分。外部流动性支持指由发起机构或其他机构出资为证券的正常偿付提供流动性支持，其效力取决于外部流动性支持机构的主体信用级别、支持意愿等因素。

6. 差额补足与担保

差额补足与担保均系外部增信机制，即由发起机构、担保公司或其他机构作为外部增信机构为证券的正常偿付提供额外的信用支持。外部增信机构应出具差额补足承诺函或担保函，承诺在差额补足或担保触发事件发生时提供资金用以保证证券本息的及时支付。差额补足与担保的效力取决于外部增信机构的主体信用等级、差额补足或担保条款的法律效力、意愿等因素。

10.2.4.2 交易结构风险

1. 抵销风险

抵销风险是指资产池的债务人以其在发起机构的债权向发起机构依法行使抵销权，但被抵销的债务为发起机构信托予受托机构的信托财产，当发起机构发生信用危机（如破产）时，抵销权的行使有可能导致信托财产遭受损失而引发的风险。

如果基础资产合格标准或底层借款合同中已明确借款人已放弃行使抵销权，则信用评级机构将基于法律意见书，考察抵销弃权条款的有效性及可执行性。如果借款人没有放弃行使抵销权，则信用评级机构将主要关注交易结构中是否设置特定机制来有效规避抵销风险。如果交易约定，在借款人对其债务本金行使抵销权后，发起机构承诺无时滞地将相当于被抵销款项支付至信托账户，将抵销风险转化为发起机构的违约风险，这样的安排下信用评级机构将通过对发起机构违约风险的判断来判断抵销风险。此外，设置抵销风险准备金也可在一定程度上缓释抵销风险。

2. 混同风险

混同风险是指资产池回收的现金与证券化参与机构的其他资金混同在一起，当参与机构发生信用危机或破产清算时，难以准确界定或区分其资金的来源及所有者，有可能导致信托财产遭受损失而引发的风险。

在国内大部分实践中，债务人的还款直接划入贷款服务机构的账户，在回收款转付日贷款服务机构将款项划至信托账户，进而在转付至信托账户前，资产池回收款或与贷款服务机构其他资金混同。混同风险可通过加快资金从贷款服务机构账户划转至信托账户的频率来加以缓释，特别是在贷款服务机构主体级别下调至一定标准后。通常情况下，交易结构会设置权利完善事件等触发机制，事件触发后受托人将向借款人发送权利完善通知，随即借款人应当将偿还贷款的款项直接划入信托专项账户。此外，混同风险暴露可经由准备金账户的储备金进行抵补。

3. 流动性风险

资产池中的债务人延迟支付本息、服务机构操作风险、出现不可抗力因素等都将导致暂时的流动性风险。而若因流动性风险引发证券兑付不及时，导致证券违约事件，就会影响整个交易的结构稳定性。

流动性风险的缓释措施一般包括内部流动性储备、外部流动性支持及交叉互补机制。内部流动性储备即在资产端现金流充足时，留存规定金额作为准备金。而在资产端现金流不足或服务机构操作风险、不可抗力因素等导致暂时的流动性风险时，动用该准备金作为补充。外部流动性支持即交易设置外部流动性支持机构，对证券端提供流动性支持。另外，在信托收款账户中通常设置信托收益账和信托本金账分别接收资产池产生的收益和本金回收款。交叉互补机制即指本金账（或收益账）资金在一定条件下可对收益账

（或本金账）对应支出的不足部分进行补足，实现资产池产生收益和本金回收款之间的调配，在一定程度上缓释交易中出现的流动性风险。

4. 提前偿还风险

提前还款会导致资产池产生的现金流量与预期不同，与证券偿付预期产生错配，并且提前偿还使资产池正常的利息收入减少，影响交易的利差支持强度。但提前偿还也缩短了证券的本金偿付期限，一定程度上降低了信用风险。提前偿还一般通过现金流模型中的压力测试环节来检验。

5. 利率风险

入池贷款利率和证券利率在类型、调整幅度、调整时间方面有所不同，即存在因利率波动或时间错配而导致的利率风险。信用评级机构一般通过压力测试测算在不同的利率情景下利率变化对证券信用水平的影响。

6. 尾端风险

随着入池贷款的逐步清偿，资产池多样化效应减弱，借款人同质性相对增加，尾端存在异常违约的可能性。

交易一般都设置有清仓回购条款，在满足一定条件时，发起机构可以选择清仓回购。清仓回购安排是发起机构于既定条件下按照公允的市场价值赎回证券化风险暴露的选择权。该安排并未对证券提供任何结构性信用提升，若届时发起机构决定进行清仓回购，则会有利于减弱尾端风险。

7. 再投资风险

在证券的各个偿付期内，信托账户所收到的资金在闲置期内可用于再投资，这将使信托财产面临一定的再投资风险。

针对这一风险，交易一般会制定严格的合格投资标准，并任用高信用等级的资金保管机构。合格投资范围一般包括同业存款，投资于低风险、流动性好、变现能力强的国债，政策性金融债，以及中国人民银行允许投资的其他金融产品。严格的合格投资标准将有助于降低再投资风险。

8. 后备贷款服务机构缺位风险

在证券存续期内，若相关服务机构出现不能胜任或自动辞任等事件，且交易结构中未能事先制定后备的贷款服务机构或无法在规定时间内找到合格的后备贷款服务机构，就容易发生后备贷款服务机构缺位风险。

交易中会对现行贷款服务机构的尽职能力及意愿有较高要求，同时也会对事先指定或后续继任的后备贷款服务机构有一定的信用等级要求。信用评级机构一般将首先根据贷款服务机构主体信用等级等来判断发生贷款服务机构解任的可能性；然后，考虑交易结构中是否预先设置有后备服务机构相关安排，包括后备贷款服务机构的资质要求、信用等级等；同时，证券化产品交易结构的复杂程度、资产证券化市场成熟水平等因素，也将影响信用评级机构对能否迅速找到合格的继任贷款服务机构的判断；最后还应关注交易文件中关于贷款服务机构解任事件的触发条件，在贷款服务机构更替阶段是否制定完备的交接机制，是否设置相应准备金等。

【案例10-1】

飞驰建融2018年第一期信贷资产支持证券

一、交易概况

本交易的发起机构中国建设银行股份有限公司（以下简称"建设银行"）按照国内现行的有关法律及规章，将其合法所有且符合本交易信托合同约定的合格标准的945 757.70万元公司贷款及其附属权益作为基础资产，采用特殊目的信托载体机制，通过建信信托有限责任公司（以下简称"建信信托"）设立"飞驰建融2018年第一期信贷资产支持证券"。建信信托以受托的基础资产为支持在全国银行间债券市场发行优先A档、优先B档和次级档资产支持证券。投资者通过购买并持有该资产支持证券取得本信托项下相应的信托受益权。

二、信托账户

在信托设立日当日或之前，受托人将在资金保管机构开立信托专用账户，用于归集、存放货币形态的信托财产、向受益人支付相应的信托利益及支付其他相关费用。信托账用以记录信托财产的收支情况，下设收益账、本金账和税收专用账三个子账。收益账用于核算收入回收款，本金账用于核算本金回收款，税收专用账用于核算《信托合同》中规定的与信托相关的税收款项的提取和支付。

三、现金流支付机制

现金流支付机制按照"违约事件"和"加速清偿事件"是否发生有所差异。

根据交易结构安排，"违约事件"发生前，信托账户下资金区分为收益账项下资金、本金账项下资金，本金账资金和收益账资金之间安排了交叉互补机制。在"加速清偿事件"发生前，收益账项下资金顺序为：分配税收和规费、信托发行相关费用、参与机构服务报酬以及限额内费用（不包括贷款服务机构报酬）、优先支付的贷款服务机构报酬、优先A档证券利息、优先B档证券利息、剩余贷款服务机构报酬、本金账累计移转额和违约额补足、次级档证券期间收益、参与机构限额外费用之后，余额转入本金账；在发生"加速清偿事件"的情况时，收益账项下资金不再支付本金账累计移转额和违约额补足及其后续支出，而是将余额转入本金账并用于本金账项下的支付。本金账项下资金首先用于弥补税收和规费、信托发行相关费用、参与机构服务报酬以及限额内费用、优先支付的贷款服务机构报酬、优先A档证券利息、优先B档证券利息、剩余贷款服务机构报酬，然后顺序支付优先A档、优先B档、次级档证券本金，剩余部分作为次级档证券的收益。

"违约事件"发生后，信托账户下资金不再区分收益账项下资金和本金账项下资金，而是将二者归并，并用于顺序分配税收和规费、信托发行相关费用、参与机构服务报酬和费用（不包括贷款服务机构报酬）、贷款服务机构报酬、优先A档证券利息、优先A档证券本金、优先B档证券利息、优先B档证券本金、次级档证券本金，剩余资金全部作为次级档证券收益。

四、结构化安排

本交易通过优先/次级结构、触发机制等交易结构安排实现信用及流动性提升。

本交易采用优先/次级结构，具体划分为优先A档证券、优先B档证券和次级档证券。资产池回收的资金以及再投资收益按照信托合同约定的现金流偿付机制顺序支付，劣后档次的证券为优先档次证券提供信用损失保护。具体而言，本交易中次级档证券和优先B档证券为优先A档证

> 券提供的信用支持为 15.42%，次级档证券为优先 B 档证券提供的信用支持为 10.34%。
> 　　本交易设置了两类触发机制："加速清偿事件"和"违约事件"。事件一旦触发将引致现金流支付机制的重新安排。本交易中，触发机制的安排在一定程度上缓释了事件风险的影响。
> 　　资料来源：联合资信评估有限公司，"飞驰建融 2018 年第一期信贷资产支持证券证券信用评级报告"，2018 年。

10.2.5 现金流分析及压力测试

现金流分析是公司贷款支持证券评级过程中的必备环节，需要测算资产池于每个既定时点产生的现金流能否满足证券按约定还本付息的要求，对于有分档设计的交易结构，每一档证券都要进行现金流分析，以评价信用增级的水平是否能够支持该档证券的信用等级。

10.2.5.1 现金流模型

进行公司贷款支持证券的现金流分析时，信用评级机构首先需要根据特定的交易结构构建适用的现金流模型。需考虑的因素包括：本息偿付计划、分配顺序、加速清偿事件及违约事件等触发机制、信托财产承担的税费及参与机构服务报酬、证券端利息支出、再投资收益、违约与提前还款、准备金设置等。

针对不同的公司贷款支持证券项目，因其交易结构以及资产池质量有所不同，应根据每个交易的实际情况设计现金流模型，并调整相应的假设条件。

10.2.5.2 压力测试

压力测试用来测试在某些不利的情景下资产池产生的现金流对证券本息偿付的覆盖情况。压力测试考虑的主要因素有：违约时间分布、提前还款率、回收率及回收时间和利率等。此外，还应结合资产池本身所包含的特征因素以及外部的司法环境等，在某些情况下，需要调整现金流的压力测试条件以适应特定的资产和特殊的法律环境。压力情景下压力因素的加压程度取决于资产自身特质、目标信用等级及特定交易结构等，例如目标信用等级越高，则加压程度越大。

压力测试的结果是各个压力情景下资产池的临界违约率（BDR），即如果资产池在所测试压力情景下，仍能产生足够的现金流按约定支付待评档次证券的本息，这时资产池所承受的违约率即该压力情景下的临界违约率。如果待评档次证券各压力测试情景下的临界违约率均大于前述组合信用风险分析得到的目标评级违约率，则表示该档证券通过了目标评级的压力测试。

1. 违约时间分布

基准违约时间分布一般根据蒙特卡罗模拟得到的违约时间分布及资产池预计零违

约、零早偿情况下的现金流回款时间分布综合确定。在此基准之上，信用评级机构将设计违约时间分布前置、平摊及特定时间段集中违约的压力情景设置。违约前置模式可以测试交易对超额利差的依赖程度，在前期违约会导致资产池产生更少的利息，使交易所能提供的信用支持的超额利差减少；平摊模式更多是关注交易的后期，分期摊还偿付安排的设置可能使交易对后期违约更加敏感；特定时间段集中违约则旨在测试资产池某个期间集中出现违约时，现金流的流入及流出情况，现金流分布不平滑的交易届时更易出现风险。

2. 提前还款率

提前还款会影响资产端现金流分布，进而影响后续时点现金流入对证券本息支付的覆盖程度。同时，提前还款还会造成资产端利息收入的下降，超额利差随之减小，甚至出现负利差，其对证券提供的信用支持也将随之减弱。由于利差的影响是随时间递增的，因此期限较长的证券对资产池的提前还款率变化更为敏感。但提前还款对于利息收入及利差水平的影响，仍需结合资产所涉及信贷合同具体判断，例如提前还款是否会有罚金。

信用评级机构通常采用行业同类资产提前还款率水平或经历史数据统计分析出的提前还款率作为测试的基准。在设置具体压力时应考虑基础资产特质，在一定幅度内提高提前还款率、降低提前还款率。

3. 利率

利率压力测试是现金流分析中极其重要的环节。因基础资产和证券的利率类型、调息频率和调整时间等可能存在不同，且证券预期发行利率存在一定不确定性，为反映不同利率情景下证券本息的覆盖情况，需要进行利率压力测试。

证券预期发行利率基准一般会综合考虑近期市场发行情况、历史发行表现及承销商预估发行利率等因素来确定，并在此基础上上浮作为压力情景。

4. 回收率及回收时间

基础资产违约后的回收也是资产端现金流流入的重要组成部分，信用评级机构需对基础资产回收率及回收时间进行压力测试。

影响回收率的因素很多，包括市场环境、债务优先级、担保、服务商服务能力、司法环境等。在现金流模型中一般是采用资产池的加权平均回收率为压力测试的基准，并在此基础上下浮动作为压力情景。

回收时间受资产类型、债务形态、服务商行为、市场流动性、法律环境、强制出售或清算条款等多种因素影响。在大部分情况下，对违约贷款假定一至两年的回收时间，应保证贷款服务机构有充分的时间以最大限度地回收违约资产。不过，当交易中要求的强制出售时间比假设的资产处置时间短时，贷款服务机构最大化回收违约贷款的能力受到限制，因此现金流分析时要对资产的回收率进一步加压。

需要指出的是，如信用评级机构在对资产池进行组合信用风险分析时已考虑基础资产的回收情况，即得到目标评级损失率而非目标评级违约率，则在现金流分析及压力测试环节不再考虑回收率及回收时间分布，相应压力测试结果为临界损失率而非临界违约率。此外，部分信用评级机构还将进行大额违约测试，即测试资产池中部分占比较大的资产出现违约时资产池的整体表现能否满足信用评级机构对各目标级别的具体要求。

【案例 10-2】

飞驰建融 2018 年第一期信贷资产支持证券

对信贷资产证券化产品的定量分析包括资产池信用分析和现金流分析两个部分，其中资产池信用分析采用蒙特卡罗模拟方法为资产池组合的信用风险建模，以确定优先档证券达到目标评级所必要的评级违约率，而现金流分析主要包括压力测试和返回检验，用以确定相应评级档次资产支持证券压力情景下证券的兑付状况。

以飞驰建融 2018 年第一期信贷资产支持证券为例，在考虑贷款合同约定的还款计划后，假设无违约、无拖欠的基础上，对资产池的现金流入进行计算，资产池每期的现金流入结果如图 10-6 所示。

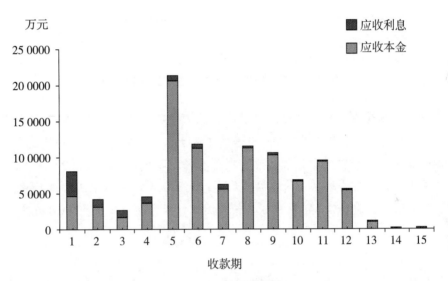

图 10-6　正常情况下资产池本息流入

各收款期内资产池单户最高还本额占当期还本总额的比例如图 10-7 所示。可以看出，本交易第 14 个收款期无本金流入，当期存在一定的流动性风险；有 3 个收款期间单户最高还本额占比超过 50%，当期本金的偿还存在明显的借款人集中风险，若还本占比最大的借款人当期出现拖欠或违约，则有可能影响优先档证券利息的支付，存在一定的流动性风险。

基于本交易资产池的基本信息，信用评级机构通过蒙特卡罗模拟，可得到各目标评级的违约率（即 RDR），见表 10-5。

表 10-5　各目标评级的违约率

目标评级	RDR
AAA_{sf}	10.35%
AA^+_{sf}	9.60%

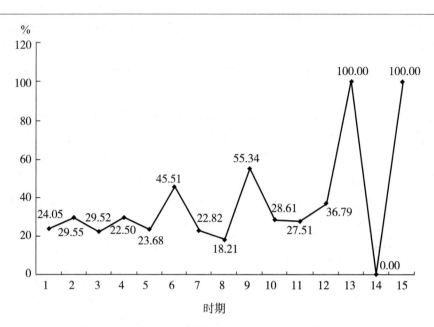

图 10-7　各期单户最高还本额占总还本额的比例

根据本交易规定的现金流偿付顺序，信用评级机构构建了专用于本交易的现金流分析模型，并在经济运行情况分析以及资产池信用特征分析的基础上，对现金流进行多种情景下的压力测试。主要的压力测试手段包括模拟集中违约、改变利差水平、改变提前还款比例、降低回收率等。从压力测试的结果来看，各压力情景下的临界违约率都大于 AAA_{sf} 级的 RDR，即优先档资产支持证券在既定交易结构下能够通过 AAA_{sf} 级的压力情景测试，压力测试情景见表 10-6。

表 10-6　压力测试情景

压力测试内容	基准	加压情况	优先 A 档证券临界违约率（%）	优先 B 档证券临界违约率（%）
提前还款比例	20%/年	5%/年	20.38	14.75
		10%/年	20.79	16.01
		15%/年	20.86	16.02
		30%/年	21.01	16.15
发行利率	优先 A 档证券预期发行利率 5.5% 优先 B 档证券预期发行利率 5.7%	预期发行利率全部上升 100 个基点	19.66	14.80
回收率	优先 A 档证券回收率为 10% 优先 B 档证券回收率为 20%	优先 A 档证券回收率降至 5% 优先 B 档证券回收率降至 15%	20.38	15.61
		优先 A 档证券回收率降至 0% 优先 B 档证券回收率降至 5%	19.86	14.85
违约时间分布	基准违约时间分布	第一年 100%，第二年 0%	17.07	13.79
		第一年 90%，第二年 10%	17.04	13.77

(续表)

压力测试内容	基准	加压情况		优先A档证券临界违约率（%）	优先B档证券临界违约率（%）
组合压力情景1	—	提前还款率	10%	15.98	12.72
		发行利率	预期发行利率全部上升90个基点		
		回收率	优先A档证券10% 优先B档证券20%		
		违约时间分布	第一年70%，第二年30%		
组合压力情景2	—	提前还款率	0%	13.94	10.22
		发行利率	预期发行利率全部上升100个基点		
		回收率	优先A档证券0% 优先B档证券5%		
		违约时间分布	第一年100%		

资料来源：联合资信评估有限公司，"飞驰建融2018年第一期信贷资产支持证券信用评级报告"，2018年。

10.2.6 参与机构分析

10.2.6.1 发起机构/贷款服务机构

贷款服务机构通常由发起机构或者相关的附属机构担任，负责管理基础资产组合的日常跟踪维护，收取本金和利息，追收拖欠资金，并向受托机构和投资者定期提供资产服务管理报告。发起机构的运营管理能力、资本实力和财务状况会影响到其对证券化交易的承诺和保证的履约能力；同时，其公司治理、信用文化、风险管理和内部控制会影响其贷款发起模式和审贷标准，进而影响到贷款组合的信用质量。贷款服务机构的贷款服务能力将直接影响到资产池贷款组合的信用表现。

贷款服务机构尽职能力分析是分析资产池质量、相关违约参数、回收参数、回收时间等的重要依据，具体需考察其经营状况、财务状况、风险控制水平、违约贷款管理能力等。其中重点是分析贷款服务机构内部的信贷管理机制，按照贷款调查、贷款评审、贷款管理、贷款催收等具体的贷款操作环节进行分析，重点关注贷款发放前的信用风险偏好、贷款发放后的跟踪管理、贷款违约后的催收手段等，这些都直接关系到基础资产当前以及后续的信用质量。

10.2.6.2 其他参与机构

资产证券化过程中涉及的其他参与机构主要包括信托机构、资金保管机构等。信托机构作为资产证券化交易中的受托机构，需依照信托合同约定负责管理信托财产，持续披露信托财产和资产支持证券信息，并依照信托合同约定分配信托利益等。资金保管机构负责安全保管信托财产资金，依照资金保管合同约定方式，向资产支持证券持有人支付投资收益，管理特定目的信托账户资金，定期向受托机构提供资金保管报告，报告资金管理情况和资产支持证券收益支付情况。

对这些参与机构主要是分析其操作风险与信用风险。信托机构是资产证券化环节中的重要机构，需要考察信托机构是否具有相关资质，分析信托机构具体的信托管理流程、信托账户管理制度、风险隔离措施及防火墙制度等，分析信托机构负责资产证券化方面的专业能力与操作经验。资金保管机构应该重点考察其是否为资产支持证券单独立账，在现金管理方面是否会存在混用、拖延等现象，历史参与证券化项目的经验等。此外，如果交易结构中引入了对冲机构、流动性支持或信用增级机构，还应重点分析这些机构的信用风险。

10.2.7 法律及其他要素分析

10.2.7.1 法律要素分析

完善的法律制度是信贷资产证券化发展的必然前提，我国目前还没有形成资产证券化的统一法律法规，交易过程可能存在法律风险，进而影响投资者的权益。评级过程中需要关注的法律风险要素主要有三个方面：破产隔离、债权转让通知效力、基础资产从权利的有效性。

1. 破产隔离

实现破产隔离是基于资产池信用质量而非发起人自身信用风险来评估证券信用水平的根本基础。对于未能完全实现破产风险隔离的交易，一旦发起人资不抵债导致破产，证券化基础资产将有可能作为破产清算财产进行清算，令投资者本息受到损失。针对未实现完全破产风险隔离的交易，信用评级机构将结合发起机构的主体信用水平，综合考量因发起机构破产导致基础资产发生损失的可能性。通常情况下，对未实现破产风险隔离的交易，其证券级别应当受到发起机构主体级别的限制。

2. 债权转让通知效力

根据《合同法》的相关规定，若不通知债务人债权已转让，贷款转让不对债务人发生法律效力。此外，在债务人不知晓贷款已经转让的情况下，仍会将偿还资金转入发起机构，如果发起机构发生信用危机，基础资产的现金流可能受到影响，从而影响投资者利益。评级过程中应关注若发生债务人未收到通知而向发起人还款的情形，是否约定发起人须及时足额将现金交予受托机构。此外，应考察交易是否设立风险缓释条款，以规避债权转让通知效力相关问题，如当发起人的信用水平降到某一信用等级以下、财务指标恶化、出现违约、破产时，将触发权利完善事件，向债务人发送权利完善通知。

3. 基础资产从权利的有效性

基础资产所涉及从权利的有效性方面如果存在瑕疵，一旦基础资产违约，受托机构将无法顺利地依法处置抵质押物，从而导致投资者受到损失。基础资产中各债权附属的抵押权或质押权也属于基础资产的一部分，受让人在取得基础资产的同时，应取得基础资产上的抵押权或质权,未办理相应的抵押权和质权变更登记不影响受托人取得抵押权和质权,但未办理变更登记的不得对抗善意第三人。评级过程中,应重点关注法律意见书对基础资产债权转让同时从权利的认定。同时,可关注交易文件中是否约定于任一权利完善事件发生后规定期限内办理完毕相关变更登记手续等安排,以缓释此风险。

10.2.7.2 其他要素分析

会计及税收等问题也是资产证券化评级过程中的重要环节,主要是分析因会计与税收等要素不确定带来问题的可能性,具体包括:分析资产证券化过程对发起机构会计处理的影响;分析资产证券化过程中税收中性原则是否得以体现,税收减免对资产池现金流产生的影响。

■ 10.3 个人住房抵押贷款支持证券评级

☐ 10.3.1 个人住房抵押贷款支持证券概述

个人住房抵押贷款资产支持证券(以下简称"RMBS")是指金融机构作为发起机构,以其持有的个人住房抵押贷款及其附属担保权益作为基础资产信托给受托机构,由受托机构采用特殊目的信托作为载体,以基础资产所产生的现金流为支持发行的资产支持证券。上述金融机构包括商业银行、住房公积金中心或其他非银行机构。RMBS作为信贷资产证券化产品的一种,由于能够有效分散风险、降低发起机构的融资成本、提高资产流动性,自2014年重启后在国内迅速发展。

与其他类型的信贷资产证券化产品相同,RMBS的评级通常采用定量分析和定性分析相结合的方法,主要包括资产池信用分析、现金流分析及压力测试、交易结构分析、参与机构分析和法律及其他要素分析等内容,由于目前国内RMBS产品的参与机构及交易结构与公司贷款支持证券等其他信贷资产证券化产品相类似,因此本小节将主要分析RMBS评级过程中的定量部分,即资产池信用分析和现金流分析及压力测试。

RMBS基础资产通常笔数多,单笔金额小,均附带个人住房作为抵押物,基础资产同质性较高,因此,对RMBS产品的定量分析基于精算统计方法,通过分析历史数据的信用表现,并结合对基础资产的统计特征的定性分析,在考虑抵押物变现价值和处置成本的基础上,评定资产池在各置信度下的损失水平。

我国个人住房抵押贷款业务起步较晚,房贷业务的违约率、回收率及提前还款率等数据的积累尚不充分,用于预测基础资产的表现可能存在一定的局限性。此外,RMBS最显著的特点是期限长,基础资产的表现同住房金融、房地产市场以及宏观经济状况密切相关。因此,RMBS评级的有效性在一定程度上取决于宏观经济及资产市场的整体表现,进而受国家的经济政策选择以及宏观经济的国际传导影响。基于上述原因,在RMBS的评级过程中,应审慎使用发起机构提供的历史数据,在数据跨度较短的情况下,应结合行业数据，并在各环节采用保守计算结果，同时通过跟踪评级不断完善数据、调节参数、校准模型。

10.3.2 资产池信用分析

RMBS 的资产池信用水平分析是评定资产池损失水平的过程，其中包括资产池违约水平分析和回收水平分析。RMBS 基础资产笔数众多，资产池通常有上万笔个人住房抵押贷款，在市场已发行的产品中，通常单笔资产占比不超过 0.1%，分散性极好，且与企业贷款相比，基础资产同质性相对较高。根据大数定律，RMBS 资产池违约水平分析通常基于精算统计方法，通过历史数据分析得到基础资产的基准违约概率，即一般情景下基础资产的平均违约概率，再结合资产的特征对基准违约进行调整，得到每笔资产的违约概率。

个人住房抵押贷款均附带个人住房作为抵押物，在不存在法律瑕疵的前提下，当借款人发生违约后，可以通过处置抵押物对贷款进行清偿，因此在计算每笔资产违约后的回收水平时，将在抵押物的评估价值基础上，考虑未来可能面临的二手房产跌价比率和处置成本，计算得到抵押物的变现价值作为每笔资产的违约后的回收金额。

在得到每笔资产的违约概率和违约后的回收金额后，每笔资产的损失金额期望值 [$E(损失金额_i)$] 可以通过下式计算得到：

$$E(损失金额_i) = \max(未偿本金余额_i - [抵押物价值_i \times (1-抵押物跌价比率_i)] - 抵押物处置成本_i, 0) \times 该笔资产违约概率 \quad (10-1)$$

其中，i 指第 i 笔基础资产。

10.3.2.1 基准违约概率

2015 年 5 月 15 日，为进一步规范 RMBS 发行中的信息披露行为，增加产品透明度，保护投资者利益，中国银行间市场交易商协会在《资产支持证券信息披露规则》《信贷资产支持证券发行管理有关事宜的公告》及相关法律法规基础上，公布了《个人住房抵押贷款资产支持证券信息披露指引（试行）》。《个人住房抵押贷款资产支持证券信息披露指引（试行）》中规定："受托机构应披露发起机构个人住房抵押贷款至少十年的完整数据，经营不足十年的，应提供自开始经营时起的完整数据。"其中，历史数据包括但不限于动态数据信息、静态数据信息等。

动态池信息是发起机构个人住房贷款业务的历史横截面数据，它主要体现了发起机构该项业务在各时间节点处于正常类和各拖欠状态的存量规模，以及存量资产的早偿情况。而静态池信息主要追踪发起机构在各时间段新发放的个人住房抵押贷款后续在各追踪期的违约及早偿表现。在计算基准违约概率时，应以静态池分析为主，动态池分析为辅，原因在于个人住房抵押贷款的风险暴露需要一定的时间，由动态池数据所计算得到的拖欠率及违约率分母中包括了增量贷款，结果容易被增量贷款所稀释，特别在业务拓展期，由动态池计算得到的违约率往往极低。因此，在计算基准违约概率时，应根据每个静态池的违约表现计算得到基准违约概率。

在数据质量较为理想的条件下，评级基准违约概率是贷款与抵押物价值比率（LTV），即抵押率和负债收入比率（DTI）两个维度上的矩阵，LTV 主要衡量借款人的违约成本，而 DTI 则反映借款人的偿债能力。由于发起机构提供的借款人收入大多为申请贷款时自填收入，其准确性和真实性无从考证，使得基础资产组合的 DTI 并不能如实反映借款人的偿债能力，因此，在计算评级基准违约概率时，在历史数据支持的范围内可以参考 LTV 作为区分不同群体基准违约概率的依据。

10.3.2.2 资产池统计特征分析

基准违约概率主要反映发起机构住房抵押贷款业务的整体违约表现，需要针对每笔资产的借款人特征以及抵押贷款特征对基准违约概率进行调整，最终确定每笔资产的违约概率。这些统计特征包括但不限于：

1. 贷款五级分类情况

尽管合格标准中明确约定入池资产需为发起机构五级分类中的正常类（包含正常类和关注类两个子类），在一定程度上保证了基础资产组合的信用水平，但在分析过程中应上调其中处于关注类资产的违约概率。

2. 债务收入比

债务收入比作为衡量借款人债务负担及偿债能力的指标，是银行进行个人住房抵押贷款审批中的重要标准。对于债务占收入比重较高的借款人，应上调其违约概率。

3. 借款人的信用记录及历史拖欠情况

对于曾出现过拖欠情况的入池资产，或借款人具有不良债务偿付历史的贷款，借款人未来出现违约的可能性要高于信用记录良好的借款人，因此对于此类资产应上调其违约概率。

4. 贷款账龄

根据统计经验，个人住房抵押贷款的违约主要发生在贷款生命周期的中前期，即借款人的违约倾向随着账龄的增长而趋于降低，在贷款账龄足够长时，累计违约率甚至呈现出停止增长的趋势。因此，对于账龄较短的个人住房抵押贷款应上调违约概率，对于账龄较长的个人住房抵押贷款则可适当下调违约概率。

5. 借款人职业

借款人职业的稳定性在一定程度上会影响其还款能力。自由职业或无明确职业的借款人其收入可能缺乏保障，而且无明确的预期，对于此类借款人的个人住房抵押贷款，应适当上调违约概率。

6. 借款人年龄

借款人的年龄能够反映其处于职业发展的阶段，对于处在非职业上升期或稳定期的借款人，如年龄小于 20 岁的借款人或年龄超过 50 岁的借款人，可适当上调违约概率。

7. 借款人婚姻状况

借款人已婚暗示了该笔贷款将由借款人及其配偶共同承担还款义务，因而其还款来源在同等条件下较其他婚姻状况的借款人更稳定。对于非已婚借款人的违约概率可适当上调。

8. 借款人地区集中度

对于资产池中地区较为集中的个人住房贷款，应视地区经济发展情况及当地房地产运行情况，对于该地区借款人的违约概率进行适当的调整。

9. 抵押物使用状态

抵押物使用状态主要分为自住和投资两种。基于我国房地产市场现状，投资用房产的借款人购买该房产的主要目的并非出租以赚取租金，而是期待房屋价格上涨以赚取资本增值。当市场状况不利时，此类借款人将具有更高的违约倾向。

10.3.2.3 回收率

回收率是抵押物价值、抵押物跌价比率和抵押物处置成本的函数：

$$回收率 = \frac{\max(0,抵押物价值 \times (1-抵押物跌价比率) - 抵押物处置成本)}{未偿本金余额} \quad (10-2)$$

1. 抵押物价值

理论上，抵押物价值应采用抵押物的最新评估价值，但通常受效率及成本的限制，在估算基础资产违约后的回收水平时，只能采用发起机构提供的授信时的抵押物初始评估价值，一般为购房时的成交价格与第三方评估公司给出的评估价值中的较低值。

2. 抵押物跌价比率

个人住房抵押贷款期限较长，目前国内个人住房抵押贷款最长期限可为 30 年，在较长的贷款期限内，抵押物处置时，可能处于房地产的下行周期。此外，通过司法诉讼拍卖处置抵押物，成交价格可能低于市场价格。因此，在计算抵押物变现价值时，应考虑一定的跌价比率。当地二手房地产市场的流动性及当地房地产市场运行情况将决定抵押物处置时的变现价格。在设定跌价比率时，应考虑当前二手房价格，例如，在二手房价格处于高位时，应适当调高抵押物跌价比率。鉴于我国房地产市场活跃程度的区域性特征明显，因此，可将我国城市划分为一线城市、二线城市和其他城市三类，或进行更为细致的分类，并针对不同类型的地区设置不同的抵押物跌价比率。除抵押物所属地区，影响单个抵押物流动性的因素还有抵押登记状态、抵押房产类型、抵押房产面积、机构尽职能力及处置经验等，在数据支持的范围内，可根据抵押物的上述特征，对抵押物跌价比率进行调整。

3. 抵押物处置成本

贷款违约后，通过诉讼拍卖处置抵押物可能需要承担一定的诉讼费用、律师费用、拍卖费用和相关税费等处置成本，虽然在实际的处置过程中，部分费用将不由债权人承担，但出于审慎性原则，在计算违约后回收金额时，应根据当前国内实践经验，考虑一定的处置成本。

10.3.3 资产池组合信用风险分析

由于我国信贷市场尚未经历完整的经济周期，个人住房抵押贷款的发展历史也较短，从审慎的角度出发，通常情况下可以将前文计算得到的每笔资产的违约概率和抵押物跌价比率作为代表，该情境下借款人的还本付息能力很大程度上依赖于良好的经济环境，可作为违约风险很高的级别（如 B_{sf} 级别）情形下每笔资产的违约概率和跌价比率，其他级别下的违约概率和跌价比率则由评级序列决定。简单来说，越高级别的资产支持证券应能够承受资产池越多的损失，也就是越高的基础资产违约概率和抵押物跌价比率。例如，如果目标评级是 AAA_{sf} 级，那么某笔基础资产的违约概率可能是 B_{sf} 级下的违约概率的 5—6 倍（还应参考历史极值等），针对抵押物的跌价比率而言，AAA_{sf} 级的跌价比率为 59.1%，而 B_{sf} 级下的跌价比率则可以仅设置为 14.9%。

在确定目标级别下基础资产的违约概率和跌价比率后，可根据列式（10-3），计算得到资产池的目标评级损失率。若证券要获得目标评级，则至少要能够承受相应的目标评级损失率。

$$目标评级损失率_j = \frac{\sum_{i=1}^{N}\max(未偿本金余额_i - [抵押物价值_i \times (1-抵押物跌价比率_{i,j})] - 抵押物处置成本_i, 0) \times 违约概率_{i,j}}{\sum_{i=1}^{N} 未偿本金余额_i}$$

（10-3）

其中，i 指第 i 笔基础资产；j 指目标级别；N 指资产池贷款笔数。

10.3.4 交易结构分析、现金流分析及压力测试

个人住房抵押贷款支持证券的交易结构安排及交易结构风险与公司贷款支持证券产品基本一致，主要需要关注交易的利率风险，尤其是当证券期限较长、资产池利率和证券利率类型不匹配或者调整方式不同时，交易中出现的负利差可能对证券偿付产生一定影响。

与公司贷款支持证券产品评级相同，现金流分析及压力测试是 RMBS 评级过程中的必备环节，需要根据交易结构设计，制作适用于拟评级证券的现金流模型并进行多种情景下的现金流压力测试。

压力测试用来测试在某些不利的情景下资产池产生的现金流对证券本息偿付的覆盖情况。针对 RMBS 所设置的压力情景应包含：损失时间分布、提前还款率和利差水平，同时，更高的目标评级应设置更为严格的压力测试情景。压力测试的结果是各个压力情景下资产池的临界损失率（BLR），即资产池在所测试压力情景下，要满足所测试证券的本金和利息及时足额兑付，资产池所承受的最大损失率。如果待评证券各压力测试情景下的临界损失率均大于前述组合信用风险分析得到的目标评级损失率，则表示该证券通过了目标评级的压力测试。

1. 损失时间分布

基准损失时间分布一般需要综合分析确定，一是根据历史数据分析得到的历史损失分布情况，二是根据资产池中逐笔基础资产的还款计划计算得到的资产池现金流分布。在此基准之上，应设计损失时间分布前置、平摊及特定时间段集中违约的压力情景。

2. 提前还款率

目前，国内大多数银行并不会针对个人住房抵押贷款的提前还款收取相关费用，因此，提前还款将减少资产池的利息收入。但如果证券本金采用过手方式摊还，证券本金也将被提前偿还。因此，基础资产提前还款对于证券偿付的影响，因资产池与证券的利差情况不同而不同。具体而言，若资产池与证券为负利差，则提前还款有利于缓解负利差，继而有利于证券的偿付；若资产池证券为正利差，则提前还款将减少超额利差的积累，从而不利于证券的偿付。当证券的分层结构及偿付方式更为复杂时，不同提前还款率对证券的影响也将更为复杂，因此，针对提前还款率，应通过发起机构提供的历史数据观察提前还款率水平及变化情况，并分析账期及利率水平对提前偿还率的影响，最终结合行业水平、入池资产账龄、入池资产利率水平，估算入池资产的年化提前还款率，作为现金流压力测试的基准，并在此基础上改变提前还款率水平（包括向上调整和向下调整），设置关于提前还款率的压力情景。

3. 利率

由于 RMBS 产品期限较长，且基础资产大部分为浮动利率，在较长的期限内；国内信贷政策不确定性较大，因此 RMBS 产品的利率风险是所有信贷资产证券化产品中最高的，对于 RMBS 评级的利率压力情景也应更为严格。

除了上述单因素压力情景，也应设置组合压力情景，以测试在多重不利因素下待评级证券的兑付情况。

下面以"建元 2018 年第四期个人住房抵押贷款资产支持证券"为例，展示 RMBS 评级过程中如何进行定量分析。

【案例 10-3】

建元 2018 年第四期个人住房抵押贷款资产支持证券

评级机构对此交易的定量分析包括资产池信用分析和现金流分析两个部分。资产池信用分析部分信用，依据建设银行提供的历史数据，经适当调整确定适用该交易的评级基准违约概率参数；同时，结合国内实际情况及行业数据确定适用的评级基准抵押房产跌价比率参数。然后根据资产池贷款账龄、贷款历史拖欠情况、借款人特征（包括年龄、职业、婚姻状况等）、抵押物特征（包括房产价值、房产面积、是否是二手房及抵押物登记状态等）对上述两个主要的基准参数做出调整，确定最终适用的评级参数，进而计算目标评级损失率，具体请见下表：

目标评级	损失率（%）
AAA_{sf}	5.74
AA^{+}_{sf}	4.11
AA_{sf}	3.68
AA^{-}_{sf}	3.46

现金流分析及压力测试部分，根据交易规定的现金流偿付顺序，构建专用于该交易的现金流分析模型，并在经济运行情况分析以及资产池信用特征分析的基础上，对现金流进行多种情景下的压力测试。主要的压力测试手段包括模拟集中违约、改变利差水平、调整提前还款比例等。从压力测试的结果来看，优先档证券在既定交易结构下能够通过相应评级压力情景的测试。

资料来源：联合资信评估有限公司，"建元 2018 年第四期个人住房抵押贷款资产支持证券信用评级报告"，2018 年。

10.3.5 其他方面分析

参与机构分析、法律及其他要素分析也是 RMBS 评级的必要分析内容，具体分析内容和方法和公司贷款支持证券评级并无不同，请参考上一节相关内容。

10.4 个人汽车贷款支持证券评级

10.4.1 个人汽车贷款支持证券概述

个人汽车贷款证券化是类别广泛的消费信贷证券化中的一种，其发起人通常为开展汽车消费信贷的金融机构，如商业银行、汽车厂商附属金融公司以及独立金融公司等。在欧美等成熟市场以及亚太区新兴市场，个人汽车贷款证券化产品（个人汽车贷款支持证券）发行量的增长尤其迅猛，业已成为释放资本、规模扩张、融资来源以及管理资产负债表的有效方法；在中国，受制于汽车金融业务规模较小、资本市场的深度不足以及监管机构的严格规制，汽车贷款证券化产品刚刚起步。

本节内容是对中国国内的新车和二手车个人汽车贷款支持证券的分析标准和方法，主要适用于金融机构作为贷款发放管理机构的个人汽车贷款的业务模式，如果基础资产是以融资租赁模式形成，则评级标准和评级过程需要进行相应调整。

10.4.1.1 国内个人汽车贷款及其证券化产品的特征

个人汽车贷款是汽车金融服务的一部分。汽车金融服务的概念分为广义和狭义，广义的汽车金融服务是指在汽车的生产、流通与消费环节中融通资金的金融活动；狭义的汽车金融服务是指在汽车销售过程中对消费者或经销商所提供的融资及其他金融服务，主要包括对经销商的展厅建设和设备贷款、库存融资和对个人用户的消费信贷、融资租赁、保险等。国内个人汽车贷款具有以下特征：

借款人必须是贷款发放管理机构所在地常住户口居民、具有完全民事行为能力；通常需要借款人具有稳定的职业和偿还贷款本息的能力，信用良好；能够提供可被认可资产作为抵、质押，一般以所购车辆为抵押物，或有足够代偿能力的第三人作为偿还贷款本息并承担连带责任的保证人；新车贷款金额不超过所购汽车售价的85%，其中新能源汽车贷款金额最高不超过85%，其他不超过80%；二手车最高不超过70%。若为汽车附属品提供贷款服务，执行与对应车辆相同政策；新车贷款期限不超过5年，其中以3年期较为常见，二手车不超过3年；消费者承担的利率水平差别较大，厂商或经销店为消费者提供利息补贴的情况较为普遍；贷款还款方式多样，以等额本息、等额本金还款方式较为常见。

基于个人汽车贷款的小额、分散、贷款标准化程度等特点，国内外通常认为其适合作为证券化的基础资产。国内个人汽车贷款证券化近年发展迅速，发行量逐年呈现递增趋势。该类证券化产品特征如下：

证券化入池贷款具有数量多、分散度高、贷款同质性强等特点；资产池现金流通常连续性好且较为规律，证券偿付频率一般较高，以按月支付比较常见；入池贷款若附带车辆抵押，抵押权一般随债权转入特殊目的载体，但是不会逐笔在车辆登记机关办理抵押登记变更手续，证券化交易中存在不能对抗善意第三人的风险；证券化交易以内部增信手段为主，包括优先/次级结构、超额抵押、储备账户等。

10.4.1.2　个人汽车贷款支持证券评级逻辑概述

信用评级机构对个人汽车贷款支持证券信用等级的评定是对受评证券偿付能力的评价，是受评证券本金和利息获得及时、足额偿付的可能性。

信用评级机构首先通过对贷款业务模式和历史还款违约情况的分析，结合资产池性质特征，利用违约分析模型对资产池进行信用质量分析，得到资产池在不同目标评级要求下发生违约的比例及产生损失的比例；然后通过现金流分析及压力测试模型将信用增级措施、现金流支付机制等交易结构在模型中加以复刻，并进行压力测试；最终在既定分层方案和各档证券目标信用等级要求下，即资产池在所对应证券等级要求产生损失的假设条件下，判断各档证券按照交易文件约定是否能够得到及时足额支付，若各档证券均达到支付要求，则分层方案及级别成立。

除进行定量的模型分析外，信用评级机构还会进行定性分析，最终由信用评审委员会投票决定受评证券的信用等级。需要考虑的因素包括：有关假设的可靠性、历史数据的可靠性、模型的局限性、交易结构风险、主要参与机构的尽职能力及尽职意愿、交易中的法律风险等。

10.4.1.3　主要评级要素

个人汽车贷款证券化交易中的信用风险主要在于资产池入池贷款的拖欠、违约所引致的现金流的匮乏和损失；有赖于交易结构的安排和资产池的信用表现，如果源自资产池应收款的现金流难以保障证券的最终偿付，则引发证券违约损失风险。

评级过程中需要考虑贷款发放管理机构个人汽车贷款的经营状况、该业务的借款人历史还款表现情况、资产池的未来信用表现估计、证券化交易中的结构设计方案、主要参与主体情况、宏观经济环境等要素。

1. 入池贷款的信用水平和预期损失表现

信用评级机构对入池贷款表现的预期是最重要的评级要素。首先，信用评级机构需要对贷款发放管理机构的公司运营和财务状况、贷款发放管理机构同汽车经销商的关系、贷款发放模式及审核标准、贷款服务政策和程序等进行分析。分析的目的是研究确定贷款发放管理机构运营是否稳定，历史数据是否可靠和稳定，未来发展预测性如何，贷款质量是否会发生较大变化等，为分析其提供的历史静态池数据奠定基础。其次，信用评级机构对贷款发放管理机构的历史静态池数据和过往证券化项目数据进行分析，为分析评估其未来资产池的预期表现做准备。静态池统计数据包括拖欠、违约、损失、回收、损失时间分布和早偿等情况等。最后，信用评级机构通过对贷款发放管理机构的历史静态池数据的分析研究及有关评级标准的对比分析，确定对该贷款发放管理机构贷款评价标准；结合实际入池贷款数据和风险集中度的分析，来确定资产池在不同目标评级要求下发生违约的比例及产生损失的比例。

2. 现金流结构、信用提升和流动性提升安排

交易的偿付结构和现金流分配机制是评估信用增进充分性和确定级别的主要因素。信用评级机构利用现金流模型来反映整个交易的偿付结构，测试在各种假设压力情境下所带来的影响，这些假设包括利差变化、早偿、损失时间分布、回收率等。信用评级机构检视现金流模型的输出结果，以判断按照交易文件设置，在特定分层方案和信用等级前提下，证券在各种压力情境下是否能及时足额兑付。

3. 其他考虑要素

服务机构的服务中断是个人汽车贷款证券化交易中的潜在风险。信用评级机构会考察发起机构、承销机构、受托机构和服务机构的公司治理和操作活动，以评估个人汽车贷款证券化交易中的操作风险和服务机构的服务能力。

10.4.2 资产池信用分析

在估计资产池未来的信用风险前，信用评级机构首先分析个人汽车贷款发放管理机构及其业务，其次分析资产池统计特征，最后进行资产池组合信用风险分析。

10.4.2.1 个人汽车贷款形成过程分析

对贷款发放管理机构/服务机构的分析，主要评估发放管理机构/服务机构的管理层经验、目标、战略和公司的整体财务状况，此外还包括发起机构同汽车经销商的关系、贷款发放标准、审批程序，贷款清收和处置方法以及损失冲销政策。发起机构商业模式的转变有可能影响到资产池的整体表现。

1. 贷款发放管理机构运营情况

贷款发放管理机构运营层面考量包括如下几个方面：企业历史、管理层经验、企业战略以及融资弹性。

2. 贷款发放管理机构与汽车经销商的关系

评级分析师会详细审视贷款发放管理机构的汽车经销网络，考量重点包括：汽车经销商的集中度、新车特许经销商和二手车经销商构成、经销商的准入政策、经销商表现的跟踪管理程序、经销商业务发起及报酬机制，以及防范经销商欺诈的控制制度。

3. 贷款发起模式和发放标准

由于贷款发放管理机构面临着业务增长目标的压力，一致的贷款发放标准和审慎监控制度的重要性应该被重视。信用评分临界标准的下降、首付比例的降低都将引起业务量的增长，而它们无疑将引致更高的信用损失，信用评估应关注企业的贷款发放标准及其业务开展以来是否有所转变。

4. 贷款服务政策和贷后管理程序

贷款服务在汽车金融领域愈显重要，尤其是对那些信用水平较差的贷款业务而言更是如此。积极的贷款催收程序对低信用水平贷款业务而言至关重要，如若缺乏，则可能引致高于预期的信用损失。个人汽车贷款服务运作考量如下一些因素：何种方式监控借款人及抵押物、采用何种贷款催收和拖欠管理方式、何时进入违约处置程序、抵押物是如何进行处置的，以及损失冲销政策等。

10.4.2.2 资产池统计特征分析

信用评级机构认为影响个人汽车贷款证券化损失率的主要特征包括以下几个方面：借款人信用质量和评分（包括内部和外部的信用评分）、贷款与抵押物价值比率（也叫按揭比率，LTV）、贷款类型、贷款期限、贷款账龄、贷款利率（APR）、车辆类型（乘用车/商用车）、车辆状况（新车/二手车）、车辆保险、地区分散性等。

1. 借款人信用质量和评分

目前国内消费信贷领域仍然没有一套以借款人信用水平区分贷款的通用标准，借款人信用水平的一个主要参照是中国人民银行建立的个人征信信息系统中的个人信用记录，然而即便是这样的系统，其信用记录也并不全面。各个贷款发放管理机构的借款人信用评分系统仍然在建立过程当中，然而它们仅适用于其自身，信用评分标准的选取因机构的不同而不同。若贷款发放管理机构有借款人信用评分系统，评级分析师应该考察该信用评分系统在评估借款人信用水平方面的有效性；若贷款发放管理机构没有借款人信用评分系统，则评级分析师会使用其信息系统中有助于评估借款人信用水平的代理变量，代理变量的选用会经过适当的程序进行筛选。

2. 贷款与抵押物价值比率

目前，国内的个人汽车贷款均有相当比例的首期付款要求，按照监管机构的规定，新车贷款首付不低于15%，二手车贷款首付比例不低于30%。通常，首期付款比例越高，则借款人违约的可能性越小，且违约后损失的严重程度也越小。对应附带车辆抵押的贷款，贷款与抵押物价值比率更具有价值（LTV=1−首付比例），当相关数据可获取时，信用评级机构应研究证券化交易资产池的LTV特征，以及贷款发放管理机构管理的资产和证券化资产池。LTV高的贷款在违约时所能回收的资产金额相对较低，所以会导致更高的违约损失。

3. 贷款类型

多数个人汽车贷款都是等额分期摊还类型的，然而也存在到期偿还型或气球型的贷款。气球型贷款指在整个还贷期间，借款人只还利息不还本金（或在期限内只偿还部分本金），待贷款到期后，一次性偿还贷款本金。同等额分期摊还型贷款相比，气球型贷款的月供更低，而偿还期的风险暴露更大；在到期日，借款人可能选择将抵押物交给贷款发起人抵债，而这时抵押车辆的市场价格极有可能会低于贷款的未清偿数额，因此，损失严重程度通常会比等额分期偿还型贷款大。

4. 贷款期限

受到监管约束，国内汽车贷款发放管理机构发放的新车贷款期限不超过 5 年，二手车贷款不超过 3 年。当可获得按期限分类的贷款表现数据时，为了衡量长期贷款所带来的额外风险，信用评级机构应分析每类期限对应的静态池数据的损失表现。长期贷款在历史上的表现一般不如短期贷款，是因为长期贷款更多地发放给信用水平较低的借款人，所以长期贷款往往有更高的违约概率。此外，贷款期限越长，借款人在贷款存续期内信用水平恶化的风险就越大。长期贷款的损失程度可能也比短期贷款更高，因为长期贷款的还款过程更慢，所以违约后的回收所能覆盖的未偿还贷款本金的比例就更小。

5. 贷款账龄

历史数据分析表明，违约发生的可能性同贷款的账龄之间存在显著的相关关系。绝大多数违约出现在贷款发起后的 6—18 个月之间。

6. 贷款利率

通常贷款利率因借款人的风险而定，借款人的贷款利率是根据他们的信用水平和市场利率水平来决定的。利率是贷款发放管理机构风险定价策略的一部分。信用水平较低的借款人会被收取较高的贷款利息，反之亦然。信用评级机构应考察资产池的利率分布情况。虽然较低的贷款利率显示借款人资信较好，却会降低资产池随时间推移产生的超额利差的大小。以上分析仅为一般情况，在国内汽车消费信贷领域并不全然如此，这一领域中的贷款定价视市场环境、竞争状况、监管规定以及激励措施等一系列因素而定。比如，借款人的低息汽车贷款可能是在购车激励措施下发起的，并不必然意味着借款人的信用水平较好。此外，在国内因为贷款期限以及首付等条款为监管机构所硬性规定，出于规避监管的目的，产品创新也是贷款定价考虑的一个方面，比如零息贷款。因此，有必要在资产池的层面上对贷款利率的分布做出判断：那些低息贷款可能享受着购车激励而早偿的意愿偏弱，由此难以产生足够的超额利差支持证券化交易；那些高利率的贷款其借款人的信用水平可能较差，也许会发生违约而不再提供超额利差支持。

7. 车辆类型

不同的汽车类别、品牌和车型会导致不同的折旧率和跌价率。若入池贷款对应的车辆制造商、车型和制造年代的分散度较高，则利于资产池折旧率的稳定性，也能保证违约发生后较高的回收水平。入池贷款在车辆制造商、车型和制造年代上缺乏多样性的资产池会暴露在更大的风险之中。车辆批发价格的变化、车辆召回事件以及其他质量问题的发生，都可能导致某家汽车制造商生产的汽车或者属于某种汽车类型的汽车发生大幅贬值而严重影响违约后的回收。如果可获得按汽车类型分类的贷款表现数据，信用评级机构应考察静态池和以往证券化产品的损失数据，并且应在估测该证券化交易损失参数的过程中考虑这些损失情况。

8. 车辆状况

证券化交易的入池贷款的抵押物可能同时包含新车和二手车。静态池数据和证券化交易数据显示以二手车作为抵押物的贷款明显比以新车作为抵押物的贷款表现更差。信用评级机构应考察抵押车辆的汽车状况，衡量不同抵押物组合所带来的影响。

9. 车辆保险

出于利益保障的目的，大多数贷款发放管理机构要求借款人投保汽车损害保险，保额需要覆盖贷款规模并以贷款发放管理机构作为保险受益人。缺乏充分的初始保险覆盖度和实时跟踪能力将在证券化交易中显著加大信用损失。那些其未予保险的汽车受到严重损害并且难于修复的借款人将更可能发生违约。当评估证券化交易的资产池时，评级分析师应考察未进行保险的贷款的比重以及强制进行保险的贷款的比重，这一指标有助于揭示资产池的信用水平。

10. 地区分散性

一个地区分散性良好的个人汽车贷款资产池能最小化区域经济下行的潜在风险。大部分贷款发放管理机构发放的贷款分散在全国各地，具有良好的地区分散性。如果资产池存在显著的地域集中度，则区域经济问题会影响到整个资产池的表现。

10.4.2.3 基准违约概率和回收率

个人汽车贷款支持证券评级在计算基准违约概率时用的方法和 RMBS 相同。在计算回收率时一般分为两种情况：在贷款不附带抵押物的情况下，主要通过数据分析确定模型的回收率；在附带车辆作为抵押物的情况下，基本原理与 RMBS 相同，主要考虑抵押物的回收价值。

回收车辆的再次销售价格是判断个人汽车贷款证券化损失程度的关键因素。另外还可能有保险理赔收入，例如全损救助保险、报废或被盗车辆保险或信用违约保险。回收款为扣除冲销额、所有回收和处置费用后得到的实际收益。回收率会受到以下几个因素的影响：宏观经济环境、新车市场状况、二手车销售和拍卖市场状况、车辆车型、车况、车龄及所在地区。回收率数据是通过分析以往证券化项目的回收表现和历史静态池数据得到的，基于个人汽车贷款的特点，包括期限、LTV、车辆年龄、车型和车况，分析结果而有所不同。

证券化交易中的损失时间分布对现金流有重大影响，这是现金流模型的一个重要假设。损失时间分布因消费者的信用状况、LTV、贷款条件、车辆年龄和其他资产池特征而不同。信用评级机构应利用静态池或以往证券化项目的历史数据，或两者组合（如适用），规划其损失时间分布曲线。

10.4.3 其他方面分析

个人汽车贷款支持证券评级在资产池组合信用风险分析方面与 RMBS 产品评级的原

理完全相同,请参考上一节内容。参与机构分析、法律及其他要素分析内容也请参考上两节相关内容。

【案例 10-4】

融腾 2018 年第一期个人汽车抵押贷款资产支持证券

信用评级机构基于上汽通用汽车金融有限责任公司提供的个人汽车抵押贷款历史数据,在不同压力情景下确定了本交易适用的评级基准违约概率参数;同时,参照国内汽车市场的实际情况并参照亚太区可比新兴市场的评级实践确定基准汽车跌价比率参数。结合本交易结构的特点,信用评级机构对本次评级各档证券所需的信用增级水平进行估计。

一、违约概率分析

通过对上汽通用汽车金融有限责任公司提供的历史样本数据进行分析,信用评级机构估算出上汽通用汽车金融有限责任公司所发放贷款的违约概率,并在此基础上根据贷款的账龄、拖欠情况、五级分类结果、首付比例等因素对违约概率进行调整。

需要指出的是,虽然借款人的收入和每月债务支出的比例是影响个人汽车贷款信用风险的主要参数之一,但由于资产池数据的局限性,此参数难以准确反映借款人债务支出的总体负担,因此,我们没有把借款人债务收入比作为调整评级基准违约概率的参考变量。

(一)基准违约概率

信用评级机构根据上汽通用汽车金融有限责任公司提供的静态贷款组合历史数据,估算出了基础违约概率。

考虑到当前市场的景气度、市场竞争,以及五级分类管理下违约贷款的回迁因素,信用评级机构对上述违约概率做了向上调整以确定评级基准违约概率。

(二)基准违约概率调整因素

贷款账龄:根据上汽通用汽车金融有限责任公司存量贷款历史统计数据,汽车贷款违约主要发生在贷款发放后的 24 个月内。若债务人的前期偿付记录良好,则其在后续偿付期内发生违约的可能性将会降低。根据贷款账龄的不同,信用评级机构在计算信用增级水平时对该类借款人的违约概率分别进行了不同程度的调整。

借款人年龄:如果借款人年龄处于非事业上升期或稳定期,信用评级机构认为其经济来源不甚稳定,在计算信用增级水平时对其违约概率做出了相应调整。

首付比例:一般情况下,首付比例越低,借款人的违约成本越低,发生违约的可能性越大。信用评级机构对首付比例低于一定标准的贷款调增了违约概率。

地区分布:借款人所在地区的经济发展水平和生活成本是影响借款人偿债能力的重要因素,对于借款人未偿本金余额占比较高的地区以及不良率较高的地区,信用评级机构将对其违约概率进行上调。

二、违约贷款损失率

违约贷款损失的计量主要着眼于违约贷款可能产生的损失,它考虑了贷款的本金余额、债权顺序、抵押车辆价值、执行费用和执行期间需要承担的利息支出等因素。

（一）抵押物

抵押作为一种有效的担保方式，能够很好地缓释信用风险，本交易入池贷款全部办理了抵押登记手续，信用评级机构在计算损失率时考虑了抵押车辆的回收价值。

（二）处置成本和处置期间的利息成本

当贷款发生违约后，由于借款人偿还能力和意愿的不同以及其他多种不确定因素，不同贷款的违约处置时间和成本差异较大。信用评级机构根据历史经验，确定了本交易的基准处置时间和成本。

三、必要信用增级水平的确定及现金流分析

基于贷款违约概率与损失率分析，信用评级机构测算出了本交易目标评级的必要增级水平。

在假定借款人完全按照贷款合同偿付本金和利息、无违约、无拖欠的基础上，信用评级机构对资产池的现金流入进行了计算。

根据具体的交易结构及证券偿付安排，信用评级机构构建了用于本交易信用评级的现金流模型以模拟交易过程。该现金流模型基于基础资产的早偿、损失时间分布和证券发行成本等情景假设，评估了不同压力情景下优先级证券的兑付状况，并检验了既定压力情景下交易结构所提供的信用增级水平能否满足目标评级的需要。从现金流分析的结果来看，在既定的交易结构下，优先级证券在各压力情境下所获得信用增级水平均大于对应的必要信用增级水平，即优先级证券均能够通过相应评级压力情景的测试。

资料来源：联合资信评估有限公司，"融腾2018年第一期个人汽车抵押贷款资产支持证券信用评级报告"，2018年。

10.5 商业房地产抵押贷款支持证券评级

10.5.1 商业房地产抵押贷款支持证券概述

商业房地产抵押贷款支持证券（CMBS）指以商业房地产抵押贷款为基础资产，以相应房地产产生的现金流为支撑发行的证券。商业房地产抵押贷款的借款人为企业，抵押物为商业物业，偿还贷款的主要资金来源为商业物业的租金收入和运营收入，商业物业的业态包括办公楼、购物中心、酒店、公寓、工业厂房等。CMBS有助于房地产企业盘活存量资产，拓宽融资渠道，降低融资成本。

CMBS最早出现在20世纪80年代的美国，先后经历了起步、快速发展、骤降后恢复三个阶段，现在已经成为商业物业重要的融资工具。在欧美成熟市场，根据商业房地产抵押贷款的规模、借款人数量及分散化程度，CMBS可分为三种模式：单一借款人交易（single borrower/stand-alone）、大额贷款交易（large loan）、通道/融合交易（conduit/fusion）。单一借款人交易包括单一大额贷款或者若干笔交叉抵押贷款；大额贷款交易由数个不同借款人发起的多笔大额贷款构成，通常少于20笔；通道/融合交易通常包括20笔以上的贷款，单笔占比相对较小，分散度相对较高。

中国CMBS起步较晚，2016年8月24日，国内第一单CMBS产品——"高和招商－金茂凯晨资产专项管理计划"在上交所挂牌，截至2018年3月底，中国共发行了33单CMBS产品，累计发行规模1 004.43亿元，呈快速发展态势。目前，中国已发行的CMBS产品均属于单一借款人类型，因而本评级方法主要适用于单一大额商业房地产抵押贷款的信用评级，评级过程主要包括基础资产分析、现金流分析及压力测试、交易结构分析、主要参与机构履约能力分析、法律要素分析等五个方面。

10.5.2 基础资产分析

CMBS的基础资产为商业房地产抵押贷款，主要还款来源为商业物业的运营收入和抵押物变现价值，因此对商业物业的未来现金流预测以及评估价值的分析是核心内容。

10.5.2.1 商业物业分析

1. 业态

在分析商业物业时，应首先关注物业的业态，一般包括办公楼、购物中心、酒店、公寓、工业厂房等，不同业态的经营模式有所不同。

2. 地理位置

商业物业的地理位置对物业的经营以及估值均有重要影响。在尽职调查时，需考察物业所处地区经济发展程度、城市（一线城市、二线城市、三线城市等）、区域（市中心、郊区、县等）、交通便利性（关注人流量）、周围环境等。

3. 竞争对手

需关注商业物业所处区域的竞争对手、邻近物业的运营情况，以此判断本商业物业的发展状态、市场地位、未来发展趋势等情况。

4. 商业物业运营方

考察运营方的运营历史、专业水准、经营理念和战略、出租流程、出租渠道、市场营销、承租人准入标准等情况。

5. 租金与出租率

对历史出租率、历史租金收入进行分析，考虑因素包括：租金水平、租期分布、租金收取模式（纯租金、扣点、保底＋分成）、租金收取频率（按月、按季、按半年、按年等）、租金调整频率、租金收取方式（转账、现金）、退租情况、租户淘汰机制等，从而判断近几年商业物业的出租率及租金收入的稳定性及变化趋势，作为未来预测现金流的重要依据。

6. 承租人

分析承租人的行业分布、经营状况及财务状况,承租人的评级越高,租期越长,该物业产生的现金流的稳定性就越强;分析承租人的集中度情况,承租人的集中度越高,由于主力承租人退租所导致的现金流波动就越大。

7. 运营成本

运营成本是指维护预测对象正常使用或营业的必要支出,一般包括管理费用、销售费用、保险费、税费(土地税、房产税、印花税等),需关注近几年运营成本的稳定性及变化趋势,作为未来预测现金流的依据。

10.5.2.2　未来净现金流预测分析

未来净现金流为未来毛现金流收入扣除运营成本之后的余额,一般评估公司会出具《现金流预测报告》,对租金、租金增长率、空置率、运营成本等进行预测,进而得出未来净现金流。

1. 租金预测

考察近三年来商业物业的租金水平,一般以近三年租金的平均值作为未来租金的预测基准。

2. 租金增长率预测

考察近三年来商业物业租金的实际增长率,并结合周边市场的平均租金增长率,确定未来租金增长率的基准。

3. 空置率预测

考察近三年来商业物业的空置率变化情况,一般以近三年来空置率的平均值作为预测基准;依据目前租赁合同租期及面积,假设物业到期后重新签订的租赁合同租期与之前相近,空置期或免租期根据物业现状、历史情况及周边市场来确定。

4. 运营成本预测

运营成本一般包括管理费用、销售费用、维修费用、保险费、增值税、房产税、土地使用税及其他费用等。一般以近三年来运营成本的平均值作为预测基准。

10.5.2.3　商业物业估值

房地产评估的常用方法有比较法、收益法、成本法,每种估价方法都有其使用的估价对象和估价需要具备的条件。

比较法适用于市场发达、交易活跃、有充足的替代性房地产的评估。运用比较法估价一般分为下列7个步骤进行:搜集交易实例、选取可比实例、建立价格可比基础、进行交易情况修正、进行交易日期调整、进行房地产状况调整、求取比准价格。

收益法适用于有现实收益或潜在收益的房地产评估,收益法分为报酬资本化法和直接资本化法。报酬资本化法是预测估价对象未来各期的净收益,然后利用适当的报酬率将其折算到价值时点后相加来求取估价对象价值的方法,其中报酬率通过安全利率加风险调整值的方法来求取,安全利率取银行的一年定期存款利率,再根据估价对象所处地区社会经济环境及比较投资估价对象与投资其他经济行为的风险后设定风险调整值;直接资本化法是预测估价对象未来第一年的收益，将其除以资本化率或乘以收益乘数得到估价对象价值的方法。

成本法适用于无市场依据或市场依据不充分而限制了比较法、收益法的运用，或具有独特设计、只针对特定使用者的特殊需要而开发建设的房地产，以及需要对单独的建筑物或者其装饰装修部分进行评估情况下的房地产评估。

评估机构对同一估价对象一般会选取两种估价方法，然后按照一定的权重计算得出加权评估价值，作为最终的估值结果。

【案例10-5】

世贸天阶2017年度第一期资产支持票据

本交易的底层资产为资金信托受托人根据《信托贷款合同》向基础债务人发放的信托贷款债权，优先级票据各期利息和期间本金的最终还款来源主要为奥中兴业全部经营收入（含底层基础资产收入）及其他收入，优先级和中间级票据到期一次性偿还本金的兑付主要依赖于借款人奥中兴业的再融资能力和抵押物的变现价值。因此上述收入以及抵押物的变现价值对优先级、中间级票据利息、本金的偿付具有重要作用。

一、未来净现金流预测

本交易标的物业是世贸天阶1至4号楼房产。世贸天阶于2006年年底建成使用，钢混结构，主要分为商业业态、写字楼业态等。世贸天阶由朝阳区光华路9号1至4号楼组成，同时拥有阶梯广场等户外场所，位于迎宾国道东大桥路的东侧，东至金桐西路，西至东大桥路辅路，南、北均至其他项目用地。总体看，世贸天阶交通便利，设计水平良好，周边商业设施便利，地理位置优越。

2013—2015年，世贸天阶合计租金收入波动上升，分别为27 331.51万元、29 208.53万元和28 763.30万元，平均增长率为2.6%，主要系租金标准根据租赁合同约定进行一定的上调。

截至2017年年初，奥中兴业提供的租金收入显示，世贸天阶已出租总面积为65 417.61平方米，其中，商业已出租面积占比72.70%，办公已出租面积占比为26.71%。不同业态出租率有所不同，其中，库房面积根据租户需要单独划分，并无可出租面积统计。商业用途物业出租率为78.99%，办公用途物业出租率为93.53%。总体来看，世贸天阶商业出租率低于办公楼出租率，但均处于良好水平。

由于项目的位置、档次、楼层不同，写字楼销售价格区间为4.9万—8万元/平方米，租赁价格区间为8—26元/平方米/天；首层商业销售价格区间为9万—13万元/平方米，租赁价格区间为11—25元/平方米/天，按80%的使用率折算，则租赁价格区间为13—31元/建筑面积平方米/天；地下车位租赁价格区间为700—900元/月，北京市政府标准价格为6元/小时。根据项目实际情况及周边市场情况，故综合确定评估对象租赁外的办公租金为11元/平方米/天（不含物业费），商业（使用面积）平均租金为13.2元/平方米/天（不含物业费），供商业部分使用的车位租金为6元/小时，供写字楼部分使用的车位租金为900元/月，根据产权人历史经营数据，其他收入（库房出租收入）按120万元/年计算。

从各个业态主要租户来看，截至评估基准日，单户租赁面积均未超过7%，从世贸天阶写字楼以及商业业态总体来看，承租面积最大的承租人为美敦力（上海）管理有限公司，承租面积4 472.16平方米，占总已出租面积的6.84%，现执行的租赁合同均将于2018年9月30日到期，年租金（含增值税）为1 663.64万元，世贸天阶租户集中度较低，分散性较好。

出租年限方面，世贸天阶目前租赁期限均较短。截至基础资产评估基准日，世贸天阶2020年及之前到期合同共117笔。总体来看，目前部分租赁合同期限较短，无法覆盖本信托存续期，但根据历史到期合同续签情况来看，续签情况较好。

近三年，世贸天阶商业业态总体来看空置率较高，分别为20%、15%以及18%。其中，首层商业的空置率最低，近两年均为0%；二层以及四层的空置率较高。四层空置率较高主要是由于主力租户北京金钱豹国际美食有限公司到期未续租，导致一部分租赁面积空置。二层空置率较高的原因为将二层Zara的部分租赁面积核算到首层，因此首层实际出租率未满100%。从写字楼来看，近三年空置率较低。截至评估基准日，该项目大部分房屋已签订相关房屋租赁合同。

本信托入池物业管理费涉及物业为世贸天阶所有物业，包括奥中兴业产权自持部分以及已售部分。截至2017年3月1日，世贸天阶物业应收费面积总计129 568.51平方米，其中，已出售产权涉及的物业面积为50 849.15平方米。已出售部分业态为写字楼及公寓。

从物业费标准来看，商场物业费最高，为30—65元/平方米/月，写字楼及公寓部分物业费均为28元/平方米/月。根据公开信息，周边写字楼物业费单价位于30—50元/平方米/月，世贸天阶写字楼部分物业费价格属于中下水平。世贸天阶商业物业费处于中等水平。所有业态物业费收取均为按月收取，其中90%通过转账方式，10%通过现金形式缴纳。分包合同签订日前，全部物业由奥中兴业管理，物业费用由奥中兴业收取，物业费用同租金分开缴纳。分包合同签订后，物业费用全部由奥中兴业收取，并定期向北京市均豪物业管理股份有限公司支付一定费用。

二、抵押物价值

本交易抵押物为奥中兴业依法所有的北京市朝阳区光华路9号（世贸天阶）1至4号楼部分房地产，房屋总建筑面积为132 342.13平方米，涉及证载房屋用途为商业用房、办公、配套公建、设备用房及车位。

根据北京首佳房地产评估有限公司（以下简称"首佳评估"）于2017年4月出具的编号为京首评房（2017）（估）字第BJSJJR2017000078号《北京市朝阳区光华路9号（世贸天阶）1至4号楼部分房地产抵押估价报告》（以下简称《抵押物估价报告》），首佳评估根据估价对象的特点和实际状况，选取比较法、收益法和成本法（建筑物）作为估价方法。世贸天阶所在区域目前类似房地产交易情况较为活跃，可供比较的房地产交易案例较多，故选用比较法，且首佳评估认为北京市商业办公用房租售比合理性欠佳，比较法能从市场的角度更好地反映估价对象的市场价值水平，权重取0.6；世贸天阶为可取得收益的房地产项目，其收益情况具有可预测性和持续性，且区域租赁市场较发达，故选用收益法，收益法能从房地产收益的角度反映出估价对象房地产的价值水平，权重取0.4；世贸天阶建筑物已建设完成，其建筑物在开发建设过程中的基础、结构、装修设备等各项费用可作较为准确的测算，符合成本法（建筑物）的应用条件及适用范围，故选用成本法（建筑物）。首佳评估遵循估价原则，按照估价工作程序，运用科学的估价方法，在认真分析现有资料的基础上，经过初步测算，并详细考虑了影响房地产价值的各项因素，确定北京市朝阳区光华路 9 号（世贸天阶）1 至 4 号楼的部分房地产在价值时点 2017 年 3 月 1 日的评估价值为 608 673 万元，楼面单价为 45 992 元。

资料来源：联合资信评估有限公司，"世贸天阶2017年第一期资产支持票据信用评级报告"，2017年。

10.5.3 现金流分析及压力测试

现金流分析和压力测试是 CMBS 评级中重要的定量分析方法。商业房地产抵押贷款的主要还款来源是商业物业的运营收入和抵押物变现价值，所以商业房地产抵押贷款的信用风险分析主要着重于商业物业的信用风险分析。我们通常使用偿债覆盖倍数（DSCR）和按揭比率（LTV）两个指标来评估商业房地产抵押贷款的信用风险。

10.5.3.1 DSCR 分析

偿债覆盖倍数是评估违约可能性的关键指标，偿债覆盖倍数等于预测年度净现金流除以证券在预测年度需支付的本金、利息和费用，该数值通常为 1—2，一般净现金流至少要为贷款偿付金额的 1.1—1.2 倍。如果该指标小于 1，则表明债务人没有能力偿还债务并很可能违约；如果该指标大于 1.4，则通常认为债务人通过自身运营偿付债务的能力较强，发生违约的可能性较低。

在测算项目存续期内各期 DSCR 时，信用评级机构会依据评估机构提供的现金流预测报告，对预测现金流进行合理性判断。该过程会考虑评估机构对现金流进行预测的假设条件，如租金基准、租金增长率、空置率假设和期间费用假设等条件，结合实地调查的结果，判断现金流预测假设的合理性。

压力情景测试通常包括上调利率、下调预测年度净现金流的方法计算。上调利率主要依据发行窗口期的市场利率确定上调比例，一般在 50 基点—100 基点，下调预测年度净现金流是在对现金流预测结果合理性判断的基础上设定相应的下调比例，一般在 15%—20%。在没有其他增信方式的情况下，压力情景下的 DSCR 不能小于 1。

10.5.3.2 LTV 分析

按揭比率是衡量违约损失程度的关键指标，按揭比率等于贷款金额除以房地产的评估价值，作为贷款偿还的重要保障，商业房地产抵押贷款的按揭比率一般为 60%—70%，超过 70% 的情况极其少见。按揭比率越低，则贷款金额相对房地产评估价值越低，抵押物能够承受越高的跌价空间，同时借款人违约意愿也越低，对证券偿付提供越高的保障。目前，在国内的 CMBS 项目中，大多数项目期间还本较少，期末还本金额较多，贷款期末本息的偿还主要依赖于借款人的再融资能力或抵押物的变现价值。

本文选取惠誉针对各个信用等级所需满足的指标作为参考，具体如表 10-7 所示。

表 10-7 不同业态商业物业 DSCR、LTV 与证券分层关系

信用级别	办公楼 DSCR	办公楼 LTV(%)	地区级购物中心 DSCR	地区级购物中心 LTV(%)	酒店 DSCR	酒店 LTV(%)	零售与工业物业 DSCR	零售与工业物业 LTV(%)	多户住宅 DSCR	多户住宅 LTV(%)
AAA_{sf}	2.10–2.20	38.50–43.50	2.05–2.15	41.50–46.50	2.95–3.05	35.00–40.00	2.10–2.20	40.50–45.50	2.00–2.10	42.50–47.50
AA_{sf}	1.80–1.90	45.50–50.50	1.75–1.85	48.50–53.50	2.45–2.55	42.00–47.00	1.80–1.90	47.50–52.50	1.75–1.85	48.50–53.50
A_{sf}	1.60–1.70	51.50–56.50	1.55–1.65	54.50–59.50	2.15–2.25	47.50–52.50	1.60–1.70	53.50–58.50	1.55–1.65	54.50–59.50
BBB_{sf}	1.45–1.55	57.50–62.50	1.40–1.50	61.00–66.00	1.90–2.00	55.50–60.50	1.45–1.55	60.00–65.00	1.40–1.50	61.00–66.00
BBB^-_{sf}	1.35–1.45	63.00–68.00	1.30–1.40	65.50–70.50	1.75–1.85	60.00–65.00	1.35–1.45	64.00–69.00	1.30–1.40	65.50–70.50
BB_{sf}	1.15–1.25	72.75–77.75	1.15–1.25	75.50–80.50	1.45–1.55	69.00–74.00	1.20–1.30	71.75–76.75	1.15–1.25	75.00–80.00
B_{sf}	1.00–1.10	87.50–92.50	1.00–1.10	88.50–93.50	1.20–1.30	86.00–91.00	1.00–1.10	87.00–92.00	1.00–1.10	88.25–93.25

【案例 10-6】

世贸天阶 2017 年度第一期资产支持票据

本交易通过使用偿债覆盖倍数和按揭比率两个指标来评估信用风险。

一、偿债覆盖倍数

偿债覆盖倍数反映了在各偿还时点上，本交易可分配资金对各档票据各期本息支出的覆盖水平，是评估违约可能性的关键指标。

在第一次开放转售之前，在一般情景下，优先级 A 档票据各期 DSCR 均在 2.03 倍以上，优先级 B 档票据各期 DSCR 均在 1.95 倍以上，中间级票据各期 DSCR 均在 1.78 倍以上。票据各档各期 DSCR 测算结果表明，本交易底层基础资产预期现金流对优先级 A 档、优先级 B 档、中间级票据的本息支出保障程度较好；在第一次开放转售之前，在组合压力情景下（净现金流下跌 20%，预期收益率上升 50 个基点），优先级 A 档票据各期 DSCR 均在 1.43 倍以上，优先级 B 档票据各期 DSCR 均在 1.36 倍以上，中间级票据各期 DSCR 均在 1.22 倍以上。票据各档各期 DSCR 测算结果表明，在压力情景下，本交易优先级 A 档、优先级 B 档、中间级票据的本息可以正常兑付。一般情景下，各级证券的 DSCR 水平如表 10-8 所示。

表 10-8 各级证券的 DSCR 水平

	一般情景下优先级 A 档 DSCR	一般情景下优先级 B 档 DSCR	一般情景下中间级 DSCR
第 1 期	2.03	1.95	1.78

（续表）

	一般情景下优先级 A 档 DSCR	一般情景下优先级 B 档 DSCR	一般情景下中间级 DSCR
第 2 期	2.19	2.11	1.93
第 3 期	2.05	1.97	1.80
第 4 期	2.12	2.03	1.86
第 5 期	2.13	2.04	1.87
第 6 期	2.19	2.10	1.92
第 7 期	2.13	2.04	1.86
第 8 期	2.17	2.08	1.90
第 9 期	2.09	2.00	1.83
第 10 期	2.15	2.06	1.88
第 11 期	2.12	2.03	1.85

二、按揭比率

评估机构提供的抵押物评估报告显示，抵押物涉及的区域可比案例较多，并且收益情况具有可预测性和持续性，区域租赁市场较发达，首佳评估通过采取比较法和收益法得到的抵押物价值为 608 673 万元。信用评级机构考虑了一线城市商业地产的跌价比率，结合目标项目所处区域、抵押房产分散度、设计特征、施工质量、交通便利程度等多个因素，经审慎分析，认为首佳评估通过采取市场法和收益法得到的抵押物价值较为合理。在首佳评估抵押物价值预测成立的情形下，本交易优先级 A 档票据 LTV 为 42.72%，优先级 A 档和优先级 B 档票据 LTV 为 44.36%，优先级和中间级票据 LTV 为 45.18%，处于较低水平，抵押担保措施对优先级和中间级票据本金的偿付具有良好的保障作用。

信用评级机构通过调整租金收入水平、租金增长率、资本化率等变量，测算标的物业在区域经济或行业波动等压力情境下，抵押物价值的变化情况。测算结果表明，如受托人行使《抵押合同》项下的担保权利，抵押物在压力情景下的抵押物价值扣除成本、税费后仍可覆盖优先级和中间级票据应付未付本息。

总体来看，在抵/质押物的第一受偿主体能在规定时限内办理为方正东亚信托的前提下，本交易优先级 A 档票据的 DSCR 和 LTV 两个指标均能够达到信用评级机构 AA^+_{sf} 级信用水平的参量要求；优先级 B 档票据的 DSCR 和 LTV 两个指标均能够达到信用评级机构 AA_{sf} 级信用水平的参量要求；中间级票据的 DSCR 和 LTV 两个指标均能够达到信用评级机构 AA^-_{sf} 级信用水平的参量要求。上述优先级 A 档票据的评级结果反映了该票据预期收益获得及时偿付和本金于法定到期日或之前获得及时足额支付的能力很强，违约风险很低；优先级 B 档票据的评级结果反映了该票据预期收益获得及时偿付和本金于法定到期日或之前获得及时足额支付的能力很强，违约风险很低；中间级票据的评级结果反映了该票据预期收益获得及时偿付和本金于法定到期日或之前获得及时足额支付的能力很强，违约风险很低。

资料来源：联合资信评估有限公司，"世贸天阶2017年第一期资产支持票据信用评级报告"，2017年。

10.5.4 交易结构分析

10.5.4.1 结构化安排

目前国内市场上 CMBS 产品一般采用两种交易结构。一种是以通过资金信托计划向借款人发放信托贷款,同时将标的物业抵押至资金信托计划,形成商业物业抵押贷款,然后以此享有的信托受益权作为基础资产,再通过信托公司设立财产权信托,此模式为"双 SPV"结构;另一种是借助委贷银行向借款人发放委托贷款,同时将标的物业抵押至委贷银行,然后以委托贷款债权及其附属按担保权利作为基础资产,通过信托公司设立财产权信托,此模式为"单 SPV"结构。一般 CMBS 的参与机构包括发起机构、主承销商、信托公司、监管银行、资金保管银行、信用评级机构、法律顾问、评估机构等。以"双 SPV"结构为例,CMBS 的一般交易结构如图 10-8 所示。

1. 常规交易安排

(1) 账户设置及资金划转

一般在账户设置中,会设置租金收款账户、监管账户、信托账户等。租金收款账户用于接收物业资产运营收入;监管账户用于接收从租金收款账户划转的资金,并用于偿还贷款本息,划转频率一般按月、按季、按半年等,在资产服务机构发生风险事件时,还可以设置加速归集和转付机制,以缩短商业物业的运营收入在租金收款账户停留的时间,缓释混同风险;信托账户用于接收监管账户划转资金,并用于兑付各档证券本息。

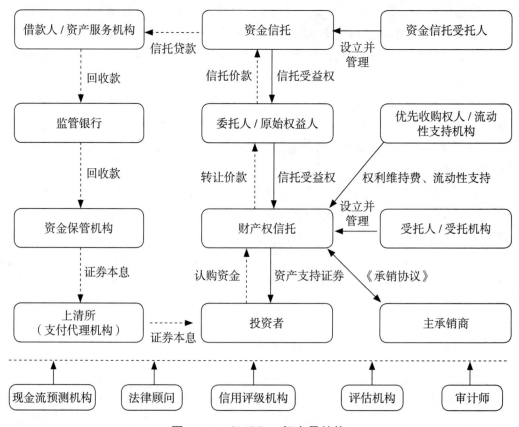

图 10-8 CMBS 一般交易结构

（2）优先收购安排

优先收购权是指优先收购权人享有在优先收购权行权期内任何一个工作日，优先收购受托人持有的基础资产的权利。因享有优先收购权，优先收购权人应支付权利维持费，权利维持费是信托计划的一项收入来源，对优先级资产支持证券具有一定的增信效果。权利维持费可以约定为固定金额，也可以约定为信托计划取得的信托利益与分配所需金额之间的差额，使得权利维持费客观上达到差额补足的效果。

（3）票面利率调整安排

目前已发行的 CMBS 中，较多设置票面利率调整安排，一般是指在每三年年末，发起机构经与受托人协商，有权对优先级证券的票面利率进行调整，自首个票面利率调整日（含该日）起，优先级证券的票面利率根据受托人发布的优先级证券票面利率调整公告确定。

（4）证券回售安排

证券回售安排是指优先级证券持有人有权在开放退出登记期（一般每三年开放一次）内申请回售优先级证券的份额，如优先级证券持有人未在约定期限内申请回售优先级证券，则视为优先级证券持有人决定继续持有优先级证券，且接受相应的证券利率调整。优先级证券持有人可以申请全部或部分回售优先级证券，受托人、主承销商和流动性支持机构应尽合理努力就已办理售回确认手续的资产支持证券份额寻找新的投资者，撮合新投资者与持有该等资产支持证券份额的原资产支持证券持有人进行交易，促使完成原资产支持证券持有人的回售。

如果截至某一流动性支持金额补足通知日时，受托人从登记托管机构获取的已确认完成回售的优先级证券份额，与该流动性支持金额补足通知日对应的开放退出登记期内确认回售的优先级证券份额存在差额，受托人以书面形式通知流动性支持机构后，流动性支持机构应于流动性支持金额补足日买入差额部分的全部份额。

2. 信用增级措施

（1）内部信用增级措施

超额覆盖：现金流覆盖倍数是指标的物业产生的净运营收入对优先级证券应付本息的倍数，覆盖倍数越大，则表明对优先级证券的增信效果越强。

优先/次级结构：在优先/次级结构中，优先/次级结构是指把基础资产的现金流分割成不同层次的子现金流并以此发行不同级别的证券，现金流的分配和损失的承担一般按照证券级别的高低来顺序进行，高级别证券一般先得到偿付，而低级别证券一般首先吸收损失，劣后受偿的分档证券为优先受偿的分档证券提供信用增级。

触发机制：在交易结构设计中，一般会设置"贷款提前到期事件""评级下调事件""违约事件"等事件作为触发机制，事件发生后将会导致信托提前终止或改变现金流分配顺序，对优先级证券的兑付起到一定的保障作用。

应收账款质押：标的物业在信托贷款存续期间的租金是借款人偿还信托贷款的主要还款来源，除了对标的物业租金进行资金监管，为了保障信托对租金债权的优先受偿权并防止借款人向第三人转让、质押租金债权，可以安排借款人将标的物业在信托贷款存续期间内的租金债权、管理费、物业费等应收账款进行质押。依据《物权法》和《应收账款质押登记办法》，质权人应在中国人民银行征信中心应收账款质押登记公示系统办理质押登记，质押权自依法登记时设立。应收账款质押担保措施对优先级证券的偿付具有较好的保障作用。

股权质押：借款人股东可将其持有的借款人的股权质押，为借款人偿还信托贷款的义务进行质押担保，股权质押为信托贷款增加了一项担保权利和债务违约的处置方式，相对处置资产，具有降低税费支出和权属转移操作难度的作用。

不动产抵押：不动产抵押是 CMBS 的核心增信措施，当借款人无法按时偿还信托贷款本息时，抵押权人有权依法处理标的物业，拍卖、变卖抵押物所得款项用于清偿信托贷款项下的全部债务。实操过程中，抵押物多存在权利限制，在交易结构设计中应明确解除在先抵押权，使受托人在约定时间内成为第一顺位抵押权人的相关缓释措施，缓释物权风险。

（2）外部信用增级措施

保证担保：CMBS 项目中，可以由主体评级较高的关联方或第三方机构等对优先级证券的本息偿付提供保证担保，当商业物业所产生的现金流无法足额偿付优先级证券应付的本息时，由担保方提供资金支持，确保优先级证券得到足额偿付。

差额支付承诺：一般由原始权益人或关联方担任差额支付承诺人，当商业物业所产生的现金流无法足额偿付优先级证券应付的本息时，差额支付承诺人对差额部分承担补足义务。差额支付承诺类似于担保，对优先级证券能够提供信用支持。

10.5.4.2 交易结构风险

1. 物权风险

物权风险是指在信托成立前抵押物存在权利限制，从而可能影响信托成为第一顺位抵押权人，对抵押权实现可能造成不良影响的风险。一般在交易结构设计中，可以采用先办理二次抵押、对信托贷款资金进行监管、在规定时间内办理第一顺位抵押等措施缓释物权风险。

2. 标的物业运营收入波动风险

根据交易文件约定，优先级证券各期利息和期间本金的还款来源为物业资产运营净收入，在信托存续期内，若物业资产运营净收入发生大幅波动，或将导致基础资产信托贷款无法按时足额偿付，进而对优先级证券的本息兑付产生不利影响。

3. 持续运营风险

标的物业运营方的持续运营能力将对物业资产的运营收入产生重要影响，进而影响优先级证券本息的兑付。需考察运营方的运营经验、经营情况、财务情况等，判断运营方的持续运营能力。此外，可能设置运营方股东承担运营成本的措施来缓释持续运营风险。

4. 混同风险

混同风险是指若借款人信用状况恶化，丧失清偿能力甚至破产，质押财产所涉及的特定期间的收入与借款人的其他资金发生混同，从而给本交易基础资产造成损失。在实操过程中，一般会设置监管账户和约定适当的资金转付频率，来缓释混同风险。

5. 流动性风险

基础资产当期所产生的收益可能不足以按时支付优先级证券利息及各项相关税费，从而产生流动性风险。在实操过程中，可能采用由关联方提供差额支付的方式来缓释流动性风险。

6. 再投资风险

在证券的各个偿付期内，信托账户所收到的资金在闲置期内可用于再投资，这将使信托财产面临一定的再投资风险。一般交易会约定，信托闲置资金仅可投资级别较高的商业银行低风险、高流动性资产，以降低再投资风险。

【案例10-7】

世贸天阶2017年度第一期资产支持票据

本交易利用优先/次级结构、触发机制、超额抵押等交易结构安排实现信用及流动性提升。

一、优先/次级结构

本交易采用优先/次级结构，具体划分为优先级、中间级和次级票据。资产池回收的资金按照合同约定的现金流偿付机制顺序支付，优先级分档的票据较劣后级分档票据优先享有信托受益权，因而具有更高的信用水平。

二、触发机制

本交易设置"信托贷款加速清偿事件"作为触发机制，发生信托贷款加速清偿事件的，受托人应与主承销商召集票据持有人会议表决决定是否要求基础债务人提前偿还全部信托贷款剩余本金且资金信托和财产信托进入加速清偿程序。触发信托贷款加速清偿事件会影响本交易信托利益的分配顺序。本交易触发机制的设置在一定程度上缓解了事件风险的影响，并提供了一定程度的信用支持。

三、超额抵押

首佳评估于评估基准日给予抵押物的评估价值为608 673万元人民币，优先级票据对于抵押物评估价值的抵押率为44.36%，优先级和中间级票据对于抵押物评估价值的抵押率为45.18%，形成超额抵押，对优先级和中间级票据形成强有力的信用支持。

除此之外，本交易还设置了保证金机制、担保机制及开放期安排。

保证金机制包括备付保证金和抵押保证金。发起机构应在信托贷款放款日后15日内向财产信托账户支付备付保证金，为可能发生的信托贷款还款期票据利率的调整提供保障，数额以届时计算的备付保证金最大金额为准。发起机构将备付保证金足额划转到财产信托账户之时，视为发起机构向财产信托账户支付备付保证金的义务已履行完毕。发行载体管理机构有权使用备付保证金对资产支持票据投资者进行分配，如发行载体管理机构使用备付保证金对资产支持票据投资者进行分配，则发起机构应及时将备付保证金补足至备付保证金最大金额。为保证抵押权人在本合同项下的抵押权登记（债权人作为第一顺位抵押权人）按时完成，抵押人同意在本合同签署之日向抵押权人支付人民币1 100万元至信托计划项下的信托财产专户作为办理抵押登记的保证金。为避免歧义，抵押权人和抵押人一致确认该保证金的性质不属于定金，系质押财产，且抵押权人对该保证金享有优先于抵押人其他任何债权人的受偿权。在抵押权登记（债权人作为第一顺位抵押权人）完成之日前，如债务人未履行主合同项下还本付息义务，抵押权人有权将该等抵押保证金用以冲抵债务人应付未付的信托贷款本息。自抵押权登记（债权人为第一顺位抵押权人）完成之日起5个工作日内，抵押权人应将前述抵押保证金余额无息返还抵押人。退还时发生的银行划款手续费应由抵押人自行承担，并由抵押权人指定信托计划保管人直接从抵押保证金余额中予以扣除；如抵押保证金余额不足以承担银行划款手续费的，则抵押人同意将该保证金余额及其利息归入信托财产，抵押权人有权不予以返还。

担保机制包括应收账款质押、股权质押及不动产抵押。根据《租金质押合同》，奥中兴业将底层基础资产质押给方正东亚信托，出质人奥中兴业应在《租金质押合同》签订60日内办理初始登记手续。奥中兴业就世贸天阶出租事宜续签、新签署房屋租赁合同，或作为物业服务分包人，就世贸天阶物业服务续签、新签署特定《物业服务分包合同》后导致《租金质押合同》项下质押财产发生变动，借款人应及时更新《租金质押合同》，并于每年4月30日前办理租金质押变更登记手续。瑞卡公司作为出质人将其持有借款人（奥中兴业）100%的股权（对应注册资本为17200万美元）以及该股权产生的孳息（包括在质押登记有效期内的股息、红利、公积金转增以及其他收益）质押给方正东亚信托。本交易的抵押物为奥中兴业依法所有的北京市朝阳区光华路9号（世贸天阶）1至4号楼部分房地产。借款人及方正东亚信托应于信托贷款发放后60工作日内办理抵押登记手续，将方正东亚信托登记为抵押财产的第一顺位抵押人。

开放期安排指在票据开放期，发起机构先后拥有两次提前还款选择权。于财产信托第12个支付日之前的第30个工作日，发起机构有权选择在下一个还款日是否一次性偿还信托贷款全部剩余本金并结清利息。如发起机构未行使第一提前还款选择权，优先级和中间级票据届时将调整一次利率并公告，优先级和中间级票据持有人有权在财产信托开放期内进行转售登记。发起机构在收到转售登记结果后可行使第二次提前还款选择权。如发起机构选择行使第二次提前还款选择权的，应向未进行转售登记的票据持有人支付提前还款补偿费。如发起机构未行使第二次提前还款选择权，票据将进行推广转售。财产信托开放期内，如截至流动性支持提供机构申购日，仍存在转售差额部分且该部分未经发起机构或流动性支持提供机构申购，为票据转售失败；反之，为票据转售成功。受托人应至迟于流动性支持提供机构申购日公告票据转售成功或失败的情况。

资料来源：联合资信评估有限公司，"世贸天阶2017年第一期资产支持票据信用评级报告"，2017年。

10.5.5 主要参与机构履约能力分析

10.5.5.1 主要参与机构

CMBS项目中涉及的主要参与机构包括资产服务机构、增信机构、受托机构、资金保管机构等，参与机构的履约能力将对资产支持证券的兑付产生重要影响。资产服务机构一般承担运营管理标的物业、收取标的物业运营收入、划转运营收入等职能，资产服务机构的持续运营能力将对标的物业的运营收入产生重要影响,应关注资产服务机构的运营经验、经营情况和财务状况等,判断其尽职履约能力;增信机构可以是借款人关联方,也可以是第三方公司,应综合分析增信机构的经营情况以及财务状况,对增信机构提供的增信效果做出判断;受托机构根据信托合同约定负责管理信托财产,定期披露信托财产和资产支持证券信息,并依据信托合同将信托账户内资金分配给投资者;资金保管机构负责保管信托财产资金,按照资金保管合同约定进行再投资和资金划转。

10.5.5.2 特殊资产服务机构

除了借款人担任资产服务机构的常规安排,也可以聘请专业的第三方资产服务机构对标的物业进行管理,包括对租金变化情况的核查、对借款人财务变动情况的检查、对重大租约变更的审核、对重大支出的审核、定期现场检查、督促完成跟踪评级和评估、逾期催收等。此外,特殊资产服务机构也可能认购部分优先级证券或次级证券,有利于其尽职履责。

10.5.6 法律及其他要素分析

评级过程中法律方面主要关注点包括:

(1)标的物业权属合法、清晰。

(2)标的物业的租金等运营收益稳定、可预测且可特定化,产生该等运营收益的租赁合同等法律文件合法有效。

(3)标的物业的物业管理合法合规性。

(4)标的物业上的抵押权、标的物业租金等运营收益上的质权等担保负担及其他权利限制情况及解除的安排。

(5)信托存续期间,将标的物业运营收益作为信托贷款主要还款来源后,借款人的持续经营能力和持续运营标的物业的能力。

(6)项目的增信措施及可执行情况,以及其他风险缓释措施。

(7)如发生加速清偿、违约事件等情形,标的物业的处置安排及借款人破产等事项对抵押担保的影响。

(8)底层资产回收款的监管安排。

(9)投资者退出方案的设计及可操作性。

本章小结

1.本章为资产证券化评级理论介绍与案例分析,全章共分为五节,分别为资产证券化概述、公司贷款支持证券评级、个人住房贷款支持证券评级、个人汽车贷款支持证券评级、商业房地产抵押贷款支持证券评级。

2. 第一节为资产证券化概述，介绍了资产证券化的基本概念、种类、历史发展状况及目前在中国的发展情况，使读者对资产证券化有一个科学、完整而概括的认识；第二节至第五节分别为五种单一种类产品介绍，各节内容采取理论和案例分析相结合的方式，阐述不同基础资产的特性、评级关注点、评级逻辑。一般来说，均要进行资产池组合信用风险分析和现金流及压力测试分析，不同类型的证券化产品在资产池组合信用风险分析方面可能有所不同，但在现金流及压力测试分析方面具有较高的相似性。

3. 具体来看，第二节介绍公司贷款支持证券的评级方法，公司贷款支持证券是市场上常见的一类资产支持证券。公司贷款支持证券的基础资产是银行（或其他金融机构）面向公司、企业发放的贷款。对资产池组合信用风险分析的基本原理为蒙特卡罗模拟法，蒙特卡罗模拟法是以概率和统计理论方法为基础的一种计算方法，广泛应用在金融衍生品的定价中。第三节和第四节所涉及的两种证券化产品均为零售类资产证券化产品，资产池组合信用风险分析主要采用历史数据分析方法，虽然在基础资产特性方面有所不同，但评级逻辑基本一致。第五节的商业房地产抵押贷款支持证券评级不同于前述证券化产品，主要关注抵押物业情况、物业运营的现金流、交易结构安排及外部增信措施等，在定量分析上采用 DSCR 和 LTV 两个指标作为主要工具。

本章重要术语

资产证券化　资产支持证券　基础资产　公司贷款支持证券　个人住房抵押贷款支持证券　个人汽车贷款支持证券　商业房地产抵押贷款支持证券　违约概率　回收率　损失率　资产池信用分析　现金流分析及压力测试　优先/次级结构　触发机制

思考练习题

1. 请阐述我国资产证券化的运作流程。
2. 请概括资产证券化评级方法。
3. 对公司贷款支持证券的资产池进行特征分析时，主要分析的指标包括哪些？
4. 什么是目标评级违约率？
5. 哪种类型的证券化产品评级过程中通常采用蒙特卡罗模拟的方法？
6. 静态数据信息与动态数据信息的区别有哪些？
7. 影响个人汽车贷款证券化损失率的主要因素有哪些？
8. 商业物业分析的关注点有哪些？
9. 请阐述商业物业抵押贷款证券化评级中的定量分析方法。

参考文献

［1］李振宇：《资产证券化——原理、风险与评级》，中国建筑工业出版社，2013。

［2］联合资信评估有限公司："飞驰建融2018年第一期信贷资产支持证券信用评级报

告",2018年。

[3] 联合资信评估有限公司:"建元2018年第四期个人住房抵押贷款资产支持证券信用评级报告",2018年。

[4] 联合资信评估有限公司:"融腾2018年第一期个人汽车抵押贷款资产支持证券信用评级报告",2018年。

[5] 联合资信评估有限公司:"世贸天阶2017年第一期资产支持票据信用评级报告",2017年。

[6] 中国银行间市场交易商协会:《个人住房抵押贷款资产支持证券信息披露指引(试行)》,2015年5月15日。

[7] 周以升、张志军、万华伟:《CMBS国际经验和中国实践》,中信出版集团,2017年。

[8] Fitch Ratings, "CMBS Large Loan Rating Criteria", 2017.

相关网络链接

联合资信评估有限公司网站:www.lianheratings.com

中国银行间市场交易商协会网站:www.nafmii.org.cn

中国债券信息网网站:www.chinabond.com.cn

惠誉公司网站:www.fitchratings.com

非金融企业债务融资工具注册信息系统网站:zhuce-original.nafmii.org.cn

金融市场从业人员
能力建设丛书

信用评级
理论与实务
（下册）

THE CREDIT RATING
Theory and Practice

中国银行间市场交易商协会
教材编写组 / 编

北京大学出版社
PEKING UNIVERSITY PRESS

目录 contents

>>>>>> 下 册 <<<<<<

第三篇 信用评级管理

第 11 章 评级独立性与利益冲突管理 ······ **385**
开篇导读 ······ 385
11.1 评级行业利益冲突的定义及产生的原因 ······ 386
11.2 保持信用评级独立性的利益冲突管理措施 ······ 393
11.3 国内外信用评级机构利益冲突管理实践 ······ 399

第 12 章 信用评级的流程与质量控制 ······ **411**
开篇导读 ······ 411
12.1 信用评级的流程 ······ 412
12.2 信用评级的质量控制 ······ 423

第 13 章 评级信息披露与透明度管理 ······ **432**
开篇导读 ······ 432
13.1 信息披露概述 ······ 433
13.2 信用评级行业信息披露与透明度管理实践 ······ 436
13.3 评级结果披露 ······ 446

第 14 章 信用评级结果的质量检验 ······ **462**
开篇导读 ······ 462
14.1 信用评级结果质量检验的内涵和意义 ······ 463
14.2 信用评级结果的准确性检验 ······ 467
14.3 信用评级结果的利差分析 ······ 492
14.4 信用评级结果的稳定性检验 ······ 498

第四篇　信用评级监管

第 15 章　国际信用评级行业监管 ······ 515

开篇导读 ······ 515
- 15.1　信用评级监管的基本理论 ······ 516
- 15.2　监管改革实践 ······ 520
- 15.3　信用评级机构的准入和退出制度 ······ 527
- 15.4　信用评级利益冲突的监管制度 ······ 535
- 15.5　信用评级信息披露制度 ······ 545
- 15.6　信用评级公司治理与内部控制 ······ 551
- 15.7　法律责任 ······ 555

第 16 章　中国信用评级行业监管 ······ 563

开篇导读 ······ 563
- 16.1　信用评级监管概述 ······ 564
- 16.2　信用评级市场的准入、市场化评价和退出 ······ 572
- 16.3　利益冲突监管制度 ······ 578
- 16.4　信息披露监管 ······ 583
- 16.5　公司治理和内控制度 ······ 586
- 16.6　法律责任 ······ 590

第 17 章　信用评级从业人员执业规范 ······ 596

开篇导读 ······ 596
- 17.1　信用评级从业人员执业规范概述 ······ 597
- 17.2　中国信用评级从业人员执业规范 ······ 600
- 17.3　国际信用评级从业人员执业规范 ······ 611

第五篇　信用风险度量和模型

第 18 章　信用风险度量 ······ 625

开篇导读 ······ 625
- 18.1　信用风险度量基础 ······ 626
- 18.2　信用风险基本要素度量方法 ······ 630

第 19 章　信用风险分析模型 ··· 650
    开篇导读 ·· 650
    19.1　基于财务指标的评分模型：Z 值评分模型、ZETA 信用风险模型与
          打分卡模型 ·· 651
    19.2　基于统计学的离散选择模型：Logit 模型和 Probit 模型 ································ 654
    19.3　基于市场价值的违约预测模型：KMV 模型 ··· 657
    19.4　其他信用风险分析模型 ··· 661

第三篇

信用评级管理

第 11 章
评级独立性与利益冲突管理

余 璐　翟　帅　党　黎（中诚信国际信用评级有限责任公司）

学习目标

通过本章学习，读者应做到：
◎ 理解评级行业利益冲突的定义；
◎ 掌握评级行业利益冲突产生的原因；
◎ 掌握信用评级机构利益冲突管理的措施；
◎ 了解国内外信用评级机构对利益冲突的管理实践。

■ 开篇导读

某工业公司准备发行一只债券进行募资，聘请某信用评级公司对债券进行评级。但该信用评级公司控股股东却持有该公司5%的股份，在这种情况下，如何确保信用评级公司能够给予公正的评级结果？如果控股股东对信用评级机构施压，要求其给予该工业公司更高的评级，信用评级机构该如何应对？这便是本章所讨论的信用评级机构利益冲突问题。

在评级业务实践中，信用评级机构可能面临多种利益冲突的情形。例如，当信用评级机构及评级人员在与发行人之间存在关联关系时，从发行人处获取利益进而出具不客观的评级报告，使发行人获利，即构成了利益冲突。再如，在投资人付费模式下，信用评级机构从投资人处获取利益，通过调高或调低评级的方式配合投资人对资产做多或做空,也是利益冲突的一种情形。总的来说,因为信用评级机构以获利为目的的本质和其评级结果准公共物品的特性存在一定冲突,这就导致在评级业务的开展过程中,存在产生利益冲突的可能。

利益冲突行为的发生会使得信用评级机构丧失独立性和公正性,长远来看可能影响信用评级机构的声誉并危及其发展;从金融市场层面来看,利益冲突行为造成的不公正评级结果可能会使投资者在被误导的情况下做出错误的投资决策,从而扰乱金融市场秩序。因此,利益冲突管理在评级业务的开展中非常重要。

通过本章的学习,我们可以认识评级行业利益冲突的定义,了解利益冲突的具体情形,同时学习到信用评级机构应当如何在实践中防范和应对这些利益冲突。

11.1 评级行业利益冲突的定义及产生的原因

11.1.1 评级行业利益冲突的定义

11.1.1.1 利益冲突的定义

利益冲突是英美衡平法中的一个重要概念。它是指当一方作为另一方的代理人行事时,同时担任了第三方的代理人,或者自己本身与被代理事项有重大的利益关联,而这种利益的存在可能产生这样一种实质性的危险,即代理方可能不为被代理人的最大利益服务,从而处于一种利益冲突的位置。

从学术研究的角度看,有学者认为利益冲突是指一个主体服务于两个或更多利益主体时,牺牲一方的利益,将另一利益主体置于较好的位置,该观点中的利益冲突主要是被服务方之间的冲突。还有一些学者认为利益冲突是处于受信任地位者应该履行的责任与私人利益之间的冲突,该观点中的利益冲突主要涉及服务方与被服务方或者授信者之间的利益关系,是指服务方为了个人利益牺牲被服务方利益而产生的利益冲突。另有一部分学者将利益冲突定义为不同主体的行为产生的利益要求,不同利益之间存在冲突。总结上述关于利益冲突概念的研究,可以看出,利益冲突应包括三层含义:(1)存在于不同的利益主体间;(2)指向的客体是各种形式的利益;(3)主体间的利益需求处于对峙状态。

11.1.1.2 评级行业利益冲突的定义

利益冲突广泛存在于社会各种场合之中,特别是在金融领域。欧盟2004年发布的《金融工具市场指令》(Market in Financial Instruments Directive)和2006年发布的《实施指令》(Implementing Directive)提到,客户可能会由于投资公司的利益冲突而处于不利地位或蒙受损失。以上两个欧盟法律文件规定了投资银行的利益冲突,主要界定了投资银行和客户之间的利益关系,同时防止投资银行为了自身利益而损害客户利益的行为。国际证监会组织(IOSCO)针对金融机构的利益冲突给予定义,IOSCO将"金融中介机构的利益与其客户、投资者或其他人的利益不一致，或者一些客户和另一些客户的利益相冲突的情况"称为利益冲突。IOSCO将金融中介机构利益冲突问题的对象扩大，不仅局限于客户，还将投资人和其他利益相关者考虑在内。

作为一种金融中介服务机构，信用评级机构同样面临利益冲突问题。但无论是学术界还是监管部门，尚未对评级行业利益冲突形成统一的定义。从学术研究角度来看，部分学者认为评级行业的利益冲突是指信用评级机构及评级人员在与发行人之间存在利益关联的前提下，利用自身信息优势，为谋求私利而出具不客观、不公正的评级报告，进而损害投资者等其他市场主体利益的行为。但该定义只关注在发行人付费模式下的信用评级机构及评级人员与发行人的利益冲突，而忽视了在投资人付费模式下，投资人和信用评级机构之间的利益冲突问题。

另有学者认为，信用评级利益冲突是信用评级机构在开展业务过程中不同利益主体为实现各自利益诉求干扰或试图干扰信用评级机构客观、公正地发布评级结果。信用评级利益冲突来源于信用评级机构的具体业务模式或具体业务过程，涉及多种利益主体，不同主体的利益诉求存在差异，即使同一主体在不同的评级服务中利益诉求也可能不同。为了实现各自的利益要求，这些错综复杂的利益关系可能会干扰或试图干扰信用评级机构客观、公正地发布信用评级结果，从而形成不同利益之间的博弈和信用评级机构在不同利益之间的取舍。该类型观点将信用评级机构与市场参与者的关系作为考量点，把影响评级结果的客观、公正性作为判断冲突的标准。但是，在具体评级实践中，部分分析师利用受评对象内幕消息获利的情形不在此范围内，因此以上评级行业利益冲突的定义也未得到完全认可。从监管和立法对评级行业利益冲突的认识来看，国内外监管机构并没有在理论层面形成关于评级行业利益冲突的一般性定义，只是针对评级行业所面临的利益冲突的具体情形进行了说明。

在具体实践中，信用评级机构既要为发行人服务，也要对投资人及其他评级使用者负责，在信用评级过程中，信用评级机构应保持客观、独立、公正性。但是，在各种复杂的服务与被服务的相关关系中，往往会产生利益冲突问题从而影响评级的独立、客观和公正性。综合学术研究及已有的相关防范利益冲突规定，本章认为，评级行业利益冲突是指信用评级机构（及员工）与评级委托方及其他评级使用者之间的关联关系影响或可能影响评级行为的独立、客观、公正性，进而评级结果对发行人、投资人及其他市场参与者的利益产生影响。

11.1.2 影响评级独立性的利益冲突情形

信用评级机构在揭示债券信用风险方面扮演着信息提供者的重要角色。这要求其在开展评级业务的过程中必须保持独立、客观、公正的原则。然而，信用评级机构在提供评级服务过程中，面临自身及投资者、融资者等市场主体的利益，各种利益之间往往存在着冲突。这种利益冲突问题不可避免地将对信用评级机构的独立性产生影响。根据对评级独立性的影响程度，可以将评级行业利益冲突情形分为禁止从事评级业务的利益冲突情形，以及需要披露和管理的利益冲突情形。

11.1.2.1 禁止从事评级业务的利益冲突情形

信用评级机构（或评级从业人员）与受评对象及相关方之间存在的私人关系被认为是对评级独立性干扰程度最大的因素，因此，当信用评级机构或评级从业人员与受评对象及相关方存在重大利害关系时，应当禁止从事评级业务。各国监管机构均对此做出了明确的规定。

在中国，根据中国人民银行、国家发展和改革委员会、财政部、中国证券监督管理委员会于2019年年底发布的《信用评级业管理暂行办法》，信用评级机构与受评经济主体或者受评债务融资工具发行人存在下列情形之一的，不得开展信用评级业务：（1）信用评级机构与受评经济主体或受评债务融资工具发行人为同一实际控制人所控制，或者由同一股东持股达到5%以上；（2）受评经济主体、受评债务融资工具发行人或者其实际控制人直接或间接持有信用评级机构出资额或者股份达到5%以上；（3）信用评级机构或者其实际控制人直接或间接持有受评经济主体或受评债务融资工具发行人出资额或者股份达到5%以上；（4）信用评级机构或者其实际控制人在开展评级业务之前6个月内买卖受评经济主体或者受评债务融资工具发行人发行的证券等产品；（5）影响信用评级机构独立性的其他情形。

就信用评级机构评级委员会委员及评级从业人员而言，在开展信用评级业务期间有下列情形之一的，应当回避：（1）本人、直系亲属持有受评经济主体或者受评债务融资工具发行人的出资额或者股份达到5%以上，或者是受评经济主体、受评债务融资工具发行人的实际控制人；（2）本人、直系亲属担任受评经济主体或者受评债务融资工具发行人的董事、监事和高级管理人员；（3）本人、直系亲属担任受评经济主体或者受评债务融资工具发行人聘任的会计师事务所、律师事务所、财务顾问等服务机构的负责人或者项目签字人；（4）本人、直系亲属持有债务融资工具或者受评经济主体发行的证券金额超过50万元，或者与受评经济主体、受评债务融资工具发行人发生累计超过50万元的交易；（5）信用评级行业主管部门和业务管理部门认定的足以影响独立、客观、公正原则的其他情形。

在美国，当信用评级机构或评级从业人员存在以下情形时，应回避与之相关的受评对象评级活动：（1）信用评级机构及参与信用评级过程的人员直接拥有受评级影响的主体的证券或者股权；（2）信用评级机构对其相关的主体开展评级活动；（3）参与评级过程的人员是受评对象的高管或者董事等；（4）受评对象最近结束的财年内向信用评级机构提供的净收入等于或超过信用评级机构本财年净收入的10%以上；（5）当信用评级机构或者信用评级机构相关人员向证券债务人或者发行人，承销商或担保人提供公司或法人结构、资产、债务或融资活动等建议时。

在欧盟，关于禁止从事评级业务的利益冲突情形有如下规定：（1）信用评级机构（包括个人）直接或者间接持有受评对象或相关第三方金融产品，或者与受评主体或第三方存在直接或者间接的股权关系时，不得对该受评对象开展评级业务；（2）当对信用评级机构持股比例超过10%，且对信用评级机构经营活动产生重大影响的重要股东持有受评对象或者相关第三方10%及以上股权或者对其经营活动产生重要影响时，信用评级机构不得对该受评对象开展评级业务;(3)评级过程参与人员是受评对象及相关第三方董事会或监事会成员时不得参与该受评对象评级业务;(4)信用评级机构持有股权在10%及以上的重要股东及对公司投票和决策产生重要影响的股东是受评对象或相关第三方董事会或监事会成员时,信用评级机构也不得对该受评对象开展评级业务;(5)受评对象或者相关第三方直接或间接控制信用评级机构时,信用评级机构不得对该受评对象开展评级业务;(6)受评对象或相关第三方持有信用评级机构10%及以上的股权或者对信用评级机构资本或投票权产生重要影响时,信用评级机构不得对受评对象开展评级业务。

从上面的规定可以看出,国内外监管机构均对信用评级机构或人员禁止性行为做了相应规定,但在具体规定的内容上则略有差异,如美国监管机构规定了禁止信用评级机构对占其收入比重过高的受评对象评级,避免受评对象通过收入干扰信用评级机构的独立性。美国监管机构要求,受评对象最近结束的财年内向信用评级机构提供的净收入等于或超过信用评级机构本财年净收入的10%时,信用评级机构应禁止对该受评对象进行评级。其他国家/地区的监管机构并未将此情形列为禁止性规定,目前中国也未规定该禁止性行为。

11.1.2.2 需要披露和管理的利益冲突情形

除了与受评对象存在关联关系或重大利害关系导致信用评级机构或评级从业人员无法在开展评级业务中保持独立,信用评级机构自身面临的商业性和公共利益性之间的冲突也可能会影响其独立性。从信用评级机构的性质来讲,信用评级机构作为一个企业实体,具有商业性。信用评级机构自产生之日起就采取商业性公司的形式经营。为了维持自身发展,信用评级机构需要为自身所提供的信用信息和评级服务收取费用。商业性决定了信用评级机构以营利为目的。信用评级机构在资本市场中所扮演的角色和地位决定了其需要承担维护公共利益的责任。信用评级机构承担的公共利益责任要求信用评级机构在营利目的之上,要兼顾社会责任,当两者发生冲突时可能会影响评级结果。因此,在具体开展评级业务的过程中,信用评级机构还需要针对以下利益冲突情形进行披露及管理:

1. 不同付费模式下的利益冲突情形

不同付费模式下的利益冲突情形主要包含:评级开展过程中的评级费用由发行人或承销商支付、由债务人支付、由投资人支付或受发行人、发起人、承销商等委托支付,不同的支付方可能由于不同的利益诉求而干预评级独立性。

在开展评级业务的具体实践中,信用评级机构一般通过发行人付费或投资人付费模式获取评级收入。两种付费模式下均存在利益冲突情形。

在发行人付费模式下,作为付费方的发行人希望在同等信用质量水平上获取更高的级别,进而降低融资成本,信用评级机构为了从发行人方获取评级收入,可能会做出故意迎合发行人级别要求的行为。而且,在发行人付费模式下,信用评级机构免费向投资人及其他评级使用者发布评级结果,信用评级机构缺乏为投资人尽责服务的驱动力。总体来看,在发行人付费模式下,国内外信用评级机构都面临着价格竞争的压力。这种由发行人付费的商业模式,不可避免地会招致利益冲突的诟病。发行人可能以此为要挟筹码而使得评级结果失真,信用评级机构将从中立的第三方转变为与发行方利益攸关的关联体。因此，在发行人付费模式下，信用评级机构可能为了从发行人方获取更多利益而发布有利于发行人的不客观、不公正的评级结果，从而损害投资人及其他评级使用者的利益。

在投资人付费模式下，投资人不同的利益诉求可能损害评级结果的独立、客观、公正性。例如，当信用评级机构提供的评级结果同时作为公开信息时，空头方希望未来债券价格低，为此，可能要求信用评级机构给予较低的信用评级；多头方为了使债券升值，未来预期卖出时获得较高收益，有调高受评债券信用等级的利益诉求。此外，投资监管门槛也会刺激投资人对信用评级机构施压。由于部门监管法规限定达到特定信用级别以上的债券才能投资，为了达到投资范围，投资人可能要求信用评级机构给出高于原始信用等级的评级以满足投资需求。因此，在投资人付费模式下，多头方和空头方不同的利益诉求以及监管对于投资债券的级别要求，可能导致出现投资人以评级费用为筹码威胁信用评级机构出具利于自身的评级结果，从而损害评级的独立、客观、公正性。

【专栏11-1】

利益冲突与评级行业付费模式之争

评级行业付费模式的演变

从评级行业的发展历程来看，在评级行业发展初期，由于市场对评级的需求有限，信用评级机构免费向公众提供评级服务。在20世纪30年代的美国经济"大萧条"中，大批公司破产，债券违约事件层出不穷，但被信用评级机构定位为高级别的债券却很少违约，这使得投资者和监管当局确信，信用评级可以为投资者提供保护，监管部门先后出台一些具体规定要求将评级结果作为投资准则。20世纪70年代以前，信用评级机构主要是通过将评级结果出售给投资者这一模式来获取盈利。20世纪70年代之后，伴随着美国证券交易委员会（SEC）开始实施国家认可的统计评级机构（NRSROs）制度，从联邦到各州，越来越多的监管部门将相关监管政策与NRSROs的评级结果挂钩。随着金融监管对信用评级结果的倚重程度日益加深，发行者通过支付评级费用"购买"评级的方式发行证券、进入资本市场的压力和动机也就越大。相对投资者而言，发行人更愿意向信用评级机构支付费用，以期望取得NRSROs较高的信用评级，降低融资成本，提高融资便利，信用评级机构的收费模式也从"投资人付费"模式向"发行人付费"模式转变。金融危机以来，虽然发行人付费模式因可能存在"评级购买""级别虚高"等问题而广受质疑，主要监管机构和学术界也针对信用评级机构的付费模式进行了多项研究，但在具体的实践中，大多数信用评级机构仍主要采取发行人付费模式，采用投资者付费模式的信用评级机构较少。

两种付费模式之争

评级行业的特殊性要求信用评级机构在营利目的之上兼顾社会责任，发挥降低交易成本、提高资本市场效率的作用。合理的收费模式不仅应当保证信用评级机构的正常运营与发展，还应当确保评级结果的独立、客观、公正性，能够有效解决交易双方信息不对称问题。对比评级行业的两种收费模式，无论是发行方付费还是投资者付费，均既有优势又具有一定的缺陷。

相对投资者付费模式而言，发行人付费模式最大的优势在于其更加有利于评级行业的发展及生存。从付费方的角度来看，相比投资者，发行方更愿意支付评级费用，这是因为通过获得信用等级，债券发行人能够在发行定价中得到公平对待，并能在拓展融资渠道、稳定融资来源、提高债券发行效率和树立良好信用形象等方面收获多重好处，而评级结果虽然对投资者的投资决策也具有重要的参考价值，但由于评级结果的准公共物品属性，采取投资者付费模式将导致单个投资者付费而多个投资者受益的"搭便车"行为发生，从而使得投资者对评级服务的支付不足，难以支撑信用评级机构的正常运转；从信用评级机构角度来看，向发行人收费的可操作性更强，这是因为在发行人付费模式下，付费主体是确定的，在这种一对一的评级付费模式下，信用评级机构也能够根据评级所投入的工作量，确定合理的收费标准，以弥补成本及获得合理收益。此外，在提高市场效率方面，发行人付费模式也明显优于投资者付费模式，假设存在足够多的投资者愿意为评级信息付费，那么支付评级信息费用的投资者与未支付评级信息费用的投资者所掌握的投资标的信息将会有所差异，与发行人付费模式下的无差别公开评级信息相比，这将加大资本市场的信息不对称性，导致市场效率的下降。

然而，在发行人付费模式下，信用评级机构为了从发行方获取评级收入，可能会做出故意迎合发行人级别要求的行为，发布不客观、不公正的评级结果，从而损害投资人及其他评级使用者的利益。"安然"事件及金融危机中信用评级机构的不佳表现，更是加深了市场对于发行人付费模式的担忧。相较之下，投资者付费模式下对评级结果的准确性要求更高。在这样的付费模式下，信用评级机构有足够的动力来获取投资者认可，而尽可能确保评级过程的公正以及评级结果的准确性。但由于投资者对短期市场冲击的反应较为敏感，因此在投资者付费模式下，为迎合投资者需求，信用评级机构将尽力确保所出具的评级信息反映即时市场信息，这势必将加大级别的波动性，导致信用评级机构所出具的评级信息的稳定性较差。

就利益冲突而言，无论是发行人付费模式还是投资者付费模式，均可能带来利益冲突。相对而言，采用投资者付费模式的信用评级机构在评级标准的制定和执行上更为严格，但发行人付费模式可能更容易获得市场认可，开展评级业务过程中也更容易得到发行人的配合。因此，目前，大部分信用评级机构采取的是发行人付费模式，但也有少数信用评级机构采取投资者付费模式。在国内，为了克服投资者付费模式下的"搭便车"问题，部分信用评级机构采用了投资人集体付费模式。由于国内投资者付费模式的信用评级机构在2010年才出现，发展历史还相对较短，其效果如何仍有待市场检验。

资料来源：根据公开资料整理。

2. 附属业务引发的利益冲突情形

国外信用评级集团除了从事信用评级主业外，还发展一些附属业务作为主业的补充，包括评级评估服务、风险管理、咨询顾问、经济研究等。例如，穆迪集团（MCO）由穆迪评级（MIS）和穆迪分析（MA）组成，穆迪评级负责开展评级业务，穆迪分析主要从事非评级业务。一般来说，国外信用评级集团在前期发展阶段以评级业务为主，在评级业务不断成熟和发展过程中，逐渐涉足风险管理、量化分析、行业研究等非评级附属业务。随着非评级业务份额的不断扩大，若附属业务与评级业务关联性增强，则会出现潜在利益冲突的可能。

从发行人角度看，发行人可能担忧如果它们不购买信用评级机构的附属服务，它们的评级可能会降低；从信用评级机构的角度来看，如果它在咨询服务中暗示将给予发行人某个评级，就会受到这个评级的约束。随着附属业务逐渐成为信用评级机构的重要收入来源，该利益冲突问题可能会更加严重。信用评级机构向发行人兜售其他业务的动力会影响信用评级机构的独立性。在评级业务的开展过程中，如果发行人同时购买了信用评级机构的其他附属业务，信用评级机构就存在调高发行人评级的动力，从而产生利益冲突。即使发行人是信用评级机构附属业务的潜在客户，信用评级机构依然存在与发行人成为利益共同体的可能性。

此外，证券化产品评级中也会出现附属业务造成的利益冲突问题。信用评级机构除了提供资产证券化产品评级以外，还直接参与资产证券化的构建过程，既参与设计又提供评级的实质就是信用评级机构自己为自己评级，类似于"既提供考卷又提供答卷"的做法，增加了利益冲突产生的概率。

3. 信用评级机构自身内控机制不健全导致的利益冲突情形

信用评级机构自身内控机制不健全、执行不到位、组织架构不合理可能引发一系列利益冲突问题。如信用评级机构业务、市场不分离，评级业务和非评级业务之间未建立有效的防火墙，信用评级机构及人员与受评对象存在利害关系时，信用评级机构未对其进行有效管理，在实际评级作业开展过程中，信用评级机构未对其与受评对象是否存在关联关系进行审查，评级人员未进行利益冲突审查，以上情况都可能引发利益冲突问题，对评级的独立、客观、公正性造成负面影响。

以评级和营销不分离为例，营销人员的主要任务是与发行人谈判评级费用，招揽评级业务，其动机是尽可能地扩大客户群，提高信用评级机构的收入。而从事评级分析的人员的目标是通过定性和定量的分析，发布独立、客观、公正的评级结果。当同一人从事两种活动时，存在不同动机相互冲突的重大可能，即信用分析师、负责批准信用评级的人员或者负责制定信用评级方法的人员，在评级费用谈判的背景下，因为商业因素而动摇信用评级的客观性。

4. 主动评级引发的利益冲突情形

在具体评级实践中，主动评级可能成为信用评级机构对那些不委托它们评级的发行人的一种威胁手段。威胁降低评级带来的财务影响可能对那些计划将它们的业务转到其他信用评级机构的发行人产生困扰。此外，信用评级机构经常在发布主动评级报告的同时将评级费用的账单寄到受评公司索取报酬，或者把信用评级机构内部评级费用表寄给受评公司以鼓励其支付对价，如果受评公司拒绝付款，则其信用评级就有被调低的可能。

5. 主承销商施压带来的利益冲突问题

主承销商在债券市场扮演着重要角色。现阶段，不同于国外由律师事务所等机构主导，国内的债券承销基本上由券商和银行等机构主导，这些承销机构在债券承销的各个环节均具有较大的话语权，足以影响发行人对其他中介机构的选择，其中就可能会影响发行人对信用评级机构的选择。作为债券发行的中介机构，为了在债券成功发行后收取相应的佣金费和在市场竞争中赢取客户，主承销商可能会服从于维护债券发行人的利益进而推动信用评级机构给出偏高的评级。在主承销商代表发行人进行委托评级并付费的模式下,主承销商能够对信用评级机构施加更大的影响,更容易迫使信用评级机构满足其利益诉求。

11.2 保持信用评级独立性的利益冲突管理措施

2002年的"安然"事件、2008年的次贷危机及2012年的欧债危机等重大风险事件发生后,越来越多的评级使用者开始对信用评级机构的独立性提出质疑,其中利益冲突问题被认为是影响评级独立性的主要因素。评级行业的利益冲突会严重影响信用评级业务的开展,并削弱信用评级机构评级结果的可信度,所以管理评级行业的利益冲突在评级业务的开展过程中有着相当重要的意义。信用评级机构应当从构建合理的公司治理结构、完善内部控制制度、加强评级从业人员管理等方面加强对利益冲突的管理,保持信用评级的独立性。

11.2.1 构建合理的公司治理结构

公司治理结构是信用评级机构利益冲突管理最基本的手段。合理的公司治理结构能够有效地防范利益冲突。信用评级机构在内部应建立监督职能机构,通过规定董事会内部构成和职权范围,建立董事会对公司利益冲突防范的监督机制。

11.2.1.1 对公司董事会、监事会及高级管理人员的规定

从董事会人员组成来看,董事会成员应有丰富的从业经验,并且应设置一定比例的独立于信用评级机构的董事会成员以保证独立性。独立董事会成员不能与信用评级机构受评公司有任何股权关联关系,并且不能持有受评公司的任何金融衍生品。从董事会的人员管理来看,为了保证独立性,董事会成员的薪酬不应该与评级业务数量等业务因素挂钩。董事会成员的任期应该提前固定,不得与评级业务数量等业务因素挂钩。在业务开展过程中,董事会除了履行应有的职责,还需要履行监督职责以防范公司利益冲突的产生。这些职责包括确立和维护信用评级的规则和流程,并设置、维护、管理和披露利益冲突的相关规则,以在公司的日常运行中从董事会层面防止利益冲突的产生。信用评级机构可以在董事会下设利益冲突管理委员会,利益冲突委员会定期向董事会进行汇报。

信用评级机构高级管理人员应确保评级活动的独立、客观性,不受任何政治、经济等外在因素影响;确保利益冲突被合理地识别、管理和披露。此外,应设置监事会,在监事会工作开展过程中应强调利益冲突审查的重要性,可设置利益冲突审查专员以监测董事会和总经理层面可能发生的利益冲突。

11.2.1.2 合规部门的设置

从部门设置来看,信用评级机构应设置合规部门,并在合规部门中设立利益冲突防

范专员（或利益冲突防范小组）以监测和防范全公司在人员组成、业务承揽和业务开展过程中可能产生的利益冲突。合规负责人对利益冲突的管理工作负责。合规负责人可直接向公司董事会、利益冲突委员会报告公司及员工利益冲突管理情况。合规部门及合规负责人对日常利益冲突防范进行培训、监督、检查及报告，以保证信用评级机构及员工按照监管要求和公司制度要求开展评级活动，保证评级独立性，提高公司员工利益冲突防范意识。

【专栏 11-2】

欧美在公司治理方面管理利益冲突的经验

一、美国

美国是世界主要经济体中处理评级行业利益冲突最早、经验最为丰富的国家。早在19世纪中期，美国就产生了第一批信用评级机构，当时信用评级机构普遍采用的是投资人付费的业务模式，后来逐渐转为发行人付费的业务模式。在信用评级机构的发展过程中，美国积累了相当丰富的利益冲突管理经验。美国的市场占有率较高的信用评级机构有三个（穆迪、标普和惠誉），三大信用评级机构主要采取发行人付费模式来开展评级业务。其他的市场参与者包括一些较小的信用评级机构采用投资者付费模式（如晨星，Morning Star）。总体而言，美国信用评级公司在公司治理层面会采取以下手段管理利益冲突：

美国信用评级机构管理利益冲突的核心理念是，通过有效地建立内部利益冲突审查机制，确保信用评级机构内控制度有效实施；通过充分发挥公司董事会、监事会及合规部门的监督职能，确保信用评级机构利益冲突防范制度的有效实施。从公司治理层面而言，一般的做法是从董事会层面开始管理，并发挥董事会自上而下的管理功能：对董事会成员资格、薪酬、任期，董事会的义务加以限定，降低利益冲突的可能性。信用评级机构根据监管要求设立董事会，且至少1/2的董事会成员（且不少于2人）应当独立于信用评级机构。独立董事应该包含信用评级结果使用者。

1. 为保持评级独立性，信用评级机构会根据以下条件挑选董事会成员：

（1）不能接受信用评级机构的咨询、建议或者其他从信用评级机构得到的报酬；也不能与信用评级机构、信用评级机构相关子公司或附属公司有关联；

（2）当独立董事被发现与现存评级结果有财务利益关系时，将取消该董事资格；

（3）董事会独立董事的报酬不得与公司盈利挂钩，并且任期应当事前固定，且不超过5年，不得重复任用。

2. 除了应有的责任外，董事会还负有以下的监督职责：

（1）建立、维护和执行确定信用评级的规则和流程；

（2）建立、维护和执行用于公布、管理和披露利益冲突的规则；

（3）确定信用评级规则和流程的内部控制机制的有效性；

（4）信用评级机构关于员工离职补偿与薪酬福利制度。

另外，为增加利益冲突管理的第三方意见，信用评级机构会指定一个合规部负责人，以确保其利益冲突制度和程序的实施，并确保其满足监管机构的法律、法规、制度等要求。

二、欧盟

与美国相似，在架设能有效防范利益冲突的公司构架方面，欧盟也是通过完善董事会构成和建立能够提供第三方意见的合规部门的方式来管理利益冲突的。具体措施有以下几点：

1. 建立董事会或监事会，确保高级管理层对利益冲突防范的监管

根据欧盟监管部门的要求，欧盟的信用评级机构高级管理人员在工作中遵照以下要求：确保评级活动的独立、客观性，不受任何政治、经济等外在因素影响；确保利益冲突被合理地识别、管理和披露；确保信用评级机构遵守监管要求；确保信用评级机构高管人员具备良好的声誉、丰富的从业经验。

同时，与美国 SEC 的监管要求相同，欧盟监管部门要求信用评级机构保证董事会成员的专业技能，且重视独立董事的地位，保证独立董事的数量，并对独立董事的从业经验和薪酬体系等方面进行要求，尽可能保持其独立性。在此要求标准下，欧盟信用评级机构对于董事会及其成员一般具有以下规定：

（1）董事会成员任职时应具备丰富的从业经验和金融知识，对于提供结构化产品的机构，至少有一名独立董事及一名其他董事会成员对结构化产品有着深入了解；

（2）独立董事不得参与评级活动且薪酬体系不得与信用评级机构业绩挂钩，且独立董事数量至少是董事会成员数量的 1/3 且不少于 2 名；董事会独立董事任期提前固定，一般不超过 5 年，任期满后不得重复任用；此外，独立董事只有出现不当行为或者专业表现不佳状况下才会被解雇；

（3）除了应有的责任，董事会还负有对以下事项进行监督的义务：建立、维护和执行确定信用评级的规则和流程；建立、维护和执行用于公布、管理和披露利益冲突的规则和流程；确定信用评级规则和流程的内部控制机制的有效性；信用评级机构关于员工离职补偿与薪酬福利制度的相关规则和流程。

2. 建立合规部门，保持合规部门独立性

欧盟信用评级机构借助合规部门建立了监测并报告信用评级机构及员工对监管制度的遵守情况的机制。合规部门享有足够的权力获取充分信息以判断公司合规运行情况，合规部门主管对公司合规情况负责，且负责向公司领导报告，合规部门主管工资与公司业务不挂钩。合规部门负责确保任何影响合规职能的利益冲突情形应被合理识别和消除，并定期向公司高管及独立董事报告公司合规管理情况。

3. 建立档案保存机制

欧盟信用评级机构建立了档案保存制度，有效保存影响评级活动独立性的重要记录。

4. 定期审查

欧盟信用评级机构建立了定期审查机制，定期审查评级技术、评级假设等。该审查独立于评级业务部门，且将审查结果直接报告公司董事会和监事会。

资料来源：信用评级专业委员会第一工作组，"信用评级行业利益冲突管理制度与实践研究"，2018年。

11.2.2 完善内部控制制度

内部控制制度是由信用评级机构自身建立并实施，以处理好不同业务性质下潜在的利益冲突问题的制度。在搭建了能够有效避免利益冲突的公司治理结构的基础上，有效的公司内部控制制度能够进一步帮助信用评级机构进行利益冲突管理。

11.2.2.1 回避制度

信用评级机构应建立回避制度，当信用评级机构或评级从业人员与受评对象存在影响评级独立性的利害关系时，信用评级机构或评级从业人员应被禁止对该利害关系主体进行评级。

当信用评级机构与受评企业或其关联机构存在足以影响信用评级独立性的股权关联关系以及开展评级业务前较短时间内持有与受评对象相关的证券或衍生品头寸时，信用评级机构不得对该受评对象开展评级业务。信用评级机构不得有不正当交易、商业贿赂以及向受评企业提供咨询服务等影响信用评级质量的违法违规行为。

参与评级的人员及其直系亲属与受评企业或其关联机构存在足以影响信用评级独立性的持股、受聘为高管或其他关键岗位，本人、直系亲属担任受信用评级机构或者受评级证券发行人聘任的会计师事务所、律师事务所、财务顾问等证券服务机构的负责人或者项目签字人，以及持有与受评对象相关的证券或衍生品账面价值较大时，应禁止对该主体进行评级；在开展信用评级业务期间，禁止信用评级人员参与买卖与受评对象相关的证券或衍生品。

11.2.2.2 防火墙制度

在评级业务的开展过程中，信用评级机构各部门之间可能会产生利益冲突。例如，如果业务承揽部门人员与业务部门人员有所重复，可能存在为承揽业务提前承诺评级的可能，从而产生利益冲突；如果合规部门人员与业务部门人员有所重复，可能会产生利益冲突审查过程中的不严格或遗漏。为保证防火墙制度的有效落实，信用评级机构可建立具体的分析师与市场隔离制度、费用讨论制度、禁止分析师级别营销制度等。此外，信用评级机构应该严禁同一人员在不同部门重复任职的情况。另外，部门之间的人员流动应由高层管理人员和合规部门利益冲突专员批准。除了在公司内部不同部门之间建立防火墙，还应当建立法人机构防火墙，规避股东、客户等外部机构对评级决策的影响。

11.2.2.3 明确的评级流程

在评级业务的开展过程中，信用评级机构应该建立步骤细致、规则明确的评级流程，并由合规部门监督评级人员严格遵守制度，以防范评级业务开展过程中的利益冲突。

11.2.2.4 业务审查制度

在业务开展过程中或评级业务完成后，合规部门仍应对业务过程中涉及的相关人员进行利益冲突相关审查。一旦发现利益冲突的情况，应及时对项目人员进行更换，或就已经披露的评级结果进行利益冲突声明。

11.2.2.5 非公开信息保密制度

信用评级机构应当针对访问非公开信息时存在的潜在利益冲突制定相关管理措施。尤其是对于直接获取或者有机会获取非公开信息的进场访谈人员、信评委参会人员、归档人员等，应要求其对非公开信息保密。

11.2.3 评级从业人员管理

评级从业人员在评级结果决策中扮演着重要角色，加强评级从业人员利益冲突管理成为保持评级独立性的重要考量。信用评级机构应当从建立评级从业人员执业规范、加强评级从业人员职业道德建设、合理设计信用分析人员薪酬管理、制定信用分析人员参与业务的相关制度、建立评级从业人员利益冲突的主动报告制度、建立离职人员审查制度等方面加强对评级从业人员利益冲突的管理。

11.2.3.1 评级从业人员职业道德建设

信用评级机构应当制定员工执业守则，加强从业人员的职业道德建设。具体内容可以包括以下几个方面：(1) 评级从业人员不能以承诺分享投资收益或者分担投资损失、以级定价、压价竞争、诋毁同行等不正当竞争手段招揽业务或获取不正当利益，进行恶性竞争。(2) 信用分析人员应遵循独立、客观、公正的原则开展信用评级。(3) 评级从业人员在参与评级项目之前，应对自身与评级对象及其他关联方之间可能存在的利益冲突情形进行检查，如不存在利益冲突情形，应做出相关承诺；如存在利益冲突情形，应及时主动告知相关部门并采取回避措施。评级过程中或评级完成后，评级从业人员发现自身与评级对象及其他关联方之间可能存在利益冲突情形的，应主动及时告知相关部门评估可能对评级结果的影响，并采取回避措施。(4) 禁止商业贿赂，评级从业人员不得以现金返还、业务回扣等商业贿赂方式获取某一特定的评级业务，亦不得以抬高或降低评级结果为条件诱使或逼迫评级对象支付更多的评级费用；在评级过程中，不得向评级对象及其他相关方索取不当得利，不得向评级对象及其他相关方提出超出评级工作需要的要求；不得接受评级对象及其他相关方提供的现金、购物卡或其他利益，以及参与评级对象及其他相关方组织的与评级项目无关的活动。(5) 信用评级分析人员在开展评级业务的过程中，应当履行保密义务。

11.2.3.2 信用分析人员薪酬管理制度

信用分析人员的汇报途径及其报酬安排应设计成有助于消除或有效管理实际或潜在的利益冲突的形式。信用分析人员的报酬及绩效考评不得以该信用评级机构从该信用分析人员负责评级或与该信用分析人员接触的受评对象得到的收入额为基准。信用评级机构应对评级从业人员的报酬政策进行定期的修订，确保该政策不会削弱评级过程的客观性。

11.2.3.3 信用分析人员参与业务的相关制度

信用评级机构应与内控制度相结合，建立信用分析人员回避制度、信用分析人员与市场人员隔离制度以及信用分析人员轮换制度。

信用分析人员回避制度是指，当信用分析人员与受评对象存在禁止从事评级业务的利益冲突情形时，应当禁止其参与评级业务。

信用分析人员与市场人员隔离制度是防火墙制度的一部分，信用评级机构不应与直接参与评级过程的员工讨论该项目的收费问题。

信用分析人员轮换制度是指，信用分析人员对于一家企业的连续评级年限应该受到严格控制，防止在评级过程中信用分析人员与企业的关系过分紧密。另外在指派信用分析人员时，合规人员应该对相关人员的过往评级经历进行审核，以防止利益冲突的发生。

11.2.3.4 评级从业人员利益冲突的主动报告制度

信用评级机构应当要求信用分析人员若涉及可能产生真正或潜在利益冲突的任何个人关系（例如，与该信用分析人员的分析责任范围内的受评对象的雇员或该实体的代理人有任何个人关系），须向指定的合规部门主管或负责人员披露该关系。

11.2.3.5 证券交易管理制度

信用评级机构应当要求评级从业人员定期向监管机构或者信用评级机构提交自身及直系亲属的证券账户信息，或者通过雇用第三方机构识别评级从业人员未披露的证券交易信息，以防止部分评级从业人员未向其披露全部证券账户信息，保证信用评级机构真实、有效地执行回避制度。

11.2.3.6 离职人员审查制度

实施离职人员审查制度是防范利益冲突的"双保险"。在有完善回避制度的前提下，完善的离职人员审查制度可以防范"漏网之鱼"，并对可能出现利益冲突影响的在职评级工作人员产生威慑作用。信用评级机构应该建立相应的制度和程序来审查目前受雇于受评发行人或者相关金融机构的离职评级从业人员。离职人员审查的范围包括：信用评级机构高级主管、参与相关评级活动的评级分析师以及监督他们的信用评级机构管理者。对于离职后发现存在利益冲突情形的，信用评级机构应复查与该人员相关的评级业务并给出相关评定，存在利益冲突情况的应及时向公众披露信息。

11.3 国内外信用评级机构利益冲突管理实践

11.3.1 国际三大信用评级机构的利益冲突管理实践

三大信用评级机构主要从公司治理结构、构建回避制度及评级业务与附属业务隔离制度，以及加强对利益冲突的信息披露等方面来进行利益冲突管理。

11.3.1.1 公司治理结构

三大信用评级机构在公司治理方面采取了若干行动，以进一步加强其评级的公正性和独立性。惠誉集团设立信贷及风险专员，以加强结构化融资的资源监控；穆迪建立了全球合规部门，加强合规方面的资源投入，提高公司的合规管理能力；标普聘请了外部独立董事，成立了政策管理委员会（Policy Governance Group）和风险检查委员会。

11.3.1.2 构建回避制度

信用评级机构制定了较为完善的回避制度，主要针对信用评级机构及从业人员持有受评对象一定数量证券或存在其他关联情况时应当回避的情形。信用评级机构都禁止分析师与其评级的发行人之间存在利益关系，比如持有发行人的股票。同时，信用评级机构还禁止分析师进行相关的证券交易行为，特别是当交易对象为拟评级发行人的证券时，分析师的任何直系亲属都被禁止持有其所在评级部门评级的任何证券。此外，部分信用评级机构还雇用第三方机构来审查分析师是否拥有其他未披露的证券账户。

11.3.1.3 评级业务与附属业务隔离制度

信用评级机构的某些商业活动一旦被确定为附属业务，则该附属业务必须由评级团队之外的独立公司、独立部门或信用评级机构子公司提供，且上述独立公司或部门均应遵守防火墙政策的要求。在具体实践中，国外信用评级机构通过设立子公司来实现咨询业务与传统评级业务的隔离。比如，穆迪集团控股两家子公司，其中穆迪投资者服务公司提供信用评级服务，穆迪分析公司则提供风险评估、信用研究、定价咨询等非评级类服务。标准普尔金融服务公司经营的业务较为多样化，其中，信用评级服务主要由子公司标准普尔评级公司提供。除信用评级服务外，标准普尔金融服务公司还提供定价咨询、风险管理咨询、投资者培训、数据支持等服务。惠誉集团设立了 Fitch Solutions，与惠誉评级分开管理。Fitch Solutions 提供包括所有非评级产品和服务、产品开发和产品销售以及培训的业务。Fitch Solutions 的创立，使得非评级业务与评级业务进行了严格的区别。

11.3.1.4 有关利益冲突的信息披露

信用评级机构在向 SEC 提交的 NRSROs 注册表格中，需要提交两个附件：第一个附件（Exhibit 6）是定义与信用评级发行相关的利益冲突。第二个附件（Exhibit 7）是识别和管理利益冲突的制度和程序。定义利益冲突的第一个附件涉及发行人、承销商、债务人、投资人付费问题，为受评发行人或者债务人提供其他非评级业务问题，信用评级机构及从业人员持有受评对象证券或者与受评对象存在利益关系问题，公司股东与受评对象存在关联关系问题等。第二个附件披露了信用评级机构对利益冲突的管理制度。

【案例 11-1】

穆迪利益冲突管理相关制度介绍

国际信用评级机构利益冲突制度体系较为健全。以穆迪为例，根据监管要求，穆迪需要在其注册和更新 NRSROs 表格中披露其利益冲突管理制度，截至 2018 年年初穆迪一共制定了 31 部制度管理自身利益冲突问题，内容涉及专业行为守则、离职人员审查制度、市场与评级业务隔离制度、轮换制度等。穆迪在其制度中规定了穆迪需披露其高管和股东任职于受评对象的情况、直接或者通过子公司等间接持有穆迪集团超过 5% 股份的受评对象企业信息，建立了穆迪集团首席执行官和高级财务官的道德准则，要求高管制定利益冲突的制度并保证其实施。

在制度方面，内容较为具体的为《穆迪评级专业行为守则》。穆迪在行为守则中，将利益冲突管理作为规定信用评级机构及从业人员行为的准则，并具体规定了信用评级机构及分析师或员工的利益冲突管理规定。主要包括：

1. 制定利益冲突防范机制

穆迪针对利益冲突情形，制定利益冲突防范机制，对不同付费模式下的利益冲突、附属业务引起的利益冲突、关联方的利益冲突进行管理，披露与受评对象之间的薪酬安排，并规定相应禁止行为；对投资人付费模式下评级过程中可能存在的利益冲突，接受受评对象委托的其他非评级的附属业务过程中可能产生的利益冲突进行管理；对与穆迪集团有重大经济利益关系的受评对象评级时可能产生的利益冲突进行管理；及时完备地披露真实存在或者潜在的利益冲突。此外，根据监管要求，穆迪还披露与受评对象之间的薪酬安排的基本框架，披露评级业务与咨询业务收入占比，披露单一客户收入占净利润 10% 以上的客户名单。穆迪规定自身不得持有受评对象相关证券，当受评对象对信用评级机构具有监管职能时，信用评级机构在对其受评对象进行评级的过程中，应当将参与评级的人员同评级公司负责与监管机构交涉的人员进行隔离。

2. 穆迪对分析师和参与评级过程或对评级结果可能产生影响的人员的要求

（1）建立合理的分析师薪酬制度，以消除或有效管理真实或潜在利益冲突。信用评级分析师的薪酬不与评级业务收入相挂钩。穆迪定期审查公司薪酬制度，以降低分析师或人员产生利益冲突行为的可能性。

（2）评级人员与市场人员工作相互独立。评级人员包括参与评级项目及制定评级模型和评级方法的人员。评级人员存在以下情况则禁止参与评级过程：评级从业人员及家庭成员持有受评对象、子公司及其他重要相关方证券；近一段时间内评级从业人员及直系亲属曾受雇于受评对象及相关公司；参与评级费用谈判的人员；收取受评对象及相关方礼物、现金的人员。

(3) 建立证券交易管理制度。按照证券交易制度，参与评级过程的人员及家庭成员禁止买卖受评对象或其相关方发行、担保或提供支持的证券。

(4) 遵守道德行为准则。根据穆迪有关接受受评对象馈赠的制度，穆迪禁止评级参与人员接受受评对象及相关人员的礼物、好处等。

(5) 建立离职人员审查制度。此外，穆迪要求评级从业人员与受评对象及相关方存在可能产生利益冲突的私人关系时，应将关系报告给经理或者合规部门。

资料来源：穆迪公司官方网站。

【案例11-2】

惠誉的"防火墙"政策介绍

一、介绍

总的来说，惠誉禁止为其直接或间接控制的经济实体提供信用评级服务。同时，对于无实际控制权的附属机构，惠誉应对可能存在的利益冲突进行管理及披露。

二、名词解释（略）

三、发布评级结果的禁止

本部分是为惠誉评级在初评或跟踪评级过程中可能遇到的任何情况所设立。为防止怀疑，任何惠誉评级机构不可对任何惠誉评级的其他机构进行评级。

1. 在欧洲范围之内：

(1) 欧洲内部的惠誉评级机构不可对欧洲法律视为在欧洲范围内在利益冲突方面不合格的机构或其证券产品进行评级；

(2) 如果欧洲范围内的惠誉评级机构正在保持对一个机构或一个经济实体所持债券的跟踪评级，当合规部门发现此机构出现了利益冲突情况不合格的情形，合规部门将会开启评估流程，从而评定此机构是否能被继续跟踪评级。

2. 如果欧洲范围外的企业被发现存在利益冲突，则惠誉应终止对该机构的评级。

四、信息披露

此部分针对第三部分中没有及时终止评级的情形，即使没有及时终止评级，但是为了妥善管理利益冲突，对存在的此类情形仍应进行披露。

1. 可被披露的利益冲突

如果惠誉评级被发现存在上述条款中提到的跟其所评级或将要评级的机构存在一定的利益冲突，惠誉评级必须：

（1）针对任何已经向公众发布的企业或企业所持证券的评级，若存在利益冲突情形，惠誉评级必须在其网站上公布此信息，并披露相应的公司动作；

（2）针对私人评级信息，或任何后续出现的评级改变，需要通过评级信件通知。

2.主管附属机构的全球信息披露

（1）惠誉评级附属机构必须按年度向惠誉指导机构进行定期的信息披露，形式为将相关信息披露在其公共网站上；

（2）在公共网站上发布评级结果及相关的跟踪评级改动。

五、其他控制条例与要求

1.员工通知条例

如果员工发现：

（1）任何所有权、指导权或控制权的披露不正确或不完整；

（2）事前已发布的评级中所涉及的事实或情况发生了变化，员工应：

a.除了继续履行监督义务，员工应立即停止与此部门相关的任何信用评级活动，除非合规部门另行通知；

b.等待合规部门审定是否存在利益冲突。

2.合规

合规部门的责任有：

（1）制定、更新和发布合规部门相关条例；

（2）评估利益冲突过程相关条例。在评断可能出现的新的利益冲突是否会引发第三部分中的利益冲突禁止情况时，应该建立一个利益冲突小组对以下维度进行评估：a.利益冲突的具体细节；b.惠誉是否应该在存在此利益冲突的前提下，继续进行此评级或针对此评级进行跟踪评级，如果继续，此前进行过的评级行动是否需要重新估计；c.发布信息披露的较为合适的信息和类型；d.是否有额外的控制措施需要被采用；e.与相关雇员对评估相关措施进行讨论。

3.商务关系管理

在与受评公司开始商务合作关系前，或决定是否继续与受评公司进行商务合作时，相关员工应自查是否与受评公司之间存在利益冲突。

4.分析团队要求

在进行评级或进行跟踪评级前，评级团队的负责人应在评级业务开展前评定是否存在利益冲突及信息披露违规。

资料来源：Fitch Rating, "Firewall Policy", 2013。

11.3.2 国内信用评级机构的利益冲突管理实践

根据监管政策和监管制度要求，国内信用评级机构基本建立了回避制度、防火墙制度、分析师轮换机制和离职人员审查制度，并通过建立评级从业人员执业行为规范等方式进一步加强员工的利益冲突防范意识。

11.3.2.1 建立回避制度

总体来看，目前国内信用评级机构均建立了回避制度。从信用评级机构披露的相关制度内容上看，主要从信用评级机构和评级分析师两个层面规定了存在利害关系应当回避的情形。在具体实践上，主要从信用评级机构与评级对象存在利害关系的情形、评级分析师及信用评级委员会（信评委）委员应当回避的情形上加以规定。在决定是否承揽项目时，信用评级机构会对与评级对象是否存在利益冲突进行评价并采取相应回避措施。业务部门在组建评级项目小组之前，要对拟派项目组成员的合规性进行审查，项目组成员在组建项目之前必须填写与受评企业有无利益冲突的声明书，如存在需要回避的利益冲突情形，必须采取回避措施，不得参与该评级项目。如果信评委或其直系亲属与评级对象有股权或其他利益关系，则不得参与该项目的表决。

11.3.2.2 建立防火墙制度

在具体实践中，信用评级机构通过建立法人机构防火墙，规避股东、客户等外部机构对于公司评级决策的影响。通过建立公司部门间、部门内部防火墙，合理划分内部机构职能，保证从事评级业务的部门和市场部门及从事其他业务的部门之间在人员、业务和档案等方面保持相对独立。市场人员不得参与报告撰写和等级评定，不得干涉分析师和信评委独立、客观和公正地进行评级分析和决定信用等级。评级分析师不得承担市场开发职责。评级项目根据评级业务分工及性质由相应的评级业务部门负责实施，部门之间保持相对独立性。

11.3.2.3 分析师轮换机制

根据监管规定，信用评级机构实行评级分析师轮换机制。对于确定立项的评级项目，在组建评级项目小组时，首先就小组成员与受评企业或其相关第三方连续提供信用评级服务的年限进行确认，严禁评级项目小组成员连续5年为同一受评企业或其相关第三方连续提供信用评级服务。目前交易所市场监管未对分析师5年轮换做出明确要求。

11.3.2.4 离职人员审查制度

根据信用评级机构规定，当离职人员离职后新聘用单位为其曾参与评级的受评对象、受评债务融资工具发行人、评级委托方或者主承销商的项目时，应对该人员进行离职人员审查。信用评级机构规定了离职人员审查的范围、离职人员利益冲突审查追溯期限（一般为2年）。

11.3.2.5 建立评级从业人员执业行为规范

与国外信用评级机构类似，国内信用评级机构均建立了评级从业人员执业行为规范，规定评级从业人员与受评对象之间可能存在的利益冲突问题及应该回避的具体情形。

11.3.2.6 建立信息保密制度

为了避免评级从业人员利用受评对象内幕消息获利,信用评级机构通过建立评级从业人员的信息保密制度,规范保密信息管理。

11.3.3 国内外信用评级机构利益冲突管理实践总结

11.3.3.1 国外防范利益冲突的制度安排

国外信用评级机构均建立了防范利益冲突的制度安排,规定了利益冲突的具体情形。但是,国外监管机构在具体检查中发现信用评级机构在利益冲突管理中也存在评级业务易受市场影响、信息保密制度不健全、评级机构员工与受评对象私人关系核查机制不完善等问题。

防火墙制度有效地将市场部门和业务部门进行隔离,将其他存在潜在利益冲突问题的部门之间进行隔离。通过分析师轮换制度,减少评级分析师与单一客户之间因长久关系而可能存在的利益输送问题。通过离职人员审查制度,对目前受雇于受评对象的信用评级机构离职人员进行审查,确保离职人员在离职前对该受评对象的评级行为是独立、客观、公正的。通过设立合理薪酬体系,保证评级分析师薪酬不与公司具体业绩挂钩。

根据国外监管机构的检查,国外信用评级机构将分析师与销售部门进行隔离也无法完全避免利益冲突。评级业务人员时常受到市场业绩的压力,通过使用较为宽松的评级方法或模型,造成评级虚高。

在信息保密上,部分信用评级机构并未对员工从评级工作中获知受评对象的内部信息制定合理保密制度,信用评级机构允许高管接触受评对象的财务等重大非公开信息,但没有政策去防止由此产生的利益冲突问题。

在处理信用评级机构及员工与受评对象私人利益关系方面,监管机构发现信用评级机构缺乏具体利益冲突防范措施。例如,部分信用评级机构并未形成利益关系报告系统,难以确保信用评级机构全面、及时地发现员工与受评对象之间的私人关系。此外,如果发现员工持有受评对象股份,对于是否要对这些股份进行剥离、如何剥离等问题,信用评级机构并未制定与之相关的制度。信用评级机构在监管机构不断检查和发现问题的过程中逐渐完善自身的利益冲突管理制度。

【专栏 11-3】

"安然"事件与信用评级机构利益冲突管理

一、"安然"事件背景介绍

2001 年,位于美国得克萨斯州的安然公司(Enron)宣布破产。在宣布破产前,安然公司曾是世界上较大的能源、商品和服务公司之一。安然公司在2001年年末因为财务造假问题宣布破产。但在安然公司的财务问题暴露出来之前，并未有信用评级机构事先调低安然公司的评级。市场认为信用评级机构作为带有监管责任的机构，未在此事件中做出适时的反应，没有及时地起到风险防范的作用。相应地，信用评级机构开始将自身利益冲突监管加强提上议事日程。相比此前对信用评级机构相对少的干涉和监管，"安然"事件发生以后，监管机构开始加强对于信用评级机构的监管，对信用评级机构提出新的要求，信用评级机构也相应做出了整改。而这些监管要求中，加强信用评级机构利益冲突的管理是重要要求之一。

二、"安然"事件后评级机构利益冲突管理的改革方向

"安然"事件之后，监管机构和信用评级机构都开始重视当时的付费模式及业务开展模式可能导致的利益冲突问题。美国《1933年证券法》《1934年证券交易法》中关于信用评级机构的规定相对较为陈旧，在会计职业监管、公司治理、证券市场监管等方面都存在一定问题，无法对当时的信用评级机构做出有效的约束。当时有关信用评级机构的利益冲突问题主要存在于以下几个方面：

（1）在发行人付费模式下，信用评级机构是否需制定并执行相关制度以更好地管理利益冲突问题。如前文所述，在发行人付费模式下，信用评级机构或评级分析师可能存在为获取客户或售卖其他相关产品故意给予发行人债券较高评级的动机，并且在缺乏监管的情况下，这种动机可能更为明显，也更不容易被相关人员发现。

（2）信用评级机构是否应禁止或严格限制评级分析师和投资人付费模式下订阅者间的直接接触。在投资人付费模式下，如果评级分析师和投资人接触过多，可能会发生评级分析师与投资人合作通过评级牟利的情况。

（3）附属业务产生的利益冲突问题。信用评级机构在开展评级附属的其他营利性业务时，是否应该制定并执行相关程序以管理评级业务与非评级业务之间潜在的利益冲突。

"安然"事件后，SEC就以上问题，召开了关于信用评级机构利益冲突解决的听证会，邀请了信用评级机构、发行人等金融市场参与者参与，综合多方意见确定了"安然"事件后信用评级机构的改革方向：

（1）信用评级机构自身设立制度管理发行人付费模式下的利益冲突。听证会的参与者经过广泛讨论，普遍认为在发行人付费模式下，信用评级机构不会出现非常重大的利益冲突问题。其原因一方面在于发行人付费模式较为普遍，对于发行人付费模式可能出现的利益冲突监管相对而言较为全面。另一方面，违反利益冲突对信用评级机构作为一个独立客观评级机构的名誉损伤较为严重。虽然发行人模式下存在潜在的利益冲突和评级泡沫，但是考虑到对声誉的影响，信用评级机构一般会自己对利益冲突进行处理。所以针对发行人付费模式下的利益冲突，信用评级机构只需自身设立更加完善的内部审查制度即可。

（2）信用评级机构需要配合监管机构针对投资人付费模式下的利益冲突设立更完善的规定。一些大的信用评级机构一般会将评级结果和重要评级理论公开披露给订阅者和非订阅者，但是信用评级机构会将评级报告和其他相关分析细节额外披露给订阅者，并且订阅者有可能直接与评级分析师进行口头沟通交流，在此沟通中，可能会增加订阅者获取发行人非公开信息的风险。此外，

评级分析师与订阅者的沟通联系可能会向订阅者传递未来评级变化趋势的信号及未来对市场的影响。故针对投资人付费模式，信用评级机构需跟监管机构高度配合，设计出更为有效、透明的利益冲突防范模式。

（3）附属业务可能带来的利益冲突开始得到重视。随着金融市场的不断发展，信用评级机构的业务开始不仅仅局限于评级业务，进而扩展到咨询、市场研究等业务。此时就带来了信用评级机构在开展评级附属的其他营利性业务时，是否应该制定并执行相关程序以管理评级业务与非评级业务之间潜在的利益冲突的问题。针对此问题，信用评级机构应该出台相应制度，对相关业务人员采取一定的分离政策，以防止业务人员以评级为条件要求客户购买信用评级机构相应的其他金融服务。

三、"安然"事件后信用评级机构具体改革措施

"安然"事件后，监管开始重视信用评级机构付费模式、业务模式等可能产生的利益冲突问题。美国信用评级机构结合SEC 2006年出台的《信用评级机构改革法案》，加强自身的利益冲突管理。该法案要求信用评级机构及附属公司应当建立相关制度或程序管理评级业务活动中可能产生的利益冲突。信用评级机构对其接受发行人或其相关方支付的方式，给发行人或相关方提供咨询服务，相关方与发行人或债券融资工具关系中可能涉及的利益冲突作较为详细的规定。以穆迪为例，相关政策如下：

（一）利益冲突认证政策

穆迪投资者服务公司的雇员不得许可、参与或以其他方式影响评级活动的公正性。以下列出了利益冲突及穆迪投资者服务公司认为可能产生利益冲突的情形：

（1）持有被公司评级的机构（及其分支机构）所发行、担保或以任何形式支持的证券（包括该证券衍生品）；

（2）有家庭成员持有被公司评级的机构（及其分支机构）所发行、担保或以任何形式支持的证券（包括该证券衍生品）；

（3）与被公司评级的机构（及其附属机构）存在近期的雇佣关系或其他重大商业关系，从而产生利益冲突或穆迪投资者服务公司不认可的利益冲突可能性；

（4）与被公司评级的机构（及其附属机构）曾经有过其他类型关系，从而产生利益冲突或穆迪投资者服务公司不认可的利益冲突可能性；

（5）在为机构评级的过程中参与评级费用的讨论（在不知情的情况下从本公司雇员处获知此信息并且其权限与公司费用讨论流程相符的情形除外）；

（6）从被公司评级的机构（及其附属机构）处接受礼物、娱乐或现金；

（7）有家庭成员从被公司评级的机构（及其附属机构）处接受礼物、娱乐或现金。

（二）附属业务修正政策

穆迪2016年发布的《关于评级业务反竞争法案的政策》，以响应SEC 17g-6规则，在文件中重申了公司对于利益冲突可能引发的不正当竞争的防范政策：

作为对穆迪商业原则的坚持，穆迪对于其所开展业务国家的法律绝对遵守。穆迪不会容忍任何违反所在国家法律的交易和活动。而竞争法案定义了在当地市场可以被接受的行为。这些法律

最初设立的意义即是保证和推广一个自由和公开的，以质量、价格和服务为竞争准则的市场。

根据SEC 17g-6规则，穆迪投资者服务公司不得参与任何不公平的、合谋的或滥用的评级行为。特别地，穆迪投资者服务公司和其雇员不得参与以下行为：

（1）承诺在客户使用或购买另一个由穆迪投资者服务公司提供的服务或产品时为客户发布对其有利的评级；

（2）发布或威胁发布与穆迪投资者服务公司评级原则不符的评级，以胁迫客户使用或购买另一个由穆迪投资者服务公司提供的服务或产品；

（3）承诺或威胁以修改评级的方式鼓励客户使用或购买另一个由穆迪投资者服务公司提供的服务或产品。

另外，从遵照《结构化金融产品评级法案》出发，穆迪投资者服务公司和其雇员不得有以下行为：

（1）以降低穆迪投资者服务公司评定的资产评级为威胁要求评级结构化金融产品中的所有资产；

（2）以发布较低的评级为威胁以谋求评级结构化金融产品中的所有资产；

（3）以不发布评级为威胁以谋求评级结构化金融产品中的所有资产；

（4）以撤回评级为威胁以谋求评级结构化金融产品中的所有资产。

可以看到，在"安然"事件发生后，信用评级机构在利益冲突管理方面，针对之前可能不够细致和严厉的公司内部条例，进行了进一步的修正、强调和重申，试图从公司层面消除或减轻利益冲突对公司业务开展的影响。同时，针对开始发展的附属业务，也开始强调避免信用评级机构附属金融业务带来的利益冲突，一些处在灰色地带的可能影响利益冲突的因素开始被限制。

资料来源：根据公开资料整理。

11.3.3.2 国内利益冲突的制度安排

国内方面，根据监管要求，信用评级机构建立了一系列利益冲突防范制度，但是在具体落实上缺乏详细的保障机制。

国内信用评级机构通过建立回避制度，要求与受评对象存在利益关系的信用评级机构或个人不得参与该受评对象评级活动。通过建立防火墙制度，及时隔离不同部门之间的利益冲突。国内监管机构也要求信用评级机构建立离职人员审查和分析师轮换机制。在具体评级业务过程中，国内信用评级机构一般要求评级分析师在对受评对象进场访谈前签订不存在利益冲突承诺函，要求离职人员签订离职人员审查表。

目前，信用评级机构存在未对分析师签订承诺函或审查表的真实性进行核实的情况。对于回避制度下对信用评级机构员工与受评对象之间私人关系的限制，尚有信用评级机构未建立具体机制对其关系进行核实，信用评级机构或从业人员是否真实存在利益冲突问题则很难判断。因此，信用评级机构需要进一步细化利益冲突保障机制，确保监管制度和信用评级机构内部制度有效实施。

【案例 11-3】

国内利益冲突管理问题相关案例

1. 2016年深圳证监局披露,在对某信用评级机构现场检查过程中发现,该信用评级机构的相关规章、自律规则和公司制度中多次提到利益冲突管理及直系亲属回避等问题,但公司《评级业务回避制度》(2014年9月)关于回避和利益冲突审查的相关规定中并未明确界定"直系亲属"范畴,实际开展利益冲突审查时包含的直系亲属范围为"配偶、父母、子女、兄弟姐妹",这一范畴与公司《人力资源配置与管理办法》(2014年8月)界定的直系亲属为"配偶、本人和配偶的父母、兄弟姐妹"的范畴存在冲突。同时,该信用评级机构的《评级业务回避制度》及实际开展的利益冲突审查工作中,未要求直系亲属报备证券账户开户和证券投资等具体情况,难以有效落实《证券市场资信评级业务管理暂行办法》的相关规定。深圳证监局对该信用评级机构予以警示,并要求其不断加强评级业务制度和内控制度建设。

2. 2017年9月,根据北京证监局披露,某信用评级机构的《信用评级合规管理制度》规定公司实行监事会领导下的合规管理体系,风控总监负责公司合规管理工作,向监事会及董事会汇报,但是北京证监会在检查中发现,该信用评级机构的公司章程规定公司不设立监事会,只设监事一名,两项制度之间存在明显冲突问题。针对该信用评级机构内部管理缺陷,北京证监局对其采取责令改正的行政监管处罚,并要求其提交书面整改报告。

3. 根据交易商协会2018年2月23日披露的《评级专业委员会专报》(2018年第七期),个别信用评级机构存在利益冲突审核及管理不严格的情形,具体为:个别信用评级机构利益冲突回避承诺函缺失部分项目组成员的签名,评级业务人员承诺书无具体签字日期,利益冲突识别、防范不到位。

资料来源:信用评级专业委员会第一工作组,"信用评级行业利益冲突管理制度与实践研究",2018年。

本章小结

1. 评级行业的利益冲突是指信用评级机构(及员工)与评级委托方及其他评级使用者之间的关联关系影响或可能影响评级行为的独立、客观、公正性,进而评级结果对发行人、投资人及其他市场参与者的利益产生影响。利益冲突产生的原因分为外部原因(包括付费模式导致的利益冲突、其他市场参与者导致的利益冲突以及信用评级机构附属业务导致的利益冲突)和内部原因(包括信用评级机构商业性导致的利益冲突和信用评级机构自身管理制度导致的利益冲突)。

2. 对信用评级机构而言,利益冲突会极大地影响信用评级机构的独立性,所以对利益冲突的管理至关重要。在正确识别利益冲突具体情形的前提下,信用评级机构可以通过公司治理结构、公司内控制度和公司人员管理制度三个层面管理自身面临的利益冲突问题,保持评级独立性。

3. 针对利益冲突的防范,国外信用评级机构已经在"安然"事件、次贷危机等事件的洗礼下日趋成熟；国内信用评级机构在发展过程中积累了大量的实践经验，并不断对自身防范体系加以完善，但是目前利益冲突防范体系尚不完美，在公司治理结构、内控制度和信息披露方面依然有进步空间。

4. 作为信用评级机构，应该在理解利益冲突的基础上，建立有效的防范利益冲突的制度，保证评级业务独立客观地开展，进而尽到信用评级机构维护市场秩序、防范风险的责任。

本章重要术语

利益冲突　发行人付费模式　投资人付费模式　内控机制　独立性　主动评级　公司治理结构　回避制度　防火墙制度　业务审查制度　利益冲突审查

思考练习题

1. 简述利益冲突的定义及其产生的原因。
2. 请列举被禁止开展评级业务的利益冲突情形以及需要管理的利益冲突情形（不少于3个）。
3. 信用评级机构利益冲突管理的具体措施是从哪几个层面展开的？
4. 判断题：信用评级机构 beta 在对 gamma 公司进行评级期间，出于公司战略考虑购买了资管计划 AAA，而资管计划 AAA 的底层资产中包含了 gamma 公司 8% 的股份。请问以上情况是否存在利益冲突，并解释原因。
5. 案例题：信用评级公司 A 承接了企业 B 的评级业务，并组建了一个3人评级小组对企业 B 进行评级。在初次评级完成后、跟踪评级前，利益冲突委员会发现评级小组成员 C 父亲的兄弟持有企业 B 11% 的股份。请问在此情况下，评级公司 A 应该如何解决此利益冲突问题？

参考文献

[1] 楚建会："美国信用评级机构利益冲突的规制研究"，《征信》，2011年第29卷第2期，第73—76页。

[2] 方芳、梁伟超："信用评级行业利益冲突问题浅析"，《经济视角》（下旬刊），2011年第6期，第128—131页。

[3] 方添智：《信用评级利益冲突规制研究——以美国为中心的研究与借鉴》，中国商务出版社，2012年。

[4] 侯晨阳："美国信用评级机构利益冲突分析"，中国政法大学硕士学位论文，2010年。

[5] 焦津洪："论管制知情交易的自律机制——信息长城（Chinese Wall）"，《中外法学》，1998年第10卷第5期，第37—44页。

[6] 聂正彦、安小雪等："国际信用评级体系的演进、利益冲突及其变革方向"，《征信》，2014年第32卷第2期，第51—55页。

[7] 朱玉平："试论评级机构的独立性问题"，《时代金融》，2011年第23期，第60—61页。

[8] Fitch Ratings, "Code of Conduct and Ethics", 2014.

[9] Fitch Ratings, "Firewall Policy", 2013.

[10] Jiang, J., Stanford, M. H., and Xie, Y., "Does

it Matter Who Pays for Bond Ratings? Historical Evidence", *Journal of Financial Economics*, 2012, 105(3), 607-621.

[11] Moody's Investor Service, "Code of Business Conduct —Conflict of Interest", 2014.

[12] Moody's Investor Service, "Moody's Policy on Conflict of Interest Certification", 2014.

[13] Moody's Investor Service, "Moody's Policy on Anticompetitive Rating Practices (SEC Rule 17g-6)", 2016.

[14] Moody's Investor Service, "Moody's Policy on SEC Rule 17g-5(a)(3)", 2016.

[15] Standard & Poor's, "Identifications of Conflict of Interests Relating to the Issuance of Credit Ratings", 2014.

[16] United States Securities and Exchange Commission, "Report to Congress Credit Agency Independence Study", 2013.

相关网络链接

穆迪公司网站：www.moodys.com
美国证监会网站：www.sec.gov
标普公司网站：www.standardandpoors.com
中国银行间市场交易商协会网站：www.nafmii.org.cn
信用中国（山东）网站：www.creditsd.gov.cn

第 12 章
信用评级的流程与质量控制

姜　克　王如琰（中债资信评估有限责任公司）
陈　静　黄雨昕　梁晓莉（中诚信国际信用评级有限责任公司）

学习目标

通过本章学习，读者应做到：
◎ 了解信用评级业务操作的基本流程；
◎ 掌握信用评级流程的主要环节及操作规范；
◎ 理解信用评级质量控制的必要性；
◎ 掌握信用评级过程中质量控制的具体要求。

■ 开篇导读

随着某公司的成长与发展，公司对资金的需求进一步增加。出于融资需要，该公司准备在市场上公开发行公司债券。同时，为了评估公司的偿债能力与意愿、确定发债额度、衡量风险，根据相关规定，公司应当委托具有从事证券业务资格的信用评级机构进行信用评级。信用评级是一项严肃、客观的工作，评估的结果将影响包括该公司在内的众多企业的融资成本，是对一个企业或证券信用状况的鉴定书。因此，必须要有严格的评估程序加以保证。

国内外监管机构对信用评级流程有一系列基本规定，一般而言，信用评级流程包括评级准备、信息收集与调查访谈、撰写初稿、等级评定、结果反馈与复评（如需）、公布评级结果、跟踪评级、终止评级八个环节。在这些监管规定范围内及开展信用评级业务过程中，信用评级机构形成了各具特色的评级流程。

同时，由于评级理念、评级体系和评级技术有所不同，评级符号所赋予的信用风险内涵互有区别，不同信用评级机构给同一信用风险个体的信用级别可能存在较大差异。为了保证信用评级结果的客观与公正，提高评级结果的准确性和稳定性，有必要强化对信用评级的质量控制。通过本章的学习，我们可以了解信用评级业务操作的基本流程及操作规范，理解评级质量控制的必要性，把握评级过程中质量控制的具体要求。

12.1 信用评级的流程

规范信用评级流程是监管机构加强评级过程质量控制的重要手段，信用评级机构必须遵循监管所规定的信用评级基本流程和步骤。本节旨在介绍和说明国内外监管机构对评级流程的基本规定，以及信用评级机构应当遵守的信用评级的基本程序。

12.1.1 国内外监管机构关于信用评级流程的规定

针对国内信用评级机构的监管文件主要有中国人民银行发布的《信贷市场和银行间债券市场信用评级规范》，中国证券监督管理委员会、中国证券业协会（简称为"证券业协会"）发布的《证券市场资信评级机构评级业务实施细则（试行）》（简称为《实施细则》）、《证券市场资信评级业务管理暂行办法》，中国银行间市场交易商协会（简称为"交易商协会"）发布的《非金企业债务融资工具信用评级业务自律指引》（简称为《自律指引》），中国人民银行、发改委、财政部、证监会发布的《信用评级业管理暂行办法》。

其中，《信贷市场和银行间债券市场信用评级规范》与《自律指引》对评级流程的规定基本完全一致，它们与《证券市场资信评级业务管理暂行办法》《实施细则》的规定既有共性又有差别，而且共同之处多于不同之处。以上监管法规的共同之处在于对评级流程中间环节的规定基本相同，即从签约并收取费用、信息收集与调查访谈、撰写初稿、等级评定、结果反馈与复评（如需）、公布评级结果到跟踪评级。不同之处主要体现在评级流程"头""尾"两个环节。具体来说，在"头"即评级准备阶段，《信贷市场和银行间债券市场信用评级规范》与《自律指引》强调信用评级机构在与客户签订评级协议前应该对自身是否具备相应评级能力做出评估；在"尾"即评级活动结束后，《证券市场资信评级业务管理暂行办法》和《实施细则》对评级信息对外披露应该注意的事项做了更加明确、具体的要求（如下表所示）。

评级流程 监管法规	评级准备阶段	评级活动结束后信息披露
《信贷市场和银行间债券市场信用评级规范》	第3.5.1条规定评级准备阶段的第一步骤为：接受评级委托方申请后，信用评级机构进行初步调查，判断本机构是否能够独立、客观、公正地对评级对象进行评级，且具备相应的评级能力。	第4.2条规定评级活动结束后应对评级结果进行发布：原则上信用评级结果的发布方式应有利于信用信息的及时传播，具体对委托评级、主动评级以及跟踪评级发布的时间、方式做出规定。
《自律指引》	第二十一条规定项目立项前，信用评级机构应对评级项目进行自我评估，保证本机构具备相应的评级能力。	第二十五条对评级活动结束后评级结果发布做出一般性规定。 第三十六条规定信用评级机构应按《银行间债券市场非金融企业债务融资工具信息披露规则》的相关要求进行信息披露。
《证券市场资信评级业务管理暂行办法》	无相关规定。	第十八条至二十条规定证券评级机构应当建立评级结果公布制度并对公布内容做出明确规定。 第二十一条规定评级活动结束后证券评级机构应对评级结果的准确性和稳定性进行验证，并将统计结果对外披露。
《实施细则》	无相关规定。	第五十九条对评级活动结束后证券评级机构信息披露的具体内容、时间要求进行详细规定；对公开发行证券与非公开发行证券评级信息披露做出不同要求。 第六十条至六十一条对评级信息发布的方式、首次评级与跟踪评级发布的内容和时间做出明确规定。 第六十二条对主动评级信息披露的内容做出明确规定。

另外，《自律指引》区分了发行人委托评级与投资人委托评级两种不同付费模式的评级流程。由于投资人委托评级在收费模式、实地调研、评级资料收集、评级报告对外公布等方面具有一定的特殊性，因此受投资人委托开展的信用评级流程与发行人委托评级有所不同。此外，由于主动评级是信用评级机构未经委托，主要通过公开渠道收集受评对象相关资料，并以此为依据对相关发债主体或债项开展的评级活动，因此主动评级的评级流程与委托评级相比在监管强制性方面相对弱化，信用评级机构可选择是否向市场公开发布主动评级结果和报告，并制定区别于委托评级的级别符号、评级方法和程序。

整体上看，国外评级监管机构 IOSCO、SEC 和 ESMA 等对评级流程的规定与国内评级监管部门的要求基本类似，国外信用评级机构在实际执业过程中也大体按照评级项目评估、评级项目启动、评级信息获取、信用状况分析、召开评审会议、评级结果发布、开展跟踪评级等主要步骤提供评级服务。

12.1.2 信用评级机构基本业务流程

根据国内外信用评级机构主要监管部门有关评级流程的指导意见，信用评级机构遵循的主要流程和步骤基本差异不大。为体现评级流程的一般性，本节以各信用评级机构评级流程的共性为基础，介绍信用评级的各个步骤及环节的注意事项。图 12-1 将评级流程大致分为 8 个主要环节。

图 12-1 信用评级基本流程

12.1.2.1 评级准备

1. 签订信用评级委托协议

在正式提供评级服务前，信用评级机构与评级委托方签订评级服务协议并支付评级费用。信用评级准备阶段即明确委托服务法律关系，有利于防止出现评级委托方拖欠评级费、将支付评级费用与债券发行及评级结果挂钩等可能影响评级结果独立、客观、公正性的情形。为了防止因无序竞争行为对评级行业造成危害，银行间债券市场主要信用评级机构共同签署了《银行间债券市场信用评级机构评级收费自律公约》，统一明确最低收费标准，禁止以级定价或以价定级，为信用评级市场健康发展奠定基础。

2. 组建评级项目组

评级项目组是开展评级业务的主体，负责调查访谈、评级报告出具、评级档案资料整理和归集等具体评级工作。评级项目组整体必须具备金融、财务、证券、投资、评估等专业知识，能够满足相应性质的评级业务需要。监管机构针对评级项目组的相关规定各有不同，主要有以下方面：中国人民银行发布的《信用评级业管理暂行办法》规定，评级项目组至少由信用评级机构的 3 名专业分析人员组成，且这些成员应具备从事相关项目的工作经历或者与评级项目相适应的知识结构。评级项目组负责人应具备从事 3 年以上信用评级业务的工作经验；中国证监会发布的《证券市场资信评级业务管理暂行办法》规定，评级项目组组长应具备证券从业资格且从事资信评级业务 3 年以上。在评级作业前，评级项目组按照评级需要对评级对象提交的材料进行初步审核并制定完善评级现场工作计划。

12.1.2.2 信息收集与调查访谈

1. 信用评级资料的来源

评级项目组组建后开始进入评级运作阶段，项目组要先收集信息。正确收集和使用评级信息是确保评级报告质量的重要条件，评级项目组获取评级资料一般可以通过以下几个途径：一是自行收集，二是委托方或评级对象提供的信息，三是其他中介机构出具的相关材料。

自行收集评级信息是相对委托方或评级对象向评级项目组提供信息以及评级项目组直接采纳其他中介机构出具的相关材料而言。自行收集评级信息可以通过公开信息披露媒体、互联网及其他可靠渠道搜集相关资料，包括专业资讯和数据提供商、行业协会网站或刊物、学术研究机构论文或刊物、权威统计部门发布的信息以及公共媒体报道等。委托方或评级对象提供的信息是评级项目组直接从企业获得的企业内部信息以及通过实地调查收集的现场访谈资料。在委托评级项目中，委托方或评级对象提供的信息是评级项目组信息收集最主要的第一手资料来源，也是开展信用评级最宝贵的信息资料，此类信息需要通过受评企业主动提供或信用评级机构实地调查才能获得，具有一定的非公开性，一般为受评企业的保密信息。除以上两种信息收集的渠道，评级项目组还可直接采用承销商、会计师事务所、律师事务所、资产评估等机构出具的相关资料。

评级项目组需在合理的范围内从全面性、真实性、准确性以及来源的合法性、合规性等方面对收集的资料信息进行评估，确保评级信息质量。

2. 信用评级资料的内容

评级资料的内容根据评级对象所处的行业、类型和特征有所不同，评级项目组需根据对评级对象经营环境和业务特点的了解，尽可能全面收集影响企业信用风险判断的重要资料，包括宏观经济、区域经济和行业资料，反映企业经营记录的资料，经审计的企业财务报告以及其他反映企业竞争实力、经营特色及资源实力的文字及数据资料。

评级资料应有助于对评级对象进行定量分析与定性分析。根据反映内容的不同，所收集评级资料可以分为反映企业基本情况的信息、反映所属行业及地区情况的信息、反映企业经营情况的信息及反映企业财务情况的信息。企业基本信息的收集一般包括股权结构、实际控制人、主营业务、战略规划、业务构成等方面的内容。所属行业及地区情况包括企业所处的行业、竞争性行业的周期性、供需格局及价格走势、竞争格局等，如企业所属为城投类行业的，需重点收集城投行业宏观环境、行业政策、区域环境、经济财政实力及债务等方面的内容。经营情况包括企业产品的生产、供给、销售情况等方面的内容，如企业属于城投类行业则需重点关注企业资金平衡模式、现状及未来经营情况预测。财务情况主要包括企业的财务组织构建情况，如财务组织结构、财务管理模式等。受评企业的财务报表是财务信息的重点，对于资产、负债、所有者权益项目应注意对其真实性、合法性进行核实，针对货币资金需注意是否有被冻结的情况，对于应收账款进行账龄分析及坏账分析。

3. 调查访谈

信用评级机构通过调查访谈可以充分了解受评对象的信用质量。调查访谈对评级分析师的专业素质要求较高，因此信用评级机构一般需要对尽职调查人员进行专业的企业调查访谈技能培训。开展调查访谈前需要对评级分析师是否存在应当回避的情形予以确认，评级项目组应当将调查访谈获取的相关资料在规定时限进行存档。为确保调查访谈工作的质量，评级项目组开展调查访谈不得少于一定时限。评级项目组必须遵守访谈纪律，严禁擅自修改、杜撰受评对象提供的信息，提供虚假或隐瞒重要事实的资料，非法使用或泄露评级过程中获得的商业秘密等行为。

在正式开展调查访谈前，评级项目组通过对初步收集的公开资料及受评对象提供的资料进行研究分析，制订工作方案。制订工作方案之前评级项目组需对企业有基本了解，通过审计报告、募集说明书、历史评级报告、类似企业报告、企业网站等资料对评级对象有定性了解，发现需要重点调查的问题。确定工作方案后，评级项目组与受评对象取得工作联系，将工作方案发送至受评对象，与其沟通、确定现场访谈与实地考察的具体时间、人员安排，并制订不能实现考察和访谈目的时所采取的补充方案。

制作访谈提纲需确定访谈对象并确定与访谈对象的具体访谈内容、访谈时间。访谈对象包括但不限于受评对象的高级管理人员及财务、生产、销售、技术、采购、规划等管理部门、子公司、外部关联机构等的相关负责人。访谈提纲需要具备逻辑性、层次感、针对性，简明扼要。

访谈工作贯穿整个评级过程，除现场访谈，评级分析师还可以根据具体情况灵活采用电话、问卷、邮件等非现场访谈形式。不管采用哪种访谈方式，所有访谈记录都应做好归档工作。

12.1.2.3 撰写初稿

1. 基本观点的讨论与形成

在评级资料收集整理后，评级项目组应当根据与评级对象相对应的评级方法和评级模型对评级对象进行分析。评级项目组通过对评级对象的行业信用品质、经营管理效率、公司治理和战略执行能力等影响评级对象偿债能力和偿债意愿的因素进行评价，从而得出评级对象信用风险的基本观点。主体评级需重点分析受评主体如期偿还其全部优先债务本金及利息的能力和意愿，债项评级需重点分析债券违约概率和违约损失率，当债项存在抵质押、担保等外部增信措施时，还要考虑其对信用风险的影响。

2. 评级报告初稿

评级报告是以文字形式对评级对象真实信用风险的表达，是前期信用评级工作的总结，也是信用评级委托方与社会投资者进行企业风险判断的重要参考。为方便使用，评级报告应当采用浅显、简练、平实的语言，对评级结论的标识做出明确释义。信用评级机构评级报告的框架基本一致，评级报告应当包括概述、声明、评级报告正文、跟踪评级安排和附录等五个部分。

概述部分应概要说明评级报告的情况，包括发行人和受评债券的名称、信用级别及释义、信用评级机构及人员的联系方式和出具报告的时间等内容。声明部分全面登载信用评级机构关于评级情况的声明事项，应当包括下列内容：（1）除因本次评级事项信用评级机构与发行人构成委托关系外，信用评级机构、评级人员与发行人不存在任何影响评级行为独立、客观、公正的关联关系。存在其他关联关系的，应当予以说明。（2）信用评级机构与评级人员已履行调查访谈/勤勉尽责和诚信义务，有充分理由保证所出具评级报告的数据、资料及结论的客观、准确、公正、及时。（3）评级结论是信用评级机构依据内部信用评级标准和程序做出的独立判断，未因发行人和其他任何组织或者个人的任何影响改变评级意见。（4）已对发行人及受评债券的跟踪评级做出明确安排。（5）信用评级机构自愿接受监管机构或自律组织对评级工作的监督管理。

评级报告正文部分是完整的信用评级报告，应当包括评级结论及评级结论分析两个部分。评级结论应包括发行人名称、受评债券名称、信用级别及释义、评级结论的主要依据等，并简要说明本次评级的过程和发行人、受评债券的风险程度。发行人为受评债券提供担保的，应对比说明有无担保情况下评级结论的差异。

评级结论分析部分至少应包括下列内容：

（1）对发行人的简要分析，其中应重点分析发行人股权结构、业务及其特点。（2）对受评债券的简要分析，其中应重点分析受评债券的主要条款及有关偿债保障措施。（3）对行业的简要分析，其中应重点分析行业状况、发展趋势、行业风险及其对发行人的影响。（4）发行人风险因素的分析，其中应当针对实际情况，充分、准确、具体地揭示风险因素，按照重要性原则排列分析顺序。对风险应当尽可能做定量分析，无法进行定量分析的，应当有针对性地做出定性描述。（5）发行人及其董事、监事、经理及其他高级管理人员过去三年内发生的违法违规及违约事实的描述和分析。（6）发行人财务状况的分析，其中应重点分析发行人的债务结构、资产质量、盈利状况、现金流状况、关联交易及其对发行人财务状况的影响，判断其财务风险。（7）发行人募集资金投入项目的分析，其中应重点分析募集资金投向对发行人未来的财务状况、债务风险等方面的影响，以及项目实施可能出现的风险。（8）有关偿债保障措施对受评债券风险程度影响的分析。有担保安排的，应当特别说明担保安排对评级结论的影响，说明无担保情况下发行人的实际信用状况或评级结论，此外还应对担保人或担保物的信用风险进行评估。发行人建立专项偿债账户等其他保障措施的，应当分析说明有关保障措施的情况及其可靠性、局限性。（9）发行人履行债券义务的能力、可信程度和抗风险能力的分析。[①]

评级报告分析部分应当针对行业和发行人的特点，重点揭示风险，反映发行人及受评债券的信用水平及信用风险。评级报告分析可在显要位置做"特别风险提示"，必要时应详细分析该风险及其形成的原因，说明在受评企业过去特别是最近一个会计年度受

---

① 中国证监会：《资信评级机构出具证券公司债券信用评级报告准则》，2003年，第8—13条。

评企业曾经因该风险因素遭受的损失，判断将来遭受损失的可能程度。跟踪评级安排部分应明确说明对受评债券存续期内的跟踪评级时间、评级范围、出具评级报告的方式等内容，持续揭示受评债券的信用变化情况。附录部分应当收录其他相关的重要事项，主要包括信用等级符号及定义，评级对象股权结构图及组织结构图，评级对象近三年（及一期）主要财务数据、财务指标，信用增进主体（如有）的主要财务数据、财务指标和公式等。

3. 初评时限要求

评级小组在完成实地调查后，开始进入初评阶段。信用评级机构应视评级对象的实际情况安排初评工作进度。针对初评时限，监管机构相关规定的要求为：《中国人民银行关于加强银行间债券市场信用评级作业管理的通知》规定，信用评级机构初次对某企业开展信用评级时，从初评工作开始日到信用评级报告初稿完成日，单个企业主体的信用评级或债券评级一般不少于 15 天（遇法定节假日顺延，下同），集团企业主体的信用评级或债券评级一般不少于 45 天。《证券市场资信评级机构评级业务实施细则（试行）》规定，证券评级机构开展首次信用评级时，从现场尽职调查结束之日至评级报告初稿完成之日，单个公司主体的信用评级或其发行的债券评级一般不少于 10 个工作日，集团公司主体的信用评级或其发行的债券评级一般不少于 30 个工作日。

4. 评级报告初稿审核程序

根据中国人民银行《信贷市场和银行间债券市场信用评级规范》的规定，信用评级初评结果应当经过三级审核程序。评级小组负责人初审、部门负责人再审和评级总监三审的三级审核，并在报告及底稿上签署审核人姓名及意见。后一级审核应当建立在前一级审核通过的基础之上，并对前一级审核意见的落实情况进行监督。评级项目组应当及时处理和修正各级审核对评级报告内容及观点提出的修改意见。

12.1.2.4 等级评定

1. 信用评级委员会的组成

信用评级委员会（以下简称"信评委"）是信用评级机构最重要的内部机构之一，它承担着确定信用等级、审定信用评级体系、决定是否接受复评等重要职责。

作为评级结果的唯一决策组织，信评委的重要性不言而喻。因此，国内外信用评级机构在相关制度规定中无不将保障信评委决策的独立性作为第一要义。同时，信用评级机构还就信评委委员的任职资格和任职条件、权利与义务做了规定，有些机构还就如何保证信评委委员履行职责做了规定，比如信评委委员的薪酬不得与信用评级机构业绩挂钩、为委员提供培训以保证其具备相关能力和知识等。

2. 信评委会议

信评委通过信评委会议来确定受评对象的信用等级。根据中国人民银行《信贷市场和银行间债券市场信用评级规范》等监管文件的要求，信评委会议一般由信评委主任或其被授权人主持，每次参会的信评委委员人数也应满足最低要求[①]，参会信评委委员应当优先选择熟悉审议对象所属行业专业领域的信评委委员，同时注意均衡不同行业的人数。信评委委员应当遵循利益冲突回避原则，不得担任本人作为项目组成员参与的评级项目的评审委员。

信评委会议召开前，信评委秘书应提前将相关会议资料发送至参会信评委委员，并通知项目组成员与列席人员。参会信评委委员应对会议信息及会议材料保密，不得外泄；列席人员如需做情况说明，须经会议主持人同意且发言内容不得含有倾向性观点或诱导评审工作。

信用评级项目评审会议按照以下流程进行：项目组对评审事项情况、建议信用等级进行陈述介绍，陈述人员应熟悉审议事项内容，陈述内容完备、重点突出、逻辑清晰，如有其他相关人员参会可就相关情况进行补充陈述；参会信评委委员就受评项目对项目组及其他相关人员（如有）进行问询，项目组回答问题时应抓住要点、答案明确、有理有据，主持人应主动补充问询项目组对项目的看法及理由；参会委员、项目组及法律合规部人员之外的其他相关人员（如有）离场；参会信评委委员对评级项目独立发表个人评审结论及对报告修改意见。主持人应积极调动参会人员充分发表意见、阐述观点，引导参会信评委委员对存在争议、基本情况不清楚的事项进行合理判断、充分讨论并得出明确结论；参会信评委委员投票表决评审结果，主持人根据参会信评委委员的意见归纳总结最终评审意见。

信评委会议以投票表决的方式确定信用评级结果，信评委委员不能对自己承担或参与的项目进行投票表决，最终信用等级根据投票表决多数原则确定。

12.1.2.5 结果反馈与复评

1. 通知受评企业

在信评委确定了评级结果后，信用评级机构会将信用评级报告与意见反馈表发送至评级委托方，如评级委托方与评级对象不是同一企业的，还应当将信用评级报告与意见反馈表发送至评级对象。

2. 复评（非必需环节）

信用评级主要是对受评企业信用状况的评价，做出信用评级所依据的评级信息主要为受评企业提供的内部信息及信用评级机构对受评企业实地调查获取的信息，因此对于受评企业对评级结果或评级报告提出的意见建议应当予以重视，充分尊重受评企业。评级委托方或评级对象收到信用评级机构给定的评级结果和评级报告后，如对评级结果和评级报告没有异议，则评级结果为首次评级的最终信用级别，信用评级确认等级环节结束。如评级委托方或评级对象对评级报告有异议，则应当在规定的时限内向信用评级机构提出复评申请并提供补充材料，信评委有权决定是否接受复评申请。对于未在规定时限内提出复评申请的或虽提出复评申请但未提交补充材料及补充材料不充分的，信用评

[①]《信用评级业管理暂行办法》规定是7人，《信贷市场和银行间债券市场信用评级规范》规定是5人。

级机构有权决定拒绝复评。如接受复评,则应当按照评级程序重新评定级别,复评结果为最终信用级别,评级委托方或评级对象不得对复评结果再次提出异议。

复评结束后,如评级委托方或评级对象对复评结果仍有异议的,可以另行聘请其他信用评级机构重新进行评级。评级委托方或受评企业应当将更换信用评级机构的相关事宜进行公告,更换前后信用评级机构出具的评级结果及评级报告均应公布。

12.1.2.6 公布评级结果

1. 首次评级结果的公布

对于首次评级结果的公布,监管机构的相关规定各不相同,具体内容包括以下几个方面:

根据证券业协会《实施细则》的相关规定,证券评级机构应当通过协会、交易场所、证券评级机构及中国证监会指定的其他网站披露评级对象的首次信用评级结果。首次信用评级结果至少应当包括评级对象信用等级、信用评级报告全文、信用评级报告出具时间、信用评级项目组成员等内容。评级对象为公开发行证券的,证券评级机构应当在其所评级证券发行公告日起的3个工作日内披露首次信用评级结果。对非公开发行的证券进行证券业务评级,证券评级机构应当按照评级业务委托书的约定,决定是否披露信用评级结果以及披露的时间、地点和方式。证券评级机构进行主动信用评级的,披露的结果至少应当包括评级对象信用等级、信用评级报告、信用评级报告出具时间以及信用评级项目组成员。证券评级机构应当在信用评级报告的显著位置注明该评级为主动评级。

根据中国人民银行《信贷市场和银行间债券市场信用评级规范》的相关规定,信用评级结果的发布方式应有利于信用信息的及时传播。评级结果的发布要依据国家有关法律法规的规定和信用评级业务主管部门的规定,将评级结果在信用评级机构网站、指定的公共媒体上对外发布。若无相应的法律法规和规定,对由第三方委托进行的信用评级,按照委托主体与评级对象(发行人)的约定发布评级结果;对评级对象主动进行的信用评级,信用评级结果的发布方式应当有利于信用信息的及时传播。信用评级结果发布的内容一般包括评级对象(发行人)名称、信用等级、简要描述及主要支持数据。信用评级机构应当及时将评级结果向信用评级业务主管部门报告。

根据交易商协会《自律指引》的相关规定,信用评级机构应当按照有关规定或协议约定发布评级结果和报告。评级结果和报告公开发布的,信用评级机构应在交易商协会网站及交易商协会认可的网站披露。

2. 跟踪评级结果的公布

对于跟踪评级结果的公布,相关监管机构的具体规定内容体现在以下几个方面:

根据证券业协会《实施细则》的相关规定,跟踪评级对象为非上市公司及其所发行证券的,证券评级机构应当在正式向委托方提交跟踪信用评级报告的同时报送交易场所,并通过协会、交易场所、证券评级机构及中国证监会指定的其他网站披露跟踪信用评级结果;跟踪评级对象为上市公司及其所发行证券的,证券评级机构应当在正式向委托方提交跟踪信用评级报告之日起的第3个工作日通过协会、交易场所、证券评级机构及中国证监会指定的其他网站披露跟踪信用评级结果。证券评级机构通过其他渠道发布跟踪信用评级信息的时间不得先于上述指定渠道。证券评级机构未按照跟踪评级安排及时披露跟踪信用评级结果的，应当在协会、交易场所、证券评级机构及中国证监会指定的其他网站公告并说明原因。证券评级机构应当指派专人负责跟踪信用评级结果的披露工作。

中国人民银行《信贷市场和银行间债券市场信用评级规范》中对跟踪评级结果发布的具体要求如下：

（1）对于主体评级，信用评级机构应在正式出具评级报告后第6个月发布定期跟踪报告；对于一年期的短期债券评级机构应在债券发行后第6个月发布定期跟踪报告；中长期债券应在债券发行后第12个月发布定期跟踪报告。

（2）不定期跟踪自首次评级报告发行之日起进行。不定期跟踪评级结果若发生变化，应在不定期跟踪评级分析结束后下1个工作日向评级业务主管部门报告并发布评级结果的变化；若无变化，应在不定期跟踪评级分析结束后7个工作日内向评级业务主管部门报告并发布评级结果。

中国人民银行《资产支持证券信息披露规则》中对资产证券化跟踪评级结果的发布要求如下：受托机构应与信用评级机构就资产支持证券跟踪评级的有关安排做出约定，并应于资产支持证券存续期内每年的7月31日前向投资者披露上年度的跟踪评级报告。

根据交易商协会《自律指引》的相关规定，跟踪评级的对外公布时间要求如下：

对于主体评级，信用评级机构应在受评企业年报公布后3个月内出具跟踪评级结果和报告；

对于一年期内的短期债务融资工具，信用评级机构应在正式发行后6个月内发布定期跟踪评级结果和报告；

对于一年期以上债务融资工具，在评级有效期内每年应至少完成一次跟踪评级，跟踪评级结果和报告发布时间应在受评企业年报披露后3个月内。

3. 评级项目存档

在信用评级机构准备公示信用评级结果的同时，评级项目组的工作进入收尾阶段。评级分析过程已经完成，在评级分析过程中形成的文字与电子文档资料需要整理归档，作为信用评级机构重要的评级档案以备监管机构检查及日后评级业绩积累需要进行的查询。信用评级机构应将评级过程中获得的企业资料、企业根据信用评级机构要求填写的相关表格、调查访谈过程中形成的访谈记录、评级过程中对于评级报告的三审记录，以及评审委员会对信用等级及评级报告审议记录等全部进行归档。

信用评级机构对评级项目存档不仅要求保存评级项目过程中形成的所有文字资料，而且要求保存评级项目过程中所有的电子文档，尤其是企业的财务信息、经营信息及市场信息。评级项目形成的电子文档是信用评级机构的重要信息积累。信用评级机构的独特角色，使信用评级机构能够获取许多非公开企业信息，而且能够获得大量的同行业、同区域的众多类型企业信息，这就为信用评级机构研究与分析整个行业、整个区域的企业情况提供了丰富的第一手资料，更是信用评级机构研究企业的违约率与违约损失率难得的资料。因此，信用评级机构都非常重视评级项目资料的搜集与归档。[①]

---

① 李力：《信用评级》，知识产权出版社，2010年，第160页。

12.1.2.7 跟踪评级

1. 定期跟踪

定期跟踪的时限要求如下：

评级对象、受评证券存续期间，信用评级机构应当在受评级机构或受评证券发行人发布年度报告后出具一次定期跟踪评级报告，不同监管机构对跟踪评级的时限要求不同，具体要求见上文"跟踪评级结果的公布"。

信用评级机构应当要求委托方按照评级业务委托书约定及时支付跟踪评级费用并提供跟踪评级相关资料，根据需要对评级对象进行电话访谈或实地调查。委托方不能及时支付跟踪评级费用或提供跟踪评级相关资料的，信用评级机构可以根据自行收集的公开资料进行分析并据此调整信用等级。如无法收集到评级对象相关资料，信用评级机构可以宣布信用等级暂时失效或终止评级。定期跟踪评级报告应当根据评级对象外部经营环境、内部运营及财务状况等变化情况，以及前次评级报告提及的风险因素进行分析，说明其变化对评级对象、受评证券的影响，并对原有信用级别是否进行调整做出明确说明。定期跟踪评级报告不应当重复首次评级和前次评级的一般性内容，而应当重点说明评级对象在跟踪期间内的变化情况。

2. 不定期跟踪

信用评级机构应当密切关注与评级对象有关的信息。发生影响前次评级报告结论重大事项的，信用评级机构应当进行不定期跟踪评级。重大事项通常包括但不限于：

评级对象为企业主体或其发行的债券的，企业名称、经营方针和经营范围发生重大变化；生产经营外部条件发生重大变化；涉及可能对其资产、负债、权益和经营成果产生重要影响的重大合同；发生可能影响其偿债能力的资产抵押、质押、出售、转让、划转或报废的情况；发生未能清偿到期重大债务的违约情况；发生大额赔偿责任或因赔偿责任影响正常生产经营且难以消除；发生超过净资产10%的重大亏损或重大损失；一次免除他人债务超过一定金额，可能影响其偿债能力；1/3以上董事、2/3以上监事、董事长或者总经理发生变动；董事长或者总经理无法履行职责；做出减资、合并、分立、解散及申请破产的决定，或者依法进入破产程序、被责令关闭；涉及重大诉讼、仲裁的事项；涉嫌违法违规被有权机关调查，或者受到刑事处罚、重大行政处罚；董事、监事、高级管理人员涉嫌违法违纪被有权机关调查或者采取强制措施，可能影响企业经营状况；发生可能影响其偿债能力的资产被查封、扣押或冻结的情况；主要或者全部业务陷入停顿，可能影响其偿债能力；对外提供重大担保；可能对企业偿债能力产生重大影响的其他情形；

评级对象为资产支持证券的，未按计划说明书约定分配收益；资产支持证券信用等级发生不利调整；专项计划资产发生超过资产支持证券未偿还本金余额10%的损失；基础资产的运行情况或产生现金流的能力发生重大变化；特定原始权益人、管理人、托管人等资产证券化业务参与人或者基础资产涉及法律纠纷，可能影响按时分配收益；预计基础资产现金流相比预期减少20%以上；特定原始权益人、管理人、托管人等资产证券化业务参与人违反合同约定，对资产支持证券投资者利益产生不利影响；特定原始权益人、管理人、托管人等相关机构的经营情况发生重大变化，或者做出减资、合并、分立、解散、申请破产等决定，可能影响资产支持证券投资者利益；管理人、托管人等资产证券化业务参与人发生变更；特定原始权益人、管理人、托管人等资产证券化业务参与人信用等级发生调整，影响资产支持证券投资者利益；可能对资产支持证券投资者利益产生重大影响的其他情形。不定期跟踪评级自首次评级报告发布之日起进行。不定期跟踪评级结果发生变化的，信用评级机构应当在不定期跟踪评级分析结束后的第2个工作日发布评级结果；不定期跟踪评级结果未发生变化的，信用评级机构应当在不定期跟踪评级分析结束后7个工作日内发布评级报告。信用评级机构进行不定期跟踪评级，可以要求委托方或评级对象提供相关资料并就该事项进行必要调查，及时对该事项进行分析，据实确认或调整信用级别，并按照相关规则进行信息披露。不定期跟踪评级报告可以不采取完整的评级报告格式，但应当明确说明触发不定期跟踪评级的原因、调查情况、调查结果以及涉及事件的具体情况对信用状况的影响。

3. 跟踪评级报告

根据中国证监会《资信评级机构出具证券公司债券信用评级报告准则》的相关规定，信用评级机构应当在首次评级报告中明确有关跟踪评级的事项。跟踪评级应当包括定期跟踪评级和不定期跟踪评级。信用评级机构应当密切关注与发行人、受评债券有关的信息。如果发生影响前次评级报告结论的重大事项，信用评级机构应当在10个工作日内出具不定期跟踪评级报告，并报送中国证监会。定期跟踪评级报告应当与前次评级报告保持连贯。定期跟踪评级报告与前次评级报告在评级结论或者其他重大事项方面出现差异的，应当分析原因，并做特别说明。定期跟踪评级报告应对受评债券发行后发行人出现的违约状况进行描述和分析。跟踪评级报告应当针对发行人外部经营环境、内部运营及财务状况的变化，以及前次评级报告提及的风险因素进行分析，说明其变化对受评债券的影响，并对原有信用级别是否进行调整做出明确说明。

12.1.2.8 终止评级

发生以下情形时，信用评级机构可以终止评级：（1）委托方不能及时支付跟踪评级费用或提供跟踪评级相关资料，此种情况下信用评级机构可以根据自行收集的公开资料进行分析并据此调整信用等级。如无法收集到评级对象相关资料，信用评级机构可以宣布信用等级暂时失效或终止评级。（2）评级合同约定的服务期限届满或主动评级有效期届满。（3）评级对象不再存续的。（4）信用评级机构被吊销或取消评级资质。信用评级机构终止评级时，应说明终止评级的具体原因并公布最近一次的评级结果及其有效期。

12.2 信用评级的质量控制

信用评级质量控制旨在提高评级结果的准确性和稳定性，保证信用评级结果的客观、公正性。信用评级结果符合评级质量标准有利于信用评级机构建立市场声誉、真正发挥信用评级机构揭示风险的作用。

12.2.1 影响评级质量的因素

12.2.1.1 评级信息的真实性、完整性是保证评级质量的前提条件

信用评级机构做出评级结果所依赖的基础信息内容非常广泛，评级人员不仅需要通过公开资料进行信息收集，也需要通过与发行方联系获取企业内部信息，同时信用评级机构可以向第三方机构购买相关信息。为保证评级信息的可靠性，信用评级机构有必要对不同渠道搜集的信息进行验证和甄别，对评级报告使用的数据进行复核，以保证数据引用的正确性。评级信息的真实性、完整性是影响评级质量的基本要素。

12.2.1.2 评级过程的独立性、客观性、公正性是保证评级质量的重要条件

信用评级质量的提升有赖于评级程序的客观透明、评级人员的独立公正。评级人员的执业水平和职业素质是影响评级结果非常重要的因素。内部控制防范和利益冲突管理是保证评级结果质量非常有效的方式。信用评级机构通过在内部设置防火墙、实施利益冲突管理程序等内控措施，可以最大限度降低评级过程中各种风险因素可能产生的不良后果，对评级过程进行有效管理。

12.2.1.3 科学的评级技术方法是保证评级质量的客观条件

信用评级机构为保证评级客观性，最大限度降低评级分析师个人主观判断因素对评级结果的影响，一般在评级过程中采用模型法进行评级。评级分析师通过一些关键性的财务指标对受评对象的基本信用信息做出判断，并在此基础上结合企业人力资源、管理水平、外部支持等因素进行违约风险的预测。信用评级机构使用的评级方法与评级模型应该通过长期的评级实践检验，其是否遗漏了必要的财务指标以及财务指标的权重是否合理等都需要进一步通过评级实践进行验证。信用评级机构需要建立必要的验证机制来确保评级技术的科学性、适用性，并在必要的情况下对其进行修正和调整，以提高评级结果的准确性和稳定性。

12.2.2 评级过程质量控制要求与实践

ISO9000将过程定义为"一组将输入转化为输出相互关联或相互作用的活动"。信用评级机构使用的定性和定量模型以及评级方法各不相同，但是评级过程遵循的步骤通常来说都是一样的，主要可以分为四个阶段：（1）评级发起或准备，分析师收集与受评对象有关的信息，了解其特征；（2）初评，分析师将收集的信息代入评级模型和评级方法，得到提交给信评委的建议等级；（3）定级，信评委综合考虑初评分析师的建议和相关信息，确定最终评级；（4）通知与披露，信用评级机构将分配的结果通知受评对象，如果是公开评级，则还需要公开披露评级结果。评级过程包括评级活动（首次评级、现有等级的调整、确认或撤销、终止等）的所有阶段、环节和步骤，包括但是不限于评级分析师的选择与委任，评级方法的应用，评委会的决策过程，与受评对象以及债务人、

发起人、承销人等的互动，评级结果的公布与传播等。

过程控制最好的模式是程序控制，即对经常性的重复出现的业务，要求执行人员按规定的标准化程序来完成，以保证业务处理质量达到控制目标和要求。程序控制要求按照牵制的原则进行程序设置，所有的主要业务活动都要建立切实可行的办理程序。即：按业务流程，每个环节的最终点为程序控制点，对应的负责人为质量控制者，对不合格的业务活动有责任也有权提出改正，从而使业务流程中的每个参与者都受到监控。程序控制或过程控制有助于避免业务工作无章可循、职责不清、相互推诿，有利于及时处理业务和提高工作效率，以及追究有关责任人的责任。

12.2.2.1 评级发起环节

评级发起环节要控制的关键点是信用评级机构是否采取合适的措施以确保自身有足够的知识和技能，并确保用于信用评级的信息来源可靠且具备充足的质量以支持一个高质量的信用评级。另外，如果未能获得足够的信息、知识和专业技能，信用评级机构不能开始评级服务，已经开始的业务也应该及时停止。①

1. 国外监管要求与实践

IOSCO发布的《信用评级机构基本行为准则》（Code of Conduct Fundamentals for Credit Rating Agencies）要求信用评级机构关于信息采集与使用的内控制度要做到以下几点：第一，确保信用评级机构给出的评级结果是基于公开的评级方法和已知信息所进行的分析和综合判断；第二，反映了所有已知的、与评级方法相契合的所有信息；第三，确保评级人员能够获得进行评级所需要的足够信息；第四，确保用来决定评级结果的信息的质量。

信用评级机构使用的信息来源很广，包括但不限于以下渠道：来自发行人和债务人、包括商业数据提供在内的第三方等的信息，监管文件、关于企业新融资活动、违约和破产的新闻等公开信息，以及结构化融资交易的表现数据。有的还会用到本机构及附属单位的非公开专有信息。信用评级机构虽然也会使用公开信息，但是相关性最强的信息是由发行人或债务人提供的，包括最新的财务报表、现金流预测、历史经营指标以及其他一些企业数据。

信用评级机构让主分析师负责收集相关和必要信息。这包括和发行人或债务人说明其财务稳健性和行业发展趋势。关于应该收集哪些信息，信用评级机构会要求每个评级部门列出一个通常被认为与本领域开展评级活动有关的信息清单，为每个评级业务部提供指导以便帮助他们判定是否获取了充足的信息。信用评级机构的培训政策中有专门条款规定就信息的充足性提供指导，针对入职不足一年的新分析师甚至是已经入职三年的分析师，就如何保证用来得出评级结果的信息的稳健性进行强制性培训。有的信用评级机构的评级方法给出了进行评级分析所需的信息以及如何获取这些信息，也有的信用评级机构使用核对清单来确定必要信息或使用标准化的问卷从发行人和债务人处收集

---

① 国外信用评级机构的实践请参见Technical Committee of the International Organization of Securities Commission, "Credit Rating Agencies: Internal Controls Designed to Ensure the Integrity of the Credit Rating Process and Procedures to Manage Conflicts of Interest", 2012。国内实践根据各信用评级机构网站信息整理。

信息。

对于提交给信评委的信息，信用评级机构也制定了相关政策和规程。信用评级机构要求主分析师（最好在信评委会议召开之前）为各位委员准备一个信息包，其中包括该分析师的书面信用评级报告及建议评级，以及其他的支持性材料和分析（比如所用模型、部分发行材料、发行人提供的书面推介材料、财务分析、与同组其他受评对象的比较、其他信用评级机构给出的评级、竞争对手给予的评级以及市场暗含的评级等），包括建议评级与理由、新闻稿和/或评级报告草稿、与类似评级的比较、同行业评级、财务预测、压力分析、发行人或债务人提供的关键信息、与发行人或债务人相关的市场信息、与受评或相关行业有关的背景资料。

虽然主分析师负责收集必要的信息，但是信评委掌握着最终判断所收集信息是否足以支持他们给出的评级结果、这些信息是否得到了充分分析和利用的权力。信用评级机构的信评委主席要保证信评委审查了所有相关信息和材料，并且符合信用评级机构的标准；或由高级信用分析主管（通常也是信评委主席）负责确保信用评级机构的政策、规程、方法都得到遵守，评级过程建立在可合理认为可信的信息和证据基础上。

如果信息不够充分，信用评级机构将终止评级过程。只有当有足够可用信息来支撑分析以及持续监控评级时，它才会给出最终评级结果；任何时候，缺乏可靠资料（包括支持结构化产品的基础资产在内）或者是信息质量无法让人满意或会让人严重质疑能否据此得到可信的评级结果时，都会停止分配评级或者是中止已经发布、尚未到期的评级结果。评级总监的职责包括检查信用评级分析是根据信用评级机构的特定的方法展开的，就所用的信息向责任分析师提出质疑；如果信评委认为所收集资料无法充分满足本信用评级机构的信息要求，则可以对评级的分配行使一票否决权。

信用评级机构要求分析师在继续评级过程之前，向部门经理汇报其对所收集信息质量是否充分的评估。如果部门经理对此有异议，就会召集一个委员会来决定是否要继续评级过程。此外，在进入信评委阶段后，如果信评委主席对于信息质量有疑虑，可能会叫停评级过程。如果信评委成员对可能会影响评级结果的信息的准确性或完备性有怀疑，那么就要押后分配评级，主分析师要去收集和分析更多的信息。这个后续额外的信息收集过程包括但不限于：要求发行人或债务人提供额外信息或验证此前提供的资料。一旦获取了更多信息并进行了相关分析，就会再次召开信评委会议。但是，如果分析师或信评委认为信息依然不够充分，将会拒绝为该受评企业分配评级或者撤销现有未到期评级。

信用评级机构还会进行尽职调查，以便验证评级中所用的信息，通过拜访上下游企业，来确认所收集的信息或者是收集额外信息，或在为商业抵押贷款支持证券评级时会进行财产清查等。

2. 国内机构的实践

国内信用评级机构编制并发布的《评级质量控制制度》及评级访谈制度、访谈指引等配套的制度性文件也都要求开展业务前收集充足的信息，并通过尽职调查在合理范围内保证信息的真实性和可靠性。联合资信、东方金城等还提到建立评级信息质量审核机制，以保证信息的充足性。关于评级信息的使用，各信用评级机构都规定自己及从业人员有充分理由保障正确使用信息，并确认信用评级报告中不存在虚假记载、误导性陈述或重大遗漏。若评级涉及的历史数据有限，将在评级报告的显著位置对评级局限性予以明确说明。有的信用评级机构具体列出了信息收集环节至少应该采集哪些信息。但是，和国外信用评级机构相比，国内机构大多只是原则性地提出要建立相关审核机制。

12.2.2.2.2 评级认定环节

评级认定环节的核心控制要点主要有两个方面：一是确保评级结果反映的是整个信用评级机构的意见，而不是分析师的意见；二是确保参与评级的分析师具备开展评级活动所需要的知识和能力。本节重点介绍第一个方面。

1. 国外信用评级机构的实践

IOSCO的《信用评级机构基本行为准则》要求信用评级机构的内控制度要能够确保：（1）评级结果是由信用评级机构而不是分析师决定的；（2）所雇用员工具备为特定类型受评对象给出评级意见所需的知识和经验。

信用评级机构的评级结果是由信用评级机构（信评委）而不是分析师决定的，但是关于信评委的组成以及信评委决策过程需要依照的规定，各家信用评级机构差别较大。

有些信用评级机构将教育背景和工作经验作为选择信评委委员的先决条件。信评委委员至少要具备一年的分析师经验，而且必须得到其主管领导的认可。信用评级机构希望信评委委员具有不同视角，同时熟悉发行人或债务人，了解受评行业或资产大类，对审议中的评级有新鲜视角。信评委委员包括来自同一个评级小组的一名或多名分析师，来自其他评级小组的分析师、高级分析师、专业分析师（比如会计专家），以及/或支持分析师，也可能会咨询外部的专业人士，比如会计专家、律师等，以便保证评级意见的质量。

信用评级机构要求主分析师向部门经理汇报是否能找到足够数量的拥有与具体评级项目相关专业经验和技能的信评委委员，接下来经理决定是否可以进入信评委评级环节。如果经理有疑虑，则会召集一个特殊委员会来判定是否可以进入信评委环节。如果特殊委员会决定进入下一环节，但是信评委主席认为参会委员不具备足够的专业技能来就评级结果进行表决，信评委会暂停工作，直到找到具备必要专业技能的委员。以某家信用评级机构为例，它的信用分析主管负责确保信评委委员实现了经验和资格的最佳组合，考虑到了受评对象的独特性，确认信评委委员具备"履行职责所需的时间和工具"。该机构还提到，尽管评级过程可能只有两名分析师参与，但信评委需要有五名委员，且按照多数原则进行决策。

信用评级机构的信评委主席，负责确保评级行动都有构成合理的信评委进行审查，而且可以劝说其他评级小组参与进来。信评委投票人员从一个预先核准的名单中进行选择，而且除了主席和主分析师，信评委委员通常至少要有五年从业资格。

具体到信评委的讨论和投票过程，信用评级机构表示希望信评委主席鼓励所有委员不论资历，都广泛参与讨论，表达不同意见。一旦进行了充分讨论，投票从主分析师和后备分析师开始，然后其他分析师按照从低级到高级的顺序进行投票，主席最后投票，从而保证包括主席在内的高级委员不会影响低级委员的投票。如果没有就某个结果达成多数意见，就要再次召集信评委会议，并且要引入另一名分析师（总经理/常务董事及以上级别）参与讨论和投票。

针对公司评级和结构化融资产品评级的信评委，信用评级机构有不同的要求。对于企业融资产品的信评委，信用评级机构会根据不同情况组建不同的信评委。对于简单的评级行动，只需要三个法定投票人就可以组成一个信评委，但是对于更加复杂的评级活动，则需要五个法定投票人。对于结构化融资产品评级，在评级过程中会随时召开预备信评委会议，以便决定所需的增信水平，分配建议评级，或者是解决信用分析前出现的重大问题。结构化融资产品信评委在处理"小问题"时可以完全依靠电子邮件，但是如果信评委希望通过电子邮件采取某个行动，则需要一致投票表决通过，对新发行证券分配评级或者是上调、下调已有证券的评级时则需要召开全委会。结构化融资产品的信评委至少要有四个投票人，其中至少有一个是最高级别的信用分析主管，两个来自预先许可的人员名单，一个来自其他评级小组。评级结果根据多数原则确定。

2. 国内信用评级机构的实践

与国外同行一样，国内信用评级机构也都通过召开信评委会议来保证评级结果体现整个机构而不是个别分析师的意见，并对召开信评委会议的流程、分析师会前需要提交的材料、信评委委员的任职资格、职责和义务、评级结果的认定程序等做了明确规定。在具体要求方面，各家机构有相同之处，比如都规定信评委会议至少要有五名委员参加，但是也存在一些差异。比如，中诚信国际规定信评委委员的任职资格之一是具有高级分析师职级，新世纪评级规定应至少有两年评级工作经历且最近三年未受过行政和刑事处罚。关于评级结果的认定，各家机构都规定由信评委委员投票多数结果确定，但是细节方面存在差别。

12.2.2.3 评级跟踪环节

1. 国外信用评级机构实践

IOSCO发布的《信用评级机构基本行为准则》要求信用评级机构建立内控制度，确保：（1）定期对发行人或债务工具的信誉度进行跟踪；（2）当了解到任何在目前所用评级方法下，可能会引发评级行动（包括终止评级）的信息时，开展不定期进行跟踪；（3）根据跟踪结果，适当以及及时地更新评级结果；（4）确保评级跟踪过程综合了初始评级以来累积的所有情况，包括在适当的情况下，应用变化了的评级标准和假设。

信用评级机构一般每年会对评级进行一次全面跟踪，可能会和发行方的高管进行一次会面，对结构化融资产品的跟踪会更加频繁。由主分析师负责，在评级发起时就确定需要跟踪的评级表现矩阵的类型，以及跟踪频率。也可能会基于某些事件的发生而进行跟踪，比如收到与利息偿付日相关的业绩报告，通常是每月度或每季度一次。如果没能如期收到这类报告，则跟踪分析师要负责通知他的主管领导和主分析师。跟踪频率会因为行业、资产类型的不同而不同，根据各个行业、资产类型的特点而调整，但是每年至少一次。信用评级机构会利用各种类型的检查方式对结构化融资产品进行跟踪。对企业、金融机构、公共与基础设施融资，每年至少检查一次其投资组合，以便评估发行人的信用质量。分析师可能还会审查在跟踪过程中由发行人提供的公开或非公开信息。此外，分析师还会使用一系列工具来监督、追踪受评对象，包括将评级结果和使用其他信用风险度量方法得到的结果进行比较，比如从债券和信用违约互换中得出的市场价格、根据违约预测和评级预测模型得到的会计比率隐含等级（适用于企业和主权发行人）。

大多数信用评级机构都规定，收到与发行人或债务人有关的新信息，或者是发生了可能影响评级结果的事件等，都会触发对评级结果的跟踪。有些国家和地区的法律要求列出可能受到评级方法、模型或关键假设的变化影响的现有评级的范围，并且给出对受影响评级进行跟踪和更新的时间表。信用评级机构通常会在变化后6个月内完成对受影响评级的跟踪。

2. 国内信用评级机构实践

国内信用评级机构通常每年至少会对评级进行一次跟踪，对于某些类型的信用评级的跟踪则会更加频繁；对于未能及时公布跟踪评级结果的，要披露原因，并说明跟踪评级结果的公布时间。

跟踪评级安排应在首次评级报告或者是评级协议中做出明确规定。在受评对象评级结果有效存续期间，信用评级机构持续跟踪其政策环境、行业风险、经营策略、财务状况等因素的重大变化，以及前次评级报告提及的风险因素，及时、公平地出具定期与不定期跟踪评级报告。信用评级机构通常会在相关制度文件中对定期跟踪的时间要求做出明确说明：比如，对于主体评级，信用评级机构应在受评企业年报公布后3个月内出具跟踪评级报告；对于一年期内的短期债务融资工具，信用评级机构应在正式发行后6个月内发布定期跟踪评级报告；对于一年期以上债务融资工具，在评级有效期内每年应至少完成一次跟踪评级，跟踪评级报告发布时间应在受评企业年报披露后3个月内。有时信用评级机构还会对需要进行不定期跟踪的重大事项做出规定，包括重大政策变动、重大资产重组、重大关联交易、股权结构变动。

12.2.2.4 评级报告发布与审核环节

评级报告正式发布之前，需要进行内部审核。评级报告内部审核制度是为了保证信用评级结果的客观性、公正性而对评级报告采用的评级资料、评级方法、信用等级等进行审查的制度。

1. 国内监管法规关于评级报告内容审核制度的规定

针对评级报告内容审核制度，相关监管机构在不同文件中做了相应的规定，主要体现在：

中国人民银行《信贷市场和银行间债券市场信用评级规范》中规定，评级小组撰写的信用评级报告和工作底稿须依序经过评级小组负责人初审、部门负责人再审和评级总监三审的三级审核，并在报告及底稿上签署审核人姓名及意见。

中国银行间市场交易商协会《非金融企业债务融资工具信用评级业务自律指引》第二十三条规定，评级小组应在多渠道、多方式收集受评企业信用质量相关资料并开展研究分析工作的基础上撰写评级报告初稿，提出信用等级及相关建议，并至少经过小组初审、部门复审、信用评级机构三审的三级审核，形成评级报告。

中国人民银行、国家发展和改革委员会、财政部、中国证券监督管理委员会发布的《信用评级业管理暂行办法》第二十三条规定，信用评级初评结果应当经过三级审核程序，包括评级小组初审、部门再审和公司三审。各审核阶段应当相互独立，三级审核文件资料应当按相关要求存档保管。

中国证券业协会《证券市场评级机构评级业务实施细则》第三十三条规定，报告审核是指评级报告至少应当依序经过评级项目组组长、部门负责人或部门指定人员和评级总监三级审核。

2. 国内信用评级机构的评级报告内部审核制度

国内相关信用评级机构也针对评级报告的内部审核制度做出了相应要求，主要包括以下几个方面：

中诚信国际的《评级报告质量控制与审核制度》对加强信用评级业务流程管理、规范评级报告审查工作、确保评级报告质量做出了具体规定。中诚信国际评级报告质量审核包括两个方面，评级报告的四级审核及评级技术与标准部复核。评级报告的四级审核包括：项目小组负责一级审核、部门负责人二级审核、评级总监负责三级审核、本部门上会评委终审；报告复核工作由评级技术与标准部的报告审核人负责。评级项目在信用评审会议之前由业务部门进行三级审核以及上会后的终审审核，各级审核人需对相应内容进行审核并签署意见，各审核人需对其审核意见的修改情况进行确认，四级审核的审核重点有所区别，全部审核环节履行完毕之后方可出具正式评级报告。中诚信国际明确了评级报告质量的责任人：分析师是评级报告质量的第一责任人，在提交初稿和审核修改过程中应加强自检、减少差错，以提高内审体系的工作效率；项目负责人应对评级报告的整体情况负全责，保证最终出具的报告均按照审核意见修改且经客户确认，出具报告内容、形式均无误，其尽职情况纳入个人考核的内容；各环节审核人员对本级审核的结果负责，其尽职情况纳入个人考核的内容。

大公国际的《信用评级质量管理制度》详细规定了对尽职调查、报告撰写、三级审核、会后审核、存档、评审等各环节的质量控制要求。其中：三级审核要求评级项目提交评审委员会评审前，须完成三级审核并形成评级报告初稿；会前质量审核须要素全面，修改意见清晰并明确是否复审及提交下一级审核。数据分析师审核工作底稿基本信息完整性、正确性与规范性，财务指标钩稽关系准确性，操作体系构建标准性。出现审核质量问题，将追究相关审核人员责任。会后审核要求评级报告正式出具前，评级业务部门和风险管理部须审核评级报告质量。评审会后发现重大质量问题，风险管理部将追究分析师和相关审核人员的责任。此外，大公国际还建立了信用管理体系，推行信用管理责任制，通过员工诚信档案，记录评级人员职业信用表现，通过信用约束机制，约束职业违规行为。

本章小结

1. 本章主要介绍了开展信用评级应当遵循的基本流程及对信用评级过程和评级结果进行质量控制的相关内容。信用评级机构在开展信用评级作业中形成了各具特色的评级流程，但信用评级流程作为监管机构加强评级质量过程控制的重要手段，必须遵循监管法规所规定的基本流程和步骤。

2. 本章结合国内外信用评级机构主要监管部门有关评级程序的指导意见以及国内外信用评级机构实际信用评级操作流程，概括总结了信用评级机构应当遵守的信用评级的基本程序：信用评级流程一般包括评级准备、信息收集与实地调查、撰写初稿、等级评定、结果反馈与复评（如需）、公布评级结果、跟踪评级、终止评级8个环节。

3. 在开展信用评级的过程中，信用评级机构面临利益冲突、评级人员素质等多种因素影响，可能使信用评级机构的独立性、客观性、公正性受到不利影响，因此有必要加强信用评级质量控制。

本章重要术语

评级项目组　调查访谈　三级审核　信用评审　首次评级　复评　跟踪评级　终止评级　回避　防火墙　质量控制

思考练习题

1. 信用评级的基本流程一般包括哪几个环节？
2. 银行间市场与交易所市场对初评时限的要求具体是什么？
3. 如何借鉴国外评级流程的经验，丰富和完善我国的评级流程体系？
4. 影响评级质量的因素有哪些？
5. 简要说明评级过程的质量控制包含哪些方面。

参考文献

[1] 李力：《信用评级》，知识产权出版社，2010年。
[2] 刘晓剑：《中国信用评级行业监管研究》，经济科学出版社，2013年。
[3] 叶伟春：《信用评级理论与实务》，上海人民出版社，2015年。
[4] 郑磊、杨珺皓：《资产证券化评级，国际模型与中国实践》，中信出版社，2016年。
[5] 朱荣恩：《新世纪信用评级国际研究》，中国金融出版社，2015年。
[6] 朱雯杰、杨勤宇、陈代娣："国际评级机构评级流程概述及启示"，《中债资信评估有限责任公司专题报告》，2013年第5期，第6—7页。

相关网络链接

中国人民银行网站：www.pbc.gov.cn
中国证监会网站：www.csrc.gov.cn
中国银行间交易商协会网站：www.nafmii.org.cn

第 13 章
评级信息披露与透明度管理

胡 颖 刘 艳（联合资信评估有限公司）

> **学习目标**
>
> 通过本章学习，读者应做到：
> ◎ 了解信息披露的概念、原则；
> ◎ 理解信用评级行业信息披露的作用；
> ◎ 了解信用评级行业信息披露制度；
> ◎ 掌握信用评级行业注册信息披露内容；
> ◎ 理解信用评级行业评级结果披露内容。

■ 开篇导读

信息披露是资本市场中缓解信息不对称的重要手段，是加强监管和自律管理的重要抓手。1983 年，IOSCO 组织成立，并于 2003 年设立信用评级机构工作小组，专门负责研究信用评级机构的监管政策。信用评级机构工作小组将评级披露的透明度和及时性列为监管政策的原则和实现的目标之一，制定并发布了《信用评级机构基本行为准则》，强调了信用评级机构披露评级局限性、持续监督和更新评级结果的责任，明确了信用评级机构信息披露以及信息保密的责任、原则和范围，构建了各国信息披露监管体系的基础。

2001 年安然公司破产事件使美国开始着手研究信用评级机构的监管，在广泛征求意见的基础上，于 2006 年颁布了《信用评级机构改革法案》，旨在明确信用评级机构责任、增加透明度和促进竞争，以提高信用评级质量，保护投资者的利益。为此，美国修改了《1934年证券交易法》，增加了针对信用评级机构监管的第15E章节，要求信用评级机构公开披露组织信息、评级表现统计、评级方法、利益冲突和分析师的经验等。此后，SEC据此法案颁布并修订了《证券交易法实施细则》，细化了法案中提出的监管要求，先后增加了申请注册信息、信息保存、年度财务报告、防止重大非公开信息滥用、结构化融资产品评级方法的额外信息披露、评级历史数据披露等方面信息披露的实施细则。

2007年，美国爆发次贷危机，次级按揭贷款违约数量的突然上升，引发了市场对结构化融资产品评级质量和独立性的质疑。在此背景下，IOSCO信用评级机构工作小组于2008年5月修订了《信用评级机构基本行为准则》，增加了评级方法、历史业绩数据和利益冲突的披露。2010年8月，美国颁布《多德-弗兰克法案》，扩大了SEC对信用评级机构的监管权力和范围，再次修订《1934年证券交易法》与《证券交易法实施细则》，进一步强化信息披露要求。《多德-弗兰克法案》要求信用评级机构必须对其评级方法进行标准化公开披露，并及时披露其任何重大变化；完善评级历史信息的披露，包括初始评级以及所有后续更改的信息；定期披露信用评级质量。对于结构化融资产品，该法案还规定了第三方的尽职调查义务。

通过本章的学习，读者可以了解信用评级行业信息披露的重要性，以及国内外信用评级机构在评级透明度要求不断提升的监管背景下，如何规范和完善自身评级行为，按照监管要求合规作业，进行信息披露相关制度、注册信息、评级历史与评级质量、评级技术方法、评级结果（包括信用评级报告）、结构化融资产品以及利益冲突和合规信息方面的披露，树立合规进行信息披露的执业理念。

13.1 信息披露概述

13.1.1 信息披露概念

目前，学术研究中对于信息披露含义的典型性表述，主要根据各个领域进行具体定义，如财务信息披露、上市公司信息披露。齐斌（2000）认为"信息披露制度是指证券市场上借助各种金融工具向公众筹集资金的公司及其相关的个人依照法律规定以完整、及时、准确的方式向所有投资者和整个证券市场公开、公平、公正地披露与该筹资行为及其持续性身份相关的信息"。[1] 吴弘和胡伟（2006）认为"信息披露也可以称为信息公开，是指在市场公开原则下，市场主体依照法律及法规、规则等规范性文件，将有关财务信息以一定方式向社会公开的活动。信息披露是公众知情权的体现，是市场经济公开性、透明化的要求"。[2] 本章认为，信息披露是指披露主体依照法律及法规、规则等规范性

---

[1] 齐斌：《证券市场信息披露法律监管》，法律出版社，2000年，第1页。
[2] 吴弘、胡伟：《市场监管法论——市场监管法的基础理论与基本制度》，北京大学出版社，2006年，第131页。

文件的规定，以真实、准确、完整、及时的方式向所有投资者和整个市场公开、公平、公正地披露相关信息。

信息披露具有三个方面的特征：第一，从形式上是依法公开披露。法定的披露是公开信息的底线，并不妨碍市场主体对法律规定必须公开的信息范围之外的某些信息自主决定公开，或者对强制披露信息进行细化、补充、扩展。第二，从披露对象上区分为对社会公开和对特定对象公开。信息的使用主体是多方面的，包括投资者、债权人、股东、新闻媒体以及监管部门等。在信息充分披露的前提下，披露对象方能更有效地使用披露的信息。第三，从内容上，需要披露的信息范围、时间、方式、程序等均由法律及法规、规则等规范性文件明确规定。在不同的监管领域，法律及法规、规则等规范性文件对信息披露的内容和方式有着不同的规定和要求。

13.1.2 信息披露原则

信息披露一般以真实、准确、完整、及时、公平为原则。信息披露的真实性是指信息披露义务人所公开的情况不得有任何虚假成分，所披露的信息资料必须真实可靠，与客观实际相符，能够全面反映真实情况。信息披露的准确性是指信息披露义务人披露信息时必须确切表明其含义，其内容与表达方式不得使人误解。它不仅强调已披露信息与信息所反映的客观事实上的一致性，而且还强调相关方对于信息理解的一致性。信息披露的完整性是指可能影响投资者决策的所有信息都应该得到披露。信息披露的及时性是指信息披露义务人在法律规定的时间范围内将相关信息传递给使用者。信息的价值通常具有时效性，即使是客观准确的信息如果未能及时披露，对使用者而言也会失去意义。信息披露的公平性是指信息披露义务人需要公平地对待所有投资者，保证投资人在市场上公平交易、平等竞争。

国际上，IOSCO要求信用评级机构的信息披露应该完整、公平、准确、及时，并且可以被投资者和信用评级的其他用户理解。

我国信用评级行业信息披露一般以真实、准确、完整、及时、公平为原则。《银行间债券市场非金融企业债务融资工具信息披露规则》要求信息披露应遵循真实、准确、完整、及时原则；《资产支持证券信息披露规则》第三条规定受托机构应保证信息披露真实、准确和完整，不得有虚假记载、误导性陈述和重大遗漏；《证券资信评级机构执业行为准则》规定证券评级机构及其评级从业人员应保证披露信息的真实、准确、完整、及时、公平，不得有虚假记载、误导性陈述或重大遗漏；《证券市场资信评级业务管理暂行办法》规定证券评级机构及其有关人员应当配合检查，提供的信息、资料应当真实、准确、完整。

13.1.3 信用评级行业信息披露作用

信息披露制度在金融监管法律制度中占据基础地位。信息是金融市场投资决策的基础，在金融市场的运转过程中，信息的传递和处理贯穿始终。然而由于信息不对称问题的普遍存在，有效市场理论的假设条件很难实现，作为信息沟通起点的信息披露过程如果出现问题，那么信息沟通与传递的后续环节都会受到影响，由此引发的道德风险和逆向选择问题，会导致投资者无法进行理性决策，使市场资源配置发生扭曲，影响到市场的整体运行效率。因此，要实现金融市场的高效运行和资源配置的合理有序，就必须建立有效的信息披露制度。

信用评级机构只有有效地披露信用评级机构内部管理制度、评级方法和程序、评级表现等信息，投资者才能够充分地评估信用评级的含义、局限以及信用评级机构值得信赖的程度，才能够对信用评级机构评级的"信息价值"进行评价，理解交易中的信用风险，并承受由此带来的经济损失。因此，信用评级机构信息披露能够起到保护投资者、提高市场效率、协助降低金融监管成本、督促提高评级透明度、引导发行人加强债务风险的管理的作用。

13.1.3.1 保护投资者

信用评级机构信息披露有助于缓解债券市场信息不对称，降低投资者搜索信息和发行人获取资金的成本，帮助市场参与者有效识别信用风险，为投资者的投资决策提供参考。具体来说，信息披露制度对投资者价值的保护主要体现在以下几个方面：

第一，帮助投资者评价信用评级机构的声誉。充分的信息披露能够帮助投资者对评级质量进行有效评价，让投资者识别出拥有良好评级记录的信用评级机构，而对于评级质量较差或者存在不合规行为的信用评级机构，其声誉将面临损失，投资者可能会对其评级结果"折价"或不予参考。比如，评级表现的数据、评级方法和程序的披露，让投资者更容易评价信用评级机构评级的准确性，而披露利益冲突信息、管理利益冲突的程序以及防止非公开信息非法使用的程序，有助于确保评级的诚信、完整。

第二，帮助投资者正确认识信用评级。信用评级是信用评级机构对受评对象信用风险的预测性评价，它具有一定的局限性，这种局限性包括报告数据的局限、分析内容的局限和观点的主观性。但普通投资者对信用评级往往存在认识误区，特别是对信用评级的局限性认识不足。在美国次贷危机中，大量投资者将信用评级机构做出的 AAA 级 RMBS、CDO 等同于无风险的证券投资，这与信用评级机构披露信息的不完全、不准确具有一定关系。如果信用评级机构能够事先详细地披露确定信用评级所依赖的基础资产的信息、历史数据的局限以及评级方法使用的主要假设和原理，那么投资者就能够更好地认识信用评级。

第三，鼓励投资者自己分析信用风险。基于信息收集能力的差异以及信息分析能力的不同，投资者使用信用评级的范围和程度是不一样的。那些掌握丰富资源以及具有强大信息收集能力的机构投资者，特别是大型、专业的机构投资者，趋向于自己对发行人的信用风险进行分析；而那些资源匮乏和信息收集能力不足的投资者，比如个人投资者、小规模的机构投资者，则乐于使用甚至依赖信用评级机构的信用评级。信用评级机构完全而充分的信息披露，有助于投资者获得与评级相关的信息，比如发行人违约概率、发生违约事件的预计损失、影响评级结果的假设等，据此对信用风险做出评估和分析。

13.1.3.2 提高市场效率，降低金融监管成本

根据交易成本理论，信用评级机构进行信息披露可以减少评级对象与其交易者之间信息收集与核实的交易成本。该类信息具有公共产品属性，向市场散播评级信息的专业评级者能够减少或消除少数个体的重复信息行为，消除市场各方之间的信息不对称，有助于增进市场效率，辅助市场定价，优化市场资源配置，提高债券市场的活跃度。

信用评级机构既能减少信息不对称，又能降低交易成本，但信用评级所有的功能必须建立在其客观和正确的基础上，这取决于两项因素：一是信用评级机构本身是否能够保持客观独立；二是评级过程和方法是否科学正确。但社会公众对此难以了解和监督，必须有赖于信用评级机构的信息披露。只有通过信息披露监管，才能让市场这只无形的手促使信用评级机构产生高质量的评级结果，提高信用评级的准确性和可靠性，发挥信用评级的功能。

此外，信用评级结果的披露能够将发债主体的信用风险连续、准确、真实地披露出来，对金融市场起到风险管控作用，降低金融监管成本，提高市场透明度。

13.1.3.3 引导发行人加强债务风险的优化管理

信用评级机构根据客观独立的评级过程提出对发行人信用风险的观点和看法，并在市场上进行信息披露和流通，不仅能够丰富投资人对发行人评估的角度，也会引导发行人评估自身债务的信用风险，加强债务风险的优化管理。

13.1.3.4 提高评级透明度，加强信用评级机构的声誉约束

信用评级机构作为金融资本市场的重要基础设施、金融活动独立的参与方，发挥着独特作用，具有重要的社会影响。因此，信用评级机构的信息披露问题就成为社会关注的问题。信用评级机构的信息披露能够提高信用评级机构的独立性，有效防止和规避利益冲突，促进信用评级机构加强法人治理和内控管理，规范评级流程、评级行为，促进评级结果的独立、客观、公正，提高评级的一致性、科学性。同时，信用评级机构向各市场主体充分提供关于评级结果、评级表现、评级流程和评级方法等方面的信息，由市场主体独立做出判断和选择，有利于充分发挥市场监督的作用，强化声誉机制对信用评级机构的约束。

13.2 信用评级行业信息披露与透明度管理实践

13.2.1 信息披露相关制度的建立

13.2.1.1 国际三大信用评级机构

根据修订后的《1934年证券交易法》及《证券交易法实施细则》，SEC要求

NRSROs 建立并披露如下政策、制度和程序，包括：确定信用评级程序和方法的政策和程序；防止滥用重大非公开信息的政策；道德准则；处理和管理利益冲突的政策等。

实践中，NRSROs 均按照 SEC 监管要求建立信息披露相关制度（见表 13-1），并在信息披露表（Form NRSROs）附表中填写相应制度和管理情况，在机构网站上进行公开披露。

表 13-1 国际三大信用评级机构信息披露相关制度

项目	具体内容
确定信用评级程序和方法	包括信用评级程序（内含申请评级、信息质量、评级委员会程序、通知发行人信用评级结果并发布信用评级公告、信用评级上诉、跟踪评级、撤销评级以及主动评级等具体程序环节），信用评级方法与模型，职业行为准则，撤销信用评级的政策，主动评级的信用评级政策以及界定受评实体未参与评级过程的政策。
防止滥用重大非公开信息的政策	包括董事会批准信用评级方法的政策、公司商业行为准则、评级专业行为准则、首席执行官和高级财务官职业道德准则、对同属一家股东公司的信息隔离策略、重大非公开信息政策、证券交易政策、传播公开评级的政策、公司董事及信用评级机构股东评级独立性和披露的政策。
道德准则	涵盖了对信用评级机构、信用评级机构股东和高级管理者以及信用机构员工行为的道德准则约束和维护措施，具体包括公司商业行为准则、评级专业行为准则、首席执行官和高级财务官职业道德准则、反贿赂和反腐败政策、指定合规管理人的薪酬、电子邮件监控政策、违反法律的政策以及接受、回顾审查和保留外部投诉的政策。
处理和管理利益冲突的政策	涵盖了对信用评级机构的经营，信用评级机构的关联机构、信用评级机构股东和高级管理者以及信用机构员工的行为，以及信用评级机构评级业务开展等各层面实际或潜在利益冲突的处理和管理，具体包括利益冲突的认定政策，公司商业行为准则，外部商业利益政策，反贿赂和反腐败政策，反竞争评级政策，重要运营功能的外包政策，辅助服务和其他允许服务政策，指定合规管理人的薪酬政策，公司董事及信用评级机构股东的评级独立性和披露的政策，首席执行官和高级财务官职业道德准则，评级专业行为准则，对同属一家股东公司的信息隔离策略，禁止对年度净收入贡献超过 10% 的单一发行人等机构发布或维持信用评级的政策，禁止对拥有公司控制权的实体进行评级的政策，费用商洽政策，暗示或接受现金、礼品或娱乐招待的政策，界定受评实体未参与评级过程的政策，岗位就业政策，禁止信用评级人员进行销售营销活动的政策，分析师轮换政策，信用评级人员与商业信息和活动隔离的政策，证券交易政策，重大非公开信息政策，拒绝信用评级的政策，撤销信用评级的政策，禁止推荐信用评级的政策，主动评级的信用评级政策，结构化融资产品信息共享平台政策，接受、回顾审查和保留外部投诉的政策。
其他政策、程序和制度	除上述监管所要求的制度以外，国际信用评级机构还会披露其他内控制度和业务开展制度，包括担任评级委员会主席资格的政策、股权政策、机构轮换政策、及时公布信用评级的政策、评级符号和定义一致性的政策、评级结果信息披露表的披露政策、受评对象拒绝公开发布所托评级权利的政策、发布私人信用评级的政策、主权评级政策、资产支持证券评级中声明和保证机制披露的政策、记录和保留评级信息的政策。

资料来源：国际三大信用评级机构网站。

13.2.1.2 我国信用评级机构

根据监管要求，我国信用评级机构建立了信息披露相关制度，主要涉及以下几个方面

(见表 13-2)。

表 13-2 国内信用评级机构信息披露相关制度

项目	具体内容
评级过程及评级方法	包括评级业务相关制度、评级体系文件、评级方法与模型、评级业务关键方面的政策与流程。其中，评级业务相关规章制度包括开展评级项目的业务制度和程序文件、评级业务其他方面的政策与流程，如信用评级机构在获取评级业务、信息收集、现场调查、信用级别决定、后续跟踪评级等各业务环节中所遵从的行为准则或内部规章制度；评级体系文件包括信用等级划分及定义、与信用评级业务类别或行业对应的评级方法和模型、违约率定义、预期违约率表格等；评级方法及模型包括信用评级机构在信用级别决定环节所使用的评级方法、评级模型及关键假设等内容；评级业务关键方面的政策与流程包括关于评级方法、评级模型的改进、生效和审查的政策和流程，关于评级决定的政策和流程，关于评级结果发布的政策和流程以及关于评级监督的政策和流程等。
非公开信息管理制度	包括防火墙制度、非公开信息管理制度。
利益冲突情形及防范机制	包括潜在利益冲突风险、经营层面、业务层面、人员层面等方面利益冲突的披露和防范机制，以及其他防范机制，如离职人员回顾审查制度、评级人员轮换制度、合规审查制度、利益冲突的发现及管理机制等。
其他制度	包括信息披露事务管理、评级质量控制、合规管理、评级信息管理和人员管理制度，以及信用评级机构自身对评级行为、高管行为、员工行为方面的规范等。

资料来源：国内各信用评级机构网站。

在建立信息披露相关制度方面，国内外监管要求主要集中在确定信用评级程序和方法的政策和程序、防止滥用重大非公开信息的政策以及处理和管理利益冲突的政策等方面。

13.2.2 注册信息披露

13.2.2.1 国际三大信用评级机构

美国《1934年证券交易法》及《证券交易法实施细则》要求 NRSROs 在接到 SEC 注册/年度认证后 10 个工作日内，在机构网站免费公开披露注册信息表及其附表 1 至附表 9，具体参见表 13-3 和表 13-4。由于附表 10 至附表 13 涉及财务报表信息，NRSROs 可申请保密处理，仅向 SEC 进行提交。此外，NRSROs 进行注册和年度认证时，还需要向 SEC 提交年度财务报告及其他报告，此部分内容同样涉及 NRSROs 保密信息，不需要进行公开披露。实践中，国际三大信用评级机构均按照监管要求在机构网站中设置了注册信息表的披露板块进行公开。

表 13-3 注册信息表正表

项目	具体内容
机构名称	主要信用评级业务名称，以及任何其他信用评级业务的名称和地点；主要办公室地址；邮寄地址（如不同）；联络人信息：姓名、职位、国家、邮编；保证书。
机构法律地位	公司法人、股份有限公司、合伙企业、其他（详细说明）；财政年度的起止日期；机构成立的地点和日期。

（续表）

项目	具体内容
信用评级子公司	名称、地址。
指定合规官（Compliance Officer）	姓名、职位、办公地址。
初次申请机构、增加申请、增加信用评级类型的机构填写信息	（A）对于每个申请注册的信用等级类别，说明截至申请日期前申请人/NRSROs所评该类债务人、证券和货币市场工具信用评级的近似数量、最初发布此类信用评级的大致日期； （B）简述申请人/NRSROs如何在上述信用评级行动中以免费或合理的费用确定信用评级； （C）如符合要求，附上合格机构买家（Qualified Institutional Buyer）的证明。
非初次申请机构填写信息	（A）列出NRSROs已通过注册的信用评级产品类型（如公司、金融机构、保险机构、政府债券、结构化产品等类型）。对于每个类别，请指出在最近一个日历年结束时，所评该类债务人、证券和货币市场工具的近似数量，以及最初发布该类信用评级的大致日期； （B）简要描述NRSROs如何在上述信用评级行动中以免费或合理的费用确定信用评级。
需要以"是"或"否"回答的问题	可申请保密处理： （A）注册为NRSROs之日起十年内或在任何时间，是否因为违反《1934年证券交易法》被处罚； （B）申请人/NRSROs或其在内的任何人是否因为违反《1934年证券交易法》被判处监禁1年或以上的罪行而被定罪，或者在申请注册为NRSROs之前的十年内或之后的任何时间，由有管辖权的外国法院判定有实质上等同的犯罪； （C）申请人/NRSROs内的任何人是否遵守了SEC的命令，禁止或中止与NRSROs有关人的权利。

资料来源：SEC网站。

表13-4 注册信息表附表

附表序号	内容	备注
1	信用评级质量的测量统计	按照附表规定的格式，在每一日历年结束时提供信用评级质量表现，包括每个适用信用评级类别和子类别在1年、3年和10年期间的信用等级迁移矩阵和违约率。
2	用于确定信用评级的程序与方法的描述	应披露包括主动评级的确定、维持、暂停和撤销信用评级的政策、程序与方法，以及政策、程序与方法的监督、审查和更新。
3	防止重大实质性非公开信息滥用而采取和实施的政策或程序	提供为防止重要实质性非公开信息滥用所制定、维护和执行的书面政策和程序的副本，本部分不得包含任何会降低公开发布的特定政策或程序有效性的信息。
4	组织架构	提供组织结构的信息，包括（如适用）信用评级机构自身和控股子公司、分公司和重要子公司各部门和业务部门的组织架构图和治理结构，信息中应标示其指定的合规官。
5	道德准则或道德准则没有生效的原因陈述	提供已经生效的书面道德准则的副本，或者说明没有书面道德准则的原因。

（续表）

附表序号	内容	备注
6	信用评级发布有关的利益冲突识别	提供与所发布信用评级相关的具有重大实质性利益冲突的类型，或简要描述本表中未涉及的其他类型的利益冲突，但不需要提供进一步的细节。
7	处理和管理利益冲突的政策和程序	提供为处理和管理利益冲突所制定、维护和执行的书面政策和程序的副本。
8	信用分析师和项目负责人的某些信息	包括：信用分析师[含项目负责人（credit analyst supervisors）]的总数；项目负责人的总数；对信用分析师的最低资格要求进行一般描述，包括教育水平和工作经验（如适用，区分初级、中级和高级信用分析师）；对项目负责人的最低资格要求进行一般描述，包括教育水平和工作经验。
9	有关信用评级机构指定合规官的某些信息	包括：姓名；工作经历；中学后教育情况；全职或兼职。
10	初次申请日期前一财政年度内信用评级服务的最大用户名单，以及从用户获得的净收入金额	该部分不需要在机构互联网网站上公开提供。NRSROs 可以要求 SEC 通过在每个页面上标记"机密处理"并遵守 SEC 关于保密处理的规定来保存此附件。在法律允许的范围内，SEC 将会根据要求保留附件中的信息和文件。
11	初次申请日期前三个财政或日历年度经审计的财务报表	
12	初次申请日期前一财政年度或日历年度收入的信息	
13	信用分析师年度总报酬和中位数报酬	

资料来源：SEC 网站。

13.2.2.2 我国信用评级机构

与美国类似，我国监管部门也对信用评级机构的注册信息提出披露要求，根据监管要求信用评级机构在自己网站公开披露注册申请书，包括信用评级机构基本信息、股权架构及组织架构、评级过程及评级方法、人员情况及分析师团队、评级表现、利益冲突情形及防范机制、非公开信息管理制度以及其他内部控制制度，并向交易商协会提交非公开材料，包括责任人员信息、合格机构投资者认可函、财务与经营信息、分析师激励机制、所属人员名单及资料、境外评级机构补充材料以及其他补充资料（见表13-5）。

表13-5 我国信用评级机构注册信息披露表

项目	具体内容
机构基本信息	公司法定名称、成立时间、实收资本、净资产、经营范围、已注册的业务资质类别、注册地址及邮政编码、办公地址及邮政编码、公司网址、联系电话、传真、投诉电话、电子邮箱。
股权架构及组织架构	包括：所有权结构信息，即列出母公司、附属机构、其他关联机构、其分支机构之间的所有权关系，可实施重大影响的相关公司情况，可实施重大影响的相关人员情况；组织架构，即公司部门、岗位的设置及相应职责的组织架构图、组织架构补充说明。
评级业务相关制度	开展评级项目的业务制度和程序文件、评级业务其他方面的政策与流程。

(续表)

项目	具体内容
评级体系文件	信用等级划分及定义、违约率定义、预期违约率定义、各信用等级预期违约率表格、级别映射关系（如有）、评级方法和模型。
人员情况及分析师团队信息	包括：人员构成及变动情况，即高级管理人员、市场人员、分析师、研究人员、合规人员、后台保障人员、行政人员等的数量、资质、从业年限、变动情况等信息；分析师情况，即信用评级委员会的人员数量、职级和从业年限等信息、分析师内部分层制度、相应层级分析师人数及合计、相应层级分析师的任职资质标准以及分析师资源配置情况；分析师近三年离职率。
评级表现	包括：机构的各级别违约率表格、机构评级实际违约率和级别迁移率（如有），以及历史评级结果。
内部控制和管理制度	包括：利益冲突管理制度、信息披露事务管理制度、评级质量控制制度（含评级新业务评估制度、评级过程质量控制制度、评级质量检验制度）、合规管理制度、信用评级信息管理制度和人员管理制度。

资料来源：中国银行间交易商协会网站。

在注册信息披露方面，国内外监管要求趋同。因此，对于注册信息的披露程度，国内外信用评级机构也逐步趋于一致。

13.2.3 评级历史与评级质量披露

13.2.3.1 国际三大信用评级机构

美国《1934年证券交易法》[①] 要求增加信用评级表现的透明度，NRSROs 会按照监管要求在注册信息表附表中披露信用评级历史和质量，包括各类债务人、证券和货币市场工具的预期或初步信用评级、首次信用评级和任何后续跟踪评级，以及各种类型信用评级的历史和表现。国际三大信用评级机构在其注册信息表附表中披露了各类受评对象1年、3年和10年的信用等级迁移矩阵和违约率等信息。具体披露内容参见表 13-6 和表 13-7。

表 13-6 国际三大信用评级机构评级历史的披露

项目	具体内容
披露内容	披露采取评级行动时是否注册为 NRSROs；评级行动的日期；评级对象的名称等识别信息；评级活动的分类：首次信用评级、对现有信用评级的调整（上调、下调、维持、撤销及其原因分类）；信用评级的类别或子类别的分类：金融机构，经纪人或经销商、保险机构、工商企业、结构化融资产品（具体分为 RMBS、CMBS、CLOs、CDOs、ABCP、其他 ABS、其他 SFPs）、主权；信用评级符号、数字或得分。
披露方式	以 XBRL（可扩展商业报告语言）格式在 SEC 网站上公布列表。

---

① 主要涉及《1934年证券交易法》15E（q）段中提高信用评级表现的透明度要求。

(续表)

项目	具体内容
披露时间频率	每月至少更新一次； 如果信用评级行动采取发行人付费模式，在评级行动开始之日起12个月内披露；否则应在评级活动被采纳之日起24个月内披露。

资料来源：SEC网站。

表13-7 国际三大信用评级机构评级质量的披露

项目	具体内容
披露内容	每个信用评级类别和子类别在1年、3年和10年期间的信用等级迁移矩阵和违约率。
披露方式	每个时间段的信用等级迁移矩阵和违约率必须以表格形式（"等级迁移/违约矩阵"）一起呈现； 对于给定的类别或子类别，必须按照1年、3年和10年的顺序显示等级迁移/违约矩阵； 明确界定等级迁移/违约矩阵中的每个符号、数字或得分在机构网站易于访问的位置公开。
披露时间频率	每一日历年度结束后提交SEC，提交后10个工作日内披露。

资料来源：SEC网站。

13.2.3.2 我国信用评级机构

为衡量信用评级的质量，我国监管机构也对信用评级机构的信息披露进行了要求，信用评级机构会披露实际评级质量和评级调整情况，以及历史评级信息和更换评级机构信息。评级质量方面，包括：（1）实际违约率、级别迁移率、利差分析所采用的统计方法、计算口径及公式、统计结果；（2）按照信用评级业务类别分别公布1年期、3年期、5年期和10年期的平均累积违约率和级别迁移率；（3）按照信用评级业务类别分别公布季度各期限、年度各期限利差分析情况。评级历史方面，包括：（1）评级日期；（2）受评对象的名称、类型、所评主体信用等级；（3）非金融企业债务融资工具的债项简称、债项类型、债项等级等；（4）评级行为类型，包括首次评级、定期跟踪评级、不定期跟踪评级、终止评级、主动评级等；对于终止评级，需同时披露原因。此外，对于信用等级调整和更换评级机构情况，我国监管机构要求：（1）对年度评级调整、列入观察名单和发布关注公告的数量和同比变化分析；（2）统计违约事件及信用风险事件的评级情况；（3）更换信用评级机构的发行人名称、原信用评级机构评级情况（包括原信用评级机构的名称、其最近公布的评级出具日、评级结果）、新承接信用评级机构评级情况（包括新承接信用评级机构名称、评级出具日、评级结果）。

在评级历史与评级质量披露方面，国内外监管要求的主要差别在于：（1）由于我国债市数据积累不足，在评级质量披露方面需要披露利差检验结果，国际上一般不需披露；（2）我国要求各家信用评级机构对信用等级调整情况和更换评级结构情况进行统计，对评级质量的把控要求更为严格。

13.2.4 评级技术方法的披露

13.2.4.1 国际三大信用评级机构

披露途径上,国际三大信用评级机构在机构网站上单独设置了评级方法和模型的披露板块,并且标普在评级结果中给出了相关模型的链接。

披露内容的范围方面,国际三大信用评级机构基本按照SEC的要求,将评级方法和模型在机构网站显著的位置进行了披露,浏览者注册后即可免费阅读。但是,对于核心模型的披露尚有保留。例如,某信用评级机构对美国的RMBS产品的评级过程中,使用了"美国RMBS产品可持续性房价模型"(US RMBS Sustainable Home Price Model),虽然该机构在其他模型引用该模型时进行了简单的介绍,但该模型并未公开披露,而是以特别报告(special report)的形式,仅对收费订阅用户进行披露。

披露内容的程度方面,国际三大信用评级机构主要以介绍评级方法和模型的思路为主线,对涉及的相关参数估计方法进行了理论层面的规则介绍,如评级流程、评级思路及框架、评级方法和模型概述、主要准则及风险分析、模型假设、评级要素及指标选择、打分规则等信息,最后说明方法和模型的局限性。

【专栏 13-1】

国际三大信用评级机构对评级方法和模型的界定

SEC对评级方法和模型(methodology)的披露要求中,指出披露包括定性方法和定量指标(qualitative methodologies and quantitative inputs)。在实践中,标普和惠誉均使用了"标准"(Criteria)板块进行评级方法和模型的披露。标普对"标准"做出了说明,"标准"包含了用于信用评级过程的所有基础因素、分析原则、方法论和假设,并指出"标准"可能会包含定性和/或定量因素(quantitative and/or qualitative elements)。并且,标普将"标准模型"(Criteria Model)定义为以高级经济学、金融学、数学或统计学方法为基础的复杂模型。惠誉将评级"标准"定义为前瞻性评级方法(approach)。"标准"确定了评级驱动因素和假设,突出了分析的范围和局限性。穆迪认为评级方法论(rating methodologies)描述了评级委员会用于确定信用等级的分析框架,并不是要对评级中反映的所有因素进行详尽的处理。相反,它们描述了评估特定行业信用风险通常最重要的关键定性和定量考虑因素。评级委员会运用自己的判断来决定是否或如何强调它认为具有特殊意义的评级因素。

资料来源:根据公开资料整理。

实践上,SEC通过每年对NRSROs的检查,披露了某些信用评级机构在评级技术方法信息披露方面的缺陷,如某些信用评级机构并未按照制定的信用评级方法进行信用评级,未按照其政策和程序记录模型隐含的评级与最终评级之间差异的理由,未充分记录

或明确披露其应用与其公布的方法和假设的实质性偏离等问题。

13.2.4.2 我国信用评级机构

我国信用评级机构按照监管要求，披露了评级业务相关规章制度、评级方法和模型、评级业务关键方面的政策与流程，并及时披露更新情况。目前，我国信用评级机构对评级方法、模型的披露一般细化到了二级行业层面。

其中，评级业务相关规章制度包括信用评级机构在获取评级业务、信息收集、现场调查、信用级别决定、后续跟踪评级等各业务环节中所遵从的行为准则或内部规章制度；评级方法及模型包括信用评级机构在信用级别决定环节所使用的评级方法、评级模型及关键假设等内容；评级业务关键方面的政策与流程包括关于评级方法、评级模型的改进、生效和审查的政策和流程，关于评级决定的政策和流程，关于评级结果发布的政策和流程以及关于评级监督的政策和流程等内容。

在评级技术方法的披露方面，国内外监管要求较为一致，但我国信用评级机构评级方法的行业划分标准与国际三大信用评级机构存在差异。具体评级方法方面，披露了包括版本、制定或修订日期、制定或修订说明、适用业务类别或行业、基本假设及核心要素、定性和定量指标、评级局限性等；评级模型披露包括版本、制定或修订日期、制定或修订说明、适用业务类别或行业、定性和定量要素、指标的权重、阈值、模型局限性等；对于结构化融资产品的评级方法和模型，披露了包括基础资产分析、交易结构分析、现金流分析及压力测试方法、参与方分析方法等，并明确与非结构化产品评级的区别。

13.2.5 结构化融资产品的特别披露

13.2.5.1 国际三大信用评级机构

美国对结构化融资产品评级业务的特别披露规范主要涉及三个方面：（1）第三方尽职调查表；（2）陈述、保证和执行机制；（3）结构化融资产品评级信息共享平台。

实践方面，国际三大信用评级机构均在网站上设置了板块，披露结构化融资产品在第三方尽职调查披露要求的内容，以及募集说明书、私募备忘录或其他结构化融资产品发行文件和结构化融资产品资产池相关文件中所涉及的陈述、保证和执行机制。并且，国际三大信用评级机构均在机构网站上设置了结构化融资产品评级信息共享平台的入口。

此外，在结构化融资产品的付费评级报告中，国际三大信用评级机构还会披露：（1）使用数据池的类型，是静态池还是动态池；（2）资产池数据是否与静态池数据的统计特征相一致，历史数据的跨度，数据是否充足和合理，如果需要调整，使用何种方法；（3）基准假设，包括违约率假设值、回收率假设值和早偿率假设值，违约倍数与回收率削减比率下基准假设的波动范围，以及通过分析调整后的资产池加权平均利率值，并根据上述假设开展现金流测试和敏感性分析，包括违约率上升和/或回收率下降的敏感性分析。

13.2.5.2 我国信用评级机构

我国信用评级机构对结构化融资产品评级业务的信息披露的主要途径为信用评级报告，并对评级报告进行了规范，包括基础资产池概况、基础资产池信用风险分析、基础资产池加权平均信用等级、现金流分析及压力测试信息，如损益和现金流分析，以及评级结果对评级假设变动的敏感性分析，评级结果的局限性以及所用评级信息受到的限制。

以信贷资产证券化产品为例，具体来说：（1）基础资产池概况包括基础资产池所涉及的借款人户数、贷款笔数、初始贷款规模及贷款期限、入池贷款规模及剩余期限、现行贷款利率、加权平均贷款利率、最长贷款剩余期限、最短贷款剩余期限、加权平均贷款剩余期限、贷款本息偿付方式、入池贷款标准等资产池概况，以及资产池在资产质量、贷款性质、债务人分布、行业分布、地区分布等特征方面的统计情况，尤其是资产池前十大债务人及前五大债务人占比等内容；（2）基础资产池信用风险分析包括从资产质量、债务人分布、行业分布、地区分布、期限分布等方面对资产池进行的信用风险分析，对于入池贷款中单一行业贷款占比超过10%、单一借款人贷款占比超过5%的情况，要披露相关信息，如借款人所在行业背景、所在地区、未偿本金余额、剩余期限、贷款偿付记录、贷款担保措施以及借款人的信用等级情况或考虑贷款担保后的信用等级情况等；（3）基础资产池加权平均信用等级情况包括入池贷款所涉及的借款人及保证人的信用级别，判定依据按未偿本金余额、借款人户数等统计的借款人信用级别分布情况或考虑贷款担保后的信用等级分布情况以及资产池的加权平均信用级别等内容；（4）现金流分析及压力测试，包括压力测试内容、测试参数及测试结果，如违约率及违约时间分布、违约回收率及回收周期等内容。

在结构化融资产品信息披露方面，国内外监管要求存在差异，导致国内外信用评级机构的信息披露程度存在差异。我国信用评级机构按照监管要求在信用评级报告中详细地披露了相关内容，国际三大信用评级机构更加侧重于对关键信息的阐述。

13.2.6 利益冲突与合规信息的披露

13.2.6.1 国际三大信用评级机构

SEC要求信用评级机构在注册信息表附表6中披露与信用评级发布有关的利益冲突的识别情况，包括提供与所发布信用评级相关的具有重大实质性利益冲突的类型，或简要描述本表中未涉及的其他类型的利益冲突，但不需要提供具体细节。

在实践中，国际三大信用评级机构均在注册信息表附表6中披露与信用评级发布有关的利益冲突的识别情况，其内容主要包括：（1）信用评级费用由发行人或承销商支付；（2）信用评级费用由债务人或其关联方支付；（3）信用评级费用由投资人支付；（4）除信用评级费用外，债务人、发行人或承销商还向信用评级机构和（或）其分支机构支付了其他业务（服务）的费用；（5）允许信用评级机构和（或）其分支机构的内部员工与债务人或发行人之间存在超越公平原则以外的非正常业务关系，前提是该员工不参与或以其他方式影响该债务人或发行人的信用评级；（6）允许信用评级机构和（或）

其分支机构的内部员工直接持有受评债务工具或拥有其他直接所有权；（7）结构化融资工具资产池中的证券、债务融资工具或结构化融资工具任何一部分的信用评级费用是由该结构化融资工具的发行人、保荐人或承销商支付；（8）在评级过程中获得的机密信息可能与分支机构提供的其他服务有关；（9）信用评级机构、信用评级机构母公司及其分支机构董事会成员可能与债务人或发行人存在利益关联关系；（10）允许对其主要股东（持股5%及以上的股东）进行评级；（11）允许对其母公司证券的承销商或第三方关联机构进行评级；（12）允许其非执行董事担任信用评级机构的董事会成员；（13）允许评级分析师在提出评级建议并参与评级委员会的同时，进行与受评对象、发行人以及信用市场有关的其他问题的研究，并撰写相关研究报告。

13.2.6.2　我国信用评级机构

我国监管机构从潜在利益冲突层面、经营层面、业务层面和人员层面出发，要求信用评级机构建立利益冲突管理工作机制和相关制度，对产生的无法消除的利益冲突进行有效管理，并充分及时披露开展评级业务过程中可能产生的潜在或实际利益冲突情形。

在实践中，我国信用评级机构在机构网站披露的内容包括：（1）利益冲突管理工作机制和相关制度，包括防火墙制度、回避制度、离职人员回顾审查制度、评级人员轮换制度、合规审查制度等利益冲突防范机制，评级质量内部控制机制等评级业务相关规章制度，以及信用评级机构自身对评级行为、高管行为、员工行为等方面的其他内部控制制度；（2）利益冲突情形，包括潜在的利益冲突、经营层面利益冲突、业务层面利益冲突以及人员层面利益冲突，并披露按收入计算的前十大客户名单等内容；（3）合规运行情况，包括制度建设、人员管理、评级业务合规情况等。

此外，我国监管机构也会定期或不定期对信用评级机构的信用评级业务开展情况和自律规范执行情况进行业务调查。

因此，在利益冲突与合规信息披露方面，国内外监管要求较为一致，国内外信用评级机构实践也较为相近，均会将利益冲突情况和合规信息进行公开披露。

13.3　评级结果披露

13.3.1　评级结果信息披露表

13.3.1.1　国际三大信用评级机构

为提高信用评级结果的透明度，美国《1934年证券交易法》[①]要求信用评级机构应在网站显著的位置公开披露针对债务发行人、证券和货币市场工具的预期或初步信用评级、首次信用评级，以及后续的任何评级调整，且内容丰富、清晰。美国《1934年证券

---

① 主要涉及《1934年证券交易法》15E（q）段内容。

交易法》[①]对评级结果的披露进一步做出规定，要求信用评级机构披露评级结果时，除披露是否注册为NRSROs、评级行动的日期、评级对象的名称、评级类型（首次、上调、下调、维持、撤销）、受评对象的类别，还应披露信息披露表，并对信息披露表的格式和内容做出了具体的要求。美国《证券交易法实施细则》（Exchange Act Rules）也配套增加了信息披露的要求[②]，信息披露表应披露信用评级程序、方法及其假设，所使用数据的来源，信用评级结果的监督频率和方式，以及其他可以帮助投资者理解信用评级的信息。

根据上述监管要求，国际三大信用评级机构将评级结果在机构网站进行免费披露，并同时披露信息披露表。信息披露表依次披露了下述内容：

（1）信用评级使用的信用评级的标识符号，以及对受评对象的描述（如适用）。国际信用评级机构一般披露受评对象名称、信用等级、债务类型（如有）、展望、评级时间等内容。

（2）用于确定信用等级的程序或方法的版本。国际信用评级机构在机构网站披露评级方法和模型，在评级结果信息披露表中仅披露使用信用评级方法和模型的列表及链接。信用评级所使用评级方法的主要假设和原则，包括定性方法和定量指标。如果是结构化融资产品，则披露与基础资产违约相关的假设。例如，标普会在使用银行业评级方法对银行信用评级时，从经济风险、行业风险、经营地位、资本和收益、风险状况、资金和流动性六个方面对银行进行评价，并会具体阐述各个方面主要影响因素的分析和假设，如经济风险中主要影响因素为经济复苏力度、经济失衡和信贷风险等。

（3）信用评级的局限性，包括NRSROs信用评级中没有做出评估的风险，例如流动性风险、市场风险和其他风险。国际信用评级机构一般罗列信用评级未评估的因素，例如穆迪会阐述其对信用风险的定义，"实体未能履行其到期合约、财务责任以及发生违约时的任何预期财务损失的风险"，并声明"信用评级不涉及任何其他风险，包括但不限于市场流动性风险、市场价值风险或价格波动风险"，用以陈述信用评级的局限性，指出"信用评级不是当前或历史事实的陈述，信用评级不构成投资或财务建议，信用评级不是购买、出售或持有特定证券的建议，信用评级不会评论任何投资者是否适合投资"。

（4）信用评级不确定性的信息，包括有关数据的可靠性、准确性和信息质量；重要数据是可靠或有限的声明，包括历史数据的局限性、对某些文件或其他类型的信息的可访问性的任何限制。国际信用评级机构一般会声明其是否认为数据是可靠的，标普会列出评价数据质量的条件。

（5）是否以及在多大程度上使用了第三方的尽职调查服务，描述第三方在执行尽职调查服务时所审阅的信息，以及第三方的发现和结论的摘要；公布资产证券化产品尽职调查表格，包含对第三方尽职调查服务时所查阅的信息，以及第三方的调查结果和结论摘要的说明。国际信用评级机构一般会为此专门设立板块进行尽职调查情况的披露。

（6）如果使用服务商报告，则需报告跟踪评级的频率。国际信用评级机构一般会说明是否考虑服务机构报告中的表现数据、获得服务机构报告的频率和根据这些报告进

---

① 《多德-弗兰克法案》规定，在《1934年证券交易法》第15E章加入（s）段（SEC.15E subsection s）
② 主要涉及《证券交易法实施细则》§240.17g-7对信息披露的要求。

行跟踪评级的频率。

（7）为确定信用等级而依赖的数据类型描述；对现有资料质量的总体评估；有关利益冲突的资料，包括信用评级支付方式以及最近一个财政年度内，是否还收取了其他服务费用的声明；如果检查后发现利益冲突并追溯调整信用等级，则需要说明评级调整的原因是发现评级活动受到利益冲突的影响，并描述其对该先前的评级行动的影响。

（8）信用评级的潜在波动的解释或量度，包括任何可能导致信用评级变化的因素；与评级相关的不同市场条件下可能发生的变化幅度。

（9）关于信用评级内容的信息，包括：信用评级的历史表现（如适用），违约的预期概率以及预期损失；关于信用等级假设的敏感性分析信息等。

（10）如果是对资产支持证券进行信用评级，则不需披露以下信息：募集说明书、私募配售备忘录、其他资产支持证券发行文件中以及与资产支持资产池相关的其他文件中涉及的陈述、保证和执行机制；它们与类似证券发行中的陈述、保证和执行机制有什么不同。

（11）评级分析师签署的责任声明。

13.3.1.2 我国信用评级机构

我国监管机构并未做出美国评级结果信息披露表的类似规定，但在信用评级报告中也会进行类似信息披露，例如部分合规信息和独立性声明，评级使用的评级方法和模型及版本，历次评级情况相关信息。

13.3.2 信用评级报告

13.3.2.1 国内外信用评级报告的披露格式及内容

1. 国际三大信用评级机构

美国对信用评级机构评级报告的披露格式和内容结构并未做出规定。本节以惠誉为例，对比国内外信用评级机构的评级报告的异同。需要说明的是，惠誉的评级报告分为三类：第一类是免费的新闻稿（rating action commentary），公布评级行动对受评对象的信用评级类型、主体评级和债项的信用等级及展望、最后评级行动时间、评级驱动因素、评级敏感性分析、历史信用等级及展望列表、相关研究与评级方法、分析师信息以及免责声明等信息，并附加监管信息披露表；第二类是完整评级报告（full rating reports），一般针对发行人首次进行评级时发布，是完整的评级报告内容；第三类是更新评级报告（update），惠誉会对受评对象进行跟踪评级，并发布此次评级报告的新闻稿和更新评级报告。

在评级报告披露形式上，国际信用评级机构评级报告具有如下特点：第一，国际信用评级机构完整的评级报告一般采取收费形式，向订阅客户有偿提供，对公众免费披露新闻稿，内容相对更加简要；第二，国际信用评级机构不单独设置主体评级报告和债项评级报告；第三，国际信用评级机构信用评级报告较为精要简洁，国际信用评级机构的完整评级报告篇幅一般在9—15页；第四，国际信用评级机构一般会保持跟踪评级报告与首次评级报告的结构一致性。

2. 我国信用评级机构

我国信用评级机构出具的评级报告均按照监管要求进行信息披露，根据债券品种和信用评级机构自身要求的不同，评级报告内容略有差异，但大致相同，主要涉及的内容均包括：评级对象、评级结果（级别和展望）、评级时间、报告编号、概述、分析师名称、评级报告概述、声明、正文、跟踪评级安排、评级结果释义、附录等。

13.3.2.2　工商企业信用评级报告

1. 概述部分。国内外信用评级报告的概述部分较为一致，但是惠誉会根据情况披露对未来一年或一期主要财务数据的预测结果。以某工商企业信用评级报告为例，惠誉在概述部分选取并分析了 5 个主要财务指标：收入总额、EBITDA 利润率、全部债务 / EBITDA、调整后的营运现金流杠杆倍数[①]、自由现金流利润率。对照我国信用评级机构对国内某变速器企业的评级报告，我国信用评级机构选取并分析了打分表中的 13 个主要财务指标：总资产、归属于母公司所有者权益、有息债务、资产负债率、流动比率、速动比率、营业收入、营业利润、利润总额、综合毛利率、总资产回报率、EBITDA、EBITDA 利息保障倍数。在概述的财务指标体系中，惠誉侧重披露对具体受评对象起到重要作用的核心财务指标，我国信用评级机构出具的评级报告则是将该类型受评对象打分表中的主要财务指标进行披露，并且将打分表及其结果进行披露。

2. 声明部分。惠誉会在信用评级报告末尾加入免责声明，独立性声明等内容一般在信息披露表中披露。我国监管机构要求信用评级机构出具的评级报告应包含声明部分，并规定信用评级机构需要做出如下声明：（1）除因本次评级事项信用评级机构与评级对象（发行人）构成委托关系外，信用评级机构、评估人员与评级对象（发行人）不存在任何影响评级行为独立、客观、公正的关联关系；（2）信用评级机构与评估人员履行了实地调查和诚信义务，有充分理由保证所出具的信用评级报告遵循了真实、客观、公正的原则；（3）信用评级报告的评级结论是信用评级机构依据合理的内部信用评级标准和程序做出的独立判断，未因评级对象（发行人）和其他任何组织或个人的不当影响改变评级意见；（4）信用评级报告用于相关决策参考，并非是某种决策的结论、建议等；（5）评估结论的时效限定说明。此外，我国监管机构还要求披露更正说明（如有）和利益冲突情况和措施。对于发现已披露评级报告中信息存在差错的，应说明更正原因、更正内容以及原报告链接；信用评级机构子公司、控股股东及其控制的其他机构对该受评对象提供的非评级服务类型（如有），并应当审查其是否导致评级机构与受评对象间存在利益冲突；若不存在利益冲突，应当明确声明，若认为存在利益冲突，则应披露利益冲突情形、所采取的管理措施。关于声明部分，后文不再赘述。

3. 正文部分。在进行企业评级时，惠誉会进行同行业对标企业分析，同行业对标企业一般通过对受评机构的国家风险、运营和财务特征进行分析后确定。同行业对标企业分析一般会分析受评机构的经营和财务风险，并会在附录中具体给出同行业对标企业与

[①] 即为调整后的全部债务/调整后的FFO。

受评机构的历史信用等级、各经营和财务风险关键指标数值。通过同行业对标企业分析，惠誉可以进一步确定受评机构的信用等级范围区间。对此我国没有具体监管的要求，实践中部分信用评级机构也会在工商企业信用评级报告中披露同行业对标企业分析内容。

惠誉还会进行敏感性分析，明确各个可能单独或共同对信用等级产生积极影响和消极影响的因素和条件，但仅给出结果，具体计算和分析一般在附录给出。例如，惠誉会说明对某受评对象信用等级产生积极影响的因素和条件为：惠誉计算的 EBITDA 杠杆下降至 3 倍以下；受评对象的全球收入更加多样化；EBITDA 和自由现金流利润率保持在当前水平。而对于定性因素，惠誉通常在评级驱动因素中进行讨论分析。我国监管机构对评级敏感度分析未做强制性披露，但若信用评级机构进行披露，则需要在附录中进行说明。目前，我国部分信用评级机构已经在评级报告中披露评级敏感度分析内容。

财务分析方面，惠誉会将财务报表中的数据进行调整，并在附录中说明各个指标的数值、计算方法、调整方法和调整后的数值。我国信用评级机构的披露则是根据监管要求，将财务数据分为资产结构与质量、运营效率、盈利能力、现金流情况、资本结构与财务安全性五个方面，分别设置指标与子指标，基本与打分表中的指标相同。

【专栏 13-2】

工商企业信用评级报告其他披露内容探索

除了以上分析内容外，对于工商企业类型的信用评级，惠誉还会根据使用的评级方法给出下列信息：

（1）预测过程中所做出的关键假设，包括定性假设和定量假设。例如，惠誉对某变速器企业信用评级的关键假设为：由于 2015 年和 2016 年的情况不佳，全球终端市场需求在 2017 年得到加强，导致中期收入增长；2017 年以后收入处于个位数增长；通过预测，EBITDA 利润率将保持强劲增长，大约在 30% 左右；在更高的需求水平上，该企业保持积极的定价和持续的管理控制；该企业于 2017 年年底前对未偿还的循环贷款进行偿付；由于该企业在定期贷款上进行摊销付款，债务将在未来几年内下降；未来几年，资本支出大约在 4 亿美元左右，与历史水平基本一致；该企业保持强劲的现金流量，多余的现金用于股份回购。

（2）评级导航器的结果，通过图形表示出受评机构的各主要因素及其子因素的信用等级（得分）分布范围，以评价受评机构的信用等级，但各个因素的具体权重由专家做出判断，并不对外公布，对于不同行业及某些特定企业会进行调整，且每次使用或被强调的信用指标都可能会发生变化。

资料来源：Fitch Rating, "Rating Report: Allison Transmission Holdings.Inc", 2017。

---

4. 附录部分。国际信用评级机构的信用评级报告会详细披露评级过程中涉及的财务数据和指标，包括：同行业对标企业财务数据以及信用等级情况；关键财务指标的计算

方法，涵盖损益表摘要、债务和现金摘要、现金流摘要、总杠杆、净杠杆、覆盖率，以上财务方面的关键财务指标的数值和计算；财务指标调整分录，一般包括关键财务指标的调整分录。此外，信用评级报告会将受评对象相关的全部信用等级以表格形式进行披露，包括受评企业及其母公司的主体评级和相关债项信用等级、展望及评级时间，并且会披露报告相关的研究与评级方法的网址链接。我国监管要求披露评级对象近三年（及一期）主要财务数据、财务指标和公式，若评级过程中使用预测数据，还应当包括预测数据以及预测的关键假设。我国信用评级机构在信用评级报告实践中，会将资产负债表、利润表和现金流量表附在此部分，对于文中所用的财务指标也会附上计算公式表。

表13-8 国内外工商企业信用评级报告对比

结构	我国银行间市场要求[①]	惠誉信用评级报告
概述	①评级对象名称； ②评级对象近三年（及一期）主要财务数据； ③主体及债项信用等级； ④发行规模； ⑤评级小组成员及主要负责人、联系方式； ⑥出具报告的时间； ⑦信用评级机构对评级对象所持的主要观点、优势、关注(风险)和未来展望，对受评对象的信用等级做出调整的，应明确调整依据； ⑧本次评级使用的评级方法和模型，包括名称、版本； ⑨本机构历次评级情况，包括主体及该债项的评级结果、评级时间、报告链接、评级小组成员、所使用的评级方法和模型的名称、版本； ⑩本次评级模型打分表及结果。	①信用评级类型； ②评级对象名称； ③主体及债项信用等级； ④展望； ⑤最后评级行动时间； ⑥最近3—4个报告期财务数据总结（或包括预测数据）； ⑦评级驱动因素： 　关键评级问题； 　要点概述； 　评级注意事项。
声明	更正声明、独立性与利益冲突说明、评级效力等声明。	免责等声明。
正文	①发行主体概况； ②本期债券情况； ③本期债券资金募集用途； ④运营环境： 　宏观经济和政策环境； 　评级对象所处行业及区域经济环境； ⑤公司治理： 　评级对象股权结构图及组织结构图、管理水平等；	①同业对标企业对比（rating derivation relative to peer）； ②评级敏感性分析； ③流动性与债务结构：主要为分析概述和结论； ④关键评级问题：以下各问题的概述、惠誉观点、长短期和对评级影响（正面、负面或中性）； ⑤趋势和预测：预测未来3年关键财务指标； ⑥预测的关键假设；

---

① "银行间市场要求"指我国银行间债券市场非金融企业债务融资工具信用评级报告披露要求，下文同。

（续表）

结构	我国银行间市场要求[①]	惠誉信用评级报告
正文	⑥经营与竞争 ⑦财务分析： 　资产结构与质量； 　运营效率； 　盈利能力； 　现金流； 　资本结构与财务安全性； ⑧本期债券条款分析： 　本期债券偿还计划； 　本期债券偿还资金来源； 　主要偿债风险； 　本期债券保障措施分析。	⑦财务数据（包含预测数据）：包括以下财务指标的最近3—4个报告期历史数据和未来三年的预测数据： 　利润表概要； 　资产负债表概要； 　现金流量表概要； 　详细的现金流量表； ⑧评级导航器：图示以下各方面子指标的信用等级分布区间： 　行业风险； 　经营环境； 　业务概况：管理和公司治理；技术领先性；市场地位与规模；经营多样化；业务稳定性； 　财务概况：收益性；财务结构；财务稳定性； ⑨发行人信用等级。
跟踪评级安排	说明信用等级时效限定内的跟踪评级时间、评级范围、出具评级报告方式等内容持续揭示评级对象的信用变化。	附录声明中会说明后续将进行持续跟踪。
附录	①信用等级符号及定义； ②评级对象近三年（及一期）主要财务数据： 　资产负债表； 　利润表； 　现金流量表及补充材料； 　如评级过程中使用预测数据，还应当包括预测数据以及预测的关键假设； ③财务指标和公式； ④组织结构图（可有）； ⑤评级敏感度（如有），即假设可能导致评级变动的内外部因素发生变动的情形下，受评对象信用等级发生变动的程度。	①组织结构图； ②同类企业财务总结：多个同类企业的财务数据，包括评级日期、信用等级及关键财务指标； ③关键财务指标的计算方法：损益表摘要；债务和现金摘要；现金流摘要；总杠杆；净杠杆；覆盖率，以上财务方面的关键财务指标计算； ④财务指标调整分录：关键财务指标的调整分录； ⑤全部信用等级列表（前面概述里的需要点击链接）：受评企业及其母公司的主体评级及相关债项信用等级、展望及评级时间； ⑥相关研究与评级标准； ⑦分析师信息。

注：1.惠誉完整信用评级报告中通常不给出最后评级行动时间，但会在新闻稿中披露，为方便对比，此表将其纳入惠誉信用评级报告中；2.此表中惠誉信用评级报告"附录"部分①—⑥项通常作为惠誉信用评级报告正文的一部分，为方便对比，此表将其放在了附录部分。

资料来源：中国银行间市场交易商协会网站、惠誉公司网站。

13.3.2.3 金融机构信用评级报告

本节选取了惠誉和我国某信用评级机构的金融机构信用评级报告进行介绍，并对比国内外金融机构信用评级的异同，具体见表13-9。

表 13-9 国内外金融机构信用评级报告对比

结构	我国某信用评级机构信用评级报告	惠誉信用评级报告
概述	①评级对象名称； ②评级对象近三年（及一期）主要财务数据； ③主体和债项信用等级； ④评级小组成员及主要负责人、联系方式； ⑤出具报告的时间； ⑥评级公司对评级对象所持的主要观点、优势、关注（风险）和未来展望。	①信用评级类型； ②评级对象名称； ③主体及债项信用等级； ④展望； ⑤最后评级行动时间； ⑥最近3—4个报告期财务数据总结（或包括预测数据）； ⑦评级驱动因素： 　关键评级问题； 　要点概述； 　评级注意事项。
声明	独立性和评级效力等声明。	免责等声明
正文	①主体概况； ②已发行债券概况； ③营运环境分析： 　宏观经济环境； 　区域经济环境； 　行业分析； 　监管政策 ④公司治理和内部控制； ⑤主要业务运营分析。 ⑥财务分析： 　资产质量：贷款、同业及投资资产、表外业务； 　经营效率与盈利能力； 　流动性； 　资本充足性； ⑦债券偿付能力分析； ⑧评级展望。	①评级敏感性分析； ②运营环境； ③公司概述； ④管理和战略； ⑤风险偏好。 ⑥财务概况： 　资产质量； 　收益和盈利能力； 　资本化和杠杆率； 　资金和流动性； 　主要股东及其支持意愿及能力的分析。
跟踪评级安排	说明信用等级时效限定内的跟踪评级时间、评级范围、出具评级报告方式等内容持续揭示评级对象的信用变化。	附录声明中会说明后续将进行持续跟踪。
附录	①信用等级及展望符号及定义； ②评级对象股权结构图及组织结构图； ③评级对象近三年（及一期）主要财务数据； ④主要财务指标： 　资产负债结构； 　前五大行业贷款余额占比； 　贷款质量； 　投资资产结构； 　收益指标； 　现金流量净额； 　流动性指标； 　资本充足性指标； ⑤主要财务指标计算公式。	①商业集团：各业务板块概述； ②同业对标企业财务对比表； ③主要财务指标和公式： 　近年损益表； 　近年资产负债表； 　综合分析表； 　参考数据（含指标的计算过程）； ④相关研究与评级标准； ⑤分析师信息。

资料来源：中国银行间市场交易商协会网站、惠誉公司网站。

1. 概述部分。与我国信用评级机构不同，惠誉一般会披露对未来一个报告期主要财务数据的预测，同时运用的财务指标也有所差异。例如，惠誉在某商业银行 2017 年信用评级报告中选取并分析了 9 个主要财务指标：资产总额、股东权益、营业利润、净利润、综合收益总额、经营性平均资产收益率（operating ROAA）、经营性平均净资产收益率（operating ROAE）、内部资本产生率（internal capital generation rate）、有形普通股权益/有形资产。我国某信用评级机构在某商业银行 2017 年信用评级报告中选取并分析了 17 个主要财务指标：资产总额、股东权益、不良贷款率、拨备覆盖率、贷款拨备率、人民币流动性比例、股东权益/资产总额、资本充足率、一级资本充足率、核心一级资本充足率、营业收入、拨备前利润总额、净利润、净利差、成本收入比、平均资产收益率、平均净资产收益率。

2. 正文部分。惠誉信用评级报告对营运环境分析的阐述较为简略。对于经济环境和监管政策的分析，惠誉会通过其他常规报告专门进行分析，因此在完整信用评级报告中惠誉对经济环境的分析通常只给出结论，篇幅在 1/5 页左右，对监管政策的分析则根据实际情况定篇幅大小。由于监管要求，我国信用评级机构通常会使用大量篇幅（通常为 3—4 页）对宏观经济和政策环境、行业及区域经济环境等内容进行详细的描述，包括对当前宏观经济和政策环境、评级对象所处行业及区域经济环境的详细描述，以及对未来宏观经济的预期。

与工商企业信用评级报告类似，惠誉会在金融机构信用评级报告中说明敏感性分析结果，明确各个可能单独或联合对信用等级产生影响的因素和条件，但仅给出结果，无具体计算和分析。我国对此部分没有具体监管的要求，实践中各信用评级机构大多不会在金融机构信用评级报告中披露评级敏感性的分析情况。

对于公司治理和内部控制的分析，惠誉分为三个板块：公司概述、管理和战略、风险偏好。惠誉在管理和战略板块中，披露了金融机构未来的战略规划表，包括其预期目标值和期限；在主要业务运行的分析中，惠誉采用了更明晰的表格形式进行数据披露。从实际披露内容上，我国信用评级机构出具的信用评级报告更多的是介绍各个业务板块及其规模变化，以及对信用风险变化的影响分析。

惠誉将财务分析作为金融机构信用分析的重点内容，不仅在附录中披露了最近 3—4 个报告期的损益表和资产负债表，还披露了综合分析表和参考指标。在指标选择与构建上，惠誉信用评级报告的财务指标涉及利率相关指标、其他营业利润率相关指标、其他利润率相关指标、资本相关指标、贷款质量相关指标以及资金和流动性相关指标，并且惠誉给出了综合分析表中涉及指标的参考数据表，涵盖了表外事项、资产负债平均水平、贷款和债券期限、风险加权资产、股本调整，披露了惠誉构建的核心资本。我国某信用评级机构在某商业银行 2017 年信用评级报告中选取并分析了 17 项主要财务指标（详见上文"概述部分"），并在附录中披露了资产负债结构、前五大行业贷款余额占比、贷款质量、投资资产结构、收益指标、现金流量净额、流动性指标、资本充足性指标等数据。

13.3.2.4 地方政府债券信用评级报告

本节选取了惠誉和我国某信用评级机构的地方政府债券信用评级报告，并对比国内外地方政府债券信用评级报告的异同,具体见表13-10。

表13-10 国内外地方政府债券信用评级报告对比

结构	我国某信用评级机构信用评级报告	惠誉信用评级报告
概述	①评级对象名称; ②评级对象近三年(及一期)主要财务数据; ③债项信用等级; ④评级小组成员及主要负责人、联系方式; ⑤出具报告的时间; ⑥信用评级机构对评级对象所持的主要观点、优势、关注(风险)和未来展望; ⑦发行规模; ⑧债务融资工具期限; ⑨评级结论。	①信用评级类型; ②评级对象名称; ③债项信用等级; ④展望; ⑤最后评级行动时间; ⑥新发行债务概要(如有):债务融资工具名称、发行日期、规模、发行目的、担保; ⑦分析结论: 　经济来源基础; 　其他分析结论; ⑧评级驱动因素: 　关键评级问题; 　要点概述; 　评级注意事项。
声明	独立性和评级效力等声明。	免责等声明。
正文	①主体概况; ②经济实力: 　宏观经济运行状态; 　区域经济发展水平; ③财政实力: 　地方政府行政地位及财税体制; 　地方财政收支运行情况(收支概况、收支结构、未来展望); ④政府治理: 　领导素质; 　管理制度; ⑤政府债务及偿还能力: 　地方政府债券规模及结构; 　地方政府偿债能力(政府债务/GDP、债务率、逾期债务率); ⑥政府支持; ⑦本期债券分析: 　本期债券概况; 　本期债券对存续债务的影响; 　本期债券偿债能力分析; ⑧结论。	①评级敏感性分析; ②情景分析(收入、支出和盈余): 　走势图; 　情景参数; 　情景参数下财务指标历史与三年情景预测结果; 　预留安全边际下财政预算灵活度; ③信用分析概述: 　体制框架; 　经济基本面; 　财政表现(如收入支出分析); 　负债水平及流动性分析; 　行政管理。
跟踪评级安排	说明信用等级时效限定内的跟踪评级时间、评级范围、出具评级报告方式等内容持续揭示评级对象的信用变化。	附录声明中会说明后续将进行持续跟踪。
附录	信用等级及展望符号及定义。	①主体历史信用等级; ②相关研究与评级标准; ③分析师信息。

资料来源:中国银行间市场交易商协会网站、惠誉公司网站。

在主体信用分析方面，国内外信用评级机构的分析角度有所不同。惠誉以体制框架（税收、转移收入和转移支付、财政支出责任、会计透明度、上层政府的监督程度）为评价基础，并考虑经济基本面、财政表现（如收入、支出分析）、负债水平及流动性分析和行政管理，以及各个评价因素间的相互影响，对地方政府主体信用做出评价。而我国信用评级机构在地方政府债券评级中加入了我国特色指标，如地方政府行政地位及财税体制、领导素质、管理制度和政府支持。对于债项评级，惠誉更加注重对地方政府未来偿债能力的预测，对地方政府的财政数据（包括地方政府收入、支出和盈余等数据）采用了情景分析法。

惠誉会披露评级行动中得到的地方政府债务相关数据，包括财政收入、财政支出、财政盈余（赤字）等地方政府运营风险的数据。我国信用评级机构出具的信用评级报告会披露地方的经济数据以及地方政府财政收支等数据，例如地方GDP、地方规模以上工业增加值、地方全社会固定资产投资、地方社会消费品零售总额、地方进出口总额、地方城镇居民人均可支配收入等经济增长数据，以及地方政府财政收入、一般公共预算收入、政府性基金预算收入、国有资本经营预算收入、社会保险基金收入、负有偿还责任的债务、一般公共预算收入总计/本期一般债券、一般公共预算收入/本期一般债券等地方政府财政数据。

13.3.2.5 结构化融资产品信用评级报告

本节选取了惠誉和我国某信用评级机构的个人汽车抵押贷款资产支持证券信用评级报告进行介绍，并对比国内外结构融资产品信用评级报告的异同，具体见表13-11。

表13-11 国内外结构化融资产品信用评级报告对比

结构	我国某信用评级机构信用评级报告	惠誉信用评级报告
概述	①评级结果： 各档证券信用等级、规模、占比、利率、法定到期日、预期到期日、相关机构名称； ②交易优势、弱势及缓解因素； ③评级小组成员及主要负责人、联系方式； ④出具报告的时间。	①资本结构： 各档证券信用等级及展望、规模、信用增级、利率、法定到期日、厚度（tranche thickness）、厚度损失倍数（tranche thickness loss multiple）； ②交易概要； ③评级驱动因素； ④评级小组成员及主要负责人、联系方式； ⑤出具报告的时间。
声明	独立性和评级效力等声明。	免责等声明。
正文	①评级意见和考虑因素； ②交易概况： 交易要素； 资产池及入池贷款特征： 资产池本金余额、资产池初始贷款规模、借款人数目、贷款笔数、单笔贷款最高本金余额、单笔贷款平均本金余额、贷款最低/最高利率、贷款加权平均利率、贷款最短/最长期数、贷款最短/最长剩余期数、贷款加权平均剩余期数、车辆购入价格、借款人年龄分布、借款人	①同类型产品交易对比； ②交易当事人名称和职责； ③交易结构和法律结构： 交易结构图； 发行人及真实出售； 资本结构和增信措施； 流动性储备账户； 主要入池资产合格标准； 付款分配顺序； 触发事件； 合格投资；

(续表)

结构	我国某信用评级机构信用评级报告	惠誉信用评级报告
正文	地区分布、加权贷款发放日贷款价值比、加权初始起算日贷款价值比； 资产支持证券：发行金额占比、发行利率、信用支持（信用增级）； ③交易结构： 交易结构图； 资产支持证券各档偿付顺序； 现金流支付机制； 资金划付； 储备账户的设置； 信用支持（信用增级）； 风险及缓解措施； 交易的法律情况； ④资产池及入池资产： 入池资产基本情况； 资产池特征： 还款方式、贷款利率分布、贷款未偿本金余额分布、贷款已偿还期数分布、借款人地区分布、借款人年龄分布、借款人年收入分布、借款人职业分布、抵押物特征分析； 信用质量： 静态池历史违约率表现； 入池资产本金回收款现金流分布； ⑤信用分析： 所用方法及方法假设简述； 入池资产损失概率分布假设； 资产池基准违约时间分布假设； 压力测试结果： 损失率、违约分布、利差的变动及其对信用等级影响； ⑥重要参与方： 发起机构/贷款服务机构、受托机构、资金保管机构。	所用信息的免责声明； ④资产分析： 发起人概要； 贷款产品； 贷款发放程序； 贷后偿还及回收管理； 资产池概要： 资产池比较（交易对比中对标产品）； 显著差异图示及说明； 资产池信用分析： 数据来源及时间跨度； 基准违约率假设及原因； 回收率假设及原因； 资产展望： 基准假设：违约率预期、回收率预期、损失率预期； 压力假设：违约倍数、回收率削减比率； 受压资产池表现：评级违约率、评级回收率、评级损失率； 早偿风险：静态早偿数据中历史年化早偿率、基准早偿率假设； ⑤财务结构及现金流建模： 现金流概述； 利率压力及调整； 评级敏感度： 评级对违约率上升的敏感性分析； 评级对回收率下降的敏感性分析； 评级对违约率上升和回收率下降的敏感性分析； ⑥交易对手风险：服务机构、信托资金保管机构、混同风险、抵消风险、掉期交易对手方。
跟踪评级	略。	附录声明中会说明后续将进行持续跟踪。
附录	①信用等级符号及定义； ②行业发展与竞争状况； ③加速清偿事件的触发条件； ④违约事件的触发条件； ⑤违约事件的确定； ⑥免责声明。	①评级标准、模型和数据充分性： 评级方法及版本；评级模型（现金流模型）及版本； 数据充足性：发起人提供数据；其他来源数据； ②交易概述； ③关键评级驱动因素； ④交易结构图。

资料来源：中国银行间市场交易商协会网站、惠誉公司网站。

1. 概述部分。国内外信用评级报告的概述部分较为一致，披露各档信用等级、规模、到期日、相关机构方信息等重要信息。

2. 正文部分。国内外信用评级机构出具的信用评级报告均披露了评级驱动因素、资产分析（包括入池资产特征分析、借款人特征分析、抵押物特征分析、行业分析等）、交易结构和法律结构（包括交易结构图、对信托设立及合法转让的陈述、对各档证券之间的依存关系及受偿顺序的概括、流动性储备账户的描述、合格标准的引用、偿付顺序的详细描述、闲置资金的再投资约定等）、财务结构及现金流模型分析、敏感性分析、交易参与方和交易对手风险（包括委托机构/贷款服务机构、资金保管机构、受托机构/发行人等主要参与方的履约能力）、资本结构等信息（见表13-11）。

资产分析一般是信用评级机构信用评级报告的主要内容。惠誉评级报告一般包括：发起机构概述、基础资产分析（产品类型、关键特征）、基础资产筛选标准、投资组合集中度限制、承销程序（信用得分、信用规则、应用程序批准）、资本的服务和收集能力（对借款人的资金管理能力）、投资组合概要（基础资产特点、类型和设置政策、保险程序）、违约率、回收率及损失率的压力假设和结果、早偿风险的压力假设、资产展望。首先，对主体及资产形成过程进行分析，主要是对主体的经营状况及财务状况、基础资产的产品设计、审核标准及过程、贷后管理及催收过程的描述，基本完整复原了基础资产的形成过程；其次，进行资产池的统计分析，主要是对同类型产品的统计比较；最后，进行资产池的信用分析，描述将基准违约率、回收率、早偿率作为基准参数的计算逻辑，以及数据选取、计算口径、数据加工、对未来的预期判断及内在的逻辑思考等方面的内容。我国信用评级机构出具的信用评级报告一般包括：资产池本金余额、资产池初始贷款规模、借款人数目、贷款笔数、单笔贷款最高本金余额、单笔贷款平均本金余额、贷款最低/最高利率、贷款加权平均利率、贷款最短/最长期数、贷款最短/最长剩余期数、贷款加权平均剩余期数、车辆购入价格、借款人年龄分布、借款人地区分布、加权贷款发放日贷款价值比、加权初始起算日贷款价值比等资产池信息。

在信用等级敏感性分析方面，惠誉对增加违约率、降低回收率和同时增加违约及降低回收率进行敏感性分析，具体参见表13-12。相比之下，我国信用评级机构出具的信用评级报告在压力测试方面的分析内容更多，还涉及利差、违约时间分布、提前偿还假设的压力情景。

此外，惠誉还披露了同类型产品比较分析、与发行地区类型相似产品的主要区别点和证券化历史。同类型产品交易对比一般包含：比较各档产品之间发行人概要（原始截止日期、基础资产所在国、原始权益人、发行量）、各档产品情况（截止日期信用等级、金额、信用增级）、投资组合在截止日摘要（类型、应收账款类型、本金总额、应收账款数量、平均余额、加权平均剩余期限、最大原始期限）、抵押品情况（期限、还款方式和类型），若对标产品的信用评级是由惠誉做出的，惠誉还会对比其基准假设，包括累计违约率假设、回收率假设和早偿率假设。并且，同类对标产品还会应用于后续的资产分析，对比同类对标产品与受评对象资产池特征的区别，并重点阐述其差异及影响（见表13-12）。

表 13-12 惠誉信用评级报告信用等级敏感度分析

项目	分析指标	分析子指标
现金流概述	对资产池分配不同的违约率分布，并将早偿率、票息率、优先费用（senior expenses）和回收率等参数输入现金流模型，测试各档证券是否能够按时支付利息并偿还本金	
利率压力	面临利率风险的资产比例	—
	对贷款利率的压力	—
	资产池加权平均利率	—
评级敏感度	评级对违约率上升的敏感性分析	基准情况的原违约率对应的信用级别
		基准违约率增加比例及数值后的信用级别
	评级对回收率下降的敏感性分析	基准情况的原回收率对应的信用级别
		基准回收率下降比例及数值后的信用级别
	评级对违约率上升和回收率下降的敏感性分析	违约率上升和回收率下降后的信用级别

资料来源：惠誉公司网站。

本章小结

1. 本章介绍了信息披露的概念、原则、作用。信息披露一般以真实、准确、完整、及时、公平为原则。国际上，IOSCO 要求信用评级机构的信息披露应该完整、公平、准确、及时，并且可以被投资者和信用评级的其他用户理解。我国信用评级行业信息披露一般以真实、准确、完整、及时、公平为原则。信用评级机构信息披露能够起到保护投资者、提高市场效率、协助降低金融监管成本、督促提高评级透明度、引导发行人加强债务风险的管理。

2. 本章分别介绍了我国信用评级机构和国际三大信用评级机构信息披露的实践情况，包括国内外信用评级机构信息披露相关制度的建设、注册信息、评级历史与评级质量、评级技术方法、评级结果（包括信用评级报告）、结构化融资产品以及利益冲突和合规信息方面的披露情况。

（1）建立信息披露相关制度，国内外信用评级机构建立了包括确定信用评级程序和方法的政策和程序、防止滥用重大非公开信息的政策以及处理和管理利益冲突的政策等信息披露相关制度。

（2）注册信息披露方面，国际三大信用评级机构均披露注册信息表及附表，正表包括机构和法人的基本信息、申请评级类型以及评级经验能力证明等内容，附表一般包括机构基本信息、股权架构及组织架构、评级过程及评级方法、人员情况及分析师团队信息以及评级表现等内容。此外，SEC 通过采取提高透明度方式处理 NRSROs 的利益冲突和独立性问题，要求 NRSROs 在附表中披露防止重大实质性非公开信息滥用而采取和实施的政策或程序、道德准则或道德准则没有生效的原因陈述、处理和管理利益冲突的政策和程序、信用评级发布有关的利益冲突识别情况、有关信用评级机构指定合规官的某些信息，体现了 SEC 对 NRSROs 在利益冲突和合规管理方面的重视。并且，SEC 还要求 NRSROs 提交以下非公开信息：初次申请日期前一财政年度内信用评级服务的最大用户名单，以及从用户获得的净收入金额、初次申请日期前三个财政或日历年度经审计的财务报表、初次申请日期前一财政年度或日历年度收入的信息、信用分析师年度总报酬和报酬中位数。我国银行间交易商协会也要求国内信用评级机构在《信用评级业务开展和合规情况年报》中对相关信息进行公开披露，披露内容与国际标准趋于一致。

（3）披露信用评级历史及评级表现，包括各类型受评对象的首次信用评级和任何后续跟踪评级历史，各信用评级业务类别1年期、3年期、5年期和10年期的平均累积违约率和级别迁移率。此外，我国银行间市场交易商协会还要求信用评级机构披露利差检验结果。

（4）披露评级技术方法，包括评级业务相关规章制度、评级方法和模型、评级业务相关的重要政策与流程，并在有所变化的时候及时更新并披露。

（5）披露结构化融资产品的损益、现金流分析以及敏感性分析。

（6）披露利益冲突与合规信息，包括利益冲突管理工作机制和相关制度、利益冲突情形、按收入计算的信用评级机构主要客户名单以及离职审查。

（7）披露评级结果，包括信用评级等级公告及信用评级报告。此外，SEC要求NRSROs在每次公布信用评级时，披露评级结果信息披露表。对于信用评级报告的披露规范，我国监管机构做出了较为详尽的披露要求，而SEC并未有类似规定。

3. 通过本章的学习，读者应了解信用评级行业信息披露的重要性，以及如何按照监管要求合规作业，披露相关制度、注册信息、评级历史与评级质量、评级技术方法、评级结果、结构化融资产品以及利益冲突和合规信息，树立合规进行信息披露的执业理念。

本章重要术语

信息披露　信息披露作用　信息披露的一般原则　信息披露制度　注册信息　评级质量　评级历史　评级技术方法　利益冲突披露　评级结果　评级报告　信用评级展望　跟踪评级安排

思考练习题

1. 信用评级行业的信息披露有哪些作用？
2. 国内外监管机构主要从哪几个方面对信用评级机构提出了信息披露的要求？
3. 我国信用评级行业信息披露的一般原则都有哪些？
4. 我国信用评级机构需要公开披露哪些注册信息？

参考文献

[1] 齐斌:《证券市场信息披露法律监管》,法律出版社,2000年。

[2] 吴弘、胡伟:《市场监管法论——市场监管法的基础理论与基本制度》,北京大学出版社,2006年。

[3] 谢多、冯光华:《信用评级》,中国金融出版社,2014年。

[4] Moody's Investors Service, "Rating Symbols and Definitions", 2019.

[5] Moody's, "Regulatory Disclosures", 2018.

[6] Securities and Exchange Commission, "Final Rule: Nationally Recognized Statistical Rating Organizations", Release 34-72936, File No.S7-18-11, 2014

[7] Securities and Exchange Commission, "General Rules and Regulations, Securities Exchange Act of 1934", 240.17g, 2007.

[8] Securities and Exchange Commission, "Securities Exchange Act of 1934: Registration of Nationally Recognized Statistical Rating Organizations", Section 15E, 2016.

[9] Standard & Poor's, "General Description of the Credit Rating Process", 2017.

相关网络链接

美国证监会网站:www.sec.gov
标普公司网站:www.standardandpoors.com/
穆迪公司网站:www.moodys.com/
惠誉公司网站:www.fitchratings.com/

第 14 章
信用评级结果的质量检验

孔令强 李 诗 李 想（中诚信国际信用评级有限责任公司）

学习目标

通过本章学习，读者应做到：
◎ 了解信用评级结果质量检验的基本概念、检验标准；
◎ 掌握信用评级结果准确性检验的原理方法及相关指标；
◎ 掌握利差分析的原理及方法；
◎ 掌握信用评级结果稳定性检验的原理及方法。

■ 开篇导读

李明是一名基金投资经理，他需要及时了解所投资债券标的的信用评级及信用风险情况，以此为参考做出投资决策。某工业企业将发行一只债券，他正考虑是否购买。有甲、乙两家评级机构对该工业企业进行了评级，目前，甲评级机构对该企业的评级级别是 AA，而在 6 个月之前该企业的级别是 AA+ 级，两年前的级别是 AAA 级；乙评级机构对该企业的评级则在过去四年中均保持 AA+ 级。两家评级机构针对同一家公司给出了不同的评级结果，并且评级结果稳定性也不一致，那么李明该如何选择呢？李明认为，此时可以通过比较这两家评级机构的信用评级结果的质量水平来决定使用哪家的评级结果，因此他需要掌握相关的专业知识。

什么是信用评级结果的质量检验呢？信用评级结果的质量检验是运用能观察到的相关数据对信用评级机构的评级结果的准确性和稳定性进行后验性检验的过程。信用评级结果的准确性检验包括两个方面，即区分能力检验和预测能力检验。稳定性是指信用评级机构所使用的评级体系评出的评级结果应该在较长时间内保持稳定。随着国内评级行业的逐步发展，国内信用评级机构及监管机构也在实践中形成了一套具有中国特色的评级质量检验体系，但与国外相比，国内信用评级质量检验体系的违约率数据积累相对不足，检验方法体系也正在进一步完善。随着债券市场违约数据的积累，国内市场正在逐步构建以违约率为核心的评级质量检验体系，并不断加强对评级结果质量检验的信息披露，帮助人们更加有效地应用和决策。

通过本章的学习，我们可以掌握信用评级质量检验的概念及方法，对信用评级质量检验的重要作用和未来发展有整体的了解，提高对信用评级质量检验方法的认知和应用能力。

14.1 信用评级结果质量检验的内涵和意义

14.1.1 信用评级结果质量检验的内涵

14.1.1.1 信用评级结果质量的内涵

信用评级结果质量主要是指信用评级机构授予发行人或其特定债项的信用等级是否对其违约可能性及违约损失率做出了准确的预测判断、短期内信用评级结果是否能够保持稳定。从评级使用者的角度来看，信用评级结果质量可分为两个方面：第一，对于获得特定信用等级的受评对象，违约风险是否与相同信用等级的其他受评对象相当，而与不同信用等级的受评对象之间呈现较为明显的差异；第二，信用评级机构做出的信用等级评定是否已经充分反映了受评对象在未来一段时期内的可能变化，是否存在未充分考虑到的因素从而导致评定的信用等级在短期内需再次做出调整。

14.1.1.2 信用评级结果质量检验的标准与方法

信用评级结果的质量检验是运用能观察到的相关数据对信用评级机构的评级结果的准确性和稳定性进行后验性检验的过程。

1. 信用评级结果的准确性检验

信用评级结果的准确性检验包括两个方面：区分能力检验和预测能力检验。信用评级是基于对发债企业未来违约的可能性或债券预期损失率的分析，反映在某个特定的时间点所有受评对象信用质量的排序。区分能力检验关注的是在某段时间内低评级对象与高评级对象相比，发生违约次数是否更加频繁，或者说评级模型区分违约和非违约对象的能力有多强。而预测能力检验，则是关注受评对象的预期风险表现与实际情况是否一致。

从检验方法来看，检验信用评级结果区分能力的一个有效方法即是观察高等级的违约率是否明显低于低等级的违约率。国际三大信用评级机构还通过累积准确性曲线（cumulative accuracy profile，CAP）及基于CAP曲线计算的准确比率（accuracy ratio，AR）、平均违约位置（average default position，ADP）、受试者工作特征曲线（receiver operating characteristic curve，ROC）及曲线下面积（area under curve，AUC）等来检验评级结果的区分能力。在国内，由于长期缺少违约率数据，主要通过利差分析的方法作为替代来衡量信用评级结果的准确性。不过近几年随着债券市场刚性兑付被打破，信用评级机构逐步开始披露受评主体违约率情况。

就信用评级结果的预测能力而言，欧洲证券及市场管理局（ESMA）在2016年11月发布的评级方法验证指引中要求信用评级机构公布其各个等级对应的预期违约率，并与实际观察到的违约情况进行比较。但实际上由于同一类主体违约概率的绝对水平很可能随着经济周期的变化而变化，而信用评级却是相对跨周期存在的一个序列，如果直接以违约概率划分信用等级可能会造成分级标准的频繁调整，因此很少有信用评级机构会用其作为分级的标准，在ESMA提出上述要求以前，信用评级机构也大多不用实际违约率与预期违约率的偏离情况衡量评级准确性。在实践中，检验评级预测能力的一个标准即是能否较早地在企业债券违约前就给予它一个低级别以提示投资者，可以通过观察违约前平均信用等级或违约主体评级调整情况来实现。

总体来看，违约率在检验信用评级结果的区分能力以及预测能力方面均扮演着重要作用。随着国内违约数据的积累，构建以违约率为核心的信用评级结果质量检验体系意义重大。

2. 信用评级结果的稳定性检验

稳定性是指信用评级机构所使用的评级体系评出的评级结果应该在较长时间内保持稳定。虽然发债企业的财务数据和市场环境会经常发生变化，但一个企业的基础信用风险是其内在特征，通常不会在短时间内发生改变，而信用评级机构给予的评级调整是基于企业基础信用风险的变化。由于相对的基础信用风险通常变化很慢，如果评级变化波动较大，则不大可能准确地反映企业的相对基础信用。信用评级机构应根据发债企业的长期信用趋势做出稳定的预测，因为如果过多关注短期内可能出现的信用冲击，评级波动率和级别逆转率会大大提升，这对投资者管理投资组合的信用风险会造成不利影响。

稳定性检验方法包括等级迁移矩阵，主要检验各信用评级机构是否频繁调整信用等级，从而给评级使用者造成使用上的困难。如迁移率较低的，那么做出信用等级评定时考虑的因素更全面，可参考价值就越高；反之，如信用等级频繁迁移，则初始信用等级的参考意义就会下降。此外，级别波动率、大级别调整率、级别逆转率、累计上调率与累计下调率等也是检验信用评级结果稳定性的重要指标。关于信用评级结果质量检验的具体标准分类和指标，详见表14-1。

表 14-1 信用评级结果质量检验的标准和指标

检验标准	检验内容	主要检验指标（简称）或方法
准确性检验	在某段时间内低评级对象与高评级对象相比，发生违约的次数是否更加频繁，受评对象的预期风险表现与实际情况是否一致。	各级别累计违约率、投资级别违约率和违约前平均信用等级等； 利差分析； CAP 曲线及基于 CAP 曲线计算的 AR、ADP、ROC、AUC 等。
稳定性检验	信用评级机构所使用的评级体系评出的评级结果是否在较长时间内保持稳定。	等级迁移矩阵、级别波动率、大级别调整率、级别逆转率、累计上调率、累计下调率等。

14.1.1.3 信用评级结果质量检验的作用与意义

信用评级结果质量检验能够帮助信用评级机构不断提升评级技术、改进评级标准。此外，由于信用评级结果广泛应用于资本市场，因此，信用评级结果的质量检验也对信用评级结果使用者如发行方、投资者、监管部门等具有重要作用与意义。具体来看：

对信用评级机构来说，信用评级结果质量检验是评价信用评级结果可靠性的有效手段。信用评级结果质量检验客观体现了信用评级结果的特征，使得信用评级机构具有可比性，信用评级机构可以通过质量检验对评级过程中可能存在的问题进行及时修正，不断完善评级标准和评级政策，对于评级技术的提升有重要的作用。较好的检验结果也是信用评级机构体现专业能力的重要手段，信用评级机构通过定期披露评级质量检验结果，可以树立良好市场形象，提高市场公信力和影响力。此外，信用评级机构可通过提高评级质量检验结果，促进其业务量增长。

对发行人来说，信用评级结果直接影响企业的融资成本。准确而稳定的信用评级结果能够让企业在了解自身风险水平的同时，准确评估其在资本市场的融资成本，同时获得对其融资水平相对明确、稳定的预期。

对投资人来说，信用评级结果质量检验有助于投资人对信用风险的分析与判断，缓解投资人对信用信息不对称的问题，提高投融资效率。同时，比较不同信用评级机构的评级质量有助于优化投资人对信用评级机构的筛选，评级质量检验的有效性逐步提升，也将帮助投资者更好地在投资中理解和使用评级。

对监管部门来说，一方面，监管机构会要求信用评级机构提供信用评级结果质量检验结果，比如申请注册为 NRSROs 的信用评级机构需向 SEC 提供信用等级迁移矩阵和违约率等数据，已成为 NRSROs 的信用评级机构也需定期向 SEC 提供信用等级迁移矩阵和违约率等数据；另一方面，监管机构会对市场披露信用评级机构的信用评级结果质量检验结果，比如 ESMA 会定期向市场披露信用评级机构的历史违约率、等级迁移情况等信用评级结果质量检验结果，从而使得信用评级机构处于社会公众监督之下，有利于公众判断信用评级机构的评级质量，强化声誉机制的约束。此外，监管部门也会将信用评级结果质量检验的结果作为信用评级机构的认可和级别认定条件。

【专栏 14-1】

国际保险业监管协会（IAIS）对信用评级结果的应用

国际保险业监管协会在全球保险资本标准（ICS）中直接认可了 6 家信用评级机构，并将各家机构出具的级别直接对应到 ICS 划分的七个等级上（见表 14-2）。

表 14-2　ICS 对被其认可的信用评级机构的级别认定标准

ICS 级别	标普	穆迪	惠誉	JCR	R&I	DBRS
1	AAA	Aaa	AAA	AAA	AAA	AAA
2	AA/A-1	Aa/P-1	AA/F1	AA/J-1	AA/a-1	AA/R-1
3	A/A-2	A/P-2	A/F2	A/J-2	A/a-2	A/R-2
4	BBB/A-3	Baa/P-3	BBB/F3	BBB/J-3	BBB/a-3	BBB/R-3
5	BB	Ba	BB	BB	BB	BB
6	B/B	B/NP	B/B	B/NJ	B/b	B/R-4
7	CCC/C 及更低	Caa 及更低	CCC/C 及更低	CCC	CCC/C 及更低	CCC/R-5 及更低

注：JCR 为日本信用评级公司，R&I 为日本信用评级和投资服务公司，DBRS 为加拿大多米尼债券评级公司。

资料来源：国际保险业监管协会官网。

对其他信用评级机构，IAIS 要求其有过去 7 年及以上的违约及迁移统计数据并公开发布，同时按照信用评级机构的各等级的 3 年期平均累积违约率映射到 ICS 评级（见表 14-3）。举例来看，若信用评级机构历史数据累积年限超过 20 年，且其 A 级 3 年期平均累积违约率为 0.15%—0.35%，则该信用评级机构所评 A 级对应 ICS 的第 3 级别。

表 14-3　ICS 对其他信用评级机构的级别认定标准

ICS 级别	3 年期平均累积违约率（CDR）（历史数据累积年限超过 20 年）	3 年期平均累积违约率（CDR）（历史数据累积年限在 7 年到 20 年之间）
1		
2	$0 \leq CDR \leq 0.15\%$	
3	$0.15\% < CDR \leq 0.35\%$	$0 \leq CDR \leq 0.15\%$
4	$0.35\% < CDR \leq 1.20\%$	$0.15\% < CDR \leq 0.35\%$
5	$1.20\% < CDR \leq 10.00\%$	$0.35\% < CDR \leq 1.20\%$
6	$10.00\% < CDR \leq 25.00\%$	$1.20\% < CDR \leq 10.00\%$
7	$CDR > 25\%$	$CDR > 10\%$

资料来源：国际保险业监管协会官网。

14.2 信用评级结果的准确性检验

信用评级结果的准确性检验包括对信用评级结果区分能力及预测能力的分析，其中违约率在这两类分析中均发挥着重要作用。本书将先对检验评级结果准确性的核心指标违约率进行介绍，再分别介绍检验信用评级结果的区分能力及预测能力的其他相关指标。

14.2.1 违约率

14.2.1.1 违约率的统计方法

违约率是指发生违约事件的比率，可以通过历史数据进行测量。违约率的计算方式通常分为两种：一种是以发行人的数目作为计算的基础；另一种是以债券的发行金额作为计算的基础。前者可以近似认为是对发行人主体违约概率的测算，后者则更加关注债券的违约情况。两种违约率的计算方式类似，国际三大信用评级机构中穆迪同时计算两种违约率，标普和惠誉均仅计算基于发行人数目的违约率。

国际通用的违约率统计方法主要有两种：静态池法（static pool methodology）和动态群组法（dynamic cohorts methodology）。标普和惠誉使用静态池法统计信用等级迁移并计算违约率，穆迪则采用的是动态群组法。

1. 静态池法

所谓静态池是在每年年初建立，包括在该时点之前获得评级的所有债券发行人，而不考虑债券的发行日期是何时。在研究中所有的企业都同时属于一个或几个静态池。当一个发行人违约时，该违约事项将被追溯到其过去所有曾属于的静态池，并从未来形成的静态池中剔除；对于那些评级被撤销（rating withdrawal）的发行人，将会从未来形成的静态池中剔除，但不影响历史静态池。

静态池法又称为未调整法（unadjusted method）。然而长期以来对静态池法的定义有一些模糊，有时候静态池是指对撤销评级的情形不进行调整，有时候则是指用来计算年违约率的群组。归根到底，静态池可以被定义为基于群组的、对撤销评级不进行调整的方法。

计算违约率的静态池法中，y 年[①]信用等级为 z 的群组，在时刻 t 的有效发行人数量 $n_y^z(t)$ 的计算方法为：群组最初的发行人数量减去 t 时刻之前所有违约的发行人数量之和，如式（14-1）所示：

$$n_y^z(t) = n_y^z(0) - \sum_{i=1}^{t-1} x_y^z(i) \tag{14-1}$$

其中，$n_y^z(0)$ 为 y 年信用等级为 z 的群组在初始时刻（0时刻）的发行人数量；$x_y^z(i)$ 为 y

---
① y 表示日历时间，一般为年初，下同。

年信用等级为 z 的群组在时段 i 内发生违约的发行人数量。

2. 动态群组法

动态群组法又称为撤销调整法（withdrawal-adjusted method）。动态群组的构建方式与静态池类似，即群组是由同一等级的发行人组成，自每年年初群组建立之时开始，跟踪群组中发行人信用等级的变化和违约情况。但群组是动态的，当群组中某一债券发行人评级被撤销时，将追溯至原始的动态群组，并对其进行调整。这是与静态池法的重大差别。

计算违约率的动态群组法中，y 年信用等级为 z 的群组，在时段 t 初始时刻有效发行人数量 $n_y^z(t)$ 的计算方法为：群组最初的发行人数量减去 t 时刻之前的违约数量之和与撤销评级数量之和，再减去时段 t 内撤销评级的发行人数量的一半[①]，如式（14-2）所示：

$$n_y^z(t) = n_y^z(0) - \sum_{i=1}^{t-1} x_y^z(i) - \sum_{i=1}^{t-1} w_y^z(i) - \frac{1}{2} w_y^z(t) \quad (14-2)$$

其中，$n_y^z(0)$ 为 y 年信用等级为 z 的群组在初始 0 时刻的有效发行人数量；$x_y^z(i)$ 为 y 年信用等级为 z 的群组在时段 i 违约的发行人数量，$w_y^z(i)$ 为 y 年信用等级为 z 的群组在时段 i 撤销评级的发行人数量。

3. 两种方法的主要区别

在静态池法中，对于静态池中撤销评级的发行人仍然监测其违约情况，如果违约则需要计入撤销以前的违约数量中，而对撤销以后的违约数量不造成影响，因为撤销评级的发行人需要从撤销以后的静态池中剔除。

而在动态群组法中，对于静态池中撤销评级的发行人，不仅需要从撤销以后的群组中剔除，还需要从撤销以前的群组中剔除。撤销评级的发行人违约对任何群组的违约数量都不造成影响，因而不需要监测其违约情况。

由于动态群组法将撤销评级的发行人从撤销以前的群组中剔除，从而违约率的分母较小，动态群组法的边际违约率和累积违约率均大于静态池法（见下文"违约率指标计算"），且随着计算期间（time horizon）的延长，这种差异更加明显。

14.2.1.2 违约率指标计算

以债券待偿金额为基础的统计方法对持有资产组合的投资者具有重要意义，但是对于利用违约率来进行信用评级结果的检验来说，这种方法会使得统计出的违约率过多地受到待偿金额较大的债务人之信用状况的影响。因此，本书将主要介绍以发行人数目为基础的违约率度量方法。

1. 违约的界定

标普对违约状态（state of default）的定义是：

（1）对任何一项或多项金融债务（评级的或未评级的）发生的支付违约，除非标普认为主体在未规定宽限期的情况下，能在 5 个工作日内偿付，或在有规定宽限期的情

---

① 穆迪认为，撤销评级需要一段时间的审查（censor），因此可以看作在时间段中点（midpoint of the interval）发生，即取第 t 时段内的撤销评级发行人数量的一半。

况下较早或 30 天内可以偿付；

（2）企业发生申请破产或类似的举动使得债务发生违约。

标普还认为，优先股不是财务义务，未能支付优先股股息不属于违约；而低价交易（distressed exchange）则属于违约，因为债权人被迫以本金折让、票息降低、期限延长或其他条款减少的方式将债权替换成现金或其他工具。

标普的违约级别分为选择性违约（selected default，SD）和违约（default，D）两种。根据标普对 SD 和 D 的级别定义，当标普相信违约将是一般性的违约，并且发行人无法到期偿付所有或实际上所有债务时，会给予其 D 评级；当标普相信发行人有选择地对特定的债务或债务类别进行违约，但仍将继续及时地履行对其他债务或债务类别的偿付义务时会给予 SD 评级。

穆迪对债务违约的定义是：

（1）未能按照合约规定支付或延期支付利息和本金（不包括在合约允许的宽限期内支付的情况）；

（2）债券发行人或债务人提出申请破产保护或法律接管，使其未来可能不能履行或者延期履行债务协议的支付义务；

（3）发生以下两种情形的低价交易：债务人给债权人提供新的或重组债务，或一组新的证券组合、现金或资产，从而使债务人可以相对原始债务承担较少的金融义务；该交易可以使得债务人避免最终破产或违约；

（4）由主权国家导致的信贷协议或契约的付款条件变化，从而使债务人可以承担较少的金融义务，例如，主权国家或债务人实行强行的币值改革，或强行改变一些其他方面的原始承诺，如指数化或到期日的改变。

此外，穆迪定义的违约不包括所谓的"技术性违约"（technical defaults），穆迪对技术性违约的定义是指除了支付本金和利息，未能履行债券发行契约所载条款，例如超过最高杠杆率或未达到最低债务覆盖倍数，且当这些财务指标要求未满足的情况下触发债务加速清偿条款，而债务人不能履行时，则构成违约。对于结构化融资产品来说，技术性违约（例如不满足超额抵押测试或发行人法律文件规定的其他违约事件）或临时性的利息支付延期（其条款允许在到期日之前的合法的相关利息延期支付行为）不构成违约。另外，因纯粹技术上的原因或管理失误而导致长期债务未能及时兑付的情况不算违约，只要不影响到债务人偿还债务的能力和意愿，并能在很短的时间内（例如，1—2 个工作日）得以补救。最后，因为债权有效性的法律纠纷而未能按期支付金融合约或债权，也不属于违约。

2. 边际违约率（marginal default rate，MDR）

边际违约率是指，在时段 t 的初始时刻存在于群组内的发行人，在时段 t 内发生违约的概率。

定义 $d_y^z(t)$ 为 y 年信用等级为 z 的群组在时段 t 的边际违约率，其计算如式（14-3）所示：

$$d_y^z(t) = \frac{x_y^z(t)}{n_y^z(t)} \tag{14-3}$$

其中，$x_y^z(t)$ 为 y 年信用等级为 z 的群组在时段 t 内违约的发行人数量；$n_y^z(t)$ 为该群组在 t 时刻的有效发行人数量，静态池法用式（14-1）计算，动态群组法用式（14-2）计算。

与边际违约率相对的概念是边际生存率（marginal survival rate），即在初始时刻（t 时刻）存在于群组内的发行人，在结束时刻（$t+1$ 时刻）时没有发生违约的概率。

定义 $s_y^z(t)$ 为 y 年信用等级为 z 的群组在 t 时段的边际生存率，其计算公式为：

$$s_y^z(t) = 1 - d_y^z(t) \tag{14-4}$$

3. 累积违约率

累积违约率（cumulative default rate，CDR）是指起始时刻即存在于群组内的发行人，在整个 T 时段内的违约率，T 为投资期长度。

定义 $D_y^z(T)$ 为 y 年信用等级为 z 的群组在时段 T 内的累积违约率，则 $D_y^z(T)$ 的计算方法为 1 减去第 1 时段、第 2 时段、…、第 t 时段的边际生存率之积，其计算如下：

$$D_y^z(T) = 1 - \prod_{t=1}^{T} s_y^z(t) = 1 - \prod_{t=1}^{T} \left[1 - d_y^z(t)\right] \tag{14-5}$$

将式（14-5）展开，得到：

$$D(T) = d(1) + d(2)[1-d(1)] + d(3)[(1-d(1))(1-d(2))] + \cdots + d(T)\left(\prod_{t=1}^{T}[1-d(t)]\right) \tag{14-6}$$

式（14-6）表明，累积违约率实际上是条件概率，即：群组中的信用敞口在第 1 时段内或者违约或者生存；在第 1 时段内生存的信用敞口在第 2 时段内或者违约或者生存；在第 2 时段内生存的信用敞口在第 3 时段内或者违约或者生存；以此类推。由于时段不重合，且假设每时段内违约概率相互独立，因此 T 时段内的累积违约率就可以表示为 1 减去每时段的边际生存率之乘积。

4. 平均边际违约率（average marginal default rate，AMDR）和平均累积违约率（average cumulative default rate，ACDR）

定义 $\overline{d^z}(t)$ 为 t 时段内信用等级为 z 的群组在历史区间 Y 内的平均边际违约率，以期初发行人数量为权重的加权平均法，其计算方法如下：

$$\overline{d^z}(t) = \frac{\sum_{y \in Y} x_y^z(t)}{\sum_{y \in Y} n_y^z(t)} \tag{14-7}$$

定义 $\overline{D^z}(T)$ 为在时段 T 内的信用等级为 z 的群组在历史区间 Y 内的平均累积违约率，其计算方法如下：

$$\overline{D^z}(T) = 1 - \prod_{t=1}^{T}\left[1 - \overline{d^z}(t)\right] \tag{14-8}$$

【专栏14-2】

静态池法在违约率计算中的应用——标普平均累积违约率的计算结果

标普使用静态池法对受评发行人进行违约率统计,并将其统计结果定期公布。表14-4是标普1981—2016年全球受评发行人的平均累积违约率率统计结果,表中各列表示发行人在信用评级结果发布后若干年内的平均累积违约情况。根据表中的数据可以清晰地看出,信用级别越高,违约率越低。

表14-4 标普全球受评发行人的平均累积违约率(1981—2016)

单位:%

评级	计算时间(年)														
	1	2	3	4	5	6	7	8	9	10	11	12	13	14	15
AAA	0.00	0.03	0.13	0.24	0.35	0.46	0.52	0.60	0.66	0.72	0.75	0.78	0.81	0.88	0.94
AA	0.02	0.06	0.13	0.23	0.33	0.44	0.54	0.62	0.69	0.77	0.85	0.91	0.98	1.05	1.11
A	0.06	0.15	0.25	0.38	0.53	0.69	0.88	1.05	1.23	1.41	1.57	1.73	1.89	2.03	2.20
BBB	0.18	0.51	0.88	1.33	1.78	2.24	2.63	3.01	3.39	3.76	4.16	4.48	4.79	5.10	5.43
BB	0.72	2.24	4.02	5.80	7.45	8.97	10.26	11.41	12.42	13.33	14.06	14.71	15.29	15.80	16.34
B	3.76	8.56	12.66	15.87	18.32	20.32	21.96	23.23	24.37	25.43	26.34	27.03	27.64	28.21	28.80
CCC/C	26.78	35.88	40.96	44.06	46.42	47.38	48.56	49.52	50.38	51.03	51.55	52.10	52.81	53.37	53.37
投资级	0.10	0.27	0.46	0.71	0.96	1.21	1.45	1.67	1.89	2.11	2.33	2.51	2.69	2.86	3.05
投机级	3.83	7.48	10.63	13.20	15.29	17.01	18.45	19.65	20.71	21.67	22.47	23.13	23.73	24.27	24.80
全部受评主体	1.52	2.99	4.27	5.35	6.25	7.02	7.67	8.22	8.72	9.18	9.58	9.91	10.22	10.50	10.78

资料来源:标普公司网站。

【专栏14-3】

动态群组法在违约率计算中的应用——穆迪平均累积违约率计算结果

穆迪使用动态群组法对受评发行人进行违约率统计,并将其统计结果定期公布。表14-5是穆迪1970—2016年全球平均累积违约率的统计结果。

表 14-5 穆迪全球受评发行人的平均累积违约率（1970—2016）

单位：%

评级	计算时间（年）																			
	1	2	3	4	5	6	7	8	9	10	11	12	13	14	15	16	17	18	19	20
Aaa	0.00	0.01	0.01	0.03	0.09	0.14	0.20	0.25	0.32	0.39	0.46	0.54	0.61	0.66	0.71	0.75	0.81	0.82	0.82	0.82
Aa	0.02	0.06	0.11	0.19	0.30	0.41	0.53	0.63	0.70	0.78	0.87	1.00	1.14	1.25	1.34	1.43	1.54	1.69	1.92	2.15
A	0.06	0.17	0.35	0.54	0.77	1.03	1.30	1.59	1.91	2.22	2.54	2.84	3.16	3.49	3.88	4.26	4.64	5.04	5.41	5.79
Baa	0.18	0.46	0.80	1.22	1.63	2.06	2.47	2.91	3.39	3.93	4.50	5.12	5.76	6.38	7.01	7.70	8.39	9.06	9.67	10.24
Ba	0.95	2.58	4.49	6.52	8.39	10.13	11.67	13.16	14.69	16.28	17.79	19.32	20.75	22.14	23.58	25.01	26.30	27.49	28.75	29.73
B	3.57	8.44	13.38	17.83	21.91	25.56	28.86	31.64	34.12	36.18	37.86	39.30	40.70	42.21	43.66	44.93	46.06	47.00	47.70	48.64
Caa–C	10.62	18.67	25.44	30.97	35.54	39.05	42.13	45.12	47.96	50.26	51.81	52.63	53.06	53.16	53.38	53.81	53.93	53.93	53.93	53.93
投资级	0.09	0.24	0.45	0.68	0.94	1.21	1.48	1.76	2.07	2.38	2.71	3.06	3.41	3.75	4.11	4.48	4.86	5.24	5.60	5.96
投机级	4.12	8.36	12.36	15.89	18.98	21.65	23.99	26.05	27.96	29.70	31.20	32.58	33.86	35.13	36.41	37.65	38.74	39.72	40.69	41.54
全部受评主体	1.54	3.07	4.47	5.68	6.72	7.60	8.37	9.05	9.70	10.30	10.85	11.38	11.89	12.39	12.88	13.38	13.85	14.30	14.73	15.13

资料来源：穆迪公司网站。

14.2.1.3 违约率指标应用

1. 等级累积违约率

等级累积违约率是一个简单直观的指标，可以考察较低评级的累积违约率是否高于较高评级的累积违约率。图 14-1 是穆迪不同信用级别在不同期限内的累积违约率，可以看出在各个期限内，累积违约率随着信用等级降低呈单调递增，即较低评级的累积违约率高于较高评级的累积违约率。

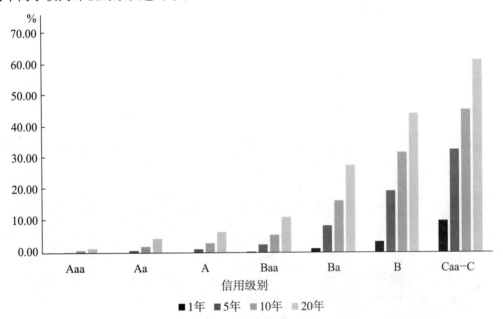

图 14-1 穆迪 1970—2017 年等级累积违约率

资料来源：Moody's,"Annual Default Study: Corporate Default and Recovery Rates, 1920-2017"，2018。

2. 投资级别违约率

穆迪信用等级标准从高到低可划分为 Aaa 级、Aa 级、A 级、Baa 级、Ba 级、B 级、Caa 级、Ca 级、C 级和 D 级，其中 Baa 及以上级别表示债券风险小，是"投资级债券"。投资级债券违约率并不是统计意义上评级为投资级别债券的违约率，因为投资级别债券发生违约的情况几乎不存在，投资级违约率是指受评对象被评为投资级别后经过一段时间（可以从 1 年至 10 年甚至更长）违约的比例。比起投机级别的债券，许多投资者更关心的是投资级别债券的违约率平均值和标准差。虽然理论上投资级别债券的违约率越低，说明评级越准确，但实际上并没有一个固定的违约率数值作为评价投资级违约率是否过高的标准，而是通常以历史数据作为参考，与当前数据的数值水平和变异性进行比较。图 14-2 为穆迪 1972—2017 年投资级别违约率的曲线图。可以看到违约率呈现出一定程度的波动，均值为 0.08%，46 个数据点中有 24 个为 0%（即投资级别对象中没有出现违约）。2000—2010 年投资级别违约率达到了两次历史高峰，随后大幅回落，2014—2017 年保持在均值以下。从变异性来看，1972—2017 年累计违约率的标准差为 0.0013，其中 1972—1990 年违约率标准差为 0.001，1991—2000 年为 0.0004，2001—2017 年为 0.002，可能是因为此期间经历了互联网泡沫破灭、次贷危机和两次经济金融危机，2000 年以后违约率的变异性表现出 20 世纪 70 年代以来相对较高的水平。

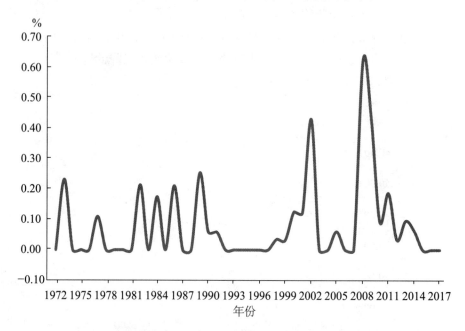

图 14-2　穆迪 1972—2017 年投资级别违约率曲线

资料来源：Moody's, "Annual Default Study: Corporate Default and Recovery Rates, 1920-2017", 2018。

14.2.2　检验信用评级结果区分能力的其他指标

14.2.2.1　累积准确性曲线和准确比率

累积准确性曲线（cumulative accuracy profile，CAP）是根据评级对象发生违约的比例与全部评级的比例计算信用等级与违约率的相关性。CAP 曲线先将受评对象按照模型评估的信用风险水平由高到低（即信用等级由低到高）进行排序，然后以受评对象信用等级的累计百分比为横轴、以违约样本累计百分比为纵轴绘制曲线。CAP 曲线上的点反映了不高于对应的信用等级的样本中出现的违约数占总违约数量的比例（如图 14-3 所示）。图 14-3 中被圈出的点在横轴上对应 19%（即穆迪评级的 B2 级），表示其信用等级高于 19% 的样本；纵轴对应 87%，则表示在这 19% 的样本中，覆盖了违约总数量的 87% 的样本。这说明有 87% 的违约都发生在等级最低的 19% 的评级对象里。

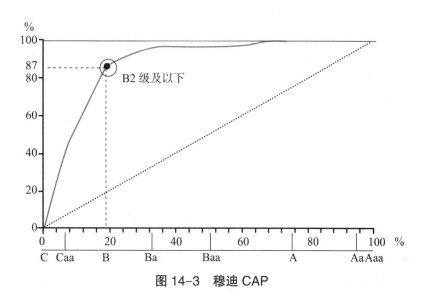

图 14-3 穆迪 CAP

注：纵坐标为发生违约的累积比例（%），横坐标为全部评级的累积比例（%）。
资料来源：Moody's,"Glossary of Moody's Ratings Performance Metrics",2015。

依据这样的曲线构造方法，以相同的纵横轴，分别做出理想评级模型、实际评级模型、随机评级模型的结果对应的三条曲线。在理想评级模型下，所有违约者都会被给予最低的级别，这时 CAP 与平行于横轴、纵轴数值为 100% 的直线重合。相反，高风险和低风险企业的违约概率如果是随机的，那么得到的 CAP 就是一条 45 度角的直线。一个合理的评级模型曲线通常介于理想曲线和随机曲线之间。实际曲线越靠近理想曲线，评级模型的区分能力越好，相对准确性越高。

准确比率（accuracy ratio, AR）是 CAP 的图形中实际模型曲线和随机曲线（45 度直线）之间的区域面积（图 14-4 中的灰色 A 区域），与理想曲线和随机曲线之间的区域面积（图 14-4 中灰色 A 区域 + 白色 B 区域）的比率，即 $AR=A/(A+B)$，是衡量信用评级结果质量相对准确性的指标，可以由 CAP 正推计算得到，如图 14-4 所示。

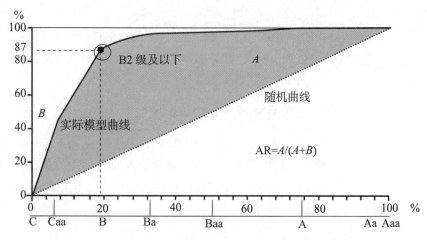

图 14-4 理想模型曲线、实际模型曲线、随机曲线

注：纵坐标为发生违约的比例（%），横坐标为全部评级的比例（%）。
资料来源：Moody's,"Glossary of Moody's Ratings Performance Metrics",2015。

AR 值的范围为 [-1, 1]，如果所有违约对象的初始评级为最低级别，那么 AR 会接近 1；如果所有违约对象的级别是随机的，即违约情况和级别无相关性，那么 AR 等于 0；如果所有违约对象的初始评级为最高等级（即实际评级曲线位于随机曲线下方，与理想曲线平行），那么 AR 会接近 -1。通常来说，AR 越高，评级模型的区分能力越强。

然而，AR 的上升不一定意味着评级模型准确度的提高。当两条 CAP 不相交时，靠近理想曲线的那一条计算出来的 AR 一定会比另一条高。然而，当两条 CAP 相交时（如图 14-5），不能直接通过比较 AR 的大小来判断模型准确度的高低。这里需要考虑这两个评级模型对不同范围的信用级别准确性的重视程度。例如图 14-5 中的黑色曲线代表的模型在较高风险部分（横轴靠近零点）中提供更准确的信用风险排序，但灰色曲线代表的模型能在较低风险部分（横轴靠近 100%）中提供更准确的信用风险排序，其中任意一个 AR 比另一个高都不能直接说明其中一个模型的整体准确度比另一个高。AR 的参考意义还取决于样本内的违约数量。如果一个模型样本中违约的数量很少，其 AR 会非常高，但是这个数值对于衡量模型真实准确度的参考意义不大。

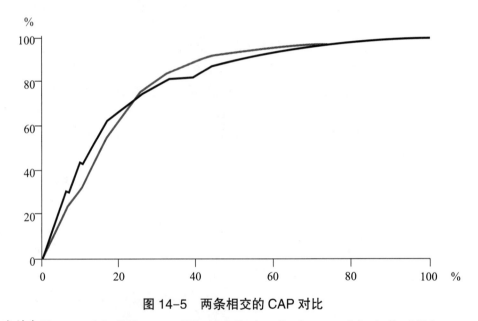

图 14-5　两条相交的 CAP 对比

资料来源：Moody's, "Glossary of Moody's Ratings Performance Metrics", 2015。

14.2.2.2　平均违约位置

在 CAP 的基础上，穆迪又引入了平均违约位置（average default position, ADP）。ADP 用来检验评级体系是否能够准确地对发行人信用质量进行相对位置排序，是基于违约的"相对位置"来对评级的精确性进行评价，"相对位置"是指该信用级别及以上的发行人数在总发行人数中的百分比。

ADP 于 2012 年后开始使用，在一定程度上代替了原来的 CAP 和 AR。相较于 CAP 和 AR，ADP 可以比较直观地反映评级系统对于风险相对排序的精确程度，同时，ADP 的好处在于其受外部经济变化等因素的影响较小，比如在外部经济环境出现明显恶化的情况下，或者出现大面积违约现象后，所有信用级别的违约率可能都会明显上升，但 ADP 的数值却不会出现大幅度的下降，因为 ADP 是基于低级别违约率高于高级别违约率的基本定义进行的观测。

ADP 的计算如式（14-9）所示：

$$\text{ADP} = \sum_{q \in Q} d_q p_q \tag{14-9}$$

其中，Q 代表所采用的评级系统中全部的信用级别，d_q 代表信用级别为 q 的评级对象发生违约数量占全部违约数量的百分比，P_q 代表信用级别 q 所对应的相对评级位置。

穆迪将在一定群组中，信用级别高于本级别发行人个数占全部发行人的百分比定义为相对评级位置。[①] ADP 根据发生违约的发行人所对应的相对评级位置来计算，经过加权平均得出最终的平均违约位置，结果在 0~1 波动，值越高表示信用评级结果的相对准确性越高。当违约更多地发生在评级相对较低的发行人中时，ADP 的结果会接近 100%，评级系统的相对准确性越高，相对排序能力越强；当违约更多地发生在评级较高的发行人中时，ADP 的结果会接近 0%，评级的相对准确性也较低。

用式（14-9）得到的 ADP 是一个小于 1 大于 0 的数，即使违约企业全部发生在信用等级最低的评级对象中，ADP 仍然小于 1，为此，穆迪还公布了一个调整的 ADP 指标：

$$\text{ADP}' = \frac{\text{ADP} - 1/2}{1 - D} + 1/2 \tag{14-10}$$

其中，D 代表全部样本的违约率。当违约对象全部是评级最低发债主体，且除最低等级外的其他等级主体均未违约时，ADP' 等于 1；而当违约全部发生在评级最高的评级对象，且除最高等级外的其他等级主体均未违约时，ADP' 等于 0，经过调整的 ADP' 取值更加合理也更加直观。表 14-6 为 1983 年 1 月到 2017 年 1 月穆迪 1 年期和 5 年期 ADP 统计。

表 14-6　1983 年 1 月—2017 年 1 月穆迪 1 年期和 5 年期 ADP

时间	1 年期 ADP（%）	5 年期 ADP（%）
1983/1/1	97.14	87.41
1984/1/1	90.67	81.77
1985/1/1	94.51	83.25
1986/1/1	90.96	83.04
1987/1/1	87.22	83.98
1988/1/1	91.22	84.22
1989/1/1	85.40	85.35
1990/1/1	91.31	89.59
1991/1/1	91.32	91.07
1992/1/1	96.17	93.10

---

① 以 Aa3 为例，相对评级位置为[Aa3 级以上发行人数总和+（Aa3 级发行人数/2）]/各级别发行人数总和。

(续表)

时间	1年期ADP（%）	5年期ADP（%）
1993/1/1	94.61	92.42
1994/1/1	94.38	90.44
1995/1/1	92.36	89.09
1996/1/1	96.27	89.30
1997/1/1	95.62	87.88
1998/1/1	88.77	87.09
1999/1/1	90.10	87.53
2000/1/1	89.98	87.86
2001/1/1	91.11	88.35
2002/1/1	89.50	89.02
2003/1/1	94.21	91.90
2004/1/1	95.50	84.47
2005/1/1	93.25	82.63
2006/1/1	93.18	83.30
2007/1/1	98.20	83.25
2008/1/1	80.84	83.85
2009/1/1	90.69	87.50
2010/1/1	93.46	83.80
2011/1/1	88.77	82.93
2012/1/1	94.26	86.39
2013/1/1	89.56	86.20
2014/1/1	90.08	—
2015/1/1	88.46	—
2016/1/1	92.43	—
2017/1/1	94.39	—

资料来源：Moody's,"Annual Default Study: Corporate Default and Recovery Rates, 1920-2017", 2018。

【专栏14-4】

穆迪平均违约位置

企业债券信用风险越高，相对违约位置就越接近100%；反之，企业债券信用风险越低，相对违约位置就越接近0%（如图14-6所示）。

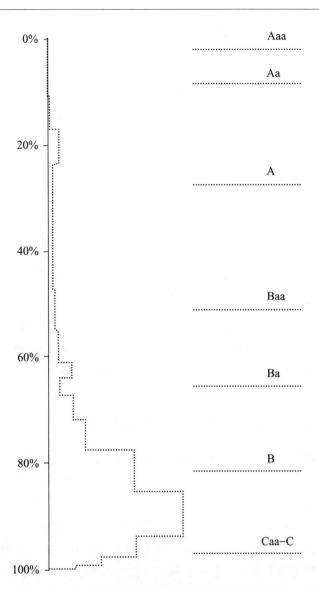

图 14-6　穆迪企业债券信用评级结果分布情况

资料来源：Moody's,"Measuring Ratings Accuracy Using the Average Default Position", 2011。

为了进一步反映评级区分低信用风险发行人与高信用风险发行人的偿债能力，图 14-7 使用平均违约位置来评估穆迪评级体系的排序准确性。平均违约位置衡量违约发行人的平均位置，即在同等或更高评级的发行人中所占百分比。平均违约位置越高意味着评级体系更具区分性，评级高于违约企业评级的发行人更多，或违约发行人普遍存在于相对较低的评级类别中。图 14-7 显示 1983—2017 年平均违约位置持续较高，1 年期为 91.9%，5 年期为 86.7%。与此相比，全球 1 年期和 5 年期的平均违约位置分别为 91.6% 和 86.9%。这说明穆迪评级可有效预测较短和较长时间范围内的违约。其中最低的 1 年期平均违约位置出现在 2008 年，当时雷曼兄弟公司和其他一些重要金融机构破产。

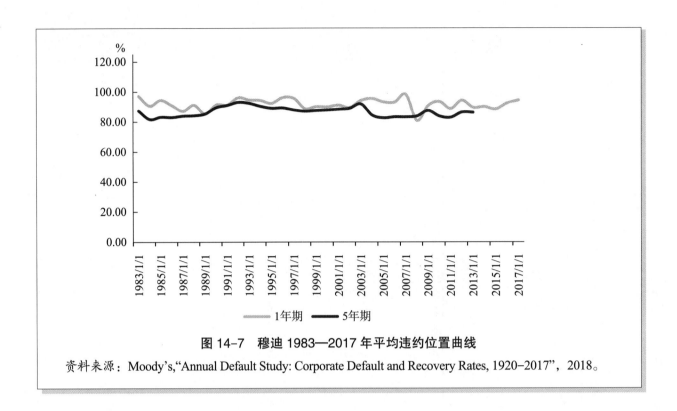

图 14-7　穆迪 1983—2017 年平均违约位置曲线

资料来源：Moody's,"Annual Default Study: Corporate Default and Recovery Rates, 1920–2017", 2018。

14.2.2.3　受试者工作特征曲线及曲线下面积

受试者工作特征曲线（receiver operating characteristic Curve，ROC）是统计学上的一个概念，并被广泛应用于各个领域。在信用评级结果检验中，ROC 描述了在一定累计好客户比例下的累计坏客户的比例，模型的分别能力越强，ROC 越往左上角靠近。曲线下面积（area under curve，AUC）表示 ROC 下方的面积，AUC 越高，模型的风险区分能力越强。ROC 及 AUC 主要用来检验模型对客户进行正确排序的能力。图 14-8 是违约对象和履约对象的分布图，其中深灰色半圆代表违约对象集合，浅灰色半圆代表履约对象集合。在一个完美的评级模型下，两个半圆不会有重合；而在一个随机模型下，两个半圆会完全重合。实际模型得到的违约群体和履约群体两个分布有重叠部分，重叠部分越大，评判模型的区分能力越差，准确度也就越差。画好分布图后，检验者需要设定一个阈值作为判断企业未来是否会违约的标准，假设这个阈值为 C。如果受评对象违约概率大于 C，判断该对象可能出现违约；反之，则判断其可能履约，C 可以为 0 和 100% 之间的任意值。

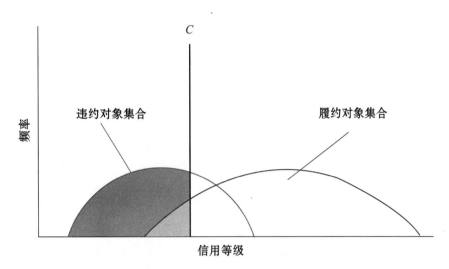

图 14-8　违约对象和履约对象分布图

资料来源：标普公司网站。

设定好阈值后，模型判断会有四种可能的结果（如表 14-7 所示）。其中，I 类错误指给违约对象过高的级别，II 类错误指给履约对象过低的级别。

表 14-7　模型预测结果

	违约	履约
预测概率＞C	正确	II 类错误
预测概率＜C	I 类错误	正确

在判定标准为 "C" 的前提条件下，设定 hit rate (HC) 和 false alarm rate(FC)。HC 表示被正确判断为违约的实际违约受评对象占全部违约对象的比例，用来衡量模型正确判断违约对象的能力，HC 越大，说明模型判断违约的准确率越高。FC 表示被错误判断为违约的实际履约受评对象占全部履约对象的比重，用来测定模型错误判断违约对象的情况，FC 越大，说明模型判断违约的准确率越低。对于选定的每一个 C，可计算出与 C 值对应的 HC 和 FC。当 C 值较小时，模型能够判断出大部分违约的样本，HC 可能较高，但同时错误判断的数量也会不小，FC 也相应较高；当 C 值较大时，模型可能漏掉一些发生违约的样本，HC 可能较小，但同时误判为违约的数量也会减少，相应的 FC 也较小。如果在坐标系中，以 FC 作为横坐标变量，HC 为纵坐标变量，给每一对 FC 和 HC 描点，最后用折线连接，就可以得到一条 ROC 曲线，即在不同阈值 C 的情况下，模型错误判断违约的比率和正确判断违约的比率的配对情况。

在分析模型的区分能力时，ROC 曲线越凸向左上方，与横轴和 FC=1 之间围成的面积（AUC，图 14-9 阴影部分）越大，模型的区分能力越好，即有合适的阈值能够使模型同时实现较高的 HC 和较小的 FC。AUC 可以理解为在一个特定的阈值下，模型判断对受评对象违约或履约的平均区分能力。一个随机模型（没有区别能力）的 AUC 为 0.5，而一个完美模型的 AUC 会是 1.0，实际中的正常模型的 AUC 处于 0.5 和 1 之间。

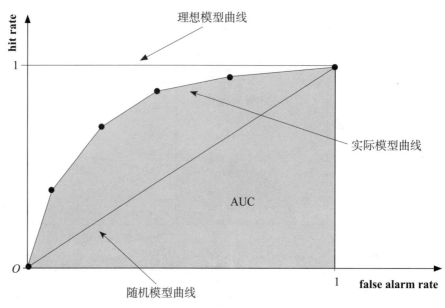

图 14-9 ROC 和 AUC

资料来源：标普公司网站。

在实际市场中，不同信用评级机构可能会选择不同的检验工具，导致检验结果无法直接比较。虽然 CAP 和 ROC 的检验结果不能直接相比较，但是数学证明发现 AUC 和 AR 的对应关系为 AR = 2AUC-1。这个公式使得 CAP 和 ROC 两种工具的检验结果可以通过统一指标（AR 或 AUC）进行直接比较，只要有 AR 和 AUC 中的任意一个即可以通过公式计算出另外一个。假设需要比较 A、B 两个评级模型的准确性，A 模型有 CAP 结果而 B 模型有 ROC 结果，则可以通过公式计算出 B 模型的 AR 或者 A 模型的 AUC，从而将两者进行比较。

14.2.3　检验信用评级结果预测能力的其他指标

14.2.3.1 违约前平均信用级别

对违约预测能力较高的评级系统应避免出现评级对象在发生违约前信用等级仍保持较高水平的这种情况，有关这一检验的指标为违约前平均信用级别，可以分析出债券发生违约时的平均主体级别。违约前平均信用级别通过观察受评对象发生违约前 36—60 个月的信用等级情况，可以衡量信用评级机构是否能成功给即将违约的受评对象出具最低评级。在其他条件相同的情况下，违约前的平均信用级别降低，意味着评级的质量得到了改善。在穆迪的评级历史中（图 14-10），可以看出穆迪所评对象在发生违约前 5 年时的平均信用级别已经降为 B1 级，3 年前降至 B2 级，1 年前则降低至 B3 级，最终违约时平均信用级别为 Caa2 级。从 2017 年的情况看，评级对象在发生违约前的平均信用级别较 1983—2017 年明显降低，发生违约前 5 年时平均信用级别已经降至 B3 级，最终违约时平均信用级别已降至 Ca 级。可以看出，随着越来越接近违约时间，穆迪给即将违约的受评对象出具的评级越来越低,模型的预测比较准确和及时,2017年模型的准确性表现比历史表现更好。

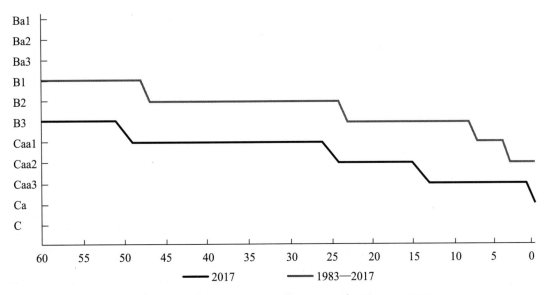

图 14-10　穆迪 1983—2017 年违约前平均信用级别曲线

注：横轴为违约前月数,纵轴为受评对象平均信用级别。

资料来源：Moody's,"Annual Default Study: Corporate Default and Recovery Rates, 1920-2017", 2018。

14.2.3.2　违约主体评级调整情况

除了观察违约前平均信用等级,也可以考察受评主体在违约前的评级调整情况。越早对相关主体采取负面评级调整行动,可以在一定程度上表明评级的预测性越好。回顾国内市场过去几年对发生违约主体的评级行动,可以看出违约主体在发生违约之前基本上都经历过负面评级行动,部分甚至在违约前几年就开始频繁遭遇级别或展望下调,这在一定程度上提示了相关主体信用质量的持续恶化。2014—2017 年,发生债券实质违约的发行人共有 68 家,其中在公募市场违约的发行人有 32 家。除 4 家主体（包括 3 家技术性违约主体）在违约前未发生评级或展望的变动,其余均在违约前遭遇负面评级行动。其中,4 家主体等级在违约发生前 3 年就开始出现展望及评级的陆续调降,10 家主体在违约发生前 2 年级别和展望已经陆续开始调降,5 家主体是违约发生前 1 年开始出现级别和展望调降,9 家主体是在违约发生当年才被降级（见表 14-8）。

表 14-8　国内公开债券市场违约主体评级调整表现

首次负面评级行动时间	违约当年	违约前 1 年	违约前 2 年	违约前 3 年
企业数（家）	9	5	10	4

【专栏 14-5】

国际三大信用评级机构评级结果准确性检验对比

平均累积违约率对比

科学的评级体系应该反映各个信用级别的差异,而信用级别的差异实质上表现为违约率的差异。从整体情况来看,三家信用评级机构的平均累积违约率均反映出了不同信用级别间的违约率差异,尤其是投资级别违约率要显著低于投机级别违约率,并且随着期限的增加,这一差异更加明显,反映出三家信用评级机构的评级准确性均较好(表 14-9、表 14-10、表 14-11)。

表 14-9 穆迪的平均累积违约率(1983—2017)

单位:%

等级\年数	1	2	3	4	5	6	7	8	9	10
Aaa	0.00	0.01	0.01	0.04	0.07	0.10	0.13	0.14	0.14	0.14
Aa1	0.00	0.00	0.00	0.05	0.10	0.14	0.15	0.15	0.17	0.23
Aa2	0.00	0.01	0.11	0.24	0.35	0.44	0.52	0.62	0.75	0.90
Aa3	0.05	0.12	0.17	0.25	0.37	0.49	0.64	0.76	0.82	0.88
A1	0.07	0.21	0.42	0.63	0.84	1.06	1.26	1.44	1.59	1.77
A2	0.05	0.15	0.30	0.51	0.75	1.09	1.43	1.79	2.16	2.53
A3	0.06	0.17	0.38	0.56	0.83	1.06	1.33	1.64	1.98	2.26
Baa1	0.13	0.35	0.61	0.88	1.13	1.37	1.61	1.77	1.95	2.19
Baa2	0.17	0.43	0.72	1.10	1.44	1.81	2.19	2.55	2.97	3.44
Baa3	0.25	0.62	1.03	1.52	2.11	2.72	3.25	3.89	4.49	5.06
Ba1	0.45	1.50	2.76	4.00	5.31	6.55	7.52	8.31	9.08	9.91
Ba2	0.74	1.92	3.36	4.85	6.16	7.24	8.25	9.39	10.71	12.09
Ba3	1.43	4.00	7.06	10.40	13.17	15.72	18.10	20.32	22.32	24.19
B1	2.09	5.60	9.44	13.07	16.73	20.10	23.46	26.44	29.11	31.22
B2	3.11	7.90	12.68	17.12	20.87	24.29	27.29	29.70	32.02	34.07
B3	5.15	11.18	17.23	22.40	27.23	31.64	35.22	38.20	40.52	42.36
Caa	8.35	15.99	22.60	28.24	32.87	36.44	39.55	42.63	45.70	48.35
Ca-C	30.44	40.31	47.28	52.11	54.98	56.28	58.09	59.19	59.57	59.57
投资级	0.09	0.25	0.45	0.67	0.92	1.18	1.43	1.68	1.93	2.19
投机级	4.19	8.52	12.64	16.29	19.45	22.16	24.53	26.60	28.47	30.10
全部受评主体	1.64	3.29	4.80	6.09	7.18	8.10	8.88	9.56	10.17	10.72

资料来源:Moody's,"Annual Default Study: Corporate Default and Recovery Rates, 1920-2017",2018。

表 14-10 标普的平均累积违约率（1981—2017）

单位：%

等级＼年数	1	2	3	4	5	6	7	8	9	10
AAA	0.00	0.03	0.13	0.24	0.35	0.46	0.51	0.60	0.65	0.71
AA	0.02	0.06	0.12	0.22	0.32	0.43	0.53	0.60	0.68	0.75
A	0.06	0.14	0.24	0.37	0.51	0.66	0.85	1.01	1.17	1.34
BBB	0.17	0.49	0.84	1.26	1.70	2.13	2.50	2.87	3.23	3.58
BB	0.68	2.13	3.83	5.53	7.11	8.57	9.81	10.92	11.90	12.77
B	3.59	8.25	12.26	15.44	17.88	19.88	21.48	22.76	23.90	24.95
CCC/C	26.82	36.03	41.03	43.97	46.22	47.13	48.33	49.23	50.08	50.71
投资级	0.10	0.26	0.45	0.68	0.92	1.17	1.40	1.61	1.82	2.03
投机级	3.75	7.31	10.39	12.9	14.95	16.64	18.05	19.23	20.27	21.21
全部受评主体	1.50	2.95	4.22	5.29	6.18	6.94	7.57	8.12	8.60	9.05

资料来源：S&P, "Default, Transition, and Recovery: 2017 Annual Global Corporate Default Study and Rating Transitions", 2018。

表 14-11 惠誉的平均累积违约率（1990—2017）

单位：%

等级＼年数	1	2	3	4	5	10
AAA	0.01	0.01	0.01	0.04	0.08	0.19
AA	0.01	0.02	0.05	0.10	0.17	0.64
A	0.07	0.16	0.27	0.4	0.59	1.58
BBB	0.19	0.49	0.87	1.35	1.91	4.54
BB	1.16	3.12	5.4	7.75	10.03	17.43
B	5.36	11.16	15.17	18.49	21.57	32.18
CCC	25.23	37.34	43.82	47.73	35.46	62.8
投资级	0.10	0.27	0.47	0.67	0.90	1.98
投机级	2.64	4.82	6.53	8.04	9.18	12.06
全部受评主体	0.71	1.34	1.87	2.34	2.73	3.82

资料来源：惠誉公司网站。

投资级违约率

表 14-9、表 14-10、表 14-11 同样也记录了三大信用评级机构的投资级平均累积违约率。惠誉的观察区间稍短，但对结果影响不大。从投资级违约率数据来看，穆迪 1 年期投资级违约率为 0.09%，标普 1 年期投资级违约率为 0.1%，惠誉 1 年期投资级违约率为 0.1%，穆迪 5 年期投资级违约率为 0.92%，标普 5 年期投资级违约率 0.92%，惠誉 5 年期投资级违约率为 0.90%，三大信用

评级机构的投资级违约率比较接近。

违约前平均信用级别

图 14-10 和图 14-11 分别反映了穆迪与标普[①]两家信用评级机构所披露的违约前违约主体平均信用级别。穆迪的受评对象在违约的 5 年之前就已被降级到 B1 级，3 年前降至 B2 级，1 年前则降至 B3 级，最终违约时平均信用级别为 Caa2。而标普所评对象在发生违约前 5 年时的平均信用级别也降级为 B+ 级，但直到违约前一年才降级至 B 级，级别调整时间较长。

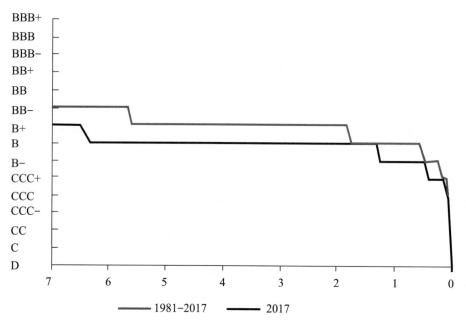

图 14-11 标普的违约前平均信用级别（1981—2017）

注：横坐标为违约前年数，纵轴为受评对象平均信用级别。

资料来源：S&P, "Default, Transition, and Recovery: 2017 Annual Global Corporate Default Study And Rating Transitions", 2018.

【专栏 14-6】

国内违约率表现及总结

统计样本

基于国内债券市场信息披露机制，为充分获取统计信息，本案例违约率统计的对象为国内公开发行信用债的发行主体，具体为短期融资券、超短期融资券、中期票据、企业债券、公司债券、可转债、集合票据和集合企业债等债券的发行主体。对于地方政府债、非公开定向债务融资工具、资产支持证券以及私募债等的发行主体，因主体评级信息未披露或无主体评级，故不参与统计。另

[①] 由于惠誉没有采用此项指标做检验，因此无法对比其结果。

外,因集合票据和集合企业债券的发行主体由多个组成,因此将发行主体均纳入统计。截至2017年年底,我国债券市场发生违约的主体中最早在2008年年初具有有效等级,因此统计的时间区间选取为2008年1月1日至2017年12月31日。

对违约的界定

纳入统计范围的债券品种需要同时进行主体评级与债项评级,前者反映的是发债主体按时还本付息的能力和意愿,后者则是对各类债务如约还本付息的可能性或预期损失的评价,考虑到债券增信措施的存在,这两者的评价可能并不一致。对主体违约的界定,需要先定义债项违约。

一般来说,发生以下几种情形视为债项违约:

• 未能按期、足额偿还合同约定本金或利息的支付义务(不包括在合同约定宽限期内完成支付义务的情况);

• 在设置债权人回售权的情况下,在债权人选择回售时,未能按期、足额偿还应兑付的回售金额;

• 发生了不利于债权人的债务置换或重组行为,即通过置换或重组使得债权人的债权受到不同程度的实质损失,且债权人做出让步或债务重组、置换明显地帮助债务人避免上述两项情形;

• 在设置了特殊的投资人保护条款(如交叉违约条款、事先约束条款、控制权变更条款等)情况下,募集说明书约定为违约或由此导致发生上述三项情形时;

• 纯粹因为技术性或者管理性错误导致未能按合同约定条款履行支付义务,包括与支付意愿及能力不相关的情形;能够很快(通常为1-2个工作日内)完成相应的支付义务不在上述关于违约的定义范围内。

发生以下几种情形视为主体违约:

• 由该主体发行的任一债券(或其他重要债务)已经发生违约;

• 该主体发行的债券由担保方或重组方代偿;

• 发行人被法院受理破产申请或被接管、清算或停业,使其未来可能不能依照相关约定按期履行利息或者本金的支付义务。

总样本违约率

从2008—2017年的年违约率来看,在2012年之前国内并未发生过主体违约事件,违约率持续处于0%;2012年债券市场开始出现主体违约事件,当年有3家中小企业集合票据与集合企业债券的发行主体发生违约,年违约率为0.20%;2013年有1家主体发生违约,违约率下降至0.04%。这两年虽然陆续出现主体违约事件,但因为所发行的债券均有担保,债项未发生实质违约。2014年随着"11超日债"利息违约,债券市场刚性兑付正式被打破。从2014年到2016年,债券市场年违约率经历了逐年上升的过程,从2014年的0.07%到2015年的0.46%,再到2016年的0.90%。2017年以来,随着宏观经济的企稳以及前期债券市场信用风险的加速释放,信用风险释放趋缓,违约率较2016年明显回落,为0.45%,与2015年水平相当(如表14-12所示)。

表14-12 2008—2017年总样本年违约率统计表

年份	年初存量样本数	违约主体家数	年违约率(%)
2008	352	0	0.00
2009	396	0	0.00

(续表)

年份	年初存量样本数	违约主体家数	年违约率（%）
2010	622	0	0.00
2011	996	0	0.00
2012	1480	3	0.20
2013	2296	1	0.04
2014	2595	2	0.07
2015	3027	14	0.46
2016	3234	29	0.90
2017	3541	16	0.45

资料来源：聚源终端。

从累计违约率来看，2008年至2017年的这10年间，债券市场1年平均累计违约率为0.34%，2年平均累计违约率为0.68%，3年至10年平均累计违约率分别为1.04%、1.28%、1.51%、1.66%、1.87%、2.09%、2.22%和2.22%。平均累积违约率在第2年和第3年发生了比较明显的上升，随后上升幅度有所回落，9年和10年平均累积违约率相同，是因为2017年发生违约的主体并未在2008年年初的静态池样本群里。

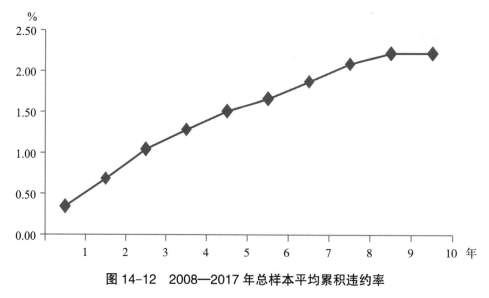

图14-12　2008—2017年总样本平均累积违约率

投资级违约率

从投资级的年违约率来看，投资级主体也是从2012年开始发生违约，此后除2013年未发生违约外，每年都出现违约。从违约率水平来看，2012年投资级主体违约率为0.19%，略高于市场总体的年违约率，这是因为当年发生违约的主体全部为投资级，但年初投资级的主体存量略低于全部发债主体存量。2013年没有投资级主体发生违约，违约率为0.00%。2014年至2017年投资级主体违约率也经历了逐年上升再回落的趋势，违约率分别为0.03%、0.36%、0.50%和0.13%。对比总样本的年违约率来看，2014年以来投资级主体年违约率持续低于总样本年违约率，且二者之间的差异有所扩大，见表14-12、表14-13。

表14-13 2008—2017年投资级主体年违约率统计表

年份	年初样本数	违约主体家数	年违约率（%）
2008	291	0	0.00
2009	370	0	0.00
2010	627	0	0.00
2011	1029	0	0.00
2012	1551	3	0.19
2013	2443	0	0.00
2014	2873	1	0.03
2015	3331	12	0.36
2016	3769	19	0.50
2017	4543	6	0.13

注：总样本对不同信用评级机构对同一家主体评级进行了去重，而在统计投资级、投机级及分等级主体违约率时，不同信用评级机构对同一主体的评级各计算一次，因此，会出现分级别期初样本数汇总大于总样本期初数的情况。

资料来源：聚源终端。

从累积违约率来看，2008年至2017年间，投资级主体1年至10年平均累积违约率分别为0.20%、0.49%、0.82%、1.05%、1.29%、1.44%、1.61%、1.76%、1.91%和1.91%。投资级主体累积违约率与总样本累积违约率的上升趋势基本一致。投资级主体平均累积违约率整体低于总样本累积违约率，且随着时间的积累，二者差距逐步扩大，见图14-12和图14-13。

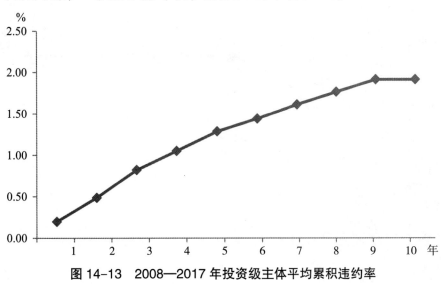

图14-13 2008—2017年投资级主体平均累积违约率

投机级违约率

从投机级主体的年违约率来看,投机级主体自2013年开始发生违约,当年违约率为2.78%,2014年的年违约率较2013年有所回落,此后持续快速上升,到2017年投机级主体年违约率达到32.26%。对比总样本和投机级年违约率,投机级年违约率明显偏高。这一方面是因为投机级主体本身的风险水平就高于市场平均水平,另一方面也和国内投机级存量主体较少有关,由于基数偏小,投机级主体可能在违约家数很少的情况下就达到较高水平的违约率。

表14-14 2008—2017年投机级主体累积违约率统计表

年份	年初样本数	违约主体家数	年违约率(%)
2008	0	0	NA
2009	1	0	0.00
2010	5	0	0.00
2011	14	0	0.00
2012	20	0	0.00
2013	36	1	2.78
2014	49	1	2.04
2015	48	3	6.25
2016	49	9	18.37
2017	31	10	32.26

注:NA表示年初样本数为0,违约率计算公式不适用。
资料来源:聚源终端。

由于2008年债券市场上无投机级主体,故本专栏考察2009年至2017年间投机级主体的平均累积违约率情况。图14-14显示,投机级主体1年平均累积违约率就达到8.63%,2年平均累积违

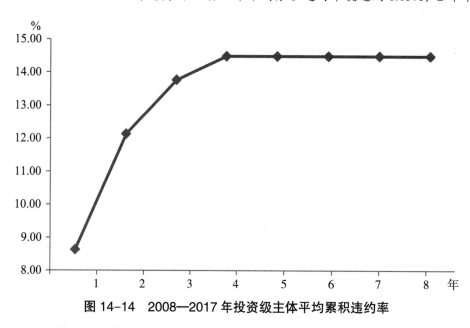

图14-14 2008—2017年投资级主体平均累积违约率

约率又上升了约3.5个百分点至12.12%，3年、4年平均累积违约率涨幅趋缓，分别为13.76%和14.48%，4年以后平均累积违约率保持不变。

分信用等级违约率

从细分等级来看，2008—2017年各信用等级主体平均累积违约率呈现出随信用等级下降而上升、随时间的拉长而上升的特征，表明我国信用评级机构较好地揭示了受评主体的违约风险大小。另外，值得注意的是，截至2017年年末，我国尚无AAA级主体违约案例，AAA级各跟踪期的平均边际违约率和累积违约率均为0。总体来看，我国信用评级对信用风险具有较好的区分度，在很大程度上揭示了受评主体的违约风险大小，如表14-15所示。

表14-15　2008—2017年各信用等级年违约率统计表

单位：%

等级	1年	2年	3年	4年	5年	6年	7年	8年	9年	10年
AAA	0.00	0.00	0.00	0.00	0.00	0.00	0.00	0.00	0.00	0.00
AA	0.13	0.41	0.74	1.05	1.41	1.65	1.93	2.19	2.46	2.46
A	0.60	0.92	1.26	1.39	1.39	1.39	1.39	1.39	1.39	1.39
BBB	1.48	2.57	3.60	3.60	3.60	3.60	3.60	3.60	3.60	3.60
BB	2.49	3.55	5.50	6.35	6.35	6.35	6.35	6.35	6.35	—
B	9.52	27.62	27.62	27.62	27.62	27.62	27.62	—	—	—
CCC及以下	51.52	66.06	66.06	66.06	66.06	—	—	—	—	—

资料来源：聚源终端。

2014—2017年，我国债券市场边际违约率经历了逐步上升并在2017年出现下降的过程，尤其是2017年违约率较2016年明显下降，表明我国债券市场经过2014—2016年违约风险的有效释放后，2017年违约风险有所减小。

分投资级和投机级来看，投资级样本的违约率低于总样本的违约率，投机级样本的违约率明显高于投资级和总样本的违约率，即投资级主体违约风险最低，投机级主体违约风险最高，有效区分了我国债券发行主体的信用风险。

分级别违约率来看，各信用等级平均累积违约率均随时间的拉长而上升、随信用等级的下降而迅速上升。

违约率指标在国内市场的应用

中国人民银行在2006年年底发布的《信贷市场和银行间债券市场信用评级规范》指出，违约率为评级业务主管部门对信用评级机构信用评级结果质量检验的核心指标；证券业协会发布的《证券资信评级机构执业行为准则》，也要求信用评级机构采用历史违约率等统计方法，对本机构出具的信用评级结果的准确性进行验证。近几年随着国内债券市场违约增多，各信用评级机构开始陆续公布本机构的违约率检验结果，但由于我国违约历史较短，将违约率直接应用于信用评级结果质量准确性检验存在一定障碍。对比来看，国际上对违约率的统计一般都以庞大的数据库支持为基础，例如穆迪公布的累积违约率观测区间最早可以追溯至1920年，而国内自2014年才出现债券实质违约事件，债券违约历史相对较短，违约样本数量较小，使得单个年份的数据可能对累积结果有较大影响，难以反映各等级相对稳定的违约率，再加上我国债券市场以 AA 级及以上信用级别的发行人为主，较低的各个信用等级由于样本过少，等级违约率受单个样本的影响较大，在低评级区域很容易造成等级之间违约率的倒挂，但受样本数量限制，这种表现还不足以说明评级与实际风险水平一定相悖。总体而言，当前我国市场违约数据还需积累，作为信用评级结果质量检验依据的参考价值相对有限，通过违约率进行准确性检验结果的有效性不足。

未来随着违约案例和数据的不断增加，需要增加对违约相关指标的应用，包括运用分等级的年违约率及累积违约率。国际信用评级机构在披露等级违约率时，同时披露年违约率及累积违约率。其中，等级违约率既披露了没有"+""-"细分的等级违约率情况，也披露了细分后的等级违约率情况，同时还公布投资级与投机级的违约率情况。国际信用评级机构披露的累积违约率的期限相对较长，例如穆迪每年分别公布 1920 年、1970 年以及 1983 年至当年的 1—20 年各等级累积违约率情况。就国内的情况而言，由于目前发债主体等级集中在 AA- 级以上，建议等级违约率分为 AAA 级、AA+ 级、AA 级、AA- 级以及 AA- 级以下等级五个大类披露相关违约率，同时由于目前国内的违约历史相对较短，可以在初期公布 1 年期、3 年期和 5 年期的平均等级累积违约率，未来随着违约数据的逐步积累，再进一步公布更长期的累积违约率。在观察区间方面，建议以各违约主体最早进入债券市场发债期为起点。此外，还需要考察受评主体违约前信用等级、违约主体及债券的历史评级调整情况等，在此基础上，也可以披露本机构受评主体的平均违约位置、AR 比率、AUC 等指标。

14.3 信用评级结果的利差分析

14.3.1 利差分析的基本思想与方法

在国内，由于违约历史相对较短，因此主要采取利差分析的方法来进行信用评级结果准确性的检验。利差分析可以应用于信用评级结果准确性检验的原因在于，信用评级结果代表了信用评级机构对于受评债项或发行主体的信用风险程度的评定，一般来说，假设其他条件不变，发行主体的偿债风险越高，投资者所要求的超过基准利率水平的投资回报率也会越高。利差分析包括对利差[①]的统计分析和利差检验两个部分。

对利差的统计分析主要通过计算某类债券品种中同一信用等级债券的发行利差或交易利差的平均数、标准差和变异系数，一方面考察高等级债券利差平均值是否低于低等

---

① 这里所指利差即债券的票面利率或到期收益率减去基准利率的差值。根据交易商协会的要求，基准利率选取中国债券信息网发布的中债国债到期收益率。发行利差是指债券发行利率减去起息日对应期限国债的到期收益率；交易利差是指债券上市首日成交均价到期收益率减去上市首日对应期限国债到期收益率。

级债券利差平均值，即评级是否准确；另一方面观察各信用等级债券利差的变异系数大小，考察同等级债券信用风险的可比性，若某一等级债券利差变异系数较大，则可能意味着该等级内部利差离散程度大，信用水平的可比性低。

利差检验的目的在于检验不同信用级别的债券发行利差或交易利差之间是否存在显著的差异，进而验证评级是否合理。若市场高度认可信用级别，那么不同级别所对应的发行利差或交易利差就会有明显差异，反过来说，如果不同级别对应的利差显著不同，则说明信用级别得到市场的认可，两者之间可以相互检验。

在实际操作中，利差检验对检验样本有一定要求，一般要求被检验的两组等级内样本均在5个（含）以上才可以进行。在同等条件下，各等级样本量越大，利差分析得出的结论也越为可靠。

【专栏 14-7】

银行间市场交易商协会利差检验样本要求

根据银行间市场交易商协会的要求，在银行间市场上各信用评级机构应依据自身实际业务数据情况，对短期融资券、超短期融资券、中期票据、企业债券进行年度利差检验，利差分析及检验应当分券种、分期限进行，关于利差检验的统计样本要求如表14-16所示。具体来看，对于超短期融资券和短期融资券的利差检验，要求考察主体评级与利差的关系；对于中期票据和企业债券的利差检验，则要求考察债项级别与利差的关系。

表 14-16 利差分析与检验的统计样本要求（分券种）

券种	样本要求	分析与检验要求
超短期融资券	发行起息日期在当年的超短期融资券，针对样本量较多的期限进行分析。考察主体级别与利差的关系。	考察主体级别与利差之间的关系。
短期融资券	发行起息日期在当年的1年期固定利率企业短期融资券（不包括证券公司短融，剔除有担保、上市两周后无交易的短期融资券）。考察主体级别与利差的关系。	考察主体级别与利差之间的关系。
中期票据	发行起息日期在当年的中期票据，主要针对3年、5年期进行分析。考察债项级别与利差的关系。	考察债项级别与利差之间的关系。
企业债券	发行起息日期在当年的各期限企业债券（剔除了政府支持债券和浮动利率企业债券），针对样本量较多的期限进行分析。考察债项级别与利差的关系。	考察债项级别与利差之间的关系。

资料来源：银行间市场交易商协会，《关于2017年非金融企业债务融资工具信用评级机构业务市场评价有关工作的通知》，2016年。

14.3.2 利差检验的主要方法

利差检验的主要方法包括 Mann-Whitney U 两独立样本非参数检验（又称"曼—惠特尼 U 检验"）和 Scheffe 检验（又称"多重比较检验"）两种方法。国内信用评级机构目前主要采用前一种方法。

14.3.2.1 Mann-Whitney U 两独立样本非参数检验

Mann-Whitney U 检验为一种常用的秩和检验方法，它假设两个样本分别来自总体均值不同的两个总体，不要求样本数据服从正态分布，也不要求两个样本数量相等，目的在于检验两个总体的中值是否存在显著差异。Mann-Whitney U 检验首先在两个总体 A 和 B 中随机抽取容量分别为 n_A 和 n_B 的两个独立随机样本，将（n_A+n_B）个观察值按大小顺序排列，分别计算出两个样本中观察值排序的总和 T_A 和 T_B。由此可计算出：

$$U_A = n_A n_B + \frac{n_A(n_A+1)}{2} - T_A \quad (14\text{-}11)$$

$$U_B = n_A n_B + \frac{n_B(n_B+1)}{2} - T_B \quad (14\text{-}12)$$

取 U_A、U_B 中较小值作为检验统计量 U 值，和临界值表中对应的临界值 U_0 比较（或直接计算出 P 值，与显著性水平 α 相比较）。若 U 大于 U_0（P 大于 α），则接受两个独立总体的中值没有显著差异的原假设；若 U 小于 U_0（P 小于 α），则拒绝该假设，意味着两个样本的中值显著不同。

14.3.2.2 Scheffe 检验

Scheffe 检验是方差分析中的一种多重比较①方法。假设因素 A 共有 r 个水平 A_1，A_2，…，A_r，第 i 个水平作 n_i 次试验，$i=1, 2, \cdots, r$，记 $n=n_1+n_2+\cdots+n_r$。其检验统计量为：

$$S = \frac{\max_{1 \leq i,j \leq r}|\overline{X_i} - \overline{X_j}|}{\sqrt{MS_E\left(\frac{1}{n_i}+\frac{1}{n_j}\right)}} \quad (14\text{-}13)$$

根据显著性水平 α 及 r 和 MS_E 的自由度 $f=n-r$，查询多重比较的 S 表可得到临界值 S_α，并计算 $T_{ij} = S_\alpha \sqrt{\frac{n_i+n_j}{n_i n_j} MS_E}$。比较样本均值差的绝对值 $|d_{ij}| = \overline{X_i - X_j}$ 和 T_{ij} 的大小，若 $|d_{ij}| > T_{ij}$，则认为第 i 个总体和第 j 个总体的均值之间有显著差异；否则，$|d_{ij}| < T_{ij}$，则认为第 i 个总体与第 j 个总体的均值之间差异不显著。

---

① 多个样本间的两两比较一般称为多重比较。

14.3.3 利差分析的局限性

在国内缺少违约数据积累的背景下,通过利差分析替代违约率检验来验证信用评级结果的准确性具有一定合理性,但利差分析因受到其他干扰因素影响较多而存在一定局限性。利差是投资者对标的债券的风险定价,除了反映债券本身的信用风险,也隐含着较大的流动性风险溢价,由于不同时期市场资金面松紧程度并不一致,因此不同时期发行或交易的债券利差中所包含的流动性风险溢价也会产生明显的差异,尤其在周期较长的年度检验中,流动性的干扰可能使得利差分析中的流动性风险溢价差异大于信用风险溢价差异,从而使得利差分析方法难以有效检验出不同等级的信用风险区分度。与此同时,受特定市场环境或突发事件因素影响,投资者偏好也会对债券利差产生影响。而考虑到国内投资者结构相对单一,投资偏好较为一致,市场冲击可能具有放大效应,此类扰动因素也将导致利差分析难以准确度量不同等级债券的信用风险区分情况。除此之外,统计检验依赖于样本数量,样本数量过少会导致利差检验无法进行,或影响利差检验结果的准确性,特别是在对特定债券品种、特定期限的分析中,这种样本量的限制表现得更为突出。

【专栏 14-8】

2017 年国内短期融资券利差分析结果

样本概况

2017 年短期融资券共发行 465 期(不包括超短期融资券以及证券公司短期融资券),剔除有担保、上市两周内无交易的样本,有效样本共计 437 个。在有效样本中,发行期限为非 1 年期的有 13 个,最终获得 424 个基础样本。

如表 14-17 所示,在基础样本中,短期融资券主体信用等级包含四个级别:AAA 级、AA+ 级、AA 级和 AA- 级,各等级的样本量分别为 89 个、160 个、173 个和 2 个。从发行数量看,短期融资券主体信用等级主要集中于 AA 级和 AA+ 级,合计占比达 78% 以上。从发行规模来看,短期融资券的主体信用等级分布主要集中于 AA+ 级和 AAA 级,合计占比达 76.14%。

表 14-17　2017 年短期融资券基础样本主体信用等级分布

主体信用评级	发行期数		发行规模	
	发行量(期)	占比(%)	发行规模(亿元)	占比(%)
AAA	89	20.99	1447.50	39.20
AA+	160	37.74	1364.00	36.94
AA	173	40.80	872.90	23.64

（续表）

主体信用评级	发行期数		发行规模	
	发行量（期）	占比（%）	发行规模（亿元）	占比（%）
AA-	2	0.47	8.00	0.22
合计	424	100.00	3692.40	100.00

资料来源：Wind 资讯。

利差统计分析[①]

2017 年短期融资券的发行利率与主体信用等级存在较好的对应关系，即主体信用等级越高，发行利率越低，不同主体信用等级对应的发行利率均值分别为：AAA 级 4.88%、AA+ 级 5.30%、AA 级 5.57%。从上市首日利率来看，主体信用等级越高，上市首日利率均值越低，这和发行利率与主体信用等级的对应关系一致。发行利差、交易利差与主体信用等级的对应关系也较为明显，即主体信用等级越高，发行利差和交易利差均越小。发行利差、交易利差在各主体信用等级之间的级差存在一定差异（如表 14-18、表 14-19 所示）。

表 14-18　2017 年短期融资券各主体信用等级对应发行利率和发行利差

主体级别	样本数	发行利率（%）			发行利差（基点）			
		区间	均值	标准差	均值	级差	标准差	变异系数
AAA	89	3.70~6.68	4.88	0.43	160.25	—	39.70	0.25
AA+	160	3.95~8.00	5.30	0.81	203.59	43.33	74.72	0.37
AA	173	4.12~7.50	5.57	0.76	232.21	28.62	67.23	0.29

资料来源：Wind 资讯。

表 14-19　2017 年短期融资券各主体信用等级对应上市首日利率和交易利差

主体级别	样本数	上市首日利率（%）			交易利差（基点）			
		区间	均值	标准差	均值	级差	标准差	变异系数
AAA	89	4.00~6.68	4.95	0.41	166.98	—	39.33	0.24
AA+	160	4.03~7.99	5.36	0.81	208.43	41.45	75.01	0.36
AA	173	4.12~7.60	5.63	0.75	237.48	29.05	66.95	0.28

注：本表中的交易利差为短期融资券的上市首日利率减去与短期融资上市日、同期限的银行间固定利率国债到期收益率。

资料来源：Wind 资讯。

变异系数用于衡量样本的离散程度，变异系数越小，则样本的离散程度越低，反之则越大。

[①] 本统计剔除发行量较少的AA-级样本，分析数量为422个。

如图 14-15 所示，与 2016 年相比，2017 年短期融资券各主体信用等级发行利差和交易利差的变异系数均有所下降，表明利差样本的离散度较上年同期下降，即市场对短期融资券发行人信用资质的判断与信用评级机构给出的级别存在的分歧有所减小，市场对信用评级结果的认可程度上升。

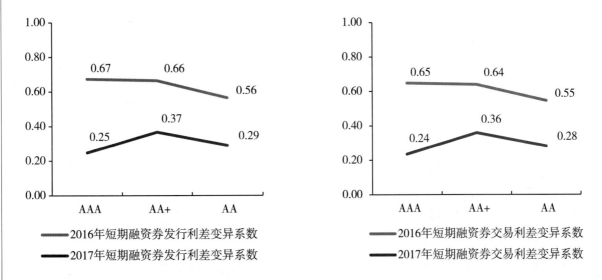

图 14-15　1 年期短期融资券发行利差、交易利差变异系数对比

资料来源：Wind 资讯。

从 2017 年各信用评级机构短期融资券的发行利差均值、交易利差均值来看，除东方金诚外，各机构发行利差、交易利差均随主体信用等级上升而下降（如表 14-20、表 14-21 所示）。

表 14-20　2017 年各信用评级机构短期融资券发行利差均值比较

单位：基点

信用评级机构		新世纪评级	联合资信	大公资信	中诚信国际	东方金诚	总样本
样本总量		65	112	77	151	19	424
AAA 级	样本量	3	30	14	43	—	90
	均值	123.95	156.99	160.63	163.96	—	159.78
	标准差	8.78	36.75	31.75	44.50	—	39.72
AA+ 级	样本量	27	45	30	49	9	160
	均值	174.81	211.39	206.43	195.36	286.25	203.59
	标准差	29.65	75.58	81.05	75.03	88.40	74.72
AA 级	样本量	35	37	33	59	10	174
	均值	242.36	246.02	240.35	213.78	235.37	232.66
	标准差	54.42	76.01	84.33	52.69	77.08	67.31

资料来源：Wind 资讯。

表 14-21 2017 年各信用评级机构短期融资券交易利差均值比较

单位：基点

信用评级机构		新世纪评级	联合资信	大公资信	中诚信国际	东方金诚	总样本
样本总量		65	112	77	150	19	423
AAA 级	样本量	3	30	14	42	—	90
	均值	120.48	163.75	170.42	165.08	—	166.46
	标准差	28.12	34.55	29.08	36.34	—	39.42
AA+ 级	样本量	27	45	30	49	9	160
	均值	180.22	216.41	213.17	198.19	293.01	208.43
	标准差	29.25	76.02	80.86	74.10	93.75	75.01
AA 级	样本量	35	37	33	59	10	174
	均值	248.21	251.02	245.65	218.86	240.12	237.90
	标准差	53.92	76.49	82.50	53.46	74.44	66.99

资料来源：Wind 资讯。

利差检验结果

为检验各信用评级机构短期融资券主体信用等级对利差的影响是否显著，分别对各信用评级机构短期融资券主体 AAA 级与 AA+ 级、AAA 级与 AA 级、AA+ 级与 AA 级间的发行利差、交易利差进行 Mann-Whitney U 两独立样本非参数检验，考虑到样本数量，同一主体级别下少于 5 个统计样本的不参与检验，检验结果（见表 14-22）显示：在 5% 的显著性水平下，新世纪评级、联合资信和中诚信国际不同主体信用等级间均存在显著差异，大公资信 AA+ 级分别与 AAA 级、AA 级交易利差不存在显著差异，东方金诚 AA+ 级与 AA 级发行利差、交易利差均不存在显著差异。

表 14-22 2017 年各信用评级机构短期融资券利差显著性检验结果

信用评级机构		新世纪评级	中诚信国际	联合资信	大公资信	东方金诚
发行利差	AAA 级与 AA+ 级	—	0.035	0.002	0.047	—
	AA+ 级与 AA 级	0.000	0.002	0.017	0.048	0.288
交易利差	AAA 级与 AA+ 级	—	0.047	0.002	0.118	—
	AA+ 级与 AA 级	0.000	0.001	0.021	0.058	0.327

资料来源：Wind 资讯。

14.4 信用评级结果的稳定性检验

除了准确性，衡量评级质量时还需要考虑信用评级结果的稳定性。稳定的评级系统只应在评级对象的信用风险发生根本变化,并且这一变化在可以预期的未来一段时间内不会出现改变时做出评级调整,而等级的调整在一定时间内不应过于频繁,因此需要通过评级稳定性检验度量信用评级结果是否在较长一段时期内具有足够的稳定性。国际信用评级机构度量评级稳定性的检验方法通常是运用统计方法对等级变动情况进行分析,检验信用评级结果是否稳定,主要工具有等级迁移矩阵、级别波动率、级别逆转率等。

14.4.1 等级迁移矩阵

14.4.1.1 信用等级迁移的基本概念

信用等级迁移指的是在一段时间内,由于债务人信用品质变化而导致其信用等级变为更好或更差等级的概率,其理论研究主要是依据马尔科夫(Markov)模型。信用评级机构对评级对象的信用等级调整结果可以形成信用迁移路径或者称为迁移率,这一指标反映了评级对象信用质量所发生的变化,度量信用等级变化的工具称为等级迁移矩阵。等级迁移矩阵的常见形式如表 14-23 所示。

表 14-23 等级迁移矩阵示例

	AAA	AA	A	…	…	…	CCC/C	D	NR
AAA	$m_{1,1}$	$m_{1,2}$	$m_{1,3}$	…	…	…	$m_{1,j}$	…	…
AA	$m_{2,1}$	$m_{2,2}$	$m_{2,3}$	…	…	…	$m_{2,j}$	…	…
A	$m_{3,1}$	$m_{3,2}$	$m_{3,3}$	…	…	…	$m_{3,j}$	…	…
…	…	…	…	…	…	…	…	…	…
…	…	…	…	…	…	…	…	…	…
…	…	…	…	…	…	…	…	…	…
CCC/C	$m_{i,1}$	$m_{i,2}$	$m_{i,3}$	…	…	…	$m_{i,j}$	…	…

$m_{i,j}$ 表示期初 t 时,信用级别为 i 的信用主体在期末 $t+T$ 时迁移到信用等级 j 的比例,即 $m_{i,j}=n_{i,j}(t+T)/n_i(t)$,等级迁移矩阵可使用静态池法或动态群组法进行统计。以静态池法为例,为了计算一期的迁移率,信用评级机构会对一个考察期年初和年末持续维护的评级表现进行审查。只要评级对象在考察期当年或多年期开始和结束时都处于持续维护的状态,该评级对象就可以被收入多个静态池中。例如,一个评级对象于 2001 年 6 月首次评级,2006 年被撤销评级,那么该评级对象就可以被列入 2002 年、2003 年、2004 年、2005 年的一年期静态池,观察多年期的表现时可以纳入 2002 年度样本的两年期(2002—2003)、三年期(2002—2004)和四年期(2002—2005)的静态池中(但不能纳入五年期的静态池中,因为该评级对象的级别在第五年被撤销)。通过等级迁移矩阵,可以观察到各信用级别的迁移情况,度量评级系统的稳定性。

关于信用等级迁移的研究最早见于 20 世纪 90 年代初 Altman 和 Kao 的论文(Altman and Kao, 1992),Altman-Kao 模型是利用标普评级变化的数据,考察的是新发行债券,在其模型中未考虑未来等级撤销(回购、赎回或未评级)的情况。迁移模型的研究可以揭示债券等级的变化对未来收益的影响，从而可以针对不同投资者及其投资组合计算预期收益；通过预测等级上升的可能性和下降的可能性，对信用等级变化及债券违约率之间关系进行分析，设计与改善证券投资组合，对银行贷款组合的预期也有同样作用。

信用等级迁移概率与违约率统计密不可分。违约仅是信用等级下降的一个极端情况，用马尔科夫链的术语来说，违约是信用等级下降的一个吸收状态。信用等级迁移矩阵是对累积违约率的一个关键补充，它的建立同违约率的计量一样，都是在受评发行人群组构建完成后才进行的，都是在静态池理论和动态群组理论上的应用。由于信用等级迁移矩阵是很多风险管理考量的重要因素，因此迁移矩阵的精确估计显得尤为重要。

14.4.1.2 信用等级迁移矩阵估计的理论方法

建立信用等级迁移矩阵的假设前提是：在同一个信用级别内的所有债务人都具有相同的信用风险，即信用等级迁移概率和违约率都相同。假定迁移概率遵循马尔科夫过程，即债务人在本期内迁往任何特定信用等级的概率与过去时期的结果无关。根据这一假定，可以认为过去一段时期内统计出的一年期迁移概率相互独立。将这些资料进行统计计算即可得出一年期信用等级迁移矩阵。

沃顿金融机构中心（Wharton Financial Institutions Center）的研究报告——《信用迁移矩阵的度量和估计》（Measurement and Estimation of Credit Migration Matrices）给出了两种估计方法。

1. 频率估计法

频率估计法（Cohort Method）是以信用等级迁移的频率估计迁移概率，这是目前行业内的标准方法。

定义 $P_{i,j}(\Delta t)$ 为 Δt 时间内从等级 i 迁移到等级 j 的概率。当 $\Delta t = 1$ 时，N_i 为年初处于等级 i 的企业数，$N_{i,j}$ 为年底从等级 i 迁移到等级 j 的企业数量，那么 $P_{i,j}(\Delta t)$ 的估计值 $\hat{P}_{i,j}(\Delta t)$ 为：

$$\hat{P}_{i,j}(1) = \frac{N_{i,j}}{N_i} \tag{14-14}$$

如果信用等级在年内撤销或迁移到终止评级状态，则从样本空间中删除。同时，年内级别迁移的情况忽略不计。

2. 迁移密度估计法

迁移密度估计法（Transition Intensity Approach）是指用等级迁移期间的等级迁移密度估计迁移概率。这个方法的优点是考虑了计算期内所有等级的变化。

迁移密度估计方法又分为两种情况，即迁移过程是齐次马尔科夫过程的情况和非齐次马尔科夫过程的情况。

（1）齐次马尔科夫过程迁移概率的估计

定义迁移概率矩阵 $P(t)$ 为 $k \times k$ 阶矩阵，其第 i 行第 j 列元素表示在时间 t 内由等级 i 迁移到等级 j 的概率，则 $P(t)$ 可以表示为：

$$P(t) = \exp(\Lambda t) \qquad t \geq 0 \tag{14-15}$$

其中，Λ 称为 $k \times k$ 阶生成矩阵或密度矩阵，其元素满足：

$$\lambda_{ij} \geq 0 \text{ for } i \neq j$$
$$\lambda_i = -\sum_{j \neq i} \lambda_{i,j} \tag{14-16}$$

矩阵 Λ 中各元素的极大似然估计为：

$$\hat{\lambda}_{ij} = \frac{N_{ij}(T)}{\int_0^T Y_i(s)\mathrm{d}s} \tag{14-17}$$

其中，$Y_i(s)$ 为时刻 s 时信用等级为 i 的企业数量；$N_{ij}(T)$ 为时段 T 内从等级 i 迁移到等级 j 的企业总数。

迁移密度估计法的优点是考虑到了整个计算期内的所有等级的迁移情况。例如某债券主体评级年初为 AA 级，年中迁移到 A 级，年末又下调至 BBB 级，则 AA 级到 A 级的迁移计入 $P_{AA,A}$，A 级到 BBB 级的迁移计入 $P_{A,BBB}$。

（2）非齐次马尔科夫过程迁移概率的估计

相比频率估计法，齐次马尔科夫过程更有效地使用了债务人的迁移信息。然而，在实际运用中，时间齐次性不能确定。下面介绍非齐次马尔科夫过程在迁移概率估计中的应用，定义非齐次马尔科夫过程中从时刻 s 到时刻 t 的迁移概率矩阵为 $P(s,t)$，ij^{th} 表示由时刻 s 的等级 i 迁移到时刻的等级 j，则其估计量为：

$$\hat{P}(s,t) = \prod_{i=1}^m \left(I + \Delta \hat{A}(T_i)\right) \tag{14-18}$$

其中，T_i 为时刻 s 到时刻 t 之间的迁移点，m 为迁移天数，$\Delta \hat{A}(T_i)$ 可表示为：

$$\Delta \hat{A}(T_i) = \begin{bmatrix} -\dfrac{\Delta N_{1\cdot}(T_i)}{Y_1(T_i)} & \dfrac{\Delta N_{1,2}(T_i)}{Y_1(T_i)} & \dfrac{\Delta N_{1,3}(T_i)}{Y_1(T_i)} & \cdots & \dfrac{\Delta N_{1,p}(T_i)}{Y_1(T_i)} \\ \dfrac{\Delta N_{2,1}(T_i)}{Y_2(T_i)} & -\dfrac{\Delta N_{2\cdot}(T_i)}{Y_2(T_i)} & \dfrac{\Delta N_{2,3}(T_i)}{Y_2(T_i)} & \cdots & \dfrac{\Delta N_{2,p}(T_i)}{Y_2(T_i)} \\ \vdots & \vdots & \vdots & & \vdots \\ \dfrac{\Delta N_{p-1,p}(T_i)}{Y_{p-1}(T_i)} & \dfrac{\Delta N_{p-1,p}(T_i)}{Y_{p-1}(T_i)} & \cdots & -\dfrac{\Delta N_{p-1\cdot}(T_i)}{Y_{p-1}(T_i)} & \dfrac{\Delta N_{p-1,p}(T_i)}{Y_{p-1}(T_i)} \\ 0 & 0 & \cdots & \cdots & 0 \end{bmatrix} \tag{14-19}$$

$\Delta N_{k,j}(T_i)$ 为 T_i 时刻从等级 k 迁移到等级 j 的企业数量；对角线上的元素 $\Delta N_{k\cdot}(T_i)$ 为 T_i 时刻从等级 k 迁移到其他等级的企业数量，即 $\sum_{j \neq k} \Delta N_{k,j}(T_i)$；$Y_k(T_i)$ 为 T_i 时刻信用等级为 k 的企业数量。$\Delta \hat{A}(T_i)$ 中第 k 行的对角线元素，在任意给定时刻 T_i，$Y_k(T_i)$ 表示迁移到其他状态的企业数量，因此非对角线元素列示了迁移到其他具体等级的所有形式。与齐次马尔科夫过程相似，$\Delta \hat{A}(T_i)$ 的最后一行为 0，因为违约是一种吸收状态，那么 $I + \Delta \hat{A}(T_i)$ 矩阵中的行元素之和为 1。

非齐次马尔科夫过程对数据生成过程的假设最少，它考虑了时间的非齐次性，同时充分考虑了样本周期（或估计范围）内的所有变动。

在实践中，标普在《评级质量指引》中将等级迁移矩阵定位为测量与解释信用评级结果质量的一种方法，并定期发布结果。惠誉虽然并没有明确将等级迁移矩阵视为信用评级质量的检验方法，但在每年发布的《违约率与迁移率研究》报告中说明了该指标如何影响评级的稳定性。等级迁移矩阵同时也是 ESMA 在监管规则中明确要求披露、SEC 规定 NRSROs 需要披露的信息。国际三大信用评级机构都会定期发布它们的评级对象的信用等级迁移结果。在国内，银行间市场交易商协会也要求信用评级机构在每年的合规运行报告中，披露等级迁移矩阵。

【专栏 14-9】

静态池法在迁移率计算中的应用——标普信用等级迁移矩阵统计结果

标普每年公布其受评发行人的迁移情况。表 14-24 是标普 1981—2016 年全球受评发行人的一年期平均迁移矩阵，表中数据显示，标普全球发行人一年期平均迁移矩阵基本符合级别越高等级越稳定的规律。

表 14-24　标普全球发行人一年期平均迁移矩阵（1981—2016）

单位：%

从＼至	AAA	AA	A	BBB	BB	B	CCC/C	D	NR
AAA	87.05	9.03	0.53	0.05	0.08	0.03	0.05	0.00	3.17
AA	0.52	86.82	8.00	0.51	0.05	0.07	0.02	0.02	3.99
A	0.03	1.77	87.79	5.33	0.32	0.13	0.02	0.06	4.55
BBB	0.01	0.10	3.51	85.56	3.79	0.51	0.12	0.18	6.23
BB	0.01	0.03	0.12	4.97	76.98	6.92	0.61	0.72	9.63
B	0.00	0.03	0.09	0.19	5.15	74.26	4.46	3.76	12.06
CCC/C	0.00	0.00	0.13	0.19	0.63	12.91	43.97	26.78	15.39

注：NR 表示撤销评级。
资料来源：标普公司网站。

此外，标普同时公布了 1981—2016 年全球发行人的三年期、五年期、七年期平均迁移矩阵及各地区一年期迁移矩阵，也同样反映出高等级比低等级稳定的规律。

动态群组法在迁移率计算中的应用——穆迪信用等级迁移矩阵统计结果

穆迪每年公布其受评发行人的迁移情况。表 14-25 为穆迪 1970—2016 年一年期平均迁移矩阵。

表 14-25 穆迪一年期平均迁移矩阵（1970—2016）

单位：%

从＼至	Aaa	Aa	A	Baa	Ba	B	Caa	Ca-C	WR	Default
Aaa	87.6	8.1	0.6	0.1	0.0	0.0	0.0	0.0	3.7	0.0
Aa	0.8	85.2	8.4	0.4	0.1	0.0	0.0	0.0	5.0	0.0
A	0.1	2.5	86.7	5.4	0.5	0.1	0.0	0.0	4.6	0.1
Baa	0.0	0.1	4.2	85.5	3.9	0.7	0.2	0.0	5.2	0.2
Ba	0.0	0.0	0.4	6.1	76.2	7.2	0.7	0.1	8.2	0.9
B	0.0	0.0	0.1	0.5	4.8	73.5	6.6	0.5	10.6	3.4
Caa	0.0	0.0	0.0	0.1	0.4	6.7	67.4	2.8	14.1	8.4
Ca-C	0.0	0.0	0.1	0.0	0.6	2.5	8.8	39.5	22.9	25.6

资料来源：穆迪公司网站。

【案例 14-1】

2017 年国内债券市场主体评级信用等级迁移概况

统计样本说明

在迁移率统计中，统计对象包含：（1）非金融企业债务融资工具发行人（包括超短期融资券、短期融资券、中期票据、中小企业集合票据和非公开定向债务融资工具）；（2）企业债券发行人（包括一般企业债券和中小企业集合债券）；（3）公司债券发行人（包括一般公司债券、中小企业私募债券、可转债、可分离可转债、可交换债和可交换私募债）。

统计数据筛选遵循以下要求：（1）对于信用评级机构所评的在期初存续的主体评级，除了期初已发生违约的情况，无论期末是否有存续评级，均应纳入统计范围；（2）发生主体在时间区间内存在多次评级调整的，以期限内最后一次公布的主体级别为期末级别；（3）发行主体发行多只债项的，在迁移矩阵表格中只统计一次。

统计中对于"违约""兑付"及"终止评级"的定义和统计方式如下：一是"违约"项的定义及统计，发行主体发生未能按照募集说明书的约定足额偿付任一债务融资工具、企业债券、公司债券或境外债券的本金或利息的情形，即纳入"违约"项的统计；二是"兑付"项的定义及统计，"兑付"项统计期初特定信用等级的发行主体，在时间区间内已按期足额偿还债项本息且信用评级机构因其债项到期而终止该主体评级情形的占比；三是"终止评级（其他）"项的定义及统计，"终止评级（其他）"项统计期初特定信用级别的发行主体中，在时间区间内因除违约和兑付之外的其他因素被终止评级的情形的占比。

迁移矩阵统计结果

2017 年年末，国内全市场评级纳入统计的主体有 3 586 家，其中非金融企业债务融资工具发行主体 1 648 家，企业债券发行主体 1 784 家，公司债券发行主体 154 家（包含一家企业发行多种债券的情况）。通过对全市场的发债主体信用等级迁移进行统计，并计算迁移率，建立等级迁移及违约率矩阵，表 14-26 列示了国内全市场所评主体一年期迁移/违约率矩阵。

表 14-26 全市场主体信用等级一年期迁移/违约率矩阵

信用等级(2016年年末)	存续评级数量(个)	信用等级(2017年年末)(%)																2016年年末—2017年年末间其他情形(%)		
		AAA	AA+	AA	AA-	A+	A	A-	BBB+	BBB	BBB-	BB+	BB	BB-	B+	B	B-	CCC	CC	C	违约	兑付	终止(其他)
AAA	556	92.99	0.18	0.18																		6.65	
AA+	729	8.23	86.15	0.41	0.14																	5.08	
AA	1936		6.51	88.79	0.57	0.10	0.05														0.31	3.62	
AA-	315			12.70	72.70	2.54															0.32	11.43	
A+	15					60.00	6.67	6.67														26.67	
A	7						85.71					14.29											
A-	1							100.00															
BBB+	5									40.00		20.00									20.00		
BBB	1			100.00																			
BBB-																							
BB+	1											100.00											
BB	3															50.00					66.67 33.33		
BB-																							
B+																							
B	2																50.00	50.00					
B-	2																			50.00			
CCC	1																		100.00				
CC	3																				66.67 33.33		
C	9																			22.22	66.67		11.11

资料来源：Wind 资讯。

14.4.2 级别变动相关指标

14.4.2.1 级别波动率和级别漂移率

国际信用评级机构中，穆迪采用了级别波动率和级别漂移率来检验信用评级结果的稳定情况，主要衡量评级系统整体的变动频率和幅度。具体计算时，级别波动率统计特定时间内信用等级上调与下调量级的总和与全部评级主体数量的比值。如果一个评级对象的等级两次被下调了3级，那么则计入3次等级变动量级；如果同一评级对象在一定期间内评级上调与下调同时存在的情况发生，那么即使最终级别回到原始级别也要统计为等级变动。级别漂移率定义为上调级别比例减去下调级别比例；上调与下调级别比例分别为特定时间内信用级别上调数与下调数占全部评级对象的比例。

虽然穆迪并没有明确指出级别波动性与级别漂移率的理想标准，但由于评级需要在稳定性与精确性两个方面平衡，因此这一比率应该保持在既不太高又不太低的水平，过低的级别波动率与级别漂移率可能会导致评级预警能力不足，从而无法保证评级的精确性，而过高的级别波动率与级别漂移率则显示评级稳定性较差。

【专栏 14-10】

级别漂移率举例

穆迪对级别漂移率的统计结果如图 14-16 所示。从 1985—2017 年，级别漂移率大部分处于较低水平，在 0% 以下。其中，2008—2009 年的级别漂移率出现了较大幅度下滑，主要由于金融危机过后，金融行业等级变动频繁所致。级别漂移率从 2016 年到 2017 年有所改善，从 2016 年的 -16% 上升到 2017 年的 0%。

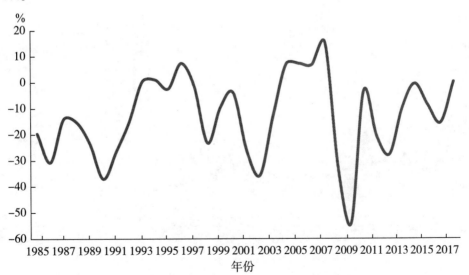

图 14-16 穆迪 1985—2017 年级别漂移率

资料来源：Moody's, "Annual Default Study: Corporate Default and Recovery Rates, 1920-2017", 2018。

14.4.2.2 级别逆转率

级别逆转率同样是穆迪用来检验评级稳定性的指标之一。级别逆转率是指特定期间内评级发生逆转的次数与评级主体总数的比率。评级"逆转"定义为评级对象在一个时间周期内(通常为1年内)评级发生了相反的改变,例如上一次的级别由AA级下调至AA-级,而最新的级别由AA-级上调至AA级。级别逆转率指的是发生级别逆转的受评对象所占的比率。级别逆转率如果较小,则说明该期间内评级的稳定性较好。尽管为了保持一定的稳定性,短期准确性可能有所下降,但由于评级通常关注长期多于短期,因此为了长期的准确性和稳定性,可能会牺牲一定的短期准确性。

举例来说,一个评级对象的信用等级在2012年6月被调高,通过回顾该评级对象的信用等级被调高前一年的情况发现在2011年12月该信用等级被调低,那么此种情况可以定义为级别逆转。稳定的评级系统不应对全部有利或利空信息做出反应,而应当在评级对象的根本信用风险出现变化时做出评级调整。如果在一定的时间内评级对象的信用等级出现级别逆转现象,那么说明对于该评级对象的信用风险变化判断不足,对于有关该评级对象的信息反应"过度",一个稳定的评级系统应该尽量避免这一情况的发生。从这一逻辑来看,该指标应该保持在较低的水平,最为理想的状态是该指标为0。

【专栏14-11】

级别逆转率举例

从穆迪在报告中披露的评级结果(如图14-17所示)来看,级别逆转率指标通常保持了较低

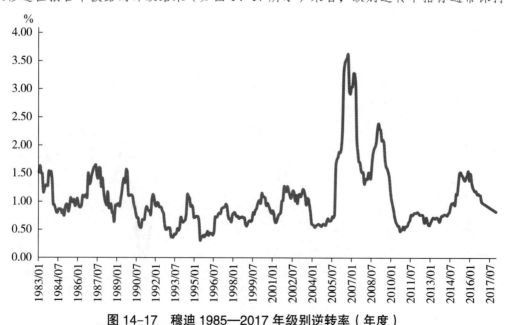

图14-17 穆迪1985—2017年级别逆转率(年度)

资料来源:Moody's, "Annual Default Study: Corporate Default and Recovery Rates, 1920-2017", 2018。

的水平，只在 2006—2008 年达到了接近 3% 的水平。2011 年《穆迪公司债务评级质量》报告中发布的结果显示，2012 年第二季度的评级逆转率为 0.55%，1983—2012 的历史平均值为 1.54%。此外，1983—2017 年评级逆转率（年度）的平均值为 1.01%。

14.4.2.3 累计上调率、累计下调率和大级别调整率

累计上调率 =（主体评级上调数 + 评级展望上调数）/ 该信用评级机构存续发行人家数。

累计下调率 =（主体评级下调数 + 评级展望下调数）/ 该信用评级机构存续发行人家数。

大级别调整率 = 过去 12 个月里级别调整超过（包括）3 个子级的发行人家数 / 该信用评级机构存续发行人家数。

【专栏 14-12】

国内信用评级调整情况举例

为及时了解我国公司信用类债券市场发行主体的信用评级变化情况，银行间市场交易商协会从主体级别分布、评级调整情况和交易利差三个方面进行监测分析。下面我们以 2018 年 4 月银行间市场交易商协会公布的评级调整情况为例进行说明。

如表 14-27 所示，截至 2018 年 4 月，中诚信国际、联合资信、大公资信、新世纪评级、东方金诚、中诚信证评、联合信用、鹏元资信的本年累计上调率分别为 0.85%、0.00%、0.52%、1.15%、0.38%、1.55%、1.95%、0.30%，累计下调率分别为 0.71%、0.37%、0.86%、0.33%、1.52%、0.78%、3.62%、0.00%。

从中可以看出，总调整次数中正面调整多于负面调整。2018 年 4 月份，信用评级机构[①]共做出调整动作 27 次。从调整方向来看，正面调整和负面调整分别为 18 次和 9 次，正面调整占调整总数的比例为 66.67%。分机构来看，联合信用和新世纪评级调整次数相对较多，分别为 9 次和 7 次；其他机构中，中诚信国际调整 4 次，中诚信证评调整 3 次，鹏元资信调整 2 次，东方金诚和联合资信各调整 1 次，大公资信 4 月无调整。此外，评级负面调整共 7 家 9 次，全部为级别下调。分机构来看，联合信用调整 5 次，东方金诚、联合资信、中诚信国际和新世纪评级各调整 1 次。

---

① 统计范围为发行人委托评级机构，具体包括中诚信国际、联合资信、大公资信、新世纪评级、东方金诚、中诚信证评、联合信用、鹏元资信、远东资信；标普等国外信用评级机构不在统计范围内。

表 14-27 2018 年（截止到 4 月）国内存续发行人主体级别变动情况

信用评级机构		主体评级（次）		评级展望（次）		上调率(%)	下调率(%)
		下调	上调	下调	上调		
中诚信国际	月度	3	1	0	0	0.42	0.14
	本年累计	6	5	0	0	0.85	0.71
联合资信	月度	0	1	0	0	0.00	0.18
	本年累计	0	2	0	0	0.00	0.37
大公资信	月度	0	0	0	0	0.00	0.00
	本年累计	3	5	0	1	0.52	0.86
新世纪评级	月度	6	1	0	0	0.99	0.16
	本年累计	7	2	0	0	1.15	0.33
东方金诚	月度	0	1	0	0	0.00	0.38
	本年累计	1	4	0	1	0.38	1.52
中诚信证评	月度	3	0	0	0	0.78	0.00
	本年累计	6	3	0	0	1.55	0.78
联合信用	月度	4	5	0	0	1.11	1.39
	本年累计	7	13	1	0	1.95	3.62
鹏元资信	月度	1	0	1	0	0.15	0.00
	本年累计	2	0	1	0	0.30	0.00

资料来源：银行间市场交易商协会，《交易商协会简报——2018 年 4 月度评级分布及调整监测报告》，2018 年。

本章小结

1. 信用评级结果的质量检验是运用能观察到的相关数据对信用评级机构的评级结果的准确性和稳定性进行后验性检验的过程。评级结果的准确性检验包括两个方面：区分能力检验和预测能力检验。前者检验的是在某段时间内低评级对象与高评级对象相比，发生违约的次数是否更加频繁，亦即评级模型区分违约和非违约对象的能力有多强。后者则是关注受评对象的预期风险表现与实际情况是否一致。信用评级结果的稳定性检验是指信用评级机构所使用的评级体系评出的评级结果是否在较长时间内保持稳定。

2. 从准确性检验方法上看，违约率是检验信用评级结果准确性的核心指标，在考察信用评级结果的区分能力和预测能力上均发挥着重要作用。除了违约率指标，检验信用评级结果区分能力的指标还包括 CAP 及基于 CAP 计算的 AR、平均违约位置 ADP、ROC、AUC 等；检验信用评级结果预测能力的指标包括违约前平均信用级别以及违约主体评级调整情况。

3. 在国内由于长期缺少违约率数据，主要通过利差分析作为替代方法来衡量评级结果的准确性。不过近几年随着债券市场刚性兑付被打破，监管部门也开始要求信用评级机构披露受评主体的违约率情况。

4. 就信用评级结果稳定性检验而言，等级迁移矩阵是最常用的方法，此外，级别波动率、大级别调整率、级别逆转率、累计上调率与累计下调率等也是检验评级结果稳定性的重要指标。

本章重要术语

信用评级质量检验　相对准确性检验　绝对准确性检验　稳定性检验　CAP　AR 比率　平均违约位置 ADP　ROC　AUC　边际违约率　累计违约率　违约前平均信用级别　利差分析　等级迁移矩阵　级别波动率　大级别调整率　级别逆转率　累计上调率　累计下调率

思考练习题

1. 信用评级质量检验的内容有哪些？
2. 准确性检验有哪些重要指标和方法？
3. 利差检验的目的是什么？
4. 以下各表（表 14-28、表 14-29、表 14-30）选取了 2017 年国际信用评级机构 A、B 和 C 发布的一年期等级迁移矩阵数据，请分析并对比这三家信用评级机构的评级稳定性。

表 14-28　信用评级机构 A 的一年期等级迁移矩阵

	Aaa	Aa	A	Baa	Ba	B	Caa	Ca-C	D
Aaa	87.56	8.05	0.57	0.07	0.02	0.00	0.00	0.00	0.00
Aa	0.83	85.23	8.40	0.43	0.06	0.04	0.02	0.00	0.02
A	0.05	2.51	86.69	5.41	0.49	0.11	0.04	0.00	0.05
Baa	0.03	0.15	4.21	85.49	3.88	0.71	0.16	0.02	0.00
Ba	0.00	0.04	0.43	6.11	76.18	7.25	0.71	0.11	0.00
B	0.00	0.03	0.15	0.45	4.76	73.49	6.61	0.54	0.52
Caa	0.00	0.00	0.03	0.09	0.39	6.71	67.43	2.84	9.37
Ca-C	0.00	0.00	0.06	0.00	0.62	2.46	8.80	39.53	43.60

表 14-29 信用评级机构 B 的一年期等级迁移矩阵

	AAA	AA	A	BBB	BB	B	CCC/C	D	NR
AAA	81.25	12.50	0.00	0.00	0.00	0.00	0.00	0.00	6.25
AA	0.00	90.11	6.50	0.00	0.00	0.00	0.00	0.00	3.39
A	0.00	0.82	91.02	4.01	0.00	0.00	0.00	0.00	4.15
BBB	0.00	0.00	2.62	87.70	3.23	0.17	0.06	0.00	6.23
BB	0.00	0.00	0.00	3.12	80.37	6.07	0.23	0.47	9.74
B	0.00	0.00	0.00	0.00	3.84	74.00	5.55	3.68	12.92
CCC/C	0.00	0.00	0.00	0.00	0.99	14.36	40.59	32.67	11.39

表 14-30 信用评级机构 C 的一年期等级迁移矩阵

	AAA	AA	A	BBB	BB	B	CCC-C	D	WD
AAA	87.77	5.55	0.25	—	—	—	—	0.13	6.31
AA	0.11	85.60	9.10	0.36	0.02	0.02	—	0.05	4.75
A	0.01	1.73	88.09	5.42	0.42	0.06	0.04	0.06	4.18
BBB	0.01	0.12	3.03	87.05	3.34	0.41	0.13	0.15	5.77
BB	—	0.03	0.11	7.64	75.85	6.09	1.22	0.73	8.33
B	—	—	0.23	0.31	7.94	75.47	4.50	2.12	9.44
CCC-C	—	—	—	0.25	1.74	17.76	47.83	21.24	11.18

5. 以2017年3年期和5年期公司债券利差统计情况和显著性检验结果（如表14-31、表14-32所示）为基础，分析其利差检验结果。

表 14-31 2017年公司债券发行利率和利差统计情况

期限	债项信用等级	样本数（个）	利率（%）		利差（基点）			
			区间	均值	均值	级差	标准差	变异系数
3年	AAA	197	3.80~7.80	5.02	155.70	—	54.44	0.35
	AA+	76	4.46~7.70	5.71	232.00	76.30	69.93	0.30
	AA	77	5.00~7.79	6.60	318.11	86.11	70.67	0.22
5年	AAA	64	4.29~7.50	5.17	158.07	N/A	44.77	0.28
	AA+	19	4.38~6.80	5.51	201.55	43.48	54.29	0.27
	AA	1	7.50~7.50	7.50	368.16	166.61	—	—

表 14-32 2017年公司债券等级对发行利差影响的显著性检验——全市场（Z值）

期限	信用等级	AAA	AA+	AA
3年	AAA	—	0.000	0.000
	AA+	0.000	—	0.000
	AA	0.000	0.000	—

(续表)

期限	信用等级	AAA	AA+	AA
5年	AAA	—	0.000	0.000
	AA+	0.001	—	—
	AA	—	—	—

参考文献

［1］章向东："我国信用评级质量检验研究"，对外经济贸易大学博士学位论文，2015年。

［2］赵迪："信用债券评级质量检验实证研究"，北京理工大学硕士学位论文，2015年。

［3］林加力："信用评级机构评级质量影响因素探析"，浙江大学硕士学位论文，2014年。

［4］张颖滢："我国债券信用评级质量研究"，上海交通大学硕士学位论文，2015年。

［5］Standard & Poor, "Default, Transition, and Recovery: 2016 Annual Global Corporate Default Study And Rating Transitions", 2017.

［6］Moody's, "Annual Default Study: Corporate Default and Recovery Rates, 1920–2016", 2017.

［7］Moody's, "Glossary of Moody's Ratings Performance Metrics", 2011.

［8］Moody's, "Measuring Ratings Accuracy Using the Average Default Position", 2011.

［9］Moody's, "Annual Default Study: Corporate Default and Recovery Rates, 1920–2012", 2013.

［10］Moody's, "Annual Default Study: Corporate Default and Recovery Rates, 1920-2013", 2014.

［11］Goldsmith-Pinkham, A., "Credit Ratings and Security Prices in the Subprime MBS Market", *American Economic Review*, 2011, 3(101), 115–119.

［12］Morokoff, W., Standard & Poor's Quantitative Analytics Research Group, "Measuring the Performance of Market-Based Credit Risk Models", PRMIA-CIRANO Lunch Conference, 2011.

［13］Altman, E.I., and Kao, D.L., "The Implications of Corporate Bond Rating Drift", *Financial Analysts Journal*, 1992, 48(3), 5-41.

相关网络链接

穆迪公司网站：www.moodys.com
标普公司网站：www.standardandpoors.com
惠誉公司网站：www.fitchratings.com
中国证券监督管理委员会网站：www.csrc.gov.cn/pub/newsite/
美国证监会网站：www.sec.gov/
欧洲证券和市场管理局网站：www.esma.europa.eu/

第四篇

信用评级监管

第 15 章
国际信用评级行业监管

徐文鸣（中国政法大学）

学习目标

通过本章学习，读者应做到：
◎ 了解评级监管失灵的原因、评级的声誉资本和监管中介理论；
◎ 掌握国际评级监管的方向及主要经济体评级监管机构的基本情况；
◎ 掌握信用评级机构准入和退出的基本规定，了解欧盟的支持和认证程序；
◎ 了解利益冲突监管的基本理论，掌握利益冲突监管的具体规则；
◎ 掌握信息披露的主要内容；
◎ 掌握评级违法行为的法律责任。

■ 开篇导读

互联网泡沫破灭后，美国为了刺激经济而快速降低基准利率。在2001—2003年间，美联储屡次降低基准利率至1%。2002—2007年间，宽松的货币政策带来了美国信贷的异常繁荣，债务与GDP的比值从3.75增长至4.75，五年内增长了27%，远高于历史平均增速。

宽松的货币政策推高了市场对低风险固定收益证券的需求。2007年，美国住房抵押贷款相关证券的发行量达到2.43万亿美元，七年内涨幅约212%。而住房抵押贷款市场存量已经接近 10 万亿美元，超过 55% 的存量贷款已经证券化，其中以"房地美"和"房利美"发放的贷款为基础资产的证券化产品占比高达 64%。由于高质量借款人资源快速耗尽，大量住房抵押贷款发放给了信用记录较差的家庭，形成了规模庞大的"Alt-A"贷款和次级贷款。

为了抑制经济过热，美联储在 2004 年 6 月至 2006 年 6 月间，将基准利率从 1% 上调至 5.5%，利率上升加重了购房者的还款压力。大量"Alt-A"贷款和次级贷款无法按期偿还，房地产市场"泡沫"破裂。2007 年 4 月 2 日，美国第二大次级抵押贷款机构新世纪金融公司（New Century Financial Corporation）向美国特拉华州破产法院申请破产保护，拉开了次贷危机的序幕。

信用评级机构在资产证券化市场高速发展的过程中，未能准确评估其信用风险。根据惠誉报告的数据，仅有约 1% 的公司债券被评为"AAA"级别，而约 60% 的发行在外的结构化产品获得了"AAA"的评级。[1] 对于评级为"A"级以上的固定收益产品，结构化产品的违约率为 26.97%，远高于企业债券的违约率（0.51%）。[2] 次贷危机的爆发凸显信用评级"失灵"的困境，美国哥伦比亚大学法学院约翰·科菲（John Coffee）教授认为"信用评级机制将一个区域性的、房地产市场上的问题扩散到了全球的金融市场上"[3]。次贷危机后，各主要经济体纷纷加强对信用评级行业的监管。通过本章的学习，我们可以掌握评级监管的基本理论，对美国、欧盟和日本评级监管的框架有一个深入了解，认识国际评级监管改革的趋势和特点。

■ 15.1 信用评级监管的基本理论

□ 15.1.1 信息中介与"看门人"

20 世纪初，信用评级机构主动以信息中介的角色进入证券市场。由于还未建立强制性信息披露制度，固定收益市场的发行人和投资者之间存在严重的信息不对称问题。与投资者相比，债券发行人拥有更多关于产品信用水平的信息。发行人利用信息优势，可以将高风险证券伪装成低风险证券出售给投资者。而理性的投资者预期到该情况，仅愿意折价购买证券。低风险的发行人因为投资者要求的利率较高而不愿意出售证券，证券市场出现"劣币驱逐良币"的逆向选择问题。

信用评级的信息中介职能表现在它通过收集和处理信息，独立发布关于发行人的信用报告，有助于降低投资者的信息劣势。信用评级机构还促进了债券市场的分工和专业

---

[1] Fitch Ratings, "Inside the Ratings: What Credit Ratings Mean", 2007.
[2] Cornaggia, J., Cornaggia, K., and Hund, J., "Credit Ratings Across Asset Classes: A Long—Term Perspective", *Review of Finance*, 2017, 21(2), 465-509.
[3] 约翰·C.科菲著，黄辉、王长河等译：《看门人机制：市场中介与公司治理》，北京大学出版社，2011 年，第 2 页。

化，积累大量的历史数据和人力资本，有助于促进信息生产效率的提高。由于仅仅是信息中介，在相当长的一段时间内，信用评级机构并未在金融市场形成广泛的影响，债券市场发行人使用信用评级的频率并不高。由于评级采用投资者付费模式，发行人并不会提供相关数据，主动配合信用评级机构。因此，信用评级机构一般不会在债券发行时给出信用评级，而是在债券挂牌交易期间为投资者提供评级服务。

伴随着声誉资本的积累，信用评级机构还成为证券市场的"看门人"，即以自身声誉资本为担保，评估和认证被评级对象的信用风险水平，防止高风险发行人伪装成低风险发行人欺诈市场。信用评级提供的信息被市场接受的程度与其积累的声誉资本相关。作为债券市场的重复参与者（repeated player），信用评级机构可以通过积累声誉资本，在未来获得显著的长期收益。声誉资本又会进一步约束信用评级机构向市场提供准确的信用评级，以维护其声誉资本。在此循环下，信用评级机构承担起"看门人"的职能，维护投资者的利益。信息中介理论是支持信用评级最主要的理论。

15.1.2 声誉资本与市场自治

信用评级机构自出现以来，在 20 世纪绝大部分时间里，都处于市场自治的状态。声誉资本、市场竞争和法律责任三个方面的因素，约束着信用评级机构向市场提供高质量的信用评级。市场自治的优点很明显：监管成本较低，投资者自主选择最优的信用评级机构，有利于实现优胜劣汰。

15.1.2.1 声誉资本

声誉资本的作用机制是，信用评级机构将会发布准确的信息，以达到积累和维护自身声誉资本的目的。声誉资本理论指出，信用评级机构作为"看门人"，它的获利模式是使用其声誉资本，为发行人的信用风险进行担保。因而，信用评级机构的利润与其声誉资本的数量成正比，更加雄厚的声誉资本将转换为更高的费率和市场份额。此外，信用评级机构作为金融中介，其收费仅占证券发行规模的很小一部分。它们从债券欺诈中获得的利益要远低于发行人。因而，追求利润最大化的信用评级机构具有保持声誉资本的激励，与发行人同流合污欺诈投资者的激励较小。

15.1.2.2 市场竞争

此外，市场竞争促使信用评级机构保持社会最优水平的评级准确度，即提高评级准确度的边际成本等于评级准确度提高给发行人带来的边际收益。市场竞争还为差异化的评级准确度提供了空间，可以根据不同细分市场投资者的成熟度将信用评级机构进行区分，在中小投资者占主导的细分市场保持较高的评级准确度，避免了"一刀切"的质量标准。市场竞争还会淘汰掉缺乏声誉资本的信用评级机构。即便是收费低于信誉良好的信用评级机构，这些缺乏声誉资本的信用评级机构也很难获得业务委托。当发行人委托声誉资本较低的信用评级机构时，这种行为会向市场发送负面的信号，即发行人的信用风险较高，诉诸该信用评级机构是为了获得更好的评级结果，从而市场会提高发行人的融资成本，减少评级结果可能带来的收益。

15.1.2.3 法律责任

有效的证券诉讼机制也会约束信用评级机构的行为。债券市场的一个显著特点是机构投资者占比很高。这些投资者的专业性很强，并且持有的利益较大，不会面临困扰散户投资者的集体行动困境。而根据加里·贝克尔（Gary Becker）的犯罪成本收益分析框架，在信用评级机构欺诈投资者收益有限的条件下，违法成本和被定罪的概率较高，会给信用评级机构违法行为带来显著的威慑。

15.1.2.4 市场自治模式的失败

进入21世纪后，美国金融市场爆发了安然等上市公司治理丑闻和次贷危机，给证券市场投资者带来巨额损失。信用评级机构未能预警这些事件的风险，评级调整缓慢，未能扮演金融市场"看门人"的角色。标准普尔和穆迪直到安然破产的前四天，即2001年11月28日，才将其债券调整至投资级以下；而市场早在一个月前，已经大幅下调安然债券的价格。[1] 评级市场自治的力量显然已不能有效监督信用评级机构，声誉资本对信用评级机构的约束显得软弱无力。[2]

15.1.3 监管中介理论

进入21世纪后，信息中介理论越来越无法圆满解释信用评级机构的行为，监管中介理论逐渐获得了政府机构和学界的认可。监管依赖和评级准入制度赋予获得注册或认证资格的信用评级机构监管中介的职能。监管中介弱化了市场机制和声誉机制给信用评级机构施加的约束力，信用评级机构可以通过出售监管授权获利，这不但未提高市场效率，反而增加了交易成本。

声誉资本和市场自治失败的原因在于，信用评级机构获得了部分金融监管的权力，成为监管中介。所谓监管中介职能，是指监管机构将部分判断被监管对象信用风险水平的权力委托给信用评级机构，信用评级被用于审慎监管和市场准入。由于债券的需求与其信用评级结果直接挂钩，信用评级机构实际上获得了债券市场的准入审批权。美国证券监管外包的过程始于20世纪30年代，"大萧条"结束了自由放任的金融监管，审慎监管机构尝试将信用评级用于监管目的。审慎监管的出发点是防止被监管主体破产，因此这些金融机构持有资产的风险水平应当与该资产对应的自有资本呈正相关关系。审慎监管机构采用信用评级来划分资产风险水平。

信用评级为监管机构节约了大量成本，且未爆发明显的风险事件，路径依赖让监管外包呈现自我加强的趋势。20世纪70年代美国宾夕法尼亚州中央运输公司（Penn Central Transp. Co.）突然破产，提高了投资者和监管机构的风险厌恶水平。此前，监管

---

[1] Hill, C. A., "Regulating the Rating Agencies", *Washington University Law Quarterly*, 2014, 82, 43-94.
[2] Macey, J., "The Demise of the Reputational Model in Capital Markets: The Problem of the Last Period Parasites", *Syracuse Law Review*, 2010, 60, 427-448.

机构并未给评级行业设置准入门槛，评级质量参差不齐。SEC 为了提高评级结果的质量，在 1975 年创设了 NRSROs，规定只有获得该资格的信用评级机构的评级结果才能用于监管目的。NRSROs 资格随后迅速获得了其他监管机构的认可。评级市场严格的准入标准，形成了监管机构对特定信用评级机构的监管依赖。

15.1.3.1 监管外包的优势

监管机构将部分监管职能外包给认证的信用评级机构具有显著优势：

第一，简化监管流程、节约监管投入。监管机构无须保持庞大的雇员规模，承担评判被监管机构的信用风险的职能。在预算约束的条件下，监管机构可以将更多的资源投入至其具有比较优势的职能，如规则制定和法律执行。

第二，改善监管激励。公共监管备受诟病的缺陷是激励的扭曲。由于监管者获得固定工资，因而工作数量多少、质量好坏不会显著改变其收入。监管外包后，信用评级机构的收入与其声誉资本相联系，因而它们存在向市场提供高质量评级的激励。

第三，促进创新、提高监管效率。监管机构缺乏进行监管创新的动力，创新需要承担巨大的风险，创新失败的成本主要由创新实践者承担，而创新成功的收益却由监管机构和市场分享，创新正外部性很大。因而，在现有监管框架能够维持市场运行时，机构内部进行监管创新的激励很低。信用评级机构在信用风险评估和管理等业务上的创新，将会直接转变为利润，为创新者提供更强的动力。

15.1.3.2 监管外包的劣势

当然，监管授权和准入资格认证也备受诟病。一方面，监管授权让信用评级工作无须再履行信息中介的职能即可以获得高额的利润。对于债券的发行人来说，信用评级是其通向机构投资者的钥匙，受到审慎监管的金融机构投资债券的种类和成本与评级结果挂钩；而对于部分债券市场的投资者来说，信用评级成为其购买债券的依据。如果持有缺乏评级或者评级较低的产品，其受到外部审查的风险较高。因而，投资者将评级作为其投资的外部认可，信用评级成为发行人打开通往债券市场大门的"钥匙"。例如，与 20 世纪 70 年代前的市场实践相比，发行人在债券发行前，邀请信用评级机构评级的比例大幅度上升。对机构投资者的调研结果显示，约 60% 的被调查机构不会投资未获得评级的债券。

另一方面，准入资格为信用评级行业设置了很高的门槛，降低了评级市场的竞争水平。非 NRSROs 发布的信用评级的市场需求量较低。发行人从 NRSROs 转向非 NRSROs 寻求评级，会被投资者视为信用风险较高的信号。新设信用评级机构很难积累业务经验和市场声誉。而 SEC 授予信用评级机构 NRSROs 资格，又以评级被市场认可和从事的业务量为基础。已经获得准入资格的机构，受到准入限制的保护，可以享受监管授权带来的租金，而不会面临新进入者的竞争压力。

15.2 监管改革实践

美国次贷危机揭示了信用评级监管的双面属性:一方面,监管对评级依赖,使得信用评级机构处于准监管者的地位,信用评级的质量关系到金融市场的稳定,错误的评级会给金融市场带来显著的负外部性,评级结果具有公共利益属性。另一方面,信用评级机构的声誉对其还是具有约束力的,市场竞争引入自律监管有利于降低监管成本,保持评级活动的灵活性。如果评级结果不用于监管,那么无需监管信用评级机构。

美国次贷危机后监管改革主要分为两个方向。第一,国际机构和跨国组织出台多项信用评级机构行为准则,代表市场自律监管改革的开始。第二,主要经济体对内出台了多项监管法律法规。对美国、欧盟和日本监管框架的比较显示,评级监管规则主要可以分为五个部分:注册和监管范围;公司治理和内部控制体系;利益冲突监管;信息披露;法律责任。美国的监管框架以信用评级机构注册为核心,注重信息披露和对违法违规行为的处罚,对于信用评级机构运行的具体干预较少。欧盟的监管框架则以规定性的规则(prescriptive rules)居多,详细规定了信用评级机构各方面的行为标准。而日本评级监管框架同样为规定性的,并且评级行为指引为信用评级机构设置了比其他经济体更为详尽的行为准则。

【专栏 15-1】

国际信用评级自律监管机构

IOSCO 的责任之一为协调各经济体对信用评级的监管规则,统一标准和监管理念,是为信用评级机构自律监管改革提供行为准则的代表。早期负责评级事务的是信用评级工作组(CRA Task Force)。在 2009 年,IOSCO 以信用评级工作组为基础,成立了永久性的信用评级第六委员会[Committee on Credit Rating Agencies (Committee 6)]。该委员会的主席由 SEC 派驻的官员担任,成员包括 19 个经济体的信用评级监管机构。该委员会通过发布信用评级行为规范,为信用评级机构自律监管提供统一的标准。

金融稳定委员会(Financial Stability Board,FSB)成立于 2009 年,是致力于维护全球金融市场稳定,并为主权国家金融市场治理提供政策建议的国际组织。它的主要工作是发现潜在的系统性风险,并协调金融监管机构干预,制定一致的监管框架,以提高金融监管的效率。FSB 将信用评级作为维护金融稳定的一个议题进行讨论。它认为评级调整可能带来的"断崖式"冲击,具有顺周期属性,威胁金融系统的稳定。因而,FSB 主要通过出台相关准则,推动减少金融市场的参与者和监管者的评级依赖。

此外,亚洲信用评级机构协会(Association of Credit Rating Agencies in Asia,ACRAA)作为亚洲范围内的信用评级国际组织,成立于 2001 年 9 月。该协会是在亚洲开发银行总部建立的区域性协会，现有来自 14 个国家和地区的 29 家成员机构。ACRAA 致力于保持亚洲地区信用评级机构之间的互动和联系，就关键议题进行磋商并交换意见。它还推动成员机构落实最佳实践和共识性的行业标准，以助力信用评级行业的发展，推动亚洲债券市场和跨境投资的良性增长。作为信用评级机构组成的协会，ACRAA 主要通过发布相关的行为准则，以及提供信用评级指引[①]，间接影响信用评级机构的实践。

15.2.1 自律监管改革

15.2.1.1 国际证监会组织评级机构行为规范

作为最为活跃的国际自律监管组织，IOSCO 出台的相关指引给主要经济体国内评级监管改革施加了显著的影响。表 15-1 汇总了 IOSCO 颁布的主要文件。其中，IOSCO 在 2004 年首次发布《信用评级机构基本行为准则》（Code of Conduct Fundamentals for Credit Rating Agencies），广泛影响信用评级机构的自律监管活动。随后，IOSCO 在 2008 年又修改了该原则，增加了结构化产品评级的相关内容。现在使用的是 IOSCO 发布于 2015 年的版本，囊括了信用评级监管的内容。该版基本准则主要包括以下四个方面的内容：评级程序的质量和诚信、信用评级独立性和避免利益冲突、信用评级机构对投资者承担的责任、行为准则披露和与市场参与者的沟通。

表 15-1 IOSCO 发布的主要信用评级指引

主要内容	发布时间	报告名称
统一原则与准则	2004 年	《信用评级机构基本行为准则》（2004 版）
强化信息披露	2008 年	《信用评级机构基本行为准则》（2008 版）
	2009 年	《信用评级机构基本行为准则实施情况》（A Review of Implementation of the IOSCO Code of Conduct Fundamentals for Credit Rating Agencies）
加强内部控制与国际合作机制	2011 年	《关于信用评级机构活动原则声明的实施》（Regulatory Implementation of the Statement of Principles Regarding the Activities of Credit Rating Agencies）
	2012 年	《信用评级机构：内部控制旨在确保信用评级流程的完整性和管理利益冲突的程序》（Credit Rating Agencies: Internal Controls Designed to Ensure the Integrity of the Credit Rating Process and Procedures to Manage Conflicts of Interest）
强化完善行为准则	2015 年	《信用评级机构基本行为准则》（2015 版）

---

① 见http://acraa.com/publication.asp，访问时间2019年2月1日。

15.2.1.2 评级程序的质量和诚信

为了保证评级过程的质量，信用评级机构应当采用、实施及执行书面程序，以确保发布的评级均基于其本身所知及与分析有关的全部资料，并根据其本身已经公布的评级方法做出全面的分析。信用评级机构应该确保具备并投入足够的资源，对受评对象开展优质的信用评级。信用评级机构应确保有足够的人力和投入，以监控和更新评级结果。如果向公众提供评级，信用评级机构应当在终止评级后适时公开宣布（或者确保其联络人公开宣布），以及说明终止评级的一切理由。如果仅仅向已经订阅的用户提供评级，信用评级机构应当在终止评级后适时向已订阅用户公布（或者确保其联络人向已订阅用户公布），以及说明终止评级的一切理由。

此外，信用评级机构应当保证评级过程的诚信，信用评级机构及其员工在经营活动中，应遵守每个司法管辖区内所有适用的法律和法规。信用评级机构的分析师应保持高度廉洁稳健标准，信用评级机构不能雇用操守明显有缺失的个人。信用评级机构及其员工在评级前，不应以任何明示或者暗示的方式就特定评级给予任何担保或者保证。信用评级机构应禁止其分析师对其做出评级的结构化金融产品的设计提出建议或者意见。信用评级机构应当制定政策及程序，规定其雇员在得悉另一名雇员或与该信用评级机构受共同控制的实体正在从事或已从事不道德、非法或者违反该信用评级机构的操守准则的行为时，应立即向信用评级机构的负责合规事项的人员或负责人汇报，以便采取适当的行动。

15.2.1.3 信用评级的独立性和避免利益冲突

信用评级机构及其分析师应当运用谨慎及专业的判断，维持信用评级在实质上及表面上的独立性和客观性。信用评级的确定，仅受信用评级相关因素的影响。信用评级机构应当采取书面的内部程序和机制识别及消除，或（在适当时）管理及披露可能影响该信用评级机构评级的实际或潜在的利益冲突。信用评级机构的操守准则也应表明，该信用评级机构将会披露上述避免及管理冲突的措施。信用评级机构应公开披露有关被评级对象的相关信息，包括：第一，信用评级机构从受评实体收取与评级服务无关的报酬；第二，收费占信用评级机构年度收入10%以上的发行人、发起人、客户或者订阅用户；第三，信用评级机构应该鼓励结构化金融产品的发行人及发起人公开披露与该产品有关的所有相关资料。

此外，信用评级机构还应当保证评级分析师的独立性。分析师的回报途径及报酬安排的设计应当有助于消除或有效管理潜在的利益冲突。直接参与评级过程的分析师不应与其负责评级的任何实体就收费及付款事宜展开讨论，或者参与有关讨论。如果评级分析师在被评级对象或者金融工具有利益关系，也应当回避。当然，评级分析师不得向任何与该信用评级有相关业务的人士索取金钱、馈赠或优待，以及不得收受任何以现金形式提供的馈赠或任何超过最低金钱价值标准的礼物馈赠。

15.2.1.4 信用评级机构对投资者承担的责任

为了保证信用评级的透明度，信用评级机构应当及时向已订阅用户披露所有评级及评级的更新。信用评级机构应该确保公开披露有关分发其评级、报告及更新的政策。信用评级机构应该确保就其程序、方法及假设（如适用，包括与评级对象已经发表的财务报表有重大偏离的财务报表的调整，以及对评级委员会程序的说明）发布充分清晰且易于理解的资料，以便其他人士了解信用评级机构如何得到最终结果。

对于涉密的信息，信用评级机构须采取必要的程序及机制确保该等信息不被泄露。如果信用评级机构的雇员保管关于债券发行人的机密信息，该信用评级机构应该禁止他们从事该等债券的交易。信用评级机构应确保其雇员不会选择性地披露有关评级或该信用评级机构未来可能发出或者修订评级的任何非公开信息，但向受评实体或其指定代理人披露则属例外。

15.2.1.5　行为准则披露和与市场参与者的沟通

信用评级机构应订立本身的操守准则，并应向公众披露该操守准则及说明如何全面落实该准则的条文。假如某一信用评级机构的行为规范偏离了国际证监会组织的规定，信用评级机构应该解释偏差在哪里和为什么存在这些偏差，以及存在这些偏差的情况下，如何才能达到国际证监会规定的目标。信用评级机构也应该概括说明如何执行其操守准则，并应适时披露其操守准则的任何改动及如何实施和执行。信用评级机构应在其组织内部设立职能部门，负责就其可能收到的任何问题、关注或投诉、与市场参与者及公众进行沟通。信用评级机构应该在其网站主页的醒目位置公开信息，包括信用评级的行为准则、评级方法的说明和历史评级表现的数据。

15.2.2　公共监管改革

信用评级监管改革以纠正市场失灵为主，改革的目标是提高评级的可问责性、透明度、评级市场的竞争和评级过程的诚信，使得信用评级有利于保护投资者和维护金融市场的稳定。本部分主要讨论美国、欧盟和日本评级监管的主要框架。

15.2.2.1　美国

1. 监管规章

表 15-2 汇总了美国信用评级行业的主要监管规章。美国信用评级行业在相当长的一段时间内主要依靠自律监管。2002 年"安然"事件爆发后，美国政府着手干预评级市场。美国国会授权 SEC 着手调研评级监管改革，SEC 在 2003 年 1 月 24 日发布了《信用评级在证券市场运行中的角色和作用报告》（Report on the Role and Function of Credit Rating Agencies in the Operation of the Securities Markets）。在以该报告为基础的"概念公告"（Concept Release）中，SEC 邀请公众对关键的监管问题提出意见，包括对 NRSROs 密切监管的可行性、年度评级表现评估以及对利益冲突的处理方案等问题。[①]

---

① SEC, "Rating Agencies and the use of Credit Ratings Under the Federal Securities Laws, Securities Act Release", http://www.sec.gov/rules/concept/33-8236.htm, 访问时间2019年4月6日。

2006年，美国国会通过了《2006年信用评级机构改革法案》（Credit Rating Agency Reform Act of 2006），确立了申请NRSROs资格的程序和要求，以提高评级行业的竞争力。它在《1934年证券交易法》（Securities Exchange Act of 1934）中增加了第15E章（Section 15E），授权SEC监管信用评级行业，明确了NRSROs的注册和监督程序。它还修改了第17章（Section 17），增加了SEC检查NRSROs的资料、定期报告的权力。最后它增加了21B(a)条（Section 21B(a)）授权SEC对NRSROs违法违规行为施加金钱处罚。

次贷危机爆发后，公众对信用评级的不满达到了顶峰。国会制定的《多德－弗兰克华尔街改革与消费者保护法案》（Dodd-Frank Wall Street Reform and Consumer Protection Act，以下简称《多德－弗兰克法案》）第C章（Subtitle C）专门就信用评级监管事宜进行了规定。该法案增加了信用评级机构内部控制报告的义务、避免评级业务与其他业务利益冲突的义务、在评级分析师离职后的审查制度、违法违规行为的处罚以及额外的信息披露要求等。

表15-2 美国信用评级行业的主要监管规章

监管状态	颁布时间	规章名称
无专业监管规章	2003年以前	《1933年证券法》（Securities Act of 1933）、《1934年证券交易法》
弱监管 （2003—2009年）	2003年	《信用评级在证券市场运行中的角色和作用报告》
	2006年	《2006年信用评级机构改革法案》
	2007年	《对注册为NRSROs的信用评级机构的监管》（Oversight of Credit Rating Agencies Registered as Nationally Recognized Statistical Rating Organizations）
强监管 （2009年之后）	2009年	《2009年信用评级信息披露修正案》（Proposed Rule：Credit Ratings Disclosure）
	2010年	《多德－弗兰克法案》
	2014年	《NRSROs最终规则》（Final Rules of Regulating Nationally Recognized Statistical Rating Organizations）

美国国会通过立法设定总体的目标和原则，SEC获得相关法案授权，制定监管规则和监督评级机构。美国监管理念严格遵守不干预评级结果和方法的原则，因而SEC在事前不监管评级程序和方法的内容。美国对于信用评级的监管主要依赖于信用评级机构在注册阶段进行详细的信息披露，并在完成注册程序后，每年更新相关材料以保证其准确性。因此，SEC的规则主要是关于详细的信息披露内容，信用评级机构需要遵守的实质性政策，填报相关表格的指引，以及公开披露和向SEC披露信息的界限。一旦相关信息公开后，SEC有权检查信用评级机构是否遵守了监管规则，按照法律法规制定了评级政策和程序。而SEC在其持续监管的过程中会检查信息披露的真实性，如果出现虚假信息披露，那么信用评级机构会受到相应的处罚。

2. 监管机构

SEC在2012年6月根据《多德－弗兰克法案》成立了信用评级办公室，负责信用评级机构的监管。该办公室主要负责根据相关法案制定信用评级机构监管规则、保护公众利益、促进 NRSROs 评级的准确性、减少利益冲突，以及增加评级透明度。[1]信用评级办公室会定期检查信用评级机构的活动，并与评级结果的使用者进行沟通，以避免评级失灵的问题。

SEC 的交易和市场部（Division of Trading and Markets）负责评估 NRSROs 申请、与国外主管机关沟通、为 NRSROs 法律和监管规则的修改提供技术建议。该部门的监督工作组（Monitoring Unit）负责监控 NRSROs。此外，SEC 的守法、调查和检查办公室（Office of Compliance, Inspections, and Examinations）负责对 NRSROs 违法违规行为的具体调查和检查工作。执法部（Division of Enforcement）主要负责从事执法工作、启动违法调查、提起民事诉讼或者提起行政诉讼。[2]

15.2.2.2 欧盟

1. 监管规章

欧盟直至 2009 年才开始系统地监管信用评级机构。此前，欧洲的信用评级市场主要依照 IOSCO 公布的《信用评级机构基本行为准则》进行市场自治。表 15-3 汇总了欧盟信用评级行业的主要监管规章。在信贷机构资本要求监管指令中，欧盟委员会规定了对外部信用评级的认可（recognition）和映射（mapping）机制。[3]美国次贷危机后，欧盟委员会在 2009 年 11 月引入了《欧盟信用评级机构监管条例》（Regulation（EC）NO. 1060/2009 on Credit Rating Agencies）[4]，并在 2011 年[5]和 2013 年[6]两次修改该规则。2011 年评级监管规则的重点在于收回了成员方的监管权力，建立了欧盟境内统一的信用评级监管机构。而 2013 年对《欧盟信用评级机构监管条例》的修改，首次系统地引入了信用评级机构的民事责任，以提高评级的可问责性。该规则彻底推翻了此前市场自治的框架，明确了信用评级机构应当受到严格监管的理念。

表 15-3 欧盟信用评级行业的主要监管规章

监管状态	颁布时间	规章名称
自律监管（2009 年之前）	无	无专项规章，依照《信用评级机构基本行为准则》自律监管
CESR 协调各成员方进行监管（2009—2011 年）	2009 年	《欧盟信用评级机构监管条例 I》
ESMA 统一监管（2011 年之后）	2011 年	《欧盟信用评级机构监管条例 II》
	2013 年	《欧盟信用评级机构监管条例 III》

---

[1] 见https://www.sec.gov/ocr/Article/ocr-about.html，访问时间2019年2月1日。
[2] 见SEC执法部对标准普尔诉讼的新闻通稿，https://www.sec.gov/news/pressrelease/2015-10.html，访问时间2019年2月1日。
[3] Directive 2006/48/EC.
[4] Regulation (EC) No 1060/2009.
[5] Regulation (EU) No 513/2011.
[6] Regulation (EU) No 462/2013.

2. 监管机构

在 2009 年的监管框架中，成员方主管机关仍然承担着准入审批和其他监管任务，而欧洲证券监管委员会（CESR）仅负责协调成员方间的冲突。2011 年欧盟评级监管进行了改革，改革重点是收回了成员方的监管权力，并授权 ESMA 统一信用评级的注册和监管。根据《欧盟信用评级机构监管条例》，ESMA 出台了相关的指引（Guidelines）、问答（Questions and Answers）、技术建议（Technical Advice）和技术标准（Technical Standards），规范了信用评级机构的准入、持续监督和信息披露等制度。ESMA 内设信用评级技术委员会（CRA Technical Committee），其政策的形成需要与委员会成员进行协商，委员会成员都是欧盟成员方相关监管机构的代表。

15.2.2.3 日本

1. 监管规章

自 20 世纪 80 年代起，日本开始实行指定评级机构制度（Designated Rating Agencies，DRA），由日本财务省对国内信用评级机构进行筛选，将获得资格的信用评级机构发布的评级结果用于金融监管。总的来说，指定评级机构制度的目标在于选择评级结果用于监管目的，而不在于对信用评级机构进行监管，也没有设置信用评级机构的准入门槛。直到 2008 年次贷危机爆发后，日本才建立了相对成体系的监管框架。日本金融厅（JFSA）负责评级机构的注册，建立了"自愿注册制度"，为境内外信用评级机构营造了标准统一、公平竞争的监管环境。

日本信用评级监管框架与欧盟较为相似，为信用评级机构设定了一系列规定性的义务。日本评级监管的特点是通过监管指南进一步细化了对信用评级机构的监管，降低了信用评级机构的自主性。表 15-4 汇总了日本评级监管的主要规章。日本评级监管规章分为三个层级。第一层级是《金融工具和交易法》（Financial Instruments and Exchange Act），在 2009 年 6 月修改。2010 年 4 月 1 日，新的评级机构监管框架正式生效，原来的指定评级机构制度于 2010 年 12 月 31 日终止，取而代之的是评级机构注册制，未注册评级机构的评级结果将不得用于监管目的。

表 15-4 日本评级监管的主要规章

监管状态	颁布时间	规章名称
自律监管（2000 年之前）	1993 年	《金融工具和交易法》（第 2 条定义）（Cabinet Office Ordinance on Definitions under Article 2 of the Financial Instruments and Exchange Act）
初步建立评级监管体系（2000—2009 年）	2006 年	《金融商品交易法》
	2007 年	《金融工具商业规则》（Cabinet Office Ordinance on Financial Instruments Business）
逐步完善监管体系（2009 年至今）	2009 年	《金融工具和交易法（修订案）》
	2010 年	《信用评级机构监管指引》（Guidelines for Supervision of Credit Rating Agencies）

第二层级是相关内阁府令（Cabinet Office Ordinance），即日本内阁府（Cabinet Office）颁布的法律文件。涉及日本信用评级监管的内阁府令主要有两部，即2007年52号内阁府令《金融工具商业规则》和1993年14号内阁府令《金融工具和交易法》（第2条定义）。

第三层级是日本金融厅提供的监管指南，监督指南由日本金融厅颁布，对法案及内阁府令中的相关规定进行细化解释。监管指南对信用评级机构并不具有法律约束力，而是阐明法律法规规定的相关制度，为信用评级机构提供统一的指导意见。

2. 监管机构

2009年6月的《金融工具和交易法（修订案）》授权日本金融厅对信用评级业务进行监管，并赋予其以下权力。

第一，信用评级机构注册。根据法案，日本境内成立的信用评级机构可以自愿选择是否在JFSA注册，只有注册信用评级机构的评级结果方可用于监管目的，而使用未注册信用评级机构的评级结果的证券经纪商负有告知客户的义务。法案规定了注册须提交的基本信息，赋予JFSA撤销信用评级机构注册资格、暂停其业务等权力。

第二，规范评级业务。检查注册信用评级机构是否根据内阁府令建立良好的运营控制系统、披露相关信息、制作内部记录；评级中须回避两类情形，即信用评级机构与受评主体有"密切关系"或信用评级机构向其提供可能影响评级的咨询服务。

第三，检查和处罚违法违规行为。JFSA可以对信用评级机构进行检查（包括现场调查），也可要求信用评级机构及相关人员提交必要材料或报告；而信用评级机构须根据内阁府令的要求定期向JFSA提交业务年度报告。

15.3 信用评级机构的准入和退出制度

从现有资料看，主要经济体已经基本达成共识，应用于监管目的的信用评级机构应当在监管机构注册。2009年4月G20峰会的声明明确指出，用于监管目的的评级必须由注册的信用评级机构发布，并且受到适当的监管。[①] 信用评级机构注册程序的重要意义在于它决定了市场的准入标准。如果注册程序不清晰或者要求过高，那么新的信用评级机构就无法进入市场，无法形成有效的竞争。信用评级机构注册的具体要求在不同经济体存在一定的差异，本节主要讨论这些注册规则。

15.3.1 信用评级的监管范围

信用评级监管范围是指评级监管涵盖的内容，它指明了受到评级监管的机构类型和行为类型，是评级监管的基础制度。信用评级监管范围一般包括信用评级机构的定义和评级业务的定义。

---

① 见http://www.g20.utoronto.ca/2009/2009ifi.html，访问时间2019年2月1日。

15.3.1.1 信用评级的范围

因为信用评级机构从事多种业务，并不是所有的业务都应当受到监管。评级业务的定义划定了属于评级监管的范围。SEC认为信用评级反映了信用评级机构在特定时点对某个企业、债券或者债务，在一定时间范围内信用水平（creditworthiness）的意见。[①] 而欧盟则将信用评级定义为信用评级机构使用特定的评级排序系统，表达对特定的主体，或债务、金融债、债权性证券、优先股和其他金融工具及其发行人的信用水平的意见。[②] 此外，SEC将评级观察（rating watches）纳入信用评级监管范围，而ESMA则规定评级展望（rating outlooks）属于监管范围，这是因为对于评级未来的变化同样会引起市场的反应。

15.3.1.2 信用评级机构的范围

1. 美国

美国《1934年证券交易法》通过列举法定义了信用评级机构，任何具备以下特征的机构都是信用评级机构。[③] 第一，通过互联网或者其他渠道，以免费或者付费的方式，发布信用评级（但不包括发布商业信用报告的机构）；第二，使用定性或者定量的方式决定评级结果；第三，从发行人、投资者或者其他市场参与者收取费用。

但是美国评级监管区别注册信用评级机构与提供评级业务的机构，意味着并不是所有信用评级机构都需要注册，只有那些评级结果用于监管目的的信用评级机构才需要注册。《1934年证券交易法》要求评级用于监管目的的机构必须在SEC注册并获得NRSROs资格。[④]

2. 欧盟

根据欧洲中央银行（European Central Bank）的定义，合格外部信用评级机构（Eligible External Credit Assessment Institution）是指那些评级结果根据《欧盟资本充足指令》（Capital Requirements Directive）可以用来决定信贷机构风险权重的风险评估机构。[⑤] 2016年10月7日，欧盟委员会根据《欧盟资本充足指令》第136(1)条和第136(3)条，更新了合格外部信用评级机构与风险权重之间映射关系的技术标准。[⑥] 根据《欧盟资本充足指令》第135(1)条，只有合格外部信用评级机构做出的评级结果才可以用于计算风险权重。

欧盟评级监管的特点是在普遍的监管要求中设置豁免条件。所有在欧盟境内设立的信用评级机构，都需要向ESMA进行注册、接受其监管。但《欧盟信用评级机构监管条例》提供了一些豁免条款：第一，为了满足单个订单进行的私人评级，且评级结果仅披

[①] SEC, "Report on the Role and Function of Credit Rating Agencies in the Operation of the Securities Markets," 2002, p.5.
[②] 《欧盟信用评级机构监管条例》第3.1(a)条。
[③] 《1934年证券交易法》第3(a)(61)条。
[④] 《1934年证券交易法》第3(a)(62)条。
[⑤] ECB, "General Documentation on Eurosystem Monetary Policy Instruments and Procedures", 2006, p. 43.
[⑥] https://www.eba.europa.eu/documents/10180/2055402/Final+Joint+Revised+Draft+ITS+Mapping+CRR+%28JC+2017+61%29.pdf/f4d9d72c-0507-46a9-9919-69c185a3414e，访问时间2019年2月1日。

露给购买方,并不以公开披露或向订购者分发为目的;第二,与消费者、商业关系或工业关系产生的债务相关的信用评分、信用评分系统或类似的评估;第三,成员方中央银行编制的信用评级,但需满足评级客户不付费且不对外披露;第四,由各国中央银行发布的评级,且满足被评级对象未付费、未向公众公布、依据本监管规则和与该中央银行所在国发行的金融工具无关的条件。

3. 日本

日本采用双层的监管体系,分别针对用于监管目的和不用于监管目的的评级。对于所有与日本相关的评级结果,如果想要用于监管目的,那么JFSA强制其注册。对于非用于监管目的的评级,JFSA采用的监管策略是要求经纪自营商在向其客户推荐产品时,进行以下信息披露:第一,说明发布评级结果的机构未获得注册资格;第二,信用评级机构获得注册资格的重要性;第三,对于该未注册信用评级机构做出本评级结果所使用的评级方法和评级政策的摘要;第四,评级过程中采纳的假设和评级的局限。[①]

同时,日本区别对待与日本相关、与日本无关的评级结果。对于在海外由非日本信用评级机构做出的评级结果,且该评级结果不在日本使用,则不受日本证券监管机构的监管。评级结果与日本无关需满足以下三个条件:第一,不是日本的金融服务机构申请信用评级机构对评级对象进行评级;第二,与评级相关的利益相关者不居住在日本;第三,对于结构化融资产品,主要的基础资产不在日本境内。例如,一家美国信用评级机构在美国的办公室,做出的关于美国企业债券的评级,且该债券只出售给美国投资者,则该评级结果与日本无关。

15.3.2 评级行业的准入制度

信用评级行业监管的基础是注册程序。在很长一段时间内,信用评级机构市场准入的标准很模糊,新的信用评级机构无法进入市场参与竞争。国际三大信用评级巨头垄断了绝大部分的业务,标准普尔、穆迪和惠誉占据了90%以上的市场份额。评级准入制度为行业的新进入者提供了参与竞争的可能,增加了市场竞争的强度,有助于提高信用评级机构的效率。表15-5列出了评级注册的一般性要求。

表 15-5 评级注册的一般要求

	美国	欧盟	日本
一般信息			
信用评级机构的名称、法人资格等一般信息	要求	要求	要求
公司治理和内部控制信息			
组织架构、公司治理和所有权结构	要求	要求	要求
合规主管和联系人的姓名和详细联系方式	要求	要求	要求
薪酬决定和业务表现的评估体系	无	要求	要求

---

① 《金融工具和交易法案》第38(iii)条。

(续表)

	美国	欧盟	日本
发现、管理和披露利益冲突的政策和程序	要求	要求	要求
防止滥用重大非公开信息的程序和政策	要求	无	要求
评级相关信息			
信用评级机构的人员和专业信息、分支机构的信息	无	要求	要求
评级活动的资金来源	无	要求	无
决定、发布和审核评级的程序和方法描述	要求	要求	要求
评级分析师的信息	无	要求	要求
申请注册的评级部门	要求	要求	无
以净利润计的前20位发行人和订购人	要求	无	无
评级使用者的证明	要求	无	无
评级表现统计数据	要求	无	要求
其他信息			
非评级业务	无	要求	要求
运营和业务外包计划	无	要求	无
预期进行的支持其他评级机构的活动	无	要求	无
行为准则	要求	要求	无

注：日本《金融工具商业规则》第299条和第300条对内控制度和评级业务的规定极为详细，本表未能一一列出。

15.3.2.1 美国准入规则

美国准入规则的基本原则是，机构不注册为NRSROs也可以从事评级业务，但是仅NRSROs发布的评级结果可以用于监管目的。《1934年证券交易法》及相关监管规则具体规定了NRSROs的注册程序。[①] 信用评级的注册程序分为首次注册和增加注册评级类型两种。申请机构在注册成为NRSROs之前，先需要有开展至少三年的信用评级业务的历史，并且由合格的机构投资者出具证明，该机构投资者使用该信用评级机构对特定债务类型的评级结果；另外，信用评级机构在注册材料中还应当明确其申请评级的发行人类型，包括（1）金融机构、经纪自营商；（2）保险公司；（3）企业发行人；（4）资产支持证券发行人；（5）政府证券、市政证券或者外国政府发行的证券。[②]

《1934年证券交易法》第15E章还规定了信用评级机构应当提交的注册材料：（1）申请人在短期、中期和长期的评级表现统计数据；（2）申请人用于决定评级结果的程序和方法；（3）申请人采纳和执行的防止滥用重大非公开信息的程序和政策；（4）申请人的组织结构；（5）申请人是否建立了有效的行为准则，如果没有，需

---

① 包括《1934年证券交易法》第15E章、"规则17g-1"和NRSROs表格。
② 《1934年证券交易法》15E(a)(1)(B)(ix)。

要说明；（6）申请人发布评级结果存在的利益冲突；（7）申请人希望注册的评级类型；（8）（不公开地向 SEC 披露）申请前一年，申请人以净利润计的前 20 位发行人和订购人；（9）（不公开地向 SEC 披露）合格机构投资者出具的使用评级结果的证明；（10）其他 SEC 视为重要的关于申请人和申请人的信息。此外，该章还规定，当申请人没有足够的财务和管理资源，无法长期保持评级的诚信和遵守评级的程序和方法时，SEC 可以拒绝为其注册。[①]

15.3.2.2　欧盟准入规则

欧盟为确保投资者和消费者对国内市场的高度信任，信用评级机构在欧盟内进行信用评级必须经过注册。这种注册是拟对在欧盟内进行信用评级的信用评级机构进行监管的必要条件。因此，必须为此注册的授予、暂停和撤销等条件及手续制定统一的规则。信用评级机构完成注册程序，是成为外部信用评级分析机构（External Credit Assessment Institution，ECAI）的必要条件。申请注册的信用评级机构必须是在欧盟境内设立的法人。

根据《欧盟信用评级机构监管条例》的要求，欧盟要求信用评级机构在注册时提供以下信息：（1）信用评级机构的全称、欧盟境内注册地的地址（registered office）；（2）合规主管和联系人的姓名和详细联系方式；（3）法律状态（legal status）；（4）信用评级机构申请注册的信用评级部门种类；（5）所有权结构；（6）组织架构和公司治理情况；（7）从事信用评级活动的资金来源；（8）信用评级机构的人员和专业信息；（9）信用评级机构分支机构的信息；（10）发行和审核评级的程序和方法描述；（11）发现、管理和披露利益冲突的政策和程序；（12）评级分析师的信息；（13）薪酬决定和业务表现的评估体系；（14）评级业务之外的其他服务内容；（15）运营计划，包括主要活动地、准备设立的分支机构和预想的商业类型；（16）对于预期启动支持程序（endorsement）的文件和信息；（17）业务外包的计划。

ESMA 在审查注册申请材料时，应当着重考察信用评级机构是否能够满足《欧盟信用评级机构监管条例》的要求。如果 ESMA 拒绝信用评级机构的注册申请，应当对做出该结论的过程进行详细阐述。

15.3.2.3　日本准入规则

日本受理信用评级机构注册申请的机构是 JFSA，根据《金融工具和交易法》的规定，在 JFSA 注册的机构，应当递交书面的注册申请，而外国信用评级机构应当任命日本代表处负责人负责该机构在日本的业务，注册申请应当包括以下信息：（1）信用评级机构名称；（2）管理层的名字；（3）评级业务的负责人的名字以及办公地点；（4）该机构从事的其他业务；（5）其他内阁规定的信息；（6）公司章程；（7）内阁规定的其他材料。[②]

《金融工具和交易法》还规定，JFSA 可以根据以下原因拒绝注册：（1）注册文件造

---

① 《1934年证券交易法》15E(a)(2)(C)。
② 第66-28条。

假；（2）信用评级机构其他业务与公众利益不符；（3）信用评级机构的业务结构无法保证公平和恰当的评级等。[①] 如果信用评级机构采取非法手段获得注册资格，根据《金融工具和交易法》最高可以处监禁，或/并对违法行为人处不超过300万日元的罚金，和对信用评级机构处不超过300万日元的罚金。如果申请过程中存在相关人员故意出具虚假证明或虚假记录，最高可以对信用评级机构处两亿日元的罚金。[②]

15.3.3 欧盟的支持和认证程序

欧盟推出支持程序（endorsement）和认证程序（certification），一方面是为了推动欧洲固定收益市场的发展，尽量减少限制条件，另一方面是为了保持用于监管目的的评级结果的质量。支持程序和认证程序为境外非注册信用评级机构发布的评级结果在欧盟境内用于监管目的提供了可能。

15.3.3.1 概述

认证程序（也称等效程序）是为了那些对欧盟及其成员方无系统重要性的评级结果设置的，因为这些评级结果对欧盟的利益影响不大，因而无须经过欧盟严格控制。该程序不适用第三国评级机构对欧盟境内主体或者金融工具的评级结果。适用认证需满足以下条件：第一，评级对象是设立在欧盟境外的实体，或者在欧盟境外发行的金融工具。第二，进行评级的机构应当满足以下两个条件：（1）该机构在非欧盟国家或地区注册；（2）该机构在欧盟境内无业务或分支机构。第三，该评级结果对欧盟成员方的金融稳定或金融市场的诚信不具备系统重要性。而支持程序是指第三国信用评级机构发布的评级结果，在经过欧盟评级机构支持后，可以在欧盟境内用于监管目的。

认证程序和支持程序关于第三国法律和监管框架的评估标准存在显著差异。认证程序的标准更加严格和规范，设定了明确的最低标准。这是因为在认证程序下，ESMA对第三国信用评级机构的监管权力极其有限，主要依靠第三国主管机关对该信用评级机构进行监管。而在支持程序下，除了第三国法律和监管框架提供的保障，ESMA还有多项措施可以保证第三国信用评级机构评级结果和评级活动的质量。ESMA的质量控制工具主要包括：第一，第三国信用评级机构应当严格遵守该机构内部的政策和程序，它们应当与欧盟信用评级监管规则的相关规定一样严格；第二，欧盟信用评级机构还承担监督第三国信用评级机构遵守上述规定的职责；第三，ESMA有权力通过支持信用评级机构来监督和评估第三国信用评级机构的评级质量；第四，当支持信用评级机构未能履行相应职责时，ESMA有权处罚它们。表15-6总结了两个程序的主要区别。

---

① 第66—30条。
② 第198(ii)条和第207(1)(vi)条。

表 15-6 认证程序和支持程序的异同

	认证程序/等效程序	支持程序
被评级对象	对于非欧盟发行人或金融工具的评级	对于欧盟和非欧盟发行人或金融工具的评级
评级机构	非欧盟注册的信用评级机构，可以被免于在欧盟设立实体（physical presence）	欧盟境外的信用评级机构，但该机构与欧盟境内注册的信用评级机构同属于一个集团
评级重要性	对成员方不具备系统重要性	无
注册要求	信用评级机构应当在第三国注册并受到该国监管	信用评级机构应当在第三国注册并受到该国监管
监管质量	欧盟委员会应当做出该非欧盟国家或地区的信用评级监管和监督制度的质量与欧盟相当的决定	ESMA评估第三国法律和监管框架的质量与支持程序的要求相匹配
监管合作	ESMA与第三国评级监管机构之间达成合作协议	ESMA与第三国评级监管机构之间达成合作协议
其他	无	在欧盟境外进行该评级具有客观必要性

资料来源：https://www.esma.europa.eu/supervision/non-eu-credit-rating-agencies，访问时间2019年2月1日。

15.3.3.2 支持程序

该程序适用于那些与在欧盟境内注册的信用评级机构紧密合作的信用评级机构，或是与欧盟境内注册的信用评级机构隶属于同一集团的信用评级机构。当在欧盟境内注册的信用评级机构支持其集团内部在欧盟境外的注册信用评级机构发布的评级结果时，该评级可以在欧盟境内用于监管目的。《欧盟信用评级机构监管条例》第4.3条规定支持程序需要满足以下基本要求：第一，支持机构或该支持机构所隶属集团的其他信用评级机构，完成了全部或部分评级活动；第二，支持机构已经证实，或者能够持续向ESMA证明，由第三国信用评级机构进行的信用评级活动，受到的监管与欧盟规定的一样严格；第三，信用评级机构向ESMA提供所有相关资料，以保证ESMA可以持续监督该机构的守法情况；第四，存在客观的原因，使得信用评级需要在第三国完成；第五，发布信用评级的信用评级机构在第三国注册，并受到该国主管当局的监管；第六，第三国的监管体制阻止主管当局及其他政府当局干涉信用评级的内容及方法。

支持程序涉及两个部分：第一，ESMA评估第三国法律和监管框架是否达到欧盟监管规则的要求，并对支持信用评级机构的情况做出评估；第二，支持信用评级机构评估被支持的第三国信用评级机构的内部制度是否与欧盟信用评级监管要求一样严格。对于第三国信用评级机构内部制度的评估，是与第三国评级法律和监管框架评估相独立的。因而支持信用评级机构应当核实第三国信用评级机构在遵守本地监管要求的情况下，机构内部的制度要求是否与欧盟评级监管规则的要求一样严格。ESMA完成对法律和监管框架评估程序的国家包括阿根廷、澳大利亚、巴西、加拿大、日本、墨西哥、新加坡、南非和美国。[1]

---

[1] 见https://www.esma.europa.eu/supervision/non-eu-credit-rating-agencies，访问时间2019年2月1日。

在完成这两个评估后，欧盟境内的支持信用评级机构应当保证在第三国做出的评级结果符合《欧盟信用评级机构监管条例》的规定。支持决定意味着欧盟境内注册的信用评级机构愿意无条件地承担全部的责任，保证时刻满足支持程序的各项要求。支持信用评级机构在发现或知悉ESMA最初评估的情况不再满足时应向ESMA汇报，并承担起持续监督被支持评级机构的责任。ESMA要求支持信用评级机构核实并向ESMA证明第三国信用评级机构的内控制度与《欧盟信用评级机构监管条例》相关规定同样严格。支持信用评级机构还应当核实并向ESMA证明第三国信用评级机构持续遵守其内控制度。[①]

当第三国信用评级机构主动选择完全履行《欧盟信用评级机构监管条例》设置的相关要求时，ESMA不再要求支持信用评级机构证明第三国信用评级机构已经建立了与欧盟监管规则一样严格的内控制度。ESMA仅要求支持信用评级机构核实并向ESMA证明第三国信用评级机构的行为满足欧盟的要求。

15.3.3.3 认证程序

如果非欧盟境内注册的信用评级机构希望金融机构可以在欧盟境内将其评级结果用于监管目的，需要通过认证程序。《欧盟信用评级机构监管条例》第5条规定，在满足下列条件的情况下，在第三国设立的信用评级机构，对在第三国设立的实体或者发行的金融工具进行的信用评级可以在欧盟境内使用：第一，信用评级机构经过注册，并受该第三国的监督；第二，欧盟委员会做出了等效决定，认可该第三国的法律和监管框架与本监管规则的要求相当；第三，规定的合作协议具有可执行性；第四，信用评级机构发布的评级结果和评级活动，对于成员方的金融稳定和金融市场诚信没有系统性影响；第五，评级结果根据相关程序进行认证。

其中，等效程序是指欧盟委员会需做出关于该非欧盟国家的信用评级监管和监督制度的质量与欧盟相当的决定，并且ESMA应当与该非欧盟国家的主管机关之间达成合作协议。欧盟委员会做出等效决定的国家包括阿根廷、澳大利亚、巴西、加拿大、日本、墨西哥、新加坡和美国。[②]

而欧盟委员会对第三国法律和监管框架做出的等效决定，仅是认证程序的必要条件。该第三国信用评级机构还需要申请ESMA的认证。ESMA在考察第三国评级监管框架的"等效性"（equivalence）时，监管和执法的有效性是首当其冲的，以保证信用评级机构的诚实、透明、良好的治理和评级活动的可靠性。ESMA对第三国法律和监管框架的等效程序评估更加严格和细致。

15.3.4 信用评级机构的退出制度

信用评级机构退出的原因主要包括以下三个方面：第一，自愿注销注册资格；第二，信用评级机构的人员和资金无法保证评级质量；第三，信用评级机构违反相关的法律法

---

① 第三国信用评级机构受到该第三国的法律和监管规定的约束，并不能说明它符合《欧盟信用评级机构监管条例》的要求，支持信用评级机构应当做出独立的判断。

② 见https://www.esma.europa.eu/supervision/non-eu-credit-rating-agencies，访问时间2019年2月1日。

规。例如，根据美国《1934年证券交易法》第15E章的规定，当NRSROs从事违法违规活动时（如在注册申请、监管豁免申请、提交相关报告时提供虚假报告或者遗漏重要事项），SEC为了保护公众利益，可以收回其注册资格；在NRSROs缺乏足够的管理和财务资源以保持评级的准确性和质量时，SEC还可以收回NRSROs特定评级部门的评级资格；SEC在发现NRSROs未从事评级业务时，可以注销其NRSROs资格。

而根据《欧盟信用评级机构监管条例》的规定，当存在下列情况时，ESMA可以取消信用评级机构的注册资格：第一，信用评级机构公开放弃注册资格，或在六个月内未发布任何评级；第二，在注册时造假或通过其他不合法手段获得注册资格；第三，信用评级机构不再符合注册要求。[①]另外，当信用评级机构从事违法行为并造成了严重的负面影响时，ESMA也可以收回其注册资格。[②]

根据日本《金融工具和交易法》的规定，JFSA有权力在以下情况收回信用评级机构的注册资格：第一，信用评级机构的业务违背公众利益，或信用评级机构的内控制度无法保证评级业务的公平和质量；第二，对于外国信用评级机构来说，其在日本境内没有办公室；第三，信用评级机构通过违法手段获得注册资格；第四，信用评级机构违反了评级法律和法规；第五，信用评级机构的业务损害了投资者的利益；第六，信用评级机构的评级业务出现严重违规或者不公平的情况。[③]

■ 15.4 信用评级利益冲突的监管制度

□ 15.4.1 利益冲突概述

2008年的金融危机揭示出信用评级行业利益冲突缺乏监管，因而利益冲突的识别、预防、消除、管理和披露是危机后评级监管改革的重点。从委托代理理论的角度，可以定义信用评级机构面临的利益冲突。委托代理理论是指一个或多个行为主体根据一种明示或隐含的契约，让另一些主体为其服务，同时授予后者一定的决策权利，并根据后者提供的服务数量和质量对其支付相应的报酬。[④]授权者就是委托人，被授权者就是代理人。信用评级机构作为不同市场主体的代理人，在决策时面临利益不一致的情况。利益冲突主要包括机构层面和个人层面，它们会导致信用评级不能准确反映发行人的信用水平。信用评级法律法规会给信用评级机构设置一般性的义务，要求它们采取必要的措施以保证评级结果不受现存或可能的利益冲突，或商业关系的影响。

---

① 《欧盟信用评级机构监管条例》第20条。
② 《欧盟信用评级机构监管条例》附件3。
③ 《金融工具和交易法》第66-42条。
④ Jensen, M. C., and Meckling, W. H., "Theory of the Firm: Managerial Behavior, Agency Costs and Ownership Structure", *Journal of Financial Economics*, 1976, 3(4), 305-360.

15.4.1.1 机构层面的利益冲突

图 15-1 展示了信用评级市场的主要四方参与机构之间的委托代理关系。第一，四方主体的利益诉求存在差异。监管机构作为公共利益的代表，负责维护金融市场稳定和保护投资者利益。债券的发行人则希望最小化融资成本，在评级市场上表现为在风险给定的情况下获得最高的评级。投资者则希望投资收益最大化，在评级市场上表现为在风险给定的情况下获得最低的评级。而信用评级机构则希望最大化收益。

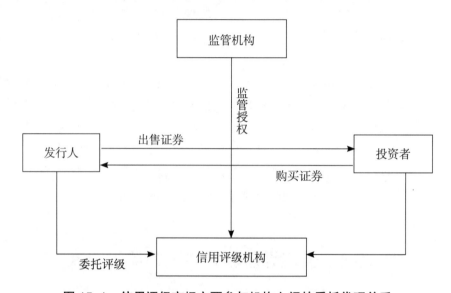

图 15-1 信用评级市场主要参与机构之间的委托代理关系

第二，评级市场上还存在着不同的委托代理关系。首先，监管机构将部分监管权力委托给信用评级机构，监管机构是委托人，信用评级机构是代理人；其次，在"发行人付费"模式下，发行人付费让信用评级机构对其融资工具进行评级，发行人是委托人，信用评级机构是代理人；最后，在"投资者付费"模式下，投资者付费让信用评级机构对其欲投资的融资工具进行评级，投资者是委托人，信用评级机构是代理人。

因而，在"发行人付费"模式下，信用评级机构作为监管机构的代理人和发行人的代理人，面临提供客观中立的评级与最大化发行人利益的冲突。在"投资者付费"模式下，信用评级机构面临提供客观中立的评级与最大化投资人利益的冲突。发行人和投资人利益最大化的评级结果，可能是客观中立的、虚高的或者过于保守的，会与监管利益相冲突。

15.4.1.2 个人层面的利益冲突

个人层面的利益冲突主要是指信用评级机构的雇员面临的利益冲突。信用评级机构作为委托人而雇员作为代理人，应当以信用评级机构的利润最大化为目标。但是，雇员作为理性的个人，存在追求自身利益最大化的动力。因而，当机构利益与个人利益出现不一致时，可能会存在个人层面的利益冲突。对个人层面利益冲突的监管主要是针对评级分析师、评级批准人员和评级过程中的参与者。

15.4.2 管理-披露型利益冲突监管规定

15.4.2.1 美国

"管理-披露"是管理利益冲突的策略。该策略的逻辑是利益冲突在评级业务中普遍存在，完全禁止所有利益冲突并不现实，而应通过信用评级机构内部的管理制度降低利益冲突的影响，并通过披露减少投资者和信用评级机构之间的信息不对称，让市场决定对评级结果的信任程度。评级监管规则要求信用评级机构申请注册资格时披露利益冲突，在获得注册或授权资格后，识别和消除，或管理和披露利益冲突。

以美国为例，《1934年证券交易法》要求信用评级机构在表格"Exhibit 6"中披露所有潜在的和现实的利益冲突。[1] 此外，NRSROs 应当建立利益冲突的管理和披露政策与程序，并通过表格"Exhibit 7"向 SEC 和公众披露。根据 SEC 制定的"规则 17g-5(2)(b)"，利益冲突的主要形式与付费模式相关。第一，发行人付费模式，即由债务人、发行人或者承销商向信用评级机构付费，对其承担的债务、发行或承销的证券进行评级；第二，由订购者付费，且可能将该 NRSROs 发布的评级结果用于监管目的；第三，评级服务的付费方同时持有被评级证券，或者其利益会受到评级结果的影响；第四，信用评级机构接受被评级对象为其他服务支付的报酬，这是附属服务可能带来的利益冲突；第五，允许信用评级机构的内部人员直接在被评级对象持有利益。上述情况显示，当评级结果会影响评级服务的付费方或者信用评级机构内部人员的利益时，即存在利益冲突。

对于其他利益冲突形式，如与大客户存在的利益冲突，SEC 颁布的"规则 17g-3(a)(5)"要求 NRSROs 向 SEC 披露，以当年收入计算排名前 20 位的发行人和订购人信息。另外，还需要向 SEC 披露使用 NRSROs 评级结果的债务人或承销商的身份信息，如果它从上述机构处获得的收入超过收入排名前 20 位的发行人和订购人。上述信息可以仅向 SEC 披露，而无须向公众披露。欧盟则明确要求信用评级机构向公众披露，超过其总收入 5% 的被评级对象或其相关第三方的名称。[2]

对于附属业务可能带来的利益冲突，SEC 的"规则 17g-1"和表格 12（Exhibit 12）要求 NRSROs 向 SEC 披露其从非评级业务中获得的收入，但这些信息并不需要向公众披露。此外，SEC 禁止 NRSROs 及其附属机构向被评级对象提供关于组织结构、法律结构、资产和负债，或其他活动的咨询服务。但欧盟仅要求信用评级机构保证附属服务不会给评级业务造成利益冲突，并在最终公布的评级报告中披露附属服务的内容。

对于评级分析师的轮换和离职审查制度，美国《多德-弗兰克法案》和 SEC 的"规则 240.17g-8(c)"引入了对评级分析师离职后，信用评级机构应当对其做出的评级结果进行"回头看"审查（look-back review）的规定。信用评级机构应当建立相应的程序和政策，判断该评级结果是否受到影响。如果必要，信用评级机构应当立即对其进行修改。

---

[1] 《1934年证券交易法》第15E章(a)(1)(vi)。
[2] 《欧盟信用评级机构监管条例》附件1。

15.4.2.2 欧盟

《欧盟信用评级机构监管条例》第6条要求信用评级机构采取必要的措施保证评级结果和评级观察不受现存或可能的利益冲突或商业关系的影响，建立、保持、执行和记录有效地预防和管理利益冲突的政策和程序，以保证评级结果、评级分析师和评级小组对股东、行政人员、管理机构和销售、市场人员的独立性。[1]信用评级机构还应当定期审查上述程序，评估它们的有效性。信用评级机构在年度报告中负有披露潜在的和现存利益冲突的义务。

《欧盟信用评级机构监管条例》对信用评级机构应当披露的利益冲突进行了具体的规定。[2]第一，信用评级机构应当向公众披露占其收入5%以上的被评级主体或相关第三方；第二，当信用评级机构股东（持股股份或投票权5%以上）同时持有被评级对象的股权或投票权（5%以上），或能够对被评级对象产生显著的影响时，信用评级机构应向公众披露上述情况；第三，信用评级机构可以为评级对象提供除评级外的其他服务，包括市场预测、预测经济走势、定价分析和其他一般性的数据分析和分销服务，但是，信用评级机构有义务保证其他服务不会与其评级服务产生冲突，并在最终的评级报告中披露任何为被评级对象或其相关第三方提供的其他服务；第四，信用评级机构还应当披露那些对于利润增长贡献较大的客户，即在前一个财年，单个客户收入的增长率超过信用评级机构总收入增长率1.5倍的客户名单。

欧盟建立了广泛的分析师和批准评级结果员工的轮换[3]和离职审查制度[4]。一方面，评级分析师不应当与被评级对象保持长时间的合作，因为这样可能会引起合谋行为；另一方面，如果评级分析师离职后加入被评级对象或者证券公司，那么该评级分析师参加过的关于该被评级对象的评级结果，或作为分析师与该证券公司合作进行的评级结果，都应当受到信用评级机构的审查。

15.4.2.3 日本

日本利益冲突监管的核心是信用评级机构的利益相关方（stakeholders）。根据《金融工具商业规则》第307条，信用评级机构的利益相关方包括：（1）当评估法人的信用风险时，相关方包括法人和法人相关业务的受托人；（2）当评估金融工具的信用风险时，相关方包括该金融工具的发行人、债务人和与该金融工具相关的商业活动的受托人；（3）当评估资产证券化产品时，相关方包括基础资产的主要持有人、相关第三方、特别目的载体、资产证券化相关的商业活动的受托人。[5]利益冲突的问题源于信用评级机构及其员工与评级对象和评级利益相关方存在紧密的利益关系。

第一，监管规则详细规定了信用评级机构在申请注册时应当提交的利益冲突说明材

---

[1] 《欧盟信用评级机构监管条例》第6条。
[2] 《欧盟信用评级机构监管条例》附件1第B章。
[3] 《欧盟信用评级机构监管条例》第7.4条。
[4] 《欧盟信用评级机构监管条例》附件1第C节。
[5] 《金融工具商业规则》第307条。

料,包括:(1)信用评级机构识别的利益冲突以及预防框架;(2)预防负责评级事务的员工从事引起利益冲突的证券交易的详细措施;(3)在信用评级机构或者其员工与评级利益相关方存在利益关系时,避免为他们提供评级服务的详细措施;(4)在信用评级机构或者其员工与评级利益相关方可能存在利益关系时,保证该利益冲突不会影响评级结果的详细措施;(5)预防负责评级的人员寻求在被评级对象以及评级利益相关方那里任职的措施;(6)对于离职去评级相关方任职的员工,审查其参与评级结果合理性的详细措施;(7)避免附属服务或其他任何相关业务影响评级服务的措施。[①]

第二,信用评级机构在运营过程中也需要建立利益冲突管理和预防机制。[②]信用评级机构应建立运营控制系统以保证提供公正和适当的评级服务,该系统必须包括防止因为信用评级机构自身利益而侵害投资者利益的措施。此外,《金融工具商业规则》还要求信用评级机构提供评级收入占评级业务总收入10%以上的评级对象和所有评级利益相关方的名单。[③]

15.4.3 禁止型利益冲突监管规定

禁止型利益冲突的隐含假定是即使信用评级机构管理,并向监管机构和公众披露这些利益冲突的情况,这类利益冲突仍然会降低其评级结果的质量。

15.4.3.1 信用评级机构层面

表15-7列举了信用评级机构层面的主要的禁止型利益冲突。根据美国SEC制定的"规则17g-5(c)",如果评级机构层面存在以下利益冲突,无论NRSROs是否披露并建立相应制度进行管理,或者采取其他补救措施,它们都违反了相应的法律法规。当存在以下情况时,NRSROs禁止向被评级对象提供评级服务。第一,当NRSROs上一个财年从被评级对象处获得的净收益大于等于其全年净收益的10%时;第二,当被评级对象与NRSROs存在关联关系时;第三,当被评级对象从NRSROs或者其关联方处获得关于组织结构、法律结构、资产和负债,或其他活动的咨询服务时;第四,当NRSROs参与评级的分析师或者负责批准评级结果的人员同时参与了与被评级对象关于评级收费的谈判时;第五,当NRSROs的评级分析师或者负责批准评级结果的人员同时参与了NRSROs或其子公司产品或服务的销售和市场开发活动,或者其薪酬由销售或者市场表现决定时。

根据《欧盟信用评级机构监管条例》的规定,当信用评级机构层面存在以下利益冲突时,信用评级机构禁止提供评级服务:第一,当评级对象与信用评级机构存在直接或间接的控制关系,如评级对象是持有信用评级机构10%或更高比例的股权或投票权的实体时,信用评级机构应当拒绝提供评级服务,或当存在已发布评级时,立即披露可能产生的影响[④];第二,信用评级机构禁止向被评级对象提供关于法律架构、资产、负债等

---

① 《金融工具和交易法》第66-28(2)(ii)条;《金融工具商业规则》第299(xxi)-(xxviii)。
② 《金融工具和交易法》第66-33条。
③ 《金融工具商业规则》第318(1)(ii)(b)(2)条。
④ 《欧盟信用评级机构监管条例》附件1第B.3节。

方面的咨询服务；第三，信用评级分析师和批准人员禁止向被评级的结构化产品提供设计的建议和意见，禁止参与收费谈判。

表 15-7 信用评级机构层面的禁止型利益冲突

	美国	欧盟	日本
收入比例限制	10%	无	无
特殊关系	禁止关联关系	禁止控制关系	禁止
咨询服务	禁止	禁止	禁止
分析师和批准人员参与市场、销售和收费谈判活动	禁止	禁止	禁止
薪酬或表现评价与市场表现挂钩	禁止	禁止	禁止

另外，投资者仅能对一家信用评级机构产生显著影响，不可以同时控制或影响两家以上信用评级机构。《欧盟信用评级机构监管条例》第 6a 条规定，当投资者持有信用评级机构 5% 以上股份或投票权，或持有对信用评级机构具有控制权或显著影响力的企业的 5% 以上股份或投票权时，禁止从事以下活动：（1）持有其他信用评级机构超过 5% 的股份；（2）行使其他信用评级机构超过 5% 的投票权；（3）任命或开除其他信用评级机构的董事会或监事会成员；（4）成为其他信用评级机构的董事会或监事会成员；（5）对其他信用评级机构行使控制权或施加显著的影响力，但并不禁止同一集团在欧盟注册多家信用评级机构。

日本《金融工具和交易法》规定，当信用评级机构、管理层或其雇员向评级利益相关方提供了咨询建议，或存在可能损害投资者利益的情况时，信用评级机构应当避免提供评级服务。[①]《金融工具商业规则》第 310 条具体规定了咨询建议包括的情形：（1）评级对象的组织结构、资产负债结构，禁止提供关于该评级对象的评级；（2）金融工具的结构或贷款的结构，禁止提供关于该工具或贷款的评级。此外，《金融工具商业规则》第 306(1)(vii)(a) 条规定，信用评级机构存在以下利益冲突时，禁止提供评级服务：（1）评级利益相关方向信用评级机构提供了贷款；（2）评级利益相关方持有信用评级机构 5% 以上股权；（3）评级利益相关方作为信用评级机构发行证券的承销商；（4）评级相关方向信用评级机构支付了大笔金钱或者其他利益，作为非评级服务的对价。

15.4.3.2 评级分析师层面

表 15-8 列举了评级分析师层面的主要的禁止型利益冲突。根据美国 SEC 制定的"规则 17g-5(c)"，如果参与评级的分析师或者负责批准评级结果的人员，存在以下利益冲突情形，即违反了相应的法律法规：第一，参与评级的分析师或者评级批准人员直接持有评级对象发行的证券或其他所有权利益；第二，参与评级的分析师或评级批准人员，同时兼任被评级对象的管理层或董事；第三，参与评级的分析师、监督评级或批准评级的人员，从被评级对象收取非正常商业交往的利益或娱乐服务（25 美元以上）。

---

① 《金融工具和交易法》第 66-35(ii) 条。

表 15-8　评级分析师层面的禁止型利益冲突

	美国	欧盟	日本
在被评级对象持有利益	禁止	禁止	禁止
在被评级对象兼职	禁止	禁止	禁止
收取或索要金钱利益	禁止	禁止	禁止
离职后加入被评级对象	未禁止	六个月内禁止	未禁止

《欧盟信用评级机构监管条例》规定，禁止评级分析师存在以下利益冲突行为：（1）评级分析师、机构员工和其他相关人员直接或间接持有被评级对象或相关金融工具，或直接或间接持有它们的所有权利益（不包括分散化投资工具，如养老金或人寿保险）；（2）信用评级机构的评级分析师、员工和其他相关人员是被评级对象或其相关第三方的董事会或监事会成员；（3）与被评级机构存在雇佣关系、商业关系或其他关系，可能导致利益冲突的；（4）评级分析师、评级机构雇员和其他相关人员，索要或者接受与评级机构有业务关系的个人或机构的货币、礼物或者优惠；（5）在评级完成六个月内在被评级对象担任主要管理职位。[①]

欧盟列举了三个方面的具体制度来减少评级分析师层面的利益冲突。第一，离职审查制度。当评级分析师在终止他与信用评级机构的雇佣合同，并加入他评级过的发行人或合作过的金融企业时，信用评级机构应当审核他离职前两年的所有评级工作。第二，分析师的轮换制度。一方面，信用评级机构应当保证，主评级分析师参与同一被评级主体或其相关第三方的评级的时间不超过四年；另一方面，除了那些被发行人或其相关第三方任命的评级机构，所有其他发布主权评级的机构应当保证评级分析师参与对同一主体或相关第三方评级的时间不超过五年，且批准评级的个人参与对同一主体或相关第三方信用评级的评级不超过七年。第三，对于评级分析师、评级过程涉及的人员和批准评级的雇员，他们的考核和报酬不应当与评级收入挂钩。

日本《金融工具和交易法》规定了信用评级机构员工层面的利益冲突，包括：（1）禁止参与交易被评级对象发行、担保或者支持的金融工具；（2）如果该员工持有被评级对象或其相关方发行的金融工具，或者在近期与被评级对象存在雇佣关系或其他商业往来，禁止参与或者影响评级决定;（3）禁止从信用评级机构商业伙伴处索取或者收受金钱、礼物或者好处。但是，日本并未明令禁止信用评级机构的员工在评级利益相关方处获得主要的管理职位，只是禁止他们提出或者尝试在评级利益相关方寻求管理职位。

15.4.4　主动评级型利益冲突

主动评级作为一类特殊的评级活动，其面临的利益冲突形式也存在差异。表 15-9 展示了主动评级面临的主要利益冲突。信用评级机构可能将主动评级作为威胁工具，因而监管规则一般会明文禁止上述行为。例如，美国《1934 年证券交易法》第 15E(i) 章规

[①] 《欧盟信用评级机构监管条例》附件1第C节。

定，禁止 NRSROs 利用主动评级威胁其他利益相关方。首先，信用评级机构不得将评级结果建立在评级对象或者其相关方是否购买评级服务的基础之上，或者以修改评级结果威胁评级对象或其相关方购买评级结果；其次，信用评级机构不得以降低评级结果威胁被评级对象或相关方购买其他服务；最后，信用评级机构在为资产证券化产品提供评级服务时，不得以降低评级结果或者拒绝评级威胁发行人、承销商将该证券化产品部分或全部基础资产的评级服务委托给该信用评级机构。

表 15-9 主动评级面临的利益冲突

	美国	欧盟	日本
建立主动评级的程序	强制义务	强制义务	禁止
以评级结构威胁客户购买评级服务	禁止	禁止	禁止
以评级结果威胁证券化产品发行人购买对基础资产的评级服务	禁止	禁止	禁止
逐一标注主动评级	未规定	强制义务	强制义务
逐一披露信息来源	未规定	强制义务	机构网站公布

欧盟对于主动评级的监管策略是要求信用评级机构建立公平和明确的主动评级程序，主动评级活动应当遵守该程序。此外，信用评级机构发布主动评级时，应当明确标注主动评级，使其与一般评级区别开来。信用评级机构应当在评级报告中明确说明被评级对象是否参与了主动评级过程，以及信用评级机构是否获得被评级对象及其相关方的内部文件。这些信息的披露为评级结果的使用者提供了必要的信息，让其自主评判评级结果的质量。欧盟与美国关于主动评级监管的区别在于：虽然 SEC 同样要求 NRSROs 建立公平和明确的主动评级程序，并应当遵守信用评级机构自己设定的规则，但是 NRSROs 发布主动评级结果时，无须在评级报告中明确标注，仅需要保存相关的档案材料，以备 SEC 检查。

15.4.5 防范和消除利益冲突的政策

相关法律法规一般都会为信用评级机构设置识别和消除，或管理和披露利益冲突的一般性义务。信用评级机构负有建立适当的组织和内控制度的责任，上述制度还应当向监管机构和公众披露。当利益冲突监管制度发生重大变化时，信用评级机构应当及时披露。它们还应当定期（至少每年）评估上述制度，并形成相关报告。这是减少利益冲突的自律规则。当评级结果出现问题后，监管机构首先检查的是信用评级机构在评级的过程中，是否遵守了机构制定的相关制度。

信用评级机构还应当建立鼓励员工汇报违法违规活动的机制。信用评级机构内部人员知晓违法违规活动时，应当鼓励他们向信用评级机构的合规官汇报上述信息，并使其不受到负面影响。美国《多德-弗兰克法案》要求信用评级机构对举报违法行为的员工予以保密，保证其不会因为该行为受到处罚。而欧盟则要求信用评级机构建立制度，保证向合规官汇报违法行为的员工不会受到负面影响。

【专栏 15-2】
次贷危机后信用评级机构利益冲突管理暴露出的问题

一、次贷危机后信用评级机构利益冲突管理暴露出的问题

次贷危机的爆发让评级监管机构深刻认识到对信用评级机构利益冲突进行管理的必要性，尤其是对结构化产品评级的利益冲突进行管理的重要性。2007年8月，美国SEC成员首次对三大信用评级机构进行现场检查，内容涉及发行人付费模式、分析师薪酬制度、分析师证券交易情况、结构化产品利益冲突和内部监管程序。具体检查情况如下：

（一）在防火墙执行方面，在检查中发现，部分评级业务人员仍参与评级费用谈判，且一些信用评级机构可能存在放宽评级指标以扩大市场份额的问题。检查结果显示，信用评级机构均建立了各自的利益冲突防范制度和程序安排以消除或缓释利益冲突问题。在具体利益冲突管理中，信用评级机构限制分析师参与评级费用的谈判，建立评级业务部门和市场部门的防火墙制度。但在检查中发现，尽管信用评级机构限制分析师参与评级费用的谈判，但是部分信用评级机构仍然允许参与评级过程的重要人员参与评级费用的讨论。例如，部分信用评级机构允许高级分析师参与费用谈判和费用合同的拟订。此外，在评级实践中，信用评级机构及从业人员可能面临适度放松评级方法中的指标以扩大市场份额的权衡。

（二）在分析师薪酬制度方面，检查中发现，评级分析师薪酬一般是根据个人表现和工作经验确定薪酬，并未发现信用评级机构在薪酬方面存在违反规定情况。

（三）在证券交易方面，检查中发现，信用评级机构一般要求评级从业人员定期向信用评级机构提交证券账户信息，部分信用评级机构还通过雇用第三方机构来识别评级从业人员未披露的证券交易信息，以防止部分评级从业人员未向其披露全部证券账户信息。

此外，此次检查还集中在信用评级机构在个人住房抵押贷款支持证券（RMBS）和CDOs利益冲突管理的注意事项及利益冲突管理需要提升的方面。监管机构通过对三大信用评级机构RMBS和CDOs的评级流程检查来发现RMBS和CDOs在评级过程中存在利益冲突的问题。此外，监管机构也试图更好地理解评级方法和评级模型以便评估哪些利益冲突可能会影响到评级程序。考虑到分析评级过程中的利益冲突问题，监管机构审查信用评级机构的模型，以理解信用评级机构使用的评级过程和程序。此次审查还可以帮助审查人员评估模型制定的过程、执行、调整等是否存在利益冲突问题。在检查的过程中，监管人员坚持不对评级结果或评级程序和方法的本质加以干涉。

（四）在检查过程中发现，当时很多评级使用者表示发行人付费模式下对所有类型资产的评级均存在利益冲突的问题，尤其是发行人付费模式下对RMBS和CDOs的评级可能存在较为严重的利益冲突，具体如下：

1. 结构化产品的主承销商一般在交易产品设计中扮演着重要角色，在承销RMBS和CDOs的过程中可能对评级结果施压，干涉评级流程。根据当时监管机构对三大信用评级机构的检查结果，结构化产品中的主承销商高度集中，主承销商成为决定信用评级机构收入的重要主体，这样可能导致主承销商给信用评级机构发布的评级结果施压。通过检查，SEC认为主承销商影响发行人对信用评级机构的选择以及高度集中的主承销商可能会给发行人付费模式下的评级带来潜在的利益

冲突。此外，信用评级机构表示，主承销商偏爱评级流程快的信用评级机构，调查中发现信用评级机构仅仅依靠发起人提供的 RMBS 相关信息进行评级。

2. 结构化产品评级过程中，存在仍旧使用旧评级方法的情况，跟踪评级的监督和管理没有首次评级严格。SEC 发现，至少一家信用评级机构允许已经在评级进程中的交易产品继续使用旧的评级方法，即使新的评级方法已经颁布。一些 RMBS 和 CDOs 的评级程序和评级方法虽然已经被使用，但是并未记录和披露。被调查的信用评级机构没有具体的 RMBS 和 CDOs 的书面程序，也没有具体的书面制度和程序来识别、认定模型或方法中的错误。此外，SEC 还发现跟踪评级的监控和管理评级过程没有首次评级的程序严格，信用评级机构并没有采取足够的措施来防止费用、市场份额或其他商业利益影响信用评级或评级标准的利益冲突问题。

3. 部分信用评级机构缺乏健全的内部审查机制，对于结构化产品的利益冲突审查过于简单。检查发现部分信用评级机构做到了实质性和形式上的内部审查，但也有一些信用评级机构缺乏健全的内部审查部门，在对 RMBS 和 CDOs 的内部利益冲突审查时过于草率，仅提供一页纸的审查内容。

《多德－弗兰克法案》发布之后，SEC 开始进一步加强对信用评级机构的现场检查。截至 2015 年，美国 SEC 对信用评级机构共经历了 6 次检查活动，发现信用评级机构利益冲突的相关问题主要集中在评级人员证券持有及交易、业务与市场隔离、附属业务及不同付费模式下利益冲突管理方面。具体如下：缺乏有效全面的员工证券持有情况的相关制度和程序，出现部分分析师直接持有自身参与评级受评对象的证券情况；缺乏对受评对象为信用评级机构股东情形的利益冲突管理；缺乏对订阅者付费模式利益冲突的管理制度；缺乏对附属业务利益冲突管理制度的制定或披露；没有在注册表格中充分披露利益冲突管理制度及相关监管规定情况；市场人员与评级分析师隔离问题不完善；存在分析师对受评对象提供咨询类意见的情况。

二、次贷危机后信用评级机构的改革措施

（一）美国

次贷危机后的美国信用评级机构利益冲突的管理重点在于以下两个方面：

1. 市场认为信用评级机构在次贷危机中的表现不佳，并认为信用评级机构应该在市场中承担更为重要的责任，加强信息披露。次贷危机后，信用评级机构根据美国国会制定的《多德－弗兰克法案》明确了自身在信贷市场上扮演着的"守门人"角色，该角色与证券分析师及审计师类似。因此，该角色应当与审计师、证券分析师或者投资银行家等遵守同一责任和监管标准，承担公共监督和公共责任。另外，次贷危机后，美国国会赋予 SEC 审查信用评级机构利益冲突管理的权力，要求 SEC 定期提交监管报告，并在准入、后续评级过程中要求 SEC 加强对禁止或管理和披露的利益冲突问题的监管。信用评级机构相应地提高了自身信息披露的透明度以防范利益冲突。

2. 结构化产品中的利益冲突管理急需改革。次贷危机后，结构化产品的级别已经被证明是不准确的。不准确的评级结果极大地误导了金融机构和投资者对风险的管理，反过来影响经济的健康发展，信用评级机构的公信力需要进行重建。在特定活动中，由于主承销商在结构化产品设计中的角色和地位使得信用评级机构可能面临利益冲突问题。

（二）欧盟

与美国不同，欧盟在成立之初，并没有制定专门的法律法规来监管信用评级机构。欧盟前期

相关监管法规很少运用到外部信用评级结果，各信用评级机构依照IOSCO制定的自律性准则进行行业自律管理。"安然"事件之后，欧盟只是颁布了一个指令鼓励信用评级机构建立内部政策和程序来保证信用评级的公正性和披露利益冲突。次贷危机之后，欧盟才开始意识到信用评级利益冲突管理的重要性，开始加强信用评级的监管。

伴随着欧盟对评级行业的监管趋严，欧盟内信用评级机构也加强了对利益冲突的管理，重点在公司治理结构方面的改革及加强利益冲突相关信息的披露。

1. 公司治理结构方面：

（1）欧盟信用评级机构开始要求合规部门设立与公司业务不挂钩的合规部门经理，用以检测公司员工的利益冲突，同时建立档案保存机制和定期审查机制。这样从三个方面保证了员工信息的客观性、可保存性和时效性。

（2）对于董事会成员，为了避免利益冲突的问题，董事会、监事会成员的薪酬不得与信用评级机构业务收入挂钩。对信用评级机构相互持股方面的利益冲突防范制度，要求信用评级机构的重要股东不得投资其他信用评级机构。

2. 信息披露方面：

（1）信用评级机构应当保存所有影响评级独立性的有关信用评级机构和员工及其他相关成员的评级过程记录。

（2）加强对评级结果及评级展望的展示。信用评级机构应该确保评级结果清晰突出地注明评级活动中涉及的主分析师的名字和职位及评级结果审核人员的姓名和职位，信用评级机构应该确保至少提前12个小时告知受评对象评级结果等内容。

（3）结构化产品方面鼓励结构化产品发行人和发起人公开披露所有与产品有关的信息，以帮助投资者或者其他信用评级机构利用此公开信息独立于委托信用评级机构的观点进行分析。信用评级机构应在评级公告中公开披露结构化产品的发行人是否已通知其公开披露有关被评级产品的所有相关信息，或该信息是否为非公开信息。

可以看到，金融危机之后，信用评级机构在信息披露的程度和频次方面得到了进一步加强，从而让信用评级机构自身有效管理利益冲突的同时，更好地接受外界监管从而防范利益冲突。另外，信用评级机构对于逐渐发展的结构化产品给出了较为详细的评级细则和信息披露要求，从而杜绝在结构化产品中信用评级机构过高的参与度可能产生的利益冲突。

15.5 信用评级信息披露制度

信用评级信息披露制度是保证评级过程和结果透明度的重要制度，也是提高评级结果质量的重要保障。信用评级信息披露的基本原则包括真实、准确、完整、及时，并且应当易于评级结果使用者的理解。信用评级信息披露制度基本上可以分为对评级结果的信息披露、对结构化融资产品额外的信息披露和对信用评级机构的相关信息披露。信息披露能帮助评级结果的使用者判断评级的含义、局限和可信赖程度,并对评级对象的风险进行有效评估。信用评级机构的信息披露义务与法律责任制度相结合,可以有效威慑信息披露不实、披露遗漏或者选择性披露等侵害投资者利益的行为。

15.5.1 评级结果的一般性信息披露

评级结果的一般性信息披露是指监管机构要求信用评级机构在发布评级结果时遵守的规则。信用评级机构在发布评级报告时,不仅要披露评级结果,还要披露推导评级结果的数据、信息和方法。表 15-10 展示了主要的披露规则。

表 15-10 评级结果的一般性信息披露

主题	美国	欧盟	日本
披露决定每一个评级结果的主要信息的来源	要求	要求	要求
是否向被评级对象提前披露并修订	不要求	要求	要求,但无须披露是否修改
披露主评级分析师和评级批准人员的详细信息	不要求,但要求记录	要求	要求
说明主要采用的评级方法和版本	不要求,一般性披露	要求	要求
标注发布和更新时间	不要求	要求	要求
关于评级对象是否为新的金融工具,以及信用评级机构是否第一次对该工具评级	不要求	要求	要求
评级的历史表现	要求	要求	要求

例如,美国《1934年证券交易法》要求,信用评级机构在披露评级结果时,应同时披露支持评级结果的数据和假设,以及 NRSROs 对于评级活动监督的频次(如果适用)[①],主要包括:(1)用于评级的主要假设和原则,NRSROs 还应当进一步说明相关假设影响评级结果的敏感度,列出对于评级结果影响最大的五个假设,并用具体的例子解释上述五个假设的影响;(2)评级结果的主要限制,以及评级未考虑的风险,如流动性风险、市场风险等;(3)评级结果可靠性、准确性和数据质量信息,包括历史信息的局限、未能获得的可以提高评级准确度的信息;(4)第三方尽职调查机构的活动,以及上述机构提供的信息和主要结论;(5)评级过程中使用的债务人、发行人、证券或货币市场工具的信息;(6)关于评级结果使用的信息质量的声明;(7)评级过程中存在的利益冲突。欧盟为信用评级机构设置了一般性的义务,需披露评级数据来源和评级方法。SEC 并未要求信用评级机构在评级报告中披露使用的评级方法及其版本,但是 NRSROs 有披露其使用的评级方法的一般性义务。此外,SEC 不要求 NRSROs 在评级报告中标注首次公开的日期和最后一次更新的日期,但要求它们对比进行记录。最后,SEC 未要求信用评级机构在创新型金融工具的评级报告中,额外标注该报告是针对创新型工具做出的。

欧盟对于展示和披露评级结果的基本要求是保证及时和非选择性地披露评级结果,

[①] 《1934年证券交易法》,第15E(s)(1)(A)条。

并且向投资者和其他评级结果的使用者提供足够的信息，以保证他们能够对是否依赖评级结果进行独立的调查和判断。因而对评级报告内披露的具体信息，欧盟进行了一些额外规定。第一，欧盟要求信用评级机构在评级报告中披露，信用评级机构是否预先向被评级对象或其相关第三方披露评级结果，并在披露后进行修改。第二，欧盟要求信用评级机构向 ESMA 提供每次评级活动主分析师的姓名和职位，以及主要批准评级结果的人员的姓名和职位。而美国 SEC 并未要求 NRSROs 向公众提供这类信息，"规则 17g-2(a)(2)" 要求它们保存评级活动的记录，包括参与评级的分析师和批准评级的人员信息，供 SEC 查阅。第三，欧盟要求信用评级机构在评级报告中明确指出主要使用的评级方法及其版本。第四，欧盟要求信用评级机构在评级报告中，明确标注评级报告首次公开的日期和最后一次更新的日期。第五，欧盟要求信用评级机构在评级报告中，明确标注评级对象是否为创新型金融工具，信用评级机构是否第一次对该产品进行评级。

欧盟要求信用评级机构披露评级的历史表现信息，包括评级结果的迁移矩阵和历史发布的评级结果以及它们的变化信息。但美国仅为 NRSROs 设置了一般性披露义务，《1934 年证券交易法》要求 NRSROs 披露短期、中期和长期的评级表现。[①] SEC 颁布的"规则 17g-1"和"表格 1"（Exhibit 1）定义了短期、中期和长期分别为 1 年、3 年和 10 年。此外，SEC 颁布的"规则 17g-2(d)"要求 NRSROs 必须在其网站上公布 2007 年 6 月 26 日以后做出的所有首次评级结果。对于评级结果的变化，SEC 颁布的"规则 17g-3(a)(6)"要求 NRSROs 向 SEC 提供未经审计的报告，每个评级部门评级上调、下调、观察和撤回的数量。该报告无须向公众公开。

日本《金融工具和交易法》第 66-36 条首先要求信用评级机构建立、公开和遵守机构自身制定的"评级决定政策"和"评级提供政策"。"评级提供政策"应当满足《金融工具商业规则》设定的评级结果披露的基本要求，且信用评级机构在申请注册时，应当提供书面文件。信用评级机构修改"评级决定政策"时，应当提前公开披露相关变化。信用评级机构遵守的具体披露规则与欧盟类似，主要存在以下区别：第一，日本并不要求每个评级报告都单独披露评级方法，而是要求其进行一般性的评级方法披露。第二，《金融工具商业规则》第 315 条虽然要求信用评级机构披露主评级分析师和评级批准人员的姓名，但是并不要求记录和披露主评级分析师和评级批准人员的职务。第三，虽然评级报告应当说明评级结果是否提前向第三方披露，但并不要求说明是否在披露后进行修改。[②]

15.5.2 结构化融资产品评级结果额外的信息披露

次贷危机的爆发揭示出结构化融资产品评级质量存在的严重缺陷，一方面是由于结构化融资产品的复杂性、历史数据的缺乏，另一方面是由于评级机构在评估结构化融资产品时的利益冲突更加明显。因此，评级监管改革的一个重要部分是增加了结构化融资

---

① 《1934 年证券交易法》第 15E(a)(1)(B)(i) 条。
② 《金融工具商业规则》第 313(2)(iv) 条。

产品评级的信息披露义务，让评级结果的使用者获得关于评级基础资产和评级结构的信息。表15-11总结了结构化融资产品评级所需要额外承担的信息披露义务。

表15-11 结构化融资产品评级结果额外的信息披露

主题	美国	欧盟	日本
是否标注为结构化融资工具	无要求	要求	要求
第三方独立尽职调查	要求	要求	要求
无评级的基础资产的处理	要求	要求	要求
其他信用评级机构评级结果的处理	要求	要求	要求
基础资产信息披露平台	要求	要求	要求
预评级结果	部分要求	要求	要求
实际评级结果与量化模型预测结果存在显著差异的情况	要求	要求	要求

15.5.2.1 美国

美国对于结构化融资产品评级的信息披露义务设置，主要围绕其基础产品展开。

第一，美国国会于2010年通过的《恢复美国金融稳定法案》（Restoring American Financial Stability Act of 2010）第932条对于结构化融资产品基础资产的信息来源进行了额外的规定。当信用评级机构聘请第三方独立尽职调查机构对基础资产进行尽职调查时，它们应当出具书面证明，证实已经就NRSROs评级决策使用的数据、文档和其他相关信息进行了核查。NRSROs应当将上述证明公布，以方便公众判断数据来源的可靠性。

第二，SEC颁布的"规则17g-2(a)(7)"要求NRSROs对基于资产池或资产支持证券交易发行的证券，或货币市场工具的评级进行额外记录。NRSROs需要逐一记录如何处理上述基础资产中未评级的资产，包括：（1）自己决定该类资产的评级；（2）进行信用评估并决定该类资产的私人评级；（3）将第三人的信用分析纳入内部评级考量之中；（4）将第三方NRSROs评级纳入内部评级考量之中。

第三，SEC颁布的"规则17g-2(a)(9)"要求NRSROs在对基于资产池或资产支持证券交易发行的证券或货币市场工具进行评级时，应当内部记录如何处理另一个NRSROs发布的评级结果的方法和程序。此外，"规则17g-2(a)(10)"要求NRSROs记录如何处理其他NRSROs评级的基础资产。

第四，SEC还鼓励其他信用评级机构对结构化融资产品进行评估。其颁布的"规则17g-5(b)(9)"规定当NRSROs对基于资产池或资产支持证券发行的证券或者货币市场工具进行评级时，NRSROs应当将所有评级相关信息，通过需要密码访问的网站，免费分享给其他NRSROs，具体信息包括发行人、承销商向NRSROs提供的信息，或者第三方机构的联系信息，以便其他NRSROs联系获取决定证券化产品或货币市场工具评级的相关信息。

第五，《多德-弗兰克法案》虽然并未要求NRSROs披露结构化融资产品预评级的信息，但是第949条要求NRSROs披露被评级对象申请的资产支持证券（asset-backed securities）的预评级信息。

第六，"规则 17g-2(a)(2)(iii)"规定，如果量化模型是对结构化融资产品评级的主要依据，那么信用评级机构应当记录最终评级结果与量化模型输出结果之间存在重大差异的推理过程。

15.5.2.2 欧盟

欧盟对于结构化融资产品评级进行了额外规定。第一，《欧盟信用评级机构监管条例》第 8c 条为结构化融资产品设立了双评级制度，即发行人应当至少邀请两家信用评级机构对其产品进行评级，且这两家机构应当保持相对独立。第二，结构化融资产品的评级应当与其他产品评级的披露区分开。第三，在欧盟境内设立的结构化融资产品的发行人、发起人和承销商应当在 ESMA 设立的网站，披露结构化融资产品的信用质量和基础资产的表现、证券化交易的结构、现金流、支持证券化风险暴露的担保品，以及对现金流和担保品价值进行全面压力测试的信息。第四，欧盟要求信用评级机构在每个针对结构化融资产品的评级结果报告中，披露对于结构化融资产品基础资产的尽职调查信息。

15.5.2.3 日本

《金融工具商业规则》第 313 条规定信用评级机构在披露结构化融资产品评级时，需要加上额外的符号以示区别。信用评级机构在制定"评级提供政策"时，需要专门规定结构化融资产品的损失、现金流和敏感度分析。"评级提供政策"还应当披露包括决定评级过程中使用的主要信息的收集和尽职调查规则，如信用评级机构对于结构化融资产品基础资产尽职调查的情况、信用评级机构是否对尽职调查获得的信息进行评估，或者是否依靠第三方机构完成尽职调查。

15.5.3 信用评级机构信息的披露

信用评级机构需要在注册文件、完成注册后每年向监管机构和公众披露其机构层面的信息。表 15-12 展示了信用评级机构相关信息的定期披露规则。

表 15-12 信用评级机构信息的定期披露

主题	美国	欧盟	日本
注册信息披露	要求	要求	要求
附加服务	要求，可以非公开	要求	要求
薪酬体系	要求，可以非公开	要求	要求
重大修改	要求	要求	要求
关于预评级的披露	无要求	要求	要求
行为准则	要求	要求	要求

第一，注册和年度报告。各国监管规则都要求信用评级机构在首次注册时，提交关

于信用评级机构的基本信息,上述信息是监管活动的重要依据。完成注册后,信用评级机构还应当定期提交年度报告。

美国 SEC 主要依靠年度报告审查 NRSROs 评级活动。SEC 颁布的"规则 17g-3"规定了年报披露的信息要点。NRSROs 应当在其财年结束的 90 天内,向 SEC 提供经审计的年度财务报表,包括资产负债表、损益表、现金流量表和所有权变化报表。NRSROs 应当在每一个财年的年底,向 SEC 提交母公司非经审计的财务报告,提供其在以下类别中的收入:评级和跟踪评级的收入、订阅者的收入、评级许可授予的收入、其他收入来源(需要描述其他主要的收入来源)。在该报告中还应当列出上一年度前 20 位使用评级服务的发行人和订阅者(以净收入计算)。

此外,在每一个财年的年底,NRSROs 应当向 SEC 提交非经审计的报告,提供评级分析师的总收入和中位数收入;按照 NRSROs 获得注册资格的评级业务,提供评级活动数量的信息(评级上升、评级下降、评级观察和撤回评级);提供管理层关于内控制度有效性的评估,以及 NRSROs 关于遵守证券法、机构政策和内部程序情况的报告。

《欧盟信用评级机构监管条例》要求信用评级机构在每财年结束后三个月内发布透明度报告,并且该报告在网站公布的时间不应低于五年。[①] 透明度报告包括以下内容:(1)法律结构和所有权结构;(2)评级质量的内控机制;(3)在评级、评级审查、评级方法或模型评估等部门安排的员工数量和高级管理人员数量;(4)档案管理政策;(5)年度合规审查的情况;(6)分析师轮换的政策;(7)年度收入,分为评级收费和其他服务收费,应当按照为客户提供的附加服务、不同资产类别和地理分布分类报告;(8)公司治理结构。

日本监管机构则要求信用评级机构每年制作"解释文件"(explanatory document),并在其网站披露。[②] "解释文件"应当包括商业活动的基本情况,总收入、收费结构、贡献超过 10% 利润的客户、前十大股东,以及附加服务的基本情况。此外,信用评级机构还需要每年向 JFSA 提交年度商业报告。[③] 信用评级机构每年还需要披露上一年度负责进行评级的分析师数量,高级管理人员、监管委员的姓名以及成员任命的方法,贡献其评级收入 10% 以上的客户的名单。但是,监管机构并未要求信用评级机构披露收入增长贡献显著的客户。

第二,附加服务。美国 SEC 颁布的"规则 17g-1"和"表格 12"(Exhibit 12)要求 NRSROs 提供其他服务和产品的信息,以及其他主要收入来源。上述信息可以仅向 SEC 披露,而无须公开披露。但是如果上述业务存在利益冲突,那么"规则 17g-5"即要求 NRSROs 向公众披露其他服务和评级服务可能存在的利益冲突。欧盟对于信用评级机构附加服务的监管,主要依靠信用评级机构在年度透明报告中的公开披露。

第三,薪酬安排。美国 SEC 颁布的"规则 17g-1"和"表格 13"(Exhibit 13)要求 NRSROs 对薪酬总量以及薪酬中位数进行披露,上述信息可以非公开地披露给 SEC。欧盟则要求评级机构在注册时披露薪酬安排的基本情况。

---

① 《欧盟信用评级机构监管条例》附件1第E章。
② 《金融工具和交易法》第66-39条。
③ 《金融工具和交易法》第66-38条。

第四，关于评级政策和程序的重大修改。美国 SEC 颁布的"规则 17g-1(e)"要求 NRSROs 在对评级系统、信息来源或程序进行重大修改后，立刻在其网站上公布相关信息。对于 NRSROs 的组织结构、评级分析师及分析师的管理人员、合规官，以及评级结果如何公布等信息，则需要及时在向 SEC 提交的表格中披露。

欧盟则要求信用评级机构应当向公众披露评级的方法、模式和主要假设。信用评级机构应当至少每年审查评级结果和方法的适当性，如果信用评级机构希望修改评级的方法、模型和主要假设，应当在其网站公布相关信息，并邀请利益相关方进行咨询和评论。在修改完成后，信用评级机构应当披露新的方法、模式和主要假设，以及上述修改可能对评级结果的影响。并且，信用评级机构还应当在六个月内，对所有受到影响的评级进行审查，并将其置于观察名单。

第五，预评级的披露。SEC 颁布的"规则 17g-2(b)(7)"要求 NRSROs 保留其员工进行的所有与开始、决定、保持、监督、改变和撤销评级有关的内外部交流。关于预评级的交流属于该规则管理的内容。欧盟则要求信用评级机构在其网站上披露并向 ESMA 汇报所有提交给该信用评级机构进行初评或者预评的主体和债务信息。无论信用评级机构与被评级对象是否签订最终的评级合同，信用评级机构都应当履行该披露和汇报义务。

第六，利润贡献。SEC 颁布的"规则 17g-3(a)(5)"要求 NRSROs 披露未经审计的前 20 位发行人和订购人（以净利润计），该信息可以非公开披露给 SEC。欧盟要求信用评级机构向公众披露占其收入 5% 以上的被评级主体或相关第三方机构，以及在上一个财年收入增长率超过信用评级机构总收入增长率 1.5 倍的客户名单。

第七，行为准则。美国 SEC 颁布的"规则 17g-1"和"表格 5"（Exhibit 5）要求 NRSROs 公开披露道德准则，如果机构没有制定相关文件，则需要进行解释。欧盟要求信用评级机构在注册时，披露相关的行为准则文件。

15.6 信用评级公司治理与内部控制

15.6.1 独立董事制度

美国《多德-弗兰克法案》对信用评级机构的公司治理提出了具体的要求，即信用评级机构的董事会应当保有最低数量的独立董事，并负责相关的监督工作。欧盟则要求信用评级机构的董事会或监事会成员中，至少 1/3（最少两名）应当是不参与评级活动的独立成员。董事会或监事会的独立成员的报酬不应当与信用评级机构的表现相关联，并且应当保证他们的独立判断。独立董事的任期还应当是提前设定的固定期限，最长不超过五年且不能续约。信用评级机构不能随意开除独立董事，除非独立董事存在不端或不专业行为。此外，独立董事应当承担监督工作，包括监督评级政策和评级方法的研发，内控机制的有效性，保障利益冲突被识别、消除、管理和披露的措施和程序的有效性，审查程序的有效性。董事会和监事会的独立成员对于上述四个方面的意见，应当形成书面意见并定期向管理委员会披露，ESMA有权要求信用评级机构提交上述意见。

日本《金融工具和交易法》同样规定了信用评级机构的董事会应当包括独立董事，《金融工具商业规则》第306(1)(xvii)条要求信用评级机构建立监督委员会（supervisory committee）或者董事会（administrative committee），至少1/3或至少两名董事会成员为非评级机构的管理人员或者雇员，且非子公司、母公司的管理人员或者雇员的独立董事。独立董事应当拥有金融相关的背景知识，其薪酬应当与信用评级机构的表现无关。独立董事仅在从事了违法违规行为，或者违背了其法定或者议定义务的情况下，才能被解雇。独立董事关于公司治理和内部控制的意见应当定期提交给监督委员会。为了保证监督委员会的效果，信用评级机构应当保存近五年内监督委员会会议的记录。①

但日本未明确要求董事会的独立董事承担监督的责任。信用评级机构的高级管理人员负责保证评级活动的质量，并保证信用评级机构和员工遵守法律法规，具体包括：（1）信用评级机构的活动是独立的；（2）信用评级机构合理地管理利益冲突；（3）信用评级机构遵守相应的法律法规。因而，在信用评级机构未能履行上述职责时，高级管理人员需要承担相应的责任。

15.6.2　内部控制制度

15.6.2.1　合规制度

美国SEC颁布的"规则17g-1"为NRSROs设立了一般性的合规义务，要求披露评级决定的程序和方法、监督评级活动的程序、防止滥用重大非公开信息、道德准则、管理利益冲突的政策、评级分析师的基本资格要求、合规官的身份。欧盟同样要求任命合规官。根据美国《1934年证券交易法》第15E(j)章的要求，NRSROs应当任命首席合规官，负责管理合规部门和机构内部的合规活动，并保证遵守相关的法律法规。合规工作的具体内容包括：（1）记录关于评级的方法和程序的文件；（2）建立、维护和执行防止滥用重大、非公开信息的书面政策和程序；（3）管理利益冲突；（4）保证遵守证券法和相关监管规则。

各经济体都要求信用评级机构任命首席合规官。但是，美国未明确要求合规官承担监督评级方法和程序开发的责任，合规官仅应当确保机构和员工遵守法律法规。合规官还应当承担机构内部落实利益冲突发现、消除或者管理、披露制度的责任。为了保证合规职能的有效性，合规官和合规部门应当保证适当的独立性，包括首席合规官直接向董事会汇报，建立正式的投诉收集、处理和补救的机制。此外，《恢复美国金融稳定法案》为信用评级机构的高层管理人员设定了两项义务：第一，NRSROs的CEO每年必须出具书面文件，证明内控制度的有效性；第二，决定评级结果的程序和方法，应当由NRSROs的董事会或者高级评级官员批准。

欧盟明确要求信用评级机构建立相关的合规制度。第一，建立合适的政策和程序，保证信用评级机构遵守监管政策的规定；第二，建立适当的行政和会计程序，保证遵守

---

① 《金融工具商业规则》第315(vii)条。

相关制度的内部控制机制；第三，建立有效的风险评估程序；第四，建立有效的信息处理控制程序和保密措施；第五，建立决策程序和组织制度，明确规定上下级关系、职责分配；第六，建立独立的合规系统；第七，建立适合的体系、资源和程序，保证评级活动质量的连续性和规则性；第八，监督和定期评估评级系统的有效性和适当性，内部控制系统是否能够处理风险。合规制度承担了保障内控制度有效性的职责。

15.6.2.2 评级方法和评级模型的质量保障

《多德-弗兰克法案》引入了保证评级方法和评级质量的条款。《1934年证券交易法》要求信用评级机构应当建立、保持、执行和记录有效的内部控制结构，以保证相关评级政策、程序和方法获得有效的实施和遵守。[①]NRSROs的管理层应当承担责任，建立和保持有效的内部控制结构，保证实施和遵守评级方法。NRSROs每年都应当向SEC提交内部控制报告，内容包括：（1）NRSROs的管理层在建立和保持有效内控制度方面承担的工作；（2）对NRSROs内控结构有效性的评估；（3）NRSROs的首席执行官对于内控制度有效执行的证明。内控制度有效性的评估应当至少每年进行一次，并向SEC报告。在进行内控制度评估时，NRSROs也应当对其评级方法的有效性进行审查。

另外，由于评级分析师同样是评级质量保障的重要因素，SEC还要求NRSROs披露评级分析师和评级批准人员的相关信息。要求NRSROs雇用的评级分析师、雇员和其他直接参与评级活动的人员拥有与其工作岗位适当的知识和经验。如果NRSROs的评级分析师或评级批准人员未能符合披露的相关信息，那么NRSROs需要承担违反联邦证券法律法规的责任。

欧盟和日本关于评级方法和评级模型的监管规则较为相似。日本监管框架的特点在于设定了"评级决定政策"和"评级提供政策"的最低要求；同时，要求信用评级机构建立评级控制系统，保证评级业务的公平和客观。信用评级机构应当建立定期对评级方法、模型和主要评级假设进行审查的机制，持续监督评级结果和评级方法，至少每年都进行审查；当评级方法、模型发生重大变化时，应当对评级结果进行审核，对那些受到影响的评级结果尽快改正，且最迟不超过评级方法变化后六个月，在此期间评级结果应当置于评级观察名单中。

15.6.3 档案管理制度

档案管理制度是信用评级机构内部控制的基石。监管规则要求信用评级机构建立相应的评级程序和政策、内控制度和风险管理制度。如何判断信用评级机构是否遵守上述内部规则？相关档案和工作底稿即是判断信用评级机构是否违规的证据。

以欧盟的规定为例，第一，如果发行人至少任命两家信用评级机构对同一发行主体进行评级，那么它应当任命至少一家市场份额在10%以下的小规模信用评级机构。如果发行人未任命小规模信用评级机构，应当将该选择和原因记录在案。第二，信用评级机

---

① 《1934年证券交易法》第15(E)(c)(3)条。

构在对结构化融资产品评级时，应当记录与其他机构关于基础注册评级结果存在差异的地方。第三，信用评级机构应当记录参与评定评级结果和评级展望的分析师、批准评级的员工身份，以及该评级是邀请评级还是主动评级和进行评级活动的日期。第四，从被评级对象、其相关第三方机构或评级使用者那里收取费用的往来账户记录。第五，每个评级或相关服务订阅者的账户往来记录。第六，每个评级结果的程序和方法的记录。第七，评级相关的内部文件，包括用于评级的非公开信息和工作底稿，该文件的保存期限为五年。第八，信用分析报告、信用评估报告和内部记录（包括用于形成报告观点的非公开信息和工作底稿）。第九，信用评级机构遵守本监管规则的程序和措施。第十，内部和外部交流的信息，包括信用评级机构和其雇员与被评级对象的电子通信记录。第十一，关于信用评级机构和被评级对象的权利义务关系的合同，应当在此关系存续期内保存。

美国法律法规没有明确要求NRSROs建立档案管理政策，NRSROs主要遵守"规则17g-2"，该规则罗列了SEC要求NRSROs保存的文件，如表15-13第一列所示。而日本《金融工具和交易法》第66-37条规定，信用评级机构应当按照内阁府令的规定准备档案管理，《金融工具商业规则》第315条具体列出了相关义务，如表15-13第三列所示。记录保存的时间是自文件完成后五年。[①] 表15-13总结了美国、欧盟和日本的监管机构主要的档案管理要求。

表15-13 档案管理要求

美国	欧盟	日本
参与评级分析师的详细情况	未任命市场份额在10%以下信用评级机构的原因	关于评级决定的记录
批准评级结果的人员的身份	对基础资产评级与其他机构评级的差异	信用评级机构提供的产品或服务的种类
评级结果与模型结果存在显著差异的原因	分析师和批准人员的身份，是否为主动评级	向信用评级机构支付款项获得评级服务的记录
关于评级决定的程序和方法	订立的服务合同	评级分析师进行信用风险评估的文件
支付首次或者持续评级费用的账户信息	评级结果遵循的程序和使用的方法	对机构和人员守法守规情况的调查结果
评级是主动评级或邀请评级	评级相关的内部文件	预防利益冲突的行动和措施
NRSROs提供的服务和产品的清单	信用分析报告、信用评估报告和内部记录	监督委员会开会的时间长度
	遵守本监管规则的程序和措施	管理层或雇员与评级利益相关方之间重大磋商的记录
	内部和外部交流的信息	与外部沟通的文件或者电子记录
	往来账户记录	账簿

---

① 《金融工具商业规则》第315(2)条。

15.7 法律责任

法律责任是保证监管对象守法守规的重要工具。诺贝尔经济学奖获得者加里·贝克尔（Gary Becker）在1968年发表的开创性文章《罪与罚：一个经济学的分析方法》（Crime and Punishment: An Economic Approach）中提出，潜在的违法行为人同样是理性人，会对激励（incentive）做出反应，即会比较犯罪行为的预期成本和收益。[①] 只有当犯罪行为的预期收益大于预期成本时，理性人才会选择从事犯罪活动。因而，遵守法律不应被视为理所应当；相反，如果法律限制某些行为，而此类行为可以给个人带来预期净收益，那么理性的个人很可能会选择犯罪。犯罪行为的预期成本主要由两个因素决定，即法定处罚和定罪概率。法定处罚由法律条文（rule on the book）决定，而定罪概率由法律执行（law enforcement）的强度决定。本节主要从监管机构拥有的调查权力、行政处罚和民事处罚三个角度探讨评级监管的法律责任。

15.7.1 监管机构的调查权

调查取证的权力是监管机构获取违法违规行为证据的主要渠道，它与信用评级机构的档案管理义务相结合，为给违法违规信用评级机构施加相应的法律责任提供了基础。监管机构调查权力的范围基本决定了监管机构能够查处违法行为的力度。总体来说，各国监管机构都享有广泛的调查取证权，如表15-14所示。

表15-14 监管机构调查取证权

	美国	欧盟	日本
调取信用评级机构的资料	有权力	有权力	有权力
现场调查	有权力	有权力	有权力
调取电话记录和邮件	有权力	有权力	有权力
传唤证人和取证	有权力	有权力	有权力

以SEC为例，《1934年证券交易法》第17章为SEC提供了广泛的调查取证权。第一，SEC有权力调取NRSROs保存的任何资料。NRSROs负有档案保存义务，该义务要求信用评级机构记录评级活动各方面的信息。因而，当评级结果出现问题时，SEC可以在事后获得相关的信息，以判断信用评级机构是否从事了违法违规行为。信用评级机构也不能以未保存相关信息为由，拒绝提供文件。监管机构可以据此处罚信用评级机构违反档案管理义务。第二，SEC还有进行现场调查和调取信用评级机构员工的电话和邮件记录的权力。第三，SEC还可以通过传票（subpoena）传唤证人，并进行取证。第四，SEC

[①] Becker, G., "Crime and Punishment: An Economic Approach", *Journal of Political Economy*, 1968, 76, 169-217.

可以将信用评级机构的违法行为向公众公开。[①] 欧盟和日本的监管机构都享有类似的调查权力。

15.7.2 法律责任的类型

15.7.2.1 概述

信用评级机构的违法责任主要包括民事责任、刑事责任和行政责任。民事责任是指投资者、评级结果的使用者或其他利益相关者,以评级行为违反了相关合同规定,或侵害了其合法权益而提起的民事诉讼。

最为严重的处罚是刑事处罚,一般包括罚金和监禁,仅在极为有限的情况下才被使用。只有通过法院的刑事审判,才能对违法行为人施加刑事处罚。

此外,监管机构都拥有对信用评级机构违法行为施加行政处罚和自律处罚的权力。表 15-15 汇总了主要的非货币行政处罚,包括取消注册资格、暂停评级业务、暂停信用评级机构的评级结果用于监管目的、采取必要的措施保证信用评级机构守法、公开发布处罚通知和将刑事犯罪材料移送有关当局。监管机构应当根据违法行为的轻重程度对信用评级机构或其雇员施加相应的处罚。当信用评级机构的员工违反了相关法律法规时,监管机构还可以要求信用评级机构解雇该员工。货币处罚的主要形式是罚款。由于信用评级机构及其员工违法违规的主要目的是获得经济利益,因而经济处罚的威慑力和效果较为明显。

表 15-15 监管机构的非货币行政处罚

	美国	欧盟	日本
取消注册资格	有权力	有权力	有权力
暂停评级业务	有权力	有权力	有权力
暂停信用评级机构的评级结果用于监管目的	有权力	有权力	有权力
采取必要的措施保证信用评级机构守法	有权力	有权力	有权力
公开发布处罚通知	有权力	有权力	有权力
将刑事犯罪材料移送有关当局	有权力	有权力	有权力

15.7.2.2 美国

次贷危机爆发后,《多德-弗兰克法案》授权 SEC 建立信用评级办公室,负责监管 NRSROs。信用评级办公室应当至少每年对 NRSROs 进行检查并向公众披露年度检查报告。《2008 年 NRSROs 年度检查报告》披露了 SEC 信用评级办公室对 NRSROs 的检查情况,主要涵盖了以下重点监管内容:(1)NRSROs 是否按照其制定的政策、程序和评级方法开展业务;(2)NRSROs 对利益冲突的管理;(3)NRSROs 对职业道德政策的

[①] 《1934年证券交易法》第21(a)(1)条。

实施情况；（4）NRSROs 的内部控制；（5）NRSROs 治理的情况；（6）NRSROs 指定合规官的活动；（7）NRSROs 的投诉程序；（8）员工离职后从事业务的管理政策。

美国《1934 年证券交易法》第 21B(a) 条规定，如果行为人有以下行为，SEC 可以对违法行为人施加货币处罚：（1）故意违反相关法律法规；（2）故意协助违法行为人；（3）在注册程序中故意提供虚假或者误导性材料；（4）未能按照相关规定监督员工，防止违法行为发生。第 21B(b) 条规定了相应的处罚区间。SEC 应当考虑违法行为对公众利益的损害程度，选择相应的处罚。值得注意的是，SEC 可以对每一个违法行为或者遗漏行为施加相应的处罚，最后加总处罚总额。第一档，个人罚款 5 000 美元，机构罚款 50 000 美元；第二档，个人罚款 50 000 美元，机构罚款 250 000 美元；第三档，个人罚款 100 000 美元，机构罚款 500 000 美元。

SEC 在决定处罚数额时，应当考虑以下加重情节：（1）违法行为是否涉及欺诈、操控或者故意忽略监管要求；（2）违法行为是否对他人的利益造成了直接或间接的损失；（3）违法行为是否给他人带来了不公平的利益；（4）是否为累犯；（5）该行为人继续从事违法行为的可能。[①] 如果没有任何加重情节，则适用第一档处罚。如果违法行为涉及欺诈、操纵、故意或粗心大意的过失，则适用第二档处罚。如果违法行为涉及欺诈、操纵或者故意或粗心大意的过失，且直接或者间接导致其他人重大损失，或者导致违法行为人获得重大经济利益，则适用第三档处罚。

此外，根据《1934 年证券交易法》第 15E 部分的相关规定，SEC 可以对 NRSROs 实施如下非货币处罚：（1）谴责；（2）限制其业务活动范围；（3）暂停其业务不超过 12 个月；（4）撤销注册资格。对与 NRSROs 存在特定关系的个人，根据规定，SEC 可以实施如下处罚：（1）谴责；（2）限制其活动或功能；（3）暂停其业务不超过 12 个月；（4）禁止其与 NRSROs 的关联。此外，SEC 有权暂停或撤销 NRSROs 特定类别证券的注册资格。如果 SEC 在听证会的记录中发现，NRSROs 对某一特定类别或子类别的业务没有足够的财务和管理资源来维持信用评级的客观公正，SEC 可暂停或永久撤销 NRSROs 对某一特定类别或子类别业务的注册。

次贷危机后，国际三大信用评级机构都被美国监管机构和投资者起诉至法院，要求其承担相应的法律责任。2015 年 2 月 3 日，标普与美国司法部达成和解协议，同意支付总计 13.7 亿美元的罚金，以终结美国司法部和州检察机构针对其夸大证券信用评级的指控。上述机构指控标普在 2004—2007 年间，给予质量较差的住宅抵押证券最高的信用评级，以帮助金融机构出售证券。2017 年 1 月 13 日，穆迪宣布与美国司法部和 21 个州以及哥伦比亚特区的检察长达成和解协议。根据和解协议，穆迪同意支付总计 8.64 亿美元，以解决与穆迪投资者服务公司在金融危机时期对一些结构化金融产品的评级相关的未决和潜在的民事诉求。[②]

---

① 《1934年证券交易法》第21B(c)条。
② Release No.74102, Administrative Proceeding File No. 3-16346; Release No. 74103, Administrative Proceeding File No. 3-16347; Release No. 747104, Administrative Proceeding File No. 3-16348.

【专栏 15-3】

SEC 执法案例

2015年1月21日，SEC根据《1934年证券交易法》第15E（d）章和第21C章节对标普进行处罚[①]，总计罚款5 800万美元，并勒令标普暂停商业抵押担保证债券市场的部分业务，这是SEC针对一家信用评级服务机构所采取的最严厉的行动。此次处罚主要针对标普为招揽业务，使用了与公开披露的评级方法不同的评级方法进行信用评级，包括未遵守信用评级方法，在评级过程中将已公开披露评级方法中的重要假设参数下调，以提高信用等级；未遵守并执行约束信用评级行为的内部控制政策和程序；未公开披露对评级方法的修改和调整。

RMBS产品的违规行为

2012年8月，标普更新了2009年版本的个人住房抵押贷款支持证券（RMBS）跟踪评级标准（以下简称"标准"）。标准规定了标普在跟踪评级中确定适当损失严重程度（下文简称"LS"）假设的方法，该假设影响抵押贷款发生违约后将会发生的估计损失，是评级分析的重要组成部分。然而，从2012年10月至2014年1月，标普没有将其标准中规定的LS假设应用于贷款与抵押物价值比（loan to value，LTV）较低的短期摊销贷款的跟踪评级中。相反，标普使用了低于标准中规定的LS假设对大约150笔包含短期摊销贷款的交易进行了跟踪评级。

在改变对这种类型的贷款池的LS假设时，标普没有遵循其内部控制政策和程序更改标准。在整个相关过程中，RMBS分析师小组与标普内部控制结构中的各个人员就跟踪评级中支持债券评级的适当方法以及可能的标准变更进行了沟通，但没有确保标普及时更新标准或披露并记录实际用于其跟踪评级的LS假设。标普在一些新闻稿中确实披露了较低的LS假设，但并未进行充分的解释。在整个相关过程中，标普制作了不一致和不完整的外部披露和内部记录，涉及其在LTV较低的短期摊销贷款的跟踪评级中使用的LS假设。标普的内部控制未能及时发现并防止这些文档错误。

CF-CMBS产品的违规行为

2011年2月至7月之间，标普发布了8份通道/融合商业抵押贷款支持证券（conduit/fusion commercial mortgage backed securities，CF-CMBS）预售报告，报告中没有描述其关键定量指标——债务偿付比率（也称偿债覆盖倍数，debt service coverage ratio，DSCR）的计算的方法。在2010年年末，标普改变了计算DSCR的方法，该方法降低了获得市场交易特定评级所需的信用增级。一般而言，信用增级的提高能够为投资者的损失提供更大保护。而2011年2月至7月之间所发布的8份预售报告，仍然采用了先前计算DSCR的方法，使得这些报告具有误导性。并且，标普的内部控制结构并未充分解决包括内部投诉在内的上述问题。

针对上述违规行为，2011年年底，SEC勒令标普暂停CF-CMBS评级业务，为期一年。标普试图通过发布新方法"2012年CMBS标准"重新进入市场。针对"2012年CMBS标准"，标普发表文章描述了其相关内部研究，声称在"大萧条"水平的经济压力下，平均商业抵押贷款损失

[①] 见https://www.justice.gov/opa/pr/justice-department-and-state-partners-secure-nearly-864-million-settlement-moody-s-arising，访问时间2019年2月1日。

约为 20%。这篇文章并未充分披露重要假设，包含虚假和误导性陈述。而基于该文章的研究结论，标普将"2012 年 CMBS 标准"中信用增级目标设定为 20%。此外，标普也未在其出版物中对"2012 年 CMBS 标准"的某些操作进行准确的描述。在 2012 年 10 月至 2014 年 6 月间，标普使用了"2012 年 CMBS 标准"来确定大约 25 个 CF-CMBS 的信用评级。

处罚措施

鉴于上述违规行为，SEC 根据《1934 年证券交易法》第 15E(d) 章和第 21C 章节对标普进行处罚，包括：（1）要求标普停止并不再犯下或导致违反《1934 年证券交易法》《证券交易法实施细则》以及《1933 年证券法》相关章节条款的任何违规行为；（2）对标普进行谴责；（3）暂停标普一年 CF-CMBS 业务；（4）标普在接到本命令后的 30 天内，针对 RMBS 产品的违规行为向 SEC 支付 100 万美元的民事罚款，针对 CF-CMBS 评级方法的违规行为向 SEC 支付追缴款 620 万美元，预付利息 80 万美元，以及 3 500 万美元的民事罚款，针对 CF-CMBS 业务被暂停后标普采取的不正当行动，向 SEC 支付 1 500 万美元的民事罚款。如果没有及时付款，则额外利息应根据美国法典第 31 卷第 3717 章（31U.S.C.§3717）规定支付。

15.7.2.3 欧盟

欧盟的民事法律责任相关规定，当信用评级机构故意或因重大过失，从事相应违法行为改变评级结果，投资者或者发行人可以依据《欧盟信用评级机构监管条例》第 35(a) 条，要求信用评级机构赔偿因信赖该评级结果造成的损失。当然，在民事程序中，原告应当证明他们满足合理信赖（reasonably relied）原则，或履行了应尽的责任（due care），以信用评级作为投资或不投资被评级的金融工具的依据。信用评级机构的民事责任并不是无限制的，应当遵循合理和成比例（reasonable and proportionate）的原则。

ESMA 的行政处罚权力较为广泛。如果 ESMA 发现信用评级机构有相应的违法违规行为，ESMA 应当任命独立调查官进行调查。[①] 独立调查官可以要求被调查机构提供信息，或者进行现场调查。在完成相应调查活动后、向 ESMA 监督委员会（Board of Supervisors）报告前，该独立调查官应当给被调查机构机会对调查结果进行评论。如果 ESMA 的监督委员会裁定该行为违法，它可以对信用评级机构施加相应的行政处罚。

在决定处罚的类型时，监督委员会应当考虑以下因素：（1）违法行为的时间跨度和频率；（2）信用评级机构内部控制或者管理系统的系统性缺陷；（3）违法行为是否存在帮助或引起金融犯罪的效果；（4）违法行为是故意为之还是疏忽大意。监督委员会应当将裁判决定通知信用评级机构和相关主管机构，并在做出决定 10 日内在其网站上公布结果。ESMA 监督委员会还应当给予信用评级机构上诉的权力。

《欧盟信用评级机构监管条例》附件 3 规定了针对信用评级机构违法行为的罚金，主要集中于违反防范利益冲突规定、信息披露规定和妨碍监管活动三个方面。针对每个

---

① 《欧盟信用评级机构监管条例》附件3。

违法行为，法案设定了罚金的上下限。在决定具体数额时，ESMA应当考虑以下加重情节：（1）是否为累犯；（2）违法行为持续时间是否超过6个月；（3）信用评级机构内控制度是否存在缺陷；（4）是否对评级结果产生负面影响；（5）是否故意为之；（6）是否有补救措施；（7）是否配合ESMA调查。

ESMA在2016年7月21日因信息泄露对惠誉施加了货币处罚。ESMA委员会调查显示，从2010年12月1日到2012年6月7日，惠誉的某些高级分析师开始向Fimalac S.A.公司的高级管理人员透露未公开的评级结果。而当时Fimalac S.A.与Hearst Corporation两家公司是惠誉的最终控制人。在一年半的时间里，有9封邮件交流涉及至少6个国家（希腊、法国、爱尔兰、意大利、葡萄牙和西班牙）的11个主权信用评级。而根据《欧盟信用评级机构监管条例》第7条的规定，信用评级机构应当保证其雇员不得违反附件1第C章的规定。而该章要求评级分析师和参与评级过程的员工不得将未公开的评级结果信息泄露给除评级对象或者其相关机构外的第三人。根据前列情况，EMSA委员会发现惠誉违反了《欧盟信用评级机构监管条例》附件3第1章第34条的规定。考虑到加重情节（该违法行为的持续时间超过6个月），以及减轻情节（惠誉已经自觉采取了措施保证未来不再违规），ESMA对惠誉的处罚金额为49.5万欧元。

15.7.2.4 日本

日本采取了双重违法责任制度。根据《金融工具和交易法》第207条的规定，当违法行为人为信用评级机构的员工时，信用评级机构和员工都需要受到处罚。《金融工具和交易法》第198条规定了对于以下特别严重的行为，应处罚款或（和）监禁的情形：

第一，相关人员通过违法手段获取注册资格，或违反禁止出借注册资格的规定，出借注册资格使得其他机构可以从事评级服务，对违法行为人处三年以下监禁或（和）300万日元以下罚款。[①]

第二，信用评级机构的员工违反相关法律法规，导致该机构暂停评级业务，对违法行为人处两年以下监禁或（和）200万日元以下罚款。[②]

第三，相关人员从事以下行为，处一年以下监禁或（和）300万日元以下罚款：（1）为信用评级机构出具虚假的声明或者记录；（2）未能按照监管要求准备或者保存评级业务的相关文件，或者制作虚假文件；（3）未能按时提交商业报告，或者提交虚假报告；（4）未能将解释文件向公众披露，或披露虚假文件，或未能以法律法规要求的方式披露解释文件；（5）未能向公众披露停止业务的意向；（6）未能及时向JFSA报告其停止业务的意向，或由于并购或破产而停止业务的情况；（7）在监管机构要求提交报告或材料的情况下，未能按时提交或提交虚假材料；（8）拒绝、阻挠或逃避调查和检查。[③]

如果信用评级机构的员工从事上述违法行为，那么在处罚违法行为人的基础上，还应当另外处罚信用评级机构。具体处罚额度如下：第一，如果行为人违反《金融工具和交易法》第198-5(ii)条的规定，处最高3亿日元的罚款；第二，如果违法行为人从事上

---

① 《金融工具和交易法》第198(ii)条。
② 《金融工具和交易法》第198-5条。
③ 《金融工具和交易法》第198-6条。

述第三种情况的第（1）类、第（2）类、第（3）类、第（4）类、第（7）类和第（8）类行为，处最高 2 亿日元的罚款；第三，如果违法行为人从事上述第三种情况的第（5）类和第（6）类行为，或违反《金融工具和交易法》第 198(ii) 条的规定，处最高 300 万日元的罚款。

在以下情况下，监管机构可以对违法行为人处最高 30 万日元的罚款：第一，行为人未能向监管机构或公众通知注册文件的变化；第二，行为人未能履行自我检查的责任和遵守相关档案管理制度。如果违法行为人是信用评级机构的员工，那么监管机构还可以对信用评级机构处最高 30 万日元的罚款。

本章小结

1. 信用评级机构具有双重属性。一方面，它是商业机构，参与市场竞争，追求利润最大化；另一方面，它获得监管授权，负有维护公共利益的责任。评级监管应当综合考虑以声誉资本为基础的自律监管和以行政干预为基础的公共监管。危机后监管改革主要分为两个方向：第一，国际机构和跨国组织出台的信用评级机构行为准则，代表市场自律监管改革；第二，主要经济体对内出台的监管法律法规。对美国、欧盟和日本监管框架的比较显示，评级监管规则主要可以分为五个部分：信用评级机构的准入和退出制度；利益冲突监管；信息披露制度；公司治理和内部控制；法律责任。

2. 主要经济体已经基本达成共识，发布应用于监管目的的信用评级的信用评级机构应当在监管机构注册。信用评级机构注册程序决定了市场的准入标准。如果注册程序不清晰或者要求过高，那么新的信用评级机构无法进入市场，无法形成有效的竞争。美国、欧盟和日本都设定了详细的信用评级机构准入规则。而利益冲突的识别、预防、消除、管理和披露成为危机后评级监管改革的重点。信用评级机构的利益冲突可以分为机构层面和员工层面两个部分。有些利益冲突是基于信用评级机构商业模式而产生，因而监管要求信用评级机构管理和披露这些利益冲突，如付费模式、附属业务和分析师离职等。另一些利益冲突是被监管机构严格禁止的，如信用评级机构与被评级对象存在关联关系、咨询服务、评级人员参与收费谈判以及评级人员的收入与销售或市场表现挂钩。

3. 信息披露制度是保证评级过程和结果透明度的重要制度，也是提高评级结果质量的重要保障。信息披露的基本原则包括真实、准确、完整、及时，并且应当易于评级结果使用者的理解。信息披露制度基本上可以分为对于评级结果的信息披露、对于结构化融资产品额外的信息披露、对信用评级机构相关信息的披露。信息披露有助于评级结果的使用者判断评级的含义、局限和可信赖程度，并对被评级对象的风险进行有效评估。信用评级机构信息披露义务与法律责任制度相结合，可以有效威慑信息披露不实、披露遗漏或者选择性披露等侵害投资者利益的行为。

4. 信用评级机构的公司治理和内部控制同样也是评级监管的重要制度。一方面，监管机构要求信用评级机构的董事会和监事会包含一定比例和数量的独立董事；另一方面，监管规则为信用评级机构设置了大量的内部控制义务，以保证评级决策独立、客观和公正。

5. 评级监管通过完善信用评级机构违法责任来保障评级结果的质量。评级法律责任主要包括民事责任、刑事责任和行政责任。民事责任是指投资者、评级结果的使用者或其他利益相关者，以评级行为违反了相关合同规定,或侵害了其合法权益而提起的民事诉讼。监管机构有权对信用评级机构违法行为施加行政处罚和自律处罚。刑事处罚最为严重,一般包括罚金和监禁,仅在极为有限的情况下才被使用。

本章重要术语

信息中介　监管中介　声誉资本　NRSROs　评级监管的范围　支持程序　认证程序　信用评级机构的退出　利益冲突　"管理-披露"　定期信息披露　档案管理制度　调查取证　民事责任　刑事责任　行政责任

思考练习题

1. 为什么需要监管信用评级机构?
2. 请简述美国、欧盟和日本评级监管的基本特点。
3. 请简述信用评级准入的基本理论和主要制度。
4. 欧盟推出的支持程序和认证程序的异同点有哪些?
5. 简述利益冲突的主要类型和监管方式。
6. 结构化融资产品评级结果信息披露的主要内容有哪些?
7. 信用评级的法律责任主要有哪些?

参考文献

[1] 方添智:《信用评级利益冲突规制研究——以美国为中心的研究与借鉴》,中国商务出版社,2015年。

[2] 封红梅:《信用评级法律制度研究》,法律出版社,2014年。

[3] 高汉:《金融创新背景下的信用评级及监管的法律经济学分析》,法律出版社,2012年。

[4] 姜楠:《信用评级机构监管研究:后危机时代》,经济日报出版社,2014年。

[5] 〔美〕约翰·C.科菲著,黄辉、王长河译:《看门人机制:市场中介与公司治理》,北京大学出版社,2011年。

[6] 武钰:《评级与监管——基于美国RDRs监管框架的分析与思考》,经济管理出版社,2014年。

[7] 〔西〕拉克尔·高科塔·阿尔库比拉、杰威尔·瑞恩·德尔珀瑞著,高汉译:《欧洲对信用评级机构的监管:从宽松到严格》,化学工业出版社,2016年。

[8] SEC, "Report on the Role and Function of Credit Rating Agencies in the Operation of the Securities Markets", 2002.

相关网络链接

美国SEC网站:www.sec.gov/

日本金融厅网站:www.fsa.go.jp/en/

欧洲证券及市场管理局网站:www.esma.europa.eu/

第 16 章
中国信用评级行业监管

徐文鸣（中国政法大学）

学习目标

通过本章学习，读者应做到：
◎ 掌握中国信用评级行业的主要监管机构和分工；
◎ 理解中国信用评级市场的准入、市场化评价和退出规则；
◎ 掌握中国信用评级行业预防、管理和披露利益冲突的规定；
◎ 掌握中国信用评级机构信息披露的主要内容；
◎ 了解中国信用评级机构公司治理制度的改革方向；
◎ 掌握中国信用评级机构的内控制度和法律责任。

■ 开篇导读

中国信用评级行业近年来发展势头良好。截至2017年年底，中国债券市场信用评级机构共有12家，采用发行人付费模式的有9家，采用投资人付费模式的有3家。在采用发行人付费模式的信用评级机构中，有7家为内资企业，2家为中外合资企业。银行间债券市场信用评级机构的从业人员达到1 886人，从人员结构来看，评级分析师是从业人员的主要构成部分，共计976人，占比为51.75%。在评级分析师队伍中，硕士及以上学历的分析师占比达到88.93%。根据从业年限，具有1—3年（含）相关从业经验的分析师占比为 50.92%。[①]

2017 年，包括中诚信国际、联合资信、大公资信、新世纪评级、东方金诚、中债资信、鹏元资信在内的 7 家信用评级机构的总营业收入为 16.81 亿元，较上年增长 11.83%。其中，采用发行人付费模式的 5 家信用评级机构（包括中诚信国际、联合资信、大公资信、新世纪评级、东方金诚）在银行间债券市场的非跟踪评级业务收入为 8.75 亿元，跟踪评级业务收入为 1.04 亿元，较上年同比分别增长 14.42% 和 24.46%。在非跟踪评级业务中，中期票据、短期融资券、企业债券等评级业务是非跟踪评级业务收入的主要来源，占比分别为 39.79%、17.46% 和 13.78%，上述券种收入合计占比达到 71.03%。

虽然中国信用评级行业已经初具规模，但是和国际评级巨头相比仍然具有一定的差距，需要借鉴国际经验实现快速健康发展。同时，信用评级还承担着防范债券市场系统性金融风险、促进金融市场健康运行的职责。次贷危机后国际信用评级行业监管发生了较大的转变。通过本章的学习，读者可以掌握中国信用评级行业监管的基本框架，以及具体的制度规范，并认识中国评级行业监管和发展的趋势。

16.1 信用评级监管概述

16.1.1 债券市场历史沿革

信用评级作为债券市场的中介机构，其行业发展和监管体系与债券市场的结构密切相关。1987 年，国务院发布《企业债券管理暂行条例》，规定中国人民银行负责审批企业债券的发行，在中国人民银行体系内出现了为债券发行服务的信誉评级机构。1990 年，中国人民银行发布了《关于设立信誉评级委员会有关问题的通知》，进一步规范了信誉评级委员会的组织机构和业务管理等问题。但由于利率市场化程度和直接融资比重较低，债券发行要求提供担保的比重较高，评级机构揭示信用风险的作用并不明显。20 世纪 90 年代中后期，证券交易所债券交易市场频频爆发风险事件，中国人民银行发布通知，要求商业银行通过全国银行间同业拆借中心进行回购和现券交易，逐渐形成了以银行间市场为主导的债券市场。

进入 21 世纪后，随着债券市场的快速发展和中国金融监管改革的深入，信用评级市场发展和评级监管体系建设进入了快车道。中国债券市场监管体系的特点是多头监管，市场处于分割的状况。究其原因，主要是渐进式的改革在不同监管机构之间进行权力配置。20 世纪 90 年代，债券市场的产品种类较为单一，只有国债、企业债券以及金融债。财政部、发改委、中国人民银行负责债券一级市场的发行监管，而证监会负责交易所市场的交易监管。随着中国建立现代化金融体系的努力，金融监管向分业经营、分业监管

---

① 中国银行间市场交易商协会：《中国债券市场信用评级年度报告（2018）》，2018 年。

的模式转变。中国人民银行的部分金融监管职能逐渐剥离[①],原银监会、证监会和原保监会三家行业监管机构相继成立。上述行政机构在各自的监管规章中广泛引用评级结果,并对各自管辖市场范围内的信用评级业务实施监管。

由于银行债券回购业务出现监管套利的情况,大量资金违规进入股市。中国人民银行在1997年要求商业银行停止在上海证券交易所、深圳证券交易所及各地证券交易中心的证券回购和现券交易,证券回购业务按中国人民银行的规定,在全国统一同业拆借网络中办理。[②] 同年,作为交易商批发市场的全国银行间债券市场成立。而证监会借助2005年修改《证券法》的契机推出公司债券,成为交易所市场主要交易的品种。根据中国人民银行披露的信息,2017年债券市场共发行各类债券40.8万亿元,其中银行间债券市场发行债券36.8万亿元,占比达90%。[③] 从交易场所看,中国债券市场主要分为交易所市场、银行间债券市场和银行柜台市场,部分产品实现了跨交易所市场和银行间市场挂牌交易。交易所市场挂牌交易的主要品种包括:普通公司债券(大公募和小公募)[④]、非公开发行公司债券、证券公司债券、保险公司债券、资产支持证券、可转债券和可交换债券等品种。其中,普通公司债券(大公募和小公募)、非公开发行公司债券、可转债券和可交换债券受到证监会的监管,发行方式实行公募核准制、私募备案制;保险公司债券和证券公司债券分别受原保监会以及中国人民银行和证监会监管,发行方式实行审批制。

银行间债券市场挂牌交易的债券品种包括超短期融资券、短期融资券、中期票据、企业债券、商业银行债券、非银行金融机构债券、资产支持票据、信贷资产支持证券、同业存单和定向债务融资工具等产品。央行票据、政策性金融债、特种金融债、非银行金融机构债和同业存单等产品的发行由中国人民银行监管,实行注册制。商业银行债同时受到中国人民银行和原银监会监管,发行方式实行注册制。企业债券受到发改委监管,发行方式为审批制。而超短期融资券、短期融资券、中期票据、中小企业集合债券、中小企业集合票据等由交易商协会自律监管,发行方式实行注册制。

此外,商业银行柜台市场是向个人和企业中小投资者提供国债交易的零售市场。2002年,中国人民银行发布了《商业银行柜台记账式国债交易管理办法》,经国务院批准,工商银行、农业银行、中国银行、建设银行4家国有商业银行在北京市和上海市两地开展记账式国债柜台交易业务试点,2012年年底承销银行增长至8家,开户数达到1 100万户。[⑤]

---

① 中国人民银行保留了监督和管理银行间同业拆借市场、银行间债券市场、银行间票据市场、银行间外汇市场和黄金市场及与上述市场有关的衍生产品交易市场的权力。
② 见《中国人民银行关于禁止银行资金违规流入股票市场的通知》。
③ 见《2017年金融市场运行情况》。
④ 关于大公募和小公募的区别,参见证监会:"大公募、小公募、私募公司债有什么区别?",2016年,http://www.CSRC.gov.cn/pub/hunan/xxfw/teesyd/jjte/201612/t20161214_20776.htm,访问时间2019年4月1日。
⑤ 沈炳熙、曹媛媛:《中国债券市场:30年改革与发展》,北京大学出版社,2014年,第41页。

16.1.2 评级结果用于监管目的

债券市场多头监管的格局对信用评级监管产生了深远的影响。中国人民银行、发改委、财政部、证监会、原保监会、原银监会和中国银行间市场交易商协会（以下简称"交易商协会"）都在各自监管范围内规范信用评级的业务。由于评级结果被用于市场准入、交易和审慎监管等规则，监管机构为了保证评级结果的质量，建立了相应的评级监管体系。

表 16-1 总结了立法机关或监管机构引用评级结果的主要规定。

表 16-1 监管机构引用评级结果的规章

监管目的	监管部门	规章名称	内容大意
市场准入	中国人民银行、原银监会	《商业银行次级债券发行管理办法》（2004）	商业银行发行次级债券应聘请证券信用评级机构进行信用评级。
		《金融机构信贷资产证券化试点监督管理办法》（2005）	发起机构与受托机构向原银监会联合申请时，报送材料应当包括信用评级报告草案及有关持续跟踪评级安排的说明。
	中国人民银行	《全国银行间债券市场金融债券发行管理办法》（2005）	金融债券的发行应获得信用评级。
		《银行间债券市场非金融企业债务融资工具管理办法》（2008）	企业发行债务融资工具应获得信用评级。
市场准入	证监会	《公司债券发行试点办法》（2007）	企业发行公司债券应经资信评级机构评级且债券信用级别良好。
	银行间市场交易商协会	《银行间债券市场非金融企业短期融资券业务指引》（2008）	企业发行短期融资券应披露主体信用评级和债项评级；主体信用级别低于发行注册时信用级别的，融资券发行注册自动失效。
	中国人民银行、原银监会、财政部	《关于进一步扩大信贷资产证券化试点有关事项的通知》（2012）	资产支持证券在银行间债券市场发行与交易初始评级应当聘请两家具有评级资质的资信评级机构，进行持续信用评级，并在申请发行证券时向监管部门提交评级报告。
	发改委	《关于进一步改进企业债券发行审核工作的通知》（2013）	例如，主体或债券信用等级为 AAA 级的债券为加快和简化审核类；资产负债率较高且债项级别在 AA+ 级以下的债券为从严审核类。
发行和交易方式	证监会	《公司债券发行与交易管理办法》（2016）	公司债券信用评级达到 AAA 级，可以向公众投资者公开发行。
	上海交易所、深圳交易所	《关于调整债券回购标准相关事项的通知》（2008）	对于达到主体评级和债券评级为 AA（含）级以上的公司债券、企业债券、分离交易可转换公司债券可办理质押式回购。
		《公司债券上市规则》（2012 年修订）	发行人申请其发行的债券在交易所上市，且通过综合协议交易平台挂牌交易的，债券信用评级须达到 AA（含）以上。

(续表)

监管目的	监管部门	规章名称	内容大意
审慎监管	证监会	《关于证券投资基金投资资产证券有关事项的通知》（2006）	货币市场基金投资的资产支持证券的信用评级，应不低于国内信用评级机构评定的AAA级，其他类别的证券投资基金应投资于信用级别为BBB级以上（含）的资产支持证券。
		《关于扩大企业年金基金投资范围的通知》（2013）①	企业年金基金投资的信托产品，应取得不低于国内信用评级机构评定的AA+级或者相当于AA+级的信用级别。
		《货币市场基金监督管理办法》（2016）	货币市场基金不得投资于信用等级在AA+级以下的债券与非金融企业债务融资工具。
	原保监会	《关于保险资金投资有关金融产品的通知》（2007）	保险公司投资的银行业金融机构信贷资产支持证券和证券公司专项资产管理计划，若使用外部评级法，应当按照下述标准进行认可和披露：信用评级为AAA级的信贷资产支持证券和专项资产管理计划，以账面价值作为其认可价值；信用评级为AA级以上（含AA级）但低于AAA级的，以账面价值的93%作为其认可价值；信用评级为A级以上（含A级）但低于AA级的，以账面价值的85%作为其认可价值；信用评级为A级以下或没有评级的，为非认可资产。
		《关于调整保险资金投资政策有关问题的通知》（2010）	将投资有担保企业类债券的信用等级，调整为具有国内信用评级机构评定的A级或者相当于A级以上的长期信用级别。
审慎监管	原保监会	《保险资金投资债券暂行办法》（2012）	保险资金投资的证券公司债券，应具有国内信用评级机构评定的AA级或者相当于AA级以上的长期信用级别。保险资金投资的商业银行发行的金融企业（公司）债券，应当具有国内信用评级机构评定的A级或者相当于A级以上的长期信用级别。保险资金投资的商业银行混合资本债券，应当具有国内信用评级机构评定的AA级或者相当于AA级以上的长期信用级别。保险资金投资的非金融企业（公司）债券，应当具有国内信用评级机构评定的A级或者相当于A级以上的长期信用级别。有担保非金融企业（公司）债券，应当具有国内信用评级机构评定的AA级或者相当于AA级以上的长期信用级别。无担保非金融企业（公司）债券，应当具有国内信用评级机构评定的AA级或者相当于AA级以上的长期信用级别。其中，短期融资券应当具有国内信用评级机构评定的A-1级的信用级别。

---

① 该规定是由人力资源社会保障部与证监会、原银监会和原保监会联合发布的。

（续表）

监管目的	监管部门	规章名称	内容大意
审慎监管	原保监会	《关于保险资金投资有关金融产品的通知》（2012）	保险资金投资的理财产品，其发行银行上年末经审计的净资产应当不低于300亿元人民币或者为境内外主板上市商业银行，信用等级不低于国内信用评级机构评定的A级或者相当于A级的信用级别。
		《信用保证保险业务监管暂行办法》（2017）	保险公司不得为以下融资行为提供信保业务：非公开发行债券业务，以及主体信用评级或债项评级为AA+级以下的公开发行债券业务。
	中国证券登记结算公司	《质押式回购资格准入标准及标准券折扣系数取值业务指引（2017修订版）》	提高了信用债券的回购入库标准，从满足债项和主体评级均为AA级（含）以上调整为满足债项评级为AAA级、主体评级为AA级（含）以上。
	上海交易所、深圳交易所	《债券市场投资者适当性管理办法》（2017）	债券信用评级在AAA级以下（不含AAA级）的公司债券、企业债券（不包括公开发行的可转换公司债券），或发行人最近一个会计年度出现亏损，或债券发生违约、违法违规等情况时，只有合格投资者中的机构投资者才能投资相应债券。

第一，信用评级作为固定收益市场的准入条件。评级结果与该产品能否发行、发行方式和交易方式挂钩。例如，中国人民银行2008年发布的《银行间债券市场非金融企业债务融资工具管理办法》第九条规定，企业发行债务融资工具，应当由在中国境内注册且具备债券评级资质的信用评级机构进行信用评级。也就是说，债务融资市场的准入标准之一，是发行人或者债项获得信用评级。

第二，信用评级作为债券交易和流通方式的划分标准。例如，证监会在2016年发布的《公司债券发行与交易管理办法》规定，向公众投资者公开发行的债券，信用评级应当达到AAA级。[1]另外，在深圳交易所挂牌交易的公司债券，如果采用公开竞价交易的方式，其信用评级应当在AA级及以上。[2]债券的发行和交易方式决定了其流动性，也就是说，信用评级决定了债券获得的流动性溢价。

第三，信用评级作为金融机构审慎监管和风险承担限制的工具。例如，证监会2005年发布的《关于货币市场基金投资短期融资券有关问题的通知》第一条规定，货币市场基金投资的短期融资券的信用评级应不低于国内信用评级机构评定的A-1级。对于豁免信用评级的短期融资券，其发行人最近三年的信用评级应达到国内信用评级机构评定的AAA级。在货币市场基金持有短期融资券期间，如果其发行人信用等级下降、不再符合投资标准，应在评级报告发布之日起20个交易日内予以全部减持。审慎监管和风险承担的限制主要以保障投资者利益、维护金融稳定为出发点。

此外，各类监管机构对金融机构风险资本计提的标准，会根据信用评级划分不同的计提比例。《证券公司风控指标计算标准规定》和《基金管理公司特定客户资产管理子

---

[1] 见《公司债券发行与交易管理办法》第十八条（三）款。
[2] 见《深圳证券交易所公司债券上市规则（2015年修订）》第3.1.2条第（一）款。

公司风险控制指标管理暂行规定》规定,证券公司和基金子公司投资于信用评级 AAA 级、AAA 级以下 AA 级(含)以上、AA 级以下 BBB 级(含)以上和 BBB 级以下的信用债券,应分别按照 10%、15%、50% 和 80% 计提风险资本准备。

16.1.3 评级监管主体和主要监管规章

2019 年 11 月,中国人民银行、发改委、财政部、证监会联合发布《信用评级业管理暂行办法》,构建了我国信用评级监管的基本框架。该办法第二条第一款从业务类型的角度定义了评级监管的范围,即包括所有在中华人民共和国境内从事的信用评级业务。第三款规定信用评级业务包括所有为开展信用评级而进行的"信息收集、分析、评估、审核和结果发布等活动"。《信用评级业管理暂行办法》也明确指出信用评级业务受到行业主管部门和业务主管部门两个层面的监管。中国人民银行是信用评级行业主管部门,主管全国的信用评级监督管理工作,而发改委、财政部和证监会为信用评级业务管理部门,在职责范围内依法对信用评级业务实施监督管理。信用评级行业主管部门和业务主管部门分工协作,在各自职责范围内分别建立信用评级机构信用档案和信用评级机构高级管理人员信用档案。《信用评级业管理暂行办法》还专门设置了部级协调机制和信息分享机制,要求上述部门将信用评级机构及高级管理人员信用档案信息、评级业务信息、检查及行政处罚等信息纳入全国信用信息共享平台,避免"数据孤岛"问题影响监管效率。

16.1.3.1 中国人民银行

中国人民银行是信用评级行业主管部门和市场监督管理部门。根据《中华人民共和国中国人民银行法》(以下简称《中国人民银行法》),中国人民银行负责监管银行间债券市场和信贷市场信用评级市场。[①] 中国人民银行在 2004 年 12 月发布了《中国人民银行公告〔2004〕第 22 号》,规定了在银行间债券市场发行债券使用信用评级的基本原则。随后,《信用评级管理指导意见》在 2006 年 3 月发布,成为规范中国银行间市场信用评级市场的重要规章。金融标准化技术委员会发布了《信贷市场和银行间债券市场信用评级规范》,进一步提高了评级行业的标准化水平。《信用评级业管理暂行办法》第四条还要求中国人民银行履行五项宏观职责,包括起草法律法规,拟订发展战略、规划和政策,制定准入原则和基本规范,研究对外开放政策和促进行业健康发展。

中国人民银行对信用评级机构的监管是全方位的,信用评级机构在从事评级业务时,需要在中国人民银行征信局进行资料备案。当信用评级机构与被评级对象签订信用评级业务合同后,需要向中国人民银行征信局及各地分支机构征信处提交相关的备案材料,具体包括:信用评级协议复印件、收费凭证复印件、跟踪评级、承销商出具的发行人是否为集团企业的证明文件。此外,信用评级机构在出具评级报告后 3 个工作日内,应当将信用评级机构的作业流程单和评级报告,呈报中国人民银行征信局及各地分支机构征信处备案。在每月 5 日前,信用评级机构应当向中国人民银行提交违约相关数据的统计

---

① 见《中华人民共和国中国人民银行法》第四条。

报表，还应当向中国人民银行征信局及各地分支机构征信处提交现场访谈作业情况表和各类信用评级业务统计报表。

16.1.3.2 中华人民共和国国家发展和改革委员会

中华人民共和国国家发展和改革委员会（简称"发改委"）依照《企业债券管理条例》的相关规定负责企业债券的发行核准。作为债券发行审批机构，发改委的出发点在于保证企业债券评级的质量，加强企业债券市场信用体系建设和事中事后监管，推进企业债券市场健康、可持续发展。由于并不负责监管具体的债券市场，因而发改委仅要求为企业债券发行提供评级服务的机构遵守中国人民银行和证监会制定的相关规章。

发改委对信用评级机构的监管主要集中于对债券发行过程中评级质量的保障和市场化评价。例如，发改委于2013年5月下发《关于对企业债券发行申请部分企业进行专项核查工作的通知》，通知要求各申请发债企业、主承销商、会计师事务所和信用评级机构等中介机构严格按照该通知要求做好自查工作。其中，信用评级机构自查内容包括：第一，有无虚增级别、以价定级的情况，申请发债企业应提供评级交费情况。第二，申请发债企业、相关中介机构以及相关地方各级政府部门综合信用承诺制度落实情况。第三，地方发展改革部门有无限制信用评级机构在本地区正常开展业务的行为，有无直接或间接干预发行人遴选承销商、信用评级机构等中介机构的行为。核查方式主要为各申请发债企业、主承销商、会计师事务所和信用评级机构等中介机构出具自查报告，发改委在自查基础上按比例进行抽查。

发改委还通过年度信用评级机构市场化评价来监管信用评级机构。一般来说，市场化评价包括实绩评价与综合评价两大部分。实绩评价以案例评价为依据，综合评价包括社会信用评价、主管部门评价、发行人评价、技术评估和登记托管机构评价、市场评价和专家评价六个方面。市场化评价综合考虑受评机构的信用情况、业务素质、业务行为合规性、评级结果质量、评级服务质量等方面的表现。市场化评价是监管机构利用市场机制激励评级机构、保证评级质量的方式。

16.1.3.3 证监会

证监会依据《证券法》监管交易所市场和相关信用评级机构，它和中国证券业协会[①]主要承担了交易所债券评级市场的监管职责。证监会于2007年发布了《证券市场资信评级业务管理暂行办法》，规范了评级行业的市场准入、定期报告、信息披露和现场检查等事项，是监管服务于交易所债券发行和交易的信用评级机构的基本规范。此外，中国证券业协会出于自律监管的需要，于2012年3月份出台了《证券资信评级机构执业行为准则》，对证券资信评级机构的执业行为提出更加明确具体的要求。

信用评级机构需要定期向监管机构报送年度和季度报告。在每个季度结束之日起10个工作日内，信用评级机构应当向注册地证监会派出机构报送包含经营情况、财务数据等内容的季度报告。在每一会计年度结束之日起4个月内，信用评级机构应当向注册地

---

① 中国证券业协会是中国证券业的自律性组织，具体介绍详见其官网http://www.sac.net.cn/ljxh/xhjj/。

证监会派出机构报送年度报告。年度报告应当包括本信用评级机构的基本情况、经营情况、经审计的财务会计报告、重大诉讼事项、评级结果的准确性和稳定性统计情况等信息。

证监会定期组织现场检查工作，每年第四季度会同中国证券业协会对信用评级机构业务开展情况进行现场检查。现场检查的内容主要涉及人员状况、制度建设、行业自律落实情况、评级质量控制状况、财务状况、监管要求落实情况。从信用评级机构具体业务层面来看，证监会的检查活动主要聚焦于以下四个方面：第一，信用评级机构的收费是否符合相关规定，是否存在评级收费与评级结构挂钩的情况。第二，信用评级机构及其从业人员利益冲突防范、管理和披露机制是否有效运行。第三，信用信用评级工作流程是否遵守信用评级机构的流程和相关规章，包括但不限于尽职调查、审核、评审委员会工作、评级报告及跟踪评级等活动。

16.1.3.4 银保监会

银保监会的监管职责在债券市场的需求方，因而其监管的切入点在于金融机构能够使用哪些信用评级机构的评级结果。在原银监会与原保监会合并以前，原银监会对银行业金融机构聘请外部信用评级机构、使用评级结果等问题做出了相关的规定。2011年，原银监会发布了《中国银监会关于规范商业银行使用外部信用评级的通知》，要求商业银行对信用评级机构进行尽职调查，并要求其在进行重大投资行为时原则上应以内部评级为依据。此外，原银监会于2012年6月发布了《商业银行资本管理办法（试行）》。该办法的附件17明确规定了合格外部信用评级机构应具备的六项资格标准，即客观性、独立性、国际通用性及透明度、披露、资源与可信度，以及主动评级的定义与主动评级结果使用应考虑的因素。

原保监会主要从准入资格的角度监管信用评级机构，它在2012年7月颁布了《保险资金投资债券暂行办法》，规定保险资金可投资债券需由信用评级机构进行信用评级，信用评级机构的资质由原保监会认定。2013年7月，原保监会发布《中国保监会关于加强保险资金投资债券使用外部信用评级监管的通知》，规定保险资金投资债券的外部信用评级机构需"已经获得国家相关部门许可的债券市场信用评级业务资质"，才可向原保监会申请资质认证。

16.1.3.5 中国银行间市场交易商协会

中国银行间市场交易商协会（以下简称"交易商协会"）成立于2007年9月3日，是银行间债券市场、拆借市场、票据市场、外汇市场和黄金市场参与者共同的自律组织，其业务主管单位为中国人民银行。交易商协会负责信用评级机构的自律监管。交易商协会会员包括单位会员和个人会员，单位会员涵盖政策性银行、商业银行、信用社、保险公司、证券公司、信托公司、投资基金、财务公司、信用评级机构、大中型工商企业等各类金融机构和非金融机构等。交易商协会通过发布自律监管规则，落实相关法律和中国人民银行发布的规章。此外，它还通过现场检查和自律处罚，约束会员的业务行为。

16.2 信用评级市场的准入、市场化评价和退出

16.2.1 信用评级市场的准入制度

《信用评级业管理暂行办法》的监管理念为弱化事前准入监管,强化事中、事后监管。该办法的第二章仅从备案的宏观角度规定了信用评级机构需要向所在地的信用评级行业主管部门省一级派出机构办理备案的情况。[①] 业务管理部门制定的准入规则,从微观角度规定了信用评级机构需要满足的要件。对于信用评级机构来说,只有获得准入资格,其评级结果才能用于监管目的,但这也意味着其业务受到相应的监管。对于监管机构来说,未获得准入资格的信用评级机构,其进行的信用风险评估活动并不隶属相应机构的监管。目前中国评级行业多头监管,不同的监管主体都按照自身的业务特点设定了评级准入标准,表16-2对主要监管机构的准入标准进行了梳理。由于银行间债券评级市场和交易所债券评级市场的准入规则最为完备,本小节将主要介绍上述规则。

表 16-2 主要监管机构的准入规则

	监管规章	主要内容
银行间债券评级	《中国人民银行公告〔2017〕第7号》;《银行间债券市场信用评级机构注册评价规则》	1. 在所在地中国人民银行中心支行以上分支机构备案; 2. 拥有一定数量的信用评级分析师; 3. 公司治理机制健全; 4. 建立完善的信用评级内部管理制度以及评级程序与方法、评级质量控制、尽职调查、信用评级评审等信用评级制度; 5. 具有债券评级的相关经验,市场声誉良好; 6. 最近三年未发生重大违法违规行为。
	《银行间债券市场信用评级机构注册评价规则》	1. 从事银行间债券市场信用评级业务的信用评级机构分为A类和B类,A类信用评级机构在银行间债券市场开展全部类别的信用评级业务,B类信用评级机构在银行间债券市场开展部分类别的信用评级业务; 2. 信用评级机构注册评价指标包括机构素质及业务评价、投资人评价、专家评价三类指标; 3. 根据注册评价结果,交易商协会对信用评级机构提出接受或不接受注册的建议,经咨询交易商协会信用评级专业委员会,提交交易商协会常务理事会审议后,报中国人民银行备案; 4. 接受注册的信用评级机构不再符合《中国人民银行公告〔2017〕第7号》文件及《银行间债券市场信用评级机构注册文件表格体系》相关规定的,交易商协会视情况要求其限期整改。整改后仍无法满足要求的,经向中国人民银行报备后,将限制、暂停其开展银行间债券市场信用评级业务或注销其相应业务注册。

[①] 《中国人民银行 发展改革委 财政部 证监会有关负责人就<信用评级业管理暂行办法>答记者问》,见http://www.pbc.gov.cn/goutongjiaoliu/113456/113469/3930443/index.html,访问时间2020年3月16日。

(续表)

	监管规章	主要内容
交易所债券评级	证监会《证券市场资信评级业务管理暂行办法》	1. 具有中国法人资格,实收资本与净资产均不少于2 000万元; 2. 具有相应的人力资本; 3. 具有健全的公司治理、内部控制和管理制度; 4. 建立完善的业务制度; 5. 近5年未受到刑事处罚,最近3年未因违法经营受到行政处罚; 6. 近3年在税务、工商、金融等行政管理机关,以及自律组织、商业银行等机构无不良诚信记录; 7. 中国证监会基于保护投资者、维护社会公共利益规定的其他条件。
企业债券评级	发改委《关于国家电网公司等企业债券发行规模及发行审批有关问题的通知》	2000年以来承担过国务院特批企业债券评级业务的信用评级机构。
保险投资产品评级	原保监会《保险公司投资企业债券管理暂行办法》	1. 须已经获得国家相关部门许可的债券市场信用评级业务资质; 2. 具有持续经营能力和成熟稳定充足的专业队伍; 3. 具有完善的组织结构、内部控制和业务制度; 4. 评级体系运作良好。

16.2.1.1 银行间债券评级市场准入规则

中国人民银行于2017年7月4日发布公告,推动债券市场信用评级行业对外开放,就信用评级机构在银行间债券市场开展信用评级业务进行了相关规定,并区分了境内机构和境外机构。境内依法设立的信用评级机构从事银行间债券市场信用评级业务,应当满足以下六个要件:第一,在所在地的中国人民银行省会(首府)城市中心支行以上分支机构备案。第二,拥有一定数量的具有债券评级经验且与拟从事的信用评级业务相匹配的信用评级分析师。第三,公司治理机制健全,且其主要股东及实际控制人在股权比例或投票权等方面不存在足以影响信用评级独立性的潜在利益冲突情形。第四,按照银行间债券市场法律法规建立完善的信用评级内部管理制度以及评级程序与方法、评级质量控制、尽职调查、信用评级评审等信用评级制度。第五,具有债券评级的相关经验,市场声誉良好,评级结果获得合格机构投资者的普遍认可。第六,最近三年未发生重大违法违规行为,且不存在因涉嫌违法经营、犯罪正在被调查的情形。

而境外依法设立的信用评级机构,欲从事银行间债券市场信用评级业务,除了需要满足上述第二点至第六点要件,还应当具备以下四个要件:第一,经所在国家或地区信用评级监管机构注册或认证,且受到所在国家或地区信用评级监管机构的有效监管。第二,所在国家或地区的信用评级监管体系符合国际公认的信用评级监管原则。第三,承诺就所开展的银行间债券市场信用评级业务接受中国人民银行的监管,或所在国家或地区信用评级监管机构已与中国人民银行签署信用评级监管合作协议。第四,具有在境内设立的分支机构,且该分支机构已在所在地的中国人民银行省会(首府)城市中心支行以上分支机构备案。

交易商协会具体负责银行间债券市场信用评级业务准入的工作。《信贷市场和银行间债券市场信用评级规范》关于信用评级主体的条文规定了评级市场的准入程序。信用评级机构首先应当向交易商协会递交申请材料，主要包括《企业法人营业执照》和《税务登记证》副本复印件并出示副本原件、收费标准、注册资本验资报告复印件并出示原件、公司章程、信用评级制度和内部管理制度、最近三年经审计的财务报表、办公场所及组织机构的情况、法定代表人及其高级管理人员的有关资料、拟开展业务的范围及执业能力情况。

交易商协会在2018年3月27日颁布了《银行间债券市场信用评级机构注册评价规则》，进一步规定申请注册的信用评级机构应向交易商协会提交符合《银行间债券市场信用评级机构注册文件表格体系》要求的注册文件，并说明拟开展的债券评级业务类别，进行分类申请注册。[①] 银行间债券市场信用评级业务类别分为金融机构债券信用评级、非金融企业债务融资工具信用评级、结构化产品信用评级以及境外主体债券信用评级。交易商协会对信用评级机构实行分层分类管理的理念，其中A类信用评级机构在银行间债券市场开展全部类别的信用评级业务，B类信用评级机构仅能开展部分类别的评级业务。

如果注册文件不完备，信用评级机构应在收到反馈建议后10个工作日内提交经补充的注册文件。对于未能按期提交的评级机构，交易商协会在6个月内不再受理其注册申请。交易商协会将根据具体情况定期或不定期组织实施评价工作。信用评级注册评价采用定性和定量相结合的方式，主要包括机构素质及业务评价、投资人评价、专家评价三类指标。机构素质及业务评价指标是指对信用评级机构的资产情况、业务表现、人才队伍、研究能力、透明度和信息披露、合规管理能力、评级结果检验等情况的评价。而投资人评价是指投资人对信用评级机构评级结果质量、报告质量及服务质量等情况的评价。专家评价则是指由独立的第三方评审专家对信用评级机构在评级结果市场公信力、评级报告质量、跟踪评级质量、内部控制质量和业务能力水平等方面进行的评价。

16.2.1.2 交易所债券市场评级准入规则

根据证监会2007年发布的《证券市场资信评级业务管理暂行办法》第七条，申请证券评级业务许可的资信评级机构，应当满足以下要件。第一，申请机构应当具有中国法人资格，且实收资本与净资产均不少于人民币2 000万元。第二，申请机构的人力资本应当达到以下标准，具有符合本办法规定的高级管理人员不少于3人；具有证券从业资格的评级从业人员不少于20人，其中包括具有3年以上资信评级业务经验的评级从业人员不少于10人，具有中国注册会计师资格的评级从业人员不少于3人。第三，申请机构应当具有健全且运行良好的内部控制和管理制度。第四，申请人应当具备完善的业务制度，包括信用等级划分及定义、评级标准、评级程序、评级委员会制度、评级结果公布制度、跟踪评级制度、信息保密制度、证券评级业务档案管理制度等。第五，申

---

① 其中，境外信用评级机构还需额外提交以下材料：（1）在所在国家或地区注册或认证的相关情况及证明文件；（2）在所在国家或地区受到信用评级监管机构的有效监管的相关材料；（3）境内分支机构相关情况；（4）境内联络员信息。

请机构近 5 年未受到刑事处罚，最近 3 年未因违法经营受到行政处罚，不存在因涉嫌违法经营、犯罪正在被调查的情形。第六，申请机构最近 3 年在税务、工商、金融等行政管理机关，以及自律组织、商业银行等机构无不良诚信记录。第七，中国证监会基于保护投资者、维护社会公共利益规定的其他条件。

此外，《证券市场资信评级业务管理暂行办法》第八条对于资信评级机构负责证券评级业务的高级管理人员的任职资格进行了限定。第一，高管人员应当取得证券从业资格。第二，高管人员应当熟悉资信评级业务有关的专业知识、法律知识，具备履行职责所需要的经营管理能力和组织协调能力，且通过证券评级业务高级管理人员资质测试。第三，不存在《公司法》《证券法》规定的禁止任职情形。第四，未被金融监管机构采取市场禁入措施，或者禁入期已满。第五，高管人员在最近 3 年未因违法经营受到行政处罚，不存在因涉嫌违法经营、犯罪正在被调查的情形。第六，高管人员应正直诚实，品行良好，最近 3 年在税务、工商、金融等行政管理机关，以及自律组织、商业银行等机构无不良诚信记录。如果由境外人士担任资信评级机构的高管人员，其应当在中国境内或者中国香港地区、中国澳门地区等地区工作不少于 3 年。

资信评级机构申请交易所评级市场准入，需要提交以下材料：申请报告、企业法人营业执照复印件、公司章程、股东名册及其出资情况和股东之间是否存在关联关系、经具有资质的会计师事务所审计的财务报告、高级管理人员和评级从业人员情况的说明及其证明文件、内部控制机制和管理制度及其实施情况的说明、业务制度及其实施情况的说明。中国证监会在收到材料后，将根据审慎监管的原则，考虑市场发展和行业公平竞争的需要，对资信评级机构的证券评级业务许可申请进行审查、做出决定。

16.2.2　市场化评价制度

信用评级的声誉资本是自律监管的重要工具。与国际信用评级机构相比，中国评级行业发展的时间较短、信用评级机构的公信力和声誉资本积累不足、市场认可度不高。市场化评价机制是建立评级声誉机制和实现信用评级机构优胜劣汰的主要抓手。因而，评级主管机关建立了对从事信用评级业务的机构进行市场化评价的制度。监管以评价评级质量为导向，增强对信用评级机构的约束，以更好地发挥评级的风险揭示作用，为投资者提供更有价值的投资决策信息。表 16-3 总结了发改委、原保监会和交易商协会对注册信用评级机构市场化评价的结果。

表 16-3　信用评级机构市场化评价指标体系

监管机构 市场化评价指标	发改委[①]	原保监会[②]	交易商协会[③]
1	实绩评价（案例评价）	业务开展情况评价	机构素质及业务评价

---

① 见《国家发展改革委办公厅关于开展2016年度企业债券信用评级机构信用评价工作的通知》。
② 见《2017年度中国保险资产管理业协会信用评级机构评价参评材料清单及说明》。
③ 见《非金融企业债务融资工具信用评级机构业务市场评价规则》。

（续表）

监管机构 市场化评价指标	发改委[①]	原保监会[②]	交易商协会[③]
2	社会信用评价	财务情况评价	投资人评价
3	主管部门评价	评级报告评价	其他市场成员评价
4	发行人评价	信息统计表评价	专家评价
5	技术评估		
6	登记托管机构评价		
7	市场机构评价		
8	专家评价		

与主要监管机构的市场化评级体系类似，信用评级机构市场化评价主要由专家评审、机构投资者评审和监管部门评审等部分组成，最后加权汇总得出相应评分。市场化评价有助于帮助监管机构发展评级行业面临的问题。如中国保险资产管理业协会的市场化评价显示，虽然受评机构的评级服务质量较上一年度有所提升，各信用评级机构间的差距有所减小，但也存在评级区分度不够明显、对风险的预判不够及时、风险揭示不够深刻等问题。部分信用评级机构在内控合规方面的制度建设和执行力度较弱，评级质量缺乏保障。

本小节以交易商协会2016年2月26日颁布的《非金融企业债务融资工具信用评级机构业务市场评价规则》为例，讨论市场化评价制度。该市场化评价的对象是在银行间债券市场从事非金融企业债务融资工具信用评级业务的信用评级机构，频率是每年进行一次。评价体系采取定性和定量指标相结合的方式。

具体来看，交易商协会市场化评价的指标体系包括机构素质及业务评价、投资人评价、其他市场成员评价和专家评价四个部分。机构素质及业务评价是针对信用评级机构的业务实力和信用评级质量进行的评价，主要包括业务人才队伍、研究能力、透明度和信息披露、评级结果检验等评价指标。[①]人才队伍又可以进一步分为评级分析师的数量、经验、学历和离职率等指标。研究能力则体现在发布研究报告的数量和产品创新情况。透明度和信息披露主要体现在相应文件披露的准确性和及时性，以及评级报告披露的情况。评级结果检验是指评级结果是否具有区分度、稳定性以及与市场其他信用评级机构评级结果的差异。

投资人评价通过向交易商协会的投资人会员发放问卷，评估信用评级中介服务质量和业务能力等情况。其他市场成员评价主要由主承销商等市场成员对信用评级机构的业务能力进行评价。专家评价是指由独立的第三方评审专家评估信用评级机构在评级结果市场公信力、评级报告质量、跟踪评级质量、制度建设及执行情况等。[②]市场化评级还设置了具体的减分项，即当信用评级机构在评价期间因违反交易商协会相关自律管理规定要求受到自律处分，或者发生其他违规行为受到监管部门行政处罚或其他自律组织处分的，需要对最后得分进行相应的减分处理。

---

① 见《非金融企业债务融资工具信用评级机构业务市场评价规则》第七条。
② 见《非金融企业债务融资工具信用评级机构业务市场评价规则》第十条。

交易商协会的市场化评价体现了监管机构利用市场的力量提高自律监管的有效性，促进信用评级市场优胜劣汰。市场化评价的指标体系不再由某个监管机构单独制定，而是由市场成员代表共同商议，提出有利于市场长期健康发展的评价方法，并在综合市场成员和专家意见的基础上形成相应评价机制。此外，评价的主体不再是某个单一机构，而是由市场成员和相关专家充分参与，综合各方评价形成一个客观、公正、公开的评价结果。

另外，中国债券市场信用评级行业面临公信力不足、市场认可度不高的问题，评级虚高现象较为突出。由于存在准入审批，中国的信用评级机构首先通过准入获得主管部门的资质认可和能力背书，信用评级机构的声誉来自监管授权，而非市场竞争。同时，评级市场的退出机制不健全，评级质量控制没有保障。市场化评价机制有利于促进信用评级机构以评级质量为导向展开竞争，增强对信用评级机构的约束，促进优胜劣汰，更好地发挥评级的风险揭示作用，为投资者提供更有价值的投资决策信息。

16.2.3 信用评级行业的退出制度

中国信用评级市场长期处于机构退出困难的状态，市场实现优胜劣汰的机制运行不畅。而信用评级行业建立有效的退出制度，有助于改善行业整体声誉，提高信用评级的质量和可信度。根据《信贷市场和银行间债券市场信用评级规范》，信用评级行业的退出可以分为主动退出和强制退出两类程序。主动退出程序适用于信用评级机构终止信用评级业务，或因破产等原因无法继续开展信用评级业务的情况。拟退出机构至少在终止信用评级业务之前的3个月，向交易商协会提出书面申请，接到书面回复后开始办理退出手续。

强制退出程序适用于以下情况：第一，危害国家安全及国家利益、企业信息安全的；第二，不履行信用评级机构应有职责，且情节恶劣的；第三，不遵守信用评级机构行为准则，造成严重影响的；第四，危害投资人、评级对象（发行人）利益，严重损害信贷市场和银行间债券市场信用评级声誉的；第五，不遵守评级业务主管部门相关规定的。评级主管部门在认定信用评级机构存在上述情况，该机构在经指正后合理期限内仍未改正时，主管部门可书面通知该机构按有关要求办理退出手续，并处理相关后续事项。

《中国人民银行〔2017〕年第7号公告》第十一条规定，如果信用评级机构违反银行间债券市场的相关规定，中国人民银行将予以通报，并可以视情节依法限制、暂停或禁止其开展银行间债券市场信用评级业务。如果信用评级机构市场化评价结果显示，信用评级机构无法满足开展业务的要求或者投资者不认可信用评级机构的评级质量，交易商协会可以在向中国人民银行报备后，限制、暂停其开展相关评级业务。根据《银行间债券市场信用评级机构注册评价规则》第十七条的规定，如果信用评级机构因发生违规行为受到中国人民银行等监管部门行政处罚，或违反交易商协会和其他自律组织处分的，自处罚或处分措施结束后1年内不得参加注册评价。第十八条规定，如果在注册评价的过程中，信用评级机构不再符合相关规定的要求或《银行间债券市场信用评级机构注册文件表格体系》的规定，交易商协会将暂停其注册评价。

主动和强制退出机构保留的与业务相关的资料应按评级业务主管部门的要求进行处

理，退出机构及其员工应对评级对象（发行人）的评级资料负有保密义务。退出机构在强制退出市场之日起3年后，方可重新申请从事信贷市场和银行间债券市场信用评级业务。

证监会的退出制度包括对信用评级机构和高级管理人的撤销/暂停资格。第一，机构撤销/暂停资格：证券评级机构不再符合证券评级业务许可条件的，应当立即向注册地中国证监会派出机构书面报告并依法进行公告。中国证监会派出机构应当责令限期整改，整改期间不得从事证券评级业务。期限届满仍不符合条件的，证监会依法撤销证券评级业务许可。第二，高级管理人员撤销/暂停资格：证券评级机构的高级管理人员不符合规定条件的，应当限期更换。逾期未更换的，证监会派出机构应当责令证券评级机构整改，整改期间不得从事证券评级业务。

16.3 利益冲突监管制度

从次贷危机可以看出，信用评级的商业模式可能存在的利益冲突会降低评级活动的独立性和客观性。次贷危机后国际评级监管改革的重要举措围绕着信用评级利益冲突的预防、管理和披露展开。根据《信用评级业管理暂行办法》第二十条，信用评级机构应当组建评级项目组开展具体的评级业务，保证项目组长至少有三年以上评级业务经验。评级初评结果应当经过三级审核程序，包括评级小组初审、部门再审和公司三审。[①] 信用评级最终结果的确定由信用评审委员会召开会议投票表决。从组织机构层面来看，信用评级机构应当通过建立部门间的"防火墙"，有效隔离评级部门和市场部门，防止经济利益扭曲评级结果。[②] 本小节将详细介绍中国信用评级的利益冲突的监管框架。

16.3.1 机构层面的利益冲突监管

16.3.1.1 付费模式

信用评级行业的主要付费模式包括发行人付费模式与投资者付费模式两类，其中发行人付费模式占据绝大部分的市场份额。发行人付费模式的利益冲突体现为，发行人作为评级服务的购买人，希望评级结果能够最大化其商业利益。信用评级机构存在强烈的经济动机，维持与发行人或者承销商的业务合作关系。发行人可以进行"评级购买"（rating shopping），向信用评级机构施加压力。[③] 而信用评级机构出于经济利益的考虑，存在与发行人妥协的风险，导致评级结果不再是对发行人信用风险的客观反映。

虽然投资人付费模式的利益冲突不像发行人付费模式如此显著，信用评级机构的利

---

① 《信用评级业管理暂行办法》第二十三条。
② 《利益冲突管理规则》第五条。
③ 中国监管规则存在约束"评级购买"的制度，如《证券市场资信评级业务管理暂行办法》第二十条规定，如果被评级对象对评级结果存在异议，并另行购买其他证券评级机构出具的评级服务，那么原受托评级机构应当与现受托评级机构同时公布评级结果。

益与投资者的利益一致,可以避免发行人付费模式下的固有利益冲突。但是,在以下情况下,投资者付费模式同样存在利益冲突。第一,如果投资者有强烈的产品评级偏好,例如一些机构投资者的投资决策需要满足内部投资指引,那么其也会给信用评级机构施加压力获得预期的评级结果。第二,订购评级报告的发行人通常也是机构投资者,若信用评级机构没有给予发行人预期的评级,那么发行人可能以取消订阅相威胁。如果信用评级机构的订阅收入集中度不高,那么它们抵御投资者影响的能力就更强;反之,评级的独立性将大打折扣。

对付费模式带来的利益冲突,一般通过监管原则进行一般性约束,再辅之以信用评级机构根据自身情况制定的具体规定。根据交易商协会发布的《银行间债券市场非金融企业债务融资工具信用评级业务利益冲突管理规则》(以下简称《利益冲突管理规则》)第二条的规定,信用评级机构及其人员应遵守相关法律法规及自律规定,树立良好的职业道德,遵循独立、客观、公正的原则开展信用评级,不受其他外来因素的影响。第四条则要求信用评级机构根据经营情况,建立健全利益冲突管理机制和相关制度,有效识别、防范、消除和披露信用评级业务中实际或潜在的利益冲突相关情形。

根据《信用评级业管理暂行办法》第八条的规定,信用评级活动遵守的基本原则包括:独立、客观、公正和审慎性。信用评级机构依法独立开展业务,不受任何单位和个人的干涉。而《证券资信评级机构执业行为准则》第四十二条进一步要求信用评级机构建立书面的证券评级业务利益冲突防范制度,包括识别、管理和披露利益冲突的制度,防火墙制度和回避制度,离职人员评级工作审查制度等。这种制度设计的优势在于一方面要求信用评级机构监管利益冲突,另一方面避免了一刀切式监管僵化的问题,允许信用评级机构根据自身的特点制定相应的利益冲突防范机制。

16.3.1.2 信用评级机构与被评级对象之间存在利害关系

如果信用评级机构与被评级对象之间存在利害关系,那么评级结果可能受到利益冲突的影响。影响评级结果独立性的利害关系包括以下三类。

首先是控制关系。当被评级对象或其股东持有信用评级机构的股份达到一定比例,或者存在关联关系,能够对信用评级机构施加控制或者显著影响,或第三人同时持有信用评级机构和被评级对象一定比例的股份时,信用评级机构不得为此类评级对象提供评级服务。《利益冲突管理规则》第十一条列举了三种情况,包括受评对象或其实际控制人直接或者间接持有信用评级机构股份达到 5% 以上;同一控制人控制信用评级机构和被评级对象;同一股东持有信用评级机构和被评级对象均达到 5% 以上。

根据《非金融企业债务融资工具信用评级业务自律指引》第十四条规定,当信用评级机构与受评企业或其关联机构存在足以影响信用评级独立性的股权关联关系时,信用评级机构不得参与相关评级业务。同样,根据《证券市场资信评级业务管理暂行办法》第十二条,当存在以下关系时,信用评级机构不得对被评级对象开展信用评级:第一,信用评级机构与被评级对象为同一实际控制人所控制;第二,同一股东持有信用评级机构和被评级对象的股份均达到 5% 以上;第三,被评级对象及其实际控制人直接或者间接持有受评级证券发行人或者受评级机构股份达到 5% 以上。

其次是经济利益关系。当信用评级机构持有被评级对象的收益权时，不能为被评级对象提供评级服务。如果信用评级机构或其实际控制人直接或者间接持有受评对象股份达到 5% 以上，或在开展评级业务之前 6 个月内持有或交易与受评对象相关的证券或衍生品，则该信用评级机构不得开展信用评级业务。[①]

《非金融企业债务融资工具信用评级业务自律指引》第十四条规定，信用评级机构及其雇员开展评级业务前 6 个月内持有与受评对象相关的证券或衍生品头寸，或者在开展评级业务期间，该机构及参与评级的人员买卖与受评对象相关的证券或衍生品，则信用评级机构不得参与相关评级业务。《证券市场资信评级业务管理暂行办法》第十二条规定，当信用评级机构及其实际控制人直接或者间接持有被评级对象股份达到 5% 以上，或者在开展证券评级业务之前 6 个月内买卖受评级证券，则信用评级机构不得受托开展证券评级业务。

最后是业务关系。信用评级机构不仅提供评级服务，同时还提供风险管理、经济咨询等其他非评级业务，因而被评级对象与信用评级机构之间可能存在多重业务关系。信用评级机构可能出于维护非评级业务的考虑，给被评级对象较高的评级结果。

一方面，监管规则禁止某些因业务关系产生的利益冲突，如《利益冲突管理规则》第十九条规定，当信用评级机构提供评级服务时，该机构及其人员、分支机构不得向受评对象提供咨询、财务顾问和非金融企业结构化产品的设计提供咨询服务或建议。此外，《证券资信评级机构执业行为准则》第四十一条也规定，信用评级机构及其从业人员在开展评级业务期间，不得向被评级对象提供管理咨询或财务顾问方面的服务或建议。

另一方面，监管规则通过要求信用评级机构建立内部控制制度，预防、管理和披露因业务关系产生的利益冲突。信用评级机构的市场部门和评级部门应互相独立，不得存在职能、人员上的交叉重叠。评级委员会主任不得在市场部门和评级部门兼任任何职务，市场部门人员不得兼任评级委员会委员。评级委员会委员与评级分析人员不得参与证券评级业务营销活动，不得参与评级收费谈判。如信用评级机构在银行间市场进行注册时，根据《银行间债券市场信用评级机构注册评价规则》，需要报告机构业务层面利益冲突及防范的规则，包括信用评级机构从事附属业务的利益冲突及防范，以及信用评级机构与被评级方非正常商业关系的利益冲突及防范。

16.3.2 评级分析师层面的利益冲突监管

除了机构层面的利益冲突外，评级分析师个人同样可能存在利益冲突，这些利益冲突同样可能降低评级结果的独立性，主要包括经济利益关系、双重雇佣关系和评级"旋转门"。

[①] 《利益冲突管理规则》第十一条（四）款和第十一条（五）款。

16.3.2.1 经济利益关系

评级分析师的经济利益可能受到评级结果的影响,进而降低其评级活动的独立性。

首先,评级分析师可能因为个人的社会关系产生利益冲突,《证券资信评级机构执业行为准则》第三十八条规定评级从业人员应主动向证券评级机构报告因其个人关系可能产生的利益冲突,并遵守相应的回避制度。

其次,评级分析师还应当遵守相应的商业准则和法律法规,自觉抵制不正当交易和商业贿赂行为,不得索取或接受现金、贵重礼品或其他好处。

最后,评级分析师或其亲属可能在被评级对象直接或者间接持有利益。《证券资信评级机构执业行为准则》和《利益冲突管理规则》都规定,评级分析师及其直系亲属、评级委员会委员及其直系亲属在开展证券评级业务期间,不得买卖受评机构或受评证券发行人发行或提供担保及其他支持的证券或衍生品。另外,《利益冲突管理规则》第十二条列举了具体的利益冲突情况,包括:(1)本人、直系亲属持有受评对象的出资额或股份达到5%以上,或者是受评对象的实际控制人;(2)本人、直系亲属担任受评对象的董事、监事、高级管理人员或其他关键岗位负责人;(3)本人、直系亲属近3年担任受评对象聘任的主承销商、会计师事务所、律师事务所、财务顾问等其他中介服务机构的负责人或者项目签字人;(4)本人、直系亲属持有与受评对象相关的证券或衍生品账面价值超过50万元人民币,或发生累计超过50万元的交易。①

16.3.2.2 双重雇佣关系

当评级分析师在其他机构兼职时,这种双重雇佣身份可能会产生利益冲突。《证券市场资信评级业务管理暂行办法》第二十五条,禁止信用评级机构的董事、监事和高级管理人员以及评级从业人员,以任何方式在受评级机构或者受评级证券发行人处兼职。除了在发行人处兼职可能产生利益冲突,评级委员会委员和参与评级的人员、其直系亲属也不得担任受评机构或者受评证券发行人聘任的会计师事务所、律师事务所、财务顾问等证券服务机构的负责人或者项目签字人。

16.3.2.3 评级"旋转门"

评级分析师可能利用评级活动,进行利益交换,或者谋求未来更好的工作机会,也就是评级"旋转门"。评级分析师不再以独立、客观评价被评级对象的信用风险为目的,而是企图利用更高的评级结果,讨好被评级对象或者承销商,以获得私人收益或者未来在上述机构中谋求职位的机会。评级监管以分析师轮换制度约束利益输送。如《非金融企业债务融资工具信用评级业务自律指引》要求评级小组至少包括2名专业分析人员,并且小组成员不得连续5年为同一受评企业或其相关第三方机构提供信用评级服务,且自期满之日起未满两年的,不得再参与该受评企业或其关联企业的评级活动。②

对于评级分析师利用评级活动寻求新的工作机会,评级监管通过事后评估的方式减

---

① 《证券资信评级机构执业行为准则》第三十九条也进行了类似规定。
② 《利益冲突管理规则》第二十四条也规定了评级小组项目组成员对单一被评级对象最长五年的连续评级服务期限,以及至少两年的间隔期。

少此类利益冲突的影响。如《利益冲突管理规则》第二十一条规定，信用评级机构应建立健全离职人员的备案、审查制度。评级人员离职，并受聘于其曾参与评级的受评对象、评级委托方或主承销商的，信用评级机构应审查其参与的与其聘任机构有关的评级工作是否受到利益冲突的影响。对评级工作确实存在影响的，如能消除影响，应及时采取补救措施；如无法消除影响，应及时终止评级，并向委托方说明情况。[1]

另外，《非金融企业债务融资工具信用评级业务自律指引》第十九条也规定，评级小组组长及对信用等级有重大影响的人员离职，并受聘于其曾参与评级的受评企业、信用评级委托方或主承销商，信用评级机构应当检查其离职前两年内参与的与其受聘机构有关的评级工作。如果调查结果显示评级结果受到利益冲突的影响，信用评级机构应及时披露检查结果。《信用评级业管理暂行办法》第十五条也对评级分析师的离职审查进行了类似的规定，要求对评级分析师离职前两年内参与的与其受聘机构有关的评级工作进行审查。

16.3.3 主动评级的利益冲突监管

主动评级也被称为非邀请评级，即信用评级机构未获得被评级对象的委托，主动对评级对象进行评级的行为。主动评级的特殊之处在于，与委托评级相比，其信息来源和收费方式存在显著的差异。由于评级活动未获得被评级对象的支持，主动评级的信息来源受限，一般主要依靠公开信息，可能降低评级的准确性。另外，主动评级不向被评级对象收取费用，完全是免费服务。一些信用评级机构可能以主动评级作为获取业务的手段。因而，主动评级可能成为信用评级机构获利的工具，并未准确反映被评级对象的信用风险。

监管机构对主动评级的监管以内部控制和信息披露为主要工具。首先，监管机构并未严格禁止信用评级机构进行主动评级，但是信用评级机构应当建立主动评级程序和标准的内部文件，并且严格遵守内部规章进行主动评级活动。例如，《非金融企业债务融资工具信用评级业务自律指引》第四十八条规定，交易商协会鼓励信用评级机构公开发布主动评级结果和报告。但是，在披露评级结果时，信用评级机构应当特别标注该评级为主动评级，并披露主动评级信息来源、评级方法和程序。同样，《证券资信评级机构执业行为准则》第五十条规定，证券评级机构进行主动信用评级，应披露主动评级的方法、模型和程序，并在信用评级报告中明确说明该评级为主动评级。

另外，当信用评级机构公布主动评级结果后，如果评级结果出现改变，可能说明存在利益冲突的风险。根据《非金融企业债务融资工具信用评级业务自律指引》第四十九条的规定，对于同一受评企业，当信用评级机构由主动评级转为委托评级时，信用等级发生变化的，信用评级机构应当向市场公告说明原因。这一规定实际降低了信用评级机构利用主动评级胁迫被评级对象的激励，如果缺乏充足理由支持改变评级的活动，可能被视为违规行为。

---

[1] 《利益冲突管理规则》第二十二条。

16.3.4 结构化产品的利益冲突监管

与传统债券品种相比，结构化产品评级市场的利益冲突更为严重。结构化金融是一项特殊的资金融通活动，它将贷款、债券等不同期限和风险状况的资产打包组合形成资产池，并以这些资产产生的预期现金流为基础发行风险分级的债券，创造出风险存在差异的证券。次贷危机显示，由于下述原因，结构化产品评级利益冲突明显，评级质量较低。第一，发行人客户的集中程度高。由于美国次贷市场发行人高度集中，因而结构化产品评级市场处于双边垄断的市场结构。在这种市场结构下，信用评级机构的谈判能力较弱，易受到发行人的影响。第二，结构化产品复杂程度高，信用评级机构本身缺乏对评估此类资产风险方法的稳健性检验和压力测试。由于结构化产品的基础资产数量较大，投资者逐一调查的成本过高，检验评级结果质量的难度较高。第三，由于结构化产品较为复杂，评级分析师会参与产品的设计，产品设计针对评级要求，完全是为了获得相应的评级，大大削弱了信用评级揭示风险的能力。

对于结构化产品利益冲突的监管，主要通过加强信息披露来完成。第一，鼓励不同商业模式的信用评级机构为债券发行提供评级服务。交易商协会发布的《银行间债券市场非金融企业资产支持票据指引》第十一条即鼓励企业对资产支持票据采用投资者付费模式等多元化信用评级方式进行信用评级。此外，交易商协会要求信用评级机构在信用评级报告中披露基础资产池概况，包括各项贷款的详细信息。第二，报告还应当披露基础资产池的信用风险，如果单一行业贷款占比超过10%，单一借款人贷款占比超过5%的情况，要披露相关信息。第三，报告还应当披露基础资产池加权平均信用等级情况，包括相关贷款所涉及的借款人及保证人的信用级别判定依据等信息。第四，现金流分析及压力测试的结果也要在报告中披露，包括不同参数设置的条件下结果的差异。在跟踪评级报告中，信用评级机构还应当披露基础资产池的变动概况和信用风险分析。

交易所市场要求评级小组根据具体资产类型的特点，进行信息披露。当评级对象为资产支持证券时，相较于固定收益类产品，还应当包括资产池内基础资产的相关资料、交易结构设计方案及其涉及主体的资料等。此外，《证券资信评级机构执业行为准则》第五十一条规定，证券评级机构对结构化产品进行评级，应采用适当方式明确与其他评级的区别，并对其评级方法、模型和程序予以充分披露和说明。证券评级机构应充分披露其所做的损益和现金流量分析，以及评级结果对评级假设变动的敏感性分析，同时应说明结构化产品评级结果的局限性及核实所用评级信息时所受到的限制。

另外，由于结构化产品复杂的特征，信用评级机构有时会聘请第三方中介机构对基础资产进行尽职调查。《信用评级业管理暂行办法》第四十三条要求，如果信用评级机构聘请了第三方机构进行尽职调查，那么应当披露第三方机构调查的情况。

16.4 信息披露监管

信息披露是评级监管的重要工具，它降低了信用评级机构和发行人与投资者之间的信息不对称，增加了声誉资本对信用评级机构的约束力，为评级结果的使用者提供了判断评级质量的依据。《信用评级业管理暂行办法》第六章对信息披露设置了原则性要求，包括披露渠道、应当披露的基本信息和独立性信息、评级质量信息和评级依据信息的主要来源等。

16.4.1 信息披露渠道

由于信息披露渠道决定了信息传播的深度和广度，评级结果以及相关文件应当通过特定的渠道，提高信息传播的效率。已向交易商协会注册的信用评级机构，应当将信用评级机构基本信息、内部控制和风险管理制度、评级程序与方法等评级业务制度以及评级质量检验情况，向中国人民银行报备，并通过中国人民银行指定的信息披露渠道向市场公开披露。[1] 评级结果和报告公开发布的，信用评级机构应在交易商协会网站及其认可的网站披露。

而交易所市场的规定则要求信用评级机构通过证券业协会、交易场所、证券评级机构及证监会指定的其他网站披露。证券评级机构通过不同媒体或渠道披露同一信息的内容应当保持一致。法律法规、部门规章、自律规则对证券发行中涉及的证券业务评级信息指定披露媒体的，证券评级机构通过协会、证券评级机构、证监会指定的其他网站及其他公共媒体披露信息不得先于该指定媒体。[2]《信用评级业管理暂行办法》采纳了类似的规定，要求信用评级机构通过市场监督管理部门指定的网站和其公司官方网站进行信息披露。

16.4.2 信用评级机构基本信息

基本信息的披露是为了方便评级服务的购买方和投资者分辨不同信用评级机构的质量。根据《非金融企业债务融资工具信用评级业务信息披露规则》（以下简称《信息披露规则》）和《证券市场资信评级机构评级业务实施细则（试行）》，评级机构披露的基本信息主要包括机构信息[3]、高级管理人员[4]、评级业务制度和体系文件[5]和内控制度[6]等。信用评级机构还应当及时披露评级结果信息，如首次信用评级信息、跟踪信用评级信息、延期披露和终止评级和评级有效期内的评级行动等信息。[7] 另外，信用评

---

[1]《中国人民银行公告〔2017〕第7号》第五条。
[2]《证券市场资信评级机构评级业务实施细则（试行）》第五十九条。
[3]《信息披露规则》第七条和《证券市场资信评级机构评级业务实施细则（试行）》第五十四条。
[4]《信息披露规则》附件DB-1-7表和《证券市场资信评级机构评级业务实施细则（试行）》第五十五条。
[5]《信息披露规则》第八条、第九条和《证券市场资信评级机构评级业务实施细则（试行）》第五十八条。
[6]《信息披露规则》第十条和《证券市场资信评级机构评级业务实施细则（试行）》第五十七条。
[7]《信息披露规则》第十一条至第十六条和《证券市场资信评级机构评级业务实施细则（试行）》第五十九条。

机构还应当及时披露可能对其经营活动产生重大影响的信息。[①]

16.4.3 利益冲突信息

由于信用评级商业模式无法避免利益冲突，利益冲突的监管还需要依靠信息披露。一般来说，监管机构会为信用评级机构设置一般性的信息披露义务。如银行间市场规定信用评级机构应建立健全利益冲突管理工作机制和相关制度，有效识别、防范和消除信用评级业务中产生的利益冲突。如无法有效消除的，则应对产生的利益冲突进行充分披露和有效管理。而交易所市场规定信用评级机构应当及时在中国证券业协会、证券评级机构及证监会指定的其他网站上以公告形式披露开展证券评级业务过程中实际及潜在的利益冲突、所采取的利益冲突管理、控制措施及可能导致的后果。

由于大客户可能会获得信用评级机构的优待，以维持商业关系，因而信用评级机构被要求向公众披露相应的客户信息。《证券资信评级机构执业行为准则》第五十三条规定，证券评级机构应当披露证券评级机构从受评级机构或受评级证券发行人处获得与评级服务无关的收入（如咨询服务收入等），以及此类收入与评级服务收入之间的比例。此外，信用评级机构应当于每一会计年度结束之日起4个月内，披露在该会计年度从单一发行人、发起人、客户或订户处获得10%以上收入的客户名单。

《信用评级业管理暂行办法》第四十条也进行了类似的规定，要求信用评级机构在每个财务年度结束之日起三个月内披露以下影响评级独立性的相关信息：第一，每年对其独立性的内部审核结果；第二，信用评级分析人员轮换情况；第三，财务年度评级收入前20位的客户名单；第四，信用评级机构为受评经济主体、受评债务融资工具发行人或者相关第三方提供顾问、咨询服务的情况。

16.4.4 评级质量和信息来源

评级质量直接决定信用评级机构声誉资本，因而要求信用评级机构披露评级质量的数据有助于帮助市场参与者辨别评级质量。银行间市场采用违约率作为评级结果事后检验的指标。交易商协会要求信用评级机构指定人员真实、及时、完整地填报违约率报表。对于评级及评分业务相关数据，评级对象及发行人信息等内容按月上报，各信用评级机构应在每月后7个工作日内报送。而涉及机构的基本信息，则实行按年报送，各信用评级机构应在每年后3月内报送上年报表。最后，信用评级机构还应当按主管部门的要求，及时上报违约率的其他相关数据。

同时，银行间市场要求信用评级机构每季度向评级业务主管部门提交利差分析报告。《信贷市场和银行间债券市场信用评级规范》第三部分第3.2条规定，信用评级机构应加强对二级市场的跟踪研究，对信用等级与债券利差走势间的变化情况进行分析，并将分析报告在每季度结束后5日内报评级业务主管部门备案。此外，根据《信息披露规则》

[①]《信息披露规则》第二十二条和《证券市场资信评级机构评级业务实施细则（试行）》第六十六条。

第十八条的规定，信用评级机构应当采用实际违约率、级别迁移率、利差及级别调整统计等质量检验方式，对本机构出具的评级结果的准确性和稳定性进行验证，并公开披露检验结果。而根据《证券市场资信评级机构评级业务实施细则》第六十五条的规定，交易所市场要求信用评级机构应当在每一会计年度结束之日起3个月内，采用历史违约率、等级迁移率、利差等统计方法，对本机构出具的评级结果准确性和稳定性进行验证，并通过构建量化违约模型和评级结果相互印证。证券评级机构应当将评级质量统计结果进行披露，同时披露的还应当包括统计结果以及对所采用统计方法的说明等。

评级信息来源是否可靠，同样是决定评级质量的因素。因此监管机构都要求信用评级机构披露主要的信息来源，并在引用时注明资料来源。根据银行间市场的规定，评级信息来源包括评级对象（发行人），以及与评级对象（发行人）存在业务、管理、监督等关系的相关部门。这些相关部门包括银行类金融机构、非银行类金融机构、政府部门、司法部门、国际合作组织、其他社会征信机构等。其中，银行类金融机构包括政策性银行、国有商业银行、股份制商业银行、城市商业银行、农村商业银行、城市合作信用社、农村信用社、外资银行、邮政储蓄银行等。非银行类金融机构包括资产管理公司、证券公司、保险公司、信托投资公司、财务公司、金融租赁公司等。

而交易所市场则规定信用评级机构开展尽职调查时，资料收集的渠道主要包括公开信息披露媒体、互联网及其他可靠渠道搜集相关资料，比如专业资讯和数据提供商、行业协会网站或刊物、学术研究机构论文或刊物、权威统计部门发布的信息以及公共媒体报道，以及委托方或评级对象提供的相关资料等。

16.5 公司治理和内控制度

16.5.1 公司治理制度

信用评级机构的公司治理制度改革，是次贷危机后世界主要经济体评级监管改革的重要方面。公司治理的核心是董事会，一般董事会成员包括三类：执行董事，负责公司日常运营与活动决策；独立董事，对公司关键事项给出建议或做出决策，如关联交易、高管离职补偿金等活动，独立董事同时须监督管理层，确保管理层行为符合公司利益；外部董事，通常指从公司退休，具有丰富行业知识与行业经验，且与公司CEO私人关系较好，但不参与公司日常经营的董事，对公司关键决策给出建议，作为独立董事与CEO间的联系桥梁。独立董事的特点在于其独立于公司管理层，将"外部人"引入由内部人控制的企业，负责监督董事会对公司事务的决策。独立董事制度在危机后受到广泛的重视，各国监管机构纷纷强制要求信用评级机构设立独立董事职位。[①]

[①] 例如，根据欧盟CRA III附件I第A(2)条的规定，至少1/3且不低于两位信用评级机构的监事会成员或董事会成员，应当是不参与评级业务的独立监事或独立董事。

早在 2001 年证监会即发布了《关于上市公司独立董事制度指导意见》，标志着中国正式引入独立董事制度。该规则要求在 2003 年 6 月 30 日前，上市公司董事会成员中至少包括 1/3 的独立董事，其中至少一名为会计专业人员。上海证券交易所与深圳证券交易所随后在修订上市规则时，也明确要求上市公司及时披露独立董事的意见。中国现行的相关规则并未强制要求信用评级机构建立独立董事制度。

公司薪酬制度方面，传统薪酬理论认为，为了有效激励高级别员工，应当让他们分享部分剩余索取权，也就是说这些员工的浮动薪金应当与其业绩挂钩。但是，在信用评级机构中，该理论应当进行适当调整。由于评级结果与金融市场整体发展密切相关，信用评级机构还承担着维护社会公共利益的责任。如果信用评级机构仅仅追求利润最大化，将无法保证评级的质量。对次贷危机的调查显示，追求利润最大化对评级质量产生了负面影响。例如，许多穆迪的前员工指出，在穆迪上市前后，其企业文化发生了 180 度的转变。上市前，穆迪内部学术研究的气氛很浓厚，对风险管理和技术开发投入很大，而上市后其就仅追求提高利润了。[①] 因而，为了保证评级活动的独立性，评级分析师的薪酬和考核不与该评级人员所评估的证券发行成功与否、信用评级机构从发行人处获得的收入高低相联系，避免分析师为了业绩而放松评级标准。考核和薪酬制度应当保证评级从业人员独立、客观、公正地开展评级业务。信用评级机构应当定期对其薪酬政策及其执行情况进行审查，保证其有效性。《信用评级业管理暂行办法》第三十七条也认可薪酬的独立性。《证券市场资信评级业务管理暂行办法》第十四条要求证券评级机构的人员考核和薪酬制度，不得影响评级从业人员依据独立、客观、公正、一致性的原则开展业务。

16.5.2 评级质量保障制度

评级质量保障制度是指评级活动应当遵守的程序、评级依据的质量，以及评级小组和评级委员会资质的要求。上述制度主要依托信用评级机构内部制度，保障评级结果的质量。

16.5.2.1 评级小组与评级委员会

评级小组是实施评级活动的主体，而评级委员会是审核评级结果的主体。它们是决定评级结果质量的基础。评级小组成员应当具有相应的专业知识和经验。一个评级小组至少应当有两名分析师，银行间市场特别要求小组成员具有 1 年以上从业经验且未受过重大刑事处罚或与评级业务有关的行政处罚；小组负责人一般要求有 3 年以上评级业务经验，此外，银行间市场还特别要求小组负责人参与过 5 个以上信用评级项目。

对于评级委员会的管理主要集中于保持独立性的要求。例如，《证券资信评级机构执业行为准则》要求评级委员会的主任不得在市场部门和评级部门兼任任何职务，市场

---

① Financial Crisis Inquiry Commission, "Final Report of the National Commission on the Causes of the Financial and Economic Crisis in the United States", 2011, p.207.

部门人员不得兼任评级委员会委员。评级委员会委员不得是评级小组成员,也不得参与证券评级业务营销活动,不得参与评级收费谈判。

16.5.2.2 评级程序

由于信用评级涉及大量主观判断和预测,因而无法像监管其他中介机构(如会计师事务所、律师事务所)那样一味强调结果的客观性。因此,对于评级结果质量判断的主要标准是评级活动是否遵守了法律法规和内部规章规定的评级程序。一般来讲,评级活动的基本步骤包括评级准备、实地调查(尽职调查)、初评阶段(报告撰写+报告审核)、评定等级、结果反馈与复评、结果发布、文件存档和跟踪评级等环节。

在评级准备环节,信用评级机构在接受委托申请后,应当进行初步调查判断能否独立、客观、公正地评级,以及是否具备相应评级能力。在判断能够胜任相关工作后,信用评级机构应当与客户签订合同,支付评估费,成立专门的评级小组并指定小组负责人。评级对象应当按要求提供材料,并对材料真实性负责,评级小组做初步审核,对材料中的遗漏、缺失和错误信息要求补充,保证完整性和真实性。

在尽职调查阶段,评级分析师应当首先进行资料的初步收集整理工作,列出拟考察项目及访谈人员,制定访谈提纲发送给评级对象,沟通并确定现场考察与访谈的相关事项。实地调查应当包括与评级对象的高管及有关人员访谈、查看现场、对关联机构进行调查与访谈等。实地调查后,根据情况修改或补充相关资料,建立实地调查工作底稿。在初评阶段(报告撰写+报告审核),评级小组应当根据收集的资料和评级模型,评估被评级对象的信用风险。评级报告和工作底稿须依序经过评级小组负责人初审、部门负责人再审和评级总监三审的三级审核,并在报告和工作底稿上签署审核人的姓名和意见。

在评定等级阶段,评级小组向内部信用评审委员会提交三级审核后的信用评级报告及工作底稿,并由评审委员会召开评审会,决定评级对象的信用等级。银行间市场要求评审会议应至少由5名评审委员参加,且评级小组成员同时为评审委员的,不得参与其负责项目最终级别的确定,评级结果须经2/3以上的与会评审委员同意方为有效。而交易所市场仅要求半数以上参会评审委员同意即为有效。

信用评级机构在做出评级结果后,还应当与委托方就评级结果进行沟通。委托方应在规定期限内反馈,如果委托方和被评级对象不为同一单位的,则还应将报告及反馈意见表送交评级对象。双方若没有异议,则评级结果为首次评级的最终级别。若有异议,并在规定时限内向信用评级机构提出复评申请并提供补充资料,则由评级小组向评审委员会申请复评;若有异议但不能在规定时限内提供充分、有效补充材料,信用评级机构可不受理复评。复评结果为本次评级的最终级别,复评仅限一次。信用评级机构应当以最有利于评级结果传播的方式公布最终的评级结果。

> 【专栏 16-1】
>
> **银行间市场与交易所市场的评级工作时间要求**
>
> 为了保证评级质量,银行间市场与交易所市场对于评级各环节规定了最低工作时间要求。其中,交易所市场要求首次评级时,现场考察和访谈的时间不得少于 2 个工作日。而根据交易商协会 2018 年 2 月发布的《非金融企业债务融资工具信用评级业务调查访谈工作规程》的相关规定,信用评级机构首次评级的实地调查访谈不得少于 3 天。
>
> 此外,信用评级机构初次对某企业开展评级活动,应当满足最低投入的时间限制。银行间市场要求:信用评级机构从初评工作开始日到信用评级报告初稿完成日,单个企业主体的信用评级或债券评级一般不少于 15 个工作日,对集团企业主体的信用评级或债券评级一般不少于 45 个工作日;信用评级机构连续对某企业进行信用评级时,从初评工作开始日到信用评级报告初稿完成日,对单个企业主体的信用评级或债券评级一般不少于 10 个工作日,对集团企业主体的信用评级或债券评级一般不少于 20 个工作日。而交易所市场要求:信用评级机构在进行初次评级时,对单个企业主体和集团企业主体的信用评级或债券评级分别不少于 10 个工作日和 30 个工作日;在进行连续评级时,对单个企业主体的信用评级或债券评级一般不少于 6 个工作日,对集团企业主体的信用评级或债券评级一般不少于 20 个工作日。
>
> 资料来源:作者根据公开资料整理。

16.5.2.3 评级信息的质量

信用评级的质量与评级过程中使用信息的质量息息相关。评级过程中使用的信息包括但不限于宏观信息,如宏观经济、区域经济和行业信息;企业主体基础信息、生产经营和财务信息;固定收益类产品的现金流信息;资产支持证券的基础资产信息;评级对象具有增信措施的相关信息;其他相关信息。

银行间市场要求信息相关、及时和可靠。信用评级机构应当至少通过以下方式核验评级信息:第一,建立评级信息质量审核机制,分析师应对收集到的评级信息进行严格审核;第二,建立评级信息质量责任机制,明确信息收集人员的责任、信息来源、可使用的范围等;第三,对源于评级对象的内部信息和自行收集的外部信息进行审慎分析。交易所市场对于评级信息的要求体现在,信用评级机构及其评级从业人员应确保信用评级报告中不存在虚假记载、误导性陈述或重大遗漏。并且,当评级涉及的历史数据有限时,应在评级报告的显著位置对评级局限性予以明确说明。

16.5.3 内部合规制度

信用评级监管体系的重要组成部分包括自律监管,而自律监管的核心是机构内部的合规制度。银行间市场要求信用评级机构应建立内部合规监督工作机制，设立专门部门负责对信用评级及相关业务工作人员的合规性进行监测、检查和报告，定期评估公司内部控制制度的完备性和执行情况。此外，信用评级机构还应当在每年4月30日前向中国人民银行及其省会城市中心支行以上分支机构报告上一年银行间债券市场信用评级业务开展及合规情况，并抄送交易商协会。年度合规报告是监管机构评估信用评级机构的重要信息来源。

交易所市场则要求证券评级机构指定专人对证券评级业务的合法合规性进行检查，并向注册地证监会派出机构报告。证券评级机构应向协会报送半年度和年度合规检查报告。证券评级机构的评级从业人员如发现受同一评级机构控制的其他从业人员或机构从事违法、违规或违反职业道德、行业行为准则的行为时，应视具体情况立即报告给合规负责人或评级机构高级管理人员。

16.5.4　档案管理制度

信用评级档案管理和保存制度有助于信用评级机构遵守相关法律法规。业务档案一般包括受托开展证券评级业务的委托书、出具评级报告所依据的原始资料、工作底稿、初评报告、评级报告、评级委员会表决意见及会议记录、跟踪评级资料、跟踪评级报告等。档案和工作底稿是信用评级机构向监管机构证实自身的活动满足了内部规章和监管规则要求的证据。《非金融企业债务融资工具信用评级业务自律指引》要求，信用评级机构应完整保存评级业务开展过程中的资料、文档、记录和报告等业务信息。业务档案的保存期限应不低于10年，且不低于债务融资工具存续期满或受评主体违约后5年。[①]《证券市场资信评级业务管理暂行办法》第二十三条规定，信用评级机构应当保存业务档案，业务档案应当保存到评级合同期满后5年，或者评级对象存续期满后5年，且业务档案的保存期限不得少于10年。

16.6　法律责任

法律责任是2008年金融危机后主要经济体评级监管改革的重点。法律责任对信用评级机构来说是一把"双刃剑"，它为信用评级机构设定了违反相关法律规定时需要支付的成本，同时也为信用评级机构划定了责任边界，即只要评级活动满足了相关法定义务，信用评级机构就无须为评级结果承担法律责任。责任边界对于信用评级来说尤其重要。一方面，评级监管历来遵守不干预评级内容和评级方法的原则，危机后的监管改革也一直遵守该原则。另一方面，评级具有特殊性，与其他中介机构的业务不同，它是基于客观证据对未来的主观判断，缺乏一致的客观标准判断评级结果是否准确。

如果评级的责任边界不明确，就会导致如果被评级对象对评级结果不满意，将提起

[①] 见http://www.nafmii.org.cn/zlge/201301/t20130110_19550.html，访问时间2019年4月1日。

针对信用评级机构的滥诉。而信用评级机构考虑到诉讼结果的不确定性，可能在事前评估被评级对象的信用风险时过于宽松。如果责任边界清晰明确，那么信用评级机构仅需保证在评级活动中履行了相关的义务，无论评级对象是否满意评级结果，它都无须担心诉讼的威胁。这也体现了评级自治理念，即出于减少承担法律责任的目的，信用评级机构有激励遵守相关的程序并履行相关的义务。同时，评级市场的声誉机制为信用评级机构提高评级质量提供了动力，虽然评级监管并不干涉评级结果和评级方法，但是市场竞争会淘汰那些评级质量低下的机构。中国的信用评级机构同样面临行政责任和自律监管处罚、民事责任和刑事责任，其中又以行政责任为主。

《信用评级业管理暂行办法》第八章对法律责任进行了原则性的规定，大幅度提高了违法违规行为的成本。第一，监管部门工作人员的法律责任。信用评级行业主管部门、业务管理部门及其派出机构的工作人员违反相关规定的，依法给予行政处分；如果涉嫌构成犯罪，依法追究刑事责任。[1] 第二，信用评级机构和从业人员未履行备案义务，开展评级业务；或信用评级机构隐瞒相关情况或者提交虚假备案材料的法律责任。对于未备案的情况，信用评级机构和个人应当在限定的期限内改正，并对信用评级机构处相应的罚款。[2] 对于隐瞒相关情况或者提交虚假备案材料的，信用评级行业主管部门省一级派出机构应当不予办理备案或者注销备案，如果已经开展业务，应当对信用评级机构处相应的罚款。[3] 第三，当信用评级机构存在信用评级业务违规的，或违反独立性要求的，或信息披露违规的，应当对机构和直接责任人处警告和罚款。[4] 如果信用评级机构存在拒绝、阻碍现场检查或者不如实提供文件、资料的，或未按规定报送报告、资料的，应当对信用评级机构处警告和罚款。[5] 第四，信用评级机构由于故意或者重大过失，对投资人、评级委托人或者评级对象利益造成严重损害的，应当对机构和直接责任人处警告和罚款。[6] 第五，对于受到行政处罚的信用评级机构，其处罚信息还将依法通过"信用中国"网站等渠道向社会公布。[7]

16.6.1 银行间市场的相关规定

根据《中国人民银行〔2017〕年第7号公告》，信用评级机构不得从事以下行为：第一，未按规定进行备案或注册，或隐瞒相关情况，提交虚假材料；第二，未按法定程序或评级业务规则开展评级业务；第三，违反独立性要求，出现与相关当事人协商信用评级，以价定级或以级定价、输送或接受不正当利益等情形；第四，未按规定披露信息或披露虚假信息；第五，拒绝、阻碍信用评级监管部门以及自律组织检查监管，不如实

---

[1] 《信用评级业管理暂行办法》第五十三条。
[2] 《信用评级业管理暂行办法》第五十五条、第五十六条。
[3] 《信用评级业管理暂行办法》第五十七条。
[4] 《信用评级业管理暂行办法》第五十八条。
[5] 《信用评级业管理暂行办法》第五十九条。
[6] 《信用评级业管理暂行办法》第六十一条。
[7] 《信用评级业管理暂行办法》第六十三条。

提供文件资料；第六，由于故意或重大过失，对投资人、评级委托人、评级对象利益造成重大损害。如果信用评级机构违反了上述规定，中国人民银行可以予以通报，并可以视情节依法限制、暂停或禁止其开展银行间债券市场信用评级业务。根据《银行间债券市场信用评级机构注册评价规则》的规定，中国人民银行的处罚决定将降低信用评级机构在注册评价中的得分。情节严重的，交易商协会经向中国人民银行报备后，将限制、暂停其开展银行间债券市场信用评级业务或注销其相应业务注册。

而《非金融企业债务融资工具市场自律处分规则》规定了交易商协会在协会会员及其相关人员涉嫌违反相关自律规定时，可以施加的自律处分措施。根据违规情节，交易商协会可以给予诫勉谈话、通报批评、警告、严重警告或公开谴责的自律处分，并可以据情处责令改正、责令致歉、暂停相关业务、暂停会员权利、认定不适当人选或取消会员资格。涉嫌违反法律法规的，交易商协会可移交有关部门进一步处理。[①]

根据《非金融企业债务融资工具信用评级机构自律公约》，中诚信国际、联合资信、中债资信、东方金诚、大公资信和新世纪评级都承诺遵守相应的市场公约。信用评级机构及评级人员在从事信用评级业务过程中，不得有下列行为：第一，与被评级对象或者其他市场主体合谋篡改评级资料，歪曲评级结果；第二，以明示或默示方式承诺保证级别，或低于合理成本价格提供评级服务、诋毁同行等不正当竞争手段；第三，在签订委托协议前提供信用级别或者级别区间，以评级结果作为营销手段；第四，以礼金、回扣等方式输送或者接受不当利益；第五，由于信用评级机构主观故意或未履行勤勉尽责义务而导致评级报告存在虚假记载、误导性陈述或重大遗漏；第六，存在利益冲突情形仍然提供评级服务，或者从事与评级存在利益冲突的证券或衍生品交易；第七，违反法律法规的要求，对发行人、投资者等相关方造成不良影响的其他行为。

此外，《银行间债券市场信用评级机构注册评价规则》第五章专章规定了当信用评级机构从事违法违规行为后，交易商协会可以施加自律处罚的情况。第一，如果信用评级机构在注册过程中存在虚假记载、误导性陈述或重大遗漏的，交易商协会经向中国人民银行报备后，终止或注销其相应业务注册，3年内不再受理其注册申请。第二，如果信用评级机构通过提交有虚假记载、误导性陈述或重大遗漏等欺诈材料获得注册资格，并开始从事评级业务，那么除适用第一点的处罚外，交易商协会还将根据相关规则给予自律处分。涉嫌违法违规的，移交有关部门进一步处理。第三，信用评级机构及相关市场成员不得通过不正当方式影响评价工作。如有上述情形，交易商协会可视情节严重程度给予相应的自律处分。如果涉嫌违法违规的，可移交有关部门进一步处理。第四，参加注册评价的信用评级机构未按照要求提交或披露信息的，交易商协会可视情节严重程度给予相应的自律处分。第五，如果经业务评价，信用评级机构的评级质量未得到投资者认可的，交易商协会经向中国人民银行报备后，将限制、暂停其开展银行间债券市场信用评级业务或注销其相应业务注册。

[①] 见http://www.nafmii.org.cn/zlge/201308/t20130802_24796.html，访问时间2019年4月1日。

16.6.2 交易所市场的相关规定

《证券市场资信评级业务管理暂行办法》第五章规定了证券评级机构在交易所市场从事违法行为的法律责任。首先，如果证券评级机构违反了交易所市场的准入规则，那么需要承担相应的法律责任。第一，证券评级机构未获得证监会的证券评级业务许可而从事证券评级业务的，根据《证券法》第二百二十六条第二款的规定，处以责令改正，没收违法所得，并处违法所得一倍以上五倍以下的罚款。第二，证券评级机构聘用的人员不具备任职条件、证券从业资格的，依照《证券法》第一百九十八条的规定，依法处责令改正、警告，可以并处十万元以上三十万元以下的罚款；对直接负责的主管人员给予警告，可以并处三万元以上十万元以下的罚款。第三，证券评级机构涂改、倒卖、出租、出借证券评级业务许可证，或者以其他形式非法转让证券评级业务许可证，或者董事、监事和高级管理人员投资其他证券评级机构的，则责令改正，给予警告，并处以一万元以上三万元以下的罚款；对直接负责的主管人员和其他直接责任人员给予警告，并处以一万元以上三万元以下的罚款；情节严重或者拒不改正的，依照《证券法》第二百二十六条第三款的规定责令关闭或者撤销证券服务业务许可。

其次，如果证券评级机构的行为涉及欺诈，那么同样应当承担相应的法律责任。第一，评级机构及其从业人员未勤勉尽责，出具虚假记载、误导性陈述或者重大遗漏的文件，按照《证券法》第二百二十三条的规定，责令改正，没收业务收入，暂停或者撤销证券服务业务许可，并处以业务收入一倍以上五倍以下的罚款。对直接负责的主管人员和其他直接责任人员给予警告，撤销证券从业资格，并处以三万元以上十万元以下的罚款。第二，证券评级机构的从业人员，故意提供虚假资料，诱骗投资者买卖证券的，依照《证券法》第二百条的规定，撤销证券从业资格，并处以三万元以上十万元以下的罚款。第三，如果评级业务涉及内幕信息，而相关知情人根据该信息买卖该证券，或者泄露该信息，或者建议他人买卖该证券的，责令依法处理非法持有的证券，没收违法所得，并处以违法所得一倍以上五倍以下的罚款；没有违法所得或者违法所得不足三万元的，处以三万元以上六十万元以下的罚款。如果证券评级机构从事内幕交易的，还应当对直接负责的主管人员和其他直接责任人员给予警告，并处以三万元以上三十万元以下的罚款。第四，如果证券评级机构违反相关法律法规的规定，拒不报送、提供经营管理信息和资料，或者报送、提供的经营管理信息和资料有虚假记载、误导性陈述或者重大遗漏，则依法给予责令改正，警告的处罚，并处以一万元以上三万元以下的罚款；对直接负责的主管人员和其他直接责任人员给予警告，并处以一万元以上三万元以下的罚款。如果情节严重或者拒不改正的，依照《证券法》第二百二十六条第三款的规定责令关闭或者撤销证券服务业务许可。

再次，交易所市场特别规定了证券评级机构违反内部控制规定的法律责任。第一，违反档案管理义务的法律责任。如果证券评级机构未按照相关规定保存有关文件和资料的，依照《证券法》第二百二十五条的规定责令改正，给予警告，并处以三万元以上三十万元以下的罚款。若隐匿、伪造、篡改或者毁损有关文件和资料的，给予警告，并处以三十万元以上六十万元以下的罚款。第二，当出现以下情况时，对直接负责的主管人员和其他直接责任人员给予警告，并处以一万元以上三万元以下的罚款：违反回避或利益冲突防范的相关制度；违反信息保密制度；内部控制机制、管理制度与业务制度不健全、执行不规范，拒不改正，则依法给予责令改正，警告的处罚，并处以一万元以上三万元以下的罚款。如果情节严重或者拒不改正的，依照《证券法》第二百二十六条第三款的规定责令关闭或者撤销证券服务业务许可。

最后，违反评级业务的规定，未能依法依规进行跟踪评级，或未能进行信息披露，或未能对其所依据的文件资料内容的真实性、准确性、完整性进行核查和验证，或承诺给予高等级信用级别，贬低、诋毁其他证券评级机构、评级从业人员等不正当竞争行为，处以责令改正，给予警告，并处一万元以上三万元以下的罚款。对证券评级机构直接负责的主管人员和其他直接责任人员给予警告，并处以一万元以上三万元以下的罚款。如果情节严重或者拒不改正的，依照《证券法》第二百二十六条第三款的规定责令关闭或者撤销证券服务业务许可。此外，如果证券评级机构为他人提供融资或者担保，同样适用上述处罚。

本章小结

1. 中国债券市场处于割裂状态。从交易场所看，主要分为交易所市场、银行间债券市场和银行柜台市场，部分产品实现了跨交易所市场和银行间市场挂牌交易。评级主管机关包括中国人民银行、银行间交易商协会、发改委、证监会和银保监会。

2. 信用评级的声誉资本是自律监管的重要工具。与国际信用评级机构相比，中国评级行业发展的时间较短，信用评级机构的公信力和声誉资本积累不足。市场化评价机制是建立评级声誉机制和实现评级机构优胜劣汰的主要抓手。监管以评价评级质量为导向，增强对信用评级机构的约束，以更好地发挥评级的风险揭示作用，为投资者提供更有价值的投资决策信息。

3. 信用评级的行业准入制度是评级监管体系的起点。对信用评级机构来说，只有获得准入资格，其评级结果才能用于监管目的，但也意味着其业务受到相应的监管。对监管机构来说，未获得准入资格的信用评级机构，其进行的信用风险评估活动并不隶属相应机构的监管。信用评级机构利益冲突是中国信用评级监管的主要内容，包括付费模式导致的利益冲突、信用评级机构与被评级对象之间存在利害关系、评级分析师层面的利益冲突、主动评级的利益冲突和结构化产品的利益冲突等内容。

4. 信息披露是评级监管的重要工具，它降低了信用评级机构和发行人与投资者之间的信息不对称，增加了声誉资本对信用评级机构的约束力，为评级结果的使用者提供了判断评级质量的依据。中国信用评级信息披露的监管主要围绕信息披露渠道、利益冲突信息、评级质量和信息来源等方面展开。

5. 信用评级机构的公司治理制度改革，主要包括将独立董事引入信用评级机构董事会，以及评级分析师的薪酬和考核与业绩脱钩等主题。信用评级机构建立有效的内部控制机制是监管改革的重点。监管规则建立了强制性的评级质量保障制度、内部合规制度和档案管理制度，保证评级结果的客观和公正。

6. 法律责任是次贷危机后主要经济体评级监管改革的重点。法律责任对信用评级机构来说是一把

"双刃剑"：一方面，它为信用评级机构设定了违反相关法律规定时需要支付的成本；另一方面，它为信用评级机构划定了责任边界，即只要评级活动满足了相关法定义务，信用评级机构就无须为评级结果承担法律责任。

■ 本章重要术语

多头监管　评级准入　市场化评价　强制退出　利益冲突监管　信息披露渠道　评级质量　评级小组　评级委员会　评级程序　内部合规　民事责任　刑事责任　行政责任

思考练习题

1. 简述中国债券市场评级监管的框架和主要机构。
2. 中国信用评级市场的准入规则主要有哪些？
3. 中国信用评级机构利益冲突的监管体系包括哪些制度？
4. 信用评级机构主要需要披露哪几类信息？
5. 信用评级内控机制中评级质量保障制度有哪些？
6. 信用评级违法违规的主要法律责任有哪些？

参考文献

[1] 方添智：《信用评级利益冲突规制研究——以美国为中心的研究与借鉴》，中国商务出版社，2015年。
[2] 封红梅：《信用评级法律制度研究》，法律出版社，2014年。
[3] 高汉：《金融创新背景下的信用评级及监管的法律经济学分析》，法律出版社，2012年。
[4] 姜楠：《信用评级机构监管研究：后危机时代》，经济日报出版社，2014年。
[5] 〔美〕约翰·C.科菲著，黄辉、王长河译：《看门人机制：市场中介与公司治理》，北京大学出版社，2011年。
[6] 武钰：《评级与监管——基于美国RDRs监管框架的分析与思考》，经济管理出版社，2014年。
[7] 〔西〕拉克尔·高科塔·阿尔库比拉，杰威尔·瑞恩·德尔珀瑞著，高汉译：《欧洲对信用评级机构的监管：从宽松到严格》，化学工业出版社，2016年。
[8] SEC, "Report on the Role and Function of Credit Rating Agencies in the Operation of the Securities Markets", 2002.

相关网络链接

中国人民银行网站：www.pbc.gov.cn/
中国发改委网站：www.ndrc.gov.cn/
中国证监会网站：www.csrc.gov.cn/
中国银行间市场交易商协会网站：www.nafmii.org.cn/

第 17 章
信用评级从业人员执业规范

郭继丰　戴晓枫　陈文沛（上海新世纪资信评估投资服务有限公司）

学习目标

通过本章学习，读者应做到：
◎ 了解信用评级从业人员的分类和职责；
◎ 了解中国规范信用评级从业人员执业行为的背景；
◎ 掌握中国信用评级从业人员执业规范的相关监管制度和具体要求；
◎ 了解 IOSCO 信用评级从业人员执业规范的相关监管制度和具体要求；
◎ 了解美国、欧洲、日本等信用评级从业人员执业规范的相关监管制度和具体要求。

■ 开篇导读

标普于 2012 年 6 月发布了其分析师 Francis Parisi 署名的一篇研究文章。该文章称，在面临与经济大萧条同等情况的经济压力下，商业抵押贷款的平均损失率约为 20%。这一结论建立在很多重要假设的基础上，但文章未能充分披露这些假设，因此这篇文章被认为是含有虚假和误导性陈述的。2015 年，SEC 与标普就其"商业抵押支持证券评级误导投资人"一案达成和解。2016 年，SEC 对该事件中主要涉及的标普分析师 Francis Parisi 做出了处罚，具体包括：通报批评并严令禁止其继续违反证券法案和法规等；禁止其与任何一家 NRSROs 有关联；责令其在 10 天内向 SEC 支付罚款 2.5 万美元等。

上述案例是 SEC 对信用评级从业人员违规行为的处罚,处罚之严厉表明国际评级监管组织对从业人员执业行为规范的重视。本章将通过对中国、美国、欧洲、日本、印度、马来西亚等多个国家的信用评级从业人员执业规范的梳理,总结信用评级行业中从事不同岗位从业人员的执业规范,为中国评级业务操作的规范和评级机构行为的规范提供建议,从而促进中国信用评级行业从业人员执业规范和执业能力的进一步提升,树立中国信用评级行业的公信力。

17.1 信用评级从业人员执业规范概述

17.1.1 信用评级从业人员的分类和职责

信用评级是"以人为本"的智力密集型行业,也是具有链条型、分环节逐步提供服务的行业。信用评级提供服务的流程分为市场销售人员向客户介绍评级服务的内容,分析师进行评级准备、实地调查、初评阶段、评定等级、结果反馈与复评、结果发布、文件存档、跟踪评级、终止评级等阶段。同时,合规部门对信用评级活动的过程进行合规管理,研发部门根据不同信用评级机构的职能定位不同为评级业务提供基础研究、应用研究、评级市场表现研究等服务,财务、人事、行政等部门为信用评级提供支持性服务。这样,信用评级从业人员的分类包括市场人员、分析师、合规人员、研究人员,以及财务、人事和行政等其他从业人员。

从国内外监管政策中对信用评级从业人员的定义来看,中国证券业协会的《证券资信评级机构执业行为准则》中定义"评级从业人员"为在证券评级机构中从事证券评级业务的管理人员和业务人员,"高级管理人员"为对证券评级机构决策、经营、管理负有领导职责的人员,包括总经理、副总经理、评级委员会主任、评级总监、合规负责人、财务负责人以及实际履行上述职责的人。IOSCO 的《信用评级机构基本行为准则(2015 年 3 月修订版)》定义"员工"为在信用评级机构中全职、兼职或临时的工作人员,包括参与信用评级过程的合同工,"分析师"为在信用评级机构中负责在参与、发布或监控信用评级的过程中执行分析任务的员工,包括信用评级委员会委员。监管文件中对信用评级从业人员和分析师均有较为明确的定义,而缺乏对合规人员、研发人员和市场人员的定义。

本章将从信用评级的市场人员、分析师、合规人员、研究人员,以及其他人员五大类进行阐述。

17.1.1.1 市场人员

市场人员是指在信用评级机构从事评级业务拓展和承揽的人员,属于评级业务的前端人员。市场人员的业务拓展应避免恶性竞争行为,与评级业务之间应设立防火墙进行风险隔离,从评级业务的最前端即应依据监管要求检视所承接业务是否存在利益冲突,对于存在利益冲突的业务应进行回避。

17.1.1.2 分析师

分析师是信用评级行业从业人员的主要组成部分。一般来说，一家信用评级机构的分析师数量占全部员工的比例约为50%—70%。分析师的主要职责是对具体受评对象的信息进行收集、加工、处理、分析并得出初步风险判定。

信用评级具有跨学科、多理论基础的特征，也具有显著的实践性、经验性、研究性等特征。信用评级的预期性和艺术性的双重属性，是信用评级区别于其他行业的重要特征。信用评级的艺术性决定了分析师在信用评级过程中的主导地位，决定了基于评级数量模型的定量分析法可以作为评级分析师主导模式的合理补充，但不能取代基于分析师分析的专家意见法。

分析师在信用评级过程中的主导地位要求分析师应具备相应的知识体系和执业能力。知识体系包括信用评级分析的基础规则、基础法律法规、基础学科和常识、根据评级业务分类而应具备的相关的专业知识体系。执业能力包括信息收集、审核、验证、加工、处理能力，信用风险的预测和判定能力，沟通和协调能力等。

同时，分析师在主导信用评级的过程中，应充分遵循信用评级的监管制度，重点防范利益冲突风险，有效实施信用评级的一般性原则，即独立性、客观性和公正性原则，以保证信用评级的质量，提升信用评级的公信力。

17.1.1.3 合规人员

合规人员是指在信用评级机构从事合规工作的人员，其主要职责是对信用评级业务开展过程中的合规性进行内部监督、检查和报告，按照监管要求进行评级业务的信息披露，并向监管方报告和报备监管所需要的资料。

信用评级业务的开展过程需遵循独立、客观、公正的一般性原则，以防范评级业务中的利益冲突风险，保证评级信息收集、使用的客观和公正。信用评级机构的合规人员对评级过程中的合规性进行监督和检查，可以进一步保障评级业务的独立、客观和公正。

17.1.1.4 研究人员

研发人员是指在信用评级机构开展研究工作的人员，主要负责提供基础研究、应用研究、评级市场表现研究等服务，如研究信用评级的方法和技术、评论行业热点问题、对信用评级结果进行质量检验等。研究人员的主要工作虽然不涉及具体的评级业务，但在其研究过程中同样应遵循信用评级的一般性原则，保持信用评级机构的独立、客观和公正性。

17.1.1.5 其他人员

其他人员包括信用评级机构中的行政、财务、IT等后台管理和服务人员，主要负责信用评级业务相关的辅助工作，协助信用评级业务的顺利开展。

17.1.2 规范信用评级从业人员执业行为的目的和意义

17.1.2.1 规范信用评级从业人员执业行为的目的

规范信用评级从业人员执业行为的目的在于提高信用评级从业人员的执业能力，提高信用评级服务质量，并最终通过规范从业人员的执业行为促进信用评级业务操作和信用评级机构行为的规范性。

1. 提高信用评级从业人员的执业能力

因岗位职责不同，信用评级从业人员应具备相应的执业能力，如分析师应具备信息收集、审核、验证、加工、处理能力，信用风险的预测和判定能力，沟通和协调能力等执业能力；合规人员应具备合规信息收集、汇总和审查的能力等。

通过研究信用评级从业人员执业规范，监管方、信用评级机构和从业人员均可明确不同岗位的从业人员对应的执业能力要求，从业人员可快速地适应各自工作岗位，按照执业规范开展相关工作，并进一步实现执业能力的提升。

2. 提高信用评级服务的质量

作为金融服务行业，信用评级通过对投资者、发行人等评级相关方提供高质量的服务来实现其行业价值。规范信用评级从业人员的执业行为，有助于提高信用评级行业的服务质量，更好地实现信用评级减少信息不对称的功能。

在信用评级从业人员执业行为规范的前提下，从业人员可有效地通过与债券发行主体的实地调查，对发债主体的财务风险、业务风险的分析，为投资者提供投资决策的参考。同时，信用评级从业人员也可通过规范的违约率、违约损失率的统计，为投资者构建投资风险组合提供决策依据，有助于投资者实现风险和收益的均衡，实行有效的风险管理。

3. 促进信用评级业务操作和信用评级机构行为的规范性

规范从业人员的执业行为，是防范评级业务利益冲突、保障评级独立性的基础。信用评级行业是人力资本密集型行业，只有规范了从业人员的行为，评级业务操作和机构行为才能规范，行业的发展才能健康。

规范市场人员的执业行为，是保障评级业务在拓展阶段的最前端即开始防范利益冲突，保障评级的独立性的基础。规范评级分析师的执业行为，是保障评级业务操作规范执行的基础。规范合规人员的执业行为，是保障评级信息报备、信息披露等评级相关工作规范的基础，是保障监管方获得规范的业务信息的基础。规范研究人员的执业行为，是为了保障信用评级机构研究内容的独立、客观和公正性，促进行业的共同发展。

17.1.2.2 规范信用评级从业人员执业行为的意义

1. 促进信用评级从业人员保护机制的建立

规范信用评级从业人员的执业行为，有助于从业人员明确岗位职责，了解工作过程中应当遵守的基本规则规范，以基本规则和规范约束自己的执业行为，不做违规的"禁止性行为"，从而为从业人员建立起保护机制。

2. 促进信用评级执业能力培训机制的建立

在明确信用评级从业人员执业规范的基础上，信用评级机构可根据从业人员执业规范，建立针对不同从业人员岗位的培训机制，有利于快速提高从业人员执业能力。监管方则可从监管角度建立不同岗位从业人员的执业能力考核机制，对信用评级机构的培训和从业人员的执业能力进行考核，以促进信用评级机构和从业人员执业能力的提升。

17.2 中国信用评级从业人员执业规范

17.2.1 中国信用评级从业人员的执业行为现状

17.2.1.1 信用评级从业人员执业能力亟待提高

近年来，随着中国债券市场的快速发展和信用评级行业市场规模的不断扩大，信用评级行业从业人员数量大幅增长，特别是信用评级行业的分析师从业人员数量增幅更为明显。

根据中国银行间市场交易商协会官方网站披露的2017年度各评级机构信用评级业务开展及合规运行情况报告，2017年6家[1]银行间债券市场评级机构的员工人数合计1886人，较2014年增长了32.63%，年均复合增长率为10.10%。其中分析师990人，较2014年增长了36.74%，年均复合增长率为11.36%，增幅均超过了全行业总人数的增长。分析师是信用评级行业从业人员中的主力军，是推动行业发展的智力支持。2014—2017年分析师占全行业总人数的年平均比例达到51.84%。

但信用评级行业人员流动性较大，从业人员离职率偏高，2014—2017年年均离职率为17.63%。在评级业务不断增加的情况下，信用评级机构必须加大招聘新员工的力度，以满足业务发展的需要。与从业经验丰富的老员工相比，新进入评级行业的从业人员几乎不具备执业能力，其执业能力需要从零培养。从整体来看，在目前评级行业人员流动性大的情况下，从业人员的执业能力呈现下降趋势。

从信用评级机构来看，要将一名未接触过评级业务的员工培养成合格的分析师，信用评级机构不仅需要对其进行评级业务具体操作方法方面的培训，还要对其进行评级基础规则和监管规则方面的培训，如信用评级的独立性和利益冲突管理、信用评级的分析过程和质量控制、信用评级的透明度和信息披露等。同时，在中国评级行业处于多方监管的情况下，各监管方对相关方面的要求未达到完全一致，这就使得信用评级机构在对新员工的培训方面面临较大压力。

17.2.1.2 从业人员执业规范尚未形成统一的监管文件

中国债券市场由银行间市场和交易所市场组成，这两个市场中分别存在多个品种的

---

[1] 分别为东方金诚、联合资信、新世纪评级、中诚信国际、中债资信和大公国际。

债务融资工具。信用评级行业因受评的债务融资工具种类分属不同的债券市场而处于多方监管状态。由于各监管方的监管制度不完全一致，中国信用评级行业缺乏统一的行业自律规范和基本的评级作业规范。各监管方在评级业务备案、基本评级作业规范、业务统计标准和报送时间等方面的要求均存在一定差异。

近年来，中国信用评级各监管方对评级行业的监管逐步加强，对信用评级机构本身和具体的评级业务操作提出了诸多要求并形成了政策性文件。但在信用评级从业人员执业规范方面，目前尚未形成专门的监管文件，对从业人员素质要求和行为准则等的执业规范要求均分散在各个业务规范里，主要是针对任职资格和专业素质要求、独立性和利益冲突要求、信息披露及信息保密行为要求、信用评级机构对信用评级从业人员管理、培训和考核要求、分析师执业行为要求、合规人员执业行为要求以及法律责任和自律管理等方面做出了规定。

对于从业人员，特别是新进入评级行业的从业人员而言，缺乏统一的从业人员执业规范，使得他们在遵守和执行相关规范时面临一定困难。新员工在走上工作岗位后，无法快速地了解自己应遵守的规范，只能根据带教人员或项目经理的工作指令去开展工作，缺少辨别指令正确与否的依据，也无法辨别自己在工作过程中的行为和操作是否规范，更无法辨别自己的责任边界。

17.2.1.3 违约数量增加，信用评级机构被日益诟病

近年来，在中国信用评级行业快速发展的环境下，新的信用评级机构不断进入评级市场，原有的行业竞争格局不断被打破，行业竞争不断加剧。个别信用评级机构为了扩大市场份额，不惜以级别竞争、价格竞争和作业时间竞争等恶性竞争手段赢取客户，无视监管和业务操作规范，造成了评级市场的混乱。

在个别信用评级机构仅注重市场份额的扩大、不重视评级质量和规范操作的恶性影响下，中国信用评级行业的公信力受到了质疑，市场上"评级虚高""评级泡沫"等批评声音占据主流。同时，随着2014年后中国债券市场违约事件逐渐增加，违约逐步常态化，在媒体和投资者注重信用评级机构对违约事件的反应的市场环境下，个别信用评级机构对受评客户的违约事件的预期不足，进一步加重了市场对中国信用评级行业的公信力和社会形象的质疑。

2017年7月，《中国人民银行公告〔2017〕第7号》发布，标志着中国信用评级行业正式对外开放，外资信用评级机构进入中国评级市场成为可能。以标普、穆迪、惠誉三大国际信用评级机构为代表的外资信用评级机构，经历了百余年的发展，在全球市场上积累了较强的声誉资本和行业公信力，未来进入国内评级市场后，将对国内信用评级机构产生较大冲击。

因此，国内信用评级机构必须以评级监管制度为准绳，不断规范机构行为，致力于提高评级质量和评级水平，积极履行社会责任，充分发挥信用评级缓减信息不对称的作用，为市场和投资者提供客观、准确的评级信息，重塑中国信用评级行业的公信力和形象。

17.2.2 中国信用评级从业人员的执业规范

17.2.2.1 中国信用评级从业人员执业规范的相关监管制度

中国债券市场主要分为银行间市场和交易所市场，银行间市场监管以中国人民银行行政监管和交易商协会自律管理相结合，交易所市场监管以证监会行政监管和证券业协会自律管理相结合。随着 2005 年后银行间市场的短期融资券、中期票据和 2007 年后交易所市场公司债券的逐步发展，银行间市场和交易所市场各自的监管部门开始对信用评级行业加强重视，并分别制定了不同的信用评级行业的监管制度和自律规则，监管强度不断增加。

具体到从业人员执业规范方面，证券业协会发布了《证券业从业人员执业行为准则》，但缺乏对信用评级从业人员的针对性。除此之外，银行间市场和交易所市场均没有专门针对信用评级从业人员执业规范的文件，而是在相关监管文件（如表 17-1 所示）中对信用评级从业人员进行了一定的要求。

表 17-1 中国信用评级从业人员相关监管文件

市场	监管部门	日期	监管文件
银行间市场	中国人民银行	2006 年 3 月	《中国人民银行信用评级管理指导意见》
		2006 年 5 月	《中国人民银行征信管理局关于加强银行间债券信用评级作业管理的通知》
		2006 年 11 月	《信贷市场和银行间债券市场信用评级规范》
		2008 年 3 月	《中国人民银行关于加强银行间债券市场信用评级作业管理的通知》
		2009 年 3 月	《中国人民银行征信管理局关于加强分支行对银行间债券市场信用评级管理的通知》
		2017 年 7 月	《中国人民银行公告〔2017〕第 7 号》
	交易商协会	2013 年 1 月	《非金融企业债务融资工具信用评级业务自律指引》
		2018 年 3 月	《非金融企业债务融资工具信用评级机构自律公约》
		2018 年 3 月	《非金融企业债务融资工具信用评级业务调查访谈工作规程》
		2018 年 3 月	《银行间债券市场信用评级及机构注册评价规则》
		2019 年 5 月	银行间债券市场非金融企业债务融资工具信用评级业务信息披露规则》
		2019 年 10 月	《银行间债券市场非金融企业债务融资工具信用评级业务利益冲突管理规则》
交易所市场	证监会	2003 年 8 月	《资信评级机构出具证券公司债券信用评级报告准则》
		2007 年 8 月	《证券公司资信评级业务管理暂行办法》
	证券业协会	2012 年 3 月	《证券资信评级机构执业行为准则》
		2014 年 12 月	《证券业从业人员执业行为准则》
		2015 年 1 月	《证券市场资信评级机构评级业务实施细则》（后于 2016 年 6 月修订）
跨市场	中国人民银行、发改委、财政部、证监会	2019 年 11 月	《信用评级业管理暂行办法》

1. 银行间市场

（1）中国首个信用评级行业标准形成

根据2003年修订的《中国人民银行法》，中国人民银行负责监督管理银行间债券市场。2006年，中国人民银行发布的《信贷市场和银行间债券市场信用评级规范》形成了中国第一个关于信用评级的行业标准。

在信用评级从业人员要求方面，《信贷市场和银行间债券市场信用评级规范》在"第1部分：信用评级主体规范"中专门设有信用评级机构员工行为准则小节，首次规定了信用评级机构员工行为准则，包括具备相适应的专业知识和经验，依据独立、公正、客观的原则开展业务，不能篡改评级资料、歪曲评级结果，不能未经被评级对象（发行人）的同意将有关评级资料和信息（主动评级的评级结果除外）向社会公布或向他人泄漏（但国家法律法规、业务主管部门另有规定的除外），不能从事与信用评级业务有利益冲突的兼职业务，不能从事国家法律、法规及评级业务主管部门规定的其他禁止行为。

（2）自律管理不断加强

2007年，银行间市场的自律组织中国银行间市场交易商协会（以下简称"交易商协会"）成立。2012年3月，交易商协会审议通过《非金融企业债务融资工具信用评级业务自律指引》（以下简称《自律指引》），该指引成为银行间市场信用评级机构业务实践的重要指引，进一步规范了银行间市场信用评级机构的行为。

《自律指引》在第二章"信用评级机构及人员"部分对信用评级从业人员的基本行为规范做出规定，重点针对利益冲突和信息保密等方面，并要求信用评级报告具备相应的职业操守、专业知识和从业经历。

（3）债券市场开放程度加深

为推动银行间债券市场对外开放，中国人民银行于2017年7月1日发布《中国人民银行公告〔2017〕第7号》（以下简称"第7号文"），对信用评级机构在银行间债券市场开展信用评级业务做出规范。第7号文规定：信用评级机构及其从业人员在信用评级过程中应当恪守执业操守，按照独立、客观、公正的原则，充分揭示受评对象的风险，采取一切必要的措施保证评级结果质量。信用评级机构及其从业人员在业务开展过程中应当严格遵守保护中华人民共和国国家安全和保守国家秘密的法律法规，不得损害中华人民共和国国家安全。

（4）自律管理体系进一步完善

2018年3月27日，交易商协会同时发布《银行间债券市场信用评级机构注册评价规则》、《非金融企业债务融资工具市场信用评级机构自律公约》（以下简称"银行间市场《自律公约》"）及《非金融企业债务融资工具信用评级业务调查访谈工作规程》（以下简称《访谈规程》）。2019年5月和10月，交易商协会接连发布《银行间债券市场非金融企业债务融资工具信用评级业务信息披露规则》（以下简称《信息披露规则》）和《银行间债券市场非金融企业债务融资工具信用评级业务利益冲突管理规则》（以下简称《利益冲突管理规则》）。

这一信用评级自律管理制度层次化、专业化及系统化的关键举措，有利于提升信用评级机构市场公信力，促进银行间债券市场对外开放和健康发展。其中，银行间市场《自律公约》中要求评级人员遵守相关法律法规和自律规则条款的规定，自觉履行自律义务，并明确禁止歪曲评级结果、承诺级别、反馈级别区间、输送或接受不正当利益、违反利益冲突等行为。《访谈规程》则对项目组的调查访谈过程与方式进行了规定，并明确评级人员在调查访谈过程中不得出现讨论评级费用、承诺级别、提出无关要求、谋取私利、篡改或隐瞒评级资料等行为。

2. 交易所市场

（1）证监会开启监管

2007年，国家发改委将上市公司债券发行的审核权移交至证监会，证监会开始对上市公司债券进行监管，并于同年发布《证券市场资信评级业务管理暂行办法》。在信用评级从业人员方面，《证券市场资信评级业务管理暂行办法》规定了高级管理人员应当具备的条件、评级从业人员和评级委员会委员应当回避的情形、人员考核和薪酬制度不能影响评级从业人员依据独立、客观、公正、一致性的原则开展业务、保密义务、培训管理等内容，同时禁止董事、监事和高级管理人员投资其他证券评级机构，证券评级机构的实际控制人、股东、董事、监事、高级管理人员应当遵纪守法，不得从事损害证券评级机构及其评级对象合法权益的活动等；并从法律责任角度，规定了违法情况下的处罚条款。

（2）证券业协会加入自律管理

证券业协会作为全国性证券业自律组织，分别于2009年9月发布了《证券资信评级行业自律公约》（以下简称"证券业协会《自律公约》"，于2012年3月发布了《证券资信评级机构执业行为准则》（以下简称《行为准则》），于2015年1月发布了《证券市场资信评级机构评级业务实施细则》（以下简称《实施细则》），并于2016年6月对其进行修订。其中证券业协会《自律公约》已废止，《行为准则》和《实施细则》两个自律规则作为交易所市场证券评级机构的监管制度的有力补充。《行为准则》和《实施细则》进一步细化了对信用评级从业人员的执业要求，从资格和专业素质、评级程序、利益冲突防范、保密信息处理、合规检查等各个方面对信用评级从业人员的执业要求进行规定。

2014年12月，证券业协会对原2009年的《证券业从业人员执业行为准则》进行了修订。新版《证券业从业人员执业行为准则》对从业人员的要求体现在道德水平和专业素质两个方面，不仅倡导从业人员树立积极健康的价值观，以诚实守信、勤勉尽责为本，公平竞争，营造良好有序的市场环境，而且要求从业人员主动倡导理性成熟的投资理念，注重客户适当性和风险揭示，履行保密义务，规避利益冲突。

3. 中国人民银行、国家发改委、财政部、证监会四大部委联合发布《信用评级业管理暂行办法》

2019年11月，中国人民银行、国家发改委、财政部、证监会四大部委联合发布《信用评级业管理暂行办法》（以下简称《办法》）。《办法》明确了监管主体及其职责分工，确立了国内信用评级行业的监管架构，要求建立部级协调机制，旨在解决目前国内评级市场监管分割、缺乏统一的问题，解决各市场监管部门评级作业标准不统一给信用评级机构造成的不便，其出台意味着中国信用评级行业将迎来统一监管标准，为未来信用评级行业的有序、健康发展打下了良好的基础。《办法》中专门设置了"信用评级从业人员管理"章节，对信用评级从业人员备案管理、离职人员要求和人员培训要求做出规定。

17.2.2.2 中国信用评级从业人员执业规范的具体监管要求

1. 对信用评级一般从业人员的要求

（1）对资格和专业素质的要求

银行间市场和交易所市场均对信用评级从业人员的资格和专业素质有要求，均要求信用评级从业人员遵守法律、法规及相关规定，具备相应的职业操守，遵循独立、客观、公正的原则。

银行间市场要求信用评级机构的董事、监事和高级管理人员应具有良好的声誉，保证信用评级机构规范运作并独立、客观、公正地开展评级业务，同时禁止信用评级从业人员以下行为：第一，与受评对象或其他市场参与主体合谋篡改评级资料或者歪曲评级结果；第二，以明示或默示方式承诺、保证级别，或通过参与级别竞标、低于合理成本的价格进行竞争，以诋毁同行等不正当竞争手段承揽业务，进行恶性竞争；第三，在评级委托协议签订前向委托方或相关机构反馈信用级别或级别区间，包括通过预评估级别或级别区间等方式参与营销、以直接或间接方式向委托方或相关机构反馈级别区间等行为；第四，以礼金、回扣等方式输送或接受不正当利益；第五，出具的评级报告中由于信用评级机构主观故意或未履行勤勉尽责义务而存在虚假记载、误导性陈述或重大遗漏。

交易所市场对证券评级机构的从业人员有以下规定：第一，证券评级机构的董事、监事和高级管理人员不得投资其他证券评级机构；第二，证券评级机构的实际控制人、股东、董事、监事、高级管理人员应当遵纪守法，不得从事损害证券评级机构及其评级对象合法权益的活动；第三，证券评级机构及其评级从业人员在承揽评级项目过程中，应自觉维护有序、公平的市场秩序，不得恶意诋毁、贬损同行，不得以低于合理成本的价格进行恶性竞争。此外，交易所市场对高级管理人员有更为详细的要求，包括：第一，取得证券从业资格；第二，熟悉资信评级业务有关的专业知识、法律知识，具备履行职责所需要的经营管理能力和组织协调能力，且通过证券评级业务高级管理人员资质测试；第三，无《公司法》《证券法》规定的禁止任职情形；第四，未被金融监管机构采取市场禁入措施，或者禁入期已满；第五，最近3年未因违法经营受到行政处罚，不存在因涉嫌违法经营、犯罪正在被调查的情形；第六，正直诚实，品行良好，最近3年在税务、工商、金融等行政管理机关，以及自律组织、商业银行等机构无不良诚信记录。同时，还要求境外人士担任前款规定职务的，还应当在中国境内或者中国香港、中国澳门等地区工作不少于3年。

（2）对独立性和利益冲突的要求

①独立性要求

两个市场均强调信用评级从业人员的独立性，对信用评级从业人员不得参与相关信用评级业务的情形做出了明确的规定，同时要求信用评级机构及其从业人员不得有不正当交易、商业贿赂以及向受评企业提供咨询服务等影响信用评级质量的违法违规行为。

在银行间市场，交易商协会专门制定《利益冲突管理规则》，建立了信用评级机构的利益冲突管理约束机制，从隔离设置、回避安排、禁止性规定、离职审查及轮换、利益冲突管理等方面对信用评级机构和人员的利益冲突情形做出规定。对从业人员的独立性方面，银行间市场要求：第一，信用评级机构的主要股东及实际控制人在股权比例或投票权等方面不得存在足以影响信用评级独立性的潜在利益冲突情形。信用评级机构及其董事、监事、高级管理人员不得持有其他存在业务竞争关系的评级机构的出资额或股份。第二，信用评级机构人员不得从事与评级业务有利益冲突的业务，不得参与对受评对象的非评级业务。第三，信评委主任委员不得在市场部门和评级部门兼任任何职务。市场、财务、合规部门人员不得兼任信评委、技术委委员。评级人员不得参与评级项目商务谈判及合同签订等工作。第四，信用评级机构人员如发现存在违反利益冲突情形，应立即报告。

交易所市场还明确要求证券评级机构股东不得兼任评级总监，评级委员会主任不得在市场部门和评级部门兼任任何职务，市场部门人员不得兼任评级委员会委员；评级委员会委员与评级分析人员不得参与证券评级业务营销活动，不得参与评级收费谈判；同时，证券评级机构的董事、监事和高级管理人员以及评级从业人员不得以任何方式在受评级机构或者受评级证券发行人兼职。在结构化金融产品方面，交易所市场规定证券评级机构及其评级从业人员在对结构化金融产品进行评级之前或评级过程中，不得对受评结构化金融产品的设计提供咨询服务或建议。在评级过程中，交易所市场要求证券评级机构应对项目组成员进行利益冲突审查，项目组成员应签署利益冲突回避承诺书；评级委员会主任应对所有评审委员进行利益冲突审查，评审委员应签署利益冲突回避承诺书；评级委员会委员不得担任本人作为项目组成员参与的评级项目的评审委员。

银行间市场规定，评级人员的考核、晋升以及薪酬不得与其参与评级项目的发行、收费等因素关联。合规人员的考核、晋升、薪酬不与信用评级机构的业务收入情况关联。

②薪酬独立性

银行间市场规定，评级人员的考核、晋升以及薪酬不得与其参与评级项目的发行、收费等因素关联。合规人员的考核、晋升、薪酬不与信用评级机构的业务收入情况关联。

交易所市场监管规定，证券评级机构的人员考核和薪酬制度，不得影响评级从业人员依据独立、客观、公正、一致性的原则开展业务。

《信用评级业管理暂行办法》中规定，信用评级从业人员的薪酬不得与评级对象的信用级别、债务融资工具发行状况等因素相关联。

③对离职人员的要求

银行间市场要求评级小组组长及对信用等级有重大影响的人员离职并受聘于其曾参与评级的受评企业、信用评级委托方或主承销商时，信用评级机构应从获知起检查其离职前两年内参与的与其受聘机构有关的评级工作。如存在利益冲突的，信用评级机构应及时披露检查结果。另外，从受评对象及其关联机构离职，并受聘于信用评级机构的人员，自离职之日起未逾3年的不得参与与该受评对象相关的评级工作。

交易所市场则直接对离职人员进行要求，规定评级从业人员离职，应当遵守保密协议、竞业禁止约定及向证券评级机构所做的其他承诺。

（3）对信息披露及信息保密行为的要求

两个市场均注重信用评级从业人员评级资料和信息的保密，要求对于在开展信用评级业务中知悉的国家秘密、商业秘密和个人隐私，信用评级机构及其从业人员应当履行保密义务，同时要求信用评级从业人员不得利用相关信息谋取不正当利益。

银行间市场规定，信用评级机构应当建立信息披露事务管理制度，并设置信息披露事务负责人，负责组织和协调信息披露相关工作。信用评级机构及其相关工作人员应当依法履行保密义务；在评级信息依法披露之前，除用于监管要求、评级协议约定用途、委托方及受评对象外，信用评级机构及其相关工作人员应当履行信息保密义务，不得向内部其他人员和外部泄露相关评级信息。

交易所市场对离职后的保密义务也进行了规定，要求证券评级从业人员在项目结束或离开所在机构后，仍应履行保密义务。此外，还要求证券评级从业人员应保证披露信息的真实、准确、完整、及时、公平，不得有虚假记载、误导性陈述或重大遗漏。

（4）信用评级机构对信用评级从业人员管理、培训和考核的要求

银行间市场和交易所市场均注重对信用评级从业人员的培训，要求信用评级机构对信用评级从业人员开展培训活动，提高从业人员的职业道德和业务水平。

银行间市场要求信用评级机构通过定期培训等多种方式加强从业人员职业道德修养，提高执业能力。

交易所市场要求证券评级机构建立人员培训制度，并通过协会、证券评级机构和证监会指定的其他网站披露。交易所市场还要求证券业协会建立证券评级机构及其从业人员从事证券评级业务的资料库和诚信档案。

《信用评级业管理暂行办法》中规定，信用评级行业主管部门、业务管理部门在各自职责范围内分别建立信用评级机构信用档案和信用评级机构高级管理人员信用档案，并将信用评级机构及高级管理人员信用档案信息、评级业务信息、检查及行政处罚等信息纳入全国信用信息共享平台，按照有关规定，实现信息公开与共享。信用评级机构应当建立本机构从业人员信用档案，并将从业人员信用档案信息纳入全国信用信息共享平台，按照有关规定，实现信息公开与共享；在备案方面，要求信用评级机构应当将高级管理人员和信用评级分析人员的基本信息向备案机构办理备案；在培训方面，要求信用评级机构应当定期对高级管理人员和信用评级分析人员进行业务培训和业务能力测试，采取有效措施提高从业人员的职业道德和业务水平，并做好培训和测试记录。

（5）法律责任和自律管理

银行间市场规定，有关机构及相关人员违反《非金融企业债务融资工具信用评级业务自律指引》相关规定的，根据违规情节，交易商协会可按《非金融企业债务融资工具市场自律处分规则》的有关规定进行自律处分。涉嫌违法违规的，交易商协会可移交有关部门进一步处理。

交易所市场对信用评级从业人员的法律责任和自律管理更为详细，要求信用评级从业人员配合证监会派出机构的检查，高级管理人员不符合规定时限期更换等，并对从业人员未勤勉尽责、故意提供虚假资料、违反利益冲突防范制度、违反信息保密制度等行为的处罚情况进行规定。

《信用评级业管理暂行办法》中专设"法律责任"章节，明确了信用评级机构及其从业人员对违反本办法的行为所应承担的法律责任，同时明确罚款等惩罚力度，在以往

所有的评级行业监管政策中尚属首次。同时,《信用评级业管理暂行办法》规定信用评级行业主管部门、业务管理部门依据本办法相关规定,建立信用评价机制,定期对信用评级机构及从业人员的违法失信行为等开展信用评价,并将信用评价结果纳入信用评级机构信用档案;对信用评价较低的信用评级机构,可以采取向市场公开通报等惩戒措施。信用评级行业主管部门会同业务管理部门健全守信联合激励和失信联合惩戒机制;建立信用评级机构及相关从业人员"失信联合惩戒对象名单"管理制度,根据失信严重程度采取不同惩戒措施;对失信较严重的信用评级机构及相关从业人员,纳入"失信联合惩戒对象名单"管理范畴,列为市场不信任机构及失信从业人员,发起多部门联合惩戒与约束,情节严重的依法依规实施暂停业务或市场禁入措施。

2. 分析师执业行为要求

(1)评级项目组

两个市场均要求评级项目组长至少从事信用评级业务 3 年以上。

银行间市场还要求评级小组成员具备金融、财务、证券、投资、评估等一种或一种以上的专业知识,且具有 1 年以上从事评级业务的经验,并能胜任信用评级工作的要求;要求评级小组负责人参与过 5 个以上信用评级项目;同时对评级小组成员轮换做出要求,规定评级小组成员不得连续 5 年为同一受评企业或其相关第三方连续提供信用评级服务,自期满未逾两年的不得再参与该受评企业或其关联企业的评级活动。此外,交易商协会鼓励信用评级机构实行参会评审委员轮换制。

交易所市场要求项目组组长应当具有证券从业资格,但未对分析师轮换机制做明确规定。

《信用评级业管理暂行办法》规定,信用评级机构应当对每一评级项目投入充分的富有经验的分析资源。评级项目组成员应当具备从事相关项目的工作经历或者与评级项目相适应的知识结构,评级项目组长应当有充分的经验且至少从事信用评级业务 3 年以上。

(2)尽职调查

在银行间市场方面,交易商协会专门制定了《非金融企业债务融资工具信用评级业务调查访谈工作规程》,详细规定了尽职调查阶段的规程,要求项目组制定调查提纲,通过多渠道、多方式进行信息收集,并列明了信息最小涵盖范围,规定了访谈对象和访谈记录的内容范围,并对调查访谈过程的禁止行为进行规定:①与评级对象的工作人员讨论评级费用,或诱使被评机构用高费用获得较高的评级;②向评级对象或相关机构承诺级别;③提出与评级工作无关的要求,向客户暗示、索取或接受任何形式的经济利益;④利用自身身份、地位和执业中所掌握的评级对象资料和信息为自己或他人谋取私利;⑤授意或协同评级对象及其他利益相关方篡改或隐瞒相关评级资料;⑥其他影响评级独立性、公正性的违法违规行为。

而交易所市场要求评级项目组在评级作业前形成工作计划,收集资料,并将访谈提纲发送给评级对象,同样对访谈记录的范围进行了规定,还要求评级项目组应当对自行收集的资料信息进行评估,以保证其及时性、准确性、完整性。评级项目组在采信承销商、会计师事务所、律师事务所、资产评估等机构出具的相关材料时,应当在一般知识水平和能力范畴内对其真实性和准确性进行评估。

（3）三级审核及评审会

银行间市场规定，评级小组应在多渠道、多方式收集受评企业信用质量相关资料并开展研究分析工作的基础上撰写评级报告初稿，提出信用等级及相关建议，并至少经过小组初审、部门复审、公司三审的三级审核，形成评级报告。评级小组撰写的信用评级报告和工作底稿须依序经过评级小组负责人初审、部门负责人再审和评级总监三审的三级审核，并在报告及底稿上签署审核人姓名及意见。如在审核中发现问题，应当及时修正，并重新审核。评级小组成员不得参与其负责项目最终级别的确定。

交易所市场同样要求三级审核程序，规定初评报告须按照内部审核程序进行三级审核。各级审核人员应在内部审核记录上签署审核意见、时间并署名。初评报告必须经过内部审核程序后才能提交评级委员会。同时，参会评审委员应对其评审意见和表决意见签字确认。

3. 合规人员执业行为要求

银行间市场要求，信用评级机构应建立合规监督工作机制和相关制度，设立专门部门负责对信用评级及相关业务工作人员的合规性进行监测、检查和报告，定期评估公司内部控制制度的完备性和执行情况。信用评级机构及其人员应保障合规部门及人员的独立性，保障其履职时所必须的知情权和调查权，不得以任何理由和形式妨碍其履行职责。同时，银行间市场还要求合规人员不得参与评级作业、市场拓展、营销活动、客户维护等工作，或从事影响利益冲突管理职责履行的其他工作。

交易所市场要求，证券评级机构应指定专人担任合规负责人，负责证券评级业务的合法、合规性检查。合规负责人应熟悉证券市场相关法律法规及证券评级业务相关法律法规。

【专栏17-1】

中国信用评级从业人员执业规范实践情况

目前，中国各主要信用评级机构均根据监管要求，在多项内部控制制度中对信用评级从业人员执业规范进行了约定，同时制定了专门针对信用评级从业人员执业行为的制度，作为各机构信用评级从业人员管理的基础制度文件（如表17-2所示）。

表17-2 中国各信用评级机构信用评级从业人员执业规范相关制度

信用评级机构	信用评级从业人员执业规范相关制度
大公资信	《大公信用评级从业人员执业行为规范》
	《大公资信评级人员培训管理办法》
东方金诚	《评级从业人员执业行为守则》
	《评级技术委员会管理办法》
	《评级人员培训制度》
	《信用评级委员会制度》

(续表)

联合资信	《评级业务人员执业规范》
	《评级项目负责人制度》
	《信用评级委员会制度》
新世纪评级	《评级业务人员管理制度》
	《评级工作组组建规范》
	《专家评估审核制度》
	《信用评审委员会规范》
远东资信	《证券评级人员职业规范和行为准则》
	《信用评级委员会制度》
	《信用评级从业人员分层管理制度》
中诚信国际	《中诚信国际员工执业守则》
	《中诚信国际离职人员利益冲突审查操作指南》
	《中诚信国际评级项目组组建规则》
	《中诚信国际信用评级委员会制度》
	《中诚信国际信用政策委员会制度》
中债资信	《中债资信评估有限责任公司评级业务人员执业准则》
	《中债资信评估有限责任公司评级项目组工作细则》
	《中债资信评估有限责任公司评级分析师项目轮换实施细则》
	《中债资信评估有限责任公司尽职调查工作细则》
	《中债资信评估有限责任公司评级人员离职追溯检查实施细则》
	《中债资信评估有限责任公司信用评审委员会管理规定》

资料来源：作者根据各信用评级机构官方网站资料整理。

从各信用评级机构的制度建设情况来看，各信用评级机构专门针对信用评级从业人员执业行为的制度，均建立在现有监管制度和自律规则的基础上，同时又根据各信用评级机构的自身情况做了不同程度的细化。

【专栏17-2】

中国信用评级从业人员的惩处情况

2016年1月，深圳市证监局对某评级机构人力资源部总经理采取监管谈话的措施，这是国内首次对信用评级从业人员进行惩处。深圳市证监局在现场检查中发现，该机构利益冲突管理机制有待进一步细化和完善，该机构的《评级业务回避制度》关于回避和利益冲突审查的相关规定中并未明确界定"直系亲属"范畴，实际开展利益冲突审查时包含的直系亲属范围与该机构《人力资源配置与管理办法》界定的直系亲属范畴存在冲突；同时，该机构《评级业务回避制度》及实际开展的利益冲突审查工作中，未要求直系亲属报备证券账户开户和证券投资等具体情况。由于上述情况不符合《证券市场资信评级业务管理暂行办法》第十三条的相关规定，深圳市证监局对该人力资源部总经理采取了监管谈话的措施。

同年2月，天津市证监局、上海市证监局分别对三家评级机构的五位信用评级从业人员采取监管谈话措施。其中一位是项目组负责人，上海市证监局检查发现在某项目中，该项目组人员未联系担保人确认担保事项，未对所依据的担保函内容的真实性进行核查和验证，证券评级过程中未按规定进行尽职调查，因此对该项目组负责人进行监管谈话；另外四位是机构主要领导，证监局以对相关问题负有领导责任对其进行监管谈话。

资料来源：根据证监会网站公开信息整理。

17.3 国际信用评级从业人员执业规范

17.3.1 IOSCO 信用评级从业人员的执业规范

17.3.1.1 IOSCO 信用评级从业人员执业规范的相关监管制度

为了加强对信用评级机构的监管，加强对投资者的保护，国际证监会组织（IOSCO）作为证券监管领域的国际标准制定机构，制定了《信用评级机构基本行为准则》（Code of Conduct Fundamentals for Credit Rating Agencies），该准则获得了G20和金融稳定理事会的认可，各国、各地区的监管也将该准则的主要目标纳入到监管法律法规中。

2003年，IOSCO 发布了《IOSCO 关于信用评级机构行为准则的声明》（IOSCO Statement of Principles Regarding the Activities of Credit Rating Agencies，以下简称《声明》），同时 IOSCO 还发布了一组关于信用评级机构现状的报告，阐述了信用评级机构的现状和带来的监管问题，以及 IOSCO 的信用评级机构行为准则将如何解决这些问题。

IOSCO 发布的《声明》引发了市场参与者的热烈讨论，包括部分信用评级机构在内的评论者建议 IOSCO 给出更为具体和详细的要求，以便信用评级机构在实践中执行。经过进一步讨论，IOSCO 在此基础上于2004年发布了最初版的《信用评级机构基本行为准则》，要求信用评级机构在"遵守或解释"的基础上自愿采纳如下四个方面的基本从业规则：（1）评级过程的质量和公正性；（2）独立性和利益冲突的避免；（3）对公众投资者和发行人负责，包含评级披露的透明度和及时性、机密信息的处理这两个部分;（4）自身行为准则的公开。

在2008年金融危机爆发后，IOSCO 修订了原有的准则，发布了《信用评级机构基本行为准则》（2008年版）。

2014年2月，由于信用评级机构主要被国家或地区监管部门监管，IOSCO 提议要修改2008年版的准则，使得准则除了作为国际性信用评级机构自我管理的标准，还能与国家或地区对信用评级机构的监管保持一致性。本次修订对旧版本的准则进行了大篇幅的改动，除了新增关于公司治理、培训和风险管理的措施这一基本从业原则，还加强保护信用评级流程的公正性、管理利益冲突、提升透明度和保护非公开信息，并通过增加重要术语的定义、修订当前重要术语的定义、更新术语和重组现有的规定，以进一步明确《信用评级机构基本行为准则》的内容。

17.3.1.2 IOSCO信用评级从业人员执业规范的具体监管要求

《信用评级机构基本行为准则》（2004年版）中有部分涉及信用评级从业人员的执业规范的规定，IOSCO声明该准则适用于任何信用评级机构以及信用评级机构所雇用的任何全职或兼职评级人员。IOSCO在"评级过程的完整性"中要求信用评级机构员工遵守相关法律法规，公正地对待市场参与者，同时禁止评级分析师对发债主体给出级别保证。此外，IOSCO还特别强调了信用评级从业人员的独立性问题和信息保密问题，要求信用评级机构和分析师要维护程序上和实质上的独立性和客观性。

《信用评级机构基本行为准则》（2008年版）与《信用评级机构基本行为准则》（2004年版）基本一致，依然强调从业人员的独立性和信息保密措施，同时根据结构化产品的问题，增加了禁止分析师参与结构化产品设计、定期检查薪资政策等一系列规定。

《信用评级机构基本行为准则》（2015年版）新增了对"员工"的定义：在信用评级机构中全职、兼职或临时的工作人员，包括参与信用评级过程的合同工；修订了分析师的定义：在信用评级机构中负责在参与、发布或监控信用评级的过程中执行分析任务的员工，包括信用评级委员会委员；同时，再次强调分析师应拥有及时履行各自职能所必需的专业知识和资源，并要求信用评级机构及其员工不应该对受评实体或债务人提出任何会影响信用评级的建议，包括但不限于关于公司或法律结构、资产和负债、业务、投资计划、筹资渠道、重组以及结构化产品的设计；还新增了公司治理、风险管理和员工培训的内容，规定信用评级机构的董事会（或类似机构）对信用评级机构建立、维护、记录并执行充分影响到IOSCO信用评级行为准则的行为负有最终责任。

17.3.2 美国信用评级从业人员的执业规范

17.3.2.1 美国信用评级从业人员执业规范的相关监管制度

2003年的安然公司等事件引发了《信用评级机构改革法案》（Credit Rating Agency Reform Act of 2006）的出台，2006年9月29日，乔治·W.布什总统签署通过了该法案。该法案明确了信用评级机构注册与信息披露的义务，对非公开信息的使用、内部人员管理、职权滥用等问题做了严格规定，并明令禁止信用评级机构以任何方式强制兜售、搭售评级服务，滥用职权及从事其他不公平竞争行为。

2007年次贷危机后，美国对现有金融监管框架中的不足进行了反思，随即开始金融改革，2010年7月21日由总统签署通过了《多德-弗兰克法案》（Dodd-Frank

Act），重点强化了对信用评级机构的监管，法案涵盖了强化监管机制、减少监管依赖、提高信息披露要求、追究过失责任、完善公司治理、改良评级流程、探寻模式变革等多个方面的内容。

总体来看，目前美国信用评级监管的法律框架主要为《1933年证券法》和《1934年证券交易法》，危机前后分别实施的两部法案，即《信用评级机构改革法案》和《多德－弗兰克法案》主要是对《1933年证券法》和《1934年证券交易法》进行修订，SEC再根据法案授权制定相应的细则17g-1~10。

17.3.2.2 美国信用评级从业人员执业规范的具体监管要求

实施细则"17g-9 信用分析师的培训、经验和能力标准"对参与确定信用评级的个人提出了详细的要求：如果个人使用的信用评级程序和方法涉及定性分析，则必须具备必要的知识；如果个人使用的信用评级程序和方法涉及定量分析，则必须具备必要的技术专长。参与确定信用评级的人员中，至少有一名具有三年及三年以上信用评级经验。同时，信用评级机构应对参与确定信用评级的个人进行定期测试，包括对NRSROs所使用的用于确定信用评级的类别和子类的程序或方法的认识和了解。

从管理层的角度，《多德－弗兰克法案》在职责和利益冲突方面做出了相关规定。法案规定NRSROs须建立董事会，负责监督评级政策和流程机制、利益冲突防范机制的建立和执行；内控制度的有效性；职员报酬及晋升机制。为防止利益冲突，董事会中至少有1/2的成员（不少于两人）是独立董事，其薪酬与信用评级机构业绩无关，任期不超过5年且不能连任。为确保独立董事的独立性，独立董事不得从任何一家NRSROs处获取顾问费、咨询费或其他费用，也不得与NRSROs或其附属机构有任何关联和经济利益。当其与某个评级的结果存在利益关系时，该独立董事没有资格参与此评级审议活动。

关于合规官的要求，《信用评级机构改革法案》只规定了NRSROs应指定合规官负责监察NRSROs在非公开信息的使用、利益冲突防范方面的执行及对证券法律、SEC规则的遵守情况。《多德－弗兰克法案》则对合规官做了进一步规定：一是限制职务行为范围，即不得参与评级业务、评级方法及模型的制定、市场销售业务、非合规员工的薪酬水平制定；二是要求财务独立，即合规官的报酬不得与NRSROs的收入挂钩；三是增加其职责内容——处理NRSROs雇员或信用评级用户针对NRSROs所做评级结果、评级流程与方法的投诉；四是合规官制作合规年报，说明合规情况、道德规范和内部利益冲突管理制度的变动情况。

此外，从NRSROs的注册表格Form NRSROs来看，SEC要求NRSROs在附件5中披露其实际执行的道德准则，在附件8中披露信用评级机构信用分析师和信用分析师主管的有关信息，在附件9中披露信用评级机构指定的合规主管的信息。

【专栏 17-3】

标普信用评级从业人员执业规范实践情况

标普在公开披露的内部制度中直接或间接地规定了信用评级从业人员的行为准则。这些制度包括但不限于表 17-3 列出的内容：

表 17-3　标普关于信用评级从业人员执业规范的主要内控制度

序号	标普关于信用评级从业人员执业规范的主要内控制度
1	《标普行为准则》（2018 年）
2	《标普员工商业道德》（2018 年）
3	《标普行为准则——澳大利亚》（2017 年 7 月）
4	《司外活动/专业行为指南》（2016 年 6 月 1 日）
5	《禁止活动》（2018 年 5 月）
6	《分析师轮换》（2018 年 7 月）

资料来源：根据标普官网资料整理。

其中，与信用评级从业人员执业规范的制度直接关联性最强的有两个，分别为《标普行为准则》（S&P Global Ratings Code of Conduct）和《标普员工商业道德》（S&P Global 2018 Code of Business Ethics for Employees）。此外，为配合澳大利亚监管要求，标普披露了《标普行为准则——澳大利亚》（S&P Global Ratings Code of Conduct—Australia），在澳大利亚地区作为《标普行为准则》的补充文件。

《标普行为准则》包括信用评级过程的质量、评级过程的诚信、独立性和防止利益冲突、透明度和信息披露、保密信息的处理、行为准则和政策的执行、信用评级和其限制等七个部分。

《标普行为准则》主要是从公司角度出发，制定了标普管理其信用评级活动的高级原则，也是符合标普进行信用评级活动所涉及所有司法管辖区监管要求的高级原则。其中直接对员工的要求较少，但标普要求，所有员工必须遵守该准则及其相关政策，每年所有员工都必须通过签署确认声明来阅读该准则并确认其遵守准则及其相关政策。标普通过政策、程序和指南（统称"政策"）以及运营和控制来实施《标普行为准则》规定的原则。标普总裁负责监督该准则的遵守情况，并且在没有违反法规承诺或其他适用法律或法规的情况下，必须以书面形式批准该准则或其相关政策的例外情况。此外，标普指定合规官负责遵守和解释该准则及其相关政策和标普监管承诺的日常运营责任。

《标普员工商业道德》涉及范围更广，除了基本的执业规范，还向员工介绍了标普的核心价值观念、如何判断自己是否符合道德标准、非歧视性、全球人权等更为广泛的执业道德相关内容，同时在《标普员工商业道德》中有很多案例，对不同情形下的员工该如何应对进行分析，更好地帮助了员工了解道德标准的界限。标普要求所有员工阅读并完成相关课程和"确认声明"，以证明对遵守公司政策的持续承诺。

标普还公开披露了其一般情况下信用评级分析师和信用评级分析师主管的资格要求（如表

17-4 所示）。

表 17-4　标普信用评级分析师和信用评级分析师主管资格要求

	初级信用评级分析师	中级信用评级分析师	高级信用评级分析师
教育程度要求	商业相关领域的理学学士或文学学士。	商业相关领域的理学学士或文学学士；具有更高学位者优先。	商业相关领域的理学学士或文学学士；具有更高学位者优先。
经验和技能要求	通常情况下，2年或以上的信用、分析或相关金融服务经验优先。对于入门级职位，鉴于这些职位的性质和监管要求，没有额外的最低经验要求。	通常情况下，3—5年的信用、分析或相关金融服务经验优先。	通常情况下，7年以上的信用、分析或相关金融服务经验优先。
	中级信用评级分析师主管		高级信用评级分析师主管
教育程度要求	商业相关领域的理学学士或文学学士；具有更高学位者优先。		商业相关领域的理学学士或文学学士；具有更高学位者优先。
经验和技能要求	通常情况下，7年以上的信用、分析或相关金融服务经验。		通常情况下，10年的信用、分析或相关金融服务经验，包括分析经理或同等职位的经验。

17.3.3　欧洲信用评级从业人员执业规范

17.3.3.1　欧洲信用评级从业人员执业规范的相关监管制度

欧洲信用评级制度发展较晚，前期一直没有制定专门的法律法规来对评级服务和/或提供评级服务的实体进行监管。但是，在欧盟金融市场中存在一些涉及评级活动的指令（directives）。

2001年"安然"事件的爆发虽未波及欧洲，但其中信用评级机构出现的问题引起了欧盟的警惕。欧盟议会最终同意了不对信用评级机构进行立法监管，而是通过IOSCO 2004年11月发布的《信用评级机构执业守则》来实现对信用评级机构的监管。但是，2007年爆发的金融危机充分暴露了欧盟在信用评级监管领域的漏洞及相应规章制度的缺失，引起了欧盟各国的重视，继而欧盟各国重新开始启动信用评级机构监管立法工作。2009年11月17日，欧洲议会和欧洲联盟理事会颁布了首部针对信用评级机构的法规，即《信用评级机构第1060/2009号监管法规》[Regulation (EC) No. 1060/2009 on Credit Rating Agencies，以下简称"第1060/2009号法规"]。

2011年，欧洲议会和欧洲联盟理事会对第1060/2009号法规进行了修订，发布了《信用评级机构第513/2011号监管法规》（以下简称"第513/2011号法规"），并于同年5月11日在欧盟正式生效。根据第513/2011号法规，新成立的ESMA于2011年7月起开始对欧盟信用评级机构进行泛欧统一监管。

随着欧债危机的爆发和对信用评级深入监管的客观要求，2013年5月13日，《信用评级机构第462/2013号监管法规》（以下简称"第462/2013号法规"）获得欧洲议会和欧洲联盟理事会最终通过，并于当年6月20日开始生效。

17.3.3.2　欧洲信用评级从业人员执业规范的具体监管要求

1. 对信用评级一般从业人员的要求

（1）对资格和专业素质的要求

第1060/2009号法规要求信用评级分析师及直接参与信用评级活动的人员具备与职责所对应的知识和经验；要求行政或监督委员会的大多数成员（包括其独立成员）具有足够的金融服务专业知识。如果信用评级机构发布结构化金融工具的信用评级，那么至少一名独立成员和另一名成员应具有结构化金融工具市场方面的深入知识和经验。

在责任方面，该法案要求除董事会的责任外，行政或监督委员会的独立成员还应对制定信用评级政策和信用评级机构在信用评级活动中使用的方法，内部质量控制体系在信用评级活动中的有效性，为确保识别、消除或管理和披露任何利益冲突而采取的措施和程序的有效性及合规和治理流程进行监管。

（2）对独立性和利益冲突的要求

①独立性要求

欧盟同样注重独立性和利益冲突问题，要求为避免利益冲突，信用评级从业人员不得参与到受评实体及与受评实体有关联的第三方的费用支付问题；不得买卖或从事受评实体发行、担保或以其他方式提供支持的金融工具；不得向前来信用评级机构开展业务的人员索取或接受金钱、礼物或恩惠；如果信用评级分析师及直接参与信用评级活动的人员拥有受评实体发行的金融工具或拥有与受评实体相关的任何实体的金融工具，或者最近与受评实体有过雇佣关系、业务关系或其他关系，则不得参与或以其他方式影响受评实体的信用评级或评级展望的确定。

同时，该法案还规定信用评级机构应设立行政或监督委员会，以确保评级活动的独立性免于受政策或经济层面的影响或制约，利益冲突能够得到妥善的控制和披露，同时应遵守本法规规定的其他要求。该部门高级管理人员应具有良好的声誉以及足够的技术和经验，并能对机构实施健全而审慎的管理。

第462/2013号法规进一步加强了对独立性的要求，规定信用评级分析师及直接参与信用评级活动的人员不得在发布信用评级或评级展望后的6个月内在受评实体或相关第三方担任重要管理职位。

②薪酬独立性

第1060/2009号法规中已经强调了员工的薪酬独立性问题，要求信用评级机构的行政或监督委员会成员中至少有1/3成员（但不少于两人）为不参与信用评级活动的独立成员，其薪酬与信用评级机构业绩无关，任期不超过5年且不能连任，且只有在行为不端或职业表现不佳的情况下，才会被解雇。而第462/2013号法规对员工的薪酬和绩效及利益冲突管理方面进行了补充，要求参与信用评级活动或评级展望的人员以及批准信用评级或评级展望的人员的薪酬和绩效评估，不应取决于信用评级机构从受评实体或相关第三方实体处获得的收入金额。

③对离职人员的要求

在离职审查方面,欧盟要求在评级分析师终止其在信用评级机构的工作并加入曾参与评级的受评实体或与其有交易关系的金融公司时,信用评级机构应审查该评级分析师离职前两年的相关工作。

(3)对信息披露及信息保密行为的要求

在信息保密方面,欧盟要求信用评级分析师及直接参与信用评级活动的人员应采取一切合理措施,保护信用评级机构拥有的财产和记录免遭欺诈、盗窃或滥用;不得将委托给信用评级机构的机密信息与没有直接参与信用评级的人员分享;不得出于交易金融工具或信用评级活动以外的任何其他目的使用或共享机密信息。

2. 分析师执业行为要求

欧盟在第1060/2009号法规中规定,信用评级机构应当对评级分析师和批准信用评级的人员建立适当的逐步轮换机制。轮换机制应在个人而非整个团队的基础上分阶段进行。第462/2013号法规对轮换机制进行了更为详细的规定,要求评级主管在4年内、评级人员在5年内、批准评级人员在7年内均不得涉及相同的受评实体或与受评实体相关第三方的评级行为。

3. 合规人员执业行为要求

欧盟在第1060/2009号法规中提及信用评级机构应建立一个永久并独立的合规部门,以报告和监测法规服从情况和受雇人对本规范的义务遵守情况,并明确了合规部门的责任:①监督并定期评估合规政策的充分性和有效性,以及为解决信用评级机构履行其义务方面的任何不足而采取的行动;②向管理人员、评级分析师、雇员以及任何其他自然人提供服务,帮助其履行信用评级机构根据本法规承担的义务。

同时,欧盟要求为使合规部门能够适当、独立地履行职责,信用评级机构应任命合规主管负责合规部门,并负责合规性报告,其薪酬与信用评级机构的业务表现无关。合规主管应确保正确识别和消除与合规部门人员相关的任何利益冲突,还应定期向高级管理层和行政或监督委员会的独立成员报告其履行职责的情况。

17.3.4 日本信用评级从业人员执业规范

17.3.4.1 日本信用评级从业人员执业规范的相关监管制度

日本的金融法制建设经历了四个时期,即第二次世界大战前的无成文法时期、第二次世界大战后的证券交易法时期、20世纪90年代的日本"金融大爆炸"(the Big Bang)改革时期以及2006年以后的《金融商品交易法》时期。

2001年,日本金融厅(Financial Services Agency,FSA)成为日本金融监管的专职机构,也是日本信用评级行业的唯一监管机构。

2006年,日本在对1948年《证券交易法》进行多次改革和修订的基础上,将该部法律正式更名为《金融商品交易法》并发布。2008年金融危机后,为克服金融危机的影响，日本连续6年修订该法及相关的其他金融法律，着重通过立法健全金融程序、否定不正当的金融商品交易行为，以达到稳定金融市场的目的。该法案是日本信用评级机构的主要监管法律。

2015年12月，日本金融厅根据《金融商品交易法》发布了《金融工具业务监管综合指引》及其补充文件《信用评级机构监管指引》。

17.3.4.2 日本信用评级从业人员执业规范的具体监管要求

日本的信用评级业法律和规范对人员资格、利益冲突和独立性、信息披露和保密等问题均有所涉及，但对从业人员的直接规定较少，更侧重机构的责任。直接对信用评级从业人员进行规定的仅有：①禁止信用评级官员或员工参与提供或检查信用评级的行为。②禁止信用评级机构及其官员和雇员参与在他们已经向评级利益相关者就可能对与所述评级持有者相关的所述信用评级产生实质性影响的事项提供建议的情况下，提供或检查信用评级的行为。

其他关于信用评级从业人员执业规范的要求则体现在对机构的要求上，例如：①要求信用评级机构采取措施防止对信用评级活动能否公平进行存在重大疑问的人员的雇用。②明确确定首席合规官的权利和责任，以及是否存在充分行使其职能的制度；是否在管理团队、信用评级活动部门、法律合规部门、首席合规官或其他负责人之间建立了适当的沟通和报告合规相关信息的系统。③确保有足够专业知识和技能的人员以及能够顺利开展信用评级业务的措施。④制定高级管理人员和普通员工薪酬等方面的政策。⑤明确禁止其评级人员参与信用评级费用的谈判。⑥设置旨在防止泄露机密信息的系统。⑦防止虚假陈述和其他有关金融工具和公司信用状况评估结果的暗示的措施等。

17.3.5 印度信用评级从业人员执业规范

17.3.5.1 印度信用评级从业人员执业规范的相关监管制度

在印度信用评级市场上，不同的监管机构对不同的信用评级产品进行监管。其中，成立于1992年的印度证监会（Securities and Exchange Board of India, SEBI）是最重要的监管主体。SEBI负责对印度国内公司债券、股票、权益类资本市场衍生工具和投资基金进行监管，在信用评级行业中为符合其规定的信用评级机构进行注册认证并颁发相关资质。

SEBI为确保信用评级的公正性和专业性，以及本土评级行业的健康发展，于1999年出台了《信用评级机构管理条例》（SEBI Credit Rating Agencies Regulation, 1999），该版法规共有6章、34个小节及3个附表，分别从信用评级机构的注册、义务、对相关方的评级限制、监管及调查程序、违约发生的后续程序等五个方面做出了较为全面的规定，是印度证监会对信用评级机构的重要监管法律基础，印度对信用评级从业人员的管理也主要集中在该管理条例中。之后SEBI分别于2006年、2010年、2011年和2017年对该法规进行了修订。

2010—2017年，SEBI相继发布了《关于信用评级机构内部审计》（Internal Audit

for Credit Rating Agencies，2010）、《关于发布信用评级机构指引的通知》（Guidelines for Credit Rating Agencies，2010）、《关于信用评级机构人员投资交易利益冲突指引的通知》（Guidelines for Dealing with Conflict of Interest for Investment/Trading by Credit Rating Agencies，2013）和《关于监测和审查信用评级机构评级的通知》（Monitoring and Review of Ratings by Credit Rating Agencies (CRAs)，2017）等一系列补充规定，完善了监管法律。但除了《关于信用评级机构人员投资交易利益冲突指引的通知》，上述规定主要侧重于对信用评级机构的规范，而未对信用评级从业人员进行直接要求。

17.3.5.2 印度信用评级从业人员执业规范的具体监管要求

1. 对信用评级一般从业人员的要求

（1）对资格和专业素质的要求

印度要求信用评级机构应配备具备评级资质的分析人员，但并未对评级资质做明确定义，同时对评级委员会的成员有专业素质和职能规定，要求每个信用评级机构都应有专业评级委员会，由具备足够资格和知识的成员组成；所有评级决定，包括有关评级变更的决定，均应由评级委员会负责。

同时，印度在信用评级机构的注册时要求其任何董事机构不应参与到可能对证券市场投资者利益产生不利影响的法律事件中、未曾在过去的任何时候被判定犯有涉及道德的任何罪行或经济犯罪等。

（2）对独立性和利益冲突的要求

SEBI 于 2013 年发布《关于信用评级机构人员投资交易利益冲突指引的通知》，对信用评级机构人员就证券投资交易方面的利益冲突规定如下：①该评级机构、其员工及权限人员不得采用他们对企业所知道的价格敏感的信息进行谋利。②证券持有情况汇报：第一，任何人在成为信用评级机构的员工时应提交所持有的证券声明；第二，含权限人员在内的信用评级机构所有员工应向合规官或首席执行官提交以下信息：在交易生效日后的 7 个工作日内提交买卖证券的交易细节，以及财年结束的 30 个工作日内提交所持有全部证券的汇总表；第三，评级委员会成员如持有和该信用评级机构所评级打分过的证券及主体有关的利益，应提前向首席执行官或合规官申报或公开该利益。

（3）法律责任和自律管理

印度规定，每个接受检查或调查的信用评级机构的每名董事、官员和雇员都有义务向检查或调查人员提供由其托管或负责的相关记录、账目和其他文件，提供与评级活动相关的声明或信息，并在检查人员要求的合理期限内完成。信用评级机构的每名董事、官员和雇员均有责任向检查人员提供检查人员合理要求的与检查或调查有关的一切协助。

2. 合规人员执业行为要求

印度规定，每个信用评级机构应指定一名合规官负责监督由理事会或中央政府发布的法案、规则、法规、通知、指引、指示等的遵守情况；合规官应立即独立地向理事会报告他观察到的任何违规行为。

17.3.6 马来西亚信用评级从业人员执业规范

17.3.6.1 马来西亚信用评级从业人员执业规范的相关监管制度

马来西亚证券委员会从 2006 年 1 月开始建立信用评级机构的监管框架，同年发布的《关于私人债券发行指引和伊斯兰证券发行指引的实务说明》中确认了信用评级机构为债券发行进行评级的地位。2007 年 12 月，《资本市场和服务法令》颁布，该法令第 76(1)(a) 条要求信用评级机构作为注册法人接受监管。2008 年金融危机爆发以后，欧美、日本、澳大利亚、印度等世界主要经济体对信用评级机构的监管趋严、标准提高，马来西亚证券委员会也于 2011 年 3 月颁布了《信用评级机构注册指引》，以与国际标准和最佳业务实践接轨。

17.3.6.2 马来西亚信用评级从业人员执业规范的具体监管要求

马来西亚对信用评级从业人员执业规范的要求较少，主要集中在信息保密、利益冲突、合规官管理和对不当行为的举报方面。

在信息保密方面，马来西亚要求工作人员应根据与其客户签订的保密规定或协议，对从其客户处获得的信息保密，不得向任何其他人披露，除非当时有效或根据任何法律允许此类披露，并且向证券委员会做出披露。

在利益冲突方面，马来西亚要求如果分析师或其任何家庭成员对债券发行有任何兴趣，分析师不得参与评级和监控过程，也不得参与评估评级；评级委员会的分析员和成员应在其所有债券发行的评级报告中向公众披露所有利益冲突，包括其家庭成员的利益冲突。即使没有要披露的利益冲突，信用评级机构也应在其评级报告中包含一份声明，即参与债券评级的分析师及其评级委员会成员尚未遇到或未发现任何与债券发行有关的利益冲突。

在合规官方面，马来西亚要求信用评级机构应独立雇用至少一名高级合规官，在相关领域具有足够的工作经验。合规官应持续监督任何员工违反准则的行为。为使合规官能够适当和独立地履行其职责，信用评级机构应确保满足以下要求：①合规官拥有必要的权力、资源、专业知识和对所有相关信息的访问权；②合规官不得处于合规责任与任何其他责任之间可能存在利益冲突的位置；③合规官应直接向信用评级机构的独立董事报告；④在委任生效日期前三个工作日内，通知委员会委任该合规官。如果合规官停止工作，信用评级机构还应在生效日期后三个工作日内通知标准委员会。

在对不当行为的举报方面，马来西亚鼓励所有员工向信用评级机构内的指定机构报告（完全保密）任何不道德的做法或严重不当行为。

此外，马来西亚还通过对信用评级机构的直接要求，间接对信用评级从业人员进行管理。例如，要求信用评级机构应尽最大努力使其评级分析师接受适当的轮换机制，同时应确保其评级委员会的任何董事和外部成员均不得提供超过两个任期的服务，每个任期不超过四年；应确保其评级团队能够履行其职责，不受其股东及其董事会的不当干预或影响；应制定适当的政策和程序，管理其员工的证券投资和交易；应确保其首席执行官主要负责与评级操作相关的所有关键职能。

本章小结

1. 信用评级行业是知识密集型、人力资本密集型行业。信用评级行业从业人员执业行为的规范，是评级业务规范操作和信用评级机构行为规范的基础。

2. 在债券市场快速发展的推动下，中国信用评级行业市场规模不断扩大，从业人员数量大幅增长，行业发展不断加快。但由于行业内人员流动性大，从业人员执业能力整体呈现下降趋势。同时，中国信用评级行业市场竞争加剧，评级行业的公信力和社会形象也因个别信用评级机构的恶性竞争行为、评级操作不规范、评级质量下降等的影响而遭到市场和投资人的质疑。国内信用评级机构及从业人员的行为亟待规范，评级行业公信力亟待重塑。

本章重要术语

信用评级从业人员　执业规范　监管制度　监管要求　独立性　利益冲突

思考练习题

1. 中国银行间市场和交易所市场对信用评级从业人员进行监督和管理的主要是哪些部门？
2. 中国银行间市场和交易所市场对信用评级一般从业人员的资格和专业素质的要求中，遵循的三个原则是什么？
3. 在中国，银行间市场和交易所市场对离职人员的要求有什么区别？
4. IOSCO《信用评级机构基本行为准则》（2004年版）中四个基本从业规则是什么？
5. IOSCO制定的《信用评级机构基本行为准则》（2015年版）对"员工"的定义是什么？信用评级机构的兼职人员是否需要遵守《信用评级机构基本行为准则》？
6. 美国关于合规官的要求有哪些？

参考文献

[1] 中国人民银行：《信贷市场和银行间债券市场信用评级规范》，2006年11月。
[2] 中国人民银行、国家发改委、财政部、中国证监会：《信用评级业管理暂行办法》，2019年11月。
[3] 中国银行间市场交易商协会：《非金融企业债务融资工具信用评级业务自律指引》，2013年1月。

［4］中国证券监督管理委员会：《证券公司资信评级业务管理暂行办法》，2007年8月。

［5］中国证券业协会：《证券资信评级机构执业行为准则》，2012年3月。

［6］IOSCO, "Code of Conduct Fundamentals For Credit Rating Agencies", 2015.

［7］U.S., "Credit Rating Agency Reform Act of 2006", 2006.

［8］The European Parliament and the Council of the European Union, "Regulation (EC) No 1060/2009", 2009.

［9］JFSA, "Guidelines for Supervision of Credit Rating Agencies", 2015.

［10］SEBZ, "SEBI Credit Rating Agencies Regulation", 1999.

［11］S&P, "S&P Global Ratings Code of Conduct (01 March 2018)", 2018.

第五篇

信用风险度量和模型

第 18 章
信用风险度量[①]

戴晓枫　周美玲　郭文渊（上海新世纪资信评估投资服务有限公司）

学习目标

通过本章学习，读者应做到：

◎ 了解信用风险度量三大重要指标：违约概率、违约损失率和预期损失的定义，以及其与信用等级的对应关系，理解信用风险度量的目的；

◎ 了解违约率及等级迁移率的理论方法及计算方式；

◎ 了解标普和穆迪对于违约损失的模型方法、考虑因素，以及对于挽回评级的等级设置和使用。

■ 开篇导读

某基金管理公司的一名投资经理管理着一只混合型证券投资基金，其投资范围为具有良好流动性的金融工具，包括国内依法发行上市的股票、债券[②]、资产支持证券、债券回购、银行定期存款、股指期货、国债期货、权证以及法律法规或中国证监会允许基金投资的其他金融工具。在其投资组合中具有一定比例的固定收益类配置需求，而在债券市场上的众多债券中，除了国债相当于无风险债券可以按需配置，地方政府或企业发行的债券均具有

---

① 此章为高阶内容，供能力较强的读者参考学习使用。
② 包含国债、央行票据、金融债、企业债券、公司债券、短期融资券、可转换债券（含可分离交易可转债券、可交换公司债券）、中期票据等。

一定的投资风险,即可能出现违约。在投资组合中某只债券违约可能性大幅上升的情况下,该债券应何时清仓,或者持有到期能够获得多大程度的挽回;又或者市场上因违约风险大幅上升导致折价很大的债券是否值得投资,都是投资经理需要考虑的问题。

信用风险度量的两大核心目标是违约概率和预期违约损失,即债券的违约可能性的大小以及在违约情形下的损失挽回预期,对债券的投资决策具有很高的参考价值。

中国信用评级行业起步较晚,信用风险度量技术相对薄弱,学习和借鉴国际信用评级机构的理论和方法是提高国内信用风险度量技术能力和水平的有效途径。本章通过对标普和穆迪公司信用分析基础以及违约率、迁移率和违约损失率等相关资料的研究,对信用风险度量的基本要素、违约率和违约损失率的理论方法及计算等内容进行概括性介绍。

18.1 信用风险度量基础

18.1.1 信用风险度量的基本要素和定义

完整的信用风险的概念,由两大基本要素构成,即违约概率(probability of default, PD)和违约损失率(loss given default, LGD)。

违约概率是指债务人违约的可能性。违约损失率是指债务人一旦违约将给债权人造成的损失的严重程度。从贷款回收的角度看,LGD 决定了贷款回收的程度,因为,LGD = 1 - 回收率。显然,在 PD 既定的情况下,LGD 越高,信用风险越大。同时,LGD 还具有以下一些特点:LGD 概率分布呈现双峰分布的特征;LGD 与 PD 呈正相关的关系;LGD 与破产法等法律制度密切相关;LGD 波动幅度大,影响因素多,且研究历史短,数据稀少,因而量化难度大。

PD 和 LGD 都是反映债权人面临债务人违约的信用风险的重要参数,因此,两者都受到债务人信用水平的影响,然而,从性质上看,两者又有重要的区别。总的来说,PD 是一个交易主体相关变量,其大小主要由作为交易主体的债务人的信用水平决定;而 LGD 具有与特定交易相关联的特性,其大小不仅受到债务人信用能力的影响,更易受到交易特定设计和合同具体条款,如抵押、担保等的影响。因此,对于同一债务人,不同的交易可能具有不同的 LGD,如对于同一债务人的两笔贷款,如果一笔提供了抵押品,而另一笔没有,那么前者的 LGD 将可能小于后者的 LGD。因此,对 PD 和 LGD 的分析应有不同的着眼点。

预期损失(expected loss, EL)是反映信用风险的另一个重要指标,其相对数形式(预期损失率,EL%)可表示为 LGD 和 PD 的乘积:

$$EL\% = LGD \times PD \tag{18-1}$$

绝对数形式的预期损失可以表示为:

$$EL = LGD \times PD \times EAD \tag{18-2}$$

其中 EAD（exposure at default）是指违约风险暴露，即违约发生时债权人对于违约债务的暴露头寸。

18.1.2 信用风险基本要素与信用评级的对应关系

信用评级包括了三个对象，即公司（主体）评级、债务工具（债项）评级和信用风险度量。以上三个对象分别对应了信用风险的三大指标（如图18-1所示），即公司评级对应违约概率、债务工具评级对应违约损失率、信用风险度量对应预期损失。

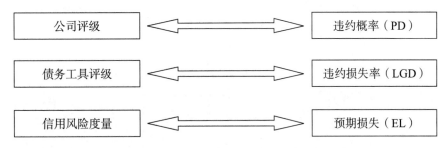

图 18-1　标普信用评级三个对象与信用风险三大指标的对应关系

信用风险评分框架用以根据信用质量确定公司的信用评级，同时可以追踪信用质量随着时间变化的演变过程，公司信用评分则代表了回收期望。

从概念上来看，对给定公司的信用评分代表其违约风险，是其违约概率的代理变量。换言之，该信用评分反映了公司及时还本付息的可能性。对给定债务工具的评分，即回收评分，则代表了违约发生条件下的回收期望，或者说债权人可期望获得的补偿。两者相结合，则反映了债务的损失概率。

表18-1为标普五级信用评分量表，从"极低风险"到"极高风险"。每一级又进一步划分为两小级以提供更细致的信用差异。为方便说明，量表刻度从1（最小信用风险）到10（违约）排列，分值越大表示风险越大。

表 18-1　标普信用评分量表

风险分类	信用评分
极低风险	1
	2
低风险	3
	4
中等风险	5
	6
高风险	7
	8
极高风险	9
	10

公司信用评分具有二维特征，即通过业务风险和财务风险两个维度最终判定主体信用等级（如表18-2所示）。同时，标普的分析过程遵循递进逻辑，即从国家风险、行业地位、企业定位、盈利能力或同行业比较的递进逻辑分析业务风险，从会计制度、公司治理分析财务风险，然后根据业务风险与财务风险得出评级的结论。

表18-2 标普业务和财务风险量表

业务风险		财务风险	
风险分类	刻度	风险分类	刻度
极低风险	1	很保守	1
	2		2
低风险	3	保守	3
	4		4
中等风险	5	适中	5
	6		6
高风险	7	激进	7
	8		8
极高风险	9	很激进	9
	10		10

表18-3为标普五级回收评分量表，用以区分投资者对于不同债务工具的期望回收率。使用离散的回收评分来替代期望回收率的主要原因是，回收评分更容易进行长期跟踪，也更容易组合。

表18-3 标普回收评分量表

净损失风险	期望回收率（%）	回收评分
极低风险	100	1
低风险	[75,100)	2
中等风险	[50,75)	3
高风险	[25,50)	4
极高风险	[0,25)	5

注：期望回收率的计算公式为：债务工具可回收额/该债务工具总额×100%。

18.1.3 信用风险度量的目的

违约概率和违约损失率相结合，得到预期损失这一风险管理的重要概念。债务市场参与者利用这些信息度量信用风险，主要目的有两个：固定收益证券定价和资产组合风险监测。

18.1.3.1 固定收益证券定价

债务工具价格由两个关键因素组成：无风险收益率和风险溢价或利差。无风险收益率通常用政府债券的收益率来代表；风险溢价或利差反映了信用风险（违约概率和回收期望的结合）及流动性，代表了在给定时间里特定市场的供需特性。用公式表示为：

$$债券价格＝无风险收益率＋风险溢价或利差 \quad (18-3)$$

评级和利差的相关性表现在：从长期来看，信用风险越高，投资者为购买债务工具所要求的风险溢价就越高，即信用等级越低，利差越大（如图18-2所示）。

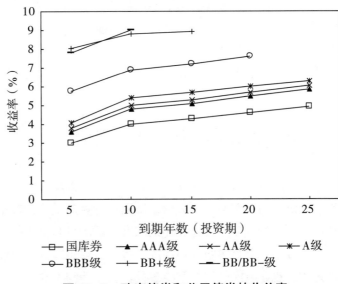

图 18-2　政府债券和公司债券的收益率

资料来源：〔美〕布莱·甘布林、约翰·比拉尔代洛著，魏巍、许勤译，《公司信用分析基础》，上海财经大学出版社，2014年。

18.1.3.2　资产组合风险监测

巴塞尔银行监管委员会自1988年提出第一个风险度量框架《巴塞尔协议》（Basel Accord），至1999年经研究和实践后提出更具适用的《巴塞尔协议Ⅱ》（Basel Ⅱ Accord），其基本思想没有改变，只是在增强监管资本计量对银行风险敏感度方面进一步予以完善，并根据银行风险管理水平的高低分别设计了标准法和内部评级法（Internal Rating-Based Approach，IRB）。

标准法是为没有高级风险管理系统的银行而设计的。在标准法下，《巴塞尔协议Ⅱ》基本上沿用了1988年《巴塞尔协议》的做法，最大的改进在于引入了外部评级，即基于外部信用评级机构的评估结果，为每一类交易对手赋予一个风险权重，共有五个等级，见表18-4。

表 18-4　标准法中的公司风险权重

序号	信用评级	风险权重（%）
1	AAA~AA-	20
2	A+~A-	50

(续表)

序号	信用评级	风险权重（%）
3	BBB+~BB-	100
4	BB- 以下	150
5	无信用评级	100

内部评级法（包括基础内部评级法和高级内部评级法）针对具有高级风险管理系统的银行而设计，引入贷款的违约概率、违约损失率、违约风险暴露和到期日（maturity, M）四个风险要素作为资产风险权重函数的自变量，并允许银行使用内部评级系统进行评级，以及使用内部模型计量信用风险，大幅提高了资本监管的风险敏感度。

18.2　信用风险基本要素度量方法

信用风险度量包括违约概率和违约损失率两项基本要素。违约概率是对债务人违约的事前预测，通常用违约率表示，即通过计算历史违约数据而推测违约概率。信用等级迁移率则与违约率密不可分，违约状态实际上仅是信用等级下降的一种极端情况，等级迁移率的度量工具是等级迁移矩阵。等级迁移矩阵反映了债务主体的信用品质随时间变化的过程，也是风险管理的重要工具。关于违约率和等级迁移矩阵的定义、具体计算方式与步骤，我们在第十四章"违约率"及"等级迁移矩阵"部分已经做了详细的介绍，此处不再赘述。

违约损失率与债权人的自身利益息息相关，主要指债务人发生违约后给债权人造成损失的程度。违约损失率一般与宏观经济、偿债法律顺序、企业自身素质等因素存在相关关系。在违约损失率较大时，即使违约概率较小，债权人仍需要客观评估当债务违约后面对巨大损失时自身的风险承受能力，因此违约损失率的衡量是信用评级不可或缺的考虑因素。本节重点介绍标普和穆迪对于违约损失率的估计方法。

18.2.1　标普违约损失或挽回率的估计方法

18.2.1.1　标普违约损失率衡量方法研究

标普对违约损失率研究的范围非常广泛，包括大中型企业、金融机构、保险公司、项目融资（project finance）、资产融资（asset finance）、房地产、贸易融资（trade finance）、地方政府及主权等。标普的违约损失率衡量方法涉及基于挽回风险（recovery risk）的分析工具，可以为配对分析（peer analysis）、情景分析（scenario analysis）和主动资产组合管理（active portfolio management）提供支持。

标普从违约概率和违约损失率两个维度衡量风险的大小，通过最小化预期损失，构建最有效的资产组合（如图18-3所示）。

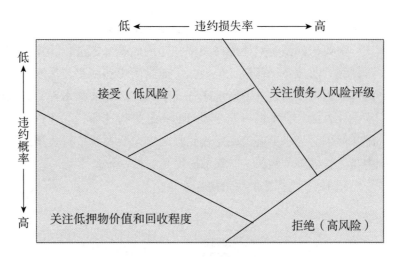

图 18-3　从劣质贷款中分辨优质贷款

资料来源：S&P，"Loss Given Default"，www.standardandpoors.com.

1. 模型介绍

（1）打分卡模型（Scorecards）

在较低违约风险的环境中，标普的打分体系通过已测试的以内部评级为基础的方法体系进行违约损失率的估计。

标普的打分体系包括以下特征：①包括广泛的子行业和资产分类（asset class）；②可以在一个连续的规模上进行违约损失率的点估计，可以映射于任何离散的挽回规模；③当挽回率数据不完备时，通过专家分析在一致的方法和统计框架下增加要素（inputs）；④可以使用 Excel 工作表进行整合和表示。

图 18-4 是标普的公司违约损失率打分卡样本。

图 18-4　公司违约损失率打分卡样本

资料来源：S&P, "Loss Given Default", www.standardandpoors.com.

（2）决策树模型（Decision-Tree Models）

决策树模型是对违约损失率和违约风险暴露进行计算和信息整合的一种银行授信风险评级方法体系，其特征包括：①通过历史违约率与深度分析相结合的方式进行预测，内部数据可以通过外部资源来证实所选的风险要素水平；②在风险要素的选择、数量、复杂性方面结合不同行业、项目的特征进行选择；③违约损失率的判定以实证经验为基础，但也会为了更好地确定违约损失率风险要素进行适当的调整；④在压力测试等情景中与监管框架（例如《巴塞尔协议》）相一致。

图 18-5 是标普的决策树样本。

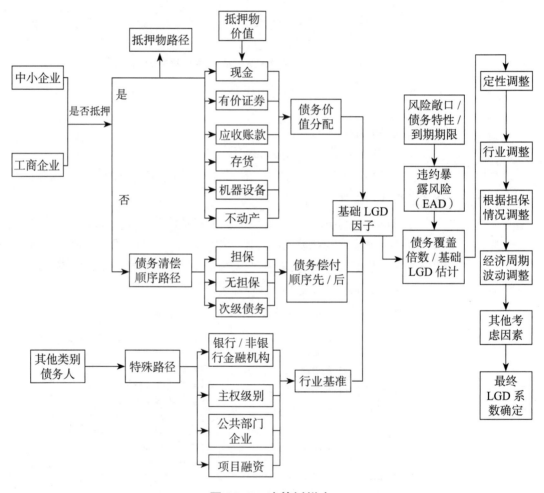

图 18-5　决策树样本

资料来源：S&P，"Loss Given Default"，www.standardandpoors.com.

（3）LossStats 模型

此模型主要采用数学方法对违约损失率进行估计，其数据来源为 LossStats 数据库。此模型可以对潜在最终挽回率和违约后 30 天的挽回率（通过变卖资产）进行估计。

2. 模型验证

模型验证（validation）包括个体银行授信损失估计的评估和使用内部挽回评级或违

约损失率估计的检验，其内容包括模型验证分析、框架和流程设计，效果检验（与基准对比和后验测试）和内部验证程序检验。

3. 确定基准点

标普在其现有的方法体系下通过设置观察目标（结构化框架）确定基准点（bechmarking），其确认并不以分布均衡性（heterogeneous）较低的历史数据为基础。标普的基准点不但可以应用于已经经过标普公开评级的主体，也可以应用于没有公开评级的单一独立的主体。一旦基准点确认之后，标普会采用多种统计测试进行检验。

图 18-6 是标普的债务缓冲（debt cushion）和担保关系直方图样本。

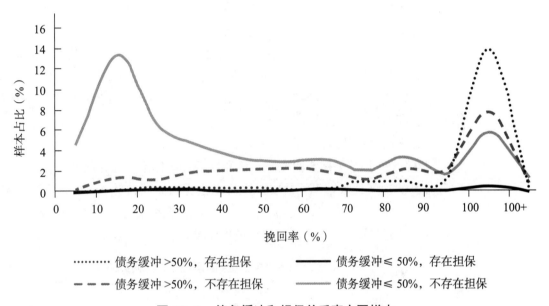

图 18-6　债务缓冲和担保关系直方图样本

资料来源：S&P，"Loss Given Default"，www.standardandpoors.com。

18.2.1.2　标普全球工业企业投机级债券违约挽回评级准则研究

1. 全球工业企业挽回评级的定义和内容

挽回评级是在给定的债务违约的情景假设下，评估债权人本金和应得利息的挽回情况。标普挽回评级的方法论侧重于估计发行人正式破产或者非正式债务重组后，债权人挽回应得资本的百分比，其挽回的资产可能是现金、债务、等价重组后的权益证券或以上几种的组合。标普主要侧重于正常的损失挽回（相对折现挽回价值），因为折现挽回对市场参与者来说是可以独立确定的，他们可以采用自己的折现率来计算挽回情况。然而，在对债权人不利的司法辖区内，标普结合挽回评级和发行评级，可以控制由法律环境带来的不确定性。

尽管有历史挽回数据，标普挽回评级还是结合具体交易、情景驱动和前瞻性进行分析。标普考虑以下因素的影响：关键债务结构、债权的动态性、破产制度的性质、多元司法管辖问题和在假设违约后挽回估值的潜在变动，并且通过周期性的和对特定事件的检查来进行后续跟踪，以确保标普的挽回评级仍然具有前瞻性。具体来讲是通过持续的定期和不定期的跟踪评级（监测债券的发展、评估债务人在此段时间内的业务风险以及资产和负债受到的影响）来确保挽回评级是对未来的良好预期。

标普认为，违约建模、评估、重组（无论是作为一个正式的破产程序的一部分还是以其他方式）本身就是动态的、复杂的过程，并不是特别准确的或遵循某种固定路径的。这些过程往往涉及突发事件并且易受主观判断、谈判地位和各利益方广泛磋商议程的影响。即便如此，标普仍然相信其侧重企业特有的基本信用风险的方法论能够为债权人提供对于判断挽回预期有价值的观点，而且此方法论还考虑到了公司的债务组成和结构、法律组织形式和非债务负债（non-debt liabilities）。

鉴于此，标普挽回评级的目的是估计债务违约后的挽回率，而不是准确的预测。标普的分析还致力于考察公司的债务和法人结构特点是如何影响贷款人的挽回预期的。当然，并不是所有的借款人都会违约，但结合对企业发行评级的违约风险来看，挽回评级可以帮助投资者评估债务工具的风险／收益的特点，并估计其预期的收益率。挽回评级的过程是透明的（所有保密范围之外的），以便市场参与者从标普的分析中形成自己的观点，而不是仅仅使用结论本身。

2. 挽回评级级别和发行评级框架

表18-5总结了标普的挽回评级和发行评级标准。此评级基于标普对已评级特定债务工具的挽回评级结果，适用于投机级企业的债券和贷款。发行人具有较高挽回评级（"1+"、"1"或"2"）可能会使得债项评级级别高于主体信用级别，具有较低挽回评级（"5"或"6"）可能会使得债项评级级别低于主体信用级别。

表18-5　挽回评级和发行评级标准

适用于企业信用评级为投机级的发行人			
挽回评级	挽回描述	正常挽回预期（%）	发行信用评级调整
1+	最高的挽回，完全挽回	100	+3
1	很高的挽回	[90,100)	+2
2	显著的挽回	[70,90)	+1
3	有意义的挽回	[50,70)	0
4	平均的挽回	[30,50)	0
5	轻微的挽回	[10,30)	-1
6	可忽略的挽回	[1,10)	-2

资料来源：S&P, "Criteria Guidelines for Recovery Ratings on Global Industrials Issuers' Speculative-Grade Debt", 2009.

3. 挽回评级和发行评级关于特定法律环境的调整

标普在对美国以外的企业进行挽回评级时，需要评估在不同国家破产法下债务违约后的预期挽回。标普在当地破产执业者的帮助下，就每个司法辖区对债权人的友好性以及法律在实践中的运行情况进行评估，就后者而言，至今标普仍缺乏经验数据，因为在美国以外，很少有可靠的历史违约和挽回数据能在实践中用来验证破产程序的可预见性和债权人的实际挽回率。随着时间的推移，当标普收集到更多的实际损失数据时，标普将同步优化和更新其分析方法和理论。

根据各国司法对债权人的保护程度，标普对以下四个因子进行评分：安全性、债权人参与程度 / 影响力、价值的分配 / 已确定的优先级、挽回损失的时间。

基于上述因子的得分，根据对债权人的保护性，标普把所涉及的国家分为三类，以便于在挽回率分析中针对具体的司法管辖做出相应的调整。也就是说，相对挽回评级和债券发行评级的标准，在偏好债权人或者其他非债权人团体的国家（这些国家法律旨在保护债务利益相关者），标普将根据挽回评级、发行人信用评级与债券评级来设定，在这种意义上，标普期望挽回过程和实际挽回评级不受破产制度的影响。标普认为，数据分析叠加上述判断，提高了挽回评级和发行评级时破产法规对评估影响的一致性和透明性，尤其是在那些对债权人很不友好的国家开展评级时具有重要意义。

关于如何将具有类似特征的国家分类、每组发行人级别调整范围的限制以及调整细节，请参阅《更新：挽回评级和发行评级的特定司法管辖调整》（Update：Jurisdiction-Specific Adjustments to Recovery and Issue Ratings）[①]。此外，对于在这份报告中讨论的破产制度，标普公布了关于一些国家破产法的具体报告。

4. 全球工业企业通用挽回评级的方法

对工业企业发行人的挽回评级分析有三个基本组成部分：第一，确定企业最有可能的违约路径；第二，估计违约企业的价值；第三，根据每名债权人的相对优先权，分配企业资产价值。标普把上述过程分为以下步骤：建立模拟违约路径；在违约情景假设下预测企业违约时的现金流；确定企业违约后适当的估值；在违约情景假设下，识别和估计债务性和非债务性债权；基于相对优先权确定价值分配；确定挽回评级（或级别），公布挽回评级报告，其中包括了评级假设和评级结论。

（1）建立模拟违约路径

这一步骤是挽回分析的基础组成部分，因为在估计一个企业违约时合理的现金流量或者价值时，必须先了解最有可能导致违约发生的外部事件。此步骤由信用分析师来制定，并量化企业固有的经营风险和财务风险中可能致使企业违约的因子。

标普先分析借款人预期现金流，以了解企业的常规业务、行业状况和经济预期。一旦了解了管理者的观点，标普会就关键的经济、行业和企业特定因素进行适当调整，从而模拟出最有可能的违约路径。

（2）预测违约时的现金流量

模拟违约路径是标普估计的借款人最有可能的违约路径。"破产时点"是在违约路径上预测的借款人违约的时刻，也就是说，"破产时点"是指可动用资金加上自由现金流不足以支付固定费用的时刻，即

$$（可动用资金 + 自由现金流） / 固定费用 \leqslant 1.0 \tag{18-4}$$

[①] S&P, "Update: Jurisdiction-Specific Adjustments to Recovery and Issue Ratings", *Rating Direct*, June 20, 2008.

各指标定义如下：

可动用资金：资产负债表的现金及循环信贷融资可用金额的总和（减去企业在季节性高峰时需要经营其业务的最低现金需求）。

自由现金流：违约年度的 EBITDA，减去最低水平的维护资本支出，减去现金税款，加或减营运资金的变化。在违约建模和挽回估计中，EBITDA 和自由现金流的估计忽略了非现金补偿费用，也不采用标普对经营租赁的调整。

固定费用：违约年度中下列各项的总和：

预计的主要摊销（一般不将到期日的债券或欠款作为固定费用，因为贷款人通常希望这些资金可以滚动借贷来赚取固定利息，而不愿因此迫使借款人违约。因此，标普的违约和挽回模型一般假定额外的业务和现金流恶化是触发违约的必要条件）；

所需的现金利息支出（包括既定的在浮动利率债务、由于 LIBOR 利率变动而增加的现金支付，以及为了维持财务契约而收取的保证金）；

其他现金支出，即在借款人的损益表上没有作为费用项目列出的借款或实际支付义务（例如，自由现金流内的租赁款项在核算时不作为固定费用处理）。

在破产违约时点可能会出现比值大于 1.0 的现象，有以下几种情况：

第一，当借款人进行"战略"破产申请，试图利用破产过程，通过法律索赔或有偿契约获得减免时；

第二，当可以合理预计借款人会保留一大笔现金资产时（例如，为了准备长期而复杂的重组，或者是在资本高度密集型的行业，或者如果它所在的司法管辖区允许新增借款人拥有更高的优先偿债权）；

第三，当借款人的财务契约已严重恶化，即使最有耐心的贷款人也不能容忍进一步预算或免除债务时（没有财务承诺的贷款人已经事实上放弃决定权，并减少了影响企业行为的能力）。

相反，自由现金流可能会低于"破产时点"的量，在模拟的违约情景中，当借款人由于市场竞争和经济条件造成周期性或紧缩经营模式，使得其经营业绩预计将持续恶化时会出现这种情况。在任何情况下，标普将先确定现金流水平，以此作为估值的基础。

（3）企业价值评估

在模拟违约和挽回分析中，企业价值评估是至关重要的一个部分，因为在把价值偿还给债权人之前，必须先有一个合理的评估价值（在给定的情景假设下）。为了确定一个企业最合适的价值，标普采用了一系列估值方法，包括市场乘数法、现金流量贴现法和分离资产分析法。前面两个模型是以企业持续经营为假设的，当模拟违约和挽回分析显示违约后果最有可能的是资产重组时，就可以采用这两种方法。分离资产分析方法通常在模拟情景假设下借款人可能选择破产清算时应用。另外，当确信该企业会重组时，标普可能会结合分离资产分析和企业价值分析方法，除非在债务或组织结构中明确表示某些债权人对特定资产或附属子公司拥有优先索赔权，例如，一个企业是否将重大资产证券化，直接影响了企业能分配给其他债权人的价值。

市场乘数法：采用市场乘数法的关键是选择合适的参照企业，这些企业应该在业务、地域市场、利润、税收、资本要求和行业竞争地位上与所估值的企业相似。但是完全吻合的企业几乎没有，所以分析和判断往往要根据经营规模、业务概况和其他属性的差异进行调整。另外，在挽回分析中，市场乘数法必须要考虑情景假设中的竞争力和经济环境，这一般和目前所处的情况大不相同。因此，分析时需要考虑到可选的乘数和不同类型的乘数。

标普的分析常常会对照企业的"交易"或者"买卖"乘数，因为它们的选择空间很大。关于"交易乘数"，标普倾向于使用向前乘数（购买价格/当期EBITDA），而不是跟踪乘数（购买价格/历史EBITDA）。向前乘数一般要低一些，因为它利用当年现金流的协同作用来调整购买价格，所以是相对合适的参考。对上市公司来讲，交易乘数可以很好地跟踪经济周期和商业周期中乘数的变化，尤其是对周期性行业以及进入不同发展阶段或经历不断变化的竞争条件的相关行业来说。

乘数的选择有助于模拟违约情景假设下的评估。例如，一个处于经营周期低谷的企业的违约乘数要大于一个处于经营周期中部的企业的违约乘数。进一步讲，同一行业中的两家企业，如果一家企业的杠杆化程度较高，在相对正常竞争压力下违约风险也较高，而另一家企业除非发生重大非预期现金流恶化才会违约，则两者会具有截然不同的乘数。

标普的乘数分析取样会考虑特殊行业的乘数，如用户、医院床位、经常性收入等。另外，这些指标可以用来检验EBITDA乘数、现金流量贴现法和分离资产估值模型的稳健性。

现金流量贴现法（DCF）：标普的现金流量贴现法分析采用三阶段模型，第一阶段是模拟出违约路径，第二阶段是破产阶段，第三阶段是企业重组后的长期经营状况。分析模型主要基于第三阶段，一般采用永久年金的增长公式进行估值，在借款人认为合理的基础上确定一个长期稳定的增长率。第三阶段的处理过程也包括企业重组后一段年限的特殊现金流量的预测。上述具体阶段，都会在挽回评级报告中列出。

分离资产估值模型：标普结合第三方机构的行业和资产分类别比率的评估对相关资产进行价值评估。

（4）确定和估算债务性和非债务性索赔的价值

对企业估值后，必须区分和量化企业在违约后的债务和其他可能存在的已声明的重大负债。标普把所有的潜在索赔分为三大类：

第一类是违约时未偿付的本金和已发生的利息，无论是发生在企业本部、子公司还是控股公司层面。

第二类是破产相关费用支出，例如DIP融资（debtor-in-possession，对处于破产保护中的债务人的融资）、雇用专业组织的管理费用及其他破产成本。

第三类是其他非债务性质的支出，例如应缴税费、证券化计划、应付账款、拒绝租赁造成的索赔、诉讼费用、未实现的退休金责任。

标普对这些索赔和其潜在的价值仔细分析，力求考虑到每个借款人的具体事实和情况，以及它们在模拟违约路径上对索赔预期的影响。

标普通过定期贷款减去模拟违约前的分期偿还额来估计在违约点未偿还的债务，并假设所有承担的债务，如循环信贷和延期定期贷款等，均备有充分的资金。对于资产抵押贷款（asset-based lending，ABL），标普会考虑在模拟违约路径下，借款条约是否允许企业完全拿回资产。对信用贷款的函件，特别是那些特制的信用分期，标普会评估这些陆续的责任是否有可能引起违约。在估计违约点未偿还债务时还包括应付未付的利息，即违约时的本金总额乘以 6 个月利率（基于标普 LossStats 数据库的历史数据）。这使得挽回评级分析与巴塞尔资本协议 II 的银行信用风险资本监管要求保持一致。

标普的分析集中在企业现行债务结构下违约时的挽回预期，不包括那些在违约之前可能发生的其他债务。标普认为，这种方法是审慎的，而且是关乎投资者的，因为任何额外的债务和其结构（无抵押、担保债务和/或次级债）都可能对贷款人的挽回率产生重大影响，而这些不可能提前知道。此外，企业资本结构中债务的过快增长可能会对其违约概率产生重大影响，从而可能影响挽回分析的各个方面（例如，最可能违约路径的估计、违约价值评估和违约损失率）。因此，企业债务结构的变化被视为需要对违约和挽回重新评估的事件，这是持续跟踪的一个重要方面。然而，也有一些例外情况会在挽回评级报告中披露，一般有两种类型：

一种是获许发行的，但是未发行的增量债务，条件是此债务能与预期一致且在发债主体信用评级时已考虑到的，可作为违约和挽回分析的一部分。

另一种是，如果企业打算清偿且有流动资金清偿近期到期债务，则将在违约和挽回分析中予以考虑。同样的，本金的提前支付，无论是因为自愿还是因为有多余流动现金覆盖，只要被视为合理的都会被考虑到分析中来。除了上述情形，一般假设到期日在模拟违约日前的债务均以现行市场利率展期。

（5）确定价值的分配

价值分配过程大致符合"瀑布路径"，反映了债权人的相对优先级，同时兼顾不同国家的法律规定、风俗习惯和破产程序等。然而，某些地方的法律和惯例可能会使得价值分配与"瀑布路径"出现偏差。在这种情况下，标普会为该区域制定特定的指引。在美国，索赔权的相对优先级顺序如下：超级优先债权，如 DIP 融资；破产程序行政费用；应缴税费；有担保高级债权；有担保次级债权；无担保高级债权；次级债权；优先股；普通股。

这种债权的优先次序取决于两个重要的因素：

一是担保债权人债权的有利位置，无论是第一优先还是其他形式，仅限于当抵押物价值等于或大于索赔金额时才有效。如果抵押物价值不足以完全覆盖所担保的债权，则不足部分将与所有其他无担保高级债权享有同等权利。

二是债权结构问题可能会改变债权的优先级，如某些在企业法人实体结构上建立起来的特定资产或实体、债务融资工具的相关条款和条件等。

在这些前提条件下，同一类型的不同债务工具（无论是高级有担保的、高级无担保的还是次级的）的挽回预期很可能大不相同，这取决于交易结构。某个债务工具的条款可能会暗示其具有相对高的优先级，但是结构的合法性以及相关条款和条件的合法性才是优先权的最终仲裁者。因此，对一个企业的债务和法务结构的基本审查，是正确评估相对优先权的必需步骤。这需要了解各种债务工具的条款和执行条件，因为它们涉及借款人及担保人的关系、抵押物的承诺和免责条款、设备总额、契约以及债务到期日。此外，标普必须了解企业破产的现金流和资产状况，因为这涉及法律意义上的组织结构并考虑到关键法律管辖的影响和关联债权人问题。

对关键的债权结构性问题的探讨包括确定以下几点：一是有担保债务对特定资产的优先留置权，如抵押物、工业收益债券和ABL；二是那些不为企业主要债务提供承诺支持担保债务的非担保子公司；三是具有更高优先级（即"结构性优先权"）的非担保子公司的债务；四是抵押给担保借款人的特别物资，包括国外子公司的非抵押资产或没有留置权的国内重要资产、在国内或国外的非担保子公司的股份（无论是由于借款人的要求或授权、交易机制的缺陷、监管限制，还是其他债务契约的限制）；五是国外子公司所在当地司法是否允许其纳入违约和重组过程中来。

某些资产具有较高的优先留置权，意味着在价值分配中，需要先满足这类债权人。在大多数情况下，对特定担保资产的索赔（如前面列出的），即使在违约情况下，也要确保抵押品价值的充分覆盖。鉴于此，标普在分析过程中，先从资产中减去上述索赔的价值，再确定可分配给其他债权人的可挽回额。在抵押物品价值重大的情况下，也可能会具体情况具体分析。当抵押物品资产价值显著超过抵押价值时，结构良好的担保银行或债券虽然对这些资产没有第一留置权，但是享有第二留置权。例如，某担保债务不仅对非流动资产拥有第一留置权，而且对已经作为循环信贷融资抵押的流动资产拥有第二留置权，这也是常有的事。

必须要查明重大国内或国外的非担保实体，因为这些实体没有明确承诺偿还债务，这些子公司的企业价值并不直接对债务挽回评级产生影响。所以，这些子公司自身的债务或某些非债务性索赔具有更高的挽回优先权。相应地，在确定对各债权人挽回分配过程中，需要针对子公司的这类价值给予单独考虑和对待。这就要求评级人员理解破产公司的现金流和资产情况，因为这些子公司仍是被评估公司的一部分，在偿还具有更高优先级债权人后剩余的普通股价值，仍可以去偿付子公司的其他债权人。良好的债务结构通常包括对其子公司的结构性优先级贷款的限制性合同条款。进一步地，具有良好债务结构的担保性贷款通常对子公司的股份拥有一定的留置权，以保证对其他债权人拥有优先分配权。实际上，由于征税，美国企业拥有的国外子公司的股票质押通常上限为投票权股份的65%，剩余的股份价值按比例偿付给所有的高级无担保债权人。

担保债务的抵押资产中重大资产偿付的特殊事项（不包括子公司及子公司股份）也必须纳入分析中，这些资产的价值一般用分离资产模型进行估值，估值和相关假设都在挽回评级报告中进行适当披露。

国外子公司是否也能申请破产，同样需要评估。因为这可能会增加破产的成本，并产生潜在的多元法律管辖问题，进而可能影响贷款人的挽回率。外国法院对破产过程的介入会带来诸多复杂性和不确定性。因此，美国法人作为借款人，如无特殊利益或原因，很少会连同国外子公司一同申请破产。标普一般假定，美国法人的国外子公司不会一起申请破产，除非有令人信服的理由，如需要对大量外债进行资产重组使企业摆脱破产困境。当预期国外子公司会申请破产时，分析师会结合相关破产制度做出分析。

交叉债权的问题可能会影响价值分配，导致结果偏离标普方法假定的"绝对优先级"（即维护相对优先级债权的优先偿付性，上一优先级的分配完全满意后，才能对下一级进行分配）。然而，在实践中，很多破产问题由于谈判以及债权人本身的多种原因均会造成挽回价值分配与理想状况有所不同，比如在美国，存在"调解"（accommodations）和"实质合并"（substantive consolidation）等情形。

"调解"是指为使企业及时进行重组，较高优先级债权人向较低级债权人做出的让步。标普一般不对调解进行建模，因为不管最终做出何种让步，这种妥协是否具有价值都是无法确定的，而且这种价值能否对挽回评级产生有意义的影响也是不确定的。

以实质合并为代表的挽回分配相对绝对优先级的挽回分配可能更有意义。在实质合并中，为破产重组，企业集团的实体可能被视为一个单一的综合实体。这有效地消除了无抵押担保、交叉贷款或附属子公司的股票质押所提供的信贷支持，也削弱了依赖上述因素的债权人的挽回预期。尽管实质合并可以通过谈判解决，很可能会影响挽回分配，并可有效影响某些债权人的挽回预期，但实质合并仅是在某些情形下司法的酌情处理。因此，很难确定是否会有哪一方在哪些特定情况下向法院请求实施实质合并破产。鉴于此，标普的分析不评估实质合并的可能性，尽管标普承认在某些情况下这种风险会影响债权人的挽回率。

（6）确定挽回评级

标普用企业价值或清算价值可用于偿还债务的部分除以违约时的债务总和（本金和利息）以及与债务享有同等权利的非债务性债务来估算挽回率；然后，对照挽回评级表，确定发行评级和挽回评级。标普的挽回评级报告包括挽回级别、违约假设、估值假设以及其他相关内容。公布评级报告的目的是提高分析的实用性，为投资者提供更多的信息来评价标普的结论，也允许投资者提出不同的假设，只要他们认为是合理的。

（7）挽回评级的事后监控

标普在完成债务的挽回分析后，会继续跟踪借款人和债务，以及债务结构的重大变化，并判断这些变化是否会改变债权人的挽回预期。这是至关重要的，因为一般债务和违约均具有动态的属性，尤其是在挽回建模中。因此，挽回分析的一个基本组成部分就是定期跟踪和对特殊事件的跟踪。对违约和挽回评级会产生影响的任何重大变化都会在挽回评级报告中及时披露和更新。可能会影响违约和挽回分析或评级的因素包括：收购和资产剥离；估值假设的更新；借款人、担保人或非担保实体的利润和现金流的改变；债务或者非债务负债风险的变化；交叉债权人的动态变化；破产法或破产案例的变化。

5. 结论

标普相信，债务挽回评级是有用的，因为它允许市场参与者来分解和分析违约概率和违约挽回率，也让投资者了解所评企业的债务和组织结构是如何影响挽回评级的。

18.2.2 穆迪违约损失或挽回率的估计方法

18.2.2.1 穆迪 LGD 评估框架

1. LGD 定义

违约损失率（loss given default，LGD）反映了穆迪关于债务工具的预期违约损失的意见，表示为违约处置时估计的损失金额占总金额（本金和应计利息）的百分比。

穆迪 LGD 评估分为六个等级（LGD1—LGD6），表示预期损失严重程度从最低到最高，通常在企业借款、发行债券和优先股时给定 LGD 等级。如表 18-6 所示，LGD1 的债务违约损失率低于 10%，表示穆迪预估投资者将在违约处置时收回超过 90% 的本金和应计利息；而 LGD6 则表示债务违约损失率至少为 90%，即收回不超过 10% 的本金和应计利息。

表 18-6 穆迪 LGD 评估等级标准

LGD 评估等级	损失范围（%）
LGD1	（0,10]
LGD2	（10,30]
LGD3	（30,50]
LGD4	（50,70]
LGD5	（70,90]
LGD6	（90,100]

资料来源：Moody's, "Loss Given Default for Speculative-Grade Companies", 2015.

2. 公司挽回率

穆迪的 LGD 模型是根据公司挽回率的概率分布和违约处置时的预期负债结构，推导出单项债务和优先股工具的 LGD。企业整体的 LGD 在数值上近似等于企业各项负债（不包括优先股）LGD 的加权平均值，权重为违约时各项债务在总负债中的占比。

公司挽回率的定义是企业在违约处置时的企业价值与总负债的比值。公司挽回率概率分布以穆迪最终挽回数据库（ultimate recovery database, URD）中的历史挽回数据为基准，共有三种 β 分布，这三种分布的均值分别为 50%（基本假设或中值假设）、65%（高挽回假设）与 35%（低挽回假设）。在具体情况下，评级委员会根据企业所处行业及企业的资本结构特征来选择一种分布。

图 18-7 中的灰线描述了穆迪 URD 数据库中 1998—2015 年 1 100 多家美国企业破产和低价交易案例的公司挽回率的实际历史分布。尽管美国以外破产和低价交易的观测样本数量有限，但穆迪认为并没有证据表明该模型不适用于其他地区。评级委员会可以灵活变更基本分布假设。穆迪 URD 数据库历史数据显示，公司挽回率的历史均值为 52%，标准差为 26%。但是，URD 数据库中缺乏关于非债务义务的信息。

在评估可供分配给债权人的总价值时，对于使用历史经验数据的，穆迪给出了均值为 50%、标准差为 26% 的 β 分布（见图 18-7 中的黑线），用于模拟投机级企业在 LGD 方法中公司挽回率的概率分布。

在违约处置时，公司挽回率的概率分布为每个公司挽回率的可能性提供一个特定概率，给定了企业整体挽回率为 0%、1%、2%、……、100%（代表所有债务全部回收）的可能性。某些情况下企业在处置时的价值很高，优先股甚至普通股股东可能会得到部分收益，使得挽回率高达 120%。在实践中，公司挽回率范围从 0% 到 120%，这表示有 121 种不同情景的评估。对于每个可能的挽回率，假定债权人的偿债是根据绝对优先权顺序来支付的，则可以计算每项债务的 LGD。一项债务的 LGD，是所有公司挽回率情景下的违约损失率的期望值。

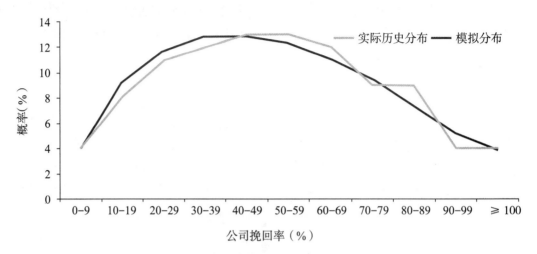

图 18-7　公司挽回率分布（企业价值 / 总负债）

资料来源：Moody's, "Back-Testing Moody's LGD Methodology", 2007.

对于近期有违约风险的发行人，或在分析师有充分理由不采纳历史经验分布的情况下，分析师可在评估可供分配给债权人的总价值时考虑具体情况并给出评估期望值的范围。

对于接近违约及已违约的企业而言，若基于历史经验的假设仍然成立，公司挽回率也存在较大的不确定性与不可预测性（表现为评估结果的标准差），穆迪评级委员会使用"自下而上"的方式对面临财务困境的企业进行分析，以估计违约时的企业价值。分析时首先选取企业估值方法，在"持续经营法"和"清算法"中，穆迪通常选取企业估值较高的方法。在某些情况下，特别是当一家企业处于违约或接近违约且违约挽回率的不确定性较低时，评级委员会不需要使用 LGD 模型便可估计挽回前景。

3. 预期负债结构

违约的预期负债结构包括债务和非债务义务，对于担保债务，应评估用于担保的资产（或担保人）的信用质量。穆迪的 LGD 方法主要基于企业负债结构中债务清偿优先权的位置，对贷款和债券的预期 LGD 进行一致和严格的估算。使用这种方法，分析师输入违约的预期负债结构和影响公司挽回率分布的参数后，穆迪的 LGD 模型可计算出不同类别债务的违约损失率，分析师需要评估违约时的预计负债结构并审查每项债务隐含的预期违约损失率。

穆迪发现，资本结构中银行借款比例较低的企业 LGD 要高于平均水平（大约65%），而资本结构中只有第一留置权银行借款的企业（通常为贷款市场保护性契约结构）LGD 低于平均水平（大约 35%）。因为相比债券条款，银行借款协议可以通过内嵌保护性条款来提供更大的操作空间以提高挽回率。如果违约时企业没有可用于弥补首次损失的初级资本，银行会更加谨慎。此外，对于受监管企业或公用事业单位而言，其过去的公司违约损失率低于平均水平（大约 35%），一部分原因是其基础资产较可靠，即使在财务困境下价值侵蚀速度也较慢；另一部分原因是当企业已陷入严重财务困境时，企业管理者有时会采取违约策略，从而获得更多的监管支持。

因此，对于受监管的公用事业、基础设施建设领域的企业，以及在全贷款结构（假设存在保护债权人的常规条款）下的企业而言，通常设定企业违约损失率均值为35%，标准差为26%。在全贷款结构下，包括经过债务资本化的第一留置权债务，即使企业存在少量非第一留置权债务（通常小于5%），企业仍有资格获得较低的违约损失率；在全部为第一留置权结构的简式契约结构下，通常假设其承担50%的企业违约损失；如果资本结构中的银行债务由第一留置权债务和第二留置权债务混合组成，则通常设定LGD为50%；当模型中非债务占总负债的比例较大时，即使资本结构中的债务仅包括第一留置权贷款，穆迪也会将LGD恢复至50%的均值。如果存在低层级资本层（即使是非债务义务），银行对违约风险的容忍度可能会有所提高，因为损失吸收层的存在将推迟触发加速违约的时间节点——至少推迟到企业生命周期资产价值开始下降到低于该初级资本所代表的负债水平的相对较晚的时间点。

对于资本结构中不含银行债务的企业（例如资本化债务全部为无担保债券的结构）以及有相对较少或没有保护性契约的企业，由于可能在资产价值高于平均值时提前触发违约，穆迪将这些企业的LGD设定为均值65%，标准差为26%。如果债务结构包含无担保债券且没有保护性契约或保护性契约较少，通常将这些企业的公司挽回率定在50%。

迄今为止，除了负债结构中贷款的比例，穆迪在分析中一直未能找到可以在违约前有效预测公司挽回率的行业或企业指标，除非如上文所述，受评企业是受监管的公用事业行业企业。

4. 预期索赔结构

预期优先求偿权通常由现行的破产法所决定。每项债务的偿付均由优先求偿权"瀑布"模型来确定。然而每项债务的预期LGD，由一些情景下[①]违约损失率的概率加权平均计算而得。

集团企业内各子公司不同的法律组织结构，导致违约处置时企业的预期负债结构较为复杂。对于伞形集团企业，穆迪通常不会将其所有的子公司简单合并，而是在获得足够信息的前提下，对不同法律实体下的企业债务义务进行分析。穆迪还会考虑子公司间的担保，并区分这些担保是基于高级担保还是次级担保、有担保还是无担保。例如，运营公司对其控股母公司债务提供的高级担保，通常被视作与运营公司的高级担保债务具有同等效力。

在特定情况下，特别是当合并口径下企业或绝对优先债权可能不被遵守的情况下，穆迪可能构建额外的集团企业评级，并相应改变"瀑布"模型的结构，或者得出结论认为模型不能可靠地对该集团企业给出适当的评级结果。

---

① 当评级委员会确定的评级与LGD模型结果建议的评级不同时，受影响融资工具的LGD将在模板框架内进行调整，以产生与评级委员会确定的评级一致的相对预期收益率（EL）。应当注意，评级委员会可以根据具体情况给定LGD和EL。例如，这种情况很可能发生在限制性违约或低价交易时，特定工具的损失率的估计通常具有较高的确定性。当评级委员会确定与建议模型结果不同的EL和LGD时，所有其他未受影响的融资工具的LGD和EL保持不变，因此公司整体的损失率将不会与所有工具的损失率加和完全一致。

当企业接近违约时，穆迪可能会对单个子公司的预期违约损失进行更详细的分析，以确定违约相关假设是否仍然适用。例如，在公用事业部门，母公司可能在两家子公司中拥有权益，而两家子公司在不同的州开展业务，遵从不同的法规。这两个基本上相互独立的实体的违约风险可能不相同，尽管它们具有共同的所有权，有能力相互转移资金。在这种情况下，应当为合并口径下不同子公司分别建立"瀑布"模型结构。

5. 模型使用说明

在 LGD 框架下，评级委员会在判定和估计负债结构时具有很大的自由裁量权，特别是对于资本结构复杂的发行人。分析师与评级委员会可以对 LGD 框架的一般假设进行修正，可以对 LGD "瀑布"模型中负债种类及规模等问题做出指导意见，从而得出较适合的评级结果。例如，当一家公司受到不利的司法判决但远未达到违约时，如果评级委员会认为判决结果极可能在违约前履行，那么这项支付义务不太可能被纳入 LGD 负债"瀑布"模型。其他非债务义务通常都是这种情况，其中很多都不含在 LGD "瀑布"模型结构中，除非评级很低，并且发生违约的概率很高。

当评级委员会评定的主体评级结果为 B2 级或更低时，还需进一步的分析判断。在这种情况下，评级委员会可以采用传统的估值方法来估计 LGD，而不是使用由穆迪 URD 数据库中历史数据推导出的平均 LGD 估计结果。使用与历史数据不一致的判断结果，需要考虑潜在认知的不同，也预示着不同分析师对同一家企业可能存在不同的观点；同时，在评级结果的一致性、可复制性与保障最高的评级质量、评级准确性之间也存在权衡关系。然而，是否接近违约通常与违约事件的确定性和可预见性相关，会影响到违约时的负债结构，公司制企业的 LGD 结果也是如此。所有这些因素都支持在濒临违约企业的评级（比如对低级别公司的评级）过程中考虑更多的临时性判断。相比之下，级别越高的企业越适用通用的方法。

穆迪 LGD 模型使用的是企业整体 LGD 的概率分布，而非单点估计结果，从而涵盖了企业违约损失率的所有可能情况。如果想要得到与观测到的实际结果相一致的证券预期违约损失率，企业违约损失率的所有不确定性必须纳入考虑。如果忽略不确定性并且假设已经知道企业整体违约损失率，那么在分析中严格应用优先求偿权必将会导致两极分化的结果——高优先级债权通常不会遭受损失，低优先级债权则会遭受 100% 的损失。一般来说，分析中引入不确定性会降低最高优先级和最低优先级债务类别之间预期挽回率的差异。[①]

18.2.2.2　LGD 模型框架

1. 模型关键指标及其之间的关系

债券和金融机构借款的 LGD 反映了资本结构中不同债权的相对预期损失率的估计差异。预期损失率（expected loss，EL）可以用违约概率（probability of default，PD）与违约损失率的乘积来表示，即 EL = PD×LGD。

---

① 如果高级债务折价交易、低级债务正价交易，那么这可能成为另一个违反绝对优先偿付权的潜在原因。然而，历史经验表明，预期的违反情况本身规模过小，不足以解释高级债务与低级债务之间的相对价格。然而，由于对不同被偿付人分配的总金额具有不确定性，对违反绝对优先偿付权而言，这种不确定性所产生的影响与相对预期违约损失率的影响类似，因此模型中不再重复考量。

企业评级（corporate family rating, CFR）反映了穆迪关于预期信用损失率的相对意见，即该企业的违约概率乘以在一定时间内预计的企业整体的违约损失率。穆迪对债务结构单一且有集团法人实体的集团企业给出 CFR 评级。一旦给出 CFR 级别，具体债务和优先股债务的级别也将一并给出，以确保与 CFR 相关的企业所有债务的 EL 和 LGD 的加权平均值与整体相等。CFR 并非针对特定时间，而是可以适用于整个投资期间，且任何时候 Ba 级发行人的预期损失率均值要低于所有 B 级发行人的预期损失率均值，B 级发行人的预期损失率和违约率均低于 Caa 级发行人的预期损失率和违约率，等等。

与 CFR 相比，违约概率评级（probability of default rating, PDR）（以下简称"违约评级"）仅仅只能考虑集团中的任何实体违约一项或多项长期债务的可能性，而不考虑预期的 LGD。违约评级的评级对象是未违约的企业，评级范围从 Aaa-PD 到 C-PD（尽管这种评级的实际使用通常限于投机级）。当一家企业违约时，D-PD 表示该企业在所有评级债务中违约，而诸如 Caa1-PD/LD 的评级则表示企业在一个或多个（但不是全部）证券上的有限违约。例如，Caa1-PD/LD 的"Caa1"反映了尚未违约的评级债务的违约风险，因此不受限于已经违约的部分。PDR 与基于 EL 的工具 CFR 的含义没有可比性，因为前者仅对预期违约风险进行评级，而后者则对包括违约风险和严重程度在内的预期信用损失进行评级。[①]

CFR 相同的两家企业的预期违约损失率应该具有可比性，因此将具有相同 CFR 的企业相比较，预期 LGD 高于平均值水平的企业的违约概率应低于平均水平，预期 LGD 低于平均水平的企业的违约概率应高于平均水平。根据这一推理，考虑到 CFR 和预期的企业整体的 LGD，通过参考穆迪理想化的预期损失和违约表，可以很容易地推断 PDR，并且在 LGD 框架中直接应用。

大多数企业整体的违约损失率可以归为高、中、低三种类别中的一种，且大多数企业处于中间层。具有"中等"预期违约损失率的企业的 PDR 和 CFR 也一样处于同一水平（尽管这些处于不同的级别），是因为理想化的预期损失和违约率反映了违约损失率的"中等"水平。然而，预期 LGD "高"的企业通常具有比 CFR 高一个子级的 PDR（即违约概率较低，违约评级较高），预期 LGD "低"的企业通常具有比 CFR 低一个子级的 PDR（即违约概率较高，从而违约评级较低）。

2. 示例

以下例子描述了 LGD 模型（包含 LGD 评估和违约评级 PDR）在实践中的应用。表 18-7 展示了 LGD 模型的基本框架。在本例中，评级委员会对 CFR 的评级为 B1 级，预期企业 LGD 为 50%，违约处置时的预期总负债为 4 亿美元。表 18-7 最后一项输入企业 LGD 的标准差，通常设置为 26%。

[①] PD、EL 和企业评级均是对信用风险排序的意见，并不旨在表明具体的信用风险水平。也就是说，它们没有指出具体目标的违约率或损失率。与长期特定评级类别相关的预期未来违约率和损失率通常与历史上所观察到的类似。然而，各个级别的实际违约率和损失率由于其固有的周期性而可能并且确实有所不同。

表 18-7 LGD 模型的基本框架

	分析师输入部分	
A	CFR	B1
B	预期 LGD	50%
C	违约时预期总负债（百万美元）	400
D	企业 LGD 标准差	26%
	推导结果	
E	预期违约时的企业价值（百万美元）	200
F	四年累积违约率	15.2%

两个重要的统计结果可以从表 18-7 的输入部分中推导出来。第一，违约时预期企业价值，在本例中为 2 亿美元。第二，对比表 18-8，由 CFR 为 B1 级查表可知，四年期理想化 EL 为 7.62%，则四年期违约概率为 15.2%（=7.62%/50%）。

表 18-8 四年期理想化预期损失（EL=PD×LGD）

CFR	EL（%）	CFR	EL（%）
Aaa	0.00	Ba1	2.31
Aa1	0.01	Ba2	3.74
Aa2	0.03	Ba3	5.38
Aa3	0.06	B1	7.62
A1	0.10	B2	9.97
A2	0.19	B3	13.22
A3	0.30	Caa1	17.86
Baa1	0.46	Caa2	24.13
Baa2	0.66	Caa3	36.43
Baa3	1.31	Ca	50.00
		C	100.00

表 18-9 展示了分析师估计的违约时负债结构，本例中结构较为简单，无非债务义务，无第二留置权借款或优先股。穆迪假设银行借款受益于所有资产抵押。通过分析可得到每项债务的 LGD 比率，然后根据 LGD 比率对应得到 LGD 评估等级。表 18-10 中使用相同例子，列示了各债项的预期损失率（根据集团企业违约概率与单债项的 LGD 乘积而得）和债项评级（根据表 18-8 得出）。在本例中，分析师假设的银行借款、高级无担保债券和次级债的违约损失率分别为 22%、73% 和 94%，对应的 LGD 评估等级分别为 LGD2、LGD5 和 LGD6，债项评级分别为 Ba2 级、B2 级和 B3 级。

表 18-9 违约时预期负债结构

违约时预期负债结构	金额（百万美元）
担保证券负债合计	
第一留置权银行借款	200
第二留置权银行借款	—
无担保证券负债合计	200
商业信用或其他负债	—
高级无担保债券	150
次级无担保债券	50
其他负债合计	200
总负债	400

表 18-10 预期损失率/挽回率

违约时预期负债结构	金额（百万美元）	PD(%)	LGD(%)	预期挽回率(%)	EL(%)	LGD 等级	债项评级
担保证券负债合计	200						
第一留置权银行借款	200	15	22	78	3	LGD2	Ba2
第二留置权银行借款	—						
无担保证券负债合计	200						
商业信用或其他负债	—						
高级无担保债券	150	15	73	27	11	LGD5	B2
次级无担保债券	50	15	94	6	14	LGD6	B3
总负债	400	15	50	50	8		B1

18.2.3 评估结果与模型结果存在差异的原因

违约损失率模型的结果仅作为参考，评级委员会最终还会根据经验判断来确定评级，以表示合适的违约损失风险。一般情况下，最终级别与模型建议结果之间的级别差异不超过一个子级。以下列举了评级委员会选择与模型结果不同的信用等级的情况。

1. 如果未来资本结构很可能发生变化，那么根据历史资本结构得到的模型结果将不能反映最合适的评级。例如，高级担保债权与无担保债权的比例可能会往特定方向发生变化，并且穆迪认为已经有足够的理由认定评级高于或低于模型结果，且不必对这些负债在未来特定日期的具体规模发表意见。评级委员会也在为特定的债务义务（例如应付款项或循环借款）建模提供前瞻性观点，如考虑商品价格波动、营运资本流动等临时性因素，这些因素可能会随时间推移而发生逆转。

2. 如果负债（债务或非债务义务）规模会因季节性因素大幅波动，或者这些负债具有反常特性，穆迪会认为违约时的负债规模会大不相同。例如，在季节性高峰或低谷时的应付款项不能代表平均水平，或者与供应商的异常关系导致应付款项规模异常，从而导致负债规模不同于违约时的规模。在这些情况下，尽管可以就债务总体规模和发展方向发表观点，但穆迪无法估计出违约时负债水平的确切数额。

3. 企业接近违约或已违约，穆迪认为预期挽回率的不确定性较低。

4. 具有复杂结构的借款协议，包括来自子公司的不完全担保（可能出于税务或其他因素考虑）及部分资产抵押，会使得偿债顺序较为复杂，不适用违约损失率模型。

5. 高度结构化的资产支持贷款工具通常比穆迪违约损失率模型所确定的结果高一个子级。[①] 穆迪认为，与其他类型的高级抵押第一留置权贷款相比，高度结构化、受到密切监控的资产支持贷款工具在违约或发行人破产时的损失会较低。

6. 当受评企业为高度投机级时，资本结构改变的可能性很小，评级委员会会直接对企业及其受评融资工具的预期损失前景进行基本面分析，而不是使用违约损失率模型，这能够较为准确地预测未来违约时的情形。

7. 如果级别上升压力仅来自"瀑布"模型结构中级别低于该融资工具的非债务义务层级，评级委员会可能会谨慎地将一只工具的评级提高到超过 CFR 一个子级。例如，养老金负债没有担保，在"瀑布"模型结构中的层级较低，但在破产时可能获得比其法律地位通常所能保证的更为有利的待遇。

8. 如果模型建议的结果高于 CFR 多个子级，评级委员会可能将级别限制在与 CFR 相同的 Ba2 级或更高的等级，因为这些企业一般来说距离违约还很远，其资本结构可能会随着接近违约而发生变化。

本章小结

1. 本章主要介绍了信用风险度量的三大指标及其与信用等级的对应关系，另外还主要介绍了违约率和迁移率的相关概念，并针对标普和穆迪对于违约损失或挽回率的估计方法进行了概括性描述。

2. 在信用风险三大指标（违约概率、违约损失率和预期损失率）中，有等式对应关系：预期损失率＝违约概率×违约损失率。违约损失是分析师预估违约给投资人带来的损失。违约损失率与挽回率互补，挽回率的基本影响因素有违约时预期企业价值、债务结构、偿债顺序等。违约率是通过历史违约数据计算得出，利用历史经验推测违约概率。债券市场参与者可以利用这些信息度量风险，进行定价和资产组合风险监测，以达到信用风险度量的目的。

3. 在国际信用评级行业，静态池法和动态群组法被广泛应用于违约率和信用等级迁移的统计。从迁移率可看出观察期内各等级的稳定性，违约率可以很好地区分等级风险，从而给投资人的投资行为提供参考。

4. 违约损失率与债权人的自身利益息息相关，主要指债务人发生违约后给债权人造成损失的程度。标普通过多角度分析对违约损失率的实际形成过程和主要影响因素进行描述，而穆迪更侧重于从数理分析的角度来提高违约损失率的预测精度。

[①] 参见：Moody's, "Refinement to ABL Ratings", Moody's Special Comment, January 2008。

本章重要术语

违约概率　违约损失率　预期损失　静态池法　动态群组法　边际违约率　累积违约率　平均累积违约率　信用等级迁移　迁移率　挽回评级　企业评级　违约评级　优先求偿权

思考练习题

1. 信用风险度量有哪些应用？
2. 标普和穆迪对违约定义的区别有哪些？
3. 为什么同样的违约数据，在静态池法下和动态群组法下计算的违约率结果有显著差异？核心差异在哪里？
4. 为什么国际信用评级机构标普和穆迪的挽回率评估方法均适用于投机级发行人？
5. 标普公司违约损失率的估计模型有哪些？
6. 标普和穆迪挽回评级级别有什么差异？

参考文献

［1］朱荣恩：《新世纪信用评级国际研究》，中国金融出版社，2015年。

［2］〔美〕布莱·甘布林、约翰·比拉尔代洛著，魏巍、许勤译：《公司信用分析基础》，上海财经大学出版社，2014年。

［3］Wharton Financial Institutions Center, "Measurement and Estimation of Credit Migration Matrices", 2003.

［4］S&P, "Default, Transition, and Recovery: 2016 Annual Global Corporate Default Study and Rating Transitions", 2017.

［5］Moody's, "Annual Default Study: Corporate Default and Recovery Rates, 1920—2016", 2017.

［6］S&P, "Criteria Guidelines for Recovery Ratings on Global Industrials Issuers, Speculative-Grade Debt", 2009.

［7］Moody's, "Back-Testing Moody's LGD Methodology", 2007.

［8］Moody's, "Loss Given Default for Speculative-Grade Companies", 2015.

第 19 章
信用风险分析模型[①]

郝 帅 林 青 刘 艳（联合资信评估有限公司）

学习目标

通过本章学习，读者应做到：
◎ 了解信用风险分析模型的四大类别；
◎ 掌握基于财务指标的 Z 值评分模型、ZETA 信用风险模型与打分卡模型；
◎ 了解基于统计学的离散选择模型：Logit 模型和 Probit 模型；
◎ 了解基于市场价值的违约预测模型：KMV 模型；
◎ 了解其他违约模型。

■ 开篇导读

在银行等金融机构在开展贷款业务时，通常需要评估债务人的信用风险水平，如企业发生财务危机的可能性大小、业务承担的信用风险敞口等，来决定是接收还是拒绝一笔业务。投资者在选择投资对象时，也需要了解投资的企业到期还本付息的能力与意愿，即企业违约的可能性。

信用风险分析模型以宏观信息、行业信息、企业经营与财务信息、市场信息为基础，

---

① 此章为高阶内容，供能力较强的读者参考学习使用。

通过量化的方式来测算受评主体的信用风险。自20世纪30年代以来，模型技术开始应用到信用风险研究中。20世纪60年代，统计技术在信用风险分析模型的应用上取得了突破性进展。1968年爱德华·奥尔特曼（Edward Altman）设计出了Z模型，首次使用多变量统计指标，并将财务分析方法和判别分析方法结合在一起，对研究企业破产问题具有重要意义。1977年，奥尔特曼、霍尔德曼（Haldeman）和纳拉亚南（Narayanan）对原始的Z值评分模型进行扩展，建立了ZETA信用风险模型（ZETA Credit Risk Model），模型的适用性得到了大幅提高。同时，银行内部体系开始广泛应用打分卡模型，将专家经验与统计方法相结合，又称混合模型（Hybrid Model）。20世纪80年代以来，Logit模型和Probit模型经常被信用风险的研究者们用于财务危机、信贷风险、违约概率等问题的预测研究，利用若干关键财务比率指标，建立回归预测模型。1993年，KMV公司推出用于度量债务人预期违约概率的信用风险量化监控模型——KMV模型，在西方国家得到广泛的应用。此后，神经网络模型、模糊数学模型和决策树模型等人工智能技术开始逐渐被引入信用风险模型的研究中。

本章将介绍几种常用的信用风险分析模型：一是基于财务指标的评分，包括Z值评分模型、ZETA信用风险模型和打分卡模型；二是基于统计学的离散选择模型，包括Logit模型和Probit模型；三是基于市场价值的违约预测模型，如KMV模型；四是包括神经网络模型、模糊数学模型和决策树模型在内的人工智能模型及其他信用风险分析模型。

■ 19.1 基于财务指标的评分模型：Z值评分模型、ZETA信用风险模型与打分卡模型

□ 19.1.1 Z值评分模型

Z值评分模型（Z-Score Model）是由美国纽约大学斯特恩商学院（New York University Stern School of Business）的爱德华·奥尔特曼教授基于多元判别分析法（multiple discriminant analysis）于1968年提出的。作为财务危机预警分析中的经典模型，Z值评分模型首次使用多变量统计指标，并将财务分析方法和判别分析方法结合在一起，更加清晰地反映企业的整体财务特征，对研究企业破产问题具有重要意义。

多元判别分析方法是Z值评分模型的基础。判别分析方法是多元统计中用于判别样本所属类型的一种统计分析方法，其基本原理为：根据已知类别的样本信息，总结出分类的规律性，建立判别准则[1]和判别函数[2]，进而判断出新样本所属的类别。常用的判别准则有距离准则、费舍准则、贝叶斯准则等。Z值评分模型所使用的是一种特定的费舍准则，即判别的结果应该使两组间区别最大，且每组内部离散性最小。

---

[1] 判别准则是指用于衡量新样本与各已知组别接近程度的思路原则。
[2] 判别函数是指基于一定的判别准则计算出的用于衡量新样本与各已知组别接近程度的描述指标。

判别函数的一般形式为：

$$Y=a_1X_1+a_2X_2+\cdots+a_nX_n \tag{19-1}$$

其中，Y 为判别分数（判别值）；X_1，X_2，$\cdots$，X_n 为反映研究对象特征的变量；a_1，a_2，$\cdots$，a_n 为各变量的系数，称为判别系数。

奥尔特曼教授选取 1946—1965 年 20 年间美国 66 家制造业上市公司中的破产企业和非破产企业进行研究，同时选取可能预示企业财务风险的 22 个财务比率并划分为流动性水平、偿债能力、盈利能力、财务杠杆水平及资产运营能力五类指标，利用多元判别分析方法从五类指标中各选取一个预测能力最强的财务比率作为解释变量，并建立判别函数：

$$Z=0.012\ X_1+0.014\ X_2+0.033\ X_3+0.006\ X_4+0.999\ X_5 \tag{19-2}$$

其中，X_1= 营运资本/资产总额。该指标用来反映企业资产的流动性。营运资本是供企业经营、周转的净流动资产，是流动资产扣除流动负债后的净额，营运资本越多，说明短期偿债能力越强。

X_2= 留存收益/资产总额。该比率反映了企业的获利能力和所处的发展阶段（经营年限），比率越高，说明企业的获利水平和累积水平越高，抗风险能力越强。

X_3= 息税前利润/资产总额。该比率反映了企业在不考虑税收和融资影响下的获利能力水平，比率越高，表明企业的获利能力越强。

X_4= 股权价值/负债总额。股权价值 = 每股净资产 × 未流通股份 + 每股市价 × 流通股份。这一比率反映的是企业的股权价值与其承担的债务之间的比例关系，比率越高，说明企业的价值越大，遭受破产的风险越小。

X_5= 营业收入/资产总额。该比率实际上就是企业的总资产周转率，反映的是企业总资产的营运能力（周转能力），比率越高，说明企业的资产使用效率越高，资金利用效果越好。

Z 值评分模型基于各变量的加权得分对企业是否破产进行判断。奥尔特曼教授经过统计分析和计算最后确定了借款人违约的临界值 Z_0=2.675。如果 Z_0<2.675，借款人被划入违约组；反之，如果 $Z_0 \geq 2.675$，则借款人被划入非违约组。当 $1.81 \leq Z_0 \leq 2.99$ 时，判断失误较大，称该重叠区域为"未知区"（zone of ignorance）或称"灰色区域"（gray area）。

奥尔特曼教授自 1968 年提出 Z 值评分模型以来，不断对模型进行研究和完善。Z 值评分模型的原始模型主要适用于美国的制造业上市公司，由于私营企业与上市公司、制造业企业与非制造业企业之间在各个方面均存在较大差异，奥尔特曼教授将原始 Z 值评分模型的指标调整为适用于私营企业的指标，例如将变量 X_4 中的"股权价值/负债总额"调整为"资产账面价值/负债总额"，得到适用于私营企业的 Z 值评分模型；将变量从 5 个减少为 4 个，并相应调整各变量的权重和判别标准，得到适用于非制造业企业的 Z 值评分模型。

19.1.2 ZETA 信用风险模型

破产企业的资产规模增长迅速，使得相关研究的样本数据与以往差异较大，加之财务报告制度、企业会计准则以及模型所采用的判别分析方法的发展，创建一种能够准确反映企业破产问题的综合度量模型十分必要。基于此，1977 年，奥尔特曼、霍尔德曼和纳拉亚南对原始的 Z 值评分模型进行扩展，建立了第二代模型，即 ZETA 信用风险模型，该模型具有更为广泛的适用性。

ZETA 信用风险模型的变量由 Z 值评分模型的 5 个增加到了 7 个，分别是资产收益率指标、收益稳定性指标、债务偿付能力指标、累积盈利能力指标、流动性指标、资本化程度指标、规模指标。ZETA 信用风险模型的函数形式为：

$$\text{ZETA}=a_1 X_1+a_2 X_2+a_3 X_3+a_4 X_4+a_5 X_5+a_6 X_6+a_7 X_7 \qquad (19\text{-}3)$$

其中变量系数 $a_1—a_7$ 均为商业机密而未公开，各变量所采用的指标如下：

X_1 为资产报酬率，采用息税前利润/资产总额来衡量，在 Z 值评分模型中该变量的权重最大，对企业财务实力的解释能力最强。

X_2 为收入的稳定性，采用对 X_1 在 5—10 年估计值的标准误差指标来衡量，收入的变动能够反映企业持续经营方面的风险。

X_3 为偿债能力，采用利息保障倍数即息税前利润/总利息来衡量。

X_4 为累积盈利，采用留存收益/资产总额来衡量。

X_5 为流动比率，采用流动资产/资产总额来衡量。

X_6 为资本化比率，采用普通股权益/资产总额来衡量；其中，普通股权益可以采用企业股票五年的平均市值衡量，而五年平均市值可以排除某些严重、暂时性的市场波动，同时可在模型中纳入趋势性因素。

X_7 反映企业规模，采用企业总资产的对数形式来衡量，该变量可以根据财务报告的变动进行相应的调整。

Z 值评分模型和 ZETA 信用风险模型的主要优点在于其模型具有一定的预测能力。它们虽不能准确预测出企业破产的具体时间，但指出了破产的可能性，并能通过逐年比较反映出这种可能性扩大或缩小的趋势。通过分析其评分的变化趋势，可以预警企业财务风险，以便企业采取有效措施改善经营，帮助投资者提前识别企业财务风险。与 Z 值评分模型相比，ZETA 信用风险模型具有更高的精确性和稳定性，预测效果更好且适用范围更广。ZETA 信用风险模型则可以在破产前 5 年有效地划分出将要破产的企业，其中破产前 1 年预测的准确度大于 90%，破产前 5 年预测的准确度接近 70%。ZETA 信用风险模型不仅适用于制造业，而且同样有效地适用于零售业。

Z 值评分模型和 ZETA 信用风险模型也存在一定的局限性。两个模型均采用财务报表的账面数据，而非更为灵敏的各项资本市场指标，这在一定程度上削弱了预测结果的可靠性和及时性，这也意味着这两个模型无法衡量企业的表外信贷风险，适用范围因此受限；另外，这两个模型均采用了多元线性判别分析方法，而企业违约率和财务指标所代表的风险特性之间往往是非线性相关的,且模型各变量数据不满足多元判别分析的正态分布假设。此外,这两个模型仅考虑财务指标数据的影响,忽视了在信用分析中各类风险事件的重要性,对违约风险的系统性解释力度欠佳。

19.1.3 打分卡模型

打分卡模型又称混合模型,是多元判别分析思想的另一种发展。打分卡模型在进行定量分析的同时,加入了定性分析的模块,从而将专家经验与统计方法相结合。目前,打分卡模型在银行内部评级体系中应用较为广泛。

打分卡模型的定量分析模块与多元判别分析法下的 Z 值评分模型类似,用财务数据等定量指标得到一个分值(如果定量分析模块使用的是违约概率模型,那么需要将预测的违约概率转化为分数值)。而定性分析模块则考虑了基于专家经验判断的定性指标,如行业风险、企业竞争力和管理能力等无法反映在定量模型中的因素。由于要确保将具有行业特殊性的指标纳入模型,金融机构通常会根据不同的行业而开发不同的定性模块。企业最终的信用评分是定量模块和定性模块分数值的加权平均。

例如,选取定量指标 X_1、X_2、X_3 和定性指标 Z_1、Z_2 为某行业打分卡模型的输入指标。其中,定量指标 X_1、X_2、X_3 的权重分别为 40%、40%、20%,定性指标 Z_1、Z_2 的权重分别为 60%、40%,定量模块和定性模块在最终分数值中所占的权重分别为 40% 和 60%。那么,若该行业中某一企业的定量指标 X_1、X_2、X_3 的分数值为 1.6、12、12,经过加权平均求和后,得到该企业定量模块的最终分数值为 7.84(1.6×40%+12×40%+12×20%);在定性分析模块中,定性指标 Z_1、Z_2 分别为"AA"和"AAA",Z_1、Z_2 通过映射表得到的分数值为 5 和 2,经过加权平均求和后,得到该企业定性模块的最终分数值为 3.8(5×60%+2×40%)。因此,结合定量模块和定性模块在最终分数值中所占的权重,该企业在打卡分模型中的最终信用得分为 5.416(7.84×40%+3.8×60%)。查询打分卡模型得分与信用等级的对应关系表,则可以得到该得分对应的信用等级为"AA"。

打分卡模型的主要优点在于直观和简单易行,可以充分利用难以量化的定性信息,有利于保障信用分析的灵活性、全面性和前瞻性;缺点在于对专家自身的业务素质要求较高,结果具有一定主观性和随意性。

19.2 基于统计学的离散选择模型:Logit 模型和 Probit 模型

19.2.1 Logit 模型和 Probit 模型概述

Logit 模型和 Probit 模型是通过研究信用风险事件的发生概率来度量信用风险。

Logit 模型和 Probit 模型是常见的离散选择模型,用于解决现实中因变量是二值选择[①]变量的问题。二者由线性概率模型演变而来，为解决因变量的预测值落在（0，1）以及误差项正态性等问题，对传统的线性概率模型进行分布函数转换，从而预测事件发生的概率。其中，Logit 模型假设事件发生的概率服从 Logistic 分布，而 Probit 模型假设事件发生的概率服从标准正态分布。Logit 模型和 Probit 模型能够直接预测出事件发生的概率，是处理分类变量问题的经典工具，在信用风险分析方面得到了广泛的应用。

19.2.2 Logit 模型和 Probit 模型的基本原理

对于一个线性回归方程：

$$y_i = \beta_1 x_{1i} + \beta_2 x_{2i} + \cdots + \beta_k x_{ki} + \mu_i, \quad i = 1, 2, 3, \cdots, N \tag{19-4}$$

其中，N 是样本数量；K 是解释变量个数；x_{ki} 为第 i 个样本第 K 个特征的取值；μ_i 是相互独立且均值为 0 的随机扰动项。设 y_i 表示取值为 0 和 1 的离散型随机变量；

$$y_i = \begin{cases} 1, & \text{若是第一种选择} \\ 0, & \text{若是第二种选择} \end{cases} \tag{19-5}$$

令 $p_i = P(y_i = 1)$，那么 $1 - p_i = P(y_i = 0)$，于是对回归方程取期望值：

$$E(y_i) = 1 \times P(y_i = 1) + 0 \times P(y_i = 0) = p_i \tag{19-6}$$

则线性概率模型为：

$$p_i = \mu_i + \sum_{i=1}^{n} \beta_i x_i \tag{19-7}$$

线性概率模型无法保证其因变量的预测值落在（0，1），且其误差项不具有正态性。为解决这些问题，需要对线性概率模型进行变换，Logit 模型和 Probit 模型运用了最广泛的两个函数进行转换。

Logit 模型采用标准 Logistic 随机变量的累积分布函数：

$$G(x'_i \beta) = \frac{\exp(x'_i \beta)}{1 + \exp(x'_i \beta)} \tag{19-8}$$

Probit 模型采用标准正态累积分布函数：

$$G(x'_i \beta) = \phi(x'_i \beta) = \int_{-\infty}^{x'_i \beta} \frac{1}{\sqrt{2\pi}} \exp\left(\frac{-t^2}{2}\right) dt \tag{19-9}$$

Logit 模型和 Probit 模型在拟合时，采用极大似然估计法[②]进行参数估计。似然函数

[①] 当因变量为离散变量（变量取有限个可能值），如因变量是只取值0和1的分类定性变量时，则变成二值选择的问题。

[②] 又称最大似然法（Maximum Likelihood，ML），是一种点估计法，其基本思想是：当从模型总体随机抽取n组样本观测值后，最合理的参数估计量应该使得从模型中抽取该n组样本观测值的概率最大。

越大，表明模型拟合程度越好。此外，模型中估计的系数不能被解释成对因变量的边际影响，只能从符号上判断。如果系数为正，表明解释变量越大，因变量取1的概率越大；反之，如果系数为负，表明自变量越大时，对应的概率将越小。

这两个模型通常设0.5为临界概率值，作为事件发生与否（Y取0或取1）的判断标准，若事件发生的概率大于临界值，则判定事件发生，反之亦然。

19.2.3 Logit 模型和 Probit 模型的对比

Logit 模型和 Probit 模型均由线性概率模型演变而来，是传统的二元离散选择模型。在模型估计和模型检验等方面原理基本一致。

二者最主要的区别是分布函数不同。Logit 模型采用 Logistic 随机变量的累积分布函数，Probit 模型采用标准正态累积分布函数。分布函数的不同也导致在实际经济问题应用过程中，对研究事件概率的求解方法不同，Logit 模型采取对数方法，而 Probit 模型采用积分方法。

基于两个模型的特性，在实际问题中，Probit 模型的假设条件较 Logit 模型更为严格，很多样本数据无法做到服从标准正态分布，因此应用较少，信用风险分析模型的应用仍以 Logit 模型为主。

【专栏 19-1】

Logit 模型和 Probit 模型的应用

从 20 世纪 80 年代以来，Logit 模型和 Probit 模型经常被信用风险的研究者们用于财务危机、信贷风险、违约概率等问题的预测研究，利用若干关键财务比率指标，建立回归预测模型。

1977 年，Martin 在财务困境预测的研究中首次采用了 Logit 模型，用于预测银行的破产及违约概率，研究中选取美国从 1970 年至 1977 年间 58 家处于财务困境中的银行作为样本，选取 8 个财务比率指标构建了 Logit 模型，并与 Z 值评分模型和 ZETA 信用风险模型的研究结果做比较，研究结果表明，Logit 模型的预测效果优于二者。[①] 另一个代表人物是 Ohlson，为了克服多元判别模型存在的联合正态分布不完全成立的局限性，1980 年 Ohlson 抽取从 1970 年至 1976 年间美国 105 家申请破产的企业及 2 058 家正常企业作为研究样本，选取 9 个财务指标构建 Logit 模型，并在预测变量中引进虚拟变量，研究结果表明，资本结构、资产总规模、短期流动性和资产报酬率这四项财务指标在预测企业破产方面表现显著，且判别准确率高达 96.12%。[②] 在前人研究的基础上，不少学者尝试对 Logit 模型进行改良，如对财务指标自变量进行分布特征的检验、引入非财务指标、建

[①] Martin, D., "Early Warning of Bank Failure: A Logistic Regression Approach", *Journal of Banking and Finance*, 1977, 249-276.

[②] Ohlson, J. A, "Financial Ratios and the Probabilistic Prediction of Bankruptcy", *Journal of Accounting Research*, 1980, 4, 109-131.

立信用评分模型等。

Probit 模型应用的代表人物是 Zmijewaki，他采用 Probit 模型构建信用风险模型，随机抽取 1972—1978 年间美国 76 家申请破产的企业和 3 880 家经营状况良好的企业作为样本，基于多个财务指标对企业破产概率进行预测，结果显示，Probit 模型对企业破产的预测效果很好。[1] Barth et al.（1989）[2] 假设事件发生的概率服从累积标准正态分布，建立了 Probit 信用评分模型。我国学者高培业和张道奎（2000）[3] 采用一年的财务数据，把我国在深圳证券交易所上市的企业分为制造业企业和非制造业企业，运用线性判别模型和 Probit 模型进行了财务困境预测。

通过国内外大量的实证研究，Logit 模型和 Probit 模型在信用风险分析方面得到了较好的验证。

19.3 基于市场价值的违约预测模型：KMV 模型

19.3.1 KMV 模型概述

KMV 模型是 KMV 公司于 1993 年推出的用于度量债务人预期违约概率（expected default frequency，EDF）的信用风险量化监控模型。KMV 的核心思想源于 Black-Scholes-Merton 模型（简称"BSM 模型"）。BSM 模型提出企业股权损益与欧式看涨期权具有相同结构的理论，并建立了企业资产价值、股权价值和债务账面价值之间的关系式。KMV 公司在借鉴 BSM 模型，提出了量化企业预期违约概率的 KMV 模型。

19.3.2 KMV 模型的原理

1973 年，费希尔·布莱克（Fischer Black）和迈伦·斯科尔斯（Myron Scholes）在美国著名期刊《政治经济学》（The Journal of Political Economy）上发表了名为《期权与公司负债定价》（The Pricing of Options and Corporate Liabilities）的文章，布莱克和斯科尔斯推导出了著名的欧式看涨期权定价公式。1974 年，罗伯特·默顿（Robert Merton）在布莱克和斯科尔斯看涨期权定价公式的基础上，在发表的名为《企业债务的定价》（On the Pricing of Corporate Debt）一文中提出了著名的 BSM 模型。默顿从股东和债权人角度分析各自损益的情况：假设 V_t 为债务到期时企业资产的市场价值，D 为债

---

[1] Zmijewaki, M. E., "Methodological Issues Related to the Estimation of Financial Distress Prediction Models", Journal of Accounting Research, 1984, 22, 58—59.

[2] Barth, J. R., Brumbaugh, R. D., and Sauethaft, D., "Thrift Institution Failures: Estimating the Regulator's Closure Rule", Journal of Financial Services Research, 1989, 1, 1—23.

[3] 高培业、张道奎："企业失败判别模型实证研究"，《统计研究》，2000 年第 10 期，第 46—51 页。

务的账面价值，企业资产价值由股权价值和债务价值构成，由于股东享有的是资产的剩余求偿权，即只有在债权人获得偿付之后，才能得到剩余权益 $\text{Max}\{0, V_T-D\}$。因此，如果资产价值大于债务价值，则股东享有剩余权益，反之则因企业资不抵债，股东无剩余权益，股东权益为零。

通过对股东和债权人损益情况的分析，默顿得出负债企业股东持有的股权报酬与买入借款企业资产的看涨期权具有相同结构的结论，默顿将负债企业的股权看作一份以企业资产市场价值为标的、以债务账面价值为执行价格、以距负债到期日为期权期限的看涨期权，进而根据Black-Scholes期权定价公式得到企业股权市场价值、资产市场价值和负债账面价值之间的关系式：

$$E = V_A N(d_1) - De^{-\gamma T} N(d_2)$$

其中，$d_1 = \dfrac{\ln\left(\dfrac{V_A}{D}\right) + \left(r + \dfrac{\sigma_A^2}{2}\right)}{\sigma_A \sqrt{T}}$，$d_2 = d_1 - \sigma_A \sqrt{T}$，$E$ 表示企业股权的市场价值，V_A 表示企业资产市场价值，D 表示企业债务账面价值，γ 表示无风险利率，T 表示债务期限，σ_A 表示企业资产价值的波动率，$N(x) = \dfrac{1}{\sqrt{2\pi}} \int_{-\infty}^{x} e^{-\frac{t^2}{2}} dt$，表示标准正态分布下的累积概率分布函数。

（1）KMV模型的基础框架

KMV模型在BSM模型的基础上，量化了企业预期违约概率。KMV模型假设当企业的资产价值低于某一水平时，企业会发生违约。该水平称为违约触发点（default point，DPT），如图19-1所示。假设企业的资产市场价值服从某一分布，未来T时期内，资产的市场价值可能会在发生一系列波动（波动率用σ_A表示）后达到某个值V_T。T时期资产价值V_T与违约点的距离为违约距离（distance to default，DD），企业未来的资产价值V_T距违约触发点的距离越远，违约距离就越长，触发企业违约的可能性越低。通过T时期资产的预期价值和违约触发点，可计算出预期违约概率。违约触发点水平以下区域及资产市场价值分布曲线围成的阴影部分面积即为预期违约概率，其大小主要取决于资产市场价值及其分布曲线的形状和违约触发点的位置。KMV模型的基本假设中违约触发点的确定是基于BSM模型中的思想，即违约触发点为T时刻企业资产的市场价值V_T等于债务账面价值的点，当企业资产的市场价值V_T低于债务账面价值时，企业因资不抵债而发生违约，但实践中KMV模型对企业违约点和违约距离的设置做出了经验性调整。

（2）KMV模型的基本假设

KMV模型的基本假设为：第一，满足BSM模型的基本假设，包括市场无交易费用、无卖空限制、有无风险资产且无风险利率在监控期内保持不变，证券交易是连续且无限可分的，市场不存在套利机会，资产价值变动服从布朗运动；第二，当债务人的资产价值大于其债务价值时不会发生违约，当债务人的资产价值小于其债务价值时发生违约；第三，借款人资本结构中只存在所有者权益、短期债务、长期债务和可转换优先股。

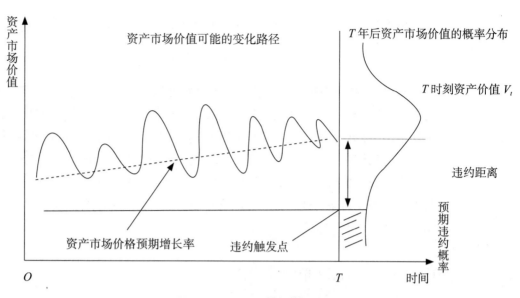

图 19-1 KMV 模型基础框架

（3）KMV 模型的计量步骤

KMV 模型的计量步骤主要分为三步：

第一步，估计企业资产价值及其波动率，即通过股票市场价值、股票市场价值波动率及债务账面价值估计企业资产价值 V_A 和资产价值波动率 σ_A。

第二步，确定企业资产预期价值 $E(V_A)$ 和违约距离。违约距离越大，企业发生违约的可能性越小；违约距离越小，企业发生违约的可能性越大。为解决财务杠杆资产波动率的放大作用影响 KMV 模型计度量信用风险准确性的问题，KMV 模型中将资产价值、经营风险和财务杠杆这三个因素纳入违约距离的测量中，KMV 模型用资产预期价值 $E(V_A)$ 和违约触发点之间的距离相对资产的市场价值标准差（即资产价值的波动率）的倍数作为违约距离。违约距离的计算公式如下：

$$DD = \frac{E(V_A) - DPT}{E(V_A) \sigma_A} \tag{19-10}$$

其中，σ_A 表示资产价值的波动率。

KMV 公司研究发现，企业违约触发点最频繁的位置为短期债务账面价值加 50% 的长期债务账面价值处，用公式表示为：DPT=1/2LTD+STD。其中，STD 表示短期债务的账面价值，而 LTD 表示长期债务的账面价值。

第三步，通过违约距离估计出企业的预期违约概率。预期违约概率的计算方法有理论计算法和经验计算法两种。其中，预期违约概率理论计算法的思想是基于 KMV 模型的基本假设，即如果到期日企业资产价值低于违约触发点处的数额时，企业将发生违约，设 T 时刻企业违约的概率为 P_T，则 P_T 可以表示为：

$$P_T = \text{Pro}(V_A \leq DPT) \tag{19-11}$$

代入整理后，可以得到由理论违约距离表示的计算预期违约概率的计算公式，预期

理论违约概率 P_t 的计算方法可表示为：

$$P_t = 1-N(DD) = N(-DD) \tag{19-12}$$

KMV 公司发现预期违约概率理论计算方法的计算结果与实际的违约概率存在一定的偏差，因此在实际应用时，KMV 公司并未采用预期违约概率的理论计算方法，而是采用其经验计算方法。计算出违约距离后，KMV 公司将其与经验预期违约概率数据库对应，得到经验预期违约概率。其中，经验预期违约概率数据库是在统计分析数千家企业样本的历史数据后建立的。这样，只要计算出一家企业的违约距离，就可通过数据库得到相应的预期违约概率。这种计算方法引入了实践中的经验数据，往往比计算理论的预期违约概率更为准确。

19.3.3　KMV 模型的优缺点

KMV 模型在信用风险的度量中充分利用了资本市场的信息，具有以下优点：（1）KMV 模型具有一定的前瞻性。KMV 模型数据来自资本市场，以股票市场价格为基础。股票价格既反映了企业的历史和当前的状况，也反映了市场中投资者对企业未来发展前景的预期，所以与基于会计资料的信用评级模型相比，KMV 模型更能反映企业当前的信用状况。（2）由于上市公司的资料免费公开，KMV 模型可随时对所有上市公司的信用风险进行度量，且成本低、时效性强，可较方便地对所有类型上市公司的信用状况进行持续跟踪。（3）KMV 模型是基于期权定价理论建立起来的信用风险量化模型，理论基础完备，是对传统信用风险分析方法的重要改进。（4）KMV 模型信用风险分析中不要求市场是完全有效的，因此 KMV 模型在高度有效的金融市场和新兴的金融市场均能使用。

KMV 模型在信用风险的度量中也存在一定的缺点，主要表现在以下几个方面：（1）KMV 模型的部分假设条件苛刻，包括资产价值要服从标准正态分布假设、债务结构要固定，这与实际情况存在差异。（2）KMV 模型的适用范围仅限于上市公司主体，只能对上市公司的信用风险进行度量。此外，对于我国上市公司来说，部分企业由于存在流通股和非流通股并存的现象，无法获取非流通股的市场价值，进而无法准确计算这些上市公司的股票市场价值，因此对于这些企业来说，KMV 模型的适用性也受到一定的限制。（3）KMV 模型没有区分借款人的信用品质、债务担保情况和可转换性等影响其信用状况的重要因素，而是统一假设当资产价值低于其违约触发点时，企业必然违约，这与实际情况不符。（4）由于我国缺乏足够的违约历史数据，无法使用预期违约概率的经验计算法建立违约距离与预期违约概率的一一映射关系函数，从而只能采用预期违约概率的理论计算方法，这使得 KMV 模型计量信用风险的准确度大打折扣。

【专栏 19-2】

KMV 模型在信用评级中的应用

KMV 模型在西方国家的外部信用评级和内部信用评级中均有广泛的应用。通过历史违约数据的积累,国际三大信用评级机构和部分其他大型金融机构的内部评级部门用 KMV 模型的经验预期违约概率与信用等级建立了映射关系(如表 19-1 所示)。与传统信用级别排序不同的是,该映射关系并非是相对主观的信用级别排序,而是直观地从数值上量化出各信用级别主体的预期违约概率的大小,具有对不同信用评级机构和部门所评的信用级别进行较准确的横向比较的优势。

表 19-1 国外部分信用评级机构及银行 EDF 与信用等级之间的映射关系

EDF	信用等级			
	标准普尔	穆迪	花旗银行	瑞士银行
0.02-0.04	AA	Aa2	1	C1
0.04-0.10	AA/A	A1	2	C2
0.10-0.19	A/BBB+	Baa1	3	C3
0.19-0.40	BBB+/B	Baa3	4	C4
0.40-0.72	BBB+/BBB-	Ba1	4.5	C5
0.72-1.01	BB/BB-	Ba3	5	C6
1.01-1.43	BB-/B+	B1	5.5	C7
1.43-2.03	B+/B	B2	6	C8
2.03-3.45	B/B-	B3	6.5	C9

资料来源:孙小丽,"基于 KMV 模型的商业银行信用风险测算研究",北京邮电大学博士论文,2013 年。

19.4 其他信用风险分析模型

19.4.1 智能技术模型

自 20 世纪 80 年代以来,人工智能技术,如专家系统、神经网络模型等被引入信用风险模型建模的研究中,其设计思想克服了传统统计方法的强假设、仅考虑静态风险等局限,但是该类模型理论基础较弱且不成熟,目前仍停留在学术讨论研究中,具体应用实践尚未成熟。

19.4.1.1 神经网络模型

神经网络模型是结合神经科学、心理学和认知科学的研究成果，从应用数学方法发展起来的一种并行分布模式的处理系统，具有高度并行计算能力、学习能力、适应能力和容错能力。神经网络技术在模式识别与分类、识别滤波、自动控制、预测等方面已展示了其非凡的优越性。

神经网络由一个输入层、若干个中间隐含层和一个输出层组成。神经网络分析法通过不断学习，能够从未知模式的大量复杂的数据中发现其规律。神经网络方法克服了传统分析过程中选择适当模型函数形式的复杂性等困难，是一种自然的非线性建模过程，无须分清存在何种非线性关系，这给建模与分析带来了极大的方便。

在信用风险模型方面应用最普遍的神经网络模型是 BP（back propagation）算法。Jensen（1992）利用 BP 算法对贷款企业进行分类，分类的准确率达到了 76%—80%。BP 算法由输入层、隐藏层和输出层的结点构成，是一种参照误差调整权重的多层感知器。

神经网络分析方法应用于信用风险评估的优点在于其无严格的假设限制，且具有处理非线性问题的能力。它能有效地解决非正态分布、非线性的信用评估问题，其结果介于 0 和 1 之间，在信用风险的度量下，即为违约概率。神经网络分析方法的最大缺点在于其工作的随机性较强，容易陷入局部最优。要得到一个较优的神经网络结构，需要人为地通过大量数据进行调试，耗费人力与时间，加之该方法结论没有统计理论基础，解释性不强，限制了该模型的应用。

19.4.1.2 模糊数学模型

在处理具有模糊边界的数据集时，传统的数学方法或统计方法往往比较繁琐，而模糊数学模型为处理数据集的模糊边界提供了一种更为合理、更为简练的方式。具体而言，模糊数学模型提出了隶属函数理论，确定了某一事物在多大程度上属于某个集合或者不属于某个集合。因此，在模糊数学模型中，元素与集合之间的关系不再遵循传统的"属于"或"不属于"的二值逻辑，而是代之以"某种程度上属于"的多值逻辑。在某些工程应用领域，如自动控制领域，用模糊数学模型描述数据模糊边界问题比传统数学更为方便，解决问题时的计算形式也更为简化。

企业信用评级同样可以用模糊数学模型进行描述，其信用状态如何，用精确数学"是"或"非"的概念很难做出判断，因此，应用模糊数学模型对信用状况做出综合评价更为合理。但是，学术界对于模糊数学模型是否能够正确地解决科学和工程中的问题，仍然存在质疑和争议。这些质疑和争议主要体现在：第一，模糊逻辑缺乏学习能力，在应用上受到一定的限制；第二，模糊系统的稳定性很难获得理论上的保证，此外，模糊逻辑不是建立在传统数学的基础上，因此很难对此逻辑系统的正确性加以验证。

19.4.1.3 决策树模型

决策树是 Quinlan 在 Hunt 的概念学习系统（concept learning system，CLS）上发展起来的一种自下而上的分类方法，它通过对一组训练样本的学习，构造出决策性的知识。

决策树方法是基于统计理论的非参数识别技术，将统计分析和计算机运算结合，保持了多元参数、非参数统计的优点，而且决策树方法具有自动进行变量选择、降低维数、利用先验信息处理数据间非同质的关系以及直观表达分类结果等特点。

决策树模型较统计模型从直观上更易理解，但在实际应用中，当问题的复杂性增加时，决策树模型会出现组合爆炸；同时，这种归纳学习建模方法容易造成模型的过度拟合；另外，决策树模型方法不是一种启发式的寻优技术，因而在建模时缺乏效率。

19.4.2 其他信用风险分析模型

19.4.2.1 比例风险模型

1972年英国统计学家Cox提出比例风险模型，简称为Cox模型。它是一种用于生存数据多因素分析的半参数模型。Cox模型将生存时间作为因变量，使用风险函数（hazard function）表示个体在生存过程中，每单位时间的死亡危险度，并求出回归系数。与Logit模型相同，在估计出回归系数后，可得到相应因素的相对危险度。但Logit模型只考虑了事件的结局，没有充分利用生存时间的长短。Cox模型引入了时间变量，更多地利用资料的信息，模型具有很大的灵活性，克服了生存分析中传统的非参数法及参数法的局限性。

Lane *et al.*（1986）首次将Cox模型应用于公司财务风险研究。该研究选取1979—1984年间美国联邦存款保险公司公布的倒闭的商业银行作为财务困境样本，并对其配对以选出财务正常的样本，将反映资产的盈利性和流动性等6个方面的21个财务指标作为解释变量，运用Cox模型进行分析，并将其预测结果与Logit模型预测结果进行对比，结果表明虽然两者准确率相差不大，但Cox模型结果的稳定性更佳。Lee and Urrutia(1996)比较了Cox模型和Logit模型的结果，发现前者可以更好地识别出具有显著性的变量。在此之后，有许多学者运用此方法进行财务风险研究。Henebry（1996）在Cox模型的协变量中加入现金流变量，通过比较有无现金流变量的Cox模型实证结果，发现现金流变量对提高预测的准确率和稳健性具有很大的作用。Whalen（1991）和Molina（2002）等的实证研究表明模型能准确地预测出银行的财务困境问题。

19.4.2.2 违约强度模型

资产负债比率通常作为衡量企业负债状态的基本指标之一。一般情况下，资产负债比率过高，表明企业存在较大的偿债压力，信用风险相对而言较大。建立在分析企业的资本结构和资产负债比率基础上的信用风险分析模型被称为结构化模型。结构化模型的基本原理是B-S-M期权定价理论。根据B-S-M期权定价理论，结构化模型假设发生违约事件的驱动因素来自企业的资产价值，即在假设资产价值变化遵循连续扩散过程的条件下，违约事件是可以预料的，而非突发的。

不同于结构化模型对违约事件可以预料的假设，强度模型（或称简化模型）认为违约事件的发生不受企业资产价值的驱动，与企业价值的变化无关，违约事件的发生是受外生因素的影响，所以发生违约的时间是完全随机的。因此，在违约强度模型中，评估信用风险就是刻画违约发生的时间是怎样的随机过程，而描述简化模型中的违约时间时，常用的随机过程是泊松随机过程[①]。泊松随机过程的强度参数$\lambda(t)$即为违约强度，$\lambda(t)$表示单位时间的违约概率。

在违约强度模型中，现有的研究主要从以下两个方面分析违约强度过程$\lambda(t)$：第一，分析违约强度遵循怎样的随机过程，如Duffee（1999）和Yu（2003）假设违约强度过程是Square-Root过程或者Affine过程；第二，分析违约强度受什么因素变量的影响。Lando（1998）假设违约强度$\lambda(t)$是随机状态变量X的函数，状态变量可能包括无风险利率、时间、股票价格、信用等级等。Duffee（1999）、Duffie and Garleanu（2001）、Kay（2003）、Yu（2003）等将影响违约强度的因素变量分为两类：第一类是宏观经济变量等公共因子，其影响所有企业的违约强度；第二类是企业自身状态所产生的影响因子。

本章小结

1. 本章主要介绍了当前信用评级领域几类主流的信用风险分析模型，包括Z值评分模型与ZETA信用风险模型、打分卡模型、Logit模型、Probit模型和KMV模型，以及在学术研究领域较为前沿的其他信用风险分析模型，包括神经网络模型、模糊数学模型、决策树模型等。

2. 本章对目前主流的信用风险分析模型的原理、优缺点及应用进行了具体的介绍说明和讲解。Z值评分模型与ZETA信用风险模型主要基于多元统计分析中的判别分析模型，在应用方面较为便利，但由于其采用财务指标，因此预测的及时性较低。打分卡模型结合了定量分析与定性分析，相对直观和简单易行，有利于保障信用分析的灵活性、全面性和前瞻性，但对专家自身的业务素质要求较高，结果具有一定主观性。Logit模型和Probit模型属于计量经济学的离散选择模型，需要积累一定的违约样本数量。KMV模型基于B-S-M期权定价公式，具备良好的理论基础，但该模型假设性较强，更适用于上市公司。神经网络模型、模糊数学模型、决策树模型同样面临违约样本数量不足的现实，且理论支持不足，在实际信用评级中应用较少，更集中于学术探讨和研究领域。

本章重要术语

Z值评分模型　ZETA信用风险模型　KMV模型　Logit模型　Probit模型

---

① 泊松随机过程是一种累计随机事件发生次数的最基本的独立增量过程，其概率分布为$\dfrac{e^{-\lambda(t)}\lambda(t)^n}{n!}$。

思考练习题

1. Z值评分模型和ZETA信用风险模型的主要区别在哪里？
2. 简述Logit模型和Probit模型的分布函数。
3. KMV模型是在哪一个模型的基础上建立的？
4. 常见的信用风险智能技术模型有哪些？

参考文献

［1］陈勇阳：《信用评估：理论与实务》，清华大学出版社，2011年。

［2］李磊宁、张凯："KMV模型的修正及在我国上市公司信用风险度量中的应用"，《金融纵横》，2007年第13期，第48—50页。

［3］李薇："基于KMV模型的上市公司信用风险度量研究——A股市场房地产行业的实证研究"，西南财经大学学位论文，2013年。

［4］鲁炜、赵恒珩、方兆本、刘冀云："KMV模型在公司价值评估中的运用"，《管理科学》，2006年第3期，第44—48页。

［5］孙小丽："基于KMV模型的商业银行信用风险测算研究"，北京邮电大学学位论文，2013年。

［6］邰丽娜："Atman's Z-score模型对我国上市公司的适用性分析"，《财会研究》，2011年第24期，第49—51页。

［7］叶伟春：《信用评级理论与实务》，格致出版社，2011年。

［8］谢多、冯光华：《信用评级》，中国金融出版社，2014年。

［9］张鑫："基于KMV模型的我国行业信用风险实证研究"，厦门大学学位论文，2014年。

［10］Altman, E.I., "Financial Ratios Discriminant Analysis and the Prediction of Corporate Bankruptcy", *The Journal of Finance*, 1968, 23(4), 589-609.

［11］Altman, E. I., "Predicting Financial Distress of Companies: Revisiting the Z-Score and ZETA Models", Stern School of Business, New York University, 2000.

［12］Black, F., and Scholes, M. S., "The Pricing of Options and Corporate Liabilities", *Journal of Political Economy*, 1973, 81(3), 637-659.

［13］Duffie, D., and Garleanu, N., "Risk and Valuation of Collateralized Debt Obligations", *Financial Analyst's Journal*, 2001, 57(1), 41-59.

［14］Duffee, G.R., "Estimating the Price of Default Risk", *Review of Financial Studies*, 1999, 12, 197-226.

［15］Duffie, D., Saita, L., and Wang, K., "Multi-Period Corporate Default Prediction With Stochastic Covariates", *Journal of Financial Economics*, 2007, 83, 635-665.

［16］Jensen, H.L., "Using Neural Networks for Credit Scoring", *Managerial Finance*, 1992,18(6),15-26.

［17］Henebry, K.L., "Do Cash Flow Variables Improve the Predictive Accuracy of a Cox Proportional Hazards Model for Bank Failure?", *Quarterly Review of Economics and Finance*, 1996, 36(3), 395-409.

［18］Kay, G., "A Simple Exponential Model for Dependent Default", *Journal of Fixed Income*, 2003, 13(3), 74-83.

[19] Lane, W. R., Looney, S. W., and Wansley, J. W., "An Application of the Cox Proportional Hazards Model to Bank Failure", *Journal of Banking and Finance*, 1986, 10(4), 511-531.

[20] Lee, S. H., and Urrutia, J. L., *"The Journal of Risk and Insurance"*, 1996, 63(1), 121-130.

[21] Martin, D., "Early Warning of Bank Failure: A Logistic Regression Approach", *Journal of Banking and Finance*, 1977, 249-276.

[22] Molina, C. A., "Predicting Bank Failures Using a Hazard Model: the Venezuelan Banking Crisis," *Emerging Markets Review*, 2002, 3, 31-50.

[23] Merton, R.C., "On the Pricing of Corporate Rate the Risk Structure of Interest Rates", *Jourral of Finance*, 1974, 29(2), 449-470.

[24] Ohlson, J. A., "Financial Ratios and the Probabilistic Prediction of Bankruptcy", *Journal of Accounting Research*, 1980, 4, 109-131.

[25] Pearson, N. D., and Sun, T. S., "Exploiting the Conditional Density in Estimating the Term Structure: An Application to the Cox, Ingersoll and Ross Model", *Journal of Finance*, 1994, 49, 1279-1304.

[26] Whalen, G., "A Proportional Hazards Model of Bank Failure: An Examination of Its Usefulness as an Early Warning Tool", *Economic Review*, 1991, 21-31.

[27] Yu, F., "Default Correlation in Reduced Form Models", *Journal of Investment Management*, 2003, 3, 33-42.

[28] Zmijewaki, M. E., "Methodological Issues Related to the Estimation of Financial Distress Prediction Models", *Journal of Accounting Research*, 1984, 22, 58-59.

相关网络链接

穆迪公司网站：www.moodys.com

联合资信评估有限公司网站：www.lhratings.com

教辅申请说明

北京大学出版社本着"教材优先、学术为本"的出版宗旨,竭诚为广大高等院校师生服务。为更有针对性地提供服务,请您按照以下步骤通过微信提交教辅申请,我们会在 1 ~ 2 个工作日内将配套教辅资料发送到您的邮箱。

◎扫描下方二维码,或直接微信搜索公众号"北京大学经管书苑",进行关注;

◎点击菜单栏"在线申请"—"教辅申请",出现如右下界面:

◎将表格上的信息填写准确、完整后,点击提交;

◎信息核对无误后,教辅资源会及时发送给您;如果填写有问题,工作人员会同您联系。

温馨提示:如果您不使用微信,则可以通过以下联系方式(任选其一),将您的姓名、院校、邮箱及教材使用信息反馈给我们,工作人员会同您进一步联系。

联系方式:

北京大学出版社经济与管理图书事业部

通信地址:北京市海淀区成府路 205 号,100871

电子邮箱:em@pup.cn

电　　话:010-62767312 / 62757146

微　　信:北京大学经管书苑(pupembook)

网　　址:www.pup.cn